湖北交通运输年鉴

(2022)

湖北省交通运输厅宣传中心 编

人民交通出版社股份有限公司
北　京

图书在版编目(CIP)数据

湖北交通运输年鉴.2022/湖北省交通运输厅宣传中心编.—北京:人民交通出版社股份有限公司,2022.12
　ISBN 978-7-114-18406-2

　Ⅰ.①湖… Ⅱ.①湖… Ⅲ.①交通运输业—湖北—2022—年鉴 Ⅳ.① F512.763-54

中国版本图书馆 CIP 数据核字(2022)第 251830 号

Hubei Jiaotong Yunshu Nianjian (2022)

书　　　名:	湖北交通运输年鉴(2022)
著　作　者:	湖北省交通运输厅宣传中心
责 任 编 辑:	齐黄柏盈
责 任 校 对:	赵媛媛　龙　雪　刘　璇
责 任 印 制:	刘高彤
出 版 发 行:	人民交通出版社股份有限公司
地　　　址:	(100011)北京市朝阳区安定门外外馆斜街3号
网　　　址:	http://www.ccpcl.com.cn
销 售 电 话:	(010)59757973
总 经 销:	人民交通出版社股份有限公司发行部
经　　　销:	各地新华书店
印　　　刷:	北京盛通印刷股份有限公司
开　　　本:	889×1194　1/16
印　　　张:	23
字　　　数:	804千
版　　　次:	2022年12月　第1版
印　　　次:	2022年12月　第1次印刷
书　　　号:	ISBN 978-7-114-18406-2
定　　　价:	180.00元

(有印刷、装订质量问题的图书,由本公司负责调换)

2021年6月30日,湖北省港口集团有限公司揭牌成立

2021年4月30日,武汉四环线全线通车运营。图为青山长江大桥

2021年9月3日,十堰至巫溪高速公路鲍峡至溢水段正式通车

2021年9月17日,棋盘洲长江公路大桥正式通车

2021年9月17日，蕲春至太湖高速公路蕲春西段正式通车

2021年9月25日，赤壁长江公路大桥通车

2021年9月28日,三峡翻坝江北高速公路正式通车

2021年7月,新洲区红色旅游公路二期工程竣工通车

2021年12月31日,浪河至何店一级公路通车试运行

2021年8月28日,武九客专阳新站南站房正式开通运营

2021年12月30日,京港高铁安庆至九江段正式通车。图为从黄梅东站开往合肥的高铁列车

2021年12月21日,麻城至安康高速公路麻城东段通过交工验收。图为铁门枢纽互通

2021年8月20日,十堰至淅川高速公路丹江口水库特大桥南岸锚台成功封顶

2021年11月28日,宜都至来凤高速公路鹤峰东段石龙隧道右洞贯通

2021年,武汉至阳新高速公路鄂州段涉湖段桥箱梁架设施工中

2021年,武汉至阳新高速公路黄石段东风农场特大桥施工中

2021年11月,在建中的鄂州机场高速公路一期工程东庙枢纽互通

2021年11月,在建中的三峡机场二期改扩建项目

2021年5月27日,207国道襄阳段改建工程开工仪式在襄阳市樊城区牛首镇举行

2021年9月25日,新建沪渝蓉高速铁路(武汉至宜昌段)正式开工建设

2021年10月18日，武汉天河机场T2航站楼改造工程开工

2021年8月1日，武汉阳逻国际港集装箱水铁联运项目（二期）开港通车

2021年10月21日，济宁港至武汉港集装箱班轮航线开通

2021年10月19日,"江海直达17"号船从宁波—舟山港出发,在黄石新港完成"水铁转换",运往四川

2021年6月29日,"日本—中国(武汉)—蒙古国"海铁联运新通道正式开通

2021年11月1日,中国湖北武汉正式开行至东南亚"铁海联运"班列

2021年5月8日，武汉至墨西哥城定期国际货运航线首航

2021年12月26日，武汉轨道交通首条全自动驾驶线路——5号线正式运营。图为彭刘杨站

2021年12月26日，轨道交通6号线二期开通初期运营。图为码头潭公园站

2021年12月26日，武汉轨道交通16号线开通初期运营

行业管理和交通文化
Hangye Guanli He Jiaotong Wenhua

2021年7月22日，湖北省高速公路路政无人机技能竞赛在荆门市爱飞客航空小镇开赛

2021年11月11日，湖北省高速公路路政执法技能竞赛圆满结束

2021年9月30日,全省交通运输行业第五届"交通工匠杯"职工职业技能大赛城市轨道交通列车司机技能竞赛开赛

2021年10月14日,全省交通运输行业第五届"交通工匠杯"职工职业技能大赛流体装卸工项目决赛开赛

2021年10月24日,全省交通运输行业第五届"交通工匠杯"公路职工职业技能大赛开赛

2021年5月27日,湖北省交通运输厅"礼赞一百年 颂歌献给党"歌咏活动在汉十高速公路孝感服务区举行

2021年6月21日,湖北省交通运输厅组织开展"中国梦·劳动美——学党史、感党恩、跟党走"演讲比赛

2021年9月24日,湖北省交通运输厅第12期"书香交通 文化同行"读书分享会成功举行

《湖北交通运输年鉴》编辑委员会

主　　　任：钟芝清　湖北省交通运输厅党组书记、厅长
副 主 任：姜友生　湖北省交通运输厅党组成员、副厅长
委　　　员：石　斌　湖北省交通运输厅宣传中心主任
　　　　　　胡松涛　湖北省交通运输厅办公室主任
　　　　　　冯学斌　湖北省交通运输厅机关党委专职副书记
　　　　　　胡小松　湖北省交通运输厅研究室主任
　　　　　　洪文革　湖北省交通运输厅计划处处长
　　　　　　张　洁　湖北省公路事业发展中心党委副书记
　　　　　　赵　勇　湖北省道路运输事业发展中心党委委员、副主任
　　　　　　王耀惠　湖北省港航事业发展中心党委委员、副主任
　　　　　　贺　敏　武汉市交通运输局副局长
　　　　　　李红卫　黄石市交通运输局党组副书记
　　　　　　李文华　十堰市交通运输局党组成员、副局长
　　　　　　田春生　襄阳市交通运输局党组成员、副局长
　　　　　　李本华　宜昌市交通运输局党组成员、副局长
　　　　　　肖　飞　荆州市交通运输局党组成员、总工程师
　　　　　　宋慧琼　荆门市交通运输局党组成员、副局长
　　　　　　熊学军　鄂州市交通运输局党组成员、副局长
　　　　　　朱光辉　孝感市交通运输局党组成员、副局长
　　　　　　金晓耕　黄冈市交通运输局党组成员、副局长
　　　　　　曾　勇　咸宁市交通运输局党组副书记、副局长
　　　　　　魏从明　随州市交通运输局党组成员、副局长
　　　　　　黄秀武　恩施土家族苗族自治州交通运输局党组成员、副局长
　　　　　　邵泽华　仙桃市交通运输局党组副书记、副局长
　　　　　　罗　敏　天门市交通运输局党组成员、总会计师
　　　　　　从孝君　潜江市交通运输局党组副书记、副局长
　　　　　　王红先　神农架林区交通运输局党组成员、副局长

《湖北交通运输年鉴》编辑室

主　　　编：石　斌
副 主 编：潘庆芳
编　　　辑：甘惠萍

编辑说明

一、《湖北交通运输年鉴(2022)》是湖北省交通运输厅连续编纂的第32卷年鉴，主要反映2021年全省地方交通发展的新成就、新经验和新问题，涵盖铁路、民航、邮政、公路、水路等综合交通部门。本卷年鉴既突出2021年度交通发展的特点，又保持与历年年鉴内容的连续性，为各级领导、全省交通运输系统干部职工和各界人士研究湖北交通运输提供信息，积累资料。

二、本年鉴设特载、大事记、概况、交通运输发展战略研究及前期工作、交通基础设施建设、交通基础设施养护和管理、综合交通和水陆运输、安全应急管理、交通财务费收、交通法治、交通科技与培训教育、交通综合管理、党群工作和精神文明建设、调查研究、专题资料、全省交通运输系统领导名录、获奖名录、统计资料等18个栏目。

三、本年鉴记述2021年内容，凡未标注具体年份的记述，也均为2021年内容。

四、本年鉴照片由各单位提供，编辑室补充并审定编排。

五、本年鉴统计资料由湖北省交通运输厅计划处提供，其他栏目的同口径统计数字，均以统计资料数字为准。

六、本年鉴由各市(州)交通运输局、综合交通各部门和湖北省交通运输厅厅直单位、厅机关各处室供稿。稿件均经有关部门领导审核，编辑复审，主编审定，宣传中心终审。

七、《湖北交通运输年鉴(2022)》的出版发行，得到全省交通运输系统各级领导和职工的大力支持，在此一并致谢。错漏之处，敬请读者指正。

目　录

特　载

稳中求进　拼抢实干　奋力打造新时代"祖国立交桥"
　　——朱汉桥在2022年全省交通运输工作会上的
　　　讲话 ………………………………………………… 2
准确把握纪检监察职责使命　为打造新时代
　"祖国立交桥"提供纪律保障
　　——刘汉诚在2022年省交通运输厅全面从严治党
　　　工作会上的讲话 …………………………………… 8

大事记

2021年大事记 ………………………………………………… 12

概　况

全省交通运输概况 …………………………………………… 17
全省普通公路概况 …………………………………………… 19
全省高速公路概况 …………………………………………… 20
全省道路运输和交通物流发展概况 ………………………… 22
全省水路交通概况 …………………………………………… 23
全省铁路运输概况 …………………………………………… 24
全省民航运输概况 …………………………………………… 26
全省邮政业改革与发展概况 ………………………………… 27

武汉市交通运输 ……………………………………………… 30
　概况 …………………………………………………………… 30
　江岸区 ………………………………………………………… 32
　江汉区 ………………………………………………………… 33
　硚口区 ………………………………………………………… 33
　汉阳区 ………………………………………………………… 34
　武昌区 ………………………………………………………… 34
　青山区 ………………………………………………………… 35
　洪山区 ………………………………………………………… 35
　江夏区 ………………………………………………………… 37
　蔡甸区 ………………………………………………………… 37
　东西湖区 ……………………………………………………… 39
　武汉经济技术开发区（汉南区） …………………………… 40
　黄陂区 ………………………………………………………… 41
　新洲区 ………………………………………………………… 42

黄石市交通运输 ……………………………………………… 43
　概况 …………………………………………………………… 43
　大冶市 ………………………………………………………… 44
　阳新县 ………………………………………………………… 45

十堰市交通运输 ……………………………………………… 47
　概况 …………………………………………………………… 47
　丹江口市 ……………………………………………………… 49
　郧阳区 ………………………………………………………… 50
　郧西县 ………………………………………………………… 51
　房县 …………………………………………………………… 52
　竹山县 ………………………………………………………… 53
　竹溪县 ………………………………………………………… 54
　茅箭区 ………………………………………………………… 55
　张湾区 ………………………………………………………… 56
　武当山特区 …………………………………………………… 56

襄阳市交通运输 ……………………………………………… 57
　概况 …………………………………………………………… 57
　枣阳市 ………………………………………………………… 60
　宜城市 ………………………………………………………… 61
　南漳县 ………………………………………………………… 62
　保康县 ………………………………………………………… 62
　谷城县 ………………………………………………………… 63
　老河口市 ……………………………………………………… 64
　襄州区 ………………………………………………………… 65

宜昌市交通运输 ……………………………………………… 67
　概况 …………………………………………………………… 67
　宜都市 ………………………………………………………… 68
　枝江市 ………………………………………………………… 69
　当阳市 ………………………………………………………… 70
　远安县 ………………………………………………………… 70
　兴山县 ………………………………………………………… 71
　秭归县 ………………………………………………………… 72

长阳土家族自治县	72	黄州区	107
五峰土家族自治县	73	团风县	108
夷陵区	75	红安县	110
点军区	75	麻城市	111
猇亭区	76	罗田县	112

荆州市交通运输 …… 76

概况	76
荆州区	78
沙市区	79
江陵县	80
松滋市	80
公安县	81
石首市	82
监利市	84
洪湖市	85

荆门市交通运输 …… 86

概况	86
京山市	87
沙洋县	88
钟祥市	90
东宝区	90
掇刀区	91
漳河新区	92
屈家岭管理区	93

鄂州市交通运输 …… 94

概况	94
鄂城区	95
华容区	96
梁子湖区	96

孝感市交通运输 …… 97

概况	97
孝南区	99
汉川市	100
应城市	101
云梦县	102
安陆市	103
大悟县	104
孝昌县	105

黄冈市交通运输 …… 105

概况	105

英山县	112
浠水县	113
蕲春县	114
武穴市	115
黄梅县	116

咸宁市交通运输 …… 117

概况	117
咸安区	119
嘉鱼县	121
赤壁市	122
通城县	123
崇阳县	124
通山县	126

随州市交通运输 …… 127

概况	127
曾都区	128
广水市	129
随县	130
大洪山风景名胜区	131

恩施土家族苗族自治州交通运输 …… 132

概况	132
恩施市	133
利川市	134
建始县	135
巴东县	136
宣恩县	137
咸丰县	139
来凤县	140
鹤峰县	141

仙桃市交通运输 …… 142

概况	142

天门市交通运输 …… 144

概况	144

潜江市交通运输 …… 146

概况	146

神农架林区交通运输 148
概况 148

交通运输发展战略研究及前期工作

物流服务研究 151
交通规划管理 151
规划编制 151
专项研究 151
交通建设前期工作 152
重点工程前期工作 152
站场物流前期工作 152
高等级航道前期工作 152

交通基础设施建设

全省公路水路交通基础设施建设 154
全省"四好农村路"建设 154
省交通建设重点项目 156
十堰经镇坪至巫溪高速公路鲍峡至溢水段 156
赤壁长江公路大桥 156
监利至江陵高速公路东延段 157
枣阳至潜江高速公路襄阳北段 157
襄阳绕城高速公路南段 157
十堰至淅川高速公路湖北境段 158
麻城至安康高速公路麻城东段 158
宜都至来凤高速公路鹤峰东段 158
呼和浩特至北海高速公路宜都（全福河）至
　鄂湘界段 159
张家界至南充高速公路宣恩（李家河）至咸丰段 159
武汉硚口至孝感高速公路（二期）工程 160
武汉至阳新高速公路武汉段 160
武汉至阳新高速公路鄂州段 161
武汉至阳新高速公路黄石段 161
武汉至大悟高速公路武汉至河口段 162
鄂州机场高速公路一期工程 162
武汉绕城高速公路中洲至北湖段 162
孝汉应高速公路（福银高速公路至
　武荆高速公路段） 163
各市州交通建设重点项目 163
黄石市 163
203省道阳新县棋盘洲至富池段改建 163
357省道木港至龙港段改建 164

武穴长江大桥阳新富池连接线上巢至
　兴富路口段公路 164
国省道大中修工程 164
富水航道富池至排市段建设 164
黄石港阳新港区富池作业区综合码头 164
黄石港阳新港区富池作业区富江公用码头 164
黄颡口砂石集并中心 164
阳新县综合客运枢纽站 164
襄阳市 164
207国道襄阳段改建工程开工建设 164
邓城大道襄阳西收费站及接线工程改造完工 164
302省道樊城竹条至太平店段改扩建 165
襄阳市南北轴线南延段新建工程（南内环—
　南外环）完工 165
襄阳市谷城至丹江口公路改建 165
316国道三岔路至土关垭段改扩建工程
　（水星台至石花）开工建设 165
316国道河谷公路大桥西延线开工建设 165
346国道南漳界碑头至县城段改建 165
346国道宜城汉江二桥及接线工程 165
328国道老河口市孟楼至仙人渡段 165
316国道河谷大桥及连接线 166
316省道唐河特大桥通车 166
316省道白河特大桥通车 166
小河港区综合码头开通 166
宜城市长山三级旅游汽车客运站建设启动 166
宜昌市 166
宜都长江大桥建成通车 166
三峡翻坝江北高速公路正式通车 166
宜昌船检服务保障基地正式开工 166
241国道白果树至清水湾段建设完工 167
351国道五峰升子坪至观坪段新建工程建设完工 167
351国道五峰高家坳至长湾段新建工程建设完工 167
241国道点军联棚至长阳龙舟坪段一级公路
　（鸡公岩隧道至偏岩段）建设完工 167
241国道点军联棚至长阳龙舟坪段一级公路
　（点军段）建设完工 167
324省道长阳鸭子口至资丘段改扩建工程建设
　完工 167
459省道长阳火烧坪至鸭子口二级公路建设完工 167

318 国道宜都红花套至南桥村段建设完工 …………… 167
枝江市姚家港作业区疏港公路建设完工 …………… 167
318 国道宜都红花套至长阳偏岩公路（长阳段）
　　开工建设 …………………………………………… 167
253 省道远安鸣凤至当阳庙前段改扩建工程
　　（当阳段）开工建设 ……………………………… 168
253 省道远安鸣凤至当阳庙前段改扩建工程
　　（远安段）开工建设 ……………………………… 168
241 国道龙五一级公路长阳清江特大桥主体工程
　　完工 ………………………………………………… 168
255 省道天池口清江特大桥开工建设 ………………… 168
254 省道宜都市清江三桥开工建设 …………………… 168
荆门市 …………………………………………………… 168
207 国道荆门桃园至子陵、团林至砖桥段改建 ……… 168
荆门市公路桥梁"三年消危"行动危桥改造 ………… 168
三环线平交道口改造 …………………………………… 168
234 国道钟祥城区绕城段 ……………………………… 169
347 国道京山段改扩建 ………………………………… 169
347 国道荆门东桥至冷水段改扩建工程（钟祥段）… 169
348 国道沙洋城区绕城段 ……………………………… 169
223 省道沈集至荆州六监区公路沙洋段 ……………… 169
266 省道钟祥市文集至石牌段改扩建 ………………… 169
311 省道沙洋城区至后港段改扩建 …………………… 169
327 省道京山三阳至钟祥客店公路京山段改扩建 …… 169
342 省道沙洋至河溶（沙洋至五里段）公路改建 …… 169
482 省道钟祥市丰乐至北新集段改扩建 ……………… 169
348 国道沙洋汉江公路二桥 …………………………… 170
鄂州市 …………………………………………………… 170
鄂钢长航矿石及件杂码头 ……………………………… 170
黄冈市 …………………………………………………… 170
106 国道麻城市上畈至彭店段改建 …………………… 170
106 国道麻城市渣家湾至廖家湾公路开工建设 ……… 170
219 省道英山县杨柳至红山段改建工程开工建设 …… 170
332 省道黄梅县梅山至龙腰公路改扩建工程建成
　　通车 ………………………………………………… 170
黄小高速公路龙感湖互通口至城区道路升级改造完工 … 170
219 省道红红线红花至陶家河段竣工通车 …………… 170
323 省道过三线过路滩至石镇段竣工通车 …………… 170
九龙大道改建工程全线通车 …………………………… 170
咸宁市 …………………………………………………… 170

107 国道咸安绕城段改建 ……………………………… 170
咸宁大道西延伸段项目（一期） ……………………… 171
107 国道赤壁外迁段 …………………………………… 171
武深高速公路崇阳连接线建成通车 …………………… 171
随州市 …………………………………………………… 171
浪河至何店一级公路 …………………………………… 171
346 国道随州市十岗至任家台段改扩建 ……………… 171
溠水二桥拆除重建 ……………………………………… 171
316 国道随州市十岗至厉山段安防工程
　　（东外环安防工程） ……………………………… 171
316 国道广水市平林至曾都区淅河段（高新区段）
　　改扩建 ……………………………………………… 171
仙桃市 …………………………………………………… 171
318 国道胡场至毛嘴段改建 …………………………… 171
215 省道仙桃市张沟至北口大桥段改扩建 …………… 171
农村公路建设 …………………………………………… 172
武汉市 …………………………………………………… 172
荆州市 …………………………………………………… 172
黄冈市 …………………………………………………… 172
咸宁市 …………………………………………………… 172
随州市 …………………………………………………… 172
仙桃市 …………………………………………………… 173
天门市 …………………………………………………… 173
旅游公路建设 …………………………………………… 173
武汉市 …………………………………………………… 173
荆州市 …………………………………………………… 173
仙桃市 …………………………………………………… 173
交通建设和质量管理 …………………………………… 173
交通基本建设管理 ……………………………………… 173
交通基础设施建设市场管理 …………………………… 174
交通建设造价管理 ……………………………………… 176
交通工程质量监督 ……………………………………… 177
厅重点办工作 …………………………………………… 177

交通基础设施养护和管理

普通公路养护 …………………………………………… 180
高速公路养护 …………………………………………… 180
高速公路服务区 ………………………………………… 180
航道管理与养护 ………………………………………… 180
市州公路养护及改革 …………………………………… 181

武汉市 …… 181	全省公路水路应急管理 …… 203
十堰市 …… 181	普通公路应急管理 …… 203
襄阳市 …… 181	道路运输应急管理 …… 203
荆州市 …… 182	水路交通安全和应急管理 …… 204
鄂州市 …… 182	
黄冈市 …… 183	

交通财务费收

资金保障 …… 207
预算管理 …… 207
费收管理 …… 207
行业管理 …… 210
资产管理 …… 211
全省高速公路费收 …… 211
全省普通公路费收 …… 212
交通内部审计 …… 212

随州市 …… 183
仙桃市 …… 184
天门市 …… 184

公路水路运营管理 …… 184
 湖北交通投资集团有限公司 …… 184
 湖北省港口集团有限公司 …… 185
 崔家营航电枢纽管理处 …… 187
 江汉运河航道管理处 …… 188
 高速公路联网收费中心 …… 189

综合交通和水陆运输

综合交通 …… 192
全省道路运输业发展 …… 192
节假日运输 …… 192
交通运输节能减排 …… 193
班线运输 …… 194
旅游客运 …… 194
城市公交运营 …… 194
城市轨道交通运营 …… 194
客运出租汽车运输 …… 194
城乡客运一体化 …… 195
驾驶员培训行业管理 …… 195
道路运输从业人员培训 …… 195
机动车维修检测 …… 195
全省水路运输 …… 196
长江航运管理 …… 196
港口管理 …… 198
船员管理和培训 …… 198
船舶检验 …… 198

交 通 法 治

交通法治建设 …… 214
交通行政立法 …… 214
交通行政执法 …… 214
普法依法治理 …… 215
"放管服"改革　优化营商环境 …… 215
高速公路路政管理 …… 216
普通公路路政管理 …… 216

交通科技与培训教育

科技项目研究与管理 …… 219
交通环境保护 …… 222
交通信息化与网络安全 …… 223
湖北交通职业技术学院 …… 224

交通综合管理

机构编制 …… 227
干部工作 …… 227
干部培训 …… 227
驻村扶贫工作 …… 227
工资社保 …… 227
交通职业资格 …… 228
职称 …… 228
外事外经 …… 228
目标管理 …… 228
社会管理及综合治理 …… 229

安全应急管理

全省水陆交通安全 …… 201
工程安全监督 …… 201
全省公路安防工程 …… 202
道路运输安全管理 …… 202

信访 ··· 229
档案管理 ·· 229
省人大建议、政协提案办理 ································· 230
研究室工作 ··· 230
厅机关后勤服务中心 ·· 231
湖北省综合交通运输研究会 ································ 231
湖北省公路学会 ··· 231
湖北省交通会计学会 ·· 232
湖北省交通历史文化学会 ··································· 233

党群工作和精神文明建设

党建工作 ·· 235
党风廉政建设 ··· 235
行业精神文明建设 ·· 236
交通运输工会工作 ·· 236
离退休干部工作 ··· 238
交通宣传报道 ··· 239

调查研究

交通运输促进物流业降本增效的现状与对策
　　朱汉桥 ·· 242
关于公路工程磷石膏综合利用的调研报告
　　姜友生 ·· 244
推进全省道路货运领域和网约出租汽车行业
　　党建工作的调研与思考　汪凡非 ··················· 246
关于进一步推动湖北省普通公路养护高质量
　　发展的思考　王 炜 ······································· 249
关于依托湖北鄂州花湖机场打造国家级航空
　　枢纽经济试验区的思考　陶维号 ··················· 251
新发展格局下湖北水运服务助力国内国际
　　双循环实施路径研究　王阳红 ······················· 253

专题资料

湖北省综合交通运输发展"十四五"规划 ············ 257
湖北省水运发展"十四五"规划 ·························· 271
湖北省高速公路发展"十四五"规划 ··················· 277
湖北省综合运输服务发展"十四五"规划 ············ 284
湖北省普通公路发展"十四五"规划 ··················· 293
湖北省道路运输发展"十四五"规划 ··················· 300
湖北省交通物流发展"十四五"规划 ··················· 305
湖北省农村公路养护评价管理办法（试行）······· 310
湖北省交通强国建设试点实施方案 ····················· 311
湖北省普通国省道日常养护管理办法 ················· 313

全省交通运输系统领导名录

厅领导及厅机关处（室）负责人名单 ················· 317
厅直属单位领导名单 ·· 318
市（州）交通运输局、县（市）交通运输局领导名单 ······ 319

获 奖 名 录

2020年"最美货车司机" ····································· 328
2020年全国模范职工之家 ··································· 328
第十二届全国交通运输行业职业技能大赛
　　优胜单位和个人 ··· 328
第一届全国技能大赛参赛工作中作出贡献的
　　单位和个人 ·· 328
2021年全国工人先锋号 ······································ 328
全国五一巾帼标兵岗（标兵）···························· 328
2021年度全国道路运输安全行车百万公里
　　优秀驾驶员 ·· 328
2020年全省劳动竞赛先进集体和先进个人授予
　　湖北五一劳动奖 ··· 328
2020年全省工会专项活动先进集体和先进个人授予
　　五一劳动奖 ·· 328
2021年湖北五一劳动奖和湖北省工人先锋号 ····· 328
2020年度全省"四好农村路"示范县和示范乡镇 ···· 328
2021年度全省交通运输系统先进集体和先进个人 ··· 329

统 计 资 料

2021年主要指标表 ··· 331
2021年公路技术等级情况图 ······························· 333
2021年公路行政等级情况图 ······························· 333
2021年公路桥梁数量比重图（按跨径分）········· 333
2021年公路隧道数量情况图 ······························· 333
2021年中部六省公路基本情况排名（一）········· 334
2021年中部六省公路基本情况排名（二）········· 334
2021年中部六省公路基本情况排名（三）········· 334
2021年中部六省公路基本情况排名（四）········· 334
2021年全国公路基本情况排名（一）················ 335
2021年全国公路基本情况排名（二）················ 336
2021年全国公路基本情况排名（三）················ 337
2021年全国公路基本情况排名（四）················ 338

特

载

稳中求进　拼抢实干
奋力打造新时代"祖国立交桥"
——朱汉桥在2022年全省交通运输工作会上的讲话

(2022年1月18日)

同志们：

经省政府同意，今天我们召开2022年度全省交通运输工作会，主要任务是：深入贯彻党的十九大和十九届历次全会、中央经济工作会议精神，全面落实省委十一届七次、八次、九次、十次全会和省委经济工作会议、全国交通运输工作会议部署，总结2021年全省交通运输工作，交流经验，分析形势，部署2022年重点任务，动员全省交通运输系统干部职工，稳中求进，拼抢实干，奋力打造新时代"祖国立交桥"，勇担现代化"开路先锋"历史使命，为全省经济社会发展提供坚强支撑保障。

刚才，武汉市、十堰市、黄冈市、赤壁市交通运输局等单位作了经验交流发言，做法很好，内容很实，值得大家学习借鉴。下面，我讲三个方面的意见。

一、保持定力，负压前行，以最大努力交出了"开局漂亮、全年精彩"的交通答卷

2021年，全省交通运输系统坚持以习近平新时代中国特色社会主义思想为指导，在省委、省政府的坚强领导和交通运输部的大力支持下，围绕全省"开局漂亮、全年精彩"的目标，更好统筹交通运输疫情防控和行业高质量发展，咬定目标，顶压前行，积极面对多重挑战，担当践行先行使命，团结拼搏赢得精彩，以最大努力交出了合格的交通答卷。

这一年，我们千方百计扩投资，全年公路水路固定资产投资再创历史新高、突破1200亿元，强力支撑了全省经济疫后重振。

这一年，我们担当作为促改革，港口资源整合实现破冰，省港口集团正式挂牌成立，办成了多年想办而没有办成的大事。

这一年，我们着眼全局谋发展，《湖北省综合交通运输发展"十四五"规划》已作为六大省级重点专项规划由省政府发布实施，规划引领行业发展的作用将更加有力有效。

这一年，我们超常高效优服务，国庆节前夕实施容缺审批，在20天内开通了8条高速公路，有力地便捷了群众出行，及时发挥了交通资产效能。

这一年，我们聚焦重点补短板，深化交通补短板工程三年行动，并争取省政府印发了促进多式联运高质量发展的意见和行动方案，交通枢纽支撑功能强柱补梁。

这一年，我们巩固脱贫惠民生，始终将交通领域巩固脱贫攻坚同乡村振兴有效衔接，交通扶贫工作取得了显著成绩，得到部省充分肯定。

这一年，我们规范制度强管理，制定了涵盖全省交通运输基础设施规划、建设、运营和客货运输服务等全过程的规范性制度近50项，行业管理制度体系更加完善。

2021年全省交通运输工作的主要做法和成效是：

（一）建设投资高效率实施

一是投资全面完成。全省累计完成交通固定资产投资1200.9亿元，为年度目标(1000亿元)的120.1%，位居全国第8、中部第1(2021年11月数据排名)。其中，高速公路完成投资381.1亿元，普通公路完成投资627.8亿元，港航建设完成投资107.5亿元(含长江、汉江相关港航投资43.2亿元)，站场建设完成投资84.5亿元，均超额完成年度目标任务，为顺利实现湖北"十四五"开局漂亮奠定了良好基础。

二是项目全盘推进。十巫高速公路鲍峡至溢水段等4个高速公路项目148公里建成。107国道咸安绕城段、雅口枢纽、兴山公铁换乘站等项目加快建设。鄂州机场高速公路一期工程等项目实现开工。汉江兴隆至蔡甸段2000吨级航道整治工程启动前期工作。

三是政策全力争取。全年争取到部省资金支持128.6亿元，其中交通运输部车购税补助资金108.6亿元，省财政农村公路建设资金13亿元、危桥改造资金7亿元。同时，提前争取省财政同意2022年给予危桥改造资金支持7亿元，多式联运、国省道养护等资金支持5亿元。

（二）重点行动高质量补短

一是交通补短板行动高质量。全面梳理完善全省交通补短板工程三年行动项目库，更新后项目总数达到375个，总投资4796亿元。截至目前，已开工项目299个，开工率为79.7%，未开工项目中完成前期工作的24个，占比6.4%，正在推进前期工作的52个，占比13.9%。

二是多式联运行动高质量。高位推动多式联运发展，起草并争取省政府印发了《关于促进多式联运高质量发展的意见》和《湖北省推动多式联运高质量发展三年攻坚行动方案(2021—2023年)》。截至目前，纳入行动方案的67个多式联运集疏运基础设施重点项目中已开工47个，开工率70.2%。黄石新港多式联运示范工程已顺利通过交通运输部验收。

三是危桥改造行动高质量。统筹

调度全省公路桥梁三年消危行动，形成"一盘棋"、拧成"一股劲"，高效推进，成效明显，获得中央、省级媒体广泛关注和重点报道，为全国推动此项工作贡献了湖北交通智慧。截至目前，全省三年消危行动第一批项目库内项目中，已累计实施危桥改造4036座，其中已完工2841座、在建1195座。

四是国省干线达标行动高质量。大力开展国省干线公路升级改造，全年建成一级公路508.6公里、为年度目标(500公里)的101.7%，二级公路926公里、为年度目标(700公里)的132.3%。起草制定了《国省干线达标行动评价办法》，加大对地方督办考核力度。

五是"四好农村路"提质行动高质量。重点实施"畅通、连通、提升、创建"四项工程，全省完成农村公路新改建19675.5公里，为年度目标(13000公里)的151.4%；完成了新一轮"四好农村路"示范创建，新增全国示范县8个、市域示范创建突出单位3个、省级示范县13个、示范乡镇50个。制定了《湖北省农村公路管理养护体制改革试点实施方案》，试点改革工作加快推进，农村路网通行能力和整体服务水平明显提升。

（三）行业治理高水平提能

一是港口整合更有深度。①突破难点，经过专题推进、多轮磋商，完成了阳逻港一期股权并购，深化与中远海运、上港集团战略合作，阳逻港一二三期统一运营取得阶段性成果。②聚焦重点，指导省港口集团明确了港口功能定位，实施了业务重组，港口资源、要素、功能的融合创新不断深化，高效现代交通物流体系和武汉中部地区枢纽港进一步做优做强。③呈现亮点，完成了国有港口资产划转移交，实现了港口货物吞吐能力、码头泊位数、码头覆盖通航里程"三个倍增"，以行政为主体的物理整合全面到位；开通营运了一批港口，整合了一批企业，启动了一批项目，港口资源要素更加优化，以市场为主导的化学变化逐步显现。

二是转型发展更有力度。①传统基建加快向新基建转型。启动湖北省数字交通顶层设计编制工作，促进湖北数字交通精准承接国家战略。与中国交通建设集团签订交通强国智慧交通试点战略合作框架协议，共同构建"政企合作"模式的交通强国双试点示范。厅办公智能化提升、交通云数据中心扩容、省综合交通信息平台等智能化项目加快落实。②规模发展加快向绿色高质量转型。持续推进长江大保护，制定《全省船舶污染防治攻坚提升行动工作方案》，推进船舶水污染物接收、转运、处置过程闭环管理，落实补助政策。狠抓生态环境突出问题整改，第一轮中央生态环保督察反馈的19项整改任务已销号17项，1项基本完成整改待销号，1项达到整改序时进度。③单一发展加快向融合发展转型。城乡客运一体化以点带面推进加速，多式联运示范效应逐渐显现，交邮融合发展逐步深入。襄阳、十堰被评为全国首批"绿色货运配送示范城市"(全国仅16个)。

三是重点改革更有精度。①做细事业中心改革，统筹确定了厅直三个事业中心的基本职能，逐步将事权做实、服务做细、支撑做硬、管理做优。②做深综合执法改革，调研路政、运政、港航海事等不同门类执法基层单位，研究明确了综合执法机构的职能定位，形成了机构设置的基本框架。③做实扩权赋能强县改革，成立领导小组，制定工作方案和实施细则，明确了工作机制、改革任务和责任分工，各项工作正有条不紊推进。同时，规范制度强管理，制定出台了《关于进一步规范我省高速公路建设项目管理工作的指导意见》等近50项制度、规范和标准，内容涵盖交通基础设施规划、建设、运营、养护、客货运输服务及安全、招投标、投资补助、信用管理等各个方面，行业管理更规范高效。

四是规划编制更有高度。①紧扣国家要求，扎实推进交通强国建设试点等部省规划落实，为推进全省综合交通高质量发展提供支撑和保障。②满足湖北需要，《湖北省综合交通运输发展"十四五"规划》和高速公路、普通公路、水运、运输服务等子规划相继发布实施，《湖北省综合立体交通网规划》等重大规划编制基本完成。③对准百姓需求，继续加快交通基础设施建设，已明确进入国家规划的公路水路项目投资规模超过3000亿元，可争取部补助资金超过600亿元。武汉西等17个客运枢纽项目进入国家"十四五"综合交通枢纽专项规划，数量位居全国第1。

（四）惠民利民高标准服务

一是营商环境大提升。①全面提升审批效率。省级政务服务事项审批时限压缩77%；"我要开物流公司(货运)"一事联办在全省17个市州推广应用，减时限比例最多达93%；实施省内超限运输许可二维码证，得到部省表扬；推动"跨省通办"，所有省级政务服务事项均实现最多跑一次。②不断优化发展环境。清理与优化营商环境不一致的交通运输地方性法规和省政府规章5部；开通省厅"店小二"服务专线电话，100%响应处理；启动全面推广高速公路差异化收费工作，对标准集装箱运输车辆通行费明确9折优惠。③扎实开展专项治理。实施交通运输执法领域突出问题专项整治行动，全省共排查问题353个，整改率100%；开展高速公路服务区质量提升专项行动和易拥堵收费站专项治理，为群众安全便捷出行提供了更加优质高效的服务。

二是运输服务大提升。①城乡客运一体化加快推进。竹山县、远安县被授予"全国城乡交通运输一体化示范县"称号，赤壁市、老河口市、红安县入选全国第二批城乡交通运输一体化示范创建县；我省乡镇和建制村通客车评估获全国好评等次。②农村客运基础条件加快改善。启动了全省乡镇汽车客运站、农村候车亭达标行动，明确用3年左右时间，新改建标准乡镇汽车客运站(乡镇综合运输服务站)120个、农村候车亭8000个，目前已分别完成25个、1125个。③新业态货运加快发展。全年新审核通过网络平台货运企业21家；联合邮政部门推进农村客货邮融合发展，启动了样板县、样板站、样板线路创建工作。

三是安全监管大提升。①隐患治理有力度。全面开展交通运输安全隐患"大排查、大清理、大整治"专项行动，扎实推进安全生产专项整治三年行动集中攻坚，全省全年共排查问题隐患37006项，已整改35943项，整改率97%。②制度完善有效果。健全完善平安建设体制机制，成立领导小组和6个专项工作组，制定7项工作制度，明确细化53项重点工作任务；修编了《湖北省交通运输行业突发事件总体应急预案（试行）》。③质量安全有提升。公路水运工程质量安全水平稳步提升，4个项目入选全国公路水运建设"平安工程"名单，2个项目被列为交通运输部"平安百年品质工程"创建示范项目。④专项工作有成效。深入开展自然灾害综合风险公路水路承灾体普查，完成了全省数据采集工作。统筹做好常态化疫情防控，行业领域从业人员疫苗综合接种率达98.64%。圆满完成春运、两会、"五一"、汛期、中秋、国庆等节假日期间和重点时段交通运输应急值守与保障任务，全省交通运输行业未发生重特大事故，安全生产形势总体稳定。省厅3次在全国交通运输相关会议上就安全工作作交流发言。

（五）党的建设高站位落实

一是学习教育开展实。①部署实。把党史学习教育作为党建工作的重要抓手，对标对表中央决策部署和省委工作要求，成立厅党史学习教育领导小组，组建工作专班，制定实施方案，明确6项学习内容，作出5项具体安排。②推进实。开展了13次党组理论学习中心组学习，组织了7次中心组专题学习，举办了3次副处级以上专题读书班，开展了知识竞赛、主题征文、名篇诵读、歌咏会、读书会、红色基地参观等形式多样、特色鲜明的活动。③效果实。以学促用，厅系统实施了十大"我为群众办实事"项目，厅机关开展了46件实事项目，厅党组班子成员带头每人领办1件实事；指导各地开展道路货运领域党建工作试点，武汉、十堰、荆门、鄂州、孝感、咸宁、恩施等7个市州的15家企业党建试点工作深入推进，货车驾驶员权益保障不断加强。

二是纪律作风转变实。①抓实作风建设。印发了《省交通运输厅关于整治形式主义官僚主义狠抓工作落实的实施方案》，聚焦5大整治重点、4项整治措施，全面营造敢于负责、善于担当、务实重干的工作氛围。②抓实巡察整改。对厅直单位开展巡察，发现苗头性、倾向性问题，及时提醒诫勉、诫勉约谈；开展了"四好农村路"建设工作中腐败和作风问题专项整治；坚决把巡视整改作为重大政治任务抓紧抓实抓好，进一步补齐制度缺失，堵塞制度漏洞，扎紧制度笼子。③抓实保密工作。坚持"党管保密"原则，贯彻落实党政领导干部保密工作责任制，保密工作制度体系进一步完善，保密"三大管理"水平进一步强化，干部职工保密纪律意识进一步提升，全年未发生失泄密事件。

三是精神文明创建实。全省交通运输系统一大批先进集体和先进个人获得国家和省级荣誉。京珠大队第三大队荣获"全国工人先锋号"，崔家营管理处工会荣获"全国模范职工之家"，厅联网中心公众出行服务中心荣获"全国五一巾帼标兵岗"。雅口指挥部荣获"湖北五一劳动奖状"，宜昌茅坪港旅游客运公司曹玲玲、武汉地铁徐旺明荣获"湖北五一劳动奖章"，武黄支队第二大队荣获"湖北省工人先锋号"。省厅荣获"湖北省驻村扶贫工作突出支持单位"，厅驻村工作队荣获湖北省和交通运输部"脱贫攻坚先进集体"，十堰、黄冈、襄阳市和远安县交通运输局荣获"全国交通运输脱贫攻坚成绩突出的集体"。2人在第一届全国技能大赛中荣获"全国交通技术能手"，3人在第十二届全国交通运输行业职业技能大赛中荣获"优胜选手"。省厅向121位老党员颁发了"光荣在党50年"纪念章。

同时，综治维稳、扫黑除恶、档案管理、审计、信息宣传、群团、老干、教育培训、职业资格、造价、后勤等各方面工作都围绕中心工作稳步推进、务实有效，为全省交通运输事业稳定、健康、可持续发展提供了重要保障。

这些成绩的取得，是省委、省政府坚强领导和交通运输部大力支持的结果；是省直各部门、地方各级党委政府重视支持的结果；是全省交通运输系统干部职工精诚团结、奋力拼搏的结果。在此，我代表厅党组，向长期以来重视、关心、支持我省交通运输事业发展的各级党委政府、各有关部门及社会各界，向在座各位并通过你们向全省交通运输系统广大干部职工表示衷心的感谢，并致以崇高的敬意！

二、抓住机遇，直面挑战，充分认识和把握当前行业发展的方向和重点

（一）抢抓机遇

一是抢抓重大决策深入实施机遇。国家"一带一路"倡议，长江经济带发展、乡村振兴等重大战略，碳达峰碳中和行动方案、污染防治攻坚战等重大决策部署的深度实施，省委全会、省委经济工作会议对全省综合交通发展的总体布局更加清晰，任务更加明确，要求交通运输更高质量发展、更高水平发挥"先行官"作用，这为交通运输事业改革发展拓展了更为广阔的空间。

二是抢抓交通强国试点建设机遇。湖北是交通强国首批试点省份，交通运输部已经批准我省在现代内河航运等6个方面开展试点，并给予政策和资金支持，目前相关试点正在抓紧推进，这为湖北交通运输在关键领域率先突破、打造样板提供了有利契机。

三是抢抓交通规划发布实施机遇。按照《国家综合立体交通网规划纲要》，京津冀至粤港澳、长三角至成渝2条主轴在湖北交汇，我省新增国家高速公路约1700公里，新增国家高等级航道约680公里；省政府发布《湖北省综合交通运输发展"十四五"规划》，明确了"十四五"期全省交通运输发展的总体思路、规划布局、重点任务和保障措施，这为我省推动交通运输事业谱写新篇章提供了重要规划保障。

四是抢抓政策红利持续释放机遇。省委、省政府先后部署了疫后重振补短板强功能交通补短板工程三年行动、多式联运高质量发展三年攻坚行动、公路桥梁三年消危行动，都明确了政策举措、提供了资金支持，这为助推交通运输固定资产投资继续保持高位运行夯实了基础。

(二)直面挑战

一是交通投资仍不稳固的挑战。目前，全省经济发展仍处于"疫后重振"恢复期，一些领域尚未完全回归正常轨道，财政收入增长缓慢，资金筹措困难，存在一定缺口，交通运输稳投资、保增长的压力很大。

二是要素约束更严更紧的挑战。随着国家碳达峰碳中和战略的实施，在经济社会发展全面绿色转型的大背景下，高速公路、航道整治等项目用地、环评等要素刚性约束更严更紧，部分项目推进难度较大。

三是发展不平衡不协调的挑战。当前，我省区域间、城乡间交通运输发展仍然不协调、不平衡，鄂西、鄂中部分通道仍待完善。城市群交通一体化发展水平不高，中心城市出口及周边路段拥堵时有发生。农村地区路网韧性不强。区域一体化的综合客货运枢纽统筹规划布局不优，集疏运体系有待加强。

四是服务品质有待提高的挑战。基本公共交通服务的均等化、一体化水平仍待提升，全域公交发展还需持续推进。运输结构调整还有一定空间，多式联运发展总体水平仍然不高，"最后一公里"等问题仍然存在。

(三)明确方向

一是要把握工作总基调。中央经济工作会议指出，我国经济发展面临需求收缩、供给冲击、预期转弱三重压力，但长期向好的基本面不会改变，既要正视困难，又要坚定信心，明确要求2022年经济工作要稳字当头、稳中求进。省委经济工作会议指出，我省正处于宏观政策加持窗口期、疫后恢复成势见效期、新旧动能转换加速期、区域实力整体提升期，2022年要保持"拼抢实"的状态和作风，奋力实现"开局企稳、复元打平、再续精彩"。全国交通运输工作会议指出，做好2022年交通运输工作，要牢牢把握"一个总基调"(稳字当头、稳中求进)，更加注重"三个服务"(服务大局、服务人民、服务基层)，确保实现"六个有效"(有效保安全、有效保畅通、有效稳市场、有效稳投资、有效促转型、有效防风险)。我们要准确把握"稳字当头、稳中求进"工作总基调，努力实现交通投资稳中有进、运输服务稳中有升。

二是要抓准发展重点。全面落实省委经济工作会议关于"综合交通枢纽要集成集聚"的要求，脚踏实地把综合交通枢纽做强做优，把多式联运集疏运体系做强做优，把低成本高效率现代物流体系做强做优，把高标准市场体系做强做优，加快构建东西南北四向拓展、人物资信四流融合、铁水公空四网互联的交通物流体系，加快建设"交通强国示范区"、打造新时代"九省通衢"，强化现代交通"硬联通"，形成畅通循环"大动脉"，真正把地理优势转化为区位优势，把区位优势转化为发展优势。

三是要突出一体融合。按照省委"一主引领、两翼驱动、全域协同"区域发展布局，切实发挥交通运输先行引领作用，加快落实《湖北省区域发展布局交通"硬联通"三年行动方案(2022—2024)》，把交通"硬联通"作为城市群建设的先手棋，加快推进武汉城市圈交通运输同城化发展，加快推进襄十随神和宜荆荆恩城市群交通运输一体化发展，打通三个城市圈(群)市际、县际断头路、瓶颈路，推动区域集疏运体系建设和多式联运发展，更好服务全省区域和产业发展布局。

四是要持续改革创新。要加快推动全省交通运输市场化、法治化、融合化发展，推动交通建设和运输市场开放、健康发展，推动交通运输与旅游、商务、邮政、农业等产业融合。要推动大数据、人工智能等新技术在交通运输行业深度应用，注重交通运输与国土空间开发和生态环境保护相协调，提高智慧绿色交通建设水平。要深化扩权赋能强县改革，激发交通运输县域发展活力，为加快建设美丽湖北实现绿色崛起提供交通运输坚强保障。

总之，2022年机遇与挑战并存，我们既要善于冷静分析湖北交通运输发展面临的挑战，又要善于看到其中蕴含的重大机遇，更要增强信心，克难奋进，以新的举措抢抓新的机遇，以新的姿态迎接新的挑战，以新的理念找准新的方向，推动全省交通运输发展实现新进位、再上新台阶。做好2022年工作，最核心的是要毫不动摇坚持党的全面领导，最根本的是要始终坚持以人民为中心，最关键的是要全力保障安全稳定，最基础的是要全面落实可持续发展，最聚焦的是要奋力补齐交通设施短板，最紧要的是要加快改革创新步伐，最重要的是要紧盯目标不放松，一张蓝图干到底，持之以恒抓落实。

三、稳中求进，拼抢实干，当好开路先锋，奋力打造新时代"祖国立交桥"

2022年是开启全面建设社会主义现代化国家新征程、向第二个百年奋斗目标进军的奋进之年，也是实施"十四五"规划的关键之年，还是加快疫后重振和高质量发展的深化之年，更是党的二十大召开之年，全力推动全省交通运输事业高质量发展意义重大。

主要目标是：完成公路水路交通固定资产投资1200亿元以上，力争完成1300亿元；建成高速公路170公里；建设一级公路400公里、二级公路800公里；新改建农村公路10000公里；改造公路危桥2072座；新增港口吞吐能力1000万吨；交通强国试点各项任务取得新进展，交通运输基础设施建设质量再上台阶，客货运输服务水平稳步提升，行业安全生产态势持续稳定。

围绕上述目标，要着力抓好以下六个方面的工作：

(一)坚持党建引领毫不动摇，"严"字着眼抓落实

一是党的建设要严。①始终把牢政治方向。持续严肃党内政治生活，

加强对党忠诚教育,引导党员干部不断提高政治判断力、政治领悟力、政治执行力,把坚持"两个确立"、做到"两个维护"贯穿工作的全过程、各方面。②不断强化理论武装。强化理论学习中心组领学促学作用,统筹分类开展党员教育培训,筑牢思想之魂。更加突出基层基础,坚持抓基层、打基础,抓规范、促提升,抓创新、求突破,深化"红旗党支部"创建,在固本强基中建强战斗堡垒。③切实强化党建引领。坚持以思想破冰引领发展突围,扎实开展"我为群众办实事"实践活动和党员干部下沉社区工作,推动党建与业务深度融合,着力强化新闻宣传,全面反映交通运输服务大局、服务民生的担当和作为。

二是正风肃纪要严。坚决落实党中央、省委决策部署不讲条件、不做选择、不打折扣、不搞变通,确保政令畅通、令行禁止。压紧压实"两个责任",推动"四种形态"落地生根,把"严"的主基调长期坚持下去,驰而不息正风肃纪,做到纠"四风"与树新风并举,确保管党治党责任落到实处。持续深化党风廉政建设,落实省委关于"清廉湖北"建设各项要求,坚持关口前移、惩防并举、标本兼治,一体推进不敢腐、不能腐、不想腐,大力营造政治清明、政府清廉、干部清正、社会清和、文化清朗的政治生态和发展环境。

三是规划实施要严。扎实推进"十四五"规划实施,服务全省区域发展布局,保障规划目标如期实现。加强交通规划衔接和在建项目协作,积极推动国家规划中涉及武陵山片区、大别山革命老区的交通项目落实落地,争取一批交通项目进入"十四五"国家专项建设规划。组织推进湖北"省道网"规划修编工作,谋划一批中长期项目。增强区域互联互通能力,实现由"打通断点"到"畅通成网"的蝶变,夯实乡村振兴交通网络根基,为畅通国内国际双循环、促进区域经济协作发展提供保障。

四是工作落实要严。近年来,按照省委、省政府总体部署和交通强国试点建设各项要求,我们正在实施交通补短板工程三年行动、公路桥梁三年消危行动、国省干线公路三年达标行动、多式联运高质量发展三年行动,以及"四好农村路"畅通联通提升行动、优化营商环境行动等一系列专项行动,已经取得了阶段性成效,但与目标任务完成仍然还有一定距离,我们要"一锤一锤接着敲",对标对表抓落实,确保各项行动圆满收官。

(二)坚持为民服务初心不改,"实"字着眼惠民生

一是抓实"四好农村路",精准服务乡村振兴。①示范推动。继续深化"四好农村路"示范创建,完善创建机制,修订创建方案,扩大创建范围,深入开展"四好农村路"示范省、示范市、示范县、示范乡镇创建活动,推动示范创建从区域示范引领向全域达标发展转变,增强发展动力。②扩容提质。加快推进农村公路提档升级,有序实施窄路基路面加宽改造及破损路段的路面改善,推进具备条件的乡镇实现双通道连通、具备条件的建制村实现双车道畅通。③优化连接。加强资源路、旅游路、产业路建设,推进农村公路进一步向自然村(组)延伸,做好巩固拓展交通脱贫攻坚成果与服务乡村振兴的有效衔接。

二是抓实客运供给提档,服务群众舒适出行。①加快城乡交通运输一体化发展。指导第二批国家城乡交通运输一体化示范县申报单位接受交通运输部复核和创建跟踪。②加快推进客货运输转型升级。完善出台全省汽车客运站电子客票推广方案,鼓励各地开展定制客运、城际约租等新业态发展,指导黄石、咸宁推动全国第二批"绿色货运配送示范城市"建设,跟踪指导农村客货邮融合发展示范创建。③不断提升出行体验。深入开展省级全域公交示范县创建,加快发展安全性高、乘坐舒适的城市公共汽车;持续推进全省乡镇客运站和建制村候车亭新建、改建达标行动;积极推进便利老年人出行,进一步优化老年人出行感受;继续推进"司机之家"和星级服务区创建工作。

三是抓实多式联运发展,有力促进降本增效。①跟踪督导多式联运重点项目建设进展,开展重点项目走访调研,实施"月统计、季通报"。持续抓好多式联运示范工作,督促第三批国家级示范工程加快建设,指导第四批国家级示范工程开展创建,建立省级多式联运工程项目储备库,指导各地大力发展多式联运。②持续壮大多式联运市场,巩固培育江海联运、水铁联运等精品线路。积极推进多式联运信息平台建设,争取在信息共享、供应链服务、"一单制"单据管理等方面取得突破,破除数据壁垒,实现信息数据开放共享和互联互通。

(三)坚持项目建设持续用力,"干"字着眼补短板

一是在项目建设速度上聚力干。①围绕省委区域发展布局,加快综合立体交通体系建设,精准对接交通"硬联通"要求,加快构建"3239"综合交通运输网络。②围绕"四双"目标,加快推进市州双快覆盖(高速铁路全覆盖、运输机场1小时基本可达)、县市双轴支撑(高速公路和普通干线高等级公路双轴支撑)、乡镇双通道连通(具备条件的乡镇双通道连通)和村道双车道连接(具备条件的建制村通双车道)。③围绕"两圈"格局,加快形成"123出行交通圈"和"123快货物流圈"。加快实施交通补短板行动,破除制约高速公路、国省干线、港口航道等重大项目建设的瓶颈,全面完成交通补短板工程三年行动目标任务。确保省政府确定的公路桥梁三年消危行动6108座危桥改造全部启动实施,推动危桥改造由应急状态转入常态管理。合力推进湖北国际物流核心枢纽、沿江高铁等综合交通运输基础设施项目建设。

二是在重大项目前期工作上加力干。①规范项目各阶段前期工作管理,严格执行《湖北省国家高速公路项目前期工作推进方案》《关于加强高速公路及长江大桥前期工作管理的工作方案》等有关要求。②加大工作指导和业务培训力度,进一步强化市州政府推动地方高速公路项目前期工作的主

体责任，加快工作进度。③全力以赴为项目开工创造条件，积极协调相关单位做好建设用地报批等专项工作。积极争取更多资金支持，2022年力争交通运输部对我省交通建养项目中央资金支持突破100亿元；要进一步开放市场，吸引更多的社会资本参与交通建设。

三是在建设市场质量管理上发力干。①加大建设市场秩序规范力度。敢于动真碰硬，严厉打击转包、违法分包、借用资质、围标串标、恶意拖欠进城务工人员工资等行为，加强招投标监管，持续开展应招未招标专项整治，推动交通建设市场持续向好。②着力构建以信用为基础的新型监管机制。进一步规范信用评价，完善红黑名单管理制度，逐步推行信用告知承诺制，推动"信用交通省"建设出效果、有特色。做好养护企业新旧资质的过渡衔接，规范监理、试验检测等资质管理。③加快"平安百年品质工程"建设。加强设计质量管理，从源头上控制和提升工程整体质量；推进现代工程管理，从严把控工程随意变更，加大新技术、新材料、新模式推广，大力推行"建设标准化"和"首件合格制"，贯彻全寿命周期理念，实现工程内在质量、外在品质全面提升。组织研究我省"平安百年品质工程"示范创建的管理指标体系，组织编制示范创建的实施方案。

（四）坚持安全管理常抓不懈，"细"字着眼保稳定

一是抓细平安交通建设。坚持以总体国家安全观为统领，统筹发展和安全，推动建立平安建设权责清单，完善平安建设考评激励机制，深化开展平安建设试点工作。持续开展常态化扫黑除恶专项斗争，重点整治交通运输领域突出问题和乱象，及时化解交通运输领域社会矛盾风险，促进平安建设与业务工作有机融合。

二是抓细三年行动巩固提升。按照交通运输安全生产专项整治三年行动总体部署，继续推进"百项整治任务"落实落地。聚焦重点领域和突出问题，深化公路独柱墩桥梁运行安全提升、船舶碰撞桥梁隐患治理等专项行动。加大路警联合治超执法常态化、制度化工作力度，保持对货车严重违法超限超载治理高压态势，压实源头治理和"一超四罚"工作责任，巩固"两限一卡"专项整治成果。系统总结三年行动成果经验，宣传推广典型做法，形成安全生产长效机制。

三是抓细重大风险防范化解。充分利用大数据等信息化手段，科学研判、系统梳理潜在重大风险和系统性、区域性、倾向性、苗头性问题，切实加强监测预警，落实管控措施。推进完善风险防控机制，强化重大风险分级管理、同步防控，推动安全生产由隐患治理向风险管控转型，建立行业安全生产重大风险"一张图"。全面完成全省自然灾害综合风险公路水路承灾体普查工作。

四是抓细重点时段安全保障。加强组织领导，强化形势研判，提前谋划、及早部署党的二十大、两会、春运、"五一""十一"等重大活动、重点时段交通运输安全生产工作，切实加强现场安全监管，加大执法检查力度，督促行业落实各项安全生产保障措施。针对雨雪冰冻、寒潮大风等极端天气，做好预警预防和应急准备，确保全省交通运输安全生产形势稳定。

五是抓细安全应急能力建设。开展行业专项应急预案的评估、修订与增补，形成相互衔接、务实管用的交通运输应急预案体系。加强安全知识宣传培训和实战应急演练，强化典型事故案例警示教育，提升从业人员安全意识和业务技能水平。加强全省高速公路应急救援工作，推进省级公路交通应急装备物资储备中心建设，提升应急处置能力。

（五）坚持可持续发展永不止步，"绿"字着眼护生态

一是以"绿"为纲，全面启动交通领域碳达峰工作。认真贯彻落实习近平总书记在第二届联合国全球可持续交通大会开幕式上的主旨讲话精神，坚定不移走生态优先、绿色低碳的高质量发展道路，按照湖北省交通领域碳达峰工作方案，全面开展交通领域节能降碳工作。积极推广新能源、智能化、数字化、轻量化交通装备，加强重点领域污染防治，加快形成低碳交通运输结构，推广高效运输组织模式，积极引导公众绿色出行。

二是以"绿"为底，持续推进长江大保护。加快完成第一轮中央生态环保督察反馈的长江干线非法码头再清理再整顿、宜昌自然保护区码头治理整顿"清零"任务。进一步健全船舶和港口污染防治长效机制，加强对船舶防污染设施、码头环保设施配备和使用情况的检查，保障船舶污染物接受转运处置实现全过程电子联单闭环管理。2022年5月底前，完成所有涉及船舶防止生活污水污染水域的处理装置或储存设施设备改造。推进长江干线武汉、宜昌2座洗舱站项目规范运营。

三是以"绿"为要，加快推进新能源和清洁能源应用。积极推进新能源公交车应用，力争到2022年底全省新能源公交车占比达到77%。大力推广港口岸电使用，力争2022年完成前三年船舶受电设施改造任务的40%。推进宜昌、鄂州LNG（液化天然气）加注码头规范运营。

（六）坚持创新发展不断突破，"深"字着眼促改革

一是深化治理能力建设。统筹推进法治政府部门建设，推进交通运输治理体系治理能力现代化，加快综合行政执法改革进程。进一步规范行政执法程序，健全行政执法监督制度，强化行政执法裁量权基准制度，推动行政执法信息化建设，继续开展执法人员培训。全面推行行政执法"三项制度"，推进"双随机、一公开""互联网+监管"，探索建立市场自律、政府监管、社会监督为支撑的协同监管格局。积极创新模式，多元化解社会矛盾纠纷。持续推进政务公开。

二是深化"放管服"改革。推动优化营商环境重点任务落实，贯彻实施"证照分离"改革，开展行政备案规范管理改革试点工作，持之以恒

深化简政放权、放管结合、优化服务，修改完善相关制度文件，为市场主体营造便利的发展环境。深化"高效办成一件事"，深入推进"一网通办""一窗通办""一事联办""跨省通办"，继续优化审批流程，推动更多事项实现"掌上办"，推广应用电子证照。深化交通运输领域扩权赋能强县改革，做好下放事项职权划转及后续配套工作，确保12个事项做到"县直报省、省直达县"，提高行政效率，提升监管水平。

三是深化智慧交通建设。①抓顶层设计。完善和细化《湖北数字交通"十四五"规划》项目清单，系统谋划"交通强国建设试点智慧交通创新示范区""交通运输'四通'工程""全省交通新型基础设施建设"示范项目库，形成"顶层规划＋专项规划＋行动方案"的一体化规划架构体系。②抓项目建设。确保省综合交通运输智慧监测中心、交通云数据中心升级扩容一期工程、厅办公智能化提升工程等项目按时建成并投入使用；统筹推进厅直业务局数字公路、数字运管、数字港航、综合执法4个智慧监测子平台建设；有序推进汉江智慧航道、全省公路桥梁健康监测等项目建设。③抓机制保障。加强交通运输大数据管理，进一步推进信息资源共享；细化完善纳入湖北交通强国智慧交通试点实施方案的重点项目建设台账，按交通运输部要求进行工作评价；完成网络安全绩效评估体系建设，提高网络安全监测及防护能力。

四是深化人才队伍保障。积极争取省委编办支持，争取尽早批复综合执法局机构编制，按照"统筹谋划、系统设计、不立不破、先立后破"原则推进厅直三个事业发展中心职能及内设机构设置。各级交通运输主管部门都要切实发挥好改革后的各事业发展中心、执法机构的职能作用。着力推进湖北交通职业技术学院"双高"院校建设，更好发挥学院作为全省交通运输干部人才培养和教育培训的主平台、主基地、主阵地作用，力争在职业教育、培训管理服务上办出交通特色、湖北特色。以争创"劳动模范、五一劳动奖状（章）、工人先锋号"等为抓手，在全省交通运输系统广泛开展劳动和技能竞赛，大力挖掘和培树"交通工匠"、技术能手，持续提升全省交通运输行业从业人员技能和素质，为推动全省交通运输高质量发展提供有力的人才队伍保障。

同志们，春节将至，在这里特别强调四个方面的重点工作：一是要毫不松懈抓好交通运输常态化疫情防控和春运，为人民群众出行和物资运输提供有力保障。二是要毫不松懈抓好安全生产和信访维稳，确保行业安全形势持续稳定。三是要毫不松懈抓好新一年的工作谋划，找准突破口和发力点，力争"开门红"。四是要毫不松懈抓好党风廉政建设，引导广大干部职工继续保持艰苦朴素的优良作风，廉洁过节、节俭过节、文明过节。

同志们！百尺竿头立不难，一勤天下无难事。站在新的起点，我们要勿忘昨天的苦难辉煌、无愧今天的使命担当、不负明天的伟大梦想，勤政务实优作风，拼抢实干不放松，善作善为出成效，在省委、省政府的坚强领导和交通运输部的支持指导下，克难奋进"再续精彩"，以优异成绩迎接党的二十大胜利召开！

准确把握纪检监察职责使命
为打造新时代"祖国立交桥"提供纪律保障
——刘汉诚在2022年省交通运输厅全面从严治党工作会上的讲话

（2022年4月28日）

同志们：

根据会议安排，我代表省纪委监委驻省交通运输厅纪检监察组通报2021年履行监督责任的情况和2022年的工作安排。

一、2021年主要工作回顾

2021年，省纪委监委驻省交通运输厅纪检监察组和厅系统纪检监察机构认真贯彻落实中央、省关于全面从严治党的决策部署，在深化党史学习教育中强化使命担当，稳中求进推动派驻监督各项工作落细落实，为厅系统在"十四五"开局起步之年交出合格的交通答卷提供了纪律保障。

（一）以政治生态分析研判为抓手，推进政治监督具体化常态化精准化。夯实政治生态分析研判基础工作。开展"政治监督大学习大讨论"，印发《关于落实对"一把手"和领导班子监督任务清单的分工意见》，累计赴9家厅直单位和12个厅机关处室开展政治生态分析研判前期调研，同80余名处级干部开展了廉政谈话，根据调研收集反映的问题向厅党组提出纪检监察建议，并督促抓好整改落实。坚持"两个确立"，做到"两个维护"。对习近平总书记重要讲话、指示批示精神和党中央决策部署落实情况开展监督检查和重点督查，协助厅交通安全专班开展全省交通运输安全隐患"大排查、大清理、大整治"，围绕道路运输、冷链物流、城市客运、高速服务、机关办公场所等重要领域开展疫情防控明察暗访，做到及时发现问题，及时提醒并督促整改。协助厅党组落实全面从严治党重点任务。加强巡视整改跟踪督办，严格执行巡视整改"双审签"审核销号制度，推进厅系统政治巡察全覆盖，参会监督"三重一大"

集体决策制度落实情况，与厅党组主要负责人进行了4次会商和5次重要情况通报，主动约谈厅班子成员、中层正职11人次，向厅党组累计抄送纪检监察建议2份、督办单5份，建立216名处级干部廉政档案，为拟提拔重用、拟受表彰奖励的52人出具了廉洁鉴定意见。

（二）以围绕中心、服务大局为理念，助力交通强国湖北示范区建设。服务保障优化交通运输营商环境。组织召开厅系统优化营商环境座谈会，派员深入多个公路水运重点工程建设项目一线开展下沉遍访，现场督办、清单销号，推动省政府交办的交通运输惠企政策任务落实。加强交通运输生态环境保护工作监督检查。进一步明确厅系统生态环境保护责任，监督保障"长江大保护"行动扎实推进，督促厅港航海事处做好"三无"船舶的清理取缔工作，督促厅港航局加强日常巡查，对关停码头实施硬隔离、硬关闭。监督巩固拓展交通运输脱贫攻坚成果。促进交通运输帮扶政策总体稳定，跟踪监督厅系统对远安县开展定点帮扶和驻村帮扶情况，向厅普通公路处、人事教育处、客货运输处下达督办单，督促集中支持37个乡村振兴重点帮扶县推进乡村交通基础设施提档升级。

（三）以规范监督执纪执法程序为重点，治理交通运输厅系统腐败作风问题。持续纠治"四风"。向厅机关党委、机关纪委下达集中整治形式主义官僚主义问题2021年行动举措的督办单，开展"庸懒散""不作为""慢作为"等机关病专项整治，派员实地对"四好农村路"建设工作中腐败和作风问题开展再监督再检查，全年累计整改发现问题81个，处理相关责任人员8人，《中国纪检监察报》进行了专门报道。规范信访办理、线索处置工作程序。研究编制《履职联动工作手册》，通过组务会集体研判，落实对信访举报件办理、问题线索处置的动态化集中管理。全年，共收到信访举报52件，已办结51件；共处置问题线索13件，其中谈话函询5件、初步核实8件，共涉及21人；给予组织处理13人，其中诫勉3人、通报批评3人、批评教育6人、谈话提醒1人。始终保持正风肃纪高压态势。重点查处了相关负责人不在状态、不担当、不作为、慢作为，违反干部选拔任用程序的问题；厅计划处、厅港航局、厅公路局、厅联网中心、厅信息中心相关党员干部违规收受现金物品的问题；利用职务上的便利为他人客运线路经营上提供帮助，违规收受钱款的问题；在项目招投标工作中不正确履行工作职责问题；擅自占用公房问题。全年，共立案6件，办结上年度立案3件，给予党纪处分9人次、政务处分1人次，其中开除党籍、开除公职1人，党内严重警告4人，党内警告4人；累计收缴涉案款物共计39.9783万元。

（四）以系统施治、标本兼治为目标，一体推进"三不"。监督推动党史学习教育取得实效。制定《关于推动省交通运输厅系统扎实开展党史学习教育的监督方案》，压实各级党组织"一把手"责任，印发《关于督促扎实开展"我为群众办实事"实践活动的通知》，监督保障"十件实事"落到实处。督促落实清廉湖北建设任务。会同厅党组认真研究清廉湖北建设如何在交通运输厅系统落实落地，制定了《省交通运输厅贯彻落实〈中共湖北省委关于推进清廉湖北建设的意见〉的措施》，以厅党组文件印发，进一步规范权力行使，提升交通运输管理服务能力水平。深化以案促改、以案促治。落实"一案一建议一督改"，向厅计划处、厅港航局印发《纪检监察建议书》，要求对长江港航建设专项资金相关问题进行彻底清查整改，进一步完善专项资金的分配和监管机制。以党员干部违规收受基层现金物品典型案例为鉴，开展处级干部违规收受基层现金物品专项清理，并登记存档备查。高度重视受处分人员的教育回访工作，对处分影响期满的同志，及时会同厅机关党委、厅人教处进行考察，作出结论，多名受过处分后表现优秀的干部得到提拔重用。坚持与厅党组一同参与每一起案件处分决定宣布工作，现场通报违纪违法案情，剖析当事人犯错误原因，《持续做好办案"后半篇文章"着力营造良好政治生态》一文被《楚天风纪》刊载。

（五）打造纪检监察过硬队伍，推动派驻监督工作高质量发展。印发《关于加强省交通运输厅系统纪检监察队伍自身建设的意见》，持续开展"全员学习、培训提能、以考促学"活动，举办厅系统纪检监察业务培训班，召开厅系统纪检监察工作会，督促严格执行省纪委监委"十五不准""十一不得"等规定；选调4名基层纪检监察干部参与驻厅纪检监察组审查调查工作，选派驻厅纪检监察组干部3人次参与中央纪委、省纪委专案组查办案件，通过实践锻炼磨砺纪检监察干部的政治品格和斗争精神。

一年来的工作，也暴露出一些问题：一是对"关键少数"的监督还存在薄弱环节。跟踪监督"一把手"思想、工作、作风、生活状况不够全面、不够及时，个别厅直单位纪委书记落实对"一把手"和领导班子监督仍有畏难情绪。二是去存量、遏增量的任务和压力还比较大。厅系统违纪违规问题时有发生，交通工程项目招标采购、大额资金分配使用等重要部位、重要环节的廉政风险隐患仍然存在，禁而不止、屡禁不绝的问题还很突出。三是厅直单位纪委问题线索处置和案件办理能力有待进一步提高。个别厅直单位纪检监察干部在信访办理、线索处置、审查调查等方面的能力水平还不能适应纪检监察新的工作要求，基层纪检监察干部队伍的综合能力素质有待进一步提高。

二、2022年主要工作任务

2022年省交通运输系统纪检监察工作的总要求是：坚持以习近平新时代中国特色社会主义思想为指导，深入学习全面贯彻党的十九大和十九届历次全会精神，认真落实十九届中央纪委六次全会和省纪委十一届六次全会精神，按照省纪委监委统一部署，更好发挥监督保障执行、促进完善发展作用，彰显"派"的权威、发挥"驻"的优势、提升"督"的效果、凝聚"联"的合力，为交通强国湖北示范区建设提供纪律保障，以实际行动迎接党的二十大和省第十二次党代会胜利召开。

（一）坚守政治定位，以实际行动坚持"两个确立"。

深刻认识纪检监察机关是政治机关，派驻监督本质是政治监督，强化政治监督始终是纪检监察机关的首要职责使命。推动党中央重大决策部署不折不扣贯彻落实。带头深入学习领会党的十九届六中全会的重大意义和精神实质，聚焦坚持"两个确立"、做到"两个维护"，不断提高政治"三力"，重点查处厅系统在落实交通运输补短板稳增长惠民生、优化营商环境、疫情防控、生态环保、安全生产等具体工作任务中，不自觉、不坚定、喊口号、做表面文章，以及打折扣、搞变通、做选择等问题。协助推动主体责任落实。定期和厅党组共同谋划部署厅系统全面从严治党工作任务，分析评估厅系统政治生态状况，督促做好巡视整改"后半篇文章"，加强对厅直单位巡察工作的业务指导，对敷衍整改、虚假整改、"纸面整改"的行为坚决问责。强化对"一把手"和领导班子的监督。落实驻厅纪检监察组主要负责人与厅直单位"一把手"谈话全覆盖，监督"一把手"和班子成员认真整改近几年在贯彻执行民主集中制、"三重一大"集体决策和选人用人方面存在的突出问题，重塑厅系统风清气正良好政治生态。

（二）围绕交通大局，监督保障湖北交通运输持续改革发展创新。

准确把握党中央关于立足新发展阶段、贯彻新发展理念、构建新发展格局、推动高质量发展的内涵要义，紧密联系交通运输中心工作，服务保障交通运输高质量发展。监督保障厅系统优化营商环境工作扎实推进。督促优化交通运输营商环境重点任务落实，重点纠治惠企政策获取难、行政审批办理难、中介机构规范难、便民服务便民难，以及服务推诿敷衍、态度简单粗暴等问题。监督保障交通运输重大工程、重大项目落地落实。对交通补短板目标任务核查销号情况进行监督检查，确保交通补短板工程三年行动硬账硬结。跟进"四好农村路"畅联畅通提升行动、公路桥梁三年消危行动、安全生产专项整治三年行动、长江干线非法码头再清理再整顿等，加强主动监督、靠前监督，推动落地见效。监督保障交通运输工程管理、建设市场更加规范廉洁高效。对长期不能进行交（竣）工结算验收的工程项目开展专项清理，加大赴项目一线下沉遍访力度，着力发现和查处违规转包、违法分包、借用资质、围标串标和领导干部插手工程招投标、说情打招呼等行为背后的腐败和作风问题。

（三）纠"四风"树新风，推进清廉湖北建设在交通运输系统落地落实。

突出日常，保持经常，以清廉湖北建设为载体，把"好正实优"要求落实到交通运输系统各部门、各岗位、各工作环节。一严到底纠治"四风"。密切关注"四风"苗头性、倾向性、隐蔽性问题，巩固为基层减负成果，坚决遏制吃喝风、送礼风反弹，监督治理"酒杯中的奢靡之风"，严肃整治封建迷信、抹牌赌博、违规接受管理和服务对象宴请等顽瘴痼疾。持续整治交通运输领域群众身边腐败和不正之风。配合省纪委监委运用"乡村振兴和民生领域政策落实监察系统"开展监督检查，严肃查处乡村振兴交通运输项目建设中以权谋私、截留挪用、优亲厚友等问题。深入推进清廉湖北清廉交通建设。跟踪检查清廉交通建设任务清单的落实情况，督促开展普纪普法教育，规范清理动态更新厅系统处级干部廉政档案，严把干部选拔任用"路条"关，防止和纠正任人唯亲、任人唯近、任人唯熟、封官许愿、带病提拔和违反干部选拔任用程序等问题。

（四）一体推进"三不"，把严的主基调长期坚持下去。

始终坚持无禁区、全覆盖、零容忍，坚持重遏制、强高压、长震慑，坚持受贿行贿一起查，坚持有案必查、有腐必惩，协同推进惩治震慑、制度约束、提高觉悟。加强交通运输领域腐败治理。对群众普遍关注、反映强烈和反复出现的交通运输市场监管、交通项目招标采购、交通专项资金分配等重点领域加强专项整治，对交通运输政策支持力度大、投资密集、资源集中等关键环节狠抓严管，防范领导干部配偶、子女及其配偶经商办企业及涉外行为违纪违法产生的风险问题。发挥以案促改综合治理效能。定期开展信访件、问题线索"大起底"，着力提升审查调查能力，对普遍性、系统性、典型性问题及时提出纪检监察建议，督促完善交通运输体制机制制度，力争从源头上预防问题发生。做好办案"后半篇文章"。统筹推进"惩防治"，教育引导党员干部从思想上固本培元，把握"三个区分开来"，加大及时澄清正名力度，坚决查处诬告陷害行为，规范对受处理处分干部的回访教育和使用工作，真正做到惩前毖后，治病救人。

（五）严实队伍建设，锻造忠诚干净担当的纪检监察铁军。

抓好纪检监察干部理想信念教育，带头深学笃悟习近平新时代中国特色社会主义思想，落实党史学习教育常态化长效化机制。磨砺纪检监察干部干事创业硬作风，开展纪法知识学习培训和实战练兵，做到政治坚定、业务精通、敢于担当、公道正派。带头做遵纪守法的标杆，严管治吏之吏，严控治权之权，落实关心关爱激励保护机制，确保纪检监察干部能干事、干成事、不出事，始终做党和人民的忠诚卫士。

同志们，2021年全省交通运输系统疫情防控和行业高质量发展交出了"开局漂亮、全年精彩"的交通答卷，交通人精诚团结、勇担使命、拼抢实干、无私奉献，发挥了中流砥柱的作用！我们相信，有省委、省纪委监委的坚强领导，有厅党组和厅系统各级党组织的重视支持，有全体党员干部的身体力行，有全体纪检监察干部的踔厉奋发、勇毅前行，2022年厅系统全面从严治党、党风廉政建设和纪检监察工作一定会取得新成效，以优异成绩迎接党的二十大和省第十二次党代会胜利召开！

大事记

2021年大事记

1月

7日 省交通运输厅党组书记、厅长朱汉桥到省交通投资集团有限公司（简称省交投集团）调研。朱汉桥一行调研物流集团、实业公司和楚天公司，通过视频连线方式检查服务区服务驾乘人员和高速公路一线保通保畅及收费工作等情况。省交投集团党委书记、董事长龙传华，省交投集团党委副书记、总经理陈劲超等参加调研。

9日 "北粮南运"班列从阳逻港集装箱铁水联运示范基地启程，3天后到达贵阳改貌站。此次班列开行，打通东北—武汉—云贵川的"北粮南运"战略通道，确保粮食作物产业链供应链稳定安全。"北粮南运"战略通道，使铁路与港口、班轮航线实现无缝连接，促进东北与中西部地区经济交流，推进现代物流业发展。

11日 省政协副主席、中南工程咨询设计集团董事长张柏青，集团党委书记、总经理张云一行到省交通运输厅共商合作事宜。省交通运输厅党组书记、厅长朱汉桥，厅领导姜友生、李传光、石先平等参加座谈。张云、姜友生分别代表中南工程咨询设计集团、省交通运输厅签订战略合作框架协议。

20日 咸宁至九江高速公路咸宁段项目正式开工。咸宁至九江高速公路项目全长69公里，其中湖北咸宁段全长46.7公里，估算总投资78亿元，起于通山县南林桥处，与咸通高速公路、杭瑞高速公路对接，止于江西省九江市武宁县，采用双向四车道高速公路标准建设，路基宽度26米，主线设计速度100公里/时。

22日 福银高速公路武当山互通改建工程通过交工验收。福银高速公路武当山互通位于福银高速公路桩号K407+000处，主线长约1300米，新建互通匝道长约2428米，连接线长约1600米，新建匝道桥梁5座、连接线桥梁1座，加宽主线桥梁1座，新建收费站1处。福银高速公路武当山互通的建成，对进一步优化武当山交通环境、完善基础设施建设、提升旅游功能和服务档次、推动武当山旅游经济更好更快发展具有十分重要的意义。

30日 沪蓉高速公路红安联络线（武汉至红安高速公路）正式开工建设。沪蓉高速公路红安联络线（武汉至红安高速公路）起于黄冈市红安县觅儿寺镇新型产业园西侧的陈家田附近，与沪蓉高速公路相接，止于红安县城区云台村，与红安县发展大道相接，路线全长约27.7公里。全线采用双向四车道高速公路标准建设，设计速度100公里/时，路基宽度26米。

2月

1日 武汉城市圈环线高速公路孝感北段正式通车运营。至此，全长560公里的武汉城市圈环线高速公路全线通车。孝感北段起于随州市广水市杨寨镇，接麻竹高速公路大随段，止于孝感市安陆市南城肖杨村，在汉十高速公路对接武汉城市圈环线高速公路孝感南段，全长46.42公里。

2日至5日 交通运输部总工程师姜明宝带队，交通运输部联合国家卫生健康委、应急管理部、国家铁路局成立春运检查组到湖北检查春运和疫情防控工作，并对检查发现的问题进行专题反馈。省交通运输厅党组书记、厅长朱汉桥，副厅长王本举、李传光陪同检查。中国铁路武汉局集团有限公司、湖北省卫生健康委、湖北省应急管理厅参加反馈座谈会并进行汇报。

12日 省长王晓东视频连线省交通运输厅党组书记、厅长朱汉桥检查调度春运服务保障情况。

22日 武汉绕城高速公路中洲至北湖段改扩建项目开工建设。武汉绕城高速公路中洲至北湖段改扩建项目与武汉市四环线共线，起于藏龙岛枢纽互通，止于北湖枢纽互通，全长30公里，投资规模约41亿元。

28日 湖北省建造的全国内河最先进、装载量最大的集装箱船"汉海5号"首航。

3月

26日 长江干线武汉至安庆段6米航道水深全线贯通，万吨级船舶可常年直达武汉。

30日 顺丰航空"武汉—河内"国际全货运航线正式开通运行，这是武汉首条直飞越南河内的全货运航线。该航线采用B757-200型全货机执飞，主要服务于电子产品、电子配件、布卷等货物的进出口物流需求。

31日 保康至神农架高速公路通过交工验收。保神高速公路是湖北高速公路网规划"九纵五横三环"和"鄂西生态文化旅游圈"建设的重要组成部分，是通往神农架林区的首条高速公路，起于保康县后坪镇，与保宜高速公路相接，止于神农架林区阳日镇，项目全长43公里。主线有桥梁26座、隧道11座，桥隧比达85.36%。

4月

23日 由省交通运输行业精神文明建设指导委员会主办的"书香交通·文化同行"第10期读书分享会成功举办。本次读书分享会主题为"'中国文化'我读你听"，由省汉江崔家营航电枢纽管理处承办，国防科技大学信息通信学院、948交通广播协办，省总工会、国防科技大学信息通信学院、湖北邮政公司、东方航空公司、武汉地铁运营公司、高速公路运营集团、武汉铁路局、汉欧国际等综合交通部门及省交通运输厅150余名书友参加。

5月

20日 三峡翻坝江北高速公路通过交工验收。至此，三峡大坝南北两岸翻坝高速公路全面建成，有效缓解三峡大坝船舶过坝通行压力。三峡翻坝江北高速公路起于宜昌市夷陵区太平溪镇木鱼包，止于新坪互通，与沪蓉高速公路宜巴段相接，全长36.54公里。

27日 207国道襄阳段改建工程开工建设。该项目起于鄂豫两省交界处的襄阳市襄州区黄集镇，途经襄州、樊城、襄城、南漳、宜城5个县（市、区），全长约96公里，按一级公路标准建设，设计速度80公里/时。概算总投资69.5亿元，建设工期42个月。

△ 省交通运输厅"礼赞一百年 颂歌献给党"歌咏活动在汉十高速公路孝感服务区举行。厅党组书记、厅长朱汉桥及厅党组全体成员，厅直各单位党委书记，厅机关各处室支部书记参加歌咏会。

28日 保康至神农架高速公路、沙市至公安高速公路杨家厂至孟家溪段正式通车。保康至神农架高速公路全长43公里，设计速度80公里/时，是湖北省高速公路建设史上桥隧比最高的山区高速公路。沙市至公安高速公路杨家厂至孟家溪段全长26.89公里，设计速度100公里/时。

6月

1日 全省交通运输系统以"落实安全责任，推动安全发展"为主题的2021年"安全生产月"活动在武大高速公路四标施工现场启动。

3日 赤壁长江公路大桥通过交工验收。大桥建成后，从赤壁过江到洪湖仅需5分钟。赤壁长江公路大桥是《国家公路网规划》和《湖北省骨架公路网规划》中台（州）小（金）公路跨江控制性工程，也是国家发展改革委首批基础设施等领域80个鼓励社会资本参与建设运营的示范项目之一。项目全长11.2公里，其中长江大桥全长3.35公里，全线采用双向六车道高速公路标准建设，设计速度100公里/时。

8日 中国交通建设集团有限公司党委副书记、总经理王海怀一行到省交通运输厅共商合作事宜，签订交通强国智慧交通试点战略合作框架协议。省交通运输厅党组书记、厅长朱汉桥，副厅长姜友生、李传光出席仪式。中交集团副总经理孙子宇与省交通运输厅副厅长王炜代表双方签订战略合作协议。按照协议，双方将按照"平等互利、优势互补、创新驱动、共赢发展"原则，通过政府推动和市场化运作相结合的方式，加快推进科技赋能，在全产业链一体化建设运营、数字化能力提升、交通新型基础设施建设、投融资模式创新等方面深化务实合作，打造一流设施、一流技术、一流管理、一流服务，促进湖北交通运输提效能、扩功能、增动能，共同构建政企合作试点示范，打造湖北交通强国与中交集团交通强国建设双试点示范标杆。

18日 武汉新港大通国际航运有限公司汉亚直航航线海铁联运项目启动运行。这条超过5000公里，连接日本、中国、蒙古国的海铁联运新通道在武汉打通。

23日 省交通运输厅在赤壁市康华物流园举办农村物流服务品牌宣传推广活动。开展农村物流服务品牌宣传推广，是全国食品安全宣传周活动的重要内容之一，为了进一步加强农村物流服务企业建设培养，提升农村鲜活农产品运输供给，保障鲜活农产品运输安全，更好地满足人民群众消费需求。

29日 省交通运输厅庆祝中国共产党成立100周年，开展党史名篇诵读展示，表彰先进典型，颁发"光荣在党50年"纪念章。厅党组书记、厅长朱汉桥出席大会，副厅长汪凡非主持会议。

△ "日本—武汉—蒙古国"海铁联运物贸新通道正式启用。

30日 湖北省港口集团有限公司（简称省港口集团）在武汉正式成立，标志着全省港口资源进入一体化发展新阶段。此次港口资源整合，以武汉港航发展集团有限公司为主体，按"资产整合＋业务重组"模式，将省属国企和长江、汉江沿线市州国有港口资产整合进入省港口集团。

7月

5日 省交通运输厅党组书记、厅长朱汉桥在武汉检查港口码头建设与安全管理。他强调，宁可十防九空，不可失防万一，要建立重大安全风险防范化解常态化机制，确保交通运输安全隐患"大排查、大清理、大整治"专项行动取得实效。

28日 武汉首开至乌兹别克斯坦塔什干中亚班列。列车从武汉汉西车务段吴家山站开出，经汉丹线、焦柳线运行，由霍尔果斯口岸出境，驶往乌兹别克斯坦塔什干，计划12天左右抵达。开行这一中亚班列，是基于两地产业互补性强的特点。此外，直达的运输模式，为企业节约了运输成本，且将运输时间压缩5~7天。

9月

3日 十堰至巫溪高速公路鲍峡至溢水段开通试运营。十堰城区至竹山县、竹溪县车程从3小时缩短至1.5小时。十巫高速公路鲍峡至溢水段起于十堰市郧阳区鲍峡镇，止于竹山县溢水镇，全长58.6公里，桥隧比达79%。全线采用双向四车道高速公路标准建设，设计速度80公里/时。

16日 省港口集团三江港正式开通，这是全省港口资源整合后开通的首个港口。三江港是长江中游南岸的核心港区，交通运输部命名的全国第三批多式联运示范工程（国内唯一涵盖铁水公空四种运输方式的示范工程），国务院批复的鄂州港区一类水运口岸项目，工程总投资15.5亿元。

25日 武穴长江公路大桥建成通车。大桥通车后，过江仅需5分钟。武穴长江公路大桥项目起于武穴市四望镇新屋岭，止于黄石市阳新县枫林镇塘湾村，全长31公里，其中长江公路大桥长3355米、两岸接线长28公里，主桥为主跨808米双塔单侧混合梁斜拉桥。项目全线采用高速公路标准建设，设计速度100公里/时。

30日 第十三届全国交通运输行业职业技能大赛城市轨道交通列车司机行业湖北省选拔赛在武汉地铁运营公司古田车辆段拉开帷幕，武汉地铁选拔产生的20名选手参加本次比赛。本次选拔赛设理论测试和实操两个环节，包括轨道交通基础知识、车辆知识、列车驾驶技能、救援连挂操作等。最终，此次选拔赛评选出的前2名选手连同公路养护、机动车驾驶员培训教练员、流体装卸工职业选拔赛的选手参加全国总决赛。

10月

13日至15日 由省交通运输厅、省人力资源和社会保障厅、省总工会、共青团湖北省委主办，省道路运输事业发展中心承办的第十三届全国交通运输行业职业技能竞赛湖北省选拔赛暨2021年"湖北工匠杯"技能大赛——全省交通运输行业第五届"交通工匠杯"机动车驾驶员培训教练员职业技能竞赛，在宜昌举办。来自全省17个地市州的62名教练员，围绕理论知识、场地驾驶、规范化教学展开竞技。

14日 全省高速公路服务质量"线上评、线下改"社会评议活动正式启动。评议内容包括高速公路服务区（停车区）、收费站、路域环境三个方面。本次评议活动采取公众评议、特邀评议相结合的方式进行。评议重点主要围绕服务区停车秩序、卫生环境、公益服务，高速公路标识标线、用地绿化、路容路貌、沿线设施，收费站所站容站貌、通行规范快捷、文明服务十项内容展开。

△ 全省第五届"交通工匠杯"流体装卸工职业技能大赛在武汉闭幕。流体装卸工竞赛是交通运输部确定的竞赛项目，提升为国家一类竞赛，首次采用双人赛方式进行。经过企业层层选拔和预赛，来自武汉、荆州、宜昌等6个市州、12家单位的28名选手参加决赛。赛后前4名选手代表湖北省参加第十三届全国交通运输行业流体装卸工职业技能大赛总决赛。

31日 武汉天河国际机场开通直飞西藏林芝航线。该航线由四川航空公司执飞，航班时刻为每周四班。

11月

9日至10日 省委常委、省委宣传部部长、长湖省级湖长许正中巡查长湖，调研长湖湖长制落实情况和督促推进长湖碧水保卫战"净化行动"。省交通运输厅党组书记、厅长、长湖省级副湖长朱汉桥随同巡湖。许正中到长湖荆州段沙洋县毛李镇污水处理厂，调研污水处理情况，到沙洋县后港镇吴家湾码头，调研长湖水质和禁捕禁钓等情况；到长湖荆州段长湖习口船闸，调研习口船闸沿岸居民生活污水管网收集、降解处理工程和全面禁捕禁钓工作；到太湖港渠入湖口，调研环长湖湿地修复工程及长湖流域水污染防治项目工程；到园博园，调研长湖湿地修复、退垸还湖及生态修复工程。

9日 省交通运输厅党组书记、厅长朱汉桥到荆门市东宝区调研指导平安建设联系点工作，与荆门市委副书记、市长李涛交流平安建设意见。厅党组成员、副厅长王炜和东宝区区委书记江稳等陪同调研。朱汉桥一行实地查看龙泉街道东宝山社区、牌楼镇来龙村，详细了解村（社区）平安建设和基层社会治理创新工作情况，对所在村（社区）推行的"4+N"综治中心、"五员议事""村（社区）社会治理积分制管理""双任制（民警任村党组织副书记、村综治主任任派出所辅警）"、智慧平安乡村建设、七彩志愿服务等做法给予肯定。

12月

9日至10日 省交通运输厅党组书记、厅长朱汉桥到十堰专题调研汉江上游水运可持续发展工作。朱汉桥到汉江夹河、孤山、丹江口、王甫洲航运枢纽现场、环库生态公路武当山段，听取各地水运发展现状、远景规划以及水利枢纽船闸运能、发电能力等情况介绍，与地方党委政府主要负责人就推动汉江上游水运可持续发展等工作深入交换意见。

10日 武汉至松滋高速公路武汉段项目开工建设。武汉至松滋高速公路是湖北省"九纵五横三环"高速公路网的重要组成部分，项目起于汉南区水洪口，设水洪枢纽互通与武监高速公路相接，于蔡甸区港洲村设消泗互通后与武松高速公路仙桃至洪湖段项目相接，采用双向六车道，设计速度120公里/时，线路全长11.8公里，总投资30亿元。

21日 麻城至陕西安康高速公路麻城东段通过交工验收。至此，全长651公里麻安高速公路全线贯通。麻安高速公路是湖北省规划的"九纵五横四环"高速公路骨架网中的一条东西走向的"横线"，串联起大别山与秦巴山片区10余个县市。麻安高速公路麻城东段全长15.87公里，全线设大中桥14座、分离式互通3个。

26日 武汉轨道交通5号线、6号线二期、16号线同步开通运营。这3条轨道交通的开通，实现武汉地铁运营首次一次性开通里程75公里，武汉轨道交通达到11条线路435公里，实现所有城区通达地铁，轨道交通市域全覆盖。新开工武汉轨道交通新港线一期、5号线二期、16号线二期、12号线连接线工程和轨道交通信息化云平台项目5个工程，总投资约170亿元。

30日 十淅高速公路（湖北段）丹江口水库特大桥主塔顺利封顶，大桥施工全面转入上构施工阶段。丹江口水库特大桥是十淅高速公路（湖北段）控制性工程，大桥全长1076米，主跨760米，是世界上在建的最大跨径部分地锚式组合梁斜拉桥。大桥主塔为H形结构，其中南、北岸主塔分别高约199米和194米。

武汉阳逻港

概

況

【全省交通运输概况】 截至2021年底，湖北省综合交通网总里程达31万公里，实现市市有铁路（神农架林区在建）、县县通高速公路、村村通硬化路和客车。全省公路总里程29.7万公里，其中高速公路7378公里；铁路营业里程5310公里，其中高速铁路和城际铁路1690公里；内河通航里程8667公里，其中高等级航道2090公里；油气管道7500公里，其中天然气管道5750公里。全省有民用机场7个、通用机场5个。全省建制村100%通邮，快递网点100%乡镇全覆盖。

1. 基础设施建设。《湖北省综合交通运输发展"十四五"规划》正式印发，《湖北省高速公路发展"十四五"规划》等4个专项规划获省政府批准。沿江通道作为战略骨干通道纳入国家专项规划，中部地区大通道大枢纽建设、长江中游城市群交通互联互通得到重点支持。一批国家高速公路、高等级航道、综合交通枢纽项目纳入国家规划。湖北省综合立体交通网规划编制工作通过专家评审验收。

(1) 铁路建设。沿江高铁武汉至宜昌段全线启动实施，沿江高铁武汉至合肥段初步设计工作积极推进。武汉新港江北铁路一期工程、荆州煤炭储备基地铁路专用线等建成，宜昌白洋港疏港铁路等建设加快推进。

(2) 公路建设。十巫高速公路鲍峡至溢水段等4个高速公路项目148公里建成。鄂州机场高速公路一期工程等项目开工，利川至咸丰高速公路等项目前期工作积极推进。全年建成一级公路508.6公里、二级公路926公里。重点实施农村公路"畅通、连通、提升、创建"四项工程，新增"四好农村路"全国示范县8个、市域示范创建突出单位3个。至2021年底，全省公路总里程比上年增长2.5%，其中高速公路增长2.1%。

(3) 水运建设。长江干线武汉至安庆段6米水深航道整治工程完工投入试运行。雅口、孤山等汉江梯级枢纽加速实施，新集枢纽全面开工建设；汉江河口段2000吨级、香溪河等航道整治工程基本完工；唐白河、汉北河、富水、浠水等航道整治工程开工建设。荆州江陵煤炭储备基地一期工程基本完工，阳逻集装箱铁水联运二期、黄石棋盘洲三期、宜昌白洋二期建设顺利推进。襄阳港小河港区综合码头正式开通。全年新增港口吞吐能力1000万吨。

(4) 民航建设。湖北国际物流核心枢纽项目全面推进，鄂州花湖机场年底成功校飞，机场主体工程建设进入收尾阶段。宜昌三峡机场改扩建工程加快推进，飞行程序实地试验试飞工作圆满成功。武汉天河国际机场第三跑道前期工作正式启动，项目预可行性研究报告获批。

(5) 物流园建设。全省物流通道、物流园区、物流中心组成的交通物流基础设施体系加快建设，建成以公路货运为主的交通物流枢纽78个，武汉东西湖保税物流中心、武汉阳逻港综合物流园、宜昌东站物流中心、宜昌三峡物流园、襄阳国际陆港物流园、十堰林安综合物流园等大型物流园区稳步运营。大花岭、三江港铁路物流基地、阳逻港区铁水联运一期工程、黄石新港铁路货场等铁路进港的物流枢纽相继建成运营。

(6) 多式联运枢纽建设。武汉阳逻港、武汉粮食物流项目、黄石新港、宜昌白洋港和鄂州三江港5个项目列入全国多式联运示范工程，数量位居全国第一。武汉阳逻港水铁联运项目实现常态化运营，黄石新港多式联运示范工程通过交通运输部验收。

2. 综合交通运输服务保障。全省综合交通运输完成客运量3.41亿人次、旅客周转量744.75亿人公里，比上年分别增长9.2%、13.4%；完成货运量21.48亿吨、货物周转量6743.77亿吨公里，比上年分别增长33.9%、27.3%。全省客货运总量高于上年同期，但受疫情反复影响，仍未恢复至疫情前水平，综合运输服务主要指标呈现"增幅货大于客，增速前高后低"态势。

(1) 铁路运输。全年完成客运量11627.02万人次，比上年增长42.7%；完成货运量5828.02万吨，比上年增长8.7%。受海运通道不畅、价格高涨影响，中欧班列（武汉）累计开行455列，比上年增长97.8%，超过历史最高水平。

(2) 道路运输。全年完成客运量21098.39万人次，比上年下降2.9%，呈现"上半年回暖、下半年回落"发展态势；完成货运量16.13亿吨，比上年增长41.1%，呈现"强力复苏、前高后低"发展趋势。

(3) 水路运输。全年完成客运量314.35万人次，比上年增长35.0%；完成货运量47624.00万吨，比上年增长17.0%；完成港口吞吐量4.88亿吨，比上年增长28.6%，港口集装箱

2021年9月25日，武穴长江公路大桥正式通车

吞吐量284万标准箱,比上年增长24.2%。其中,武汉港集装箱吞吐量完成248万标准箱,比上年增长26.1%,首次跻身全国港口集装箱吞吐量年度前20强。

(4) 民航运输。全年完成客运量1095.92万人次,比上年下降4.4%;完成货运量7.01万吨,比上年增长19.6%。武汉天河国际机场完成货物吞吐量31.6万吨,比上年增长66.9%,其中国际及地区货物吞吐量14.6万吨,比上年增长191.3%。

(5) 邮政快递。全年邮政行业业务收入完成350.10亿元,比上年增长26.7%;业务总量完成366.57亿元。快递业务量和业务收入分别完成26.93亿件和241.31亿元,比上年分别增长50.9%和35.1%。

(6) 城市出行。全省公共汽电车完成客运量21.7亿人次,巡游出租汽车完成客运量10.8亿人次,轨道交通完成客运量10.1亿人次,比上年分别增长38.2%、25.6%和62.9%。全省公交运营线路2147条、运营线路长度3.86万公里,比上年分别增长9.8%、16.6%。全省轨道交通运营线路14条,比上年增长16.7%。

(7) 物流行业运行企稳回升。全省物流行业景气指数(LPI)月度均值为52.3%,高于上年1.4个百分点,市场运行呈稳中向好态势,水运集装箱、航空跨境电商、快递与民生消费物流保持较快增长。

(8) 运输结构持续优化调整。全省公路、水路、铁路货运量在综合运输中比重分别为75.3%、22.2%和2.5%,与2019年相比,公路下降4.7个百分点,水路和铁路上升4.5和0.2个百分点。全省集装箱多式联运量73.0753万标准箱,比2020年增长46.2%,比2019年增长50.07%;全省港口集装箱铁水联运量6.7753万标准箱,比2020年增长74.42%,比2019年增长30.46%。

3. 行业管理。推进全省综合交通运输管理体制改革,在全省港口资源整合、构建多式联运集疏运体系、深化农村公路管理养护体制等方面取得重要改革成果。统筹全省港口资源集约发展,省港口集团挂牌成立。推进多式联运发展,多式联运集疏运基础设施重点项目开工51个,黄石新港铁水公联运示范工程被命名为"国家多式联运示范工程"。

(1) 清理交通法规。全面清理省本级交通运输法规6部、省政府规章8部、规范性文件50份。重点修订《湖北省水路交通管理条例》《湖北省道路运输条例》。2021年7月,湖北省第十三届人大常委会第二十五次会议作出《关于集中修改、废止涉及优化营商环境省本级地方性法规的决定》,对《湖北省道路运输条例》作出修改;同月,省政府作出《关于修改和废止部分规章的决定》,对《湖北省出租汽车客运管理办法》《湖北省港口管理办法》进行修改。

(2) 优化营商环境。持续推进简政放权,下放"港口经营许可"权限。深化"证照分离"改革,取消"水运工程监理企业丙级资质认定""公路工程专业丙级监理资质认定"省级行政许可事项。深化扩权赋能强县改革,下放省、市级事项35项,确定"县直报省、省直达县"改革事项12项。持续深化"互联网+监管"。加强信用监管,开展公路水运建设市场信用评价,对全省道路运输企业进行质量信誉等级评定。对省级超限运输许可开发启用二维码电子证书。省级政务服务事项压减时限比例达77%。持续开展"我要开物流公司(货运)"多部门联合办理,压减时限比例最多达93%。开通省交通运输厅"店小二"服务专线电话。

4. 服务交通强国建设。制定《湖北省交通强国建设试点实施方案》,统筹推进6个方面试点建设。现代内河航运建设9个试点项目全部启动建设,其中3个项目建成运营。完成农村公路新改建19675.5公里,危桥改造完工1655座、在建982座;启动乡镇汽车客运站和农村候车亭达标建设行动。推进打造省级综合交通运输信息平台,部省治超联网管理信息系统初步设计获批复,汉江电子航道图完成375公里。开展信用评价工作和"失信联合惩戒"工作。探索政企合作新模式,在全省公路桥梁三年消危行动中,开展"EPC+养护""总承包施工+养护"承包方式。多式联运创新发展,省政府印发促进多式联运高质量发展的意见和行动方案。

(1) 参与"一带一路"建设。一是发展江海联运,构建国际物流大通道。依托江海联运航线和中欧班列(武汉),初步构建以武汉为中转枢纽的国际物流网络体系。开通"中国

2021年2月28日,湖北建造全国内河最先进、最大装载量的江海直达集装箱船"汉海5号"轮首航

武汉—日本关西"近洋集装箱直达航线，开辟"中国（黄石）—韩国"近洋国际直航航线。首次开通"阳逻港—吴家山—杜伊斯堡"水铁联运测试班列，贯通"日本名古屋—中国武汉阳逻港—中国武汉吴家山—蒙古国乌兰巴托"水铁联运国际新通道。中国（湖北）—东盟航线运行稳定。二是推进枢纽布局，支持汉欧物流园建设。省政府印发《关于促进多式联运高质量发展的意见》《湖北省推动多式联运高质量发展三年攻坚行动方案（2021—2023年）》，纳入行动方案的67个多式联运集疏运基础设施重点项目中开工51个。同时，将汉欧物流园列入"十四五"交通运输规划，完成建设用地摘牌、可行性研究报告编制、项目备案等工作。三是创建多式联运示范工程。全省5个国家级多式联运示范工程按时序推进，其中武汉阳逻港、黄石新港通过国家验收。

(2) 推动长江经济带发展。坚持在发展中保护，长江生态保护修复攻坚战进一步深入，交通领域生态环境突出问题整改持续推进，船舶水污染物接收、转运、处置过程闭环管理持续加强，船舶水污染物联合监管与服务信息系统基本覆盖长江、汉江港口码头和到港中国籍营运船舶，全省船舶和港口污染防治长效机制逐步完善。

(3) 长江中游城市群协同发展。长江中游城市群一体联通的综合交通网络初步成形，形成以高速铁路、高速公路和长江黄金水道为主的多向连通对外运输大通道和城际综合交通网络；长江中游城市群客运一体化服务和货运保障能力显著增强，武汉、长沙、南昌基本实现城际客运2小时快速通达，江海、铁水等多式联运积极推进，城际速递、同城物流等多样化、专业化物流模式快速发展。

5.安全与应急。会同应急管理、公安交管等部门开展联合安全约谈，督促各地坚决整改问题隐患。制定《湖北省"两客一危"车辆动态监控违规信息闭环处理基本规范》，对全省2.6万余辆"两客一危"车辆实施"全天候、全覆盖、全闭环"监管。全年水上交通、港口作业以及城市轨道交通领域未发生人员死亡事故。

(1) 平安建设。制定平安建设7项工作制度，明确53项重点工作任务，平安建设试点工作全覆盖推进。武汉市四环线高速公路北湖至建设段项目等5个公路水运建设项目获交通运输部、应急管理部、全国总工会三部门"平安工程"联合冠名，列为交通运输部"平安百年品质工程"创建示范项目2个。

(2) 风险隐患治理。排查建立重大风险信息清单，研究建立交通运输防范化解安全生产重大风险防控机制。全面开展交通运输安全隐患"大排查、大清理、大整治"专项行动，扎实推进安全生产专项整治三年行动集中攻坚，全年排查问题隐患46547项，完成整改46111项，整改率99%。2021年省级挂牌督办的17处重大隐患全部按时整改销号。

(3) 开展专项整治。会同多部门联合发文，全面加强危险化学品道路运输安全协同监管。全省建成不停车超限检测系统100余处、电子抓拍系统50处。开展船舶碰撞桥梁隐患治理，全省523座桥梁完成自查工作。完成全省公路水路承灾体风险普查数据采集和县、市级数据检查，取得阶段性成果。

(4) 改善基础条件。全省城市公交车驾驶区域安全防护隔离设施安装率持续保持100%。全省14730辆农村客运车辆全部完成安装4G动态视频监控。累计实施危桥改造4036座，完成公路安全生命防护工程17215公里、干线公路灾害隐患治理229公里。

(5) 应急管理。修订印发交通运输应急保障工作预案等。在长江、汉江安全环保视频监控一期基础上，延伸加密387个视频监控点位。加强与应急管理、气象、自然资源、公安交管等部门协调，强化应急联动和信息共享；深化高速公路"一路多方"联勤联动机制。

【全省普通公路概况】 2021年，全省普通公路完成投资627.8亿元。建成一级公路508.6公里、二级公路926.0公里。完成新改建农村公路19675.5公里，建设进度位列全国第一方阵。新增"四好农村路"全国示范县8个、"四好农村路"建设市域突出单位3个、省级示范县13个、示范乡镇50个。至2021年底，全省农村公路总里程达到26.2万公里，实现所有乡镇、建制村、20户以上自然村通硬化路，农村公路通达深度和等级结构明显提高。

行业管理。以迎国检为契机，组织召开迎国检工作现场会，制定工作方案，推进年度养护工程项目实施，整体提升路况水平和桥隧技术状况；对纳入统计年报的全省普通公路基础数据进行专项调查，准确掌握公路现状，为普通公路发展决策提供基础数据支撑；开展农村公路信息化管理平台研发工作，积极建立满足车购税"以奖代补"考核需要的数据支撑系统；进一步加强农村公路技术状况检测评定，深化检测评定数据在农村公路养护管理中的应用，完成10000公里农村公路技术状况自动化检测评定；加强农村公路建设项目质量监管，委托第三方机构按25%的比例对2500公里农村公路建设项目进行质量抽检，并将检测成果与农村公路建设项目资金切块规模挂钩，与"四好农村路"示范创建考评挂钩。积极推进乡镇双通道工程、建制村通双车道公路、自然村（组）联通工程、资源旅游产业路建设，巩固交通运输脱贫攻坚成果，支撑乡村振兴战略，全年全省完成农村公路新改建19675.5公里，其中完成农村公路提档升级9400.4公里，全省农村路网通行能力和整体服务水平明显提高。

公路管养。2021年，普通国省道实施大中修工程470公里，完成公路交通标志标线提升7715公里，新增交通标志6937处、调整1305处，完成养护管理站标准化改造23个。实施全省公路桥梁三年消危行动，建立完善第一批危桥改造项目库5289座，累计实施危桥改造4036座，改造完工2841座。完成灾毁恢复重建计划和大

2021年9月，241国道龙五一级公路长阳清江特大桥主体工程完工

中修计划1280公里。普通国省道、农村公路路面技术状况指数(PQI值)分别为86.55、82.93，13个市州普通国省道路况明显提升。

农村公路体制改革。印发《关于巩固脱贫攻坚成果全面推进乡村振兴加快全省"四好农村路"高质量发展的指导意见》，重点实施农村公路"畅通、连通、提升、创建"四项工程。印发《湖北交通强国建设试点"四好农村路"建设工作方案》，探索农村公路建管养运协调、可持续发展机制和模式；出台《湖北省深化农村公路管理养护体制改革实施方案》，推进养护生产模式创新、农村公路信息化管理和美丽农村路建设；印发《湖北省农村公路养护评价管理办法(试行)》，推动完善省级农村公路养护补助资金与养护考核、路况评定挂钩机制，不断提高资金使用效益；将"县级财政农村公路养护资金配套到位率"纳入全省市县党政领导班子和领导干部推进乡村振兴战略实绩考核范畴，完成考核数据采集统计及上报工作；印发《全省"四好农村路"建设工作中腐败和作风问题专项整治实施方案》，深入开展"四好农村路"建设工作中腐败和作风问题专项整治，完成自查自纠和重点检查工作任务。

路政管理。组织指导、协调协同全省各级公安、交通、经信、市场监督等部门，开展"百吨王"、零点行动、百日行动等专项整治活动，依托固定超限检测站点，加强对"四类企业""四类场站"等重点货运源头企业重点路段、重点时段的监管，强化货车生产、维修、改装企业和检测检验机构的摸底排查，从源头预防、遏制违法超限超载行为的发生。全年检测货车298.32万辆，查处违法超限车辆2.5万辆，卸转货物68.88万吨，查处"百吨王"2432辆，整治非法改装车辆1438辆。完成全国治超联网管理信息系统省级工程建设需求论证、工可研究与初步设计；梳理审核上报严重违法失信超限超载运输行为责任主体列入失信名单76起。开展普通公路路域环境专项整治活动，查处涉路违法行为3694起(违法超限运输除外)，拆除违章建筑698处，清理非公路标志1.33万块、占道经营5935处。办理涉路施工许可190件，省内大件运输许可3.54万件、参与跨省大件运输并联许可13.99万件。

安全保畅。全力做好汛期公路抢通保通工作，及时做好出行信息发布和阻断信息的报送，编制应急抢通资金分配方案，及时下达两批水毁资金共计6500万元。完成省治超工作领导小组调整，充实省治超办成员，完善工作机制，为全省联合治超工作提供组织保障；推进治超联网信息系统建设，先后完成项目建议书、工可和初步设计审批工作，协调公安交管部门用好电子抓拍系统，发挥已建成不停车系统统计分析、预警决策等功能；联合公安交管部门，研究制定严打"百吨王"专项行动实施方案，坚决打击严重违法超限超载行为。全省共检测货车359万辆(含超限货车4.95万辆)，卸转货物71.3万吨，整治"百吨王"货车违法行为2432起。

优化营商环境。开展"两限一卡"专项整治行动，下发《湖北省交通运输厅关于深入开展坚决整治违规设置妨碍货车通行的公路限高限宽设施和检查卡点工作的通知》，组织开展全省专项整治行动检查督办，完成专项整治总结评估工作；围绕"互联网＋政务服务"，推进赋能强县、大件许可"一网通办"改革，进一步压缩涉路施工、大件运输行政许可审批时限。

（黄河　耿峥）

【全省高速公路概况】2021年，全省高速公路完成投资381.1亿元。安

2021年，黄冈市浠水县获评"四好农村路"全国示范县

康至来凤高速公路鄂渝界至建始段等9个项目初步设计获批。十堰经镇坪至巫溪高速公路鲍峡至溢水段、湖北赤壁长江公路大桥、监利至江陵高速公路东延段、麻城至安康高速公路麻城东段等4个项目148公里建成通车。鄂州机场高速公路一期工程等项目开工，利川至咸丰高速公路等项目前期工作积极推进。

联网收费运营。2021年，全省联网高速公路通行费总收入280.77亿元，通行收费车流量3.52亿辆，通行政策性减免车辆3285.84万辆。严格落实ETC车辆5%优惠、绿色通道减免、重大节假日小型客车免费、集装箱车辆优惠等减免政策。积极配合"寻根节""烈士亲属异地祭扫"等车辆优先快速放行。截至12月31日，全省高速公路ETC车辆优惠11.08亿元；免费通行重大节假日小型客车2828.21万车次，减免金额11.31亿元；免费通行"绿色通道"车辆195.83万车次，减免金额12.27亿元；新冠病毒疫苗货物运输减免135.99万元；9月1日—12月31日，集装箱货车优免通行费5530.62万元。优化调整全省货车收费标准，自2021年1月16日起，对通行全省联网收费公路和长江大桥的2类、3类、5类、6类货车收费标准进行调降，收费标准分别平均下降23%、11%、4%、7%，进一步降低货车通行成本，推进物流行业降本增效。

2021年12月4日，路政人员向广大群众宣传高速公路法律法规

服务区服务质量提升。全省高速公路投入专项资金1.8亿余元，重点对服务区公共场区、公共厕所、窗口形象三方面进行提升，全年新增星级服务区22处；完成巴东、崔坝、黄龙、襄阳4处服务区"司机之家"建设，全省高速公路服务区有"司机之家"18处，其中全国AAAAA级"司机之家"2处。服务区影响进一步扩大。沪渝高速公路湖北段服务区在"沿着高速看中国"特别节目中专题播出。服务区防疫防控工作扎实有效。全年全省高速公路收费站、服务区疫情防控共投入1800余万元，开展防疫知识安全教育培训100余次、疫情防控安全演练90次，从业人员疫苗接种率超过96%。其中，服务区共设置入室疫情防控检查点370余处，全省收费站、服务区未发生疫情传染责任安全事故。

公路养护。各高速公路经营管理单位投入26亿元用于公路养护维修，有效提升路况水平，全省高速公路PQI均值达到94.86。大力整治高速公路四类桥隧。9月底完成核桃树大桥综合整治工程交工验收，全省高速公路再无四类及以下桥梁；透水的峡口隧道迅速开展修复工程，完成引水洞改造工程。通过整治，宜巴高速公路解除交通管制，全面恢复正常通行。开展高速公路路域环境整治百日攻坚，路面、收费站、服务区环境卫生得到显著改善和提升。精准做好高速公路收费站疏堵保畅，督促府河、龚家岭等易拥堵收费站整改落实。

路政管理。依法全面梳理路政管理职责，细化执法权责清单，加强违法超限超载、大件运输许可、清障施救服务、行业运营等"四项监管"，大力落实"双随机、一公开"和"互联网+监管"，查处路产赔偿案件4687起，制止侵害路产路权违法行为220起，清理桥涵堆积物2.76万立方米，拆除违法跨线18处、非公路标志牌27处、违法建筑7638平方米。持续推进警路联合治超常态化制度化，充分发挥超限检测站核验功能，探索应

2021年12月，监利至江陵高速公路东延段建成。图为东延段乌林互通

用信息化手段，逐步实现超限治理由入口管控向"入口检测、途中监测、出口倒查"的全过程管控延伸。处罚违法超限运输84起，上报抄告违法超限运输信息50条，货车违法超限率严格控制在0.01%以内。健全行业安全生产常态化监管机制，督促整改各类问题20余项，重点加强涉路管线设施排查整治工作，对340处管道、781条通信光缆、4886条电线电缆进行排查摸底、建档造册。

（耿峥　胡永霞）

【**全省道路运输和交通物流发展概况**】2021年，全省公路站场建设完成投资84.5亿元，其中客运站场11.99亿元、货运物流站场72.51亿元。孝感西客运换乘中心、十堰市武当山客运换乘中心、竹山县擂鼓客运站、竹溪县向坝客运站、郧西县客运站改扩建工程、枝江市安福寺客运站、通山县中心客运站改扩建工程、崇阳县交通客运总站改扩建工程、嘉鱼县官桥客运站、咸宁市咸安区横沟客运站等10个客运站项目建成。黄石新港现代物流园一期工程、江山贝尔物流园、襄阳传化公路港一期、恩施好又多华硒物流园、三峡银岭冷链物流园（一期）、远安物流中心、宜昌货运中心（白洋物流园）、鄂西北集散运物流中心等8个货运物流项目建成并投入运营。

城乡交通运输一体化快速推进。印发实施《湖北省全域公交县（市、区）创建工作方案》《湖北省乡镇汽车客运站、农村候车亭达标行动实施方案》《关于做好农村客运车辆全面推广应用4G及以上动态视频监控技术有关工作的通知》《关于开展全省城市公共交通服务质量提升行动的通知》《关于进一步加快推进新能源公交车推广应用工作的通知》等文件，各项工作有序推进。在全域公交县创建方面，赤壁市全部11个乡镇、141个建制村实现公交覆盖率100%；老河口市、竹山、谷城等地全域公交创建工作稳步推进。

做好运输保障和常态化疫情防控。重要时段道路运输保障平稳有序，2021年春运全省道路运送旅客1690万人次，"五一"期间运送338万人次，国庆期间运送368万人次，较2019年分别下降60%、28%、54%。先后挑选4名优秀干部派驻省防指交通保障组和参与交通疫情防控督查工作。指导、督促客运站、运输企业等认真落实主体责任，抓好疫情防控和安全生产工作，同时严格道路客运管控，期间暂停目的地为疫情地区的39条省际客运班线、28地的省际包车业务。

深化道路客运转型升级。城际公交在全省多地开花，宜昌交运8条城际公交运行良好，省会"武昌—黄石"和咸宁"赤壁昌—温泉""赤壁昌—嘉鱼"城际公交上线运行。定制客运业务在湖北省道路客运联网售票系统技术支持下，在宜昌、荆门、咸宁、黄冈、潜江等地陆续上线61条线路，累计订单超50万。国庆期间，全省日均定制客运401趟次，日均运送旅客3235人次，较中秋节环比增长159%、186%。全省110家客运站实行实名制管理和联网售票运营，省内一、二级客运站实现自助售（取）票设备全覆盖、移动互联网售票和线上支付渠道全覆盖。

推进网络货运高质量发展。大力发展网络货运，依托互联网货运平台整合配置运输资源，智能匹配车货，降低货车空驶空载，实现零散运力、货源等资源集约整合、高效利用。全省有网络货运企业53家，整合货运车辆39万辆、驾驶员44万人，完成运单近202万单，完成货运量1.8亿吨、货物周转量292亿吨公里。

完善服务行业发展举措。持续推广危货电子运单，覆盖率继续保持100%，全年完成电子运单近130万单。开展常压液体危险货物罐车治理，212家企业完成6000余辆常压液体罐车信息录入工作。健全长途客运接驳运输，更新完善并向交通运输部报送湖北省卧铺客车和800公里以上道路客运班线台账。全省有接驳企业58家、线路249条、车辆577辆、接驳点64个，较2019年分别下降12%、19%、21%、24%；有卧铺客车392辆，较2019年下降38%。加强小微型客车租赁经营备案工作，在道路运输管理四级协同系统上线相关备案功能。

提升城市公共交通服务水平。公交行业开展"日行一善 载德前行"活动和2021"绿色出行宣传月和公交出行宣传周"活动，推动公交优先和城市文明进步。开展全省新能源公交车发展情况调查，完成2019年度全省新能源公交车运营补助资金测算和分配工作。网约出租平台充分运用互联网新功能，统筹发展网约车和巡游车服务，引导业态融合，全省有滴滴出行等60余家网约车平台在14个市州落地经营，有办证网约车3.4万辆、驾驶员9.8万人；有传统巡游出租汽车4.3万辆、从业人员10万人。

加强道路运输信息化建设。依托道路运输管理四级协同系统，实现货车年审、道路运输证补换发和变更、网上诚信考核等18项业务与交通运输部互联网便民政务服务系统对接。加快推进客运驾驶员从业资格证高频事项"跨省通办"，有序推进省级道路运输电子证照系统建设。实现部省便民系统渠道的"普通道路货物运输道路运输证补发"事项无人干预自动审批功能，开启道路运输行政审批新模式。全省实现"一窗通办"，累计接受申请近38万件，准予许可并办结25万件；为交通运输信用信息共享平台提供"人、户、案"各类数据累计284.59万条；建立汽车维修档案近340万份，出具合格证209万份；发放省际市际包车牌105.1万块；提供各类技术支持累计近6万次。

夯实道路运输安全生产基础。持续推进安全生产专项整治"三年行动"，推进"集中攻坚年"65项工作落实。加强隐患排查治理，开展督导检查21轮次，检查企业116家，发现问题隐患345起，其中整改342起。开展危险化学品道路运输安全集中整治，检查发现安全隐患2088起，其中整改1960起，检查事故多发路段和存在交通安全严重隐患点段54处，清理挂靠车辆452辆，清理不具备资质从业人员71人，查处违法行为637起，注销危货运输企业资质3家，没收非法所得及行政罚款50.52万元。建立重大风险"五个清单"，全面摸排道路运输领域内风险点96个。开展安全生产标准化建设达标评价工作，公示道路运输安全生产标准化建设二级达标企业35家。修订《湖北省"两客一危"车辆动态监控违规信息闭环处理基本规范》，对全省交通运输主管部门、"两客一危"运输企业共1100余人宣贯培训。

"我为群众办实事"持续推进。积极推进驾培监管平台与公安考试系统联网对接，全省驾校、教练场、教练员、教练车复核等对接基础工作基本完成，17个市州全部实现向省驾培监管平台上传培训数据，共有5.3万名新学员在省驾培监管平台备案。全省278家机动车检验检测机构实现货运车辆"三检合一"。4006家维修企业实现湖北省汽车维修电子健康档案系统100%全覆盖。推进从业资格考试改革，督促各市州不再组织开展除危货运输以外道路货物运输驾驶员从业资格考试。聚焦农村物流发展，深化交邮合作，完成麻城、随县、郧阳、咸丰等4个农村物流项目建设。

（罗丽萍）

【全省水路交通概况】 2021年，全省港航建设完成投资107.5亿元（含长江、汉江相关港航投资43.2亿元）。

2021年8月30日，在建中的巴东港宝塔河港区泓宇物流综合码头

长江干线武汉至安庆段6米水深航道整治工程完工投入试运行。雅口、孤山等汉江梯级枢纽加速实施，新集枢纽全面开工建设；汉江河口段2000吨级、香溪河等航道基本完工，唐白河、汉北河、富水、浠水等航道开工建设。荆州江陵煤炭储备基地一期工程基本完工，阳逻集装箱铁水联运二期、黄石棋盘洲三期、宜昌白洋二期建设顺利推进。襄阳港小河港区综合码头正式开通。全年新增港口吞吐能力1000万吨。

船舶和港口污染防治。持续坚持船舶生活污水收集装置改造。全省100总吨以下产生生活污水船舶生活污水收集设施改造工作完成。持续监督船舶污染物接收设施有效运行。全省船舶垃圾接收3548吨，生活污水接收242839吨，含油污水接收8634吨。持续推进船舶受电设施改造。在完成30艘（其中5艘转籍重庆）三峡邮轮受电设施改造基础上，实施货运船舶受电设施改造。全年计划改造船舶235艘全部完成。持续推进全过程电子联单管理。"船舶水污染物联合监管与服务信息系统（船E行）"在全省长、汉江推广应用，覆盖所有港口、基本覆盖全省中国籍营运船舶。

绿色航运发展。香溪河、唐白河、富水等在建航道广泛采用生态护岸。汉江2000吨级航道在开展前期工作中明确绿色航道建设理念，设立水上绿色服务区，打造集畅通、生态、智慧、人文景观于一体的绿色航道。武汉、十堰2个溢油设备库全面建成，武汉、宜昌2个化学品洗舱站基本建成并具备试运营条件。

高等级航道前期工作。长江中游荆江河段航道整治二期工程可行性研究报告通过交通运输部审查。汉江河口至蔡甸段33公里2000吨级航道整治工程全面完成，蔡甸至兴隆航道整治工程233公里2000吨级航道工可通过行业审查。汉江支流唐白河（唐河）航运工程、汉北河航道整治工程开工建设。

内河航运建设试点。统筹全省港口资源集约发展，省港口集团揭牌成

2021年1月13日，在建中的襄阳港小河港区综合码头

立。长江干线武汉至安庆段 6 米水深航道整治工程交工验收并投入试运行，汉江河口至蔡甸段航道整治工程全面完成，唐白河航道工程开工建设。以武汉、宜昌化学品洗舱站工程为试点的现代危化品洗舱站建成投入运营。宜昌完成全市 66 家港口规范性岸电建设，在全省率先实现全覆盖。宜昌港三峡国际游轮中心码头水工主体工程通过交工验收。以武汉旅游发展投资集团有限公司 30 米纯电动游轮为试点的"君旅号"以及 2 艘中国（武汉）—韩国直航 500 标准箱级集装箱示范船投入运营。

安全生产。开展水路交通运输专项整治"集中攻坚年"行动，制定《关于开展水上交通安全突出问题集中整治的通知》，对"三无"船舶、内河船舶非法从事海上运输、长期逃避海事监管船舶、船舶最低安全配员和《船员服务簿》记载、水上无线电秩序、企业安全生产主体责任落实存在的突出问题进行集中整治，提升水路交通领域治理成效。开展船舶碰撞桥梁隐患治理三年行动，制定湖北省船舶碰撞桥梁隐患治理三年行动方案，成立工作专班，督促各地按《湖北省船舶碰撞桥梁隐患治理三年行动实施方案》要求进行动员部署和隐患排查。开展全省水路客运安全管理检查，制定《全省水路客运安全管理自查方案》，加强水路客运安全管理。督促指导水路客运相关经营单位严格执行长江干线省际客船旅客乘船实名制规定；建立健全安全检查制度，明确安检程序和岗位职责，配足检测设施设备，加强对旅客、行李物品和车辆的安全检查。推进防范化解水路交通安全生产重大风险，对照 42 项重大风险清单，全面排查水路交通安全生产风险。

运输服务。新型示范船不断涌现，全国内河最先进、最大装载量的江海直达敞口集装箱船"汉海 5 号"轮首航，可实现箱载量翻一番，单箱日均油耗降低 23% 以上，集装箱运输成本下降 30% 以上。运输组织不断优化。阳逻港首开"北粮南运班列"和欧洲水铁联运测试班列。开启南京—宜昌（红花套—秭归）—川渝、云贵商品车水公水线路，实现"水公水"翻坝转运。新开辟武汉阳逻港至宜昌白洋港、武汉阳逻港至南京龙潭港集装箱点对点直达航线。开辟以宜昌白洋港、云池港为始发中心，辐射荆州车阳河港、枝江姚家港、宜都枝城港、红花套港和秭归茅坪港的内外贸集装箱钟摆航线。高端航运服务不断丰富。武汉航交所正式发布首个长江（内河）航运标准合同和武汉航运中心铁矿石运输综合运价指数、中国长江煤炭运输综合运价指数（典型航线运价）。

行业治理。开展船舶配员和《船员服务簿》记载专项整治，开展内河船员心理健康服务，在武汉成功协助举办首届"中国船员高质量发展"高端论坛，完成 3 期船员适任证书全国统考。作为交通强国试点省份之一，完成 18 艘货运船舶岸电系统船载装置改造。组织开展长江干线老旧省际客船问题整改复查，开展全省部分内河货船主机功率标定异常情况整改工作。开展长期逃避海事监管船舶专项整治，组织长江干线部分老旧省际客船安全技术条件复核工作。推进全省长江水系省际植物油船改造工作，完成改建植物油船图纸审批 23 套、植物油船改建检验 6 艘。妥善做好三峡、葛洲坝船闸停航船舶运输组织工作。进一步完善汉江航道养护规范化管理考核长效机制，发布《汉江航道应急抢通工作实施方案》《湖北省汉江航道日常养护管理评价办法》。重点加强汉江全线航道管理单位统筹协作，及时通报水情信息，每周整理发布汉江航道养护管理情况，面向公众发布汉江航道信息。

（李碧）

【全省铁路运输概况】 中国铁路武汉局集团有限公司地处全国铁路网中部和地理位置中心，承担湖北省全境、河南省南部以及安徽省、湖南省和江西省部分地区铁路运输任务，是全国铁路的重要枢纽，是中部地区、长江城市集群综合交通运输体系的重要组成部分。管辖线路 112 条，包含京广高铁、武西高铁、郑渝高铁、沪蓉高铁（合武、汉宜段）、武九客专、武咸城际、武冈城际、武孝城际、仙桃城际 9 条高速铁路，沪蓉（宜万段）、京广、京九、焦柳、武九、汉丹、襄渝、宁西、孟宝、漯阜、浩吉 11 条普速干线。线路营业里程 6558.57 公里，线路总延展长 14983.9 公里，其中正线延展长 11685.76 公里。道岔 10875 组，其中正线道岔 4382 组。高铁营业里程 1827.17 公里（其中时速 300 公里及以上营业里程 1018.73 公里、时速 200~250 公里营业里程 808.44 公里），线路总延展长 3843.91 公里，其中正线延展长 3609.52 公里。

2021 年 11 月 17 日，三峡枢纽宜昌白洋港轨道与紫云铁路对接成功

配属机车1037台，其中内燃机车217台、电力机车820台；配属客车2237辆，配属动车组172列230标准组。分界口客货列车总对数1383对，其中旅客列车704对、货物列车679对。图定客车643对，其中高铁动车477.5对、始发客车406对、担当客车317对。信号设备换算道岔组数256143组。其中复线5249.710公里，自动闭塞5330.308公里，半自动闭塞916.352公里，自动站间闭塞467.493公里。联锁车站（场）404个（其中继电集中24个、微机联锁359个、非电气集中7个、驼峰场14个）。联锁道岔总数11280组，其中电气集中道岔11226组。机车台数1523台，机车信号设备1778套。全局通信设备总计479140.07皮长公里。

2021年11月19日，武汉中车四方武铁轨道交通科技有限公司在汉正式挂牌成立

安全管理。坚持强基达标、从严务实、综合治理，消灭一般B类及以上责任行车事故，实现安全生产1500天和安全年。深入开展安全生产专项整治三年行动，完成铁路环境专项整治第三阶段工作和普铁安全环境复查验收，集团公司管内5省29个地级市全部建立"双段长"工作制，路外相撞事故比上年下降11.3%。落实"防避抢"措施，有效应对19轮强降雨考验，实现第17个防洪安全年。

客货运输。积极应对疫情考验，精准做好疫情防控常态化条件下运输经营工作，一体推进敞口交接、做精客运、做大货运，保持稳中向好的态势。坚持全路"一盘棋"，采取加密、提速、增吨、压时四个方面措施，提升解编、机辆、装卸、通过四个能力，制定实施运输提质增效措施30条，保障浩吉铁路煤运战略通道畅通，主要效率指标多次打破历史纪录。面对多轮多点散发疫情影响，实施更加精细的"一日一图"，探索建立高铁运营综合体系、城际铁路运营标准体系，打造空铁联运、管内旅游、"复兴号"标杆车等品牌，抓好商务座提质和"慢火车"运输，"做精客运"成效初步显现。明确"一矿、六港、四区域"增量行动布局，率先实现铁路95306货运平台系统升级，深化货运组织改革，优化货运受理中心职能，构建以"集中受理、集中营销、模拟利润核算"为重点的货运营销服务新体系。全年发送货物8736.8万吨，比上年增加737.1万吨，增幅9.2%；货运收入完成95.5亿元，比上年增长9%。其中，集装箱全年完成1335万吨，比上年增长75%；中欧班列（武汉）开行159列，比上年增长57.4%，累计开行突破1000列。

经营管理。全年实现运输收入257亿元，实现运输营业收入570.9亿元，利润总额5.1亿元。压减非生产性支出，严控支出规模，制定并落实10个方面77项增收节支创效措施，全年节约直接生产费4.7亿元。强化资金集中管理和统筹运用，实现资金收益10.1亿元。争取地方优惠政策，取得开车补贴、以工代训补贴、稳岗补贴、社保优惠等5.2亿元。

企业改革。落实国企改革三年行动方案，推动一系列改革取得实质性成效。完善集团公司和所属公司制企业现代企业制度及运行机制，建立董事会专门委员会制度、董事会向经理层授权制度，明确各治理主体职责分工；编制由党内法规、经营管理制度、运输技术规章三大制度体系构建的集团公司制度图谱，实现管理有规可依、有章可循、规范运作。推进经营管理改革创新。深化法治化市场化经营，构建运输业务内部模拟利润中心核算体系。健全投入产出评价、以收定支动态调整、业财融合协调、全面预算管理、财务管理内控和责任落实分担"六项机制"，经营管理水平进一步提升。金鹰重工顺利上市，有序推进沪汉蓉公司REITs方案设计、项目申报等工作。全年获全国铁道行业管理创新成果一等奖1项、二等奖2项、三等奖3项；全面质量管理成果获全国质量信得过班组1个、全国优秀质量管理小组1个、铁道行业优秀质量管理小组20个；铁道企协系统优秀调研报告有一等奖4篇、三等奖1篇；铁道企协系统优秀论文有一等奖2篇、二等奖5篇、三等奖3篇；全国铁道行业优秀企业文化成果获三等奖2项。

铁路建设。按照保开通、保在建、保开工顺序，强化质量安全管控，抓好项目实施推进。全年完成基本建设投资195.6亿元、技改大修投资52.4亿元，建成技改项目27个、涉铁项目56个。沿江高铁武汉至宜昌段、西安至十堰高铁湖北段、荆门至荆州铁路全面开工建设，黄黄高铁、郑万高铁湖北南段全面开展静态验收，阳逻国际港水铁联运二期项目开港通车。推进阳逻港、三江港、白洋港疏港铁路建设，加强高铁快运和空铁联运能力布局研究，优化完善武汉、襄阳、宜昌、荆门、麻城枢纽布局，提高运输保障和点线协调能力。

（任刚）

2021年9月17日，南方航空开通武汉—台州航线

【全省民航运输概况】 2021年，辖区运输机场完成旅客吞吐量2663.7万人次、货邮吞吐量32.5万吨、起降架次36.26万架次，比上年分别增长50%、65%和39.7%，分别为2019年的75.4%、128.2%、89.8%，恢复幅度高于全行业约10~30个百分点。辖区通用航空完成飞行10.9万小时、26.3万架次，分别占中南地区近五成、全行业近十分之一，比上年分别增长51.5%、61.3%，恢复至2019年水平。辖区通航企业24家，其中141航校3家；在册通用航空器204架；颁证通用机场5个；通用航空产业园区4个；航空器维修单位14家。

航空安全盯紧守牢。开展"三年行动""百日攻坚""问题隐患清零"等专项行动，按期清零57项、采取等效措施9项，为建党百年营造良好安全氛围。推动"三个敬畏"知行合一常态化，开展安全从业人员专项整顿和通航集中整治，严格航校教员资质能力排查。推动"三基"建设体系化，各系统、各专业开展岗位练兵、技能竞赛、应急救援综合演练等50余场。推动"举一反三"长效化，湖北民航各企事业单位，以八个方面疼痛教育刺激安全神经。订立"十六字"监管方针，用活监管"工具箱"，开展"双盯""九字"监管法、SMS审核、法定自查、差异化监管、非现场监管。严密防范辖区海航系破产重整安全运行风险，长达八年的绿地中心超高"老大难"问题尘埃落定，守住民航安全底线。民航湖北监管局通航管理平台、风险分级"两个清单"、维修系统"互学、互查、互促"行动、危险品运输"三个结合"法等5条经验做法入选中国民航优秀安全工作经验汇编，占中南局近一半。湖北机场集团安全工作经验获二等奖。国航湖北飞行技术团队防范化解安全风险，荣立民航局三等功。辖区连续实现第21个运输航空安全飞行年和第26个空防安全年。

疫情防控和行业恢复统筹推进。落实民航局、中南局疫情防控决策部署，开展《全国机场疫情防控工作方案》宣贯和检查，局企共同编写《湖北民航疫情防控工作手册》。在南京禄口国际机场疫情暴发之前，及时查处辖区类似国际航班垃圾处理漏洞，筑牢疫情防控屏障。坚持"人物同防"，全面加强机组人员、入境人员、进口货物防控，武汉天河国际机场建成国内首例全封闭式常态化防疫通道，率先建成疫情防控综合管理信息平台。全辖区完成2.15万名民航职工疫苗接种，接种率98%，一线高风险人员接种率100%。两次获国务院检查组防疫检查好评，多次受到省领导肯定。辖区内未发生通过民航途径传播疫情事件，湖北民航一线员工零感染。局企联动，合力纾困，积极争取省市财政防疫补贴，审核发放通航发展专项资金2689万元。湖北机场集团协调到位资金补贴4.2亿元。各航司动态调整运力，降本增效，南航湖北增收节支1.82亿元。各机场及时调整航线布局，恢复势头强劲。武汉天河国际机场国际货运强势增长，增速位居中部第一，跨境电商货值占武汉市总量60%以上，保持国际货运网络通达能力。

服务品质持续提升。开展"服务质量标准建设年"行动。机场、空管、航司深化战略合作，组团发展，共同打造运管委"武汉模式"。武汉天河国际机场始发航班正常率达到94.14%，位列全国24个同级机场第一。恩施、荆州、十堰等支线机场正常率保持90%以上。"神农架—宜昌机场"一体化运行取得成功，为破解鄂西机场群协同发展打造样本。武汉天河国际机场国内航点达113个，国际定期货运航线增至16条，首家试点"中国民航中转旅客服务平台"，实现"一次值机、一次安检、行李直挂"无忧中转，"易安检"服务开通上线。武汉天河国际机场服务设施提升专项行动卓有成效，安检考核排名全国第一。更多支线机场实现"无纸化"。关爱老年人等特殊群体，服务省委"我为人才办实事"。南航湖北旅客满意度提高6个百分点，东航武汉旅客满意度得分高于东航股份公司均值，国航湖北航延旅客满意度升至91.35分。"小红衫""汉京快线""楚韵东方""悦行"等服务品牌，成为展示湖北民航良好形象的靓丽名片。

保障基础不断夯实。抢抓运行总量低位窗口期，加快补齐基础设施短板。武汉天河国际机场三跑道配套工程完成投资6.6亿元，提前一个季度实现全年目标，T2改造、B保物流中心、下穿通道等项目开工建设。鄂州花湖机场完成年度投资77亿元，按期建成校飞，建设工期刷新同类工程全国纪录。空管分局完成终端区转场搬迁，阶段性完成京广沪蓉大通道和京广复线空域航路调整，武汉终端区进离场、区域管制室5号扇区、武汉天河国际机场独立平行离场等落地见效。武汉天河国际机场点融合、武汉区域管制中心加快推进。荆州沙市机场成为"十四五"全国首家开航的机场，宜昌三峡机场、襄阳刘集机场改扩建稳步推进。十堰武当山机场助航灯光连廊试点即将建成。神农架红坪机场次降方向盲降投入使用。航油湖北蓄势发力，超前谋划"精品库站"创建。航油鄂州全年完成投资4亿元，狠抓质量打造"四个一"品质工程。东航武汉1.9万平方米双机位机库投入使用，东航技术武汉737NG的C检维修能力获批。武汉航达科技径河基地全面建成投产。凌云民航公司迎来首架境外飞机保税维修。鄂州花湖机场数字化、智慧化和新技术应用成果丰硕，获2项国际大奖、13项国内大奖，高标准承办全国民用机场建设管理工作会。

战略支撑更加凸显。充分发挥民航在全省经济社会发展和扩大对外开放的先导作用，主动对接地方诉求，加强规划衔接。武汉天河国际机场改扩建、恩施许家坪机场迁建纳入民航"十四五"规划。指导湖北省民航"十四五"和湖北机场集团"十四五"规划编制，配合开展客货"双枢纽"规划研究。主动对接局省两级，制定细化局省协议23项分解任务清单，分年度推进落实。开创性地开展鄂州机场技术、监管、政策"三个破界"研究，参与省政府探索适合国情的现代化专业货运枢纽运营模式，指导中外航空公司利用好三、四、五航权，完善国际航空客货运网络，提升对外开放服务能力。向省政府提交促进通航产业发展专题报告，促成湖北省低空开放试点改革小组成立，并向国家申请试点。指导湖北龙浩航校开展夜航和仪表训练、优化放飞程序，在荆门漳河机场首次实现年飞行量突破1万小时。支持培育通航新兴消费业态，完成辖区首家热气球通航公司初始合格审定，同诚通航航空医疗救护业务辐射周边五省，打通"空地快速生命通道"。指导郧西、公安、兴山等10余个通用机场选址，竹山、麻城通用机场建设稳步推进。服务飞行人才培养，全年完成飞行人员执照理论考试941人次。

党建引领成效显著。坚持"抓行业就要抓党建、抓党建就是促安全"理念，高位推动党建统领。召开湖北民航党建工作会，引领行业大党建布局。建立成员单位党委书记为第一责任人的领导联动体制、年度党建研讨会议机制、互学互鉴互促机制，推进联学共建，成功举办首届湖北民航职工篮球赛。坚持人才兴局，落实"四个一批"，相继派出5人到企业、1人到地方政府挂职，服务解决恩施许家坪机场迁建、提升宜昌三峡机场航务管理、遏制襄阳刘集机场鸟击多发。引领辖区各单位实施人才强企战略，30多名干部双向挂职交流。民航湖北监管局开展行政执法不规范等"四个专项治理"，各机场航司深化"清廉国企"创建，辖区民航直属公安队伍狠抓教育整顿，着力营造风清气正的良好政治生态。全辖区落实乡村振兴，扶贫消费累计近500万元，南航湖北完成驻村驻点人员更替。"李卓明工作室""谢述昌劳模创新工作室""楚天红梅"等一批党建基地挂牌。民航湖北监管局及相关单位分别获全国五一劳动奖状、全国向上向善好青年群体、全国青年文明号等荣誉，全辖区36个集体、85名个人分别获147个奖项和荣誉。

(叶紫薇)

【全省邮政业改革与发展概况】2021年，全省邮政行业业务收入完成350.1亿元，比上年增长26.7%，邮政行业业务总量完成366.6亿元，比上年增长34.7%，行业规模稳居全国第一方阵。其中，全省快递服务企业业务量完成26.9亿件，比上年增长50.9%；快递业务收入完成241.3亿元，比上年增长35.1%，全年服务约54亿人次，支撑全省网络交易零售额超4000亿元，新增就业5000人。寄递服务满意度稳中有升，行业运行平稳有序。

1. 服务乡村振兴。深入推进"快递进村"。省委农村工作领导小组将农村快递物流建设纳入全省实施乡村建设行动内容。省政府办公厅出台《关于加快农村寄递物流体系建设的实施意见》，省邮政管理局联合省交通运输厅、省邮政公司印发《2021年湖北省推进农村客货邮融合发展工作方案》，联合省邮政公司联合印发《全面推进湖北省邮快合作加快实施快递服务进建制村行动方案》。充分整合利用交通、商务、电信、供销等资源，推动多种模式并进，实现多品牌快递服务有效下沉到村。全省20605个建制村已通快递，建设村级服务点14047个，建制村快递服务覆盖率达到93%，建制村快递服务点覆盖率达到63.4%。宜昌、十堰实现快递服务以及村级服务点进村全覆盖。荆州江陵、黄冈英山、咸宁赤壁等县(市)实现快递服务

2021年10月18日，武汉天河国际机场T2航站楼改造工程开工

进村全覆盖。

服务乡村振兴成效显著。全省快递服务现代农业入库项目66个，培育宜昌秭归脐橙、黄冈蕲艾、襄阳锅巴、宜昌蜜橘、襄阳鸭蛋制品等业务量超千万项目5个，超百万项目24个，采取集中收寄、供应链、融合发展等模式带动快递业务量1.53亿件，形成快递业务收入7.93亿元，带动农业产值112.6亿元，直接、间接带动就业人数11万人。累计建成农村邮乐购站点21126个，培育"一市一品"精品项目43个，带动农产品销售额17.5亿元。

2. 推进快递员权益保护。深入贯彻落实习近平总书记关心关爱快递小哥的重要指示精神，省长王忠林带队慰问快递员；省人大常委会常务副主任王玲两次调研快递员权益保护工作，并主持召开9个厅局工作协调督办会。省邮政管理局联合省交通运输厅等七部门出台《关于做好全省快递员群体合法权益保障工作的实施意见》。在全国率先出台《湖北加盟制快递企业末端网点规范管理指导意见》，遏制"随意罚款""随意降派费"现象，督促企业整改问题79个。着力提升快递员社会保障水平，武汉市率先实现快递员优先购买工伤保险全覆盖，国家邮政局党组书记、局长马军胜批示转发全系统学习借鉴。持续开展"暖蜂行动"和"快递从业青年服务月"，省总工会累计拨付48万元，为1600名快递员发放春节慰问金、"送清凉""送温暖"，邀请150名快递员共吃年夜饭，开展"暖心三送"活动。全省共建"爱心驿站"等服务阵地951处，开展快递员免费体检超1000人次，为快递员提供法律和心理咨询服务6536人次。

3. 发展环境优化。《"十四五"邮政业发展规划》提出加强武汉（鄂州）全球性国际邮政快递枢纽集群建设。省邮政管理局联合省发展改革委、省交通运输厅及时发布《湖北省邮政业发展"十四五"规划》，并发布规划解读。武汉、宜昌组织编制本地区邮政业发展"十四五"规划。全面加强规划衔接，《湖北省国民经济和社会发展第十四个五年规划和二〇三五年远景目标纲要》囊括健全邮政普遍服务网络、建设鄂州花湖机场航空货运枢纽、补齐社区快递设施短板等内容，综合交通、服务业、物流业、市场监管、应急等多个"十四五"省级重点专项规划均包含邮政业相关内容。

政策供给显著增强。加快推进邮政领域财政事权和支出责任划分改革，荆门局、孝感局、咸宁局、武汉局、十堰局积极争取地方出台实施方案。省邮政管理局与省商务厅等12部门联合印发《湖北省城市一刻钟便民生活圈建设实施方案（2021—2025年）》，与省住房和城乡建设厅联合印发《关于在全省推广建设智能信包箱的通知》，推进智能信包（快件）箱、邮政快递综合服务站进社区。

"放管服"改革持续推进。省人大常委会修订《湖北省邮政条例》，修改涉及优化营商环境等有关内容。省邮政管理局从提升企业开办注销便利度、推进证照制度改革、促进创新人才集聚等多方面制定优化营商环境实施方案，进一步压缩依申请和公共服务事项办理时限。创新减免"经营邮政通信业务审批—撤销"事项申请材料，积极推进高频证照"免提交"工作。积极推进电子政务内网、一体化在线政务服务平台和"互联网+监管"建设。

4. 发展质效提升。落实邮政与商务合作框架协议，健全邮政县、乡、村三级寄递物流服务体系。支持邮政企业加强农村地区网点建设，提升邮政服务水平。继续推广智能快件箱、快递公共服务站等末端服务设施，完善老旧小区邮政快递服务设施，全省共建成城市末端公共服务站点4072个，智能快件箱13472组，主要快递企业城区自营网点标准化率达到99.71%。

深化协同发展。支持邮政企业发挥邮政网点资源优势，加强邮政综合服务平台建设，在警邮、税邮、政邮合作在全省市州层面实现全覆盖的基础上，继续拓展综合服务平台建设。加快推动"快递进厂"，继续巩固全省汽车、3C电子、服装、医药、食品、印刷、造纸等行业服务成效，全省"快递进厂"服务制造业带动快递业务量2.1亿件，带动快递业务收入8.1亿元，支撑全省纺织、造纸、印刷、汽车、食品、计算机等制造业产值达62.1亿元。

促进"快递出海"。鄂州花湖机场航空货运枢纽建成校飞，推动湖北建成航空客货"双枢纽"格局，助力"鄂货"出海。省邮政公司建设的武汉跨境电子商务中心工程完成搬迁，将实现国际邮件、商业快件、跨境电商"三关合一"。武汉邮政企业与汉欧国际公司正式签订战略合作协议，进一步探索国际邮包铁路新通道。

强化科技创新与人才支撑。继续加强"绿盾"工程项目建设和应用，大力推进视频联网和安检机联网，接入监控点位2200处、摄像头7226个、

2021年4月26日，顺丰航空执飞的"武汉—香港"定期货机航线全面恢复

安检机联网 81 台，统筹推进"绿盾"工程一期各项目系统应用。切实提高行业管理智能化、精准化水平。推进快递从业人员职业技能培训"246"工程，提升从业人员技能水平，全年培训 2.78 万人次，为企业争取补贴金额约 404 万元。省邮政管理局联合省人社厅等四部门举办 2021 年湖北省快递职业技能大赛，16 个代表队和 12 名选手获奖。常态化开展快递工程专业职称评审工作，182 人通过评审。

5. 平安寄递建设。严格落实"外防输入、内防反弹"工作要求，坚持"人物同防"，督导企业全面加强冷链、国际邮快件等重点环节消杀防控，全面加强冷链从业人员、快递小哥等重点人群防护，严防聚集性感染。迅速处置涉疫邮件快件，有效阻断寄递渠道病毒传播链条。督导企业落实"应接尽接"要求做好疫苗接种工作。

行业安全监管。开展安全生产专项整治三年行动、全省邮件快件处理场所安全管理规范化提升行动、行业安全生产月活动、安全生产在线大培训活动，继续开展"平安寄递"督导检查，强化落实企业安全生产主体责任，加强生产作业、车辆通行、消防安全管理。严格督导落实寄递安全"三项制度"，累计配置 611 台安检机，全省实名收寄率保持全国排名靠前。深化寄递安全综合治理，省邮政管理局联合省禁毒办开展寄递渠道禁毒百日攻坚行动，发现报告涉毒线索 6 件，查处违法违规行为 20 起，罚款 35.76 万元；开展全省寄递渠道涉枪涉爆整治、网络市场整治、野生动植物、活体动物寄递联防联控，做好寄递渠道"扫黄打非"、打击侵权假冒尤其是打击寄递涉烟违法等专项工作，全力防止违禁物品流入寄递渠道。圆满完成"两节"、两会、中国共产党成立 100 周年庆祝活动等重大活动期间安全和服务保障工作。

提升应急处置能力。将"县级以上人民政府应当将邮政业突发事件应急管理纳入地方应急体系"写入《湖北省邮政条例》修订案，并通过省政府常务会审议。宣贯落实新修订的省邮政业突发事件应急预案，建立完善应急信息报告制度，建立完善快递企业区域总部重大经营管理事项风险评估报告和应急事件联动处理机制，提升应急事件处理水平。开展全省基层网点稳定运营和矛盾纠纷排查化解专项行动，压实品牌企业统一管理责任和属地管理责任，妥善处理 8 起末端网点经营异常问题。

6. 绿色邮政建设。省邮政管理局联合省发展改革委等七部门印发《湖北省加快推进全省快递包装绿色转型的实施意见》，推动行业绿色发展。组织召开《中华人民共和国固体废物污染环境防治法》《邮件快件包装管理办法》宣贯暨 2021 年全省邮政业生态环保工作电视电话会议，认真做好《中华人民共和国固体废物污染环境防治法》执法检查迎检工作。印发《湖北省邮件快件过度包装和随意包装专项治理方案》，开展专项治理。全省邮政业扎实推进"2586"工程，采购使用符合标准的包装材料应用比例达到 99%，按照规范封装操作比例达到 86%，辖区内可循环快递箱(盒)使用量为 29.658 万个，电商快件不再二次包装率为 86%，新增设置符合国家或地方标准包装废弃物回收装置的邮政快递网点数量 1110 个，新能源或清洁能源汽车保有量 1243 辆。全省邮政管理部门对行业生态环保违法违规行为立案查处 12 起。

7. 邮政快递市场监管。落实《邮政行政执法监督办法》，通报上年度全省邮政行政处罚案卷评查和邮政市场行政执法情况，开展 2021 年全省涉企行政许可专项监督检查、邮政行政处罚案卷评查、邮政行政执法不规范问题专项整治。依法办理行政复议案件，全年收到行政复议申请 3 件，依法受理复议 2 件，未发生行政应诉案件。狠抓统计报表质量，组织开展统计督察"回头看"，强化数据分析应用，不断提升行业统计的服务支撑作用。

加强邮政普遍服务监管。巩固提升边远地区建制村投递服务水平，成功解决神农架林区 8 个建制村投递频次低于 3 次的问题，全省建制村投递频次达标率达到 100%。坚守"两条红线"，做好"两项审批"，依法受理撤销邮政普遍服务营业场所申请 6 份、开展仿印邮票图案及其制品许可审批 1 起。开展乡镇局所"回头看"专项检查，推动乡镇邮政局所改造，实现全省营投合一单人局所清零目标。深入开展交通战备工作。强化机要通信保密安全，组织全省两轮"全覆盖"检查，对 6 个市州 22 处场所开展督导，进一步规范机要通信监督管理工作。配合做好《辛丑年》《中国共产党成立 100 周年》等纪特邮票发行，做好邮票销售专项监督检查。巩固提升县级党报党刊当日见报水平。做好"扫黄打非"、专用邮政信箱邮件寄递服务保

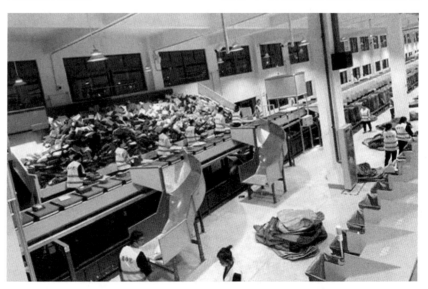

2021 年 10 月 18 日，武汉黄金口邮政仓储物流中心进行测试运行

武汉市交通运输

【概况】 至2021年底,全市普通公路通车里程15784.11公里,公路网密度184.22公里/百平方公里。其中,一级公路1076.54公里、二级公路1463.76公里、三级公路678.48公里、四级公路12565.33公里,等级公路比重达到100%。按行政等级分为国道439.57公里、省道958.74公里、县道1200.83公里、乡道5612.80公里、村道7564.20公里、专用公路7.97公里。全市内河航道通航里程522.8公里(不含长江),生产性泊位190个(含长江),泊位岸线长度21575米(含长江)。全市有汽车客运站10个,其中一级客运站6个、二级客运站4个。

基础设施建设。全市全年完成交通固定资产投资466.30亿元,比上年增长4.8%,其中完成公路固定资产投资83.14亿元。武汉四环线高速公路全线建成通车,阳逻国际港集装箱水铁联运二期开港通车运行,108省道武汉东西湖区府河大桥建成通车;新开工武汉天河国际机场T2航站楼改造工程、武汉至天门高速公路、武汉至松滋高速公路、107国道东西湖段快速化改造工程等项目;加快建设武汉至大悟高速公路、武汉至阳新高速公路、硚口至孝感高速公路二期、新港高速公路双柳长江大桥、武汉绕城高速公路中洲至北湖段改扩建工程等项目;推进武汉天河国际机场三跑道、汉南长江大桥、湖北区域高空管制中心等项目前期工作。

"四好农村路"建设。全年完成新改建农村公路320公里,完成农村公路危桥改造23座,创建美丽农村路220公里,建成一批特色鲜明的产业路、资源路、旅游路、致富路。黄陂区获评"四好农村路"全国示范县,蔡甸区获评"四好农村路"省级示范县。黄陂区王家河街、蔡甸区索河街、江夏区湖泗街获评"四好农村路"省级示范乡镇,共获得部、省农村公路建设养护资金奖励3300万元。

运输服务保障。全市全年完成公路客运量578.52万人次,比上年下降27.94%,完成公路货运量45115.6万吨,比上年增长42.21%;完成水路货运量13216万吨,比上年增长2.05%,完成港口货物吞吐量11679万吨,比上年增长10.82%,完成集装箱吞吐量247.6万标准箱,比上年增长26.08%。新开(恢复)雅加达等2条国际客运航线、墨西哥城等6条国际货运航线;新开林芝等22条国内客运航线。全年航空客运吞吐量1979.7万人次、货运吞吐量31.6万吨;其中,民航国际及地区旅客吞吐量重回中部第一,国际货运量增幅居中部第一。探索中欧班列(武汉)高质量发展路径,新开至意大利米兰、哈萨克斯坦阿拉木图线路。中国(武汉)—韩国近洋集装箱直达航线开通,并联通中欧班列,初步建立起以武汉为中转枢纽的通江达海国际航运物流网络体系。

物流发展。全年物流业运行总体呈现全面恢复、快速增长、质效提升的发展态势。汉口北国际多式联运物流港、韵达快递电商等54个物流重点项目加快建设,全年完成物流建设投资96亿元,比上年增长18.6%。其

2021年,在建中的江北快速路东延线新洲段

2021年12月26日，武汉轨道交通5号线开通初期运营。图为5号线列车

中，阳逻港铁水联运二期开港通车，京东华中电商总部等9个项目开工建设。深国际·武汉蔡甸综合物流港、京东亚洲一号武汉蔡甸物流园（一期）等3个项目建成投运。社会物流总额4.28万亿元，比上年增长16.3%；社会物流总费用2272.73亿元，比上年增长10.2%；社会物流总费用与地区生产总值的比率为12.8%，比上年下降0.4个百分点；物流业增加值1617.11亿元，比上年增长14.7%(不变价增幅12.6%)；物流业增加值占地区生产总值的比重为9.1%，占第三产业增加值比重为14.6%；物流业总收入1694.56亿元，比上年增长11.1%。

超限检测。制定超限检测工作运转机制、流程，制发检测工作手册，统一检测工作台账和资料，全面规范超限检测行为。实施站点标准化建设，统一外观标识，统一配置服装；系统检查、维护超限检测设备和不停车检测系统，设备设施运行良好，木兰、东升、武湖、关山4个检测站全年检测车辆2026台次。推进超限检测自动化升级，建设"无纸化办公＋智能超限检测"管理系统。规划建设全市公路不停车检测系统，达到全市国省干线公路路网全覆盖。

工程质量监督。开展专项督查抽查，对钢筋、沙石、水泥、沥青等原材料组织专项抽查3批次，抽检原材183组，合格177组，总体合格率96.72%；对施工工艺和实体质量进行抽查，抽查实体质量指标8461组，合格8083组，总体合格率96%；9月，抽检全市6个新城区国省道、农村公路、通村通湾路等项目，检查内容包括工程实体质量各指标、外观质量缺陷等，抽查实体质量共检测599点，合格528点，合格率88.1%。

平安工地建设。针对施工内容和环境，在施工现场和作业区开展消防、临时用电、特种设备、防汛、高空防坠等专项安全治理，发现各类安全隐患42条，并逐条整改完毕。推动开展安全生产月活动，督促项目参建单位开展安全应急演练与安全教育培训。推荐新洲区347国道改扩建工程为国省道参与省平安工地示范工程评选。实施文明施工监管，每月抽查项目不少于项目总数的25%，检查覆盖率100%；每月对扬尘治理工作进行总结，查漏补缺。

科技与信息化。武汉市交通运输局智能交通中心承担市级层面车路协同创新应用试点工作，与武汉经济技术开发区管委会建立市区车路协同工作机制，参与智能网联开放测试道路、智能网联汽车道路测试及示范应用评审工作，完成交通强国车路协同创新应用试点工作初步方案并报审。参与编制的《智能网联道路智能化建设标准（总则）》获武汉市市场监督管理局立项，并通过专家评审。推动建设智能公交、无人物流车、自动驾驶出租汽车等应用场景及全球首个自动驾驶主题公园——龙灵山景区自动驾驶体验区。开展智慧交通相关规划及公路标准规范研究和项目建设，编制完成《武汉市智慧交通近期发展行动计划》研究报告与《武汉市智慧高速公路建设参考规范》，完成《武汉综合交通智慧指挥系统》项目可行性研究报告并获市发展改革委批复，启动"武汉市科技治超综合监管平台"项目建设，基本整合全市14个固定治超站和14个不停车检测系统数据，初步实现市区两级超载车辆实时监测及信息发布，完成武汉市公路监测决策系统三期外场35处监测点位建设，软件平台功能模块全部完成开发，手机App研发完成优化。

营商环境。提高交通运输政务服务效率，优化交通运输营商环境，建立市级运政基础数据库，实现大部分运政事项基本信息自动填写，70%办件量的业务数据项必填数据压缩到5个数据以下。建成市交通运输局大楼无线网络系统，实现无线网络大楼全覆盖、全楼层漫游，优化办公办事网络环境。正式上线局"两队五中心"门户网站，监测网站信息发布，协助市交通运输局办公室每月召开信息员工作会议，督促信息发布工作。8月，正式上线证件到期提醒及信息查询系统，截至12月，累计汇聚证照15万余件，发送涉及道路运输证、港口经营许可证、公路涉路施工证等19种证件到期提醒记录16530次。

安全应急管理。武汉市交通运输系统围绕"一无两降"工作目标，不断完善安全运行机制，全面开展安全专项整治，有效防范和坚决遏制重特大事故。纳入市级安全生产年度目标考核的地方海事部门监管的通航水域连续8年未发生安全生产事故，城市公交、轨道交通运营、交通工程建设等重点领域未发生安全生产责任死亡事故，道路运输"两客一危"、客运出租汽车等行业安全生产形势保持平稳，未发生较大以上等级和造成社会不良影响的交通安全事故，对口协调的铁路、民航、邮政等行业领域安全生产形势也保持总体稳定。坚持市区联动、交通专委会成员单位协同，采取驻点执法、"四不两直"检查等方式，开展安全生产大检查，排查企业9076家，整改各类安全隐患问题3106起，发布安全大检查工作简报28期。加强安全生产协同管理，对交通运输重点领域216家企业开展安全生产第三方检查，查改一般安全隐患1850项。

交通改革举措。新组建的武汉市交通运输综合执法支队、武汉市水路交通运输执法支队，以及公路、港航、货运、客运和智能交通等5个事业发展中心正式挂牌运行，完成"行政职能由行政机构承担，执法职能由综合行政执法机构承担，公益服务职能由事业单位承担，市场经营业务由企业承担"的改革任务，初步形成"重心下移、属地管理、条块协同、上下联动"的城市交通治理体系架构。改革后，局属事业单位从15个减少到8个，事业编制由1828名减少到667名，具有行政执法职能职责的机构从7个整合为2个。各项改革任务扎实推进，武汉市获批交通强国建设试点省会城市，入选"十四五"首批国家物流枢纽建设名单，获批陆港型物流枢纽；牵头承担"完善现代物流体系，推动武汉城市圈大通道建设"等任务，全市A级及以上物流企业达261家，保持全国第二。

（徐美林）

【江岸区】2021年，全区有普通货物运输企业467家，车辆11514辆，机动车维修企业114家，驾校3家；网约车1890辆，从业人员1147人；"两客一危"（从事旅游的客车、三类以上班线客车和运输危险化学品、烟花爆竹、民用爆炸物品）企业14家，车辆695辆。全年核发旅游客运标志牌5980张，其中省际标志牌2150张、市际标志牌3830张。

运输市场监管。加强客运市场监管，在金桥大道武汉市民之家、解放大道新荣村轻轨站周边检查客运班车，对17辆涉嫌站外揽客的客运班车上报市交通运输综合执法支队查处。查处客运出租汽车违规经营987辆，其中行政立案61件、现场整改905件、移交企业整改21件，在全市整治客运出租汽车营运秩序和打击"黑的"非法营运工作考核中综合排名第3。加强机动车维修市场监管，重点查处小汽修门店露天喷涂作业，完成全国环保督察迎检工作。对涉嫌非法改装维修企业进行现场整改，落实货车维修企业非法改装专项整治行动。按照"双随机、一公开"要求，完成136户维修企业抽检任务。加强驾培市场监管，规范辖区驾培市场秩序，关停不符合国家标准驾训练场34户。鼓励交通运输业企业转型发展，全年规模以上交通运输业营业收入50.07亿元，比上年增长88.1%。全行业新增"小进规"企业2家，新增国家AAA级物流企业1家。

行业管理。深化"放管服"改革，推进交通行政"四办清单"服务事项38项10226件，办件好评率100%。运用"互联网+"系统提升道路交通行业监管能力和监管效率，每季度制订"双随机、一公开"监管抽查计划，使监管制度化、常态化。完成货运车辆年审10226辆，新增货车1108辆，注销货车2628辆，道路运输证换证3093辆，货车转籍转出380辆，报废2辆；新增货运企业40家，转出1家，注销停运7家；办理网约车驾驶员网上报名2582人次，新增网约车1368辆，注销网约车12辆；完成货运企业质量信誉考核318户；预审"两客一危"车辆300辆。交通运输物流管理科被授予全市"双评议"机关处（科）室和基层站所类"十优满意单位"称号。

安全管理。全面推进辖区交通运输行业安全生产管理，建立健全安全生产工作机制，督促企业落实安全生产主体责任，做到安全投入、安全培训、基础管理、应急救援"四到位"。组织辖区"两客一危"企业参加安全培训208人次。强化安全执法检查及各类专项整治工作，全年检查企业84家，下达隐患整改通知书82份，督办整改隐患156个。加强营运车辆动态监管，对辖区"两客一危"企业695辆车进行监控。

水上运输管理。完成21个码头优化调整工作，公务码头集并区水、电、系泊工程全部交付并投入使用。在船

2021年10月31日，江岸区城管执法局（交通运输局）与市交通运输综合执法大队及市旅游局在解放大道武汉剧院周边整治旅游客运市场秩序

舶污染防治工作中督促辖区码头企业全面落实"四桶二柜一牌"工作，切实做到港口、码头垃圾、污水上岸闭环管理。全面落实长江禁捕、退捕相关任务，完善4艘"三无"船舶标识工作，与码头企业签订禁捕承诺书，配合区禁捕办持续开展禁捕巡查工作。配合区疫情防控指挥部调度车辆233辆次，转运境外包机及境内中高风险地区来汉返汉人员；重点开展冷链物流运输车辆检查，在武汉肉联厂、仁和冷库等企业检查冷链运输车辆800辆。

（胡家盛）

【江汉区】 2021年，全区新增道路运输业户5家，有普通货运企业132家，"两客一危"企业11家，长途汽车客运站1家；机动车维修企业171家，其中，一类维修企业14家、二类维修企业41家、三类维修企业113家；重点物流（货运）企业15家，驾驶员培训学校1家，汽车租赁企业14家，客运出租汽车企业6家，网约车企业3家。全区监管货运车辆1600辆，注册旅客营运车辆753辆，注册从业人员3063人。

运输市场监管。全年检查辖区道路运输企业163家，其中维修企业86家、货运企业55家、出租汽车企业6家、汽车租赁企业11家、驾培企业1家、网约车企业4家，下达责令整改通知书28份。检查车辆23850辆，查扣违法车辆85辆，查处违章、违营运行为1800余起。其中查处网约车违规、非法营运车辆35辆，违规营运出租汽车168辆，办理行政执法案件203件。新增维修企业7家，其中一类维修企业1家、二类维修企业3家、三类维修企业3家，对维修企业安全检查168家，下达整改通知书49份。

安全生产。与辖区道路运输企业签订年度安全生产责任书。每月跟踪督办存在安全隐患的运输企业直至隐患消除，督促生产经营单位消除重大事故隐患；每季度定期检查企业隐患排查台账记录，重点检查企业安全生产工作制度落实情况，要求企业限时整改现场指出的问题，全年检查企业424家，督导企业整改安全隐患31处。在4G平台上抽查辖区内"两客一危"车辆（车辆总数的10%）进行动态监管，发现安全隐患予以通报，要求企业开展整改并回告，全年抽查车辆2000余辆次，查出安全隐患80处，完成整改100%。

港口码头。全区有公务码头2个、轮渡码头3个。巩固港口码头优化调整成果，加强对船舶污染及港口码头污染防治日常监管和执法检查。与市交通运输水上执法支队、区环保局、区水务局对5个码头污染防治工作进行检查，下发整改通知书5份，不定期进行整改"回头看"。

营商环境。成功申报3家AAA级物流企业和1家AAAA级物流企业。了解企业经营状况和困难，全年向企业发放A级物流企业、省重点物流奖励180万元，发放交通行业稳就业补贴金388.72万元。2021年，辖区规上交通运输、仓储、物流企业和邮政业营业收入90.27亿元，比上年增长42.73%；新增入库规模企业1家。

（王宝英）

【硚口区】 2021年，全区有长途汽车站1家，道路运输企业4家，危险化学品运输企业4家。加强对"两客一危"企业日常监管工作和客运车辆GPS监控检查，做好监察检查记录，督促落实问题整改。全年对辖区"两客一危"企业开展日常督导检查88次，企业约谈4次，处理上级通报、抄告函、督办单等23起。同时，按要求完成辖区4家客运企业的服务质量信誉考核的初评、初审工作及208台次危险品运输车辆初审工作。全年道路运输行业无死亡、无重特大安全事故发生。

安全监管。每月对货运物流企业至少进行1次安全检查，重点检查企业经营资质、从业人员资格、车辆安全设备齐全有效、应急救援等。辖区货运物流企业道路运输经营许可证年度审验初审58家。督促辖区18家样本物流企业及时统计报送各类年、季、月报表。摸清维修业户数量，与维修企业签订安全生产责任书，巡查检查维修企业83家，完成辖区内106家一二三类维修企业机动车维修企业质量信誉考评及备案证换证。配合市交通运输综合执法支队对辖区内有合规训练场地的驾校进行质量信誉考核并发放教练车备案标识，督促驾培机构对教练车进行检测，全面清查辖区驾校场地、车辆资质，对不符合教学条件、涉嫌非法教学教练车、无标识教练车、私家车冒充教练车等依法进行暂扣处罚。巡查检查驾校训练场21次，检查教练车27辆，查处违规训练场3处。

政务窗口服务。落实网办件审批提速，"道路运输四级协同管理与服务信息系统"与湖北省政务服务网（一张网V3.0）对接，实现包括车辆年度审验、从业资格证考核、道路运输证配发等事项网上办理。全年窗口办件5851件，其中机动车维修备案23件、汽车租赁备案1件、货运车辆业务609件、诚信考核416件、网约车驾驶员办证1052件、旅游企业包车线路牌发放3750张。

营商环境优化。建立常态化对接机制，主动服务对接企业，建立辖区交通运输企业微信、QQ工作群，了解掌握企业需求，研究并帮助企业解决实际困难。落实落细疫情期间参与保供企业30%电费补贴相关惠企政策，向区发改局上报3家企业相关信息资料，电费补贴经费2.2万余元。下拨年度市级物流业发展专项资金物流服务品牌培育奖励40万元，其中新增AAA级物流企业1家、AAA级升AAAA级物流企业1家、省重点物流企业1家。落实促进重点物流企业发展的政策扶持措施，协调区发改局、区金融局，通过辖区内企业联络群向有纾困资金需求的企业宣传"武汉市企业融资对接服务平台"（"汉融通"App），有纾困资金需求的企业可通过"汉融通"App在线申请融资，推动企业融资线上高效对接，提高融资效率。

疫情防控。加强常态化疫情防控

工作统筹和监督检查，制定常态化疫情防控方案。加强重点人群排查和监测，开展境外返（来）汉人员和境内中高风险地区返（来）汉人员信息排查登记统计和上报工作，加强现场管控和应急处置。对货物运输从业人员疫情相关知识进行培训，做好从业人员防护工作，落实应急处置。通过突击暗访等方式，多次对辖区7家冷链物流企业、24辆运输车辆进行检查。

（高函妮）

【汉阳区】 2021年，全区有道路运输企业322家、车辆6058辆，运输物流企业12家，驾校7家，机动车维修企业197家，出租汽车企业1家，网约车企业1家，汽车租赁企业6家，客运旅游企业3家，危险品运输企业1家；全区优化公交路线36条，新增微循环线2条。辖区开展道路货物运输、"两客一危"、驾培、维修、优化公交线路及"3·15"质量万里行、"6·16"安全生产月等系列活动，加强交通运输行业安全生产监管，提升道路运输组织保障水平。

运输市场监管。持续保持对客运市场监管力度，每月对辖区客运旅游包车、网约车、租赁企业至少检查2次，重点检查节假日安全生产措施的落实，全年企业无安全生产事故发生。不断加强客运地段、站点、线路安全监管，对王家湾、琴台和汉阳客运站等客运市场重点地段实施全年常态化卡点守控，严查汉蔡高速公路、四台村、三环线周边等客运重点线段不按规定站点停靠、站外揽客、中途甩客、超范围经营等违法行为。货运市场建章整治，督促企业建立和执行运输安全制度。突出危险运输品运输企业整治，重点核查危险品运输车辆道路运输证、驾驶员及押运员从业资格证，对存在问题的企业勒令暂停运输，依法下达整改通知书10次，督促企业按时整改，落实好安全生产主体责任制，全年无安全生产责任事故发生。

维修业整治。汽车维修业按相关要求由许可改为备案制，完成辖区197家符合相应等级维修企业资质的备案工作。与其中一二类共计113家维修企业签订安全生产诚信承诺书、安全生产责任状。结合定期安全隐患排查，配合中央环保督察组对露天违规喷、涂漆现象进行集中整治，排查维修企业94家，现场拆除违规喷、涂漆字样广告牌6块，更换过期灭火器11个，维修企业全年安全生产无事故。

驾培机构治理。开展"清理整治不达标驾培训练专项行动"，下达《责令整改通知书》，拆除违法场地及其附属设施、违章建筑、违规宣传广告招牌等，按时完成20个不达标驾培训练场清理整治任务，推进规范"驾培计时培训"考核制度改革工作，驾培行业秩序进一步规范。全区有机动车驾驶培训机构7家，从业人员120人。其中二级驾培机构5个、三级驾培机构2个、理科培训中心1个。

"双随机、一公开"。完善双随机执法人员名录库58人、抽查事项库11项、抽查对象库87家。落实"互联网+监管""双随机、一公开"工作机制覆盖率100%，现场掌上检查率、检查事项覆盖率均超过90%。按照"先照后证"改革后加强事中事后监管工作要求，联合区市场监管局、区公安分局、区税务局等相关单位，完成2次跨部门抽查工作和全年抽检工作，并在区政府网站予以公示。

公交线路优化。调整优化公交线路和站点配置，为全区公交线路有序运营提供基础条件。至2021年底，优化调整公交线路52条，区内公交站点500米覆盖率100%，配车923辆，其中天然气车309辆、纯电车407辆、柴油车207辆，环保车辆占比为77.6%。

码头建设。辖区内实施污染物接收码头工程的有武汉港汉阳区船舶污染物接收码头、武汉港杨泗港区中长燃绿色航运综合服务区污染物接收码头。12月底，武汉港杨泗港区中长燃绿色航运综合服务区污染物接收码头正式投运。开展武汉市中鹏油脂码头拆除工作，协助企业办理相关拆除手续，12月6日，武汉市中鹏油脂码头完成拆除工作。辖区三丰、江韵码头涉及迁移、拆除工作，多次召开会议专项研究码头补偿事宜。

防汛保畅。组织辖区货运、客运企业备勤车辆，开展防汛演练。辖区货运企业天天好运、山岭仁和、客运企业新力量等企业开展防汛演练及车辆备勤，圆满完成交通运输行业防汛工作。

（蔡国红）

【武昌区】 运输市场监管。检查旅游客运企业38家次，抽查客运车辆110余辆，检查车辆及人员技术档案73余份。检查客运站167家次，核查驾驶人员、车辆技术档案100余份，查出安全生产隐患110余起。按时完成2家客运站质量信誉考核和年度审验初评，初审率100%。组织开展"安全宣传咨询日"咨询活动1次，开展"安全生产月"主题宣讲活动1场，印制并发放各类宣传资料260余份，现场咨询互动300余人次。开展普通货物运输专项整治活动，检查普通货物运输企业40次，约谈违法超载运输企业6家次。开展危险品运输企业专项整治，检查危险品运输企业20家次，抽查危险品运输车辆50余辆，车辆及人员档案50余份。下达整改通知单4份，整改安全隐患16起，组织约谈安全管理制度不到位货运企业4家次。检查维修企业200家次，及时处置和纠正灭火器失效、生产场所杂乱等隐患213起。完成三类维修企业备案工作16家，二类维修企业备案7家，一类维修企业备案2家。

窗口服务。按政务服务要求，认领权力事项23项，更新权责清单2项，实现马上办、网上办事项100%。办理交通行政许可18件，新增运输车辆131辆。办理网约车驾驶员从业资格证初审647人，发放旅游包车线路牌5000张。营运车辆驾驶员诚信考核300人，继续教育68人，组织对违规驾驶人员进行诚信扣分，建档率100%。落实国家卫生城市复审工作，组织召开窗口单位国家卫生城市复审工作推进会，检查客运站143家次，

开展出租汽车计价器检查联合整治行动

安排2名驻站工作人员每天不间断巡查客运站，下达督办通知单14份，现场督促整改问题67项。

安全管理。全年组织安全检查企业551家次，排查安全生产隐患263起，当场整改226起，限期整改37起，整改率100%。组织约谈安全管理制度不到位、超限超载等企业10家次，约谈企业负责人12人次。利用监控平台核查营运车辆32362辆次，4G视频核查9159辆次，督促企业及时处理违规车辆833辆次，向驾驶员发送提醒短信381条，利用道路运输车辆动态信息平台发送车辆超速提醒短信、恶劣天气提醒短信、防控措施提醒短信69141条。

打非治违。建立全天候监管机制，重点值守傅家坡客运站和武昌火车站周边地区。全年检查车辆20247辆。开展营运市场秩序集中整治行动30余次，检查出租汽车、网约车18000余辆。加大驾培训练地监管，开展驾校专项整治行动10余次，检查训练场地9次。

疫情防控。落实辖区"四站一场"运输保障工作，安排80余人驻守相关场站，完成境外返汉人员现场接运5110人次，其中交由社区管控3716人次，交由隔离点管控1394人次；完成境内中高风险地区来武昌转运9200人次，非武昌区人员来汉点对点中转至各个交通口岸7575人次。

（李昕梦）

【青山区】 2021年，全区有一类维修企业12家、二类维修企业39家、三类维修企业84家，机动车驾驶员培训学校6家。按照综合整治要求，结合货运源头超限超载治理工作，加大与市综合执法支队、区公安交管、市场监管、发展改革等部门联席联动，开展出租汽车营运、货运、维修、驾驶员培训等领域联合执法行动，立案处罚82起。武汉工业港项目及长江中游智慧物流枢纽项目纳入武汉市综合交通运输发展"十四五"规划。

运输市场管理。严格按照出租汽车大城管考核要求，开展出租汽车营运市场整治行动。全年开展巡游车及网约车整治行动72次，检查车辆2601辆次，配合市交通运输综合执法支队办理案件72起，有效治理出租汽车、网约车劣质服务和不规范经营行为。大城管出租汽车营运秩序整治工作全市综合成绩排名第一。根据辖区居民出行需求，协调市公交集团开通定制专线、优化公交线路、迁移公交站点等，有效解决周边居民公共交通出行问题。

安全运输管理。结合安全大检查、企业安全生产教育培训及"安全生产月"等活动，指导督促道路运输行业（特别是危险品运输企业）开展安全隐患排查，全年检查运输企业118家次，发现问题隐患48起，督促企业整改。会同交通大队、公安分局、市场监管等部门，以中央环保督察为契机，集中整治辖区及主次干道、街道、社区沿线等重点路段，全年检查维修业户60余家次，查处无证修车、超范围修车、违规喷涂等行为，下达整改指令书40份。配合市综合执法支队取缔辖区内违规驾校训练场7家。同时推进驾培机构双平台对接工作，按要求完成5家场地达标驾校计时终端安装和电子围栏设置工作。

物流发展。多措并举帮助物流企业应对疫情冲击，通过项目扶持、政策优惠、环境优化等多种方式，提升物流服务能力。多次走访调研企业，宣传省、市级部门关于物流行业政策规定，动员辖区物流企业申报评级。宏青运贸有限公司通过省重点物流企业评审；武汉市鑫业兴物流有限公司网上申报A级物流企业通过评审。开展专项物流调研，指导督促辖区规上物流企业每月在市、区统计平台上报经营和景气数据，上报率100%。全年完成2家"小进规"企业入库（武汉全盛亿冉运输有限公司、武汉扬光路尚城市物流有限责任公司），物流建设投资2.57亿元，全区其他交通运输业和仓储业营业收入增速25.1%。

营商环境优化。按照"容缺审批""高效办成一件事"等要求，切实提高办件效率，规范窗口管理，做好行业事中事后监管。全年交通窗口办件6684件，其中，货运业户年审173户，营运车辆年审2531辆次，车辆新增、注销、转入及转出业务1633辆次，驾驶员从业资格证诚信考核1452人次，网约车驾驶员申请895人次。实现全程网办3101件，占总办件量的46.4%，办事效率大幅提升。

（沈天宇）

【洪山区】 2021年，全区有普通货物运输企业240家、车辆2583辆，机动车维修企业286家，驾校16家，网约车平台3家、网约车681辆；"两客一危"企业3家、车辆30辆。组织辖区企业质量信誉考核工作，完成质量信誉考核31家，完成率100%，签订安全管理责任书65份。组织辖区12家企业50辆车以上普通货运企业参加"两类人员"考核，参加考核28人，通过考核26人。1—9月办理货运车辆年度审验2284辆，驾驶人员从业资格证诚信考核379人；维修企业备案69家；完成网约车驾驶员初审1940人、网约车初审316辆，货运车辆新增671辆。

出租汽车营运秩序整治。重点整治出租汽车议价、拒载、违规拼客、不按站点上下客、未携带从业资格证、车容车貌不整等违规行为，查处违规行为907起，均整改完成，辖区内出租汽车营运环境进一步净化。针对火车站、高校、商圈等重点位置，配合武汉市交通运输综合执法支队七大队开展出租汽车营运秩序整治近40次。

公交服务。结合区内企业和群众公交出行需求，开通优化685路、687路等8条公交线路，定制公交线路2条，辐射张家湾、青菱、南湖和天兴洲等区域，便利居民公共交通出行。8月，开通临时公交摆渡车解决融创智谷产业园职工公交出行难题，助力园区企业防疫生产两不误。11月，开通摆渡车解决船检轮渡停运期间天兴洲村民出行需求。

2021年8月11日，洪山区开通2条临时公交摆渡车，保障市民交通出行

安全生产。督促杨春湖客运站严格落实"三不进站、六不出站"制度和"三品"查堵、驾驶员履行"五不两确保"制度。联合杨春湖客运换乘中心开展应急处置演练活动。实地走访辖区企业进行安全宣传，发放宣传资料400余份。配合市交通运输综合执法支队七大队到辖区"两客一危"、重点维修企业开展燃气安全专项检查，对发现的问题及时督办整改。重大节假日期间到辖区交通运输企业开展安全检查129家次，全年未发生重大道路运输安全事故。

超限治理。压实源头治超行业部门主体责任，检查重点源头企业34家次，现场抽查车辆33辆次，约谈超限超载企业8家次，并通过"回头看"方式督促企业整改到位。会同市桥隧事务中心、区交通大队实地考察，在辖区管辖车行桥梁设计制作安装67块超限超载警示标识牌，提醒货运驾驶员合理规划行驶路线。做好路面治超执法工作，组织治超联合执法行动119次，查处违规行为907起，整治关停不达标驾培场地54家，查扣超限车辆109辆，卸载货物1798.66吨，治超工作全市名列前茅。

营商环境优化。加强与辖区企业沟通联系，变被动管理为主动服务，借助上门走访、恳谈会等方式，协助企业解决发展问题。全年走访企业102家次，收集企业诉求19条，按照每呼必复、有问必答要求，及时核实并认真进行回复，回复率及办结率均为100%。结合优化营商环境"服务企业月"等活动，推进交通运输业高质量发展、绿色发展，7家规上交通运输企业年营业收入共计5.81亿元，比上年增长22%。

生态环境保护。整改办理第二轮中央环保督察交办信访件45件。全年开展河湖长制巡查64次，发现督办问题142处，下发督办、提示交办单

2021年2月26日，联合市交通运输综合执法支队检查出租汽车营运秩序

(函)44份。落实长江大保护,督促港口企业按照武汉市船舶污染防治专项战役指挥部关于船舶污染物设施设备建设的要求,落实船舶污染物设施设备,安装使用船舶水污染物联合监管与服务信息系统(船E行),督促洪山区临时砂石集散中心配备防风抑尘设施设备,做到砂石转运不落地。

信用体系建设。指导失信企业在"信用中国"官网上进行信用修复;完成行政许可公示、行政处罚公示"双公示"工作,前三季度网上公示行政处罚案件138起。"双随机、一公开"开展随机抽查5起,联合抽查4起,实现抽查事项全覆盖。

疫情防控。在武昌站、汉口站、武汉站、杨春湖客运换乘中心、天河国际机场"四站一场"服务点安排人员24小时轮班值守。全年转运境外返(来)汉人员3351人次、境内中高风险地区返(来)汉人员2839人次。承担包机入境转运任务15次,调配保障车辆82辆次,点对点转运至隔离点1700余人次。调配保障车辆104辆次,点对点转运包机入境解除隔离人员至"三站一场"(武昌站、汉口站、武汉站、天河国际机场)1200余人次。检查辖区9家冷链食品运输企业、36辆冷藏车、29名冷链运输驾驶员共计58次,约谈冷链企业28次。冷链企业驾乘人员核酸检测和疫苗接种率均为100%。

(桑梦林)

【江夏区】 2021年,江夏区交通运输局全面推进10个交通重点项目建设;不断完善农村路网,持续抓好"四好农村路"建设;加强国省干线及管养道路养护;大力发展智慧交通、惠民交通;加强运输市场监管和治超工作;全力推进港航、物流工作;安全生产平稳有序;强化党史学习教育、乡村振兴、疫情防控等工作;开门纳谏,开展"双评议",优化营商环境工作再上新台阶。

公路建设。全年完成交通投资32亿元。完成107国道江夏段龚家铺至海吉星改扩建工程、花界线麦芽湖大桥、纸贺线道路提档升级工程、金龙大街西段(黄家湖大道—雪佛兰大道)道路提档升级工程、都市田园综合体道路工程建设等10个项目。投资4543万元,在186.13公里农村公路急弯陡坡和临崖临水处安装升级防护设施。完成新建农村路100公里,改造农村危桥10座。区湖泗街道被评为2020年度"四好农村路"省级示范乡镇,获农村公路建设养护资金补助200万元。

运输服务。全区运营公交线路46条,营运车辆668辆,实现公交全域覆盖,上线公交智能App,开通武汉通、微信、支付宝等支付服务功能,公交站牌实时显示车辆运行情况。调整公交线路23次。全区完成港口货物吞吐量214.1万吨,比上年增长26.3%。编制完成《江夏区落实加快打造商贸物流中心实施方案(2021—2025)》。完成物流建设投资4.64亿元,完成7.5万平方米仓配一体化仓库。安吉汽车物流(湖北)公司升为AAAAA级物流企业,中百生鲜物流园为AAAA级物流企业。

运输市场监管。加强源头治超,严厉打击超限违法行为。查处非法超限超载运输车辆1321辆,责令依法卸载货物28275.87吨,其中处罚改装车辆209辆。打击非法营运行为40起,处理无从业资格证从事运输行为55人次,查处不达标驾培场地17处。检查重点货运源头企业11家,注销非法营运车辆3辆。

码头治理。加强辖区临时砂石集散中心砂石不落地、防尘降噪、场地硬化、封闭运营监管工作,推进长期砂石集散中心前期工作。巩固辖区长江岸线整治成果。全面完成港口船舶污染物接收、转运处置设施建设,推进船舶污染物接收、转运及处置联单制度落实,推广使用"船E行"App,对港口企业使用情况和污染物接收、转运等行为进行监管,督促港口企业要求到港靠泊2小时以上船舶使用岸电。

安全生产。对客货运企业、客运站、维修企业、农村公路、桥梁、在建工程施工现场、物流园区等进行密集检查,排查安全隐患884项,下达整改通知书195份,下发安全风险提示函13份,完成整改858项。组织安全应急演练13次。交通系统安全生产态势平稳有序,未发生安全事故。

营商环境优化。组织申报A级物流企业,安吉湖北汽车物流有限公司从AAAA级物流企业升级为AAAAA级物流企业。为方便产业园区人员出行,优化公交线路12条,调整公交线路24次,开通微公交线路2条。主动谋划建设金光大道(101省道新南环),对接光谷科创大走廊和车谷产业大走廊,促进区域经济发展。

(汪华 汪毅)

【蔡甸区】 2021年,全区公路里程2591公里,路网密度229公里/百平方公里。全年完成旅客周转量3.55万

2021年12月6日,武汉市公交集团江夏公交公司更新130辆新能源电动公交车

人公里、货物周转量 9.10 亿吨公里。辖区汉江岸线 39.6 公里。蔡甸区被评为 2020 年度全省"四好农村路"省级示范县，索河街道获评"四好农村路"省级示范乡镇。

基础设施建设。完成固定资产投资 1.7 亿元，推进金龙湖大道水毁修复及改建工程等。启动并推进 318 国道武汉西至永安段快速化改造工程前期工作。全年改建农村公路 30.7 公里，创建美丽农村路 41.2 公里，改造西界桥、牛奶场桥危桥 2 座。全区公路工程监督覆盖率 100%。印发《蔡甸区农村公路"路长制"实施方案》，稳步推行"路长制"。完成汉江南岸嘴至蔡甸汉阳闸段三期航道整治。涉及辖区整治里程 13 公里，通航能力由 1000 吨增加到 2000 吨。发挥水水直达港口货物运输模式，完成由运输船舶经长江转运至蔡甸区港口货物吞吐量 32 万吨。协助开展辖区禁捕退捕工作，严厉打击"三无"船舶涉渔行为，实施长江大保护。

物流业发展。全区有在册物流企业 212 家，规上企业 19 家，A 级及以上物流企业 9 家，省重点物流企业 5 家。全年仓储业营业收入 13.85 亿元，比上年增长 13.04%。对标武汉市"五型"国家物流枢纽建设，以常福物流园为载体推进生产服务型和商贸服务型物流枢纽区域节点建设，完成物流建设投资 15.175 亿元。推进常福物流园区基

2021 年 9 月 25 日，蔡甸奓山公交首末站投入使用

础设施建设，京东、韵达等超过 10 亿元投资的重大物流项目相继建成运营，新增 AAAA 级物流企业 2 家、AAA 级物流企业 2 家，培育入库企业 2 家，新增签约亿元以上物流项目 1 个。

运输服务。城市公交全域覆盖，全区城关公交线路 9 条，营运公共汽车 74 辆。城市公交线路 46 条，营运公交车 369 辆。实有出租汽车 100 辆。开通循环公交线路，延伸 6 条公交线路，调整 5 条公交线路开收班时间，增设 11 条公交线路停靠站点。9 月 30 日起，残疾人市内免费乘坐公交、地铁、轮渡全覆盖。新增公交车 7 辆，更新新能源公交车 8 辆，新能源公交车覆盖率 100%。加强运输市场监管力度，全年收缴标志灯(牌)59 个，检查企业 93 家次，关停不合规训练场 8 处，约谈企业负责人 31 人次，联合区应急、公安、商务等部门处理危化品运输案件 5 起。

公路养护。全区列养公路里程 306.55 公里，全年完成路面坑槽修补 1.36 万平方米、挖翻浆 4170 平方米、路面灌缝 2.67 万米、整修路肩 24.64 万平方米、整修边坡 5.54 万平方米、清理边沟 1.88 万米、清除堆积物 980 立方米、埋设百米桩 154 个、示警桩 572 个。完成桥梁检查 607 座、桥梁锥坡养护 206 座、清理涵洞及通道 117 座、桥面排水系统疏通 1157 个、支座养护 30 个、伸缩缝养护 3580 米。蔡甸区交通运输局获"2021 年度湖北省农村公路十佳养护单位"称号。

路政管理。落实交警驻站和联合执法超限超载治理常态化，加强不停车检测系统应用，全年路面治超处罚违规车 843 辆次，卸载货物 23941.5 吨。全年清除路障 301 处 9332 平方米，清理摊点 320 处 1100 平方米，拆除非公路标牌 88 块。联合交警、城管等部门，专项整治打场晒粮、"漏泼撒"、设置非标等违法行为。

政务服务。通过综合统一收件窗口办结 11528 件，受理办结道路运输车辆年审 12376 件，道路运输车辆新

2021 年 12 月 15 日，金龙湖大道（龚侏线）改扩建工程龚家渡至索河集镇段主体工程完工

增、转籍、过户、注销15496件，道路运输从业人员诚信考核签注2338件，道路运输从业人员继续教育签章878件。

安全应急管理。开展水上交通、道路运输、公交运营、公路桥隧、客运出租、工程建设、消防安全等重点领域安全生产专项整治，检查单位、企业1117个次，查整安全隐患328起，整改率100%。制定《蔡甸区交通运输突发事件应急预案》。淘汰老旧及环保不达标船舶3艘。

（熊媛）

2021年3月27日，区公交办联合相关部门保障清明期间公交运力

【东西湖区】 2021年，全区通车里程1159.42公里，路网密度233公里/百平方公里，其中国道4条71.56公里、省道3条57.01公里，二级以上公路里程399.74公里。新增惠民公交线路5条，优化调整公交线路17条。协调完成多米武汉网商总部科技园等11个重大物流项目，推进全国商贸物流中心、武汉国家骨干冷链物流基地建设。

基础设施建设。全年完成交通固定资产投资额25.9亿元，投资交通基础设施项目69个。完成108省道武汉段府河大桥、112省道辛安渡集镇至孝感朱湖段等国省干线项目建设。完成张柏公路改扩建，推进九通路（新径线至东柏路段）等区级经济干线项目建设。完成荷香路（荷沙路至兴工三路）改造，辛安渡袁家台工业园北区一路、二路，波天湖南路等园区配套道路建设。推进"四好农村路"建设，完成东风路、集汉路、辛安渡白屋村南路通村湾路、辛安渡三合郭家湾通村路等24.1公里农村公路建设。

运输服务。全区有公交线路89条，运营车辆1267辆，公交站点1581处，其中智能公交站棚503处、简易站棚110处、站杆968处。开通公交线路2条，开通惠民公交2条。调整公交车线路走向，增加线路运力，增加线路发车班次，采取大车换小车方案，方便沿线居民出行。全区有道路运输业户2874户，增加52户，车辆总数45420辆，新增车辆11201辆。道路货运从业资格证诚信考核实行一人一档，建档率100%。开展"两客一危一货"专项检查，检查辖区客运企业12家次、危险化学品企业36家次、普通货物运输企业85家次，下达整改通知书35份。全面清查辖区6家危险化学品运输企业622辆车挂靠及人员持证上岗情况，推行企业动态监控管理，47家企业接入第三方专业动态监控机构。

运输市场监管。定期检查辖区3家区域出租汽车公司安全制度建设、车辆安全管理、从业人员管理等。持续开展整治"黑的"非法营运行动，开展联合执法行动5次，暂扣非法营运车辆5辆。开展网约车非法营运整治行动，制订工作方案，开展专项监督检查，督促企业整改违规派单等行为，涉及违规车辆17辆、无证人员1名。推进机动车维修企业及时备案工作，办理机动车维修经营备案38家，开展机动车维修企业安全检查、违规喷涂、非法改装整治工作，随机检查维修企业69家，配合取缔非法改装企业1家，责令违规喷涂企业停止喷涂3家。规范驾培行业管理，开展两网对接，16家驾培机构签订计时系统运营商；推进汽车租赁公司备案，备案汽车租赁企业1家；取缔不合规汽车租赁公司，排查汽车租赁企业213家。

路政执法。及时处置影响公路安全通行的违法违规行为，全面整治国省干线8次，下达《交通违法行为通知书》8份，按照程序处置涉路违法行为，清理摊点100处、非公路标志牌67块、路障54处。按要求办理涉路赔（补）偿案件，协助行政审批局

2021年12月10日，108省道东西湖区府河大桥建成通车

处理行政许可案件7起，收取公路路产补偿费202122元；办理续签案件1起、处理路赔案件94起，收取公路路产赔（补）偿费650652元。路政中队执法人员到公路沿线社区宣传路政法律法规，发放宣传单，接受群众路政法律法规咨询80人次。

超限超载治理。加大超限超载治理工作力度，严格落实24小时不间断治超。联合交警开展联合治超专项行动44次，查处货车、渣土车等违法行为1635起，其中处罚超载车辆325辆、暂扣超载货车325辆次，卸载货物3989.6吨。联合交警、城管部门定期开展渣土车超限超载治理工作，查扣违规运输车辆501辆次、无资质车辆88辆，其他违规车辆413辆。联合开展治超督导检查62次，摸排辖区32家渣土运输企业、1169辆渣土车及驾驶员，建立渣土车数据库。

港口码头治理。推进砂石码头关停拆除善后工作，按照法定程序处置"三无"船舶。推进临时砂石集散中心完成38条安全隐患整改，协调完成划转工作。落实长江禁捕工作，联合执法，加强安全巡查和水上巡航。开展船舶污染防治联合检查3次，成功处理船舶漏油事件1次。

物流企业培育服务。全区有A级及以上物流企业110家，其中AAAAA级2家、AAAA级43家、AAA级61家、AA级2家、A级2家。积极推动区内物流企业发展，全年新增AAAA级物流企业12家、AAA级物流企业22家。全年为区内64家A级及以上企业争取到补助资金806.22万元，为武汉捷利现代物流产业园项目争取到第二批重点物流项目补助资金250万元。

安全应急管理。全年道路运输行业未发生安全生产责任事故，车辆万车死亡率为零。监管通航水域未发生安全事故，2处在运乡镇渡口、渡船未发生安全事故，船舶万吨死亡率和直接经济损失均为零。交通在建工程安全事故为零，安全生产形势总体保持平稳态势。开展危险品运输企业整治行动，检查道路危险品运输企业36家次、车辆590余辆次，约谈违规道路运输危险品运输企业15家次。开展区内成品油运输市场专项整治工作联合行动，参与区成品油联合整治专班行动32次，按专班要求暂扣疑似违法车辆22辆次。推进公路危桥改造行动，完成全区122座桥梁、124座涵洞调查和检测。开展船舶碰撞桥梁隐患专项治理行动。开展在建工程安全生产专项整治，重点对108省道武汉段府河大桥工程、张柏公路改扩建工程、四环桥下空间利用等在建项目工地进行安全质量检查，排查一般安全隐患79起，全部完成整改。推进物流园区安全隐患排查整治，加强物流园区安全生产监管，开展疫情防控措施检查，发现隐患294起，落实整改285起。重点督导检查涉及进口冷链食品相关物流园区及企业开展常态化疫情防控。

（罗晓兰）

【武汉经济技术开发区（汉南区）】2021年，辖区长江岸线总长62.3公里，占全市26.41%，港口岸线总长36公里，占全市30.71%，可常年通航5000吨级船舶。形成沌口港区、军山港区和汉南港区三大港区，建成并运营码头21个、泊位50个，在建码头3个、泊位4个，待建码头2个，公务码头8个。全区有交通运输及仓储业规上企业70家，A级及以上物流企业25家。有公交集团经开营运公司，公交线路44条、公交车453辆；武汉路达汉生旅游汽车服务有限公司，旅游车8辆。有货运企业633家，货运车辆5553辆；驾培企业47家；机动车维修企业113家；机动车检测企业7家；汽车租赁企业28家。

公路管养。区管养公路里程94.59公里，整修路肩17.47万米，修复路缘石410平方米，清障1470平方米，病害修补2500.51平方米，埋设百米桩20个、里程碑7块。深化农村公路管养体制改革，推动农村路网精细化管理，编制完成《武汉经济技术开发区（汉南区）农村公路"路长制"实施方案》；完成农村公路新改建任务10公里，危桥改造4座，养护大中修8.76公里。全区农村公路建设工程项目监督管理全覆盖，督促项目建设单位办理拟建工程项目质量监督手续，办理质量监督手续项目9个，完成项目5个。下达停工整改通知书1份、口头整改通知12次，批评教育10余次。

长江大保护。深入开展港口船舶防污染工作，对全区所有码头（含执法码头）进行拉网式环保检查。12月24日，完成船舶污染物接收设施项目交工验收。对纱帽、邓南、沌南洲3个临时砂石集散中心和军山船厂、平鄂煤码头下达停业整改和关停通知书，督促企业及时整改。区指挥部共

2021年12月28日，接驳地铁16号线（汉南线）的688路公交开通运营

对21家企业下达环保督办通知书。同时，对8家公务码头下达加强污染防治工作函。加强水路运输市场监管工作，全年开展行政监督检查40次，检查港口经营企业334家次，完成《行政检查记录》231份，查处港口违法经营案件1起。加强辖区禁捕水域"十年禁捕"监管，对辖区长江沿线及通顺河到香炉山禁捕水域每周巡查1次，全年未发现乡镇船舶、"三无"船舶在禁捕水域非法捕捞违法活动。

运输市场管理。建成公交场站15处，公交车辆进场率83%，配套充电桩320个；有公交停靠站421处，其中港湾式停靠站71处，占比16.86%。有轨电车全长16.8公里，设置22个站点，全年客运量约235.9万人次。根据全年"打非治违"专项整治工作方案，以"窗口"地带及客货集散地为重点，严厉打击违法违规经营行为。全年检查车辆2317辆次，查处违法行为61起，其中危货车辆17起，客运车辆5起，网约车及小型轿车、小型普通客车32起，普通货车7起。查处违规训练场2处。全年线上检查网约车平台6次，检查车辆560余辆，查处违规车辆185辆。

路政执法。组织超限超载治理专项整治行动24次，重点打击钢材、渣土、商品混凝土等运输车辆违法超限超载行为。日常路政巡查中，查处未经许可挖掘公路埋设管线3起、在公路建筑物控制区内架设杆线1起及设置非公路标志牌4起，可能危及公路安全1起，查处铁履车在公路上行驶损害公路行为1起；清理路障(含路面污染)54处1166平方米。结合"大城管"公路环境考核要求，联合纱帽街、邓南街、湘口街、东荆街执法中心，对103省道和321省道部分路段两侧随意摆摊设点占道经营出售农副产品、影响公路(城镇)环境及公路畅通等行为进行宣传教育与整治，清理劝撤路肩摊点40余处，清除"公路晒场"。

安全生产监管。常态化开展安全隐患排查工作，节假日期间开展客运车辆安全隐患排查，定期对危险货物运输企业、机动车维修企业、驾驶员培训学校、旅游运输企业进行安全检查，全年排查事故隐患11处，全部整改完成。检查列养公路20座桥梁运行安全，加强公路桥梁日常养护，规范设置限载、轴载标志。在建工程项目每周巡查不少于2次、每月专项检查1次，且每个项目建立监管台账，从项目报监手续办理、施工过程质量安全监督、交(竣)工验收、竣工资料归档等方面严把项目建设质量关。

疫情防控。加强督导管控，落实交通运输行业疫情防控各项措施。牵头负责区防指运输保障与环保保护组工作，8月份安排86辆出租汽车服务街道社区，为社区企业人员物质运输提供保障；安排客车、公交车24小时转运医护人员、隔离人员；安排货车、公交车为封控区内转运生活用品、医药等物资；安排20辆公交车为东本一厂复工复产提供通勤服务。

(舒夏添)

【黄陂区】重点工程建设。配合市级重点项目建设，5月1日，武汉四环线高速公路北四环线正式通车；武大高速公路建设完成工程量的60%；武汉六环线黄陂段工程可行性报告编制完成；沿江高铁黄陂段线位基本确定；机场三通道开工建设。全区有海航工业园2号路、李蔡公路横山至罗汉段、新黄武公路路面改造工程、刘大公路大中修工程、木兰大道长岭至姚集段改建工程、蔡店至姚家山地质灾害改造工程等6个项目建成。前川中环线、木兰大道三期、316国道黄孝线改扩建工程、李蔡公路王蔡段、前陈公路、程家墩互通、天祁公路、滨湖路延长线新十公路至石道线等17个项目在建。

"四好农村路"建设。持续推进农村公路建设，完成农村公路提档升级及农村公路巩固提升60公里，新建通村湾路20公里，为全年计划的100%；农村危桥改造2座；108省道改线段老姚集大桥和Y278泡独线八家桥(李集街)完工；完成30公里美丽农村路创建工作。黄陂区获评"四好农村路"全国示范区，王家河街获评"四好农村路"省级示范镇。

推进城乡公交一体化。完成全域公交化改造，实现全域公交全覆盖，全线平稳开通运营。境内所有二级网络线路改造完毕，公交线路增加104条，新增、改造公交车598辆，建成公交枢纽站3座、首末站2座，居民出行服务水平显著提升。截至2021年底，黄陂区有公交线路186条，线路营运里程3607公里，公交车1222辆，年客运量突破1亿人次。其中，城乡公交一体化车辆642辆(新能源车占1/3)，线路142条，建制村590个，通车率100%。

现代物流体系建设。协调推进续建汉口北国际多式联运物流港项目，续建顺鲜电商物流产业园、汉口北商贸物流枢纽仓储中心、汉口北高新物流示范园(二期、三期)、越海华中物流中心(二期)等物流项目。广地冷链物流、萃元冷链物流、武湖货运站(汉口北高新物流示范园)等物流项目建成运营。9月10日，武汉天河国际机场保税物流中心(B型)及配套项目正式动工。初步形成以天河空港综合物流园和汉口北综合物流园为中心的货运综合枢纽体系。为辖区物流企业申报年度物流业发展专项资金55.51万元，并按规定及时拨付给企业。

码头治理。指导监督企业安装岸电接收装置3套，指导码头绿化平整场地8000平方米；监督码头完善雨污水分离设施建设，场地周围新增雨污水沟渠364米，新增雨污分离净化水池7个，共计蓄水量210立方米；完成砂石码头拆除3号泊位吊船及第一节传送带廊桥；海事执法专班进驻码头24小时值守巡查。全年参加区农业(渔政)牵头组织禁渔联合执法72次，检查各类运输船舶98艘，依法驱离"三无"维修船舶13艘，扣押"三无"交通生活船舶4艘，收缴各类禁捕禁用渔具20余件。

超限超载治理。组织开展超载超限联合执法行动，加强联合治超执法力度，实现联合执法常态化和制度化，消除道路安全隐患。按照"逢车必检、有超必处、有处必监"的工作模式，注重源头治理，保证道路安全畅通。全年石门店治超站和横店治超站共处理超限车辆1041辆，卸载货物32810.2吨。推进交通领域综合执法改革，落实"深化乡镇综合体制改革"，完成交管站人员和赋权事项划转街道。

疫情防控。严格落实"外防输入、内防反弹"工作要求，承担"三站一场"境外包机、境内中高风险区返汉人员转运以及29个高速公路卡点值守任务。联合市场监督和卫监部门对辖区冷链物流和运输企业加强防控管理，督促武湖萃元冷链物流园区、武汉兴业广地农业园、汉口北四季丰华冷库运输企业落实防控要求，查验运输冷链食品车辆内外消杀和驾驶员及随从人员个人防护。检查进出冷链企业园区和从事冷链运输车辆、人员等信息每日登记，严格查验进口冷链食品进口是否具有"三证明一报告"。督促物流冷链企业在"鄂冷链"平台上注册。

（王喻玲）

【新洲区】 2021年，全区公路里程3790.54公里，其中国道136.15公里、省道115.42公里、县道207.87公里、乡道1168.86公里。全年完成水路货运量1716万吨、货物周转量3.6亿吨公里，完成公路货运量973万吨、货物周转量6.81亿吨公里，完成集装箱吞吐量182.8万标准箱。有公交线路51条、公交车421辆。

基础设施建设。全年完成交通固定资产投资20.4亿元，比上年增长54.2%。230国道改建工程、红色旅游公路二期、武英高速公路阳逻连接线一期等项目竣工通车。347国道江北快速路东延线主体工程基本建成。"五路八桥"项目完成凤和线、仓李线及仓汪线仓埠段18.9公里刷黑，完成仓凤线、李徐线、仓汪线30.6公里路基工程。新李公路（城西至任河段）一期改造工程顺利推进。新建农村公路24.6公里，提档升级97公里，新建桥梁5座，改造危桥12座，创建美丽农村路39.5公里，完成国省道大中修22.8公里，农村公路大中修26.6公里。

现代物流业。全年完成物流建设投资23.13亿元，比上年增长24%。完成规上交通运输和仓储服务业收入28.6亿元，比上年增长71.7%。服务业"小进规"新增1家、储备1家，实现建制村快递服务通达率100%。盘古武汉跨境电商聚集区项目签约入驻阳逻保税园区，诚通联众物流园二期建成投产，武汉国际集装箱有限公司开通国际直航航线，湖北省港口集团有限公司和武汉国际集装箱有限公司分别获批中物联全国第三十二批AAAAA和AAAA级别物流企业认定。铁水联运二期开港通车，多式联运海关监管中心和多式联运示范园分拣区一期基本建成，武汉物联商务区、国家粮食物流多式联运等物流项目稳步推进。

运输服务保障。新洲区交通运输局完成政府统一支付武英高速公路汪集收费站、绕城高速公路施岗收费站和阳逻收费站一类客车通行费的工作目标，助力问津新城、阳逻新城、航天新城三城联动。开通邾城至武汉火车站、武昌华夏学院Z209快速公交。启用邾城客运站，完成阳逻客运站基础设施改造，新建214个港湾式公交站点并投入使用。优化调整公交线路5条，开通万达等重点商圈、企业、学校公交，延伸至京东、精潮钢构和大明金属等重点企业公交线路，实现公交无缝对接。推进新一轮出租汽车公司优化整合，阳逻地区6家出租汽车公司整合为2家，出租汽车企业向规模化、集约化、公司化经营方式发展。

行业治理。开展"打非治违"行动，严格落实行政执法"三项制度"，规范客运市场秩序，检查车辆1025辆，查处违规行为35起，提醒教育62起，停运18辆。加强治超源头管控、联合执法，编制完成全区砂石堆场及运输车辆行驶线路图，将全区11家大型搅拌站纳入治超源头监管，检测车辆179329辆次，查处超限超载车辆1274辆，卸载25168.78吨，路面超限超载率控制在2%以下。

安全生产。组织道路运输企业、出租汽车行业安全知识培训，以及交通运输企业主要负责人和安全生产管理人员"两类人员"考核，召开全区综合交通安全生产专委会和综合交通安全生产三年专项整治专题会议。全面接管京九铁路新洲段22公里安全防护工作，2021年被湖北省平安湖北建设领导小组评为先进集体。开展公路水毁抢修、危险化学品道路运输泄漏、公交车辆事故等综合交通安全应急演练，定期不定期开展交通领域安全生产大检查，查出安全隐患221起，下达整改通知书95份，隐患整改全部完成。

营商环境优化。制定并公示涉企行政处罚"三张清单"。开展全区涉

2021年7月20日，新洲区航天大道（阳大公路环城西路—挖沟桥段）拓宽改造完工通车

概 况

2021年1月31日，郏城客运站投入试运营

企行政执法突出问题整治，发现2个问题并整改完成。持续优化营商环境，梳理并完善部门事项和权力清单，推进"一网通办"，在政务服务网上办理服务事项7000余条，"互联网+监管"事项上报数据1万余条。开展"双随机、一公开"监管检查78次，其中联合执法3次。上报行政许可事项1200余条，行政处罚事项56条，在"信用武汉"公开信用承诺书240份，开展严重违法失信行为专项整治工作，对2家失信企业进行警示约谈。

交通环保。严格落实河湖长制，多次巡查垱家湖，发现问题及时整改。开展中央环保督察"回头看"、省级环保督察和省级环保督察"回头看"工作，对移交办结的信访件进行现场查看和回访，对辖区港口岸线37座码头进行环评复审，所有码头均通过环评，并取得港口经营许可证。开展船舶和港口污染防治攻坚战，全区所有集装箱码头和公务码头均完成岸电设施建设，本籍运输船舶完成生活污水收集和处理装置改造，规范使用"船E行"系统，基本实现三类污染物接收转运处置闭环管理。开展空气质量整治和节能减排工作，全区所有出租汽车按照国六排放标准更新，新增和更新新能源公交车160辆，处理各类扬尘污染信访投诉件121件，全部整改到位，群众满意率100%。

（吴志远）

黄石市交通运输

【概况】 至2021年底，全市在册公路通车里程8372.57公里，公路网密度182.69公里/百平方公里，其中高速公路241.02公里、一级公路479.56公里（含高速公路连接线14.93公里）、二级公路664.39公里、三级公路122.45公里、四级公路6865.15公里。内河航道通航里程186.8公里。黄石港口按辖区分为黄石市城区港区、棋盘洲港区和阳新港区3个港区，拥有码头泊位56个，其中生产性泊位45个（含危货泊位3个）、非生产性泊位11个。有公路客运站29个，其中一级客运站1个、二级客运站1个、三级客运站7个、四级客运站7个、五级客运站9个、简易客运站3个、临时客运站1个。

基础设施建设。全年完成交通固定资产投资130.47亿元，为年度目标的100.36%。其中高速公路投资32.13亿元，普通公路投资45.51亿元，港航投资8.11亿元，站场投资1.12亿元，物流投资25.04亿元，铁路投资3.93亿元，新能源公交及其他投资14.63亿元。完成一级公路路基16.46公里、路面22.39公里，二级公路路基1.29公里、路面2.3公里。完成新改建农村公路516.34公里。阳新县被评为"四好农村路"省级示范县，阳新县枫林镇、大冶市保安镇被评为"四好农村路"省级示范建设镇。

黄石传化诚通公路港园区一期工程

运输服务。全年完成道路客运量1605.35万人次、旅客周转量4.57亿人公里，客运量比上年增长30.82%，旅客周转量比上年下降48.34%。完成城市客运量16298.5万人次，比上年增长25.8%，其中出租汽车客运量8185.2万人次，比上年增长23.65%。完成道路货运量6989.12万吨、货物周转量46.82亿吨公里，比上年分别增长62.54%、35.96%。完成水路货运量1793万吨、货物周转量56.08亿吨公里，比上年分别增长23.23%、27.02%。完成港口货物吞吐量4992.24万吨，比上年增长7.19%。

公路养护。全市公路养护里程8116.62公里，其中列养公路里程1394.48公里（国道270.65公里、省道562.86公里、县道429.94公里、乡道69.28公里、村道61.75公里），非列养公路里程6722.14公里。实施国省干线公路大中修68.27公里。检测普通国省干线公路桥梁51座。完成普通国省道危桥改造7座、干线公路恢复重建21公里。普通国省干线公路沿线补植行道树26000株。

路政管理。组织开展路域环境集中整治活动，清除公路及公路用地范围内堆积物26处743平方米，清除非路用标志牌11块，拆除违章建筑1处10平方米，清理占道经营11处80平方米，制止其他路损行为15起，收取公路赔（补）偿费3.9万元。交通运输综合执法支队全年办理行政处罚案件633件次，有效规范行业市场经营行为。

科技与信息化。建成黄石交通信息中心一期工程，升级完善旅游客运定制出行服务；推广使用"船E行"信息平台；新港三期按照智慧、绿色码头标准开工建设。拆解"三无"船舶24艘，拖离趸船8艘；关停外贸码头、安顺船舶修造厂修造业务，拆除金堡砂石集并中心、冶钢废钢码头；完成4艘船舶受电设施改造；2座污染物接收专用码头基本建成。船舶垃圾、生活污水、油污水转运处置工作全面有序开展，实时更新处置数据。

安全应急管理。推进行业安全生产专项整治行动以及扫黑除恶、危险化学品运输、超载超限等专项治理。省市挂牌的9处重大隐患整治，完成整改销号8处、降级1处。基本完成公路水路承灾体普查工作，编制完成应急预案体系。统筹推进全市普速铁路与公路桥梁上跨并行安全隐患整治113处，被省平安办表彰为"全省普铁整治先进集体"；扫黑除恶工作连续两年被省扫黑办评为先进集体；5个建设项目获省公路水运工程"平安工地"建设示范工地称号；普通公路桥梁三年消危行动快速推进，开工建设84座，新建成45座。

交通改革。黄石市公路事业发展中心、市水陆运输事业发展中心机构编制均获市委编办批复，领导班子选配到位；局属企事业单位改革完成，彻底实现政企分离。在全省交通运输领域率先提出并制定首次轻微违法行为免于处罚清单，获省交通运输厅推广。对13项审批事项实施"证照分离"改革，全局48项审批事项实现"最多跑一次"。

（马哲栋）

【大冶市】至2021年底，全市公路里程3312.105公里，路网密度211.50公里/百平方公里，其中高速公路94.734公里、一级公路117.362公里、二级公路195.535公里、三级公路50.434公里、四级公路2854.04公里。内河航道通航里程59.5公里（界河按二分之一算），渡口4个。有客运站4个，其中三级客运站2个、综合服务站1个、临时准二级客运站1个。

基础设施建设。全年完成交通固定资产投资4.03亿元。配合武阳高速公路大冶段工程建设。城乡中心客运站主体工程封顶，其他附属设施在施工中。机动车综合性能检测中心交工验收。完成毛铺至滑翔伞基地公路5.33公里。红保线保安永光村道路及荷田公园道路刷黑全面完成，下曹大道（高铁南路至106国道段）建成通车。大广高速公路黄石西收费站至铁山区交界3公里路段拓宽改造工程完工。龙角山地质灾害处治工程和松山路等6个项目完成。全面完成铜都大道南延段修复工程，消除安全隐患，高标准绿化美化该路段。根据市委市政府工作要求，助力红色美丽乡村建设，完成曹家晚村组道刷黑工程6公里。

"四好农村路"建设。推进农村不达标路段提质改造，结合乡村振兴战略和美丽乡村建设，实施乡村区域经济干线联网工程。完成农村公路212.32公里，其中提档升级48.54公里、路网延伸67.02公里、美丽农村路50公里、大修工程46.76公里。全年计划改造危桥24座，全部基本完成，实现市政府关于三年消危任务一

2021年7月1日，黄石综合交通信息中心一期工程基本建成

2021年10月，大冶市保安镇"四好农村路"盘茶村段

年完成目标。保安镇获评"四好农村路"省级示范乡镇，至此全市有4个乡镇获评全省示范乡镇，示范乡镇创建面达到28.65%。

公路管养。创新机制，精细化管理，推进日常养护、路基养护、桥梁管护科学化、规范化。日常养护重点突出填补坑槽、清理边沟、路肩整修割草、清扫路面、清运堆积物，边沟挡墙修复、示警轮廓标完善等工作；路基养护重点突出路肩边坡加固、疏通盖板涵、涵洞排水设施、路基修复；桥梁管护重点突出矿冶二桥、西凉亭桥、高河小桥预防性养护，维修墩台、栏杆，完善"四牌一步道"建设。深化农村公路养护管理体制改革，在陈贵、刘仁八等4个乡镇推广茗山乡农村公路"四抓四化"养护模式，持续推进农村公路群专结合养护，加强月抽查、季考核、年总评，年度考核结果与农村公路养护资金挂钩。全面实行农村公路三级"路长制"，乡镇落实乡村农路专管员800余人，做到路有人管、事有人办，增强村民爱路护路意识。

路政管理。全面加强国省干线公路保护，加大日常巡查力度，及时发现和查处损坏、破坏路产路权和公路设施违法行为，确保公路完好。拆除违法建筑1处，制止在公路两侧建筑控制区内修建建筑物、构筑物20余次。拆除非路用标志牌76块，清除占道经营130处，制止其他损路行为10余起，保障境内干线公路安全畅通。落实"政府主导、部门联动、综合执法、长效治理"工作机制，严格执行全国统一超限超载认定标准，开展固定检测治超与流动检测治超、路面巡查与源头治超相结合，严厉打击公路货车"三超"违法行为，深化路警联合、运政路政联合治超常态化制度化和"一超四罚"制度。全年检测货运车辆8478辆次，查处超限超载车辆452辆次，卸转运货物16735吨。

运输服务保障。统筹常态化疫情防控和生产经营，全市全年完成道路客运量1368万人次、旅客周转量28728万人公里，比上年分别下降1.2%、3.5%；完成货运量850万吨、货物周转量25.500万吨公里，比上年分别增长5.4%、11.3%。全市19家规上交通运输企业完成营业收入5.04亿元，比上年增长36.77%。落实公交优先发展战略，投入资金316万元收购黄石至金山店客运班线8辆客车，开通26路公交线路。优化调整3条公交线路，增设和调整6对公交站点。

物流业发展。全市被中国物流与采购联合会评为AAA级以上综合物流企业10家，其中罗桥天海益达物流公司、大冶有色物流公司、古华实业公司（冷链）3家物流企业被评为AAAA级。AAA级以下物流企业（包括快递邮政、城市配送等）100余家，覆盖城区和乡镇。海虹物流园申报创建国家多式联运示范工程，8月底园区铁路货运开工运营，为实现公铁联运提供条件。

法治建设。全面推进依法行政和行业治理工作，进一步完善交通执法监督体系，加强执法队伍建设。完成案件评查和"三项制度"落实情况检查，全面推行"双随机、一公开"监管，依法办理行政复议3件。制定《大冶市交通运输局涉企行政执法突出问题整治工作方案》，通过开展自查、发放调查问卷、复查执法案卷等方式，对查找出的问题建立工作台账，列出整改清单，限期整改到位。

优化营商环境。主动服务市场主体，多次上门为企业提供信息咨询服务，协助佳佳惠商贸物流公司等4家企业获得"全国AAAA级物流企业"资质，争取省级交通运输物流专项补助资金57万元，对全市AAA级以上运输物流企业予以奖补。精简办事流程，优化行政审批服务缩减道路运输证配发时间，申报资料齐全当场发证，制定《主题业务"一事联办"实施方案》，开展"高效办成一件事"活动。推进"扩权赋能"工作，涉及的116项业务全部按市委市政府要求申请下放，方便企业和办事群众。推进"互联网+监管"工作平台，完善政务服务平台、电子证照、"互联网+监督"、政务3D等系统。全面启用TC道路运输证，城铁大冶北站、团城客运站实行电子客票、网上订票，乘客出行更加便捷。全市公交车推出App信息服务。海虹物流园依托铁路95306平台，宏通物流公司依托欧冶宝武集团平台，推动建立各种运输信息资源信息共享机制，实现业务协同联动。

（刘佳国）

【阳新县】至2021年底，全县在册公路总里程4037.89公里[不含市政道路、黄石新港（物流）园区道路及非在册农村公路里程]，路网密度145.25公里/百平方公里，其中高速公路136.63公里、一级公路158.19公里、二级公路381.12公里、三级公路79.86公里、四级公路3141.55公里、等外公路140.54公里。内河航道总里程81.3公里（界河按二分之一算），生产性码头泊位13个，渡口40个。有客运站13个，其中二级客运站1个、三级客运站2个、四级客运站9个、五级客运站1个。

基础设施建设。全年完成交通固定资产投资64亿元，比上年下降3%。武汉至阳新高速公路阳新段完成投资15.25亿元。武穴长江公路大桥通车运营。203省道阳新县棋盘洲至富池段一级公路改建、357省道木港至龙港段二级公路改建实施中。武穴长江大桥阳新富池连接线上巢至兴富路口段二级公路工程，完成王塝咀大桥主体结构。完成106国道白沙至浮屠街段、沿镇至黄土坡段，351国道木港至兴国段、国和至向阳村段等共计20.70公里大修工程。富水航道富池至排市段开工建设。黄石港阳新港区富池作业区综合码头工程，3~4号泊位交工验收，1~2号泊位基本建成。黄石港阳新港区富池作业区富江公用码头完成水域部分工程建设。阳新县综合客运枢纽站开工建设，三溪三级客运站完工，白沙三级客运站基本建成，排市三级客运站主体结构完成。

"四好农村路"建设。全年完成农村公路建设投资2.22亿元，建成农村公路路网连通116.57公里，窄路加宽、提档升级路140公里，县乡道改造33.78公里，完成通自然村公路57.05公里（省市无计划）；完成"三年消危"危桥改造21座，农村公路桥梁完成2座、在建1座。阳新县被评为2020年度全省"四好农村路"示范县，枫林镇被评为2020年度全省"四好农村路"示范乡镇。

运输服务保障。全县有道路运输业户1084家。其中，普通货运业户1057家、客运业户21家、危险品货运业户6家（包括新港物流工业区2家），有危货车辆115辆，车辆总吨位1817.21吨。客运车辆484辆，客运班线228条，其中省际客运班线5条、市际班线13条、县际班线16条、县内班线194条。全年完成客运量528.5万人次、旅客周转量31263.58万人公里。有货运车辆2459辆，全年完成货运量1782.67万吨，比上年下降94%，完成货物周转量21.37亿吨公里。拥有出租汽车公司3家、出租汽车400辆；拥有公交企业1家、公交车辆180辆，公交运营线路11条，停靠站点288个，实行公车公营模式。全县已登记在册船舶271艘，检验发证115艘，其中客渡船96艘、其他船舶19艘。开通农村客运班线197条，农村客运车辆360辆，全县354个建制村（不含两镇一区）村村通客车，通达率100%。全县更新客车6辆，42个自然村开通"约租车"客运。

公路管养。全年投入养护资金2663万元，完成修补沥青路面坑槽、水泥路面破碎板，用渣石及灰稳修补坑槽，沥青路面灌缝；清理和修复边沟140余公里，清理路肩杂物及整理路肩；清除坍塌土石方，疏通涵洞172道，补植各类树苗；新建维修隔离栅、防护栏、挡土墙，安装标志标牌、轮廓标、百米桩、道口桩，施划道路标线、振动标线等安防设施。路容路貌大幅提升，整体路况良好。

水上安全监管。组织开展交通安全专项整治三年行动、水路交通"打非治违"等专项行动，组织责任专班，重点围绕水路客运、渡口渡船、港口码头和水运在建工程等，在全县范围内多次开展综合隐患排查和督（检）查工作。履行行业职能，积极与多方沟通协调，督促地方政府组织开展联合执法行动。交通系统检查码头11处、渡口35处，检查船舶35艘，现场排查整改安全隐患6处，查处货船经营许可证过期1起。

路政管理。全年检测货运车辆15975车次，其中处罚各类超限车辆513辆次、卸（转）载货物4256吨。开展联合整治行动9次，拆除非公路标志牌260块，清除非路用广告横幅30条，制止违法建筑2处，拆除违法建筑6处500余平方米，拆除临时摊棚14处。清除各类违法占用、路面堆积物570余处2790平方米。下达责令整改通知25份，查处损坏路产赔补偿案件30起。路政案件查处率达98%、文书使用率100%、卷合格率98%以上，106国道梁公铺段至梁兴公路兴国段超限控制率4%。无一起复议、诉讼和一起执法纠纷案例发生。

运输市场监管。对非法营运车辆实施动态管理，通过采取定点检查与流动检查、定时检查与不定时检查、明查与暗查相结合方法，净化市场秩序。通过建立市场长效监管机制，形成打击非法营运车辆高压态势。查处巡游出租汽车、网约车违法违规行为96起，罚款48万元。加强执法监督，对查处的超

2021年，海洲大道新港大桥进行亮化工程

十堰市交通运输

【概况】 至 2021 年底,十堰市公路总里程 30609 公里,路网密度 129 公里/百平方公里,其中高速公路 580 公里、一级公路 478 公里、二级公路 2893 公里、三级公路 650 公里、四级公路 25932 公里、等外公路 76 公里,基本实现"县县通高速、乡乡通二级路、村村通水泥路"目标;全市有国道 982 公里、省道 2310 公里,国省道一二级公路比重达 84%。全市有公路桥梁 2536 座,其中国省道桥梁 1050 座;有公路隧道 129 座,其中国省道隧道 121 座。内河航道通航里程 763 公里(界河按二分之一算),全市有港口 1 个、港区 8 个,实有生产性泊位 80 个,渡口 64 处。有客运站 116 个,其中一级客运站 4 个、二级客运站 13 个、三级客运站 13 个、四级客运站 5 个、五级客运站 81 个。

基础设施建设。全年完成交通固定资产投资 125 亿元,其中高速公路完成投资 33.4 亿元、普通公路完成投资 74.3 亿元、港航建设完成投资 6.4 亿元、客运站场和物流项目完成投资 10.9 亿元。全年建成高速公路 59 公里,完成一级公路路基 30 公里、路面 17 公里,二级公路路基 78 公里、路面 188 公里;新改建农村公路 2590 公里,危桥改造 143 座,生命安全防护工程 152 公里。重大交通项目建设提速,十巫高速公路中段、玄岳大道张湾段建成通车;十淅高速公路、玄岳大道茅箭段、十堰垭子至大川一级公路路基贯通;十巫高速公路北段、十房一级公路房县段、竹山小河至云雾垭改扩建等项目加快推进;双高路、两郧一级公路(郧西段)等项目开工建设;十巫高速公路南段、福银高速公路(十堰段)改扩建工程、房神高速公路等项目前期工作有序推进。环郧阳岛旅游航道项目纳入交通运输部水运"十四五"规划。十堰市快递物流产业园、供销云仓物流园、鄂西北交通物流产业园等项目进展顺利。郧西客运站升级改造、鄂西北物流集疏配送中心二期建设完成,新建综合服务站 11 个、候车厅 22 个。

"四好农村路"建设。全年农村公路完成投资 41.9 亿元。其中,县乡道改造完成 245 公里,完成投资 18.2 亿元;新改建村级公路 1640 公里,完成投资 19.9 亿元;新建农村公路桥梁 32 座 1534 延米,完成投资 1.1 亿元;农村公路危桥改造完成 46 座 1324 延米。全市农村公路总里程达 36737 公里,100% 的建制村和 20 户以上自然村实现通硬化路目标。完成新一轮"四好农村路"示范创建,丹江口市获评"四好农村路"全国示范县,郧西县获评"四好农村路"省级示范县,郧阳区茶店镇、竹山县擂鼓镇、房县青峰镇、茅箭区茅塔乡获评"四好农村路"省级示范乡镇,茅箭区马赛路入选第二届"全国美丽乡村路"。全市推荐申报美丽农村路 86 条 704 公里。

运输服务保障。全年完成公路客运量 699 万人次、旅客周转量 7.5 亿人公里,完成货运量 3118 万吨、货物周转量 40.6 亿吨公里,比 2019 年分别下降 79%、75%、62%、75%。客货运输服务能力持续提升,客货运营车辆约 1.6 万辆。开通夹河至十堰客运专线、鲍峡至张湾城际公交线路。巩固"村村通客车"成果,推进城乡交通运输一体化创建,竹山县 17 个乡镇通公交率 100%,成功获评全国"城乡交通运输一体化示范县"。加快公交信息化建设,推行定制公交、大站快车、区间车、微循环模式,探索分段计费、精准发车,城区营运公交车 1106 辆,其中新能源公交车 651 辆(纯电动公交车 641 辆、气电混合动力公交车 10 辆),新能源公交车占比达 59%。推进"互联网+货运物流",东风阳光智联网络货运平台顺利落地。有物流园区

2021 年 5 月,玄岳大道张湾段建成通车。图为魏家凹互通至王家山隧道口段

12个,其中市级物流园9个、县级物流中心3个、乡镇服务站65个。城市绿色配送网络节点建设及货运配送进乡镇、进农家有序实施,部分县市区逐步建设完善市县乡村四级物流配送网络。推进小微型客车租赁经营服务依法备案,城区备案企业22家。

公路管养。全面推进干线公路精细化管理、预防性养护制度,完成郧西县将军河养护站、丹江口市丁家营养护站、竹溪彩心桥养护站和竹山土塘养护站建设,全年完成公路大修20公里、中修13公里。积极应对4轮次特大暴雨严重影响,及时抢修国省干线1589处水毁、139处中断路段,实现水毁当年修复目标。组织开展3轮公路地质灾害隐患排查,排查隐患点78处,投入资金800余万元,完成5处较大隐患点治理。对26个在建公路工程开展质量安全综合督查8次,排查质量安全隐患87处,下发质量安全抽查意见通知书7份。抽检原材料20组,原材料合格率达93.75%。施工现场工程质量实体检测4560点,实体质量整体合格率达90%以上。

行业治理。持续巩固长江大保护标志性战役成果,郧阳区金岗、朋儒和郧西县泥河口、石宝沟4处临时砂石集并中心完成退出工作,丹江口市纯电动执法艇开工建造,全市90艘具备产生生活污水条件的100总吨以下船舶生活污水收集装置全部改造完成。开展道路运输"大战一百天、打非保平安"专项行动,暂扣涉嫌非法营运"黑车"659辆,登记保存各类证件、牌数1222件,"面对面"法治宣传教育驾驶员2509人次。统筹开展路政、超限治理等执法工作,处理路政案件190起,拆除非公路标志109块,清理占道经营19处101平方米,制止擅自挖掘公路违法行为1起。查处超限车辆64辆次,卸载转运货物1790.9吨。

交通运输信息化。推广使用"两客一危"车辆智能监控预警系统,全市1631辆"两客一危"入网车辆全部安装智能视频监控设备,实现安全监管即时化、前置化。按照"统一设计、统一型号、统一设置、统一安装"原则,在港口码头、乡镇渡口渡船安装安全监管视频监控设施,全市51个渡口、63艘渡船以及4个码头视频监控系统安装完成,实现对渡船驾驶员违规操作、乘客未穿救生衣、渡船超载等行为自动预警以及后台喊话功能。市级交通运输应急指挥平台初具规模,实现对交通运输重点场所以及车辆后台调度指挥功能。着力提升城市公共交通智能化发展水平,建成"掌上公交"、公交微信公众号、公交新网站等公众出行信息服务平台,在全省率先开通"住建部、交通运输部"双标准"一卡通",公交车非现金支付率达80%以上。累计安装公交车载智能调度终端设备1200余台,建成智能公交电子站廊158座,信息化建设普及率达90%以上,公交综合信息化水平跃居全省前列。

交通环保。印发《市直交通运输系统扬尘污染专项整治实施方案》,市本级在建交通项目严格落实工地扬尘污染治理"八个100%"要求。积极探索智慧驾培模式,亨运驾校投用10辆手动挡新能源汽车,筹建8个充电桩。加快新能源和清洁能源车辆应用,全年更新清洁能源巡游出租汽车365辆、新能源网约车465辆。城区营运新能源公交车641辆、清洁能源公交车360辆,新能源和清洁能源公交车占比达93.5%。推动城市绿色货配送示范创建常态化,新增新能源货运配送车28辆,兑现新能源货运车辆运营奖补资金88.5万元,建成668个充电桩、15个绿色能源换电站,施划56个绿色货运停靠点。推进城市配送干支配三级节点建设,建成并投用干支衔接型物流枢纽2个、公共配送中心6个和末端配送站52个、末端配送网点1000余个。支持8家重点示范物流企业加入全市共同配送联盟,探索建立亨运物流货运公交、寿康物流"统一仓储+配送"等各具特色配送模式,城市集中配送、共同配送、统一配送、夜间配送货运量占比达全部商品配送总货运量的60%以上。持续推进港口船舶防污染工作,全市215艘营运船舶注册"船E行"系统,注册率100%,全年接收船舶生活垃圾6.95吨、生活污水2500立方米、含油污水10.24立方米。推进港口岸电设施设备建设,丹江口市汉丹港、陈家港物流园、沧浪海旅游港和武当山旅游码头建供电设施,全年船舶使用岸电166次、接电19735小时、用电22746千瓦时。

安全管理。开展安全隐患"大排查、大起底、大整治"行动,排查问

湖北省首家新能源车机器人教学驾驶培训中心在十堰市投入运营

题隐患2246个，整改销号2153个，整改率达96%。行政处罚企业193家(次)，约谈警示企业26家(次)。全年实施危桥改造143座，完成生命安全防护工程152公里。制定印发《关于推进全市交通运输领域扫黑除恶长效治理的实施办法》，建立交通项目调查和报备制度，完善城乡客运网络，推动合规网约车发展，规范驾培市场，建立协同联动执法机制等长效治理机制。

审批服务。加大简政放权，下放市级审批事项4个，取消普货资格证考试、出租汽车驾驶员继续教育。优化政务服务，湖北政务服务事项管理系统"减材料"专项工作，承诺办理时限缩减至法定时限的30%以内，减材料比例达25%。推进"跨省(市)通办"工作，"襄十随神"四地交通审批事项实现一网通办，政务服务事项全部实现最多只跑一次腿。全年办件49186件，办结率100%。

交通改革举措。深化农村公路管理养护体制改革，丹江口市成为全国首批深化农村公路管理养护体制改革县级试点，建成"四好农村路"智慧管理平台，成功创建"四好农村路"全国示范县。竹山县将500公里县道交由亨运集团进行管养，郧西县将148公里县乡道委托农村公路养护公司开展日常养护，武当山特区将268公里农村公路养护服务全面推向市场。探索多元筹融资模式，市本级推进交投产业园落地破融资困局，郧西县做强建材等交通产业促资产盘活，竹山县通过EPC、PPP等模式促项目落地。全年完成对外招商引资25.2亿元。加快国企改革步伐，市直交通运输系统经营性资产移交划转工作全面完成。

文明创建。开展"十星级文明示范窗口"创建，评选第七届"十佳的哥、十佳的姐"20名，评选全市"最美货车司机"10名。十堰市交通运输局实现"全国文明单位"六连冠，荣立第六届全国文明城市创建二等功集体，亨运集团物流有限公司农村物流城乡高效配送项目驾驶员李平获全国"最美货车司机"称号，郧阳区女渡工赵汉蕊获"阿里巴巴"正能量奖。

（杜杰）

【丹江口市】 至2021年底，全市公路总里程5500.02公里，路网密度170公里/百平方公里，其中高速公路75公里、一级公路108.66公里、二级公路465.36公里、三级及三级以下公路4851公里。全市有高速铁路58公里、普通铁路48.49公里。内河航道通航里程178公里、通航水域(界河按二分之一算)450平方公里，港口8个。有公路客运站10个，其中一级客运站1个(在建)、二级客运站1个、三级客运站1个、四级客运站1个、五级客运站6个。有货运站1个，物流园4个，高铁站和高铁换乘中心各2座。

基础设施建设。全年完成交通固定资产投资32.3亿元。十淅高速公路路基基本完成，桥隧完成80%，跨汉江特大桥主墩索塔完成72%，部分路段开始铺筑路面，完成总工程量约70%。十堰滨江新区至武当山一级公路丹江段全面开工建设。龙山大桥实现贯通，279省道盐万段、白果树工业园接线、市殡仪服务中心连接线安龙路改扩建工程建成通车。六里坪镇至均县镇一级公路在进行路基和桥梁施工，316省道环库路蔡湾段改线工程开工建设。丹江口市右岸新城区汽车客运站综合楼封顶。太和大道生态绿化提升工程、农夫山泉三期接线工程、土关垭集镇和大坝一路立面环境整治工程加快推进。

"四好农村路"建设。持续深化农村公路养护体制改革，补齐农村公路发展短板，拟定管理养护改革实施方案，完成"四好农村路"智慧管理平台建设。深化"四好农村路"示范创建，老孟土路大修改造工程完成基层、面层施工，官盐公路盐池河集镇段开工建设，环山旅游公路加快联网成环。丹江口市被命名为"四好农村路"全国示范县。

运输服务保障。全年完成公路客运量53.05万人次、旅客周转量5055.93万人公里，货运量418.68万吨、货物周转量5628.18万吨公里；完成水路客运量25577人次、旅客周转量102.16万人公里。开通城乡公交线路19条，公交汽车129辆，其中纯电动公交汽车70辆。在营客运班车232辆，其中省际班车4辆、市际班车27辆、县际班车60辆、通村班车92辆、旅游客车49辆。在营货运车辆1154辆，其中危险品运输车辆411辆。全市194个建制村客车通达率100%、邮政快递通达率100%。

路政管理。坚决遏制违法超限超载等危及公路桥梁安全行为，全年检测货运车辆9821辆，查处超限超载车辆116辆、卸载货物5033.7吨。加强路产路权保护，全年共拆除违章建筑24处523平方米，拆除违法非标578块，清理公路及用地范围内堆积物215处3894平方米，整改占道经营104处482平方米。严厉打击非法营运行为，暂扣非法营运车辆27辆

丹江口市均县镇通村客车

次，持续优化公（水、铁）路运输营商环境。

安全应急管理。加强隐患排查治理，组建"两客一危"、水上交通、打非及燃气运输、公路安全、项目安全、公交出租、邮政快递、汽车维修、驾校、路政治超等10个专项检查组以及1个督导组，按照"全覆盖、零容忍、严执法、重实效"要求，深入开展交通安全生产大排查大整治行动。全年查处隐患企业（单位）141家次，排查隐患162条，下达执法文书83份，行政处罚23次，责令停产停业1家，162条问题隐患均整改到位。先后在道路运输、公路安全、水上交通领域开展防汛抢险、火灾事故、道路交通事故等应急救援演练活动6次，突发事件应急反应能力不断增强，行业安全形势持续巩固。

（杨道三）

【郧阳区】 至2021年底，全区公路总里程5621.03公里，路网密度145.5公里/百平方公里。其中高速公路138.7公里（十巫高速公路在建中）、一级公路126.44公里、二级公路419.55公里、三级公路28.07公里、四级公路4908.27公里，形成以3条国道、7条省道构成的公路主骨架通达邻省邻县，以城关为中心辐射乡镇、村组。内河航道通航里程223公里，港口2个，生产性码头泊位18个，渡口20个，码头8个。有客运站24个，其中一级客运站1个、二级客运站1个、三级客运站2个、四级客运站3个、五级客运站17个，农村招呼站100个、候车亭255个及港湾式候车厅97个。

基础设施建设。全年完成交通固定资产投资25亿元。十巫高速公路（郧阳段）、玄岳大道（郧阳段）、304省道油长路新改建工程等加快建设。十西高铁（郧阳段）、郧十高速公路谭山互通、209国道柳陂至土门一级公路、西叶路、杨安一级公路等重点项目前期工作加快推进。后山片区旅游公路等项目开工建设，完成危桥改造7座，其中国省道1座、农村公路6座。

"四好农村路"建设。制定《郧阳区"四好农村路"发展规划》，印发《郧阳区"四好农村路"三年攻坚战实施方案》，完成农村公路提档升级193.2公里，农村公路养护率100%，茶店镇被评为"四好农村路"省级示范乡镇。

运输服务保障。全年完成公路客运量40.72万人次、旅客周转量4161.46万人公里。完成水路货运量236万吨、货物周转量7080万吨公里，客运量0.85万人次、旅客周转量25.4万人公里。全区营运汽车2745辆，客运班线70条，其中跨省班线5条、跨市班线2条、县际班线13条、县内班线50条。全区100%乡镇和建制村通客车，农村物流服务体系覆盖率100%。开通长岭客运站至火车站北广场城际公交线路，对鲍峡至十堰、胡家营至姚家湾、胡家营至红卫等3条农村客运班线进行公交化改造，城乡交通一体化格局基本形成。

公路养护。推进"一路一站"创建工作，强化绿化养护，春季补植补栽行道树6200余棵，播撒草籽绿化面积9.20万平方米。完成行道树涂白3.8万棵、防撞墙21.5公里，修复增补百米桩43个、公里碑15个。持续打造"畅安舒美"公路，完成汉江二桥涂装及健康体检，完成304省道柳五路、281省道郧南路以及316国道、209国道部分路段路域环境整治工作。全面完成281省道白竹线十堰大道9.35公里路面大修工程及积水处置工程、242国道鲍竹路十巫高速公路施工损坏路面修复整治工程。

行业管理。从严打击超限超载运输行为，全年查处超限车辆49辆、卸载货物1380吨、行政处罚33辆次。对全区道路运输市场持续开展集中整治，全年查扣非法营运车辆26辆。持续推进长江大保护三大专项战役，开展"三无"船舶清理整顿，拆解45艘、遣返原籍7艘、停放集中停靠点22艘。对辖区涉水乡镇渡口渡船进行逐船摸底，撤销渡口26处，新增渡口4处，全区保留渡口20处，124艘留用船舶按照农用应急船、生态护渔船、清漂船舶、救生筏进行分类，做到统一标识、统一编号、一船一档。推进交邮融合发展，加快物流快递进村，全区10家快递企业代理14个品牌，覆盖20个乡镇（场）348个建制村，物流覆盖率100%。持续优化营商环境，在湖北政务服务网权力清单公示事项289项。

安全应急管理。做好常态化疫情防控工作，坚持"人物地"同防，把好交通工具、客货站场、货物运输、从业人员、乘客服务等五大关口。全面开展公路安全隐患大排查，整治国省干线公路安全隐患135处，省市挂牌督办41处隐患整改销号。开展国省干线公路应急演练3次。全面推进国省干线路网监测与应急指挥平台建设，

2021年6月20日，郧阳区献珍路大桥试通车

在辖区公路重要路口、桥隧以及易产生特殊气候路段设置27个监控点位。开展水上交通安全专项整治，纠正违法行为21起、处罚10起，现场拆解"三无"船舶3艘。船舶碰撞桥梁隐患治理三年行动纵深推进，对汉江一桥、汉江二桥、汉江三桥开展专项巡查自检，加装永久性助航标志，合理分流超高、超大船舶，辖区重点桥梁日常运行安全与行车安全进一步提升。

（张才明）

【郧西县】至2021年底，全县公路总里程4981.97公里，其中高速公路61.7公里，国道104.13公里、省道311.34公里、县道469.53公里、乡道1214.35公里、村道2820.92公里，乡镇（场、区）油路率100%，建制村水泥路通达率100%，基本实现"县域内1.5小时、乡镇内半小时的交通经济圈"目标。有客运站18个，其中二级客运站3个、三级客运站2个、五级客运站13个。内河航道通航里程158.39公里，港口1个，生产性码头均取缔，有渡口14个、渡船16艘、运输船11艘、采砂船7艘。

基础设施建设。全年完成交通固定资产投资35.84亿元，比上年增长29.25%。全年实施交通建设项目33个，十巫高速公路、十西高铁开工建设，白郧大桥、郧羊路孤山段建成通

2021年12月27日，养护人员进行道路除雪作业

车，涧池淘宝小镇、马安教育小镇、安家乡"天空之城"、上津两路三桥、夹河水电新城等一批特色小镇交通基础设施配套项目加快建设。全年完成二级公路路基65公里、路面72公里，完成干线大中修5.7公里。

"四好农村路"建设。"四好农村路"建设作为巩固脱贫攻坚成果同乡村振兴有效衔接的首要工程，高位推进"县级统筹、部门指导、乡镇实施、群众参与"，不断优化以县城为中心、乡镇为节点、村组为网点的农村公路交通网络，全年完成县乡道改造路基8.1公里，新改建村级公路210公里，创建美丽村级公路150公里，实施农村公路危桥改造15座。稳步推进农村公路市场化改革，将县乡道247.77公里整体打包通过公开招标的方式，委托农村公路养护公司开展日常养护。郧西县获评2020年度全省"四好农村路"示范县。

运输服务保障。全县有营运客车122辆，客运班线76条，其中跨省班线6条、跨市班线2条、跨县班线13条、县内班线55条。新建公交站台50个，开通城乡公交线路9条，投入公交车42辆、出租汽车100辆。新增公交线路1条，延伸城乡公交线路1条，新开通农村客运线路4条，延伸通客车村4个，许可农村客运班线11条，落实65岁以上老人及退役军人免费乘坐公交车政策。改造升级上津、夹河和关防乡农村客运物流综合服务中心，农村物流电商服务网点达229家。

行业管理。争取县政府将"村村通客车"长效激励资金纳入财政预算予以保障。规范交投公司绩效管理，围绕"布局+平台+产业"，推动融资平台转型升级，多渠道筹措项目建设资金，形成财政优先保障、社会积极参与的多元投入格局和资金保障机

郧西县农村交通运输综合服务站

制。继续保持"打非治违"专项行动高压态势,全年检查营运车辆3100余辆次,查扣车辆82辆,查扣道路运输证件35本,申请人民法院强制执行1起。加强路产保护,拆除非公路标志牌118处,清理集镇过境路段占路摆摊设点4处,清理乱堆乱放236处1134平方米,拆除违法建筑30处362平方米。开展"双随机、一公开"监管执法9次,办理行政处罚案件72件,"信用湖北"录入信息288条,办理道路运输经营许可证71件,完成道路运输经营业户年度审验338件、营运车辆年度审验549件,补发换发从业资格证752本,办理从业人员诚信考核2678件,换发四类客运班线经营许可证81件。

安全应急管理。完善交通安全防护设施建设,完成甘钦线、上湖线16公里安全防护设施维修加固,补充完善险路险段标志标线180余处,完成60余座桥梁信息牌、限重标志更新。加强"两客一危"动态管理,入网率、上线率、平台连通率、轨迹完整率、数据合格率近100%。健全船舶安全"县、乡、村、船主"四级管理责任制,撤销失去渡运功能渡口14处。开展人员落水、水质污染、船舶碰撞应急演练。

优化营商环境。一事联办,"我要开物流公司"由3家主管部门到1个窗口办理。推进取消审批、审批改备案、优化审批流程、告知承诺等"证照分离"工作,对证照改革事项实行动态清理,40个证照改革事项中,推行告知承诺事项7个、取消审批事项2个、优化审批流程事项31个。申请政务服务事项由103个优化到88个,所有事项均可在湖北政务服务网、交通运输部官网、手机App办理,完成新一轮扩权赋能梳理上报。

（刘金明）

【房县】 至2021年底,全县公路总里程4948.43公里,路网密度96.83公里/百平方公里,其中高速公路117公里、一级公路31.74公里、二级公路490.97公里、三级公路136.91公里、四级公路4136.75公里、等外公路35.06公里。内河航道通航里程45公里,渡口8个。有客运站16个,其中二级客运站1个、五级客运站15个。

基础设施建设。全年完成交通固定资产投资18.3亿元,比上年增长7.9%。完成一二级公路路基38.9公里、路面25.1公里,十房一级公路一期完成投资6.89亿元,454省道竹山县深河至房县巨峪段完成投资0.26亿元,莲花至刘家沟公路完成投资0.18亿元,通省至茅塔公路房县段完成投资0.51亿元,万盐路完成投资1.3亿元,军店至窑淮一级公路完成投资0.81亿元。完成209国道姜湾至柳树垭段路面中修15.3公里;完成283省道狮子岩至上龛段47.86公里、445省道椰沙线18.19公里、279省道石青线盐池河至青峰段38.16公里"一路一站"新建和巩固提升。房县公共配送中心开工建设,首期建设2600平方米综合服务中心和2100平方米物流车辆维修中心,完成投资5095万元。

"四好农村路"建设。新建和提档升级农村公路154.47公里。成立乡镇农村公路养护管理站20个、村农村公路养护道班281个,全面落实"路长制",聘用护路员605人。成功创建2020年度"四好农村路"省级示范乡镇1个。

运输服务保障。全年完成公路客运量123万人次,比上年增长41.51%。全县拥有道路运输经营企业2家、公交企业2家、出租客运企业1家,营运客车250辆、货车320辆、出租汽车100辆、公交车37辆、农村客车142辆,开通客运班线97条。对142辆农村客车、110辆县际客车进行改造升级,巩固村村通客车成果。快递进村、客货邮融合发展工作取得新突破,县内10家邮政快递企业在军店镇、青峰镇、万峪河乡等30个村级网点集中进驻经营,完成11个乡镇农村综合运输服务站运营情况摸底调查,筹集资金300余万元实施改造维修工作。

行业管理。加强国省道干线公路日常养护,完成缝养作业145公里,修补坑槽240平方米。完成"一路一站"创建和巩固104.21公里。优化营商环境,服务交通运输企业疫后重振。全年审验道路运输证457个、道路运输业户86个,办理道路运输经营许可证86个、道路运输证66个,注销道路运输证13个、换证128个。规范道路运输市场秩序,查处非法营运车辆35辆。完成全县21家一二类维修企业质量信誉考核、5所驾校质量信誉量化考核。

路政管理。5月,房县交通运输综合执法大队正式揭牌成立。全年检测货运车辆1980辆,查处超限车辆49辆,卸载货物896.4吨,超限率控制在2%以内。加大路政巡查频率,

2021年8月,房县交通行政执法大队联合交警开展打非治违专项行动

2021年6月，开展房县安全生产综合应急演练

清理乱堆乱放89处，拆除违法建筑8处，制止违法建筑10处，拆除非交通标志58块，清理占道经营27处，清除田路分家回升路段13处0.8公里，确保全县680公里国省干线公路安全畅通。

安全应急管理。抓实抓细安全生产大排查大整治工作，全年排查隐患58项110条，整改率100%。巩固长江大保护三大标志性战役成果，清理"僵尸"渡口4处，规范保留渡口8处，关停非法码头3处，所有"三无"船舶全部清理拆解，全县所有渡口渡船视频监控系统安装全覆盖，联合农业、公安、水务、环保、市场监管等部门组成禁捕退捕专班，打击全县水域内非法捕捞行为。落实物流快递行业监管主体责任，检查物流企业安全生产26家，检查快递网点涉恐、涉爆、涉烟专项安全146家。全年无重特大责任事故和安全生产无伤亡事故。

（吴涛　王东）

【竹山县】至2021年底，全县公路总里程5009公里，路网密度139.6公里/百平方公里，其中高速公路90公里、国道223.9公里、省道281.4公里、县道401.6公里、乡道1182.6公里、通村公路2829.5公里。内河航道通航里程210公里（界河按二分之一算），港口1个，渡口15个。有客运站25个，其中二级客运站2个、三级客运站6个、五级客运站17个、候车亭308个、招呼站160个。

基础设施建设。全年完成交通固定资产投资13.3亿元，比上年增长20.9%。完成国省道大中修64公里，改建干线危桥4座，完成3个停车服务区建设。十巫高速公路鲍溢段、悬鼓洲一级公路、田家坝至峪口段、深河至巨峪段改扩建工程建成通车。城关至上庸段一级公路鱼岭2号隧道、潘口河至五房沟一级公路、得胜至罐子口段、小河至云雾垭段、沧浪大桥快速推进，城北绿色低碳经济产业园、楼台至城关一级公路、五房沟至麻家渡一级公路、洪坪至大九湖公路和通用机场道路纳入省市重点项目库。

"四好农村路"建设。深化"四好农村路"建设，全年建设县乡道30公里，新改建村级公路180公里，创建美丽村级公路210公里、"四好农村路"200公里，打造农村联网路80公里，新建农村公路桥梁10座，完成农村公路提档升级150公里。

运输服务保障。全年完成公路旅客周转量10972.36万人公里、水路旅客周转量6.74万人公里。规模以上交通运输企业营业收入比上年增长162.69%。二级以上客运站联网售票率100%，城市公交"一卡通"覆盖比例100%。开通城市公交线路40条，中心城市公交站点300米覆盖率100%，17个乡镇通公交率100%，公交覆盖建制村达80%，建制村通农村公路客运覆盖率100%。全面加快县、乡、村三级物流体系建设，建成竹山物流中心，改扩建农村物流综合服务站17个，建设村级物流配送点254个。全县有物流企业9家，企业仓储面积约6000平方米，年货物周转量239.52亿吨；有快递企业10家、快递分拨中心2个（其中乡镇分拨中心1个），拥有机械化分拣设备4台（套）、安检机1台，全年收派件总量1312万件。投入2000万元实施运输一体化项目，竹山县获"全国城乡交通运输一体化示范县"称号，被省交通运输厅推荐为全省全域公交创建县。

路政管理。全年超限治理检测车辆3312辆次，查处超限超载车辆42辆，卸货886吨。全县高速公路ETC覆盖率100%。取缔上岸、销毁"三无"船舶17艘，收缴私自制作线路

2021年11月15日，竹山县举行全域公交试运营发车仪式

2021年1月31日，竹山县交通综合执法大队正式挂牌

牌、揽客标识等800余件，发放宣传资料5000余份，悬挂宣传标语56条。查处涉路案件25件，强制拆除私设公路杆线4根，制止在公路建筑控制区建房2起，受理各类投诉、举报和建议70余件，均办理完结。

安全应急管理。统筹疫情防控和安全生产工作，形成"党政同责、一岗双责、齐抓共管"安全生产工作格局。织密防控网络，客货运站场区域实现疫苗接种全覆盖、核酸检测"应检尽检"，有效巩固疫情防控成果。深入推进安全生产专项整治三年行动集中攻坚，整治销号风险隐患832个。扎实开展安全运输保障工作，排查国道237公里、省道285公里、县乡道2500公里，巡查航道120公里，全年未发生重特大安全生产事故。

交通改革举措。加快推进机构改革，整合成立县交通运输综合执法大队、公路养护中心（农村公路养护中心）、交通运输服务中心和交通物流服务中心（县邮政业安全中心）。探索实行"运养一体化"改革，农村客运驾驶员"一员"变"三员"（驾驶员、养护员、信息员），形成绿色交通良性循环，农村公路"运养一体化"竹山模式和经验做法在全国推广。以交投公司为平台，创新EPC、PPP模式在普通公路建设中的应用，寻求央企、国企和社会资本参与合作项目建设，全年实现交通投融资11亿元。

（周海峰）

【竹溪县】至2021年底，全县公路总里程3755.52公里，其中高速公路38.78公里、一级公路45.50公里、二级公路451.73公里、三级公路180.29公里、四级公路3039.22公里。港口1个，生产性码头泊位8个，渡口7个。有客运站16个，其中二级客运站2个、乡镇等级客运站14个。

基础设施建设。全年完成交通固定资产投资6.28亿元，比上年增长17%。其中新建公路项目2个，完成投资2.97亿元；农村公路项目3个，完成投资7000万元；客运站场项目3个，完成投资3300万元；道路抢修及水毁修复项目完成投资1.2亿元；冷链配送中心项目1个，完成投资1.08亿元。竹溪县获评"四好农村路"省级示范县，水坪镇、中峰镇获评"四好农村路"省级示范乡镇。

运输服务保障。全县有客运企业3家，班线客车51辆，客运路线21条；城市公交车72辆，公交线路23条；出租汽车150辆。县内农村客运公司运营线路6条、客车18辆，日均运送旅客2160人次。有普货运输专业户（个人业主）234家，普货运输车辆314辆，全年完成货运量66.10万吨、货物周转量1.84亿吨公里。有汽车驾驶员培训学校3所，在册驾驶员培训教练70余人。有渡船8艘、客（旅游）船5艘。

行业管理。深化道路运输领域"打非治违"，全年暂扣非法营运车辆77辆，立案处罚42辆，没收非法出租汽车顶灯装置、线路牌326个。强化公路路政执法，整治集贸市场18处，清理污染路面37处94.1平方米，清理公路及公路用地范围内乱堆乱放141处2779.2平方米，清理占道经营36起174.7平方米，拆除违章建筑6处41平方米、围墙72米，拆除非公路标志标牌及横幅标语199块（条）。严格水路交通监管，联合检察院、公安交警、乡镇派出所开展联合整治行动，全县所有"三无"船舶全部上岸，鄂坪乡罗汉垭渡口等8个渡

竹溪县"四好农村路"

2021年5月6日，竹溪高速客运站正式投入运营

口按程序撤销。

科技与信息化。坚持科技兴安，"两客一危"车辆动态监控全覆盖，建立动态监控平台3个、交通应急指挥中心1个，实现客运车辆动态监控全覆盖。推进渡口渡船信息化建设。联合公安部门加快推动国省干线公路沿线固定视频监控设备和交通流量观测设备安装，基本实现重要路段和节点有效覆盖。

安全应急管理。持续开展"平安公路"创建、安全生产大排查大整治等行动，全年检查运输企业250余家（次），下达安全隐患整改通知书42份，约谈企业法人4次，现场消除安全隐患15处。开展自然灾害综合风险公路承载体普查，核查国省干线491公里、农村公路413公里、桥梁161座、隧道16座，完成率100%。严格按照交通运输、寄递物流、高风险货物、冷链运输等疫情防控指南要求，全面落实常态化疫情防控措施。加强运力调度服务抢险救灾，鄂坪水库险情期间，调集运力331辆，完成鄂坪乡、汇湾镇、新洲镇、兵营镇等乡镇群众安全转运工作。

交通改革举措。按照机构改革要求，完成所属5家事业单位机构更名、单位挂牌工作，人员转隶工作稳步推进。巩固"村村通客车"工作成果，理顺农村客运市场管理体制和运行机制，依法许可十堰竹溪亨运农村客运有限公司投资2000余万元，打造"服务内容统一、服务标准统一、服务质量统一、安全监管统一、教育培训统一"的农村客运运营服务体系，形成"一线串珠"的农村客运市场格局，12月份农村客运公司正式运营。实行三级路长制，建立层次分明的农村公路管理责任体系，构建县有路政员、乡有监管员、村有护路员的路产路权保护网络，健全县、镇、村"三位一体"农村公路养护队伍。

（许桢）

【茅箭区】 至2021年底，全区公路总里程535公里，路网密度99.8公里/百平方公里，其中高速公路18公里、一级公路54公里、二级公路76公里、三级公路58公里、四级公路329公里。有客运站3个，其中二级客运站2个、五级客运站1个。

基础设施建设。全年完成交通固定资产投资2亿元，比上年增长11.11%。完成446省道大川至白石段路基15公里、路面13公里，大坪村一组通组路、马家河村羊圈沟七叶一枝花产业基地道路硬化、台子村四组提档升级路、马家河村五组彭家坡至歇马山产业路等4个乡村振兴交通建设项目完工。316国道十堰城区南部复线黄莲垭至艳湖段、茅官路、五卡路、五赛路前期工作加快推进。

"四好农村路"建设。重新编制《茅箭区农村公路养护管理办法》，各乡镇成立"一把手"为组长的农村公路养护管理工作领导小组。建立农村公路线上信息平台，坚持定期排、日常巡、专项查，形成"政府主导、部门联动、社会参与、齐抓共管"管理格局，茅箭南部山区所有农村公路均有专人管理。茅箭区茅塔乡被评为"四好农村路"省级示范乡镇，马赛路入选"全国美丽乡村路"。

运输服务保障。建立适合南部山区通村公交长期安全运营机制，区政府拨付专款补助公交公司，根据村民出行需求灵活调整客运班次。茅箭通村公交覆盖辖区茅塔乡、大川镇、东城开发区、赛武当保护区范围内共计37个建制村，票价统一为3元，村村

茅箭区美丽乡村路马赛路

2021年12月,组织在446省道张湾辖区高海拔路段开展铲冰除雪作业

通公交率达100%。

安全应急管理。制定安全生产工作方案和年度工作要点,层层签订安全生产目标责任书。加强日常巡查专项检查力度,建立台账,限期销号。组建南部山区应急抢险专业队伍,通过全区道路交通实况信息平台及时掌握道路隐患情况,及时抢通道路、消除隐患,确保辖区道路安全畅通。全年交通运输领域无重特大安全生产事故发生。

(姚志豪)

【张湾区】 至2021年底,全区公路总里程961.73公里,路网密度147.20公里/百平方公里,其中高速公路41.3公里、一级公路41.86公里、二级公路73.56公里、三级公路109.16公里、四级公路693.85公里。内河航道通航里程73公里(界河按二分之一算)。

基础设施建设。全年完成交通固定资产投资6.03亿元,比上年增长30%。滨江新区至武当山快速通道(张湾段)建成通车。福银高速公路十堰西出口至汉十高铁十堰东站一级公路(双高路)开工建设。447省道叶湾至方滩段改扩建工程、446省道张湾区西沟至郧阳区叶大段(张湾段)改扩建工程一期、小岭堂至龚家庄公路(殡葬服务中心道路)建成通车。牛头山天美公路基本完工,建成农村公路52.6公里。创建张湾区柏叶路、花果街办花园村等9条共58公里美丽农村路。

公路养护。争取省级配套资金358.04万元用于辖区农村公路养护。探索养护市场化改革,与十堰市双环公路建设有限公司签订养护合同,开创农村公路专业化管养。通过购买公路灾毁保险补齐抗灾抢修资金短板,启动全区农村公路"路长制"管理模式,建立健全辖区农村公路规范化、专业化、机械化、市场化、示范化、绩效化"六化"机制,进一步建设"畅安舒美"农村公路。

安全应急管理。开展安全隐患排查,对辖区重点路段、在建工程排查出的263处隐患全部整改完毕。上级巡查督办的21条隐患问题及市安委办挂牌督办的3个隐患问题全部整改销号。有效处置水毁险情,及时组织辖区农村公路抢修保通,保障群众安全出行。制定《张湾区交通运输局道路交通安全应急处置预案》,加强特殊节日安全管理。抓好道路限高限宽工作,排查限高限宽设施10处,拆除非法设施2处,其余8处安装公示牌并在数据库备案。全年受理网上问政35件、市长热线22件,均按要求办结销号。

(姚维姣)

【武当山特区】 至2021年底,辖区公路总里程527.75公里,路网密度180公里/百平方公里,其中高速公路11公里、一级公路7.55公里、二级公路101公里、三级公路118.20公里、四级公路290公里。内河航道通航里程40公里,港口1个,生产性码头泊位8个,渡口6个。有客运站2个,其中临时大型客运站1个、三级客运站1个,货运站1个。

基础设施建设。全年完成交通固定资产投资3.4亿元。其中,完成高速公路建设投资5000万元,武当山高速公路互通工程全面建成并通车运营;完成普通公路建设投资8000万元;完成农村公路投资1.2亿元;完成国省

2021年1月22日,福银高速公路武当山互通改建工程通过交工验收

2021年8月25日，武当山特区农村公路养护服务移交仪式在武当山客运换乘中心举行

干道大中修6000余万元；完成景区公路地质灾害治理及其他基础硬件维护更新3000万元。完成水运及港航建设投资60余万元。特区"四好农村路"建设全面收尾，龙王沟线、瓦房河线、金沙坪线3条环线绕连12个建制村，累计完成农村公路油路黑化建设150余公里，公路配套绿化和安全防护建设全部完成。

运输服务保障。特区城乡旅游交通和客货运输条件明显改善，全年完成旅客周转量260余万人公里、货物周转量400余万吨公里。武当山景区旅游交通客运大巴108辆，年客运量100余万人次，旅游外包大巴54辆。辖区29个建制村通车覆盖率100%，其中13个村通公交、7个村通农村客运班车、9个村通预约服务客车。区内循环线公交线路4条、公交车15辆、出租汽车30辆，周边农村跨乡跨境客车13辆。辖区大中小货车800余辆。进一步优化城区、景区路网及站场通联结构，建成景区公路3条60余公里、通村公路270余公里、城区道路13条180余公里。邮政及快递业快速发展，全年实现营业收入4000余万元，民营快递经营企业达11家。

行业管理。全面提升国省干线养护质效，全年清理边沟、整修路肩355公里，清理塌方、落石等66处6000立方米，疏通管涵176道，修补油面坑槽、沉陷、龟裂等病害590平方米，完成辖区20座大中桥梁检修以及45公里等级公路路域环境整治。开展交通运输执法与安全监管工作，拆违清杂清障30余处，处理公路赔偿案件17起。运政执法人员检查车辆1400余辆次，查处非法营运车辆80余辆。清理"三无"船舶318艘，航道清障19处，28艘船舶注册安装"船E行"软件。

安全应急管理。深化安全隐患大排查、大整治，投入237万元完成辖区通村公路17处安全隐患治理任务。投入交通科技资金20余万元，完成道路运输车辆安全生产电子化监管(GPS 4G动态监控)系统配置，船舶AIS防撞控制系统实现全覆盖。组织开展公交车、出租汽车、班线车、景区旅游车辆、水运船舶安全大检查活动14次，开展交通运输企业安全应急演练活动4次。持续推进安全应急机制和应急队伍建设，分别在公路局、景区车队、太极湖水上公司成立60余人的交通安全应急大队。全区交通运输领域未发生重特大安全生产事故。

（王丰）

襄阳市交通运输

【概况】至2021年底，全市公路通车里程32442.37公里(不含高速公路)，路网密度163.34公里/百平方公里。其中高速公路736.76公里、一级公路828.67公里、二级公路2551.37公里、三级公路900.84公里、四级公路27173.36公里、等外公路988.13公里；按行政等级(不含高速公路)分为国道801.45公里、省道2022.66公里、县道2464.55公里、乡道9914.27公里、专用公路42.19公里、村道17197.25公里。等级公路占比96.95%，二级以上公路占等级公路比重10.75%，国省道二级路以上占比88.72%。全市有公路桥梁2328座92572.85延米，其中特大桥6座12844.68延米、大桥129座25368.1延米、中桥440座22382.71延米、小桥1753座31977.36延米，有危桥157座4047.74延米；隧道63道13395延米。全市有客运站94个，其中一级客运站5个、二级客运站8个、三级客运站3个、四级客运站2个、五级客运站76个。

基础设施建设。全年完成交通建设投资101.88亿元，为年计划的104%，比上年增长30%。其中高速公路投资21.7亿元、普通公路投资67.8亿元、站场建设投资0.59亿元、物流园区投资10.99亿元、港航建设投资0.8亿元。全年推进大中型交通建设项目75个。保康至神农架高速公路正式通车运营；枣潜北高速公路一期主体工程全线贯通；绕城南高速公路一期主体工程全线贯通；襄南高速公路下穿浩吉铁路、郑万高铁节点工程完成，熊庙枢纽互通跨二广高速公路段桥梁下部构造完成；襄阳至宜昌高速公路项目前期工作全面启动；襄阳至新野高速公路启动工程可行性研究报告编制工作。襄阳南、襄阳西收费站车道改造完成并投入使用。全年完成一二级公路路基194公里、路面223公里，分别为年度目标的142%和134%。207国道襄州至宜城段改建工程开工，牛首汉江特大桥首根桩基开钻，完成投资15.1亿元。河谷汉江大桥、宜城汉江二桥加快推进。南北轴线南延段、218省道东津至峪山段等项目完工，隆七路项目竣工交付，302省道樊城竹条至太平店段改扩建工程完成15公里单边路基及桥梁主体工程施工，316省道唐河特大桥、白河特大桥建成通车。新（改）建提档升级农村公路2174公里，改造危桥220座。雅口枢纽主体工程完工，首台机组启动发电。新集枢纽加快建设，唐白河航运开发工程开工，小河港区开港运营。枣阳市公铁换乘中心工程基本完工，谷城县石花站完成主体工程，推进谷城、南漳、保康、宜城公铁换乘中心前期工作，启动乡镇站亭达标行动工程，新（改）建襄州区双沟镇、保康县尧治河村、谷城县庙滩镇、谷城县紫金镇综合运输服务站4个和农村候车站亭147个。传化公路港（一期）、苏宁物流园、襄阳保税物流中心等省重点物流项目全部完工。

规划编制。对接全国全省"十四五"规划、国家综合立体交通网规划及汉江生态经济带、"襄十随神"区域协同发展等重大战略，抓好全市综合交通运输"十四五"发展规划编制工作。《襄阳市综合交通运输"十四五"发展规划》基本编制完成。《襄阳市现代物流业"十四五"发展规划》完成送审稿，《襄阳市"十四五"综合客运发展规划》完成初稿，《襄阳港总体规划（2020—2035）》编制完成，并报省政府审批。制定《全国性综合交通枢纽城市建设三年行动方案》《国家物流枢纽承载城市建设三年行动方案》，加快推进"五城共建"和推动"襄十随神"城市群交通一体化发展，明确工作路径、细化工作措施。

"四好农村路"示范创建。2021年11月18日，交通运输部对首批"四好农村路"全国示范创建结果进行公示，襄阳市被通报表扬为"四好农村路"市域示范创建突出单位；宜城市被评为"四好农村路"全国示范县。襄阳市和宜城市"四好农村路"建设获省政府激励奖励。枣阳市获评"四好农村路"省级示范县，保康县马桥镇、枣阳市王城镇、宜城市流水镇、襄州区张家集镇、南漳县九集镇被评为"四好农村路"省级示范乡镇。截至2021年底，全市创建"四好农村路"全国示范县2个、省级示范县4个、省级示范乡镇15个。

运输服务保障。全市道路完成客运量2296.45万人次、旅客周转量16.27亿人公里，比上年分别增长9.73%、5.14%；完成货运量2.67亿吨、货物周转量511.76亿吨公里。水路完成客运量3.19万人次、旅客周转量12.74万人公里，比上年分别下降28%、27.7%；完成货运量436.08万吨、货物周转量4.29亿吨公里，比上年分别下降59%、15%；货物吞吐量3.69万吨，比上年增长45%。拥有公交车1931辆，其中县（市）公交车430辆，公交空调车、新能源车分别为1882辆、1329辆，分别占公交车总数的97.5%、68.8%。襄阳市区公交车1501辆，其中新能源公交车952辆，占比63.4%。全市公交线路154条，其中县（市）公交线路56条，建成公交专用道2818.2公里，全年客运量2.13亿人次。全市农村客运班线549条，农村客运车辆1165辆。全市2375个建制村通车率100%。全市有公路客运经营企业44家，客运车辆2177辆，客运班线927条。客运班线辐射12个省（区、市）、内接17个市州。公路货运经营业户32789家，其中个体运输户30956家、货运企业1833家；货运车辆保有量100辆以上企业59家，货运车辆保有量为50~99辆企业101家，营运载货汽车68993辆，核定载质量107.96万吨。机动车维修经营业户1307家，机动车综合性能检测站27家；机动车驾驶员培训学校83家，教学车辆2762辆。开通襄阳—荆州、襄阳—南阳定制客运线路2条，引入定制客运车辆14辆。以"民航+道路客运"联程联运方式实现机场往周边县市旅客无缝换乘，实现襄阳刘集机场旅客集城市公交、出租汽车、远程城乡定制包车客运于一体。中高级客车1633辆，占客运车辆总数的76%。道路旅游客运企业17家，旅游客车383辆。10月15日，全省机动车驾驶员培训教练员职业技能竞赛中襄阳市获团体第二名。

现代物流发展。全市全年社会物流总额14903亿元，比上年增长23.9%；社会物流总费用754亿元，

2021年5月27日，207国道襄阳段改建工程开工仪式在樊城区牛首镇举行

比上年增长34.4%；社会物流总费用占地区生产总值的14.2%，比上年增长2个百分点；物流业总收入500亿元，比上年增长19.3%。编制完成《襄阳现代化物流业"十四五"规划》，提出建设"五枢纽+五园区"物流空间布局，加快推进国家物流枢纽承载城市建设。"五枢纽"即高新区公铁联运枢纽、高新区铁水联运枢纽、樊西公路物流枢纽、刘集航空物流枢纽、唐白河港多式联运枢纽；"五园区"即浩吉铁路襄州北站物流园、襄州双沟农副产品物流园、东津综合物流园、襄城余家湖物流园、襄州电商快递物流园等。"五枢纽"侧重为干线货物提供集散、转运、装卸、仓储、信息、多式联运等规模化、集约化服务功能，集结和分解进出襄阳的大类货物；"五园区"侧重专业化、特色化服务，发挥集结、喂给货物作用。启动铁路物流基地A地块规划建设，完成疏港铁路专用线规划设计，唐白河港疏港公路和铁路专用线开展前期规划，完成浩吉铁路襄州北疏运基地对外公路通道前期研究。以襄阳国际陆港投资控股有限公司等4家企业为主体申报的国家多式联运示范项目通过省级审批。中车铁路物流园改造启用2条铁路专线。至2021年底，全市有A级及以上物流企业123家，其中新增2家，位居全省第二。全市有18个快递品牌入驻，营业网点818个。引入传化智联建设襄阳传化公路港，发挥信息网络作用，整合承接本地物流资源，形成"仓储+运输+配送"的全国化物流网络。

执法监督检查。襄阳市交通运输局制订"双随机、一公开"部门联合抽查检查计划、本单位年度抽查计划，更新补充抽查对象22个。3月，与市公安局联合开展道路危险货物运输企业检查；5月，与市生态环境局联合开展市区机动车维修企业检查；与市场监管局联合开展市区网络预约出租汽车企业检查。全年使用省级"双随机、一公开"监管平台开展抽查检查22次，其中联合抽查检查5次、内部抽查检查13次、配合联合抽查检查4次，对检查发现的问题督促企业整改到位。

2021年11月26日，襄阳市国家公交都市建设示范工程通过检查验收

交通改革举措。6月26日，襄阳市政府与省港口集团签订协议，将小河港码头及部分国有港口股权在内的襄阳港国有港口资产划转省港口集团，促进省港口集团与深圳盐田港集团合作，加快汉江航运发展；8月10日，湖北省港口集团汉江有限公司在襄阳市注册成立，标志着汉江港口资源进入一体化发展新阶段。10月，襄阳市政府印发《襄阳市深化农村公路管理养护体制改革实施方案》《襄阳市关于全面推行农村公路"路长制"的实施方案》，推进农村公路管理养护体制改革，明确三级农村公路管养责任，建立三级路长组织体系，农村公路养护三级管理机构设置率、机构人员和日常养护资金配套率、农村公路列养率100%。将农村公路管理养护纳入县(市、区)政府年度目标考核内容，建立三级考核体系，考核结果直接挂钩养护经费、人员工资兑付，解决重建轻养、只建不养问题。推进市道路油供应站、市汽车综合性能检测站、樊城港物资中转站等3家生产经营类事业单位转企改革，市汽车综合性能检测站完成转企工作。

行政审批。深入推进"放管服"改革，精简下放交通审批事项，102项县级交通政务服务事项移交襄城区、樊城区和高新区办理。压缩办理时限，交通165个事项承诺总办理时限为法定总时限的13.8%。优化船检服务流程，在全省率先开展远程视频检验试点工作，让船东"零跑路"。推进交通政务服务"一网通办"，落实"好差评"制度，群众满意率98%以上。

绿色交通建设。巩固长江大保护十大标志性战役成果，推动船舶和港口污染防治工作落实落细。联合市环保、住建、发改、城管等部门，对全市船舶和港口污染防治工作进行联合督导，对发现的问题现场交办。创新油污水接收转运方式，在油污水贮存柜张贴专属二维码，船主扫码填报污染物数量，专人上船收集，提高油污水接收转运处置效率。抓好道路扬尘治理，市区出入口国省道清扫、洒水日均8次以上。联合市环保部门，建立完善机动车检验、维修I/M制度，提前淘汰柴油货车3860辆，机动车污染防治取得明显成效。

智慧交通建设。完成襄阳市交通综合信息管理平台前期设计工作，建设交通一云、一中心、一综合平台、八大业务系统和三配套终端的"11183工程"项目。项目设计工作通过由省交通运输厅、湖北文理学院、公交集团、市大数据局等单位专家评审。

示范工程创建。2021年8月6日，襄阳市被交通运输部、公安部、商务部命名为"绿色货运配送示范城市"，成为全国首批通报命名城市之一。截至12月底，襄阳市主城区建成绿色货运配送示范物流园2个、公共配送中心4个、城市配送网点440余个，培育示范配送企业9家，推广运营新能源城市配送车辆3513辆，建设物流充电桩1625个。"绿色货运网络平台"投入使用，形成"集约、高效、绿色、智能"的城市"民生物流"配送服务体系。11月26日，襄阳市国家公交都市建设示范工程通过交通运输部专家组检查验收。加快推进城乡公交一体化。6月1日，主城区至双沟镇公交专线开通运营。9月22日，黄龙专线、方集专线开通运营。2021年，襄阳市城区公共交通机动化出行分担率46.2%，中心城区公交站点500米半径覆盖率100%，形成以县（市）城关为中心、20公里范围公交运输全覆盖。

安全生产管理。全市交通运输系统排查安全隐患1506处，全部整改完成。加强安全生产源头管理，开展定期检查70次、专项检查40次、重点检查20次。组织全系统开展拉网式排查整治，到运输企业、项目工地、车站码头等重点区域，排查隐患624个，全部整改到位，吊销危货运输企业许可证1家。全年全市交通运输行业未发生安全责任事故。全面推进安全风险分级管控和隐患排查治理体系，道路客运安全保障能力明显提升。动态实施"三个清单"管理，实地核查全市47条长途客运线路、119辆接驳运行情况。全市三级以上班线客车和旅游客车100%纳入全国联网联控平台，全市农村客运车辆100%实行动态监控管理，推动客运车辆安装使用行车安全主动防御系统。主城区2200辆巡游出租汽车全部安装使用动态监控车载终端。建立公路安全生产风险隐患清单，梳理公路行业领域安全生产风险点11项。省市挂牌督办事项5处全部整改销号。

（王自强）

【枣阳市】至2021年底，全市公路通车里程5222.03公里，公路密度159.403公里/百平方公里。其中一级公路99.84公里、二级公路451.54公里、三级公路228.32公里、四级公路4442.33公里；按行政等级分为国道148.15公里、省道359.97公里、县道364.95公里、乡道1873.54公里、村道2475.42公里。二级以上公路占等级公路比重为10.56%。有客运站12个，其中一级客运站1个、五级客运站11个。

基础设施建设。全年完成交通固定资产投资8亿元。完成枣琚一级公路、234国道城区至寺庄段一级公路，泞水大桥、423省道杨垱至熊集段、423省道跨滚河苏区大桥、440省道蔡阳至枣襄界、234国道清潭至随县界、272省道平林至宋集、440省道城区至刘升、335省道鹿头街道、吴店至平林段、枣阳市城区至高铁站改扩建工程等30个交通强弱项、补短板工程，投资6亿元。完成县乡道改造30公里、提档升级180公里、通村路100公里，"三年消危"行动完成危桥改造36座，建设安全生命防护工程163公里，投资2亿元。全市所有建制村和所有20户以上居民点均建设农村公路。

"四好农村路"建设。全程230公里的"美丽乡村"示范线路全线建成通车，全市"四好农村路"总里程突破700公里。枣阳市成功创建"四好农村路"省级示范县，王城镇成功创建"四好农村路"省级示范乡镇。

运输服务保障。全市拥有营运车辆22377辆，其中营运客车377辆、营运货车22000辆；物流快递站点88家，铁路货场3个；出租汽车公司3家，出租汽车300辆；城市公交线路10条，公交车100辆，标准化公交站台120余处。春运期间，日均投入客车380辆，完成客运量9万人次；投入公交车68辆，运送旅客15万余人次。运营公交车基本实现GPS车辆定位、语音报站等智能化管理。

行业监管。全年查处违法超限超载车辆153辆次，卸（转）载货物9139.3吨；查处货车非法改装案件220起，超限运输车辆擅自在公路上行驶案件67起，从事货物装载活动的经营者超限装载货物案件8起，全部结案。受理非法营运案件31起，其中网约车19起、小型客车非法营运2起、巡游出租汽车私自转让10起。清理公路建筑控制区内加水点14处，自行拆除非公路标志105块，清理公路用地范围内堆积物22处211平方米，清理占道经营38处206平方米，市区周边国省干线公路涉路违法行为得到有效治理。年审货运车辆6458辆、危险化学品运输车辆481辆，完成出租汽车换证103人次、从业资格证年审14423人次、从业资格证换证2308人次。开展"双随机、一公开"

2021年5月6日，423省道控制性工程——枣阳市琚湾镇苏区大桥建成通车

活动，随机抽查14家企业，在"互联网+监管"系统录入行政检查信息443条、行政处罚497条。

交通环保。全市开展交通在建工地全面排查，未达"8个100%"扬尘治理措施的一律不得施工。工地内所有裸露的场地和集中堆放的土、石方应全部采取防尘网覆盖、洒水降尘等措施；从事土方、渣土和施工垃圾运输应采用密闭式运输车辆或采取覆盖措施等。全面做好全市7个城区出口路段3公里范围内清扫保洁工作。配合公安等部门，依托治安检查点和治超站，依法查处超限超载运输过程中存在的飞扬撒漏行为以及造成扬尘污染的非法运输行为。

安全应急管理。印发《枣阳市交通运输局关于切实做好全国两会期间安全生产工作的通知》，及时部署，做好全国两会期间安全生产，并组织专班人员，深入一线督办，开展安全隐患排查。3月中旬开展"两客一危"企业督查，对检查出的问题坚决按照"五种形态"要求执行。同时，严格规范驾驶员严重违规信息抄告工作，形成全流程闭环。做好春季火灾防控，加强火灾防控排查整治工作，全面贯彻落实消防安全责任制。举办2021年春季安全应急培训班，各项目经理、总工、技术员、安全员共计94人参加培训。督导专班对全市"两客一危"企业开展督导检查4次，排查隐患15处；对在建工程督导检查3次，排查隐患7处；对农村公路督导检查2次，排查隐患7处，均督促整改到位。全市运输企业开展安全应急演练10次。提前做好防汛物资储备。

交通改革举措。出台《枣阳市农村公路路长制实施方案》，县道、乡道、村道路长制组织管理体系基本建立，建立党政领导负责制责任体系，形成权责清晰的农村公路管理机制。落实农村公路资金保障，农村公路经费纳入市、镇（办、区）两级财政预算，县道管养经费由市财政负责，乡村公路管养经费由镇（办、区）财政负责，市财政给予一定的补助。

（罗超）

【宜城市】至2021年底，全市公路总里程4020.37公里。其中高速公路91.4公里、国道98.06公里、省道178.91公里、县道370公里、乡道1207公里、村道2075公里。境内铁路53公里。内河航道通航里程139公里，港口1个，渡口19个。有客运站10个，其中一级客运站1个、二级客运站1个、四级客运站2个、五级客运站6个。

基础设施建设。全年完成交通固定资产投资6.3亿元。襄阳小河港开港；宜城汉江二桥项目快速推进，累计完成投资10.56亿元；完成宜城市交通运输国土空间规划项目，并报送至宜城市自然资源和规划局。完成250省道、438省道、宜城城区至雷河火车站改建工程、锦昔路路面改造任务；346国道、438省道、272省道、438省道、441省道等改建施工有序推进；346国道、218省道招标工作完成。宜城市成功创建"四好农村路"全国示范县，流水镇成功创建"四好农村路"省级示范乡镇。完成雷河农村公路养护管理站维修改造工程。宜城市国省道桥梁纳入"三年消危行动"10座，其中完工4座、开工建设3座；农村道路四五类桥梁44座，完工6座、在建11座、开工15座。积极开展美丽乡村建设工作，在双官线龙潭村、金罗线金山村建设农村港湾式客运候车亭5个，新建三级旅游汽车客运站。

运输服务保障。完成宜城市新能源汽车停车场、宜城市智慧交通信息化建设项目工可批复。完成宜城城区至郑集蒋湾、客运站至火车站、客运站至东方化工厂公交公营公交化改造工作。购置新能源纯电动公交车22辆，更新出租汽车65辆。全市拥有营运车辆3477辆，其中货运车3058辆、客运车419辆（城乡公交228辆、出租汽车141辆、新能源公交车50辆），营运线路79条，其中市际线路14条、县际线路21条、县内线路44条。

公路养护。按照工作目标对列养的418公里县乡道进行养护。执行公路小修保养工作制度，落实检查评比工作，排除安全隐患182处，完成沥青路面修补坑槽3325平方米，挖补路面基层6300余平方米，沥青路面灌缝11.85公里，破损严重路面填补处置4490平方米，巩固完善标准路基174公里，疏通涵洞184道。严格执行《公路水毁预防与抢修复管理办法》等文件规定，积极做好水毁预防及抢修复工作，在"8·12"特大暴雨中启动公路应急抢险预案，清除塌方、路面淤泥820立方米，恢复路基435立方米，及时抢通生命救援通道。

路政管理。开展公路路域环境综合整治，清除收缴非交公路标志标牌237块，清理在公路用地范围内违规搭建、占道堆料45处463平方米，签订路政管理合同8份，下达责令整改通知书21份。加大依法治超工作力度，形成治超联动长效机制，联合公安部门查处超限超载车辆115辆，飞扬撒漏车辆211辆，卸（转）载货物4719.2吨，超限率控制在2%以下。

码头治理。全年投入资金500余万元，清理取缔非法码头、堆场57处，关停1处，民政砂场、永鸿基砂场等全部按时完成设施设备拆除转移、船舶转移集中停靠，顺利通过中央环保督察和交通运输部检查。强制拆解报废老旧船舶，环保不达标船舶93艘，分类管理辖区内78艘在检船舶，38艘船舶污油污水等环保设备安装到位，35艘100总吨以下船舶全部配备油水分离器、垃圾桶，5艘船舶停止营运申请报废拆解。完成岸线补植复绿工作。

营商环境。开展"互联网+监管"数据录入工作，按时上传各监管事项产生的监管行为数据680余条。加快推进信用体系建设，与20余家道路运输企业签订信用承诺书。每月按宜城市优化营商环境年度重点任务清单要求完成优化营商工作，并报送进展情况。联合市场监督管理局共同上报"高效办成一件事——我要开货运公司"工作方案，减材料、减时限、减流程、减跑动次数。优化政务服务事项办理承诺时限，将行政服务高频事项全部进驻行政服务中心，实行一网通办、限时办结，减少办事时间和环节。依据《宜城市县乡村依申请及公共服务事项清单》，完成79个事项认领和服务指南编制工作。完成51本高频电子证照在材料清单中的名称规范化、编码标准化，并进行免提交标注，推进更多电子证照免提交。

安全生产。开展船舶碰撞桥梁隐患排查治理，对全市桥梁隐患进行梳理，明确责任单位，全面排查和梳理麻竹高速公路汉江特大桥、宜城汉江大桥、蛮河岛口大桥。开展第一次自然灾害风险普查工作。联防联控，防疫工作常态化。8月汛期期间，港航海事部门集中组织开展防汛抢险救援行动4次，安全转运受困群众100余人次、耕牛400余头，挽回经济损失700余万元。

(胡浩亮)

【南漳县】 至2021年底，全县公路总里程5933.58公里，路网密度153.76公里/百平方公里。其中高速公路66.55公里、一级公路86.38公里、二级公路459.35公里、三级公路386.50公里、四级公路4934.80公里。内河航道通航里程79公里(界河按二分之一算)，渡口13个。有客运站15个，其中二级客运站1个、四级客运站2个、五级客运站12个；有货运站1个。

基础设施建设。全年完成交通固定资产投资10.45亿元，比上年增长20.3%。建成一二级公路路基42.44公里、路面39.51公里。新建村级公路117公里，改造县乡道15.5公里，提档升级村道59公里，完成"三年消危"公路危桥改造32座。南漳汽车客运中心站(二级客运站)竣工投入运营，新建乡镇综合交通运输服务站1个、农村客运候车亭29个。

"四好农村路"建设。巩固"四好农村路"全国示范县创建成果，加快推进全国深化农村公路管理养护体制改革试点工作，制定印发试点县改革实施方案、"路长制"实施方案、农村公路管理养护办法、农村公路目标考核实施方案等文件，谋划实施一批旅游示范路、扶贫产业路、乡村网红路建设。推进"四好农村路"省级示范乡镇创建工作，南漳县九集镇被评为"四好农村路"省级示范乡镇。

运输服务保障。全年完成公路客运量524万人次、旅客周转量2407万人公里，分别比上年增长11%、15%；完成货运量356万吨、货物周转量6.09亿吨公里，分别比上年增长16%、11.5%。全县有营运客货车辆1599辆，其中班线客车196辆、城市公交车22辆、出租汽车107辆、各类货车1274辆；县内客运班线96条、县外客运班线12条，城市公交线路7条，城乡短途公交线路19条、公交车45辆(其中新能源车16辆)。加快城乡公交一体化发展，将12辆农村班线客车转型为城乡公交化运营，城区及周边20公里范围内实现公交全覆盖，全县303个建制村(社区)客车通达率保持100%。大力发展农村物流，全县所有建制村、社区实现村村通快递。

公路养护。开展公路日常管理养护和抢险保畅、水毁修复工作。国省干线完成水毁修复8公里，清除塌方13.07万立方米，抢修水毁路基12.04万立方米，新建、修复挡墙3.20万立方米、钢护栏8084米，新建、修复涵洞8道；完成修补路面坑槽、路面灌缝、公路绿化，完善标志标牌等日常养护任务。农村公路新建水毁挡墙1.80万立方米、小桥涵5座722平方米，清除塌方1.78万立方米，挖填土石方2.05万立方米，修复防护栏129平方米、涵管110米；完成新建标准路基、清理边沟、整修路肩、路面灌缝、修补坑槽、绿化种植和补植路树等日常养护任务。

路政管理。依法保护路产路权，清除占道经营156处、占用公路晒粮97处，制止公路违建9处，拆除非交通标志牌101块。严格超限超载治理，查处超限超载车辆258辆次，整治非法改装车辆86辆次，卸(转)载货物4867吨，境内货车超限超载率控制在4%以内。

科技与信息化。以全省首家县级交通大数据中心、应急救援远程指挥中心、农村公路管理养护信息中心为基础，进一步加大信息化建设投入，完善基础数据采集，实现100%客运班线、旅游包车、危险品运输车辆实时监控、在线管理。推广应用交通行政许可审批"一网通"、道路客运联网售票、公共交通出行"一卡通"及"两客一危"5G动态远程监控新技术。在公路建设和养护工程中，积极推广应用碎石化基层施工工艺、橡胶沥青路面施工工艺，提高施工质量、效率，节约成本，减少环境污染。

安全应急管理。成立4个督查组和6个检查工作组，全年排查安全隐患126起，现场督办整改115起，限期整改到位11起。加大汽车维修、驾驶员培训、危险品运输、水上交通等行业监管力度，运输市场秩序明显好转。开展消防安全、疏散逃生、快速处置、除险保畅、应急救援、疫情防控应急演练，危险货物运输企业、班线企业和客运站、水上企业应急演练率达到100%。全县交通运输行业无重大责任事故发生。

交通改革举措。全面完成交通综合执法改革，合并公路、运管、海事、城市客运管理等交通执法职能，正式成立南漳县交通运输综合执法大队，实现机构编制、人员划转、经费保障、正常执法"四到位"。开展交通系统国有企业转型改制，南漳县亨昌交通投资有限公司、南漳久通路桥建设有限责任公司、襄阳恒信公路试验检测有限公司、南漳县惠民公路养护建设有限公司等4家国有企业划转、移交给南漳县建设投资集团有限公司。实施南漳县汽车客运站人员转隶改革，南漳汽车客运中心站试运营后，55名原县汽车客运站干部职工分流安置到交通系统相关单位。

(何靖)

【保康县】 至2021年底，全县公路总里程4901.56公里，路网密度151.986公里/百平方公里。其中高速公路123.11公里、二级公路301.33公里、三级公路116.53公里、四级路3065.70公里、等外公路1294.89公里。渡口6个。有客运站16个，其中二级客运站1个、三级客运站1个、五级客运站14个；有货运站1个。

基础设施建设。全年完成交通固定资产投资1.69亿元，比上年下降21%。建成国省道公路路基62.3公里、路面58.91公里。完成305省道冷两路、468省道寺马路改建工程，完成346国道寺坪蒋口至朱藏洞路基路面11公里，完成简槽至九路寨公路刷黑23.2公里，新建保康清溪河景观桥工程完工。蓝顶草原旅游公路改扩建工程全长15.3公里建成通车。完成尧治河旅游公路刷黑13.7公里、"南保谷"旅游公路改扩建工程建设。投资200余万元，新建尧治河五级农村客运综合服务站，维修3个五级客运综合服务站；投资15万元，改建农村客运站亭10个；投资39万元，增建和维护农村客运站亭170余个。

"四好农村路"建设。新建农村公路136.11公里，完成农村公路提档升级98公里、路网连通延伸工程94.6公里，新建农村公路桥梁6座213延米，改造农村公路危桥4座246延米。统筹推进"四好农村路"建设，完成马桥镇示范线安全防护工程、行车标线、标志标牌、路面病害处理、隧道提质升级等工程。马桥镇成功创建"四好农村公路"省级示范乡镇。店垭镇积极创建"四好农村路"省级示范乡镇。

运输服务保障。全年公路完成客运量30.54万人次、旅客周转量3606.67万人公里，比上年分别增长20.13%、12.46%；完成货运量379万吨、货物周转量2.38亿吨公里，比上年分别增长15.9%、12.7%。公交运送旅客336.18万人次，比上年增长12.36%；出租汽车运送旅客57.5万人次，比上年下降47%。全县拥有营运车辆1814辆，其中营运货车1483辆、营运客车331辆。公交线路7条，投放公交车36辆，城市出租汽车60辆，客运班线323条。机动车维修企业88家，其中一类维修企业1家、二类维修企业12家、三类维修企业75家。危险品运输企业2家。驾驶员培训学校4家。依托湖北广经天下农业科技有限公司，进行县、乡、村三级物流服务平台建设，在全县11个乡镇、257个行政网络体系建设中，全年改扩建乡镇综合服务站3个、新建村级物流配送点10个。优化公交线路布局，开通保康至马桥高速专线，实行公交化运营。

公路养护。做好公路清洁、边沟清理、涵洞清理、整修路肩、公路绿化补植等日常养护，完成桥梁养护761座，更新346国道、307省道公里碑、百米桩。开展安全隐患整治工作，清除襄马线山体滑坡隐患1处，处置呼北线挡墙垮塌1处，排查险路险段30次，对29处地质灾害隐患安排专人进行监测，并采取相应安全防护措施，新增安全警示标志牌98块。汛期清除坍塌方12万余立方米，抢通公路中断13处，修复路基缺口3处。全面做好公路维修养护工作，处理白茨线、呼北线破损路面垫砂砾石料，对上安线进行路面机械灌缝、保当线路面标线，完成呼北线、上安线、襄马线破损路面沉陷修补、沥青罩面等维修养护。

行业监管。加强非法营运车辆治理，暂扣非法营运四轮车18辆，收缴彩灯587套，下达《违法行为通知书》11份，下达《责令改正违法行为通知书》12份，下达《行政处罚决定书》9份。开展货运车辆超限超载集中整治，查处超限超载车辆45辆，卸载货物270余吨。参与监督交通建设项目28个，发现问题并下达整改51次，办理交通建设工程质量监督手续24个。

安全应急管理。强化监管责任，抓好安全隐患整治，定期开展安全生产检查工作，全面加强"两客一危一货"、道路交通、城市、农村客运、水上运输、交通项目建设施工、公路管养、消防等行业重点领域安全监管力度，督促企业落实主体责任，有效保障全县交通运输安全生产平安稳定。

交通改革举措。深化农村公路养护体制改革，起草《保康县深化农村公路养护管理体制改革实施方案》和《保康县农村公路"路长制"实施方案》。成立城关和歇马2个管理站；完成全县11个乡镇日常养护考核工作，并严格按照考核情况分2次拨付农村公路日常养护补助资金；指导各乡镇、村建好农村公路日常养护管理台账。对全县14条县道进行摸底调查，统计破碎板、钢护栏、防撞墙、标志标牌等，全面了解县道情况，为开展县道养护管理提供依据。10月底完成客运公司改革，"保康县汽车客运公司"更名为"保康县楚通客运有限公司"。

（刘锋城）

【谷城县】 至2021年底，全县公路总里程4090.60公里，路网密度159.42公里/百平方公里。其中高速公路103.21公里、一级公路81.28公里、二级公路271.81公里、三级公路130.99公里、四级公路3035.87公里、等外公路467.44公里。内河航道通航里程182.5公里，港口2个，渡口19个。有客运站10个，其中二级客运站1个、三级客运站1个、五级客运站5个、农村综合运输服务站3个。

基础设施建设。全年完成交通固定资产投资7.25亿元。316国道河谷汉江公路大桥及接线工程全长12.84公里，按一级公路标准建设，大桥上部结构完成70%，完成西延线工程谷伯大桥桩基建设，完成路基2.5公里。467省道紫金至赵湾段改扩建工程全长42.9公里，按二级公路标准建设，工程概算投资6.34亿元，采取分年分段施工建设，一期工程完成路基9.6公里、路面6.6公里，桥梁工程60%，二期工程紫金段启动施工。谷城至丹江口公路改建工程全长29.4公里，谷城境内投资5.45亿元，按一级公路标准建设，采取分年分段建设实施，一期工程完成汉十高速公路匝道口至陈家庄5公里建设、光化桥头至沈湾段16.8公里建设，二期工程陈家庄至光化桥头段8.36公里施工图变更设计通过专家评审。谷城县水星口至石花段改扩建工程全长9.21公里，按一级公路兼城市主干道标准建设，概算投资2.87亿元，完成驻地建设、征地红线及浇桩施工。石花汽车客运新站主体建筑完成施工。

"四好农村路"建设。抢抓美丽乡村"强弱项补短板"机遇，推进"四

2021年，在建中的316国道河谷汉江公路大桥

好农村路"建设，完成县乡道建设14.5公里、道路提档升级130公里、路网延伸92公里。公路桥梁"三年消危行动"开工62座，完成43座。完成樱花谷、百花岛等11条旅游大通道路基260公里、路面刷黑180公里。

运输服务保障。全年公路完成客运量870.76万人次、旅客周转量5.59亿人公里，比上年分别下降74%、67%；完成货运量757.82万吨、货物周转量4.94亿吨公里，比上年分别下降77%、83%。水路完成货运量168.89万吨、货物周转量1827.93万吨公里，比上年分别下降14.14%、66.8%；完成客运量6.87万人次、旅客周转量116.44万人公里，客运量比上年下降22%。全县有客运企业7家，客运线路93条，其中跨省线路13条、跨市县线路24条、县内线路56条。营运客车329辆，客运出租汽车104辆，持证营运货车1361辆；公交线路15条，其中城区线路8条、城乡线路7条，公交车147辆。新购新能源纯电动公交车10辆，新建或转迁公交站亭20个，开通城区至五山堰河首条乡村旅游公交线路和"法治号公交车"。谷城县被省交通运输厅列为全域公交示范创建县。县、乡、村三级物流站场设施和信息系统基本建成，庙滩、紫金2个五级客运站提档升级为农村综合运输服务站。

行业监管。重点查处非法载客、维修驾培、货运源头企业不规范经营、车辆改装改型、超限超载、水上运输船舶污染等违法违规行为，查处非法网约车、非法营运出租汽车91辆，查处非法营运电动三轮车128辆，处罚出租汽车不规范经营19起，约谈货运源头单位21家，查处普货车辆违章案件102起、水上交通违规案件10起，抄告外单位违章案件5起。严厉打击和遏制违法超限运输，卸（转）载货物1500余吨。完成7艘船舶生活污水处置设施改造，接收转运处置生活垃圾、生活污水、含油污水108单。

公路养护。集中开展国道、省道、县道、农村公路四级路域环境综合整治行动，整治乱倾倒、乱开挖、乱摆摊等现象，拆除违章搭建560平方米，清除路障262处4800余平方米，拆除非公路标志22块，取缔清理洗车加水点5处，清理占道经营321处2857平方米。按照年度公路养护工作计划，结合季度公路养护特点，做好公路日常养护，确保公路安全畅通。

安全应急管理。开展安全生产隐患排查整治行动，排查各类隐患96条，全部整改到位。完成海事综合服务趸船建造和停靠点附属设施建设。加强船舶安全管理，安排专人汉江巡查，及时发布水位变化信息，做到船舶集中停靠。对辖区通航水域5座桥梁进行隐患排查，督促桥梁运营单位做好隐患评估，查出水上隐患9起完成整改。检查清理辖区船舶，7艘脱管船舶国籍证书全部注销，16艘客渡船进行换证检验，新增救生圈20个、救生衣190件。开展"水上交通安全知识进校园"集中宣传教育活动。开展危化品泄露应急演练、道路抢通演练、出租汽车驾驶员消防培训等，有效提升交通系统应急处置能力。

交通改革。推进交通运输执法体制改革，人员划转获县委审核批复，相关工作办理中。启动农村公路管养体制改革，出台《谷城县深化农村公路管理养护体制改革实施方案》《"路长制"实施方案》，形成"政府牵头、部门齐抓、三级联动、全民参与"综合管理机制。推进"放管服"改革，推动交通政务事项上线手机App，"我要开物流公司"事项在全县公开承诺，道路运输从业资格证、普通货运车辆年度审验业务实现"全市通办"，交通政务窗口年办理8500余件。

（冷俊）

【老河口市】 至2021年底，全市公路总里程2437.22公里，公路密度228.73公里/百平方公里。其中高速公路30.47公里、一级公路79.81公里、二级公路140.64公里、三级公路103.35公里、四级公路2082.95公里。内河航道通航里程57.8公里（界河按二分之一算），港口1个，生产性码头泊位4个（在建），渡口2个。有客运站7个，其中二级客运站1个、三级客运站2个、五级客运站4个。

基础设施建设。全年完成交通固定资产投资8.64亿元。公路建设完成投资8.64亿元，建设完成国省干线公路25.05公里、县乡村公路72.6公里；完成危桥改造10座。建成农村候车棚130个、招呼站201个、城市公交港湾式站台40个、城市公交站点56个。

"四好农村路"建设。完成农村公路大循环道路70.1公里，新建农村公路44公里，提档升级61公里。按照"三年消危"危桥改造维修计划，完成段湾桥、李楼桥、槐树湾桥3座危桥改造。推进全市"四好农村路"建设高质量发展，解决"四好农村路"发展中管好、护好短板问题，建立农村公路管理养护长效机制，市政府出台《老河口市深化农村公路管理养护体制改革实施方案》。完成仙油路、薛张路、李王路农村公路养护维修；完成全市农村公路平交道口"三个一"（一个减速带、一个提示牌、一个爆闪灯）安全提升工程48处，安装减速带48条、安全提示标志牌144个、提示爆闪灯48个。为消除隐患，美化环境，组织专业养护人员对仙油路、三张路、薛秦路、三半线全段进行养护除草，清理路肩路面杂草垃圾8900余平方米。

运输服务保障。全年公路完成客运量512.28万人次、旅客周转量36945.63万人公里，比上年分别增长4.93%、4.48%；完成货运量1503.41万吨、货物周转量28.21亿吨公里，比上年分别增长61.95%、61.94%。水路完成货运量87.88万吨、货物周转量175.76万吨公里，比上年分别下降16.30%、96.65%。全市有营运客车125辆，其中高级客车79辆、中级客车22辆、普通客车24辆，出租汽车100辆，城市公交车102辆。客运线路43条，其中跨省线路13条、跨地（市）线路6条、跨县线路2条、县内线路22条。有营运货车1868辆，其中普通货车1826辆、危险品运输车辆42辆。全市有2艘渡船，全年安全渡运6500人次。

现代物流发展。全市登记注册物流企业42家，其中普通货运企业41家、危险品货运企业1家，其中AAAA级2家、AAA级3家，涉及钢材、铝材、危化品、商品汽车、建材、钢材、商贸、水泥、零担专线物流配送等专业性物流领域。有快递许可企业14家，经营网点76个。拥有成规模物流园区（中心）4个，在建大型电子商务物流项目2个。

公路养护。推进精细化养护管理工作，提高干线公路养护水平。全年巩固完善标准路基120公里，完成修补沥青路面、处理路面沉陷、沥青路面灌缝、水泥路面灌缝、整修标准路肩、机械打草、清理边沟和更换边沟盖板等日常养护任务。清理涵洞55道，维修更换钢护栏1850米，新增波形护栏13000余米，新增和维修标志牌246块，安装示警桩1003根，补栽公里碑、百米桩655块，维修316国道路缘石530米，更换井盖、地漏90块，维护316国道光化汉江大桥伸缩缝50道，水毁抢修6处，治理公路安全隐患96处。管养路段保持路面清洁、路肩平整，公路附属设施完善，公路及桥梁安全畅通，辖区干线公路路容路貌进一步提升。

路政管理。加大公路法规宣传力度，向过往驾乘发放公路安全知识手册，进一步增强安全意识。持续开展联合治超行动，严格查处货车违法超限超载运输行为，遏制非法超限运输。全年检查货运车辆12271辆次，卸转货物4650吨，超限率控制在2%以内；联合公安、城管等部门执法人员对老河口市的砂石集并中心等源头企业进行不定期抽查，督促企业落实主体责任，严禁超标准装载、配载，严禁违规放行违法超限超载货车上路；处理超限超载运输车辆74辆，处罚非法改装车辆37辆。依法加强公路保护，维护路产路权。在国家公路网技术状况检测迎检工作中清除路障200余平方米，清除非公路标志30余块，清理摆摊设点12处，清理加水洗车点10余处，拆除违法建筑1处10余平方米，拆除乱搭乱建1处8平方米。

科技与信息化。投资200余万元，利用北斗导航系统，连接智慧城市数据库，建成全市统一的公共交通数据资源中心和智能调度系统，集公交调度、站点监控、"一卡通"、IC卡刷卡系统为一体，附带手机App模块，能够随时看到车辆运行视频、位置、速度、班次等情况，实现线上、线下无缝衔接。推行智能公交，完善城市公共交通移动支付体系建设，启用无人售票IC卡和自动报站系统，通过导航对车辆运行状况进行实时监控管理。同时，所有二类以上维修企业全部实行电子档案，促进维修企业健康发展。

安全应急管理。开展道路运输安全专项治理、道路交通安全专项治理、公路安全专项治理、水上交通安全专项治理。全年检查单位141家次，排查隐患142处，已全部整改，实施行政处罚118次。投入安全生产经费595.14万元，用于安防工程（国道、省道、县道、乡道、村道安全生命防护）、汉江大桥维修加固。在危边坡、软路基沉降路段、涉水涉桥处拉设警戒线和警示桩，所有安全隐患点均设立安全标志牌、爆闪灯。丹江口水库大泄洪期间，迅速对302省道濒水低洼路段垒起320米的路基挡水墙，填筑土方520立方米，防止路面浸水造成交通中断。同时，加强各类抢险救援物资储备工作，组织应急保障队伍3个共计30人，装载机6辆、运输车自卸车40辆、运输车34辆、救生衣150件、海巡艇1艘、应急保畅机械设备22台套等抢险救援设备和物资。

交通改革举措。市政府出台《老河口市深化农村公路管理养护体制改革实施方案》，建立综合考评机制，坚持"政府主导、部门指导、乡镇负责、村居配合"的联动共管机制，发挥交通、交警、乡镇等多部门资源优势和整体合力，定期对道路路基、路肩、安保设施、交通标识等进行养护管理，及时拆除道路两侧违章建筑，定期排查整改道路交通安全隐患，有效保证农村公路"建一条，养一条，管一条，发挥效益一条"。全市各个乡镇办按照"养护力量强、资金保障稳、管理考核严"原则，镇上配齐管理人员，村、社区分别成立村级公路养护专班，全面推行"路长制"养护模式，市与镇、镇与村、村与路管员签订公路养护目标责任书。通过创新管理养护机制，落实管理养护主体，建立稳定的管理养护资金来源渠道，实现农村公路管理养护常态化和规范化。

（王文斗）

【襄州区】至2021年底，全区公路总里程4062.63公里（从2021年起，高新区、东津新区公路数据不再纳入襄州区统计），公路密度200.52公里/百平方公里（不含东津新区）。其中高

2021年12月27日,连通鄂豫两省的襄阳市唐白河(唐河)航运开发工程正式开工建设

速公路104.09公里、一级公路234.74公里、二级公路283.90公里、三级公路197.95公里、四级公路3118.09公里、等外公路123.86公里。内河航道通航里程205公里,批复达标渡口29个,砂石集运中心临时性码头1个。有客运站11个,其中一级客运站1个、四级客运站3个、五级客运站7个(含农村综合运输服务站1个)。

基础设施建设。全年完成交通固定资产投资10.01亿元,比上年增长54%。推进绕城高速公路南段续建工程建设。207国道改线工程襄州段30.84公里挖沟放线工作全面完工并通过验收;274省道大修25.4公里、310省道大修3.5公里、316省道大修12.45公里、440省道2.98公里基本完成。316省道唐河特大桥、白河特大桥建成通车。唐白河(唐河)航运开发工程开工建设。浩吉疏运基地项目、捷顺达物流园等重点项目完成投资逾5亿元,韵达襄阳物流产业园等项目顺利落地。

"四好农村路"建设。全年完成新(改)建农村公路225公里,完成新改建农村桥梁20座。推进"四好农村路"示范区建设,张家集镇成功创建"四好农村路"省级示范乡镇。推进第二批139个建制村210公里美丽乡村补短板强弱项农村公路建设,积极开展第三批前期调查工作。乡村振兴扶贫工程——"四好农村路"建设PPP项目正式动工,计划两年内投资11.44亿元,完成16条263.63公里农村公路和44座桥梁建设。

运输服务保障。全年公路完成客运量298万人次、旅客周转量2.60亿人公里,比上年分别增长23%、98%;完成货运量7476万吨、货物周转量164.47亿吨公里,比上年分别增长44%、50%。水路完成客运量10万人次、货运量37.44万吨、货物周转量1765.34万吨公里、港口吞吐量17.42万吨。全区有客运企业4家,客运车辆281辆,客运线路102条,其中省际线路13条、客车24辆、市际线路4条、客车4辆、城乡客运班线37条、客车111辆,"村村通"客运线路48条、客车69辆、旅游客车64辆。新增(更新)客车6辆。推进全域公交三年行动计划,新增公交线路3条。有货运企业380家,其中普货企业378家、货运车辆17716辆,新增普货企业58家、货车407辆;危险品运输企业2家、运输车辆1458辆。拥有各类运输船舶238艘6万载重吨,水运企业1家。

现代物流业发展。积极争取区政府政策支持,先后向浩吉铁路襄州北站物流园、襄阳吉顺永通物流公司、襄阳顺发运输公司等17家重点物流企业颁发纳税大户奖、A级物流企业创建奖、省级重点物流企业奖、物流企业税收奖、新入库企业奖等各种奖金212.33万元。全年新增规模以上物流企业3家、省级重点物流企业2家、市级物流项目3家。全年实现社会物流总收入76亿元,比上年增长4.8%,物流增加值完成12亿元,比上年增长20%。

公路养护。襄州区公路应急养护中心开工建设,投资7600万元。完成国省干线公路整修路肩、清理边沟、修剪路肩高草、清洗钢护栏、补栽刷新沿线设施、洒水降尘、清理路肩排水槽等日常养护和预防性养护任务。开展全国自然灾害风险普查,完成基础数据和公路抗震、抗洪等级等基础信息录入工作。

安全应急管理。落实安全主体责任,强化安全源头监管监控,大力整治交通运输安全隐患,全区全年没有发生一起安全责任事故和重特大事故。强化重点时段和"两危一客"安全检查,加大水陆运输安全隐患动态监管,深入排查、治理安全隐患。加大应急抢险和防汛救灾保障工作。

交通改革举措。襄州区交通运输综合执法大队正式成立,150名执法人员进行10天岗前培训。区客运站整体划转到襄州国投公司。乡镇交管站改革方案制定完善,计划整体划转到农村公路发展中心从事农村公路养护管理工作。深入推进"放管服"改革,全年网上办理各类事项8134件,办结率、评价率均为100%。持续优化营商环境,交通政务服务事项73大项(96子项)办理时限压缩30%左右。

(王志功)

宜昌市交通运输

【概况】 至2021年底，全市公路总里程38210公里，路网密度179.7公里/百平方公里，其中高速公路728公里、一级公路724公里、二级公路2766公里、三级公路618公里、四级公路32532公里、等外公路842公里。内河航道通航总里程678公里，生产性码头泊位182个，泊位年通过能力9240万吨，渡口177个（含长江干线）。有客运站97个，其中一级客运站2个、二级客运站11个、三级客运站9个、四级客运站8个、五级客运站67个，货运站11个。

基础设施建设。全年完成交通固定资产投资224.4亿元。宜都长江大桥、三峡翻坝江北高速公路建成通车。郑万高铁兴山段铺轨，宜兴铁路加快建设。三峡机场二期改扩建项目基本完成。呼北高速公路鄂湘界段和宜来高速公路加速推进。建成一级公路50公里、二级公路190公里。241国道宜长大道、348国道当阳绕城段、318国道宜都红花套至南桥村段、清江画廊旅游码头、三斗坪旅游客运码头、江山贝尔物流园一期工程等36个交通重点项目建成。348国道三峡公路、峡口香溪河大桥等干线公路加速推进。白洋港二期、枝城铁水联运码头等水运工程进展顺利。兴山公铁换乘站、五峰客运中心站主站楼封顶。全市367座危桥改造，开工356座，完工207座。

运输服务保障。全年完成公路货运量1.3亿吨，比上年增长40.3%，比2019年增长11.8%；完成铁路货运量989万吨，比上年增长26.5%，比2019年增长81.3%；完成水路货运量7789万吨，比上年增长42.1%，比2019年增长62.8%。完成港口货物吞吐量1.15亿吨，比上年增长41.3%，宜昌港成功晋级长江内河亿吨港口阵营，完成集装箱吞吐量15.14万标准箱，比上年增长20.6%。白洋港"大分流、小转运"多式联运吞吐量达564万吨，比上年增长149%。三峡翻坝运输加快复苏，重载滚装运输车辆14万辆、客滚176船次、商品车20.3万辆，比上年分别增长89%、528%、105%。全市国有货运港口资产整合进入省港口集团，实现规划、建设、管理、运营"四个一体化"。

优化营商环境。梳理38项"规定动作"，出台17项"自选动作"，创新推出"十个一"工作法，加速推进优化交通营商环境。深化收费公路制度改革，全市"绿色通道"车辆减免12.8万车次、356万元。客货运输车辆环检、安检、综检"三检合一"，降低成本140余万元。推行多证联办，船舶所有权、船舶国籍、船舶最低安全配员证书全流程4个工作日内同时出证。创新研发"港口经营许可"电子证照，促进"一网通办"提质提效。

绿色交通。率先启动交通运输"双碳"规划编制。中石化、中石油、中长燃3个油库码头通过交工验收。长江流域智能化程度最高、功能最齐全的宜昌化学品船舶洗舱站正式运行。秭归LNG加注站码头通过交工验收。全球载电量最大的纯电动游轮"长江三峡1"号成功试航。待闸船舶污染物接转处机制有序运行。10处船舶防污染码头和48艘接转船舶投入运行，接转处能力居全省第一。船舶污染防治、港口岸线资源清理工作连续三年在全省长江大保护十大标志性战役评估考核中名列第一。完成磷石膏路面基层复合材料试验段铺筑3.3公里。

智慧交通。建成城市公交运行监测平台、公路（航道）防灾减灾分析系统、交通干部素质提升学习平台。智慧平台多维拓展，赋能行政审批和法治交通。船舶污染物协同治理信息系统"净小宜"持续高效应用。在全省率先研发基层养护管理数字化管理系统，五峰渔洋关、兴山南阳、夷陵鸦鹊岭等7个养护站上线试运行。宜昌长江公路大桥结构健康监测系统实行建、管、维一体化运行，实现桥梁管

2021年12月，241国道点军联棚至长阳龙舟坪段一级公路（鸡公岩隧道至偏岩段）建设完工

2021年6月29日，宜昌港枝江港区姚家港作业区水上洗舱站项目码头工程通过交工验收

养流程化、可视化、智慧化。

平安交通。持续开展16项公路安全综合治理工程，安装一级公路中央隔离设施100公里，完成库内存量地灾治理12处、崖石排查整治23处、长陡下坡整治61处518公里，实施"一弯一景一安"工程50处，"千灯万带"工程411处。全年排查并整改风险隐患2535处。依法责令4家不具备安全生产条件的危货道路运输企业退出市场。全市交通运输行业未发生较大及以上安全生产责任事故。

交通执法。全面启动全市交通运输系统综合行政执法队伍素质能力提升三年行动。开发执法考试小程序，月学月考月通报，夯实执法基本功。创新建立"两客一危一货"重点车辆跨部门联合惩戒、信息共享、联合执法三项监管机制。深入开展成品油非法运输专项整治、小微客车租赁经营管理、"三无"船舶专项治理等行动。全市交通执法队伍查处违法案件1183件，案卷评查优秀率达90%。宜昌市交通运输局被交通运输部表彰为交通运输系统"七五"普法工作突出成绩单位。

助推乡村振兴。全年完成脱贫地区公路投资58.6亿元。获省政府2020年"四好农村路"督查奖励500万元（宜昌市200万元、秭归县300万元）。新改建农村公路2004公里，推动"四好农村路"向进村入户延伸。加快农村寄递物流体系建设，农村公路助推物流触点通达千家万户。统筹推进城乡客运发展，远安县成功创建全国城乡交通运输一体化示范县。长阳县交通运输局被党中央、国务院表彰为全国脱贫攻坚先进集体，远安县交通运输局和宜昌市交通运输局胡朝晖分别被交通运输部评为全国交通运输脱贫攻坚成绩突出的集体和个人，宜昌市公路中心获评宜昌市事业单位脱贫攻坚专项奖励记功集体。探索推进农村公路管养"红黑榜"，有效激发管养质效。在长阳、夷陵、五峰、秭归先行启动农村公路灾毁保险试点，落实保费900万元，平均赔付率达120%。

（许来）

【宜都市】 至2021年底，全市公路总里程3756.39公里，路网密度276.82公里/百平方公里，其中高速公路123.5公里、一级公路144.78公里、二级公路139.17公里、三级公路73.88公里、四级公路3262.43公里、等外公路12.63公里。市内航道通航总里程87公里（长江46公里、清江41公里），港口企业24家，生产性泊位63个，渡口7个。有客运站10个，其中二级客运站1个、三级客运站1个、五级客运站8个，货运站1个。

基础设施建设。全年完成交通固定资产投资12.97亿元，比上年增长47%。254省道宜都市绕城段公路工程（含清江三桥）完成总体形象进度50%，累计完成投资3.48亿元。225省道宜都市枝城长江大桥至大堰堤段公路工程完成总体形象进度70%，累计完成投资1.25亿元。318国道宜都市红花套至长阳县偏岩段（宜都段）改建工程，建成通车5.4公里，累计完成投资1.25亿元。宜昌港宜都港区洋溪临港物流园综合码头工程取得交通运输部使用港口岸线批复，完成水工建筑物建设及配套装卸设施，总体形象进度82%，累计完成投资8亿元。宜昌港宜都港区枝城铁水联运码头工程一期，完成初步设计及施工图设计、监理招标及水工码头招标。全年完成农村客运站场建设投资129.3万元，建成农村客运候车亭22个。完成通村水泥路建设47公里，农村公路提档升级建设195公里，安全防护工程117公里。宜都市成功创建2020年"四好农村路"省级示范县。

运输服务保障。全年公路完成客运量2423万人次、旅客周转量19.52亿人公里，比上年分别增长4.1%、4.8%；完成货运量8222万吨、货物周转量156.96亿吨公里，比上年分别增长37.9%、40.9%。农村公路通建制村100%、通畅率100%。全市有道路客运班线企业8家、客车145辆，出租汽车公司3家、出租汽车140辆，公交公司1家、公交车54辆。道路危货运输企业6家、危货车辆139辆。驾培企业4家，驾培车辆143辆。二类及以上维修企业46家。加大新旧客运站运转协调力度，为65岁以上老年人提供免费乘坐公交车或转运。加快农村物流与客货运输、电商快递融合发展，降低偏远山区物流配送成本。开展"打非治违"专项整治行动，全年查处并暂扣非法网约车36辆、非法

2021年6月，318国道宜都红花套至南桥村段建设完工

营运车2辆、违规出租汽车12辆。

公路管养。列养国省干线优良路率达91.37%，平均PQI值达88.82。全年挖补油路底层1132平方米，挖补油路面层6075平方米，修复路槽8090平方米，修复国省道水毁8处。与各乡镇、公路养护站形成联动机制，实现信息互通，坚决整治公路沿线乱搭乱建、增设道口等行为。开展多方位、全覆盖、高效率联合执法行动。全年查处交通违法车辆1085辆次，卸载货物20026吨，行政处罚源头企业4家，下达责令改正违法行为通知书源头企业15家。

安全应急管理。落实安全生产行业监管责任，对在建工程、港口码头、国省干线、农村公路、运输企业等安全生产重点领域安全隐患进行拉网式排查，发现安全隐患723条，整改完成646条，其余整改中。进一步抓好涉客涉危道路水路运输企业安全监管，开展安全检查248次，下达安全隐患整改通知书6份，排查隐患450处。利用4G动态监控平台加强对"两客一危"车辆动态监管，发现驾驶员押运员违规行为42起，现场整改42起。开展过境危货车辆检查、开学前校车安全检查、成品油市场专项整治行动、燃气专项治理、港口码头非法经营治理等专项行动，进一步规范运输行为，重点打击非法运输，有效维护交通行业市场秩序。建立巡查长效机制，坚持日巡查港口企业至少1次、周巡查长江岸线2次。按照"防控不松、保障畅通、平安有序"原则，优化运力组织调配，统筹做好疫情防控和春运服务保障工作。

（王薇薇）

【枝江市】至2021年底，全市公路总里程4242.06公里，路网密度318.6公里/百平方公里。其中高速公路66公里、一级公路160.84公里、二级公路125.44公里、三级公路48.58公里、四级公路3839.96公里、等外公路1.24公里。内河航道通航总里程185公里，港口13个，生产性码头泊位21个，渡口25个。有客运站10个，其中二级客运站1个、三级客运站3个、四级客运站2个、五级客运站4个，货运站1个。

基础设施建设。全年完成交通固定资产投资13.2亿元。沪渝高速公路枝江互通新建工程管理区综合楼完成主体工程，姚家港作业区疏港一级公路、216省道夷五线灾毁恢复重建工程建成通车，253省道远松线刘金段安全防护工程完工。公路桥梁"三年消危"行动的45座危桥改造项目，建成5座、开工建设28座。枝江市2019—2020年县乡等级公路156.9公里改造工程完成144.12公里。姚家港作业区煤炭专用码头项目水工主体结构交工验收，陆域工程完工；姚家港作业区中石化、中石油、中长燃油库码头主体工程基本完成，码头工程完成交工验收；七星台作业区综合码头工程1号、2号泊位主体工程完成交工验收，海事、航道专题获批；姚家港作业区罗家河水上绿色综合服务区项目、七星台疏浚维护船舶基地、姚家港作业区危化码头改扩建工程、七星台砂石集并中心、中长燃油气加注码头等项目前期工作有序推进。安福寺三级客运站建成投运，新改建农村候车亭40个。

运输服务保障。全年公路完成货物周转量11.73亿吨公里，比上年增长43.9%，完成旅客周转量8194.95万人公里，比上年下降14.5%。水路完成货物周转量7.60亿吨公里，比上年增长1.3%。开通定制公交线路8条，优化调整公交线路2条。引进"古城电召"平台，实现出租汽车线上接单。

行业管理。开展超限超载专项治理行动，查处超限超载车辆92辆次、卸货1726吨。开展路域环境专项治理行动，劝离占道经营370余次，清除非公路标识标牌106块、横幅44条，清理路边堆积物40余处，整治非法接

2021年12月，枝江市姚家港作业区疏港公路建设完工

道、擅自加宽道口2起,处理损坏路产路权案件24起。开展道路运输行业专项治理行动,完成维修、驾培行业"2020年度服务质量信誉考核"工作;查处违规经营出租汽车22辆、非法营运车辆14辆。开展水路运输和非法码头整治专项行动,立案查处违法运砂案2起,严厉打击违法经营行为。

安全应急管理。强化安全监督执法,检查企业790家次、车辆2988辆、船舶323艘次,排查并整改安全隐患372处,水上运输消危行动清理上岸渡船11艘。全市交通运输行业未发生安全生产责任事故。

(刘晓泉)

【当阳市】 至2021年底,全市公路总里程5914.18公里,路网密度270.56公里/百平方公里,其中高速公路72.9公里、一级公路80.97公里、二级公路171.44公里、三级公路54.47公里、四级公路4233.48公里、等外公路1300.92公里。内河航道通航总里程92.5公里,渡口21处,渡船40艘。有客运站10个,其中二级客运站1个、三级客运站1个、四级客运站1个、五级客运站7个,货运站1个。

基础设施建设。全年完成交通固定资产投资5.49亿元,比上年增长37%。348国道改建工程加快推进。绕城段累计完成货币工程量3.9亿元,"建养一体化"第一合同段累计完成货币工程量1.5亿元;当阳五桥和"建养一体化"第二合同段开工建设。253省道远安鸣凤至当阳庙前改建工程当阳境段加快建设。224省道保当线(当阳北互通至当阳四桥段)大中修工程全长12.56公里,全部完工,累计完成货币工程量约1.25亿元。当阳市公交总站正式投入使用。

"四好农村路"建设。结合乡村振兴战略,强化政策激励,加大示范创建引领力度,玉泉街道被评为"四好农村路"省级示范乡镇,获奖补资金200万元,玉阳街道玉和路被评为2020年美丽宜道项目,申报参选全省"十大最美农村路"。

运输服务保障。全年完成客运量1456.44万人次、旅客周转量1.61亿人公里,比上年分别增长69.29%、16.39%;完成货运量1804.79万吨、货物周转量10.83亿吨公里,比上年分别增长9.73%、46.02%。全市有客运经营业户15家(其中班线客运企业3家、个体班线客运1家、个体区域经营11家)、货运经营业户1124家(其中货物专用运输85家),客运汽车127辆、货运汽车1795辆。有公汽公司1家,新能源公交车60辆,运行线路7条,完成年客运量263.34万人次。有航运企业1家。

路政管理。全年办理一般程序路产赔补偿案件36件,案件查处率和文书使用率均为100%,案卷合格率99%。清理路面堆积物90处371平方米,治理摆摊点64处,整治加水点16处,拆除非公路标牌24块,拆除龙门架4处,治理打场晒粮16处,路容路貌得到较大改善。查处超限超载车辆1257辆、卸载货物16228.42吨,超限运输得到有效遏制。

安全应急管理。围绕人、车、船、道路、场站、物流园区、交通工程等重点领域,坚持问题导向,全面开展安全风险隐患大排查。全年督查检查企业241家次,下达《安全隐患整改告知函》40件,排查整改一般安全隐患225起,查处非法从事道路客运经营案件43件、成品油非法营运3件。搭建全新公交运营监控平台,60辆公交车辆均安装监控设备,实现车辆全覆盖监控。开展铁路沿线安全整治行动,投资60余万元完成焦柳线并行道口4处防撞墩整治,完成5座"公跨铁"桥梁管养和维护移交工作。严格落实三级安全教育制度,深入开展"七进"安全宣传教育活动。采取线上网络、实地现场培训等方式,举办安全教育培训讲座16场次、培训2313人。在漳河客运码头开展水上生产安全应急救援演练。

交通改革举措。新成立邮政管理局和邮政服务发展中心。紧盯全市农村寄递物流基础建设短板,因地制宜,确定以"党员群众服务中心+快递"模式为主,"电商+快递""产业协会+快递""工厂+快递"模式为辅的方式,以"打通最后一公里"、推动"快递进村"为重点,推动完善农村流通网点布局。全市10个镇(街道)、155个建制村实现站点全覆盖全打通,"快递进村"通达率100%。

(吴慧)

【远安县】 至2021年底,全县公路总里程2384.07公里,路网密度130.12公里/百平方公里,其中高速公路48.72公里、一级公路71.14公里、二级公路206.45公里、三级公路78.67公里、四级公路1922.12公里、等外公路56.97公里。渡口4个。有客运站3个,其中二级客运站1个、三级客运站2个。

基础设施建设。全年完成普通公路建设投资8.57亿元,建设完成普通公路6条,新增等级公路90公里。成功创建"四好农村路"全国示范县。洋坪镇成功创建"四好农村路"省级示范乡镇,全县省级示范乡镇达3个。

运输服务保障。全县有道路客运企业5家,货运企业650家,经营性道路危险货物运输企业1家。有班线客车86辆、出租汽车80辆。客运线路58条,其中跨市线路8条、跨县线路5条、县内线路45条。城市公交车站1座,城区公交候车亭43个、临时停靠站牌60个,农村客运候车亭149个,简易站及招呼站160个。有一类机动车维修企业3户,二类机动车维修企业10户,三类机动车维修企业48户。

路政管理。开展国省道干线公路路域环境整治,着力改善公路通行环境,全年处理路产损失及占利用公路案件55起,全部结案。排查整治违章违建4处,公路两侧乱堆乱放砂石、固体废物31处,清理垃圾36处、小广告84处,清除路面堆积物、抛撒物184处5580平方米。开展超限超载治理,查处超限车辆700辆、卸载货物16202.30吨,查处非法改装车辆3辆。组建创建"全国文明城市"专班,对长途汽车站、出租汽车、公交车和公交站台开展日常巡查,每月发布出租

2021年4月,253省道远安鸣凤至当阳庙前段改扩建工程(当阳段)开工建设

汽车行业"红黑榜",规范出租汽车经营行为。

科技与信息化。开发远安掌上交通App,覆盖公交和农村客运。全县城乡候车亭有二维码,扫码即知客运车辆实时运行状况。实施危险路段和旅游公路视频监控,对交通重点工程、重要作业场所实时监控,开展公路监管养信息化建设,有效巩固"四好农村路"创建成果。

安全应急管理。制定交通运输安全事故、自然灾害以及其他突发事件和客运高峰期运力储备应急预案,储备应急货车和客车40辆。全县重点路段、重点桥梁监控视频数据接入路政中队,安排专人进行实时监控,及时处置道路险情和雨雪冰雾等恶劣天气状况,保障公路安全畅通。开展汛期和极端天气路面巡查,保障公路安全畅通。建立路长、公安、交通、镇村联防联动工作机制,引导和督促路长当好交通政策宣传员、交通安全劝导员、路产路权管理员、超限超载治理员、安全隐患排查员,切实减少农村领域道路交通事故。结合安全生产"七进"宣传活动,加强安全生产宣传教育和文化氛围的营造,引导全员增强风险防范能力。

(李心语)

【兴山县】 至2021年底,全县公路通车总里程2754.75公里,路网密度118.33公里/百平方公里,其中二级公路432.51公里、三级公路33.39公里、四级公路2243.68公里、等外公路45.17公里;按行政等级分为国道189.19公里、省道207.29公里、县道247.68公里、乡道881.67公里、村道1228.92公里。内河航道通航里程33.2公里,码头6个(货运码头5个、旅游码头1个),生产性码头泊位16个,运输船舶12艘,渡口2个、渡船3艘。有客运站9个,其中二级客运站1个、三级客运站1个、四级客运站2个、五级客运站5个。

基础设施建设。全年完成交通固定资产投资13.92亿元,比上年增长40.6%。209国道古夫绕城公路完成路基5.6公里,312省道昭君绕城公路完成路基4.8公里,287省道兴山百果园至水月寺段改建工程除1.5公里涉及基本农田路段外实现路基主体完工。峡口绕城公路路基全部成型,完成疏港公路水稳基层及沥青面层施工11.2公里,完成香溪河大桥桥墩和异形板桩基、主塔下塔柱和边跨现浇梁施工。252省道温家垭至界牌垭公路开工建设。船舶污染物接收转运及处置工程一期建成投入使用,全年回收船舶垃圾2677艘次、206吨,全部送垃圾厂集中进行处理,垃圾回收率100%。

"四好农村路"建设。全年实施农村公路108.7公里、危桥改造4座。黄粮镇获评"四好农村路"省级示范乡镇,加快创建昭君镇"四好农村路"省级示范乡镇。昭君桥至李家庄段获全市畅安舒美"十佳上榜"公路,黄粮至户溪公路获宜昌市"美丽宜道"示范项目。

运输服务保障。全年公路完成客运量232.01万人次、旅客周转量7964.66万人公里,比上年分别增长139.38%、61.53%;完成货运量458.28万吨、货物周转量3.03亿吨公里,比上年分别增长113.52%、120.42%。完成港口货物吞吐量900万吨,比上年下降12.45%。船舶电子报告5734艘次,船舶电子报告率100%。全县有旅客运输经营业户61家、营运客车118辆,货物运输经营业户248家、营运货车935辆。机动车维修经营备案68家,其中一二类维修企业10家、三类维修企业58家(含摩托车2家);机动车检测企业1家,驾驶员培训学校1家,汽车租赁企业1家。

公路管养。完成灾毁恢复路面13.5公里和地质灾害防治项目,完成危桥改造16座。209国道白沙河至烟墩垭段获宜昌市畅安舒美"十佳上榜"公路、烟墩垭至铧场垭公路获宜昌市"美丽宜道"示范项目。制止违章建筑23处167.4平方米,拆除违章建筑16.0平方米,清理公路沿线商贩占道经营180处,清除公路及公路用地范围堆积物189处,拆除非公路标志牌425块,开展路域环境集中整治27次,整治过境路段10次。全年办理路赔案件2起。全年查处超限超载车辆25辆、卸(转)载货物454.74吨,超限率控制在3%以内。切割非法安装高厢板大货车5辆。

行业监管。持续深化"放管服"改革,充分运用"双公示报送系统""双随机、一公开"等网络平台,强化事中事后监管。制订年度"双随机、一公开"执法检查计划,对县内公共交通、机动车维修、检测、水路运输等行业领域开展执法检查，重点核查经营者资质和管理制度情况，全年开展抽查检查14次，抽查检查对象16户。暂扣非法营运车辆12辆，下达行政处罚决定书7份。

科技与信息化。10月香溪河航道等级提升工程（含航标工程、航道信息化工程）通过验收，香溪河口至平邑口由三级航道升等为一级航道，具备夜航功能。香溪河成为湖北长江干支流首条一体化一级航道、宜昌地方水域第一条高等级数字航道。万吨游轮可主干直达进峡口、3000吨货船可直达平邑口，年可帮助企业节约运输成本20亿元。

安全应急管理。落实行业安全监管责任。开展专项安全检查12次，排查治理安全隐患85处。全年无安全生产责任事故。强化"两客一危一货"车辆源头管控，筑牢安全红线意识和底线思维。持续打击客运市场违法违规经营行为，检查运输企业81家（次），发现安全隐患30条，整改率100%。4G监管平台抽查车辆11981车次，纠正违规346车次，抄告交警部门12期。加大维修企业检查力度，明确专人定期开展安全环保检查，现场发现隐患38条并督促及时整改。强化上路稽查，严查车辆营运资质及车辆状况，下达整改通知书12份。

交通改革举措。完成县道路运输管理所、县交通工程质量安全监督站整体划转至执法大队，并进行事业单位法人设立登记，正式启用"兴山县交通运输综合执法大队"行政公章。明确路政、运政、水政及质监中队负责人，成立法制审核机构，承担交通运输系统法治审核工作。

（向倩倩）

【秭归县】 至2021年底，全县公路总里程5849.7公里，路网密度240.56公里/百平方公里，其中一级公路12.5公里、二级公路365.5公里、三级公路37.7公里、四级公路4095.5公里、等外公路1338.5公里。内河航道通航里程131.2公里（其中干流64公里、支流67.2公里），港口18个，生产性码头泊位42个，渡口17个。有客运站12个，其中二级客运站1个、五级客运站11个。

基础设施建设。全年完成交通固定资产投资13.30亿元，比上年增长95.1%。公路建设完成投资6.20亿元，完成348国道郭家坝至文化二级公路改扩建15.6公里、348国道路面大中修28.62公里，完成国省道危桥改造19座；完成农村公路路面硬化55.51公里、提档升级44.67公里、危桥改造8座175.05公里。水运建设完成投资1.68亿元，完成LNG加注码头建设1个。

"四好农村路"建设。加大"四好农村路"建设宣传，营造"四好农村路"示范乡镇创建氛围，提升农村公路建设管理质量，九畹溪镇被评选为2020年度"四好农村路"省级示范乡镇。推行农村公路养护"红黑榜"机制，查找养护工作中的不足，提高农村公路养护水平。全年建成5条20公里"四好农村路"示范线路，其中归洲镇尹家湾至胡家坪公路被宜昌市交通运输局评为畅安舒美"十佳上榜"公路，秭归县被省人民政府表彰为2020年度"四好农村路"建设成效较好地方。

运输服务。全年公路完成客运量139.73万人次、旅客周转量8371.92万人公里，比上年分别下降37.58%、27.09%；完成货运量451.51万吨、货物周转量3.00亿吨公里，比上年分别增长10.99%、15.40%。水路完成货运量718.96万吨、货物周转量19.41亿吨公里，比上年分别增长16.78%、16.78%；完成客运量14.96万人次，比上年增长123.62%，完成旅客周转量1069.88万人公里，比上年下降67.91%。

公路管养。完成修补路面坑槽5138平方米、整修路肩184公里、清理边沟2946公里。完成峡江情停车区升级改造、348国道12座隧道提质升级照明设施、洞壁防火涂装以及安装消防设施等。路政执法人员清理占道经营29处81平方米，清理路面堆积物93处873平方米，清理水沟农作物97米，清理公路用地农作物52米，拆除非公路标牌44块，桥下空间整治拆除违章建筑9处157平方米，拆除违章构筑物72处1058平方米。立案查处涉路赔偿案件20起，全部结案。完成杉木溪治超站标准化和"司机之家"建设，完善部分办公设施设备采购，打造标准化执法站所。以杉木溪超限检测站为依托，开展专项整治行动，落实路警联合治超常态化、制度化，严厉打击货车非法改装和超限超载运输违法行为。查处非法改装车辆6辆，超限运输车辆198辆、卸载转运货物3574.79吨。查处涉路处罚案件2起，结案2起。案件查处率100%，文书使用率100%，案卷合格率100%。无一起行政复议、行政诉讼案件。

安全应急管理。落实安全生产责任制，组织开展安全隐患大排查大整治、防灾减灾、打非治违、平安交通建设等专项行动。召开安全生产专题会议7次，开展安全教育培训6次。全年检查车辆3113辆次、船舶460艘次、在建重点项目17个、农村公路项目53个，排查安全隐患325处，全部整改完成。全县道路、水路运输和交通在建工程安全生产态势总体平稳，水上交通安全实现连续22年无责任事故目标。

（李峥）

【长阳土家族自治县】 至2021年底，全县公路总里程7419.38公里，路网密度216.9公里/百平方公里，其中高速公路84.65公里、一级公路24.88公里、二级公路509.42公里、三级公路74.53公里、四级公路5445.08公里、等外公路1280.82公里。内河航道通航里程138.5公里，港口4个，生产性码头泊位12个，渡口43个。有客运站12个，其中二级客运站1个、五级客运站11个。

基础设施建设。全年完成交通固定资产投资11.6亿元，比上年增长63%。普通公路建设完成投资11.5亿元，其中国省干线一级公路完成投资5.3亿元、二级公路完成投资0.5亿元、农村公路完成投资5.7亿元。以点促面建设"美丽宜道",实现交通、旅游、农业等多产融合发展,完成农村公路县乡道改造19公里、农村公路硬化85公里、农村公路提档升级70.39公里。长阳港区隔河岩库区船舶污染物回收转运码头(设施)工程、长阳港区隔河岩库区旅游码头工程完工投入使用,完成投资0.1亿元,新增泊位3个,长阳港区隔河岩库区旅游码头通过能力186万人次/年。

运输服务。全年公路完成客运量504.97万人次、旅客周转量4.25亿人公里,比上年分别增长57%、177%;完成货运量517.37万吨,比上年增长117%,完成货物周转量3.41亿吨公里,比上年下降1%。水路完成客运量56.54万人次、旅客周转量2637万人次,比上年分别下降17.88%、5.49%。146个建制村"快递进村"通达率100%。全县有道路客运企业10家,营运客车424辆,其中客车160辆、公交车114辆、出租汽车150辆(其中轿车87辆、面的63辆)。营运线路94条,其中市际线路3条、县际线路13条、县内线路78条。货车253辆。二三级驾驶员培训学校各1所。二类以上维修企业9家、三类维修企业149家。各类船舶共233艘,其中客船31艘、客渡船192艘、货船10艘。

公路管养。完成国省干线公路大修10.04公里、中修53.21公里、灾

2021年3月,459省道长阳火烧坪至鸭子口二级公路建设完工

毁恢复重建20公里。修补路面坑槽1809平方米、整修路肩0.8公里、清理边沟2510公里、清除坍方7178.5立方米。制定农村公路路基中验管理办法,组织编写农村公路建设工程基础知识50问;筹集40万元资金给乡镇配发44台套工程测量、试验检测仪器,全面提升乡镇建设管理硬件水平。

路政管理。全年办理一般程序路产赔补偿案件95件。清除非公路标牌2110处,拆除钢架棚63处1134平方米,清理公路路面堆积物548处3938平方米。查处超限超载车辆299辆、卸载货物4218.7吨,移交交警58辆。案件查处率和文书使用率均为100%,案卷合格率100%,无一起行政复议、行政诉讼案件。

安全应急管理。严格落实安全生产主体责任,强化安全生产基础管理。制定安全监督应急工作要点,组织专班人员开展重点路段、重点场所、重点区域及"两客一危"、在建工程安全检查42次,行业安全检查135次,发送预警和安全宣传信息1230条。完成安全生产隐患排查治理标准化、数字化体系建设任务,督促责任主体单位落实整改措施、资金、期限、整改责任人和应急预案。建立隐患排查登记台账和一患一档档案,建立隐患整改销号制度,形成闭环机制。建立健全交通运输系统安全应急预案,完善预测预警和应急协调联动机制。组织船员安全教育培训420人次,开展消防安全应急演练7次。严格执行24小时值班制度和事故信息报告制度。

交通改革举措。全县"四客一危"营运船舶责任保险全覆盖,船舶旅客责任险达每座60万元保额。清江旅游航道建设工程在进行工程可行性报告编制等前期工作。对政务服务事项进行再清理,压减时限(62个事项)和材料(免提交126个、硬减21个)。全面梳理监管事项"一张清单",125个检查实施清单标准化完成率和完备率100%;监管数据覆盖率由38%提升到94.55%;完成"双随机、一公开"随机抽查12次,实施联合监管5次。

(覃银芳)

【五峰土家族自治县】至2021年底,全县公路通车总里程6182.6公

2021年9月,324省道长阳鸭子口至资丘段改扩建工程建设完工

2021年5月，351国道五峰升子坪至观坪段新建工程建设完工

里。其中一级公路21.3公里、二级公路293.7公里、三级公路111.9公里、四级公路2953.6公里、等外公路2.1公里；按行政等级分为国道227.5公里、省道151.4公里、县道323.8公里、乡道819.8公里、村道1860.1公里；另有组户公路2800公里。渡口3个。三级客运站2个。

基础设施建设。全年完成交通固定资产投资27.6亿元，其中高速公路投资26亿元、普通公路投资1.6亿元。全年完成国省道桥梁消危8座、农村公路桥梁消危8座。五峰客运中心站主站楼封顶，完成投资1700万元。中国供销·五峰物流产业园开工建设；牛庄乡交通综合服务站建成投用，采花乡交通综合服务站开工建设，建设完成农村候车亭9处。

"四好农村路"建设。完成农村公路续建项目113.6公里，新建项目县乡道11公里、提档升级86.5公里，共计97.5公里。实施安全隐患排查整治324公里。傅家堰乡获评"四好农村路"省级示范乡镇。

运输服务。全年公路完成客运量76.98万人次，比上年下降7.7%，完成旅客周转量6462.76万人公里，比上年增长48.9%；完成货运量217.39万吨、货物周转量1.44亿吨公里，比上年分别增长51.2%、55.2%。

公路养护。全年投入国省道养护资金1670万元。完成渔洋关至汉马池8公里路段灾毁修复，实施351国道竹码头至观坪16公里绿化带覆土工程，完成渔洋关站、升子坪站站房维修改造及相关配套设施设备更新，新建升子坪停车区1处。农村公路列养里程2912.7公里，全年下达日常及应急养护资金1487.6万元。

行业监管。联合公安交警、城管等部门开展中重型货车、文明创建、超载超限、路政巡查、运输市场秩序等整治行动。全年立案调查违法违规行为6起、收缴违规出租汽车标志标牌160块(套)，纠正违法行为35起，暂扣道路运输证10本、从业资格证12本，下达责令停止违法行为通知书81份，查处超载超限行为82起，强制卸货1106.3吨，查处非法改装车1辆、危险货物运输违法行为1起，处理路赔案件156起。全力打造让"数据多跑路、群众少跑腿"的便民服务窗口，全年办理行政许可63件，办理其他类权力、行政确认827件。信用信息服务平台数据下载率100%，完成从业人员诚信考核1241人次，运输企业诚信考核率100%。

安全应急管理。分别在241国道贯坪路段和351国道刘家坳路段组织开展道路中断抢通应急演练。推进农村公路平交路口"千灯万带"工程建设，完成平交路口整改32处，完善辖区国省干线一级公路中央隔离设施18公里。按照"全覆盖、零容忍、重实效"要求，与交警、安监等部门沟通协调，联合开展隐患排查工作。排查安全隐患73处，其中通行安全隐患61处、运输安全隐患12处，均

2021年12月，351国道五峰高家坳至长湾段新建工程建设完工

整改完成。

(向安芹)

【夷陵区】 至2021年底,全区公路总里程5445.6公里,路网密度158.61公里/百平方公里,其中高速公路182.05公里、一级公路71.64公里、二级公路414.51公里、三级公路56.44公里、四级公路4595.43公里、等外公路125.53公里。内河航道通航总里程78.92公里,其中干线56.8公里、支流22.12公里,港口7个,渡口14个。有客运站3个,其中二级客运站1个、五级客运站1个、客运服务站1个。

基础设施建设。全年完成交通固定资产投资6.17亿元,比上年下降59.35%。建设完成赵沙路一期、翻坝高速公路乐天溪连接线、西陵二路改建、杨崔路等项目,推进东凤路、下莲路、龙黄路等项目建设。完成348国道分路碑至胡家包段、276省道宋家嘴至龙镇改建工程及赵沙路二期等项目前期工作。完成县乡道改造8.5公里路基工程、连通工程40公里、提档升级20公里。"三年消危桥梁"完工17座,其中国省道桥梁3座、农村公路桥梁14座;完成桥梁主体工程7座,其中国省道桥梁2座、农村公路桥梁5座。龙泉镇成功创建2020年度"四好农村路"省级示范乡镇,获省交通运输厅专项奖励200万元。

运输服务。全年公路完成客运量241万人次、旅客周转量14166.33万人公里,比上年分别下降39.17%、30.30%;完成货运量2129.39万吨、货物周转量14.05亿吨公里,比上年分别增长43.39%、47.73%。水路完成客运量95.437万人次、旅客周转量2701.09万人公里,比上年分别增长64%、41.60%;完成货运量77.51万吨,比上年下降2.7%,完成货物周转量13.44亿吨公里,比上年增长15.3%。全区拥有道路运输企业31家,其中客运企业17家(含旅游客运企业6家)、出租汽车企业2家、危货运输企业12家;有运输车辆621辆,其中客运车辆299辆、出租汽车180辆、危货车辆142辆。有水运企业7家,其中客运企业4家、货运企业3家,持证船舶53艘。客运线路90条,其中跨省线路3条、县际线路8条、县内线路79条。公交线路26条,其中BRT公交6条、城乡公交20条。通过公交化改造,全区实行公交化运营村增加到43个。发放专项补贴495万元,保障全区"村村通客车",形成以小溪塔城区为中心辐射至全区177个建制村、24个居委会的"村村通"客运网络,通客车率100%。汽车维修企业339家,其中一类企业19家、二类企业43家。驾驶员培训学校5所。

安全应急管理。全面落实安全生产监管责任,坚持月安全检查制度、季度安全例会制度,持续开展安全生产各项专项检查,排查整改安全隐患733处。以4G监控平台为依托,监控纠正违法违规行为130起。查处企业违法行为3起,确保"两客一危"、水上交通、公路水路工程等重点行业领域安全稳定。完成54艘100总吨以下船舶生活污水处理装置改造及4艘2000吨级以上货船受电装置改造工作。配合推进夷陵区长江流域禁捕退捕工作,严厉打击取缔"三无"船舶,实现船清网清目标。

(黄欣)

【点军区】 至2021年底,全区公路总里程1042.95公里,路网密度195.98公里/百平方公里,其中高速公路38.6公里、一级公路40.90公里、二级公路66.47公里、三级公路36.18公里、四级公路859.23公里、等外公路1.57公里。有五级客运站1个。

基础设施建设。全年完成交通固定资产投资5.4亿元,比上年增长45%。点军联棚至长阳龙舟坪(点军境段)公路全长8.62公里建成通车;241国道桥边互通至土城王家坝公路工程挂网招投标;投资27万元在柳林村建设1000平方米的公交首末站;投资50万元在点军街办、联棚乡、艾家镇、桥边镇等地建设农村客运港湾式候车亭13个。

"四好农村路"建设。完成下达农村公路建设年度计划30.28公里,其中县乡道改造4公里、连通工程14条17公里、提档升级6条9.29公里,新建桥梁9座230延米;桥梁"三年消危"行动,完工4座,开工建设3座;完成葛古路美丽宜道16个景观节点建设任务。

运输服务。全年公路完成客运量144.84万人次、旅客周转量2279.16万人公里。全区拥有客运企业3家、客运车辆52辆,客运线路32条,城市公交线路7条,专线公交线路2条。货运经营业户216家,货运车辆316辆,其中危货运输企业2家,危货运输车辆22辆。对辖区客运企业和危货运输企业进行质量信誉考核,考核率100%。

2021年12月,241国道点军联棚至长阳龙舟坪段一级公路(点军段)建设完工

完成客货运输车辆年审287辆。

公路管养。完成14条农村公路114.125公里养护工作,监督各乡镇完成693.55公里道路养护工作。落实农村公路养护"红黑榜"。完成桥艾路、柳渔路生命安全防护工程,新平路、桥艾路路基塌方修复,桥艾路福安村挡土墙修筑,桥联路白马溪村破损桥面恢复重建工作,紫牛路路面下沉修复处理。普通公路建设项目和中桥梁工程监督覆盖率100%,组织开展质量安全专项检查12次,日常巡视检查30余次;检查全区6条农村公路和9座桥梁路面宽度、厚度与强度,均为合格;联合第三方检测机构对在建项目多次开展质量抽查,合格率100%。

安全应急管理。开展安全生产专项整治行动工作,健全完善道路运输安全责任体系,加大安全隐患治理力度,全面加强客货车安全源头整治,进一步提升运输行业从业人员素质有效净化道路运输秩序。成立检查组16个,检查企业32家次,排查一般隐患12条。拆除中石化长燃宜昌分公司艾家水上加油站码头。举办安全教育培训讲座,组织开展安全应急演练。开展公路承灾体普查工作,发现灾害点64个,其中县道灾害点19个、乡道灾害点8个、村道灾害点37个。

（刘玉婷）

【猇亭区】至2021年底,全区公路总里程284.04公里,路网密度238.68公里/百平方公里,其中一级公路41.29公里、二级公路5.80公里、三级公路3.50公里、四级公路233.45公里。内河航道通航里程22公里,码头9个,泊位23个,渡口1个。

基础设施建设。全年完成交通固定资产投资14.5亿元。其中公路建设项目3个,完成投资1.5亿元;水运建设项目2个,完成投资0.5亿元;航空建设项目4个,完成投资5亿元;物流站场建设项目7个,完成投资7.5亿元。完成农村公路建设15.61公里,其中提档升级11.61公里、通村公路4公里。

运输服务保障。全年完成公路水路货运量911.48万吨、货物周转量18.21亿吨公里,货运量比上年增长10.63%;完成客运量6.85万人次、旅客周转量2503.2万人公里。完成空港旅客吞吐量220.15万人次,比上年增加19.24%;完成空港货邮量2746.4吨,比上年下降14.49%。完成港口货运吞吐量684.8万吨,比上年增长10.4%,其中进口159.1万吨、出口525.7万吨。完成船舶污染物接收转运处置。

全区开通城市公交线路12条,其中通村公交3条,建制村通客车率100%。

行业监管。开展联合治超行动,整治道路运输市场,稳定安全生产秩序,对货物集散地、车辆聚集地、货运码头、机场周边开展不间断抽查检查,严厉打击非法运输行为。全年开展联合执法5次,查处违法违规2件,实施行政强制暂扣车辆2辆。全区货运车辆违法运输超限率显著下降。全年道路水路执法检查行政警告32家,办理行政处罚案件31起,做出行政处罚决定27件,结案并移交归档26件,结案率87%。

安全应急管理。坚持"党政同责、一岗双责、齐抓共管、失职追责"原则,制定安全生产和应急管理工作要点,层层分解落实责任,及时协调、解决安全生产工作中的重大问题,深化"平安交通"创建工作,实现"一无四降"目标。针对重点时段及节假日,联合公安、交警、道路执法等部门开展"打非治违"等专项整治活动,督促乡镇渡口严格执行"签单发航""停航封渡"制度。对检查出的安全隐患跟踪督办,限期整改。查处一般安全隐患164处,全部整改完成。全区交通运输安全形势持续稳定。

（瞿涛涛）

荆州市交通运输

【概况】至2021年底,全市公路总里程24806.62公里,路网密度167.09公里/百平方公里,其中高速公路714公里、一级公路807.71公里、二级公路2038.63公里、三级公路643.27公里、四级公路20400.11公里、等外公路202.90公里。内河航道里程1745.11公里,港口企业43家(其中危贷企业11家),生产性码头泊位91个,渡口278个(其中长江渡口45个)。有客运站94个,其中一级客运站4个、二级客运站5个、三级客运站3个、四级客运站11个、五级客运站52个、简易站19个。

基础设施建设。全年完成公路水路投资90.2亿元,为省厅考核目标的120.7%。干线公路和农村公路建设获省政府真抓实干正向激励奖励资金1900万元。"宜荆荆恩"城市群交通协同发展19个总投资302亿元项目纳入《湖北省区域发展布局交通"硬联通"三年行动方案》。建成沙公高速公路杨家厂至孟家溪段、监利至江陵高速公路东延段、洪湖赤壁长江大桥等"两路一桥",新增高速公路里程93.8公里。李埠长江公铁大桥、观音寺长江公路大桥、武松高速公路江陵至松滋段等"两桥一路"重大交通项目集中开工。建成一二级公路路基40.91公里、路面60.92公里,318国道沙市区段、荆江大道开发区段、221省道石首市城区至桃花山段、322省道沙市区二级公路段建成通车。完成养护工程65公里。荆襄物流配送中心(一期)、监利港区容城新洲码头建成营运,松滋市城西现代物流产业园、华中(荆州)物流园开工建设。

"四好农村路"建设。实施"畅通、连通、提升"工程,完成县乡道改造136.22公里、连通工程639.98公里、提档升级工程(含窄路面加宽)694公里,建成美丽农村路522.32

2021年10月27日，荆州市举行荆州港长江环保有限公司揭牌暨长江（荆州段）船舶污染物接收专用码头启用活动

公里，农村路网持续优化。因地制宜探索形成"县道专业化养护、乡道社会化养护、村道公益性岗位养护"等多元化运行模式，养护资金到位率100%。江陵县、松滋市、公安县、石首市建立起"总路长+县乡村三级路长"工作体系。江陵县、石首市获评全省农村公路十佳养护单位。荆州市获评全国首批"四好农村路"市域示范创建突出单位，洪湖市成功创建"四好农村路"省级示范市，沙市区观音垱、江陵白马寺、公安麻豪口、松滋万家乡、石首桃花山成功创建"四好农村路"省级示范乡镇。全面实施危桥改造，争取政府主导，推广装配化施工，分区域"打捆"推进公路桥梁"三年消危"行动，4个项目包开工500座、完工377座。

运输服务保障。全年公路完成客运量2732万人次、旅客周转量13.88亿人公里，完成货运量1.06亿吨、货物周转量186.04亿吨公里。城乡客运一体化加快推进，AAAA以上比率达到100%。新增货运企业48家、网络货运平台企业3家。联合邮政部门推进农村客货邮融合发展，开展"农村站亭达标工程"，建成乡镇综合交通运输服务站4个、农村候车亭28个。完成中心城区巡游出租汽车调价工作。推动货车驾驶员入会工作，全市组建道路货运工会36个，吸收会员2791人。12328交通运输服务监督电话综合考核排名全省第三。

港航物流发展。依托长江"黄金水道"和焦柳、浩吉铁路"双动脉"，持续调整运输结构，发展多式联运，降低物流成本，城市集聚和辐射效应明显增强。出台《荆州市建设区域性现代物流中心五年行动方案（2021—2025年）》。大力发展定制物流，积极招引中远海运、上港集团等物流头部企业，开通"荆州—上海"直达航线，降低物流成本费用15%以上、时间成本25%以上。拓展集装箱多式联运、铁水联运、水水中转业务，支持港口企业和地方铁路公司开辟江海联运典型航线2条。全年完成多式联运416.6万吨，比上年增长10%。荆州港务集团、荆州煤炭港务公司、荆州地方铁路公司、中国铁路武汉局联合开展的"荆州依托'双十字'通道服务运输结构优化调整铁水公多式联运示范工程"通过省级评审，正式申报第四批国家多式联运示范工程。深度参与全省港口资源整合，划转标的20个，总资产34.8亿元，净资产15.78亿元，资产总数全省第二。成功取得8、9类危化品港口运营资质。全年完成港口吞吐量4375.16万吨，货运量9453.42万吨，集装箱15.03万标准箱。

营商环境优化。改造审批事项流程，实现许可事项"先照后证"。实施"一次办好"事项46项、立等可取事项22项，全年受理审批业务46206件，办结率100%，政务公开工作获优秀等次。取消普通货运从业资格考试，全面落实道路运输从业资格证"跨省通办"，网上受理80件全部办结。开展交通运输执法领域突出问题专项整治，排查整改五大类39个问题。

安全生产监管。围绕"平安交通"建设目标，推进交通运输安全生产专项整治三年行动，明确8项重点、6项难点和98项年度任务清单，6处天然

2021年6月18日，组织开展公路防汛应急演练

气管道涉路挂牌督办隐患销号5处。实施自然灾害综合风险承灾体公路水路普查，完成数据采集工作。开展船桥防撞隐患摸排治理，排查整改安全隐患123处。开展"百吨王"超限超载车辆整治，落实"一超四罚"信用治超机制。公安207国道改建工程、荆州煤炭铁水联运储配基地一期工程施工合同段被评为全省"平安工地"。荆州长江大桥在全国31座纳入国家高速公路重点桥梁监测中，综合排名第4。

绿色智慧交通。实施港口船舶污染防治专项战役，建成垃圾接收转运专用码头9处，实现"船E行"注册、船舶污染物接收转运处置设施及政府购买服务"全覆盖"，全年接收转运船舶垃圾和油、污水14160吨。13个3000吨以上码头完成岸电设施智能化改造，建设岸电桩23套。47家一二类汽车维修企业认定为机动车排气污染检测与维护(M)站。对接省交通运输厅"四通"工程，启动荆州"智慧交通"建设。

（张峰）

【荆州区】至2021年底，全区公路总里程2155.79公里，路网密度206公里/百平方公里，其中高速公路32.13公里、一级公路134.72公里、二级公路239.94公里、三级公路23.05公里、四级公路1564.17公里、等外公路161.78公里。辖区境内有长江航运干线25公里、江汉运河通过荆州境内27公里共计52公里，内河港区1个，码头7个(含公务码头3个)，渡口8处。有客运站6个，其中一级客运站1个、乡镇客运站5个。

基础设施建设。全年完成交通固定资产投资2.3亿元。318国道改扩建工程全长2.19公里，主体工程完工，完成投资1900万元；271省道高店段中修工程全长6.89公里交工验收，完成投资300万元；271省道藤店至新318国道、429省道紫荆至藤店段大修工程18.36公里全部完成，完成投资6500万元；271省道川店街至藤店村段大修工程全长10.46公里全部完工，完成投资2300万元；荆江大道建设工程(跨江汉运河特大桥)完成投资6100万元，累计完成投资8000万元。长江船舶污染转运码头项目基本完工，投资1212.72万元。

农村公路建设。投资2000万元，完成通村公路建设11.38公里、提档升级37.86公里；投资1800万元，完成连湖旅游路16.1公里建设；助推乡村振兴，投资17.5万元对蔡桥村农村公路按旅游公路标准划线2公里，该道路成为辖区乡村旅游又一个打卡地。至2021年底，全区农村公路通车里程1982.38公里，其中油(水泥)路农村公路1818.72公里，占比91.7%。农村公路养护率100%、好路率达90%。乡镇和建制村通班车率均为100%。

公路养护。全区公路进行规范性和专业化养护，进一步明确管养责任。区政府修订出台《荆州区农村公路建设养护管理办法》，按照"县道县管、乡道镇管、村道村管"原则，明确区、镇、村农村公路管养责任。出台《荆州区路长制实施方案》，建立责任明确、协调有序、监管有力的农村公路路长管理体系。鼓励各镇、管理区积极探索农村公路日常养护新模式，通过重点路段专业性养护模式对农村公路主干道进行日常养护，提高养护水平。通过分段承包、公益性岗位、定额包干等模式，吸收沿线群众参与农村公路日常养护工作。

水路运输。辖区拥有普货企业2家、危货企业2家、港口企业5家、航运企业3家、内河船舶管理企业1家。码头最大靠泊能力为1000吨级兼顾3000吨级。有运输船舶74艘，载货量20.04万吨。全区水运主要以长江干线及支流省际普货运输为主。全年水路运输完成货运量134万吨，港口吞吐量218万吨。全区水陆运输企业97艘船舶安装生活污水收集(处理)装置，安装率及使用率均为100%。

路政管理。联合交警部门采取以固定检测站为主、流动检测为辅的方式，对辖区重点路段进行不间断检测，坚决遏制货车超限超载现象反弹，全年查处超限超载车辆711辆次，卸载货物12337.1吨。全年修整路肩41653米，沥青补坑槽216立方米，水泥稳定石屑407立方米，碎石补坑槽538立方米，砖渣补坑槽1384立方米，拍马桥处置塌方23立方米，清除树木遮挡标牌26处，制止摆摊设点行为30处，清除占道堆积物50余立方米，整改违规修建地面构造物3处。完成农村公路生命安全防护工程整治80公里，排查处理安全隐患点353处，农村公路交通事故率明显下降。

安全生产管理。持续开展安全生

2021年，荆州区429省道路面刷黑施工中

2021年1月26日，荆州区公路中心对318国道丫角大桥等路段做好除冰防滑保畅工作

产专项整治三年行动。全年检查江汉运河过闸船舶858艘，对水上运输危货企业安全巡查28次，完成危货成品油装卸审批42次。12月26日首轮降雪，迅速启动应急预案，确保辖区没有发生因道路桥梁结冰所造成的交通事故和车辆拥堵现象，做到"雪中路畅、雪停路通"。全年交通运输行业安全生产形势总体稳定。

(刘萍)

【沙市区】 至2021年底，全区公路总里程1374.386公里，路网密度190.62公里/百平方公里，其中一级公路123.296公里、二级公路71.694公里、三级公路60.112公里、四级公路1119.284公里，公路桥梁165座。辖区有港口码头9个，其中生产性码头2个、非生产性码头7个；长江渡口2处，内荆河渡口4处。

基础设施建设。全年完成交通固定资产投资6.98亿元。其中，普通公路投资1.43亿元、站场物流投资5.55亿元。沙熊线、223省道大修项目完工，322省道改建工程、318国道改扩建工程沙市区段有序推进。改造完成县乡公路8公里，打造美丽农村路47公里。观音垱镇成功创建2020年"四好农村路"省级示范乡镇。沙市区列入荆州市"三年消危"第3个项目包危桥30座，采取"建设期+5年养护期"模式，用区域"打捆"统一招标方式，确定施工单位和监理单位，12月施工方进场。荆襄物流配送中心一期工程正式开园运营，上海韵达、湖北东龙、中通快递、中国邮政、武汉华翔、广东林安6家企业入驻华中物流园。

行政审批。深化行业"放管服"改革，推进"一网通办、一事联办、一窗通办"。推进监管业务全覆盖、监管行为全留痕，行政行为记录录入监管数据700余条。农村公路管理养护体制改革持续推进，修订了养护管理办法，积极推进"路长制"。机构改革平稳有序推进，4家事业单位挂牌。打通优化营商环境"最后一公里"，架设交通"快速路"，当好"店小二"，走访企业26家，征集问题16条，协调解决41家企业反馈问题。招商引资完成亿元以上工业项目1个。

水运管理。全区有水路运输企业12家，其中危货运输企业4家。本港籍船舶92艘229961.76载重吨。与长江海事、长航公安等职能部门建立联防联动机制，严厉打击长江农用船、"三无"船舶违法载客行为。配合农业农村(渔政)、公安部门打击"三无"船舶非法捕捞作业行为，清理整治涉渔"三无"船舶。结合打击非法采砂专项行动，联合水利、公安、市场监督等部门开展商船携带网具渔具整治。加强交通船(农用船)管理，指导各乡镇对生活交通船(农用船)进行全面摸排，规范管理，辖区560艘生活交通船(农用船)统一喷涂船身、统一登记造册、统一制作船牌和统一发放证书，建立"一船一档"。

安全生产管理。开展沙市综合交通领域安全生产隐患排查和治理活动，落实企业安全生产主体责任，突出重点行业安全监管。按照"四不两直"要求，开展安全检查督办36次，查出安全隐患23处，全部整改完成。开展道路运输安全专项治理，对辖区内"两客一危一货"道路运输企业开展安全检查12次，重点督促4家道路危化运输企业开展安全隐患自查，进

2021年11月8日，荆州市港航海事局在沙市和顺汽渡开展志愿者服务活动

行行业专项检查2次,发现安全隐患8处、整改完成。结合公路桥梁"三年消危行动",继续实施公路安全生命防护工程,改造危桥13座。及时整改道路交通安全隐患12处,提高公路安全通行保障能力。严格落实施工现场封闭施工等安全管理措施,确保施工安全。开展水上交通安全治理5次,检查渡口5处、水上运输企业11家、水上危货企业3家。强化重点时段安全检查督办,确保沙市区交通安全态势平稳有序。

机构改革。5月11日,荆州市沙市区超限超载治理服务中心正式挂牌,核定事业编制35名,设领导职数1正3副,内设机构5个。6月9日,荆州市沙市区农村公路建设养护中心、荆州市沙市区公路事业发展中心、荆州市沙市区港航物流事业发展中心正式挂牌。区农村公路建设养护中心核定事业编制40名,设领导职数1正3副,内设机构8个;区公路事业发展中心核定事业编制82名,设领导职数1正3副1总,内设机构6个;区港航物流事业发展中心核定事业编制50名,设领导职数1正3副1总,内设机构6个。

(殷华)

【江陵县】 至2021年底,全县公路总里程2085.34公里,路网密度193.5公里/百平方公里,其中高速公路57.46公里、一级公路107.81公里、二级公路177.20公里、三级公路68.95公里、四级公路1662.28公里、等外公路11.64公里。内河航道通航里程98.55公里,生产性码头泊位26个。有客运站9个,其中二级客运站1个、四级客运站8个。

基础设施建设。全年完成交通固定资产投资6.65亿元,其中普通公路投资0.73亿元、港口项目投资5.92亿元。武松高速公路、江陵长江大桥开工建设。干线公路建设成效明显,351国道秦市至郝穴段一级公路改造工程全线建成通车。完成沿江一级公路沙市至郝穴段改造工程、江陵港疏港一级公路建设,荆监一级公路修复养护工程江陵段主体工程全线恢复通行。周马线改线上跨工程完成全部盖梁、桩基、墩柱、搅拌桩、箱梁预制及架设。234国道兴阳线铁匠沟至普济段全面完工。220省道秦大线秦市至麻布拐段完成交工验收。新河桥应急养护工程完工。推进港口建设,建成泊位17个(砂石集并中心2个、中航4个、华港2个、兴润2个、储配基地6个、转运码头1个),形成煤炭、石化、粮油、建材等多个品类货物作业能力,现代化港区初具雏形。

"四好农村路"建设。推进"交通+产业""交通+民生"项目,形成以城区为中心,乡镇为节点,城镇相连,辐射乡村,方便快捷的农村运营网络。江陵县先后被评为"四好农村路"省级示范县、"四好农村路"全国示范县,三湖管理区、资市镇、白马寺镇先后被评为"四好农村路"省级示范乡镇。全县农村公路总里程1871.14公里,其中县道168.12公里、乡道543.07公里、村道1159.95公里,农村公路列养率100%。全年完成农村公路提档升级18.8公里,新建道路15.5公里,农村道路刷黑20公里、美丽农村路80公里,农村公路危桥改造20座。

运输服务保障。全县营运车辆1285辆,其中营运货车1229辆、营运客车56辆(跨省市客车15辆、跨县客车30辆、县内客车11辆),客运班线23条,其中跨省市班线9条、跨县班线12条、县内班线2条。公交车60辆,其中新能源公交车37辆,公交线路4条、专线5条;出租汽车80辆。建制村客车通达率100%,城区实现环城公交全覆盖,城乡居民出行条件明显改善。推进电子商务与快递物流融合发展,打通农村物流"最后一公里",建成村级电商物流综合服务站80家,全县99个建制村快递全覆盖,实现"快递进村、农产品进城"。

(张武娟)

【松滋市】 至2021年底,全市公路总里程3952.9公里,路网密度176.86公里/百平方公里,其中高速公路38.32公里、一级公路114.81公里、二级公路343.40公里、三级公路103.80公里、四级公路3346.75公里、等外公路5.82公里。全市17个乡镇(街道)全部通二级公路,所有村居(社区)全部通油路、水泥路,构筑国、省、县、乡、村五级公路网络,基本形成以中心城区为核心,以高速公路、国省干线为骨架,县乡公路为脉络,连接市内各个乡镇、主要港口和工业区,覆盖全市的公路网络。松滋市有长江干线航道27.36公里、内河航道162.5公里,生产性泊位17个、渡口41处。有汽车客运站23个,其中二级客运站1个、三级客运站1个、四级客运站2个、五级乡镇客运站13个、农村综合运输服务站4个、简易客运站2个。

基础设施建设。全年完成交通固定资产投资8亿元。完成国省县道建设投资18703.68万元,其中洈水旅游快速通道城区段及城北主线段完成交工验收。253省道南河大桥至涴市公路改建工程、松滋市陈店至朱家埠公路改建工程完工。刘家场至车阳河公路工程地质灾边坡处治完成。完成埠新线大修工程2公里、雅澧线灾毁重建工程4公里。完成农村公路建设投资16640.47万元,其中完成县乡道改造18.20公里、通自然村71.29公里、农村公路提档升级168.87公里;完成农村公路养护工程19.23公里、"三年消危"桥梁改造30座,其中拆除重建26座、加固维修4座。万家乡被评为"四好农村路"省级示范乡镇。推进水运工程建设,车阳河疏港铁路专用线项目(进港铁路)开工建设;荆州港车阳河码头二期工程水工部分交工验收,5号泊位完成竣工验收并投入使用。松滋公交总站完成综合楼主体工程施工。船舶污水垃圾港口接收专用码头完成趸船建造,正在开展码头工程建设。松滋火车站升级改造工程开工建设。打造现代化农业物流中心,新建松滋市现代农博园,建设松滋市城西现代物流园。推进武松高速公路、武松高速公路西延、当枝松高速公路、当枝松高速公路南延、松西河航道整治、松滋通用机场、荆荆高铁南延过境松滋并设站、中心城区客运物流中心、临港园区多式联运物流中心、洈水景区换

2021年10月，松滋市县道陈朱线道路加宽改造完工

乘中心、松滋港区危化码头、松滋港区内河港口等交通项目前期工作。

运输服务保障。全市有水路运输企业2家，货运船舶29艘，旅游船舶15艘；渡口41处、渡船49艘。全年完成港口货物吞吐量1106.2万吨、集装箱55332标准箱，客渡运量33万人次（其中洈水旅游客运量10.5万人次）。有道路客运企业4家，营运客车457辆，客运班线76条，其中省际班线8条、市际班线6条、县际和县内班线62条，全年完成客运量270万人次。有客运出租汽车240辆、公交车100辆，设港湾式候车亭38个、简易候车棚119个。有货运物流企业63家，货车2658辆，其中规模以上物流企业4家。

公路管养。实现公路养护巡查常态化，完成预防性养护桥梁伸缩缝194道、水泥路面灌缝38公里、沥青路面灌缝79公里、水沟清挖583公里，填补路面坑槽2610平方米，清除路肩堆积物429立方米，营造畅洁绿美的公路环境。完成水毁处治、清理山体滑坡4105立方米，砌筑及修复挡土墙2327立方米，有效保证道路安全畅通。完成减速震荡标线83道、路面标线41公里，修复波形钢护栏539米，标志标牌67块、爆闪灯38盏，警示桩226根，保障道路行车安全。全年路政执法处理应急安全隐患7起，查处公路抛洒案件2起、查处路损案件97起，下达违法行为通知书37份，行政处罚案件1起，制止违法建筑1起，公路路产得到有效维护。

运输市场监管。建立日常巡查和重点检查长效管理机制，全年查处非法营运出租汽车130余辆，没收顶灯60余盏，办理行政处罚案件81起，有效规范出租汽车客运市场。全市211辆客车全部安装4G动态监控设备。狠抓治超治限治抛常态化管理，全年检查车辆869辆，办理案件286起，其中交通行政处罚案件97起，交警处理案件189起，营造安全路域环境。加强车辆维修市场、驾培学校整治力度，检查车辆维修企业400余家，完成8家驾培机构3处训练场资质审核工作，取缔非法训练场1个，下达违法行为通知书37份，办理行政处罚案件33起，运输市场秩序逐步规范。

港口治理。做好长江大保护交通"三大战役"工作，推进港口岸电建设，完成荆州港车阳河港务有限公司4个泊位及松滋口装卸有限责任公司2号泊位岸电设施安装使用。推进运输船舶受电设施改造，完成18艘运输船舶受电设施改造项目备案。开展"三无"船舶整治行动，全市218艘"三无"船舶全部取缔，319艘农用船舶完成清理登记、责任包保。加强与气象部门沟通合作，提升灾害性天气预警能力，建立精细化水上交通监测预报预警，对全市港口企业、水路运输企业、乡镇渡口渡船船员等做到恶劣天气预警全覆盖。

安全应急管理。强化"平安交通"建设，对11家"两客一危"、公交、出租汽车企业进行安全和常态化防疫检查，督促罐式货物运输企业完善营运许可证件办理，完成安全隐患整改4起。查处非法运输燃气车10辆、未随车携带电子运单车2辆。检查各类船舶307艘次、港口经营企业46家次，排查水上交通安全隐患200起，完成整改198起。水上交通连续20年无安全事故发生。做好交通运输系统雨雪冰冻灾害天气、汛期、疫情防控等应急防控物资和机械设备储备及应急队伍建设。聘请第三方安全机构对辖区5家水路运输和港口企业、8家道路运输"两客一危"企业、24家重点维修企业、18条县级以上干线公路进行隐患排查，排查隐患758处，除179条公路安全隐患外，其余均按要求完成整改。

（朱卫华　刘苏雅）

【公安县】至2021年底，全县公路总里程3749.80公里（不含高速公路），路网密度171.54公里/百平方公里，其中高速公路139.90公里、一级公路53.93公里、二级公路294.42公里、三级公路98.69公里、四级公路3302.76公里。内河航道通航里程494公里，生产性码头泊位8个，渡口88个。有客运站13个，其中一级客运站1个、三级客运站1个、四级客运站3个、五级客运站8个。

基础设施建设。全年完成交通固定资产投资14亿元，比上年增长9.3%。全年承担实施政府投资类项目18个，其中船舶污染物接收码头、207国道3座老桥拆除工程、国省干线集镇排水设施、拖五线、章庄铺集镇207国道连接线、254省道葛东线灾毁恢复重建工程、351国道一级公路等8个项目完工。207国道一级公路、孟章线改扩建工程等8个在建项目顺利推进。修订完善公安县"十四五"综合交通运输规划，启动

2021年11月18日，公安县龙溪多式联运项目开工建设

226省道港黄线大门至黄山头改建工程等项目前期工作，其中多式联运项目开工建设。

"四好农村路"建设。全面落实"路长制"责任，持续推进"四好农村路"建设，完成农村公路维修52公里、提档升级163公里、安全防护工程建设160公里。麻豪口镇成功创建"四好农村路"省级示范乡镇。实施公路桥梁"三年消危"，改造危桥56座。推进路域环境整治，加强公路日常养护、应急养护和预防性养护，完成小修保养投资2000万元。

运输服务保障。全县有水路运输企业6家、船舶81艘160838载重吨，所有船舶均加装生活污水处理装置。全年公路完成客运量213.8万人次、货运量1909.2万吨，水路完成客运量68万人次、货运量256万吨。完成355省道及黑大线沿线3个候车亭、黄山头农村综合服务站维修项目。完成客运企业质量信誉考核和跨县以上客运班线延续许可工作，提高服务能力和水平，进一步规范客运、公交经营行为。加强交通运输常态化疫情防控，圆满完成"五一""中高考""十一"等重点时段运输保障任务。

运输市场监管。持续优化营商环境，逐步实现零跑腿和不见面审批，办理交通审批服务6655件。落实"双随机、一公开"监管制度，规范执法行为。严格执行交通项目招投标等公开制度，主动接受社会监督。全年查处违章客货车190辆、非法营运摩托车电动车170辆、巡游出租汽车违章106起。清理公路占道、非公路标牌1083起(处)。章庄超限超载检测站实行"三班两运转"24小时执勤制度，并按照相关法律法规对车辆超载超限、非法改装等违法行为实行一站式查处，卸载货物1272吨。全年检验船舶83艘；协助荆州市船检局检验船舶115艘。深化长江大保护，完成朱家湾临时砂石集并点等环保督察反馈问题整改；推进长江"十年禁渔"，对全县20500艘农民自用船实行规范管理。

安全应急管理。履行综合交通安全生产专业委员会办公室职责，落实常态化疫情防控措施，狠抓旅游包车、道路客运车辆、危险品货物运输车辆、"四类重点船舶"监管，强化交通工地、客运场站、渡口码头、农村公路危桥等重点部位监管，完成春运等重点时段安全运输保障任务。立足源头治理，重点对207国道、221省道、226省道、355省道等干线公路安全防护设施隐患进行排查治理，完成农村公路急弯陡坡、易发生地质灾害等30余处隐患路段整改，保障全县交通运输形势安全平稳。

（王万军）

【石首市】至2021年底，全市公路总里程2581.56公里(不含高速公路)，路网密度180.9公里/百平方公里，其中高速公路57.9公里、一级公路55.747公里、二级公路185.812公里、三级公路93.836公里、四级公路2246.161公里。初步形成"二纵二横一桥一港"大交通格局和以"三纵三横"及团洋线为重点的市内路网体系。全市航道通航里程127公里(其中长江航道91公里、内河航道60公里)，港区生产作业区3个，生产性泊位6个，渡口24个。有客运站6个，其

2021年1月7日，公安县公路养护部门在国省干线桥梁上除雪保障

中一级客运站1个、四级客运站1个、五级农村综合服务站4个。

基础设施建设。全年完成交通固定资产投资6.57亿元，比上年增长27.1%。普通公路建设投资6.57亿元，建设完成国省道及农村公路176.10公里、危桥改造19座。221省道城区至桃花山改扩建工程全线建成通车。234国道江北段、调关至高家岭公路完成交工验收并投入使用。234国道江南段、焦山河大桥快速推进。完成农村公路安全生命防护工程300公里、危桥改造48座。绣林应急养护中心建设完成货币工程量1247万元。江北公路站建设完成货币工程量506万元，房屋主体工程完工。221省道石首城区至公安藕池段改扩建工程、桃五线改扩建工程、上津湖大桥项目启动前期工作。

"四好农村路"建设。完成高陵至三兴公路建设14公里、天字号至八块碑公路改建9公里、郑家台至朱湖顶公路1.2公里共计24.2公里县乡道建设。建成通村公路50公里，完成农村公路提档升级改造85.91公里。桃花山镇成功创建"四好农村路"省级示范镇。

运输服务保障。全年公路完成客运量356.3万人次、旅客周转量1.71亿人公里，比上年分别下降31.%、21%；完成货运量387万吨、货物周转量8.32亿吨公里，比上年分别下降8%、21%。全市有客运企业4家、货运企业45家(含危货企业2家)，营运车辆1205辆，其中班线客车324辆、普通货车834辆、危险品运输车辆47辆。有跨省线路28条、跨地市线路13条、跨县市线路21条、市内及"村村通"线路73条。全面完成农村候车亭建设，布局村级物流综合服务站40个，开通农村客货邮融合发展专线5条。全力推进三级物流配送体系建设，中心城区到乡镇全部实现统一配送。完成港口吞吐量79.76万吨。

公路养护。全市列养国省干线公路里程160.102公里、桥梁41座2629.39延米。全年清挖排水沟64734米，修整路肩94.2公里，路肩土回填179.7平方米，清障126处，油石调平722.4平方米，示警桩、道口桩刷漆3200根，补栽示警桩90根。制定《石首市农村公路养护细则》，建立农村公路管养长效机制。实行"县道养护专业化、小修保养合同化、大修养护市场化、桥梁管养常规化"的四化模式。建立农村公路三级养护体系。县道和示范线日常养护实行市场化专业队伍养护模式；全市15个乡镇办区均成立农村公路养护办公室和村级养护队，负责辖区内乡、村道日常管养；全年完成养护工程126.19公里，农村公路列养率100%。

路政管理。坚持依法保护路产路权，保障公路畅通。坚持一日一巡，恶劣天气24小时不间断巡查，制止新增违法建筑16处830平方米，拆除非公路标牌59块160平方米，清理摆摊设点46处322平方米，清除堆物占道347处1210平方米。协助处理路赔案件8起，在221省道公石线徐家桥至桃花山路段种植银杏8200余株。加强超限超载运输治理，落实源头管控工作。联合市公安局高基庙中队，依托高基庙超限检测站，对运输车辆实施安全监管。采用机动巡查方式，严厉打击超限超载运输、非法改装、货物杨撒等违法行为。严格执行省货运车辆违法超限运输信息抄告制，对违法车辆实施"一超四罚"。全年查处超限车辆88台、卸载货物170余吨。超限超载率控制在3%以下。

船舶检验。春运前对全市长江客渡、汽渡船进行安全检查，联合检查长江客渡船、汽渡船18艘，非长江客渡船20艘。完成为期3年196艘各类船舶防污染改造工作。完成石首市长兴船务有限公司4艘130米川江大长宽比标准化多用途船的船舶岸电系统受电设施改造工作。完成全市4家航运企业2022年39艘船舶岸电系统受电设施改造项目申报工作。完成58艘100~400总吨船舶生活污水收集处理装置建设，推进港口企业码头5个泊位、5艘趸船岸电设施改造，基本满足进港船舶岸电使用需求。

农村公路信息化管理。运用大数据、移动互联网、地理信息技术，与农村公路管理业务相融合，建设农村公路"建管养一体化"管理系统。通过"末端+云台"信息化手段，围绕农村公路规划建设、路况自动化检测、日常巡检、病害上报、养护施工，实行线上流程化、闭环化管理，有效提升全市农村公路信息化、数字化管理水平，增强综合服务效能。

安全应急管理。加大辖区乡村道急弯陡坡、临水临崖、事故多发地等重要路段安全隐患排查，确保道路安全畅通。针对冰雪、暴雨等恶劣天气制定交通应急预案。全年投资2500万元，完成农村公路安全隐患路段300公里。全市所有县乡道和通客运车辆

2021年11月19日，荆州市公路事业发展中心在石首三义寺汽渡组织开展渡口安全演练

村道安全隐患治理基本完成。计划农村公路危桥改造64座，其中48座通过交竣工验收并投入使用、完工10座、在建6座。开展道路客运市场专项整治。联合开展查处道路运输违法行为统一行动，安全执法季度检查4次，坚持每月2次渡口渡船安全检查、1次港口安全检查、1次道路运输企业安全检查。全年查处违法违规车辆156辆。开展为期100天的道路危险货物运输专项整治行动，重点查处未取得道路危险货物运输许可、擅自从事道路危险货物运输、超越许可事项从事道路危险货物运输等违法行为。

（雷蕾 段利飞）

【监利市】 至2021年底，全市公路总里程5255.801公里，路网密度151.9公里/百平方公里，其中高速公路126.2公里、一级公路97.18公里、二级公路435.25公里、三级公路192.35公里、四级公路4404.82公里。内河航道通航里程426公里（不含长江干线），生产性码头泊位3个，乡镇渡口49个，其中长江渡口6个。有客运站18个，其中一级客运站1个、三级客运站1个、四级客运站3个、五级客运站13个，货运站1个。

基础设施建设。全年完成交通运输固定资产投资7.79亿元，比上年增长25.8%。监华高速公路启动前期工作。容城新港开港运营。疏港大道及沟渠整治配套工程完成沥青混凝土路面320米，完成圆管涵35道、箱涵13道。柘木一级公路完成路基土方处治及新建段路基桥涵。215省道仙监线分盐至毛市段及毛市大桥建成通车。彭柘线、朱石线及朱尺河桥、史新线桥3个项目年底建成通车。制定"四好农村路"示范乡镇创建实施方案，启动示范线路建设和路域环境整治。全市完成农村公路提档升级244.4公里、窄路面加宽84.5公里、美丽农村路241.3公里。完成普通公路桥梁普查，纳入"三年消危"项目库桥梁377座（其中国省道21座、农村公路356座）。

运输服务保障。全市拥有客运车辆577辆、货运车辆1428辆。全年公路完成客运量484.6万人次、旅客周转量29080万人公里，均比上年下降5.5%；完成货运量428万吨、货物周转量72828万吨公里，比上年分别增长7.5%、7.7%。春运期间道路运输投入运力576辆，运送旅客118.5万人次。水路完成客运量11.7万人次、旅客周转量245.7万人公里，比上年分别增长0.46%、0.45%；完成货运量11.7万吨、货物周转量245.7万吨公里，比上年分别增长0.46%、0.97%。港口企业5家、船舶84艘，总运力131898吨；个体船舶2艘、总运力1219吨。渡船60艘，分布于14个乡镇、管理区。

码头治理。长江干线非法码头整治全面完成。39处非法码头共计51个泊位按时完成拆除；退坡还林生态修复全面完成，按照覆盖率100%、成活率100%目标，拆除码头全部按"宜林则林、宜草则草"实施还坡复绿；过渡性临时集并点经营严格遵循"车船直达、封闭运营、砂不落地、道路硬化"方式进行。长江岸线清理常态化管控。按照"港口岸线由港口部门负责，非港口岸线由水利河道部门负责"分工负责机制，完成25处码头调查。根据《荆州市长江岸线管理员实施办法（试行）》，港航部门组建岸管员队伍，负责港口规划区内岸线管控，完成2处饮用水源保护区内码头问题销号整改。

环境保护。推进港口与船舶污染防治工作，完成2艘港口船舶污染物接收船的建造；完成69艘船舶收集或处理装置改造；完成港区内公务趸船、码头泊位岸电接入和使用；码头环保设施整改基本完成。码头建设化粪池、雨污水收集池，砂石集并点码头安装喷淋或配备洒水车，运输全部实行覆盖出场制度、部分码头设置洗车槽，在作业趸船和生产区域按"四桶一牌"要求完成靠港船舶垃圾接收设施配置，与码头所在地环卫部门签订垃圾接收转运处置协议，定期外运和处理。

营商环境优化。推进简政放权，激发市场活力。清理行政审批范围内的审批制度、审批事项，对其中审批、许可、核准等事项进一步规范或取消。转变服务方式，接受社会监督。在监利市政府网公布依申请事项86项、依职权事项264项，行政许可事项全部纳入行政审批窗口受理范围。优化办事流程，精简办事环节。进一步缩短办结时限，按照权责一致、有权必有责的要求，落实责任主体，明确相应责任。推行"双随机、一公开"监管。

2021年10月27日，监利容城新港开港

在湖北省"双随机、一公开"监管平台录入随机抽查事项 50 个、检查人员 41 名、检查对象 674 家，加强对道路（水路）运输、出租汽车等市场领域事中事后监管。推行"互联网＋监管"的落实。梳理编制监管事项目和检查实施清单录入，推动同一监管事项名称、编码、依据、类型等基本要素统一。

安全应急管理。开展安全生产大排查大整治百日攻坚行动、安全生产专项整治三年行动、汛期安全排查整治等专项行动。加强重要时段安全监管力度，采取企业自查、行业监管单位巡查、局督查相结合的方式，重点对"两客一危"、渡口渡船、施工工地、"三合一"和人员密集场所消防、防汛物资储备等环节进行不定期排查。检查发现重大隐患 3 个、一般隐患 59 个，重大隐患完成整改 1 个，其余 2 个明确整改时限和责任人跟踪督办，一般隐患 59 个全部完成整改。投入机械设备 152 台班，处置路面坑槽 621 平方米，维修桥梁病害 4 处，新增警示标牌 23 块，维修安装防护设施 1500 米。开展水上搜救、危险化学品泄漏处置、道路救援等应急演练，确保交通运输行业安全生产形势持续稳定。

（陈琪　王平祥）

【洪湖市】至 2021 年底，全市公路总里程 3658.09 公里，路网密度 145.2 公里/百平方公里，其中高速公路 162.80 公里、一级公路 128.61 公里、二级公路 305.85 公里、三级公路 69.10 公里、四级公路 2973.20 公里、等外公路 18.53 公里；按行政等级（不含高速公路）分为国道 44.17 公里、省道 275.80 公里、县道 316.23 公里、乡道 1312.16 公里、村道 1546.93 公里。内河航道通航里程 673 公里，港区 2 个，生产性码头泊位 2 个，渡口 54 个（长江 12 个）。有客运站 4 个，其中一级客运站 1 个、四级客运站 3 个。

基础设施建设。全年完成交通固定资产投资 4.8 亿元，比上年下降 34.3%。其中公路建设投资 4.63 亿元，比上年下降 19.6%，水运建设投资 0.17 亿元，比上年下降 88.9%。成

2021 年，洪湖市乌林镇叶家洲村农村公路

功创建"四好农村路"省级示范县。改造县乡道 6.48 公里、新建乡村公路 50.87 公里、农村公路提档升级 47.45 公里，改造危桥 101 座，群众出行条件明显改善。

运输服务保障。全年公路完成客运量 162 万人次、旅客周转量 9160.3 万人公里，比上年分别增长 19.47%、47.57%。水路完成客运量 8 万人次、旅客周转量 129.31 万人公里，均比上年增长。港口货物吞吐量 140 万吨，比上年增长 6%。全市有道路客运企业 9 家、货运物流企业 22 家、二类维修企业 24 家、水路旅游客运公司 4 家、长江汽车渡口 2 家（1 家停渡）、长江客运渡口 10 家、船厂 1 家。有营运客车 351 辆，货车 370 辆，旅游客运船舶 69 艘。

行业监管。结合长江大保护、非法码头整治、打击非法采砂等工作与长江海事部门联合开展"清江行动" 5 次，与公安交警、治安等部门联合开展"打非治违"行动 4 次，与公安交警部门路警联动常态化开展"治超零点行动"。运政部门检查车辆 730 辆次，查处非法营运车辆 15 辆、客车 23 辆、货车 21 辆，查处不打表、拒载、服务质量差等违规出租汽车 51 辆次，处理诉求案件 115 起。港航海事部门检查船舶 239 艘次，查处违法运输行为 31 起。路政部门在路警联动治理违法超限超载行动中，处理超载超限车辆 92 辆、卸货 312 吨；查处涉路案件 18 起，拆除违章建筑 1 处、小港段龙门架 1 座、非公路用标志牌 35 块；办理护路林砍伐许可 1 起；清理堆积物 220 处、占道经营 10 处，制止打场晒粮 102 起。

行政审批。市行政服务中心交通运输窗口受理和办理各项业务 4277 件，其中行政许可类 89 件、行政确认类 3241 件（包含诚信考核）、其他类 947 件。做好从业资格证继续教育工作，培训考核人员 1348 人次。

科技与信息化。新堤船舶污染物接收转运码头项目完工并通过交工验收工作，此项目由码头水工部分和趸船建造组成。12 月，借鉴中铁大桥局桥梁建设经验，投资 125 万元，引进并搭建洪湖市公路桥梁改造工程信息化建养平台，通过 GIS＋地图综合展示界面的呈现方式将"三年消危"洪湖市公路桥梁信息情况进行展示。

安全应急管理。结合交通运输行业实际情况，制定安全生产应急预案、网络舆情管控方案、综合应急演练计划等，及时发布气象灾害预警信息，有效遏制交通安全生产事故发生。全年未发生水陆交通运输安全责任事故。加大应急储备力度，储备编织袋、黄砂、瓜米石、碎石、木桩、救生衣、铁锹、洋镐等应急物资，以及

荆门市交通运输

【概况】 至2021年底,全市公路通车里程15899.20公里,路网密度125.75公里/百平方公里。其中一级公路444.92公里、二级公路1555.74公里、三级公路1176.28公里、四级公路12457.80公里、等外公路264.46公里,等级公路比重达98.34%。按行政等级分为国道644.66公里、省道967.15公里、县道1927.62公里、乡道4927.83公里、专用公路26.22公里、村道7405.72公里。全市通车里程中有铺装(高级)路面里程14093.93公里,其中水泥混凝土路面11799.61公里、沥青混凝土路面2294.32公里;简易铺装路面(次高级)里程773.48公里;未铺装路面(中级、低级、无路面)里程1031.79公里。全市有公路桥梁1467座48381.99延米,其中特大桥2座3367.2延米、大桥61座11054.05延米、中桥234座12743.81延米、小桥1170座21216.93延米;隧道2道5279延米。境内有12处通航水域、27条航道,内河航道通航总里程458公里,港口4个,生产性码头泊位19个,渡口34个。有汽车客运站41个,其中一级客运站1个、二级客运站6个、三级客运站3个、四级客运站10个、五级客运站21个。

基础设施建设。全市完成交通建设投资40.76亿元,为年度目标的103.7%。其中:公路建设投资35.76亿元,为年度任务的102%;站场投资479.8万元,为年度任务的100%;物流投资4.79亿元,为年度任务的116.8%;港航建设投资1660万元,为年度任务的110.7%。全市实施交通重点项目建设30个,207国道交工验收,荆宜高速公路荆门南、襄荆高速公路荆门北段改建工程完工,荆门城区三环线平交道口改造工程、公路桥梁"三年消危"行动、荆门国际内陆港、347国道、311省道等重点项目有序推进。钟祥港水上垃圾回收及配套设施工程建成运行,有序推进碾盘山枢纽通航安全保障设施工程、钟祥港水上垃圾回收及配套设施工程,筹建钟祥港浰河港区综合码头工程。

"四好农村路"建设。全市完成乡村路网连通、延伸公路建设307公里,窄路加宽工程449公里。全域开展"四好农村路"示范创建,"路长制"全面推广,钟祥市被评为"四好农村路"全国示范县,京山市被评为"四好农村路"省级示范县,钟祥柴湖、京山曹武、掇刀麻城3个乡镇被评为"四好农村路"省级示范乡镇,钟祥市田郢线成功评选"省级最美农村路"。

道路运输。全年公路完成客运量579.41万人次、旅客周转量4.32亿人公里,比上年分别下降17.94%、12.24%;完成货运量6556.90万吨,比上年增长141.13%,完成货物周转量68.03亿吨公里,比上年下降18.95%。全市有道路客运业户116家,客运企业47家,客运车辆1522辆;道路旅游客运企业12家,客车127辆。客运班线735条,其中省际班线25条、市际班线168条、县际班线121条、县内班线421条。全市有普货运输企业161家,运输业户9033家,普货运输车辆23439辆;道路危险货物运输企业41家、危货运输车辆3190辆。有公交车989辆、营运线路99条;农村客运线路304条、客车656辆,建制村通车数1357个,客车通村率100%。全市有新能源汽车2235辆,其中客车21辆、货车160辆、出租汽车1472辆(含纯电车辆4辆)、其他车(含教练车)582辆。全年新增新能源公交车7辆,报废淘汰天然气公交车46辆。全市有驾培机构37家,驾培机构注册教学车辆1205辆。有一二类机动车维修企业211家,其中一类维修企业32家、二类维修企业179家。通过审备案联网机动车综合性能检测机构23家,其中新增9家。

水路运输。全年水路完成客运量

2021年2—6月,改造建设3条20公里红色教育路

6.72万人次，港口吞吐量382.75万吨，集装箱运输量9829标准箱。新增运力2艘，计2586载重吨。完成船舶建造检验14艘、营运检验183艘次，审查船舶图纸6套。全市有公路渡口6处。在册营运货运船舶79艘67694载重吨、功率16928千瓦，其中拖船5艘、功率1891千瓦，驳船12艘12590载重吨，货船62艘55104载重吨、功率15037千瓦；在册营运客运船舶18艘、功率3355千瓦。水上安全态势持续平稳。

公路管养。全市有县级公路养护单位6个、养护公路管理站及道班72个。全年完成公路大修工程27.5公里，全市完成207国道钟祥桥档桥、240国道京山艾河桥、347国道七里桥等3座危桥改造，启动234国道钟祥莲花寺桥、247省道马湾大桥、331省道利河大桥、311省道沙洋鲍河大桥（左幅）等4座危桥建设。长寿公路站完成项目前期工作，客店养护管理站、公路停车区完成征地工作，翰林寺养护管理站、公路停车区主体工程开工。全年拆除广告、店名牌等非路用标牌、标语474块，清理堆物占道258处2855平方米，查处路损案件118起，查处率、结案率、执法文书使用率均为100%。

超限超载治理。荆门市治超办专班督查县市区政府落实治超主体责任，督促县市区压实属地责任。全市8套不停车检测系统、3套电子抓拍系统全部启用，实施精准打击。有固定治超站5个、临时治超点8个，固定治超站坚持24小时不间断值守。开展流动执法、错时执法、"零点行动"和突击行动，保持"不能超"高压态势。全年查处超限运输车辆2088辆次、卸货43571吨，开展"零点行动"137次，割除车辆非法加高墙板42辆。

港口污染防治。加快船舶设施改造，全市100总吨及以下船舶11艘，全部具备生活污水收集或处理装置且能正常使用。加强港口环保设施建设，对7套生活污水处理设施、41个生活垃圾收集设施、7套真空式收油机和2艘油污水回收船规范管理。漳河旅

2021年，207国道路面铺设沥青施工中

游码头、浰河码头生活污水并入城市管网。协调接收、转运、处置环节有效实施，督促各港区、污染物回收船与爱国石化、地方环卫和污水处理部门签订转运协议13份。严格落实"船E行"系统全覆盖，印发《关于进一步加快长江流域船舶水污染物联合监管与服务信息系统推广应用的通知》，制定《荆门市推广应用长江流域船舶水污染物联合监管与服务信息系统任务分解表》，全市11家航运港口企业、13家污染物转运企业均在"船E行"完成注册并正常使用。推进港口岸电船舶受电设施建设改造。钟祥港、沙洋港与国家电网对接投资300万元完成岸电建设试点工作。加快推进船舶受电设施改造，完成3艘船舶受电设施试点改造，总投资21.2万元。

安全应急管理。组织全面性公路安全专项督办检查4次，专项安全隐患排查10余次，排查整治安全隐患风险54处。其中重大风险交通运输部挂牌督办的347国道东宝城山段整改到位，重大隐患沙洋汉江大桥、347国道京山狮子头段均整改到位，其他一般隐患均可按期整治到位。在建交通项目严格执行施工安全风险评估制度，规范涉路施工安全监管和现场管理，加大安全经费投入，加强施工安全防护，强化施工人员配备和安全培训，确保全市公路水路施工质量安全平稳可控。做好道路运输行业疫情常态化和节假日特殊时段道路安全运输保障工作，查处违法违规经营车辆50辆。加强防汛抗旱值班值守，做好防汛救灾应急保障工作。开展道路运输行业安全生产隐患大排查，发现安全隐患120余起，完成整改110余起。全面暂停新建采砂船舶和新增注册登记外籍采砂船舶转籍过户，联合公安、水务等部门集中力量，组织开展辖区船舶非法运砂专项治理行动；开展"三无"船舶治理，加大无证船舶非法违法行为执法力度。

（赵津津 李晶涛）

【京山市】至2021年底，全市公路通车里程5483.52公里，路网密度149.3公里/百平方公里。其中高速公路118.61公里、一级公路83.09公里、二级公路430.09公里、三级公路128.36公里、四级公路4495.40公里、等外公路227.97公里；按行政等级（不含高速公路）分为国道149.73公里、省道342公里、县道379.93公里、乡道1230.44公里、村道3262.81公里。有客运站12个，其中二级客运站1个、四级客运站6个、五级客运站5个，货运站1个。

基础设施建设。347国道京山段路基基本贯通，完成沥青面层21公里，建成桥梁5座。327省道三阳至绿林段路基基本贯通，完成路面底基层18公里、路面基层16公里，建成桥梁8座。北环线全线施工便道全部贯通，京宋公路降坡段通车。六随线

2021年，347国道改建工程京山曹武段路面基层施工中

路基全线贯通，完成路面8.4公里。绿林外环线美人谷至停车场路基完成，完成路面沥青下封1公里，完成绿林中桥1座。农村公路旅游大环线完成杨集王家冲至李家冲段路基贯通，完成路面7公里。327省道苏家垄改线工程开工路基3公里，完成漳河大桥下部结构。

"四好农村路"建设。坚持"政府主导、交通主抓、部门配合、乡镇主推"工作思路，全年新(改)建农村公路136公里，建设产业路15公里。推广农村公路"路长制"，落实农村公路养护地方配套资金1200万元，实现农村公路管理养护全覆盖。京山市被评为"四好农村路"省级示范县，曹武镇成功创建"四好农村路"省级示范镇。

运输结构。探索综合立体交通运输改革，依托长荆铁路，与武汉铁路局联合在全省率先实施矿石产品集装箱"公铁联运"。全面完成交通行政审批改革，移交行政审批项目32项，认领行政服务事项101项，实现"一网通办"和网上审批，"互联网+监管""双随机、一公开"广泛应用。引导和鼓励农村客运采购"绿色"车辆，逐步完善城乡公交一体化与绿色出行。引入运输新业态，探索新的运输方式，推广网络客运和道路网络平台货运，支持网约出租汽车、甩挂运输等新模式，发展定制班车、旅游包车等新业态。

农村物流。打造金瑞物流中心为全国农村物流县级示范基地，"村掌柜""溪鸟"等农村电商物流网络覆盖全市镇村，基本打通农村物流"最后一公里"。29家规模物流企业全部退城入园，以金瑞物流园为中心，开通物流专线7条，辐射14个镇区、街道的城乡物流配送体系日益完善，累计为29家物流企业减免租金58万元。实施乡镇交管站"一站多用"提升改造，曹武镇、石龙镇、孙桥镇交通综合服务中心投入使用，融合客运站、农村公路养护站、公交站、寄递中心、电商中心、交通超市等多种功能，改造农村客运候车亭45个。

安全管理。全年排查道路安全隐患64起，全部整改到位。完成公路大中修15公里、危桥改造9座。重点整治空山洞路段和丁石公路急弯、漫水桥路段，完善安全防护设施，完成安全隐患整改销号。全年完成农村公路安全生命防护工程567.18公里，验收合格12个乡镇，安全生命防护"455"工程全面完成。安装4G动态监控班线客车293辆、旅游客车22辆、危货运输车辆5辆、农村客车210辆，客运、危货运输车辆实时动态监控全覆盖，交通运输系统连续18年无重大安全生产事故。

（张红平）

【沙洋县】 至2021年底，全县公路总里程2759.32公里，其中一级公路102.85公里、二级公路272.22公里、三级公路247.60公里、四级公路2136.65公里；按行政等级分为国道97.51公里、省道216.94公里、县道388.41公里、乡道886.96公里、村道1169.50公里。内河航道通航里程94公里，港口1个，生产性码头泊位6个，渡口10个。有客运站6个，其中二级客运站1个、三级客运站1个、四级客运站3个、五级客运站1个。

基础设施建设。全年完成交通固定资产投资10亿元。启动武天宜高速公路等重大项目前期工作9个，其中311省道后港至十里、浩吉铁路沙洋

2021年3月27日，曹武镇源石线路面沥青铺筑中

2021年，351省道借瞄线二级公路提档升级

站至342省道集疏运道路、汉江沙洋段船舶港口污染项目开工建设。汉江公路二桥完成主桥合龙，342省道沙洋至五里一级公路建成通车，311省道沙洋城区至后港改扩建工程路基主线贯通，207国道沙洋段基本建成通车。开展公路桥梁"三年消危"行动，完成国省公路危桥董岗桥建设改造和鲍河大桥改造前期工作；完成汉江公路大桥维修和附属设施更新，并通过交通运输部检查验收；完成高阳镇棉花当桥、拾回桥镇王桥河桥等25座农村公路危桥改造工作。完成农村公路提档升级、通村通组公路建设126公里。新建农村客运候车亭40个、城乡公交站亭10个。

综合运输。全年公路完成货运量423.45万吨、货物周转量8198.45万吨公里；完成客运量172.84万人次，比上年下降10%；城市公交客运量317万人次，比上年下降2%；出租客运量658.8万人次，比上年下降9%。农村客运线路94条175辆客运班车方便广大村民"出家门、上车门、进城门"。同时，以村组公路和班线客运资源为电商物流发展提供支撑，全县建立镇村级电子商务服务站点74个，农村物流快递通建制村100%。

公路养护。国省干线全年投入养护资金5000余万元，完成348国道绕城公路大修工程，修补坑槽车辙18668.16平方米，处治裂缝35748米；安装351省道、266省道安全防护工程7.8公里，安装234国道等国省公路中间隔离带7.1公里。以"擦亮小城镇"建设为抓手，开展国省公路路域环境整治，清除违章堆积、摆摊设点、非用路牌421处；沈后公路文化旅游示范路创建成效明显。全面落实农村公路"路长制"养护，安排护路员公益性岗位112个，推进农村公路县、镇、村三级联动管护，群众养护与专业养护、常年养护与季节养护成常态，"安全+养护"的"两站两员"方式积极推广，全年投入管养资金1200余万元，修复破损路面近4万余平方米。

行业监管。运用联合治超、源头治超、路面治超、科技治超手段，严厉打击货车超限超载，查处超限车辆707辆，卸货2.96万吨，拆除加高墙板215车次。开展打非治违行动，重点整治货车非法改装、非法车辆营运、出租汽车不打表载客、"黑车黑的"运营等违法行为，查处、纠正、各类违法违规经营行为262起；督促客货运输企业严格执行"三不进站六不出站"、"三品"检查和危货电子运单制度，强化运输源头监管。督促落实定位动态监控，全年开展运输专项检查20余次，确保道路运输安全、规范、有序。实行质量信誉和安全生产考核，有效提升驾培维修服务水平。

安全应急管理。全面排查公路安全设施、工程项目建设、交通运输企业以及道路"两客一危一货"运输、水上交通安全，整改化解隐患。整改国省公路平交路口安全隐患72处，安装维修临水临崖钢护栏4060米，实施荆新公路漳湖垸段面4.5公里防护栏建设，完成348国道汉江大桥和342省道沙河公路董岗桥检修改造，完成五洋公路安全防护设施安装，加大荆荆客专以及207国道、311省道改扩建涉路施工安全。开展运输危险化学品泄漏安全应急救援演练，提升应急

2021年11月24日，汉江航道应急抢通"鄂疏浚003号"疏浚船抵达沙洋

救援保障能力。

(王寒月)

【钟祥市】 至2021年底,全市公路总里程6216.7公里,路网密度135公里/百平方公里。其中高速公路157.7公里、一级公路57.26公里、二级公路485.61公里、三级公路486.70公里、四级公路4995.11公里、等外公路34.32公里;按行政等级分为国道373.42公里、省道281.63公里、县道617.41公里、乡道1776.20公里、村道3168.04公里。内河航道通航里程144公里,港口4个,生产性码头泊位13个,渡口11个。有客运站8个,其中二级客运站2个、四级客运站3个、五级客运站3个。

基础设施建设。全年完成交通固定资产投资18.6亿元。347国道钟祥段改扩建项目全线贯通。234国道钟祥绕城段全面启动路基建设,完成5公里上路堤、黄庵1号桥、南干渠2号桥等桥梁建设。482省道丰北线完成沿线桥梁建设、10公里路面建设,启动7公里路基施工。327省道客坪线项目前期工作完成。完成洋温线大修。启动234国道钟祥九里至枣潜高速公路旧口互通段改建工程(高铁连接线项目)前期工作。丰乐汉江公路大桥完成主体桩基、墩柱建设,启动挂篮浇梁施工。启动247省道马湾大桥、浰河大桥重建项目。完成危桥改造20座。启动钟祥港浰河港区综合码头项目勘察、设计及相关专题报告工作。凯龙八达物流项目一期投入运营。

"四好农村路"建设。柴湖镇创建"四好农村路"省级示范乡镇,建设农村路路63.5公里,建成"一环二横三纵"农村路网。全力打造美丽农村路,打造柴湖、九里、东桥美丽农村路336公里。加大农村公路管理养护体制改革试点力度,推进农村公路县乡村三级路长制全面实施。全面开展农村示范线整治提升活动,开展春季农村公路示范线养护培训整治活动,加大农村公路养护人员专业知识和技能培训,完成示范线237公里里程碑、百米桩设置,翻新警示桩6500个、宣传牌212块。"四好农村路"全国示范县创建工作通过国家四部委联合复核。

运输保障。推进运输结构调整,扶持船舶集装箱发展,帮助运输企业申领集装箱运输补贴。加大脱贫攻坚成效考核反馈问题整改,建立整改台账,逐项研究制定整改措施,确保问题整改到位。依法开展行业监管,道路运输车辆办证3820辆次、机动车维修企业备案14家次。推进柴湖公交依法经营。

公路管养。完成234国道武荆高速公路钟祥连接线、207国道胡集尹湾至丽阳段、234国道洋梓青山村至董家巷、218省道襄钟线灾毁恢复重建,完成247客潜线6公里大中修和续建2公里,完成6个乡镇8条农村公路4.3万平方米大修,冷水牛子线、磷矿刘冲线等7条线路21公里保通保畅。完成234国道23公里和347国道6公里"七标"文旅路创建。完成国省干线路肩整修、平整车辙、清理水沟、清障等工作。综合运用联合治超、源头治超、科技治超等手段开展超限超载治理。

科技与信息化。加强交通生态环保建设,迎接中央环保督察,常态化检查管理船舶污染防治,督促55艘运输船舶安装生活污水储存装置。推进钟祥市智慧交通项目建设,完善交通运输"一张图"管理系统、交通运输综合管理系统、交通运输监测与预警系统、交通运输应急指挥调度系统、办公会商决策系统、农村公路管养系统、船舶污水排放监测系统建设。

安全应急管理。持续强化安全监管,开展交通运输系统安全生产三年行动、扫黑除恶行业清源、公路桥梁普查等专项整治,以创建"平安交通"建设为抓手,以安全检查、隐患整改为目的,狠抓各项安全生产工作落实,实现综合交通安全生产"一无两降"目标。开展水上、客运、施工等安全生产应急演练。

(李凤琴 宋昌进)

【东宝区】 至2021年底,全区公路总里程2029.28公里,路网密度156公里/百平方公里。其中一级公路71.93公里、二级公路264.94公里、三级公路123.47公里、四级公路1566.80公里、等外公路2.14公里;按行政等级分为国道114.66公里、省道78.58公里、县道335.18公里、乡道663.59公里、村道837.27公里。渡口1个。四级客运站1个。

基础设施建设。完成襄荆古道改扩建36.3公里、438省道仙居至刘猴二级公路改扩建6.1公里路面建设。完成南栗线罗集至众为钙业段1.98公里、207国道石桥驿至子陵铺镇路段大修13公里、葛水线(207国道至葛洲坝水泥厂段)公路改建1.8公里。207国道子陵立交桥拆除重建工程完工通车。完成三环线平交道口改造工程、207国道东宝段改建项目建设协调任务。加快实施公路桥梁"三年消

2021年,234国道兴阳线钟祥武荆高速公路连接线铺筑水稳基层

危"行动,完成设计29座,开工建设19座,完工17座。弘业现代物流产业园二期项目完工试运营,三期项目完成土地清表工作;荆门传化公路港吸引入驻物流及相关商户161家。汇通家居物流园项目二期为园区家具企业、板材企业进行专业的运输、仓储、配送一体化服务,有效缩短企业交货周期,降低物流成本。

农村公路建设。全年农村公路建设投资1.03亿元。完成县乡道骨干网畅通工程15公里、提档升级55公里、乡村基础网联通工程38公里;完成破损路面修复2.94万平方米、农村道路日常养护里程480公里;完成城北快速路凯龙集团至圣境山山门交安设施建设5.2公里;完成农村公路桥梁改造17座;完成辖区自然灾害综合风险普查、2021年度公路统计年报、电子地图、桥梁库数据会审汇编工作。

公路管养。完成347国道马河镇易畈村砂子岭路段公路滑坡、331省道香炉溪磺矿桥山体安全隐患应急处治、国省干线及支路33处平交路口隐患整治;重点对347国道仙女山至砂子岭60公里、331省道石桥驿至仙居26公里2条干线路段开展文旅路创建工作。开展公路"八无"治理工作,全力营造"畅、安、舒、美"通行环境。在"迎国评"考核中获奖励资金300万元。开展超限超载治理"零点行动"46次,查处超限车辆345辆次,卸转货物5600余吨,督促货车覆盖油布56辆,处罚货运源头企业3家。

安全应急管理。开展危险化学品运输、货车非法改装、农村客运市场、小型汽车租赁市场、"三无"船舶等专项整治活动。春运、全国两会、"五一""十一"等重点时段和"安全生产月"进行专项检查,重点排查5个内河码头、6家驾培学校、29家机动车维修经营企业、2243辆营运普货、189辆危化品运输车辆隐患问题。开展打非治违和农村客运市场整治行动,查处非法经营车辆82辆、非法改装车12辆,规范汽车租赁企业3家。排查道路安全隐患98起,挂牌督办1处,均整改到位或落实相应预防措施。建立源头信息动态管理台账,每月定期排查15家源头企业。进一步完善防汛防台风应急预案,落实应急运力车辆20辆。

(周婷 肖豆豆)

【掇刀区】 至2021年底,全区公路总里程1171.57公里,路网密度204.83公里/百平方公里。其中一级公路120.92公里、二级公路31.32公里、三级公路83.38公里、四级公路935.95公里;按行政等级分为国道67.05公里、省道4.10公里、县道158.66公里、乡道300.54公里、村道641.22公里。

基础设施建设。全年完成交通固定资产投资6940万元,比上年增长8%。完成荆新线掇刀段中修工程,投资299万元;完成207国道团林互通改造,投资52.17万元。投资3911万元,完成通组公路23公里、提档升级30公里、县乡道改建22.6公里;投资710万元,完成危桥改造5座;投资352万元,完成农村公路安全防护工程55公里。

运输保障。全区有道路运输企业211家,其中危险化学品运输企业27家、普货运输企业181家、客运企业3家。有货车5603辆,其中普通货车4138辆、危险化学品货物运输车辆1465辆,全年新增车辆1246辆。农村客运线路22条,覆盖全区73个行政村,候车亭33个,招呼站77个,约租牌11个,客车通村覆盖率100%。机动车维修企业110家,其中一类维修企业16家、二类维修企业61家、三类维修企业33家。驾驶员培训机构7家,教练车255辆。

物流发展。全区规模物流企业13家,其中AAAA级物流企业7家。物流业初步形成以骨干大企业为龙头,中小型企业为主体,梯次发展,集群共进的格局,荆门国际内陆港加速建设,荆门保税物流中心(B型)正式封关运行。一批物流企业(园区)项目规模迅速壮大,带动货运枢纽及区域转运物流中心建设,在各物流产业带之间有效衔接物流通道,发挥各种运输方式组合效率和整体优势,按照"货运无缝衔接"原则,积极发展综合性物流园区。

公路管养。重点整治三环线公路沿线摆摊设点、堆物占道、非路用标志牌等路域环境,处理路损案件6起,督促设置非公路标志牌、开设平交道口等项目单位办理许可11件,制止清理打场晒粮5处,清理非路用标志

2021年10月27日,348国道掇刀段中修工程标线施工中

2021年6月19日，掇刀区综合交通安全专委会举行危货运输车辆侧翻救援演练

牌30块、堆积占道12处，整治摆摊设点4处。为巩固"四好农村路"建设成果，创新管养模式，挂牌成立掇刀区农村公路养护中心，与掇刀区公路养护应急中心合署办公，整合人员、设备、设施，形成技术、设备共享、优势互补的农路养护新局面，同时构建"区有路政员、镇有监督员、村有护路员"的三级路产路权保护体系，保障列养公路整洁、安全、畅通。以"畅、洁、美、安"为目标，做好列养公路日常养护，及时处置路面、路基病害，经常性检查列养道路桥梁，清理伸缩缝、疏通泄水孔。加大资金投入，购置2台养护作业机械设备，将农村公路养护纳入常态化管养模式。

超限超载治理。加强与公安交警部门联合执法，同时立足区、镇、村三级联动路政管理机制，通过"视频监控+固定站点+流动巡查"方式，依托监督举报奖励办法和治安巡逻队伍工作效能，发动沿线周边群众参与护路联防工作，有效遏制超限超载违法行为。开展"零点行动"66次，查处超限超载车辆1658辆，卸货17980吨，督促车辆覆盖油布29辆。

安全应急管理。一是加大安全生产检查力度。每月常态化开展安全生产检查，重点针对"两客一危"企业、交通工程建设领域开展拉网式隐患大排查、大清理、大整治专项行动，完成安全隐患整改126个，市级挂牌督办的2个安全隐患整改到位。完成全区危险化学品运输行业挂靠清理整治，清理挂靠车辆243辆次、不具备从业资质人员44人。加强安全生产宣传教育，组织各单位、企业安全管理人员集中培训。推动安全应急管理信息化，交通运输部信息管理中心将掇刀区纳入湖北省信息化建设试点单位，将农村公路、超限超载、危险化学品车辆动态监管纳入信息平台。

行政审批。切实做好"互联网+政务服务"工作，在审批平台编制公开办事指南、审批流程、示范性文本、制式表格等相关信息，全部审批事项网上受理，实现审批事项网上办理率100%。积极推行"一网通办"，完成"一网通办"办件1207件，"好差评"评价、按时办结、部门衔接等指标名列前茅。配合区审改办领办区交通运输局监管事项111项126条，录入监管信息1742条。

（张康妮）

【漳河新区】 至2021年底，全区公路总里程520.37公里，路网密度107.07公里/百平方公里。其中一级公路38.40公里、三级公路53.30公里、四级公路428.67公里；按行政等级分为国道18.50公里、县道105.78公里、乡道140.39公里、村道255.70公里。内河航道通航里程175.5公里，旅游码头1个，渡口3个。

基础设施建设。全年完成交通固定资产投资2.73亿元，比上年增长29.3%。完成国道一级公路改造6.3公里，县道二级公路改造10公里、县道路面改善5.8公里，新建通村公路9公里，实施乡村道路提档升级24公

2021年，222县道（夹彭线）漳河新区却集至何场段公路改扩建

里，完成农村公路安保工程建设150公里。全年投入农村公路养护资金1020万元，完成县乡道大中修改造5.8公里，乡、村公路小修保养和日常管护420公里。打造美丽农村路示范线2条。

安全应急管理。开展交通安全生产检查活动42次，重点排查临水、临崖、急弯、陡坡、危桥等危险路段，查出安全隐患路段86处，全部完成整改。对旅游船舶安全、港口疫情、防污染检查20次，客渡船安全检查12次。检查旅游客船256艘次、客渡船24艘次，查出安全隐患8处，完成整改。组织船员、安全员进行安全知识教育培训2次。组织事故应急救援演练活动2次，实施辖区重要活动水域护航管控15次。全年水路安全运送旅客14万人次。在建工程施工现场质量安全专项检查15次，查出隐患问题23处，完成整改。投资250万元，对辖区内120公里道路安全隐患路段完善安全防护设施建设。

（赵凌志）

【屈家岭管理区】至2021年底，管理区公路通车里程603.20公里。其中一级公路8.87公里、二级公路54.27公里、三级公路16.87公里、四级公路523.19公里；按行政等级分为省道43.90公里、县道48.02公里、乡道70.10公里、村道441.18公里。有二级汽车客运站1个。

基础设施建设。屈家岭至天门一级公路（工业园区西段）里程0.8公里，完成路基工程建设。投资358万元用于国省干线中修，农谷大道路面标线更新。完成247省道客潜线屈家岭段8公里、483省道军屈线26公里、340省道新曙线屈家岭段8公里共计42公里文旅路创建。高标准规划设计通村公路15条23公里，农村公路提档升级46公里，农村公路危桥改造4座79延米。

运输保障。管理区有运输经营业户482家，营运车辆672辆，其中货车645辆、客车27辆，城市公交线路5条。客运线路12条，其中跨省线路1条、客车1辆，跨市州线路8条、客车14辆，跨县（市）线路1条、客车1辆，区内客运班线（农村客运线路）2条、客车11辆。一类汽车维修企业1家、二类维修企业4家、三类维修企业62家，二级汽车维护检测中心1家。

2021年，农谷大道路面标线更新

驾驶员培训学校1所，教练车20辆。

公路养护。全区纳入公路统计年报农村公路通达里程475公里，争取农村公路养护专项资金188万元，区财政安排配套资金100万元，确保农村公路养护正常运行。对247省道客潜线、483省道军屈线、340省道新曙线路肩进行整修培土，对桥梁、涵洞、排水沟进行清理疏通，修复路面坑槽等。修复、补栽警示桩、标志牌、百米桩，安装减速带。全年完成国省道干线公路小修保养42.3公里、县道非列养公路养护16.2公里、美丽农村路养护10.89公里、农村公路日常养护441.197公里。投资100万元，购置多功能绿化修建机1台、洗扫车1辆、轮式挖机1台、热熔旧线清除机1套、液压双缸热熔釜1套、高配手推热熔划线机1套。

路政管理。整治路域环境，解决堆物占道、非法广告牌及损坏公路及附属设施等突出问题。将军屈线纳入路域环境整治严管公路，对沿线非公路标志标牌、堆物占道、摆摊设点等进行清理整治。加强公路安全养护，坚持雨雪天气安全检查，及时清除路面积雪，确保公路安全畅通。坚持路政巡查，严厉打击涉路案件，查处沿线违章建筑和违章占用公路等行为。

运输市场监管。开展客运市场周边安全整治，主动联系交警、综合执法局等单位，严厉打击客运站周边秩序和客运车辆乱停乱靠等违法。开展货运市场整治，加大对货运车辆违法

2021年12月，屈家岭至天门一级公路建成通车

鄂州市交通运输

【概况】 至2021年底,全市公路总里程3918.50公里,路网密度245.37公里/百平方公里。其中一级公路154.30公里、二级公路220.99公里、三级公路318.92公里、四级公路2958.11公里、等外公路266.18公里。内河航道通航里程116.1公里(含湖区支线航道8.3公里),渡口29个、渡船30艘,已建在建码头71个,生产性泊位66个。

基础设施建设。全年完成交通固定资产投资52.94亿元,为年度目标的132.35%。公路建设完成投资8.64亿元。鄂咸高速公路建成通车;武阳高速公路鄂州段、机场高速公路一期主体工程基本贯通;203省道机场快速通道主线半幅完工;鄂州长江大桥及接线工程初步设计获批复;武汉新港高速公路鄂州段、武汉城市圈大通道南环江夏至梁子湖段等前期工作进展顺利。推进普通公路建设,完成316国道鄂州市泽林至樊口段改建工程土石方及桥梁施工、106国道城区至分水岭段改建工程、106国道武黄高速公路南互通接线工程收尾工作、106国道碧石治超站段路面改造工程和碧石至世纪新峰水泥厂段路面改造工程,完成316国道华容龙华路至汀桥段大修工程,完成机场导航综合配套工程,港口河大桥建成通车。实施国省干线改造和危桥改造三年行动,完成危桥改造16座。推进武鄂交通一体化,武鄂城际连接线项目开工6个,4个项目基本贯通。启动武鄂城市公共交通协同立法,《鄂州市城市公共客运交通管理条例》纳入市人大2022年立法计划。

"四好农村路"建设。全市320个建制村、3247个自然湾,实现建制村和20户以上自然湾组通硬化路,通达率100%。鄂州市"外通内联、通村畅乡"的农村公路网络格局基本形成。实施农村公路提档升级、县乡道改造、自然村通畅、美丽农村路和安全生命防护工程等五大工程,完成提档升级工程74公里、县乡道改造20公里、自然村通畅工程76公里、美丽农村路44.032公里、集疏运公路3公里。梁子湖区被评为"四好农村路"省级示范区,涂家垴镇被评为"四好农村路"省级示范镇。

运输服务。全年公路完成客运量566.33万人次,比上年增长0.09%,完成旅客周转量2.45亿人公里,比上年下降0.14%;完成货运量1709.58万吨、货物周转量6.32亿吨公里,比上年分别增长0.57%、0.48%。优化公交线路4条,主城区2处站点升级改造。水路完成港口吞吐量2880万吨、货运量788.53万吨、货物周转量40.39亿吨公里。全市有客运企业14家,客运班线101条,客车571辆;危险品货物运输11家,危险品运输车辆183辆;普通货物运输377家,货车2222辆。有水运企业11家,含危化企业2家、市内客运企业2家。其中4家企业运力超过1万载重吨。公司自有运力规模达到5000总吨的公司共2家。营运船舶94艘,船舶运力达13万载重吨。

行业管理。严格规范文明执法,持续推进打击非法营运、工程质量监督等工作,执法人员查处各类交通运输违法案件819件,开展交通工程质

2021年5月1日,鄂州市开通"红色公交"4路线

2021年5月30日，鄂州市交通运输综合执法支队成立

量监督检查74次，制作行政检查案卷23份，查处质量安全隐患126项。开展执法领域突出问题专项整治，通过自查自纠发现问题12项，整改完成率100%。加强重点领域管理，发布公交车、出租汽车、交通工程质量"红黑榜"12期。抓好公路治超工作，依法处置违法超限运输车辆677辆次，卸载或转运货物30072.91吨，处理非法改装车辆490辆，严格实施"一超四罚"。

科技与信息化。积极推进智慧交通项目，智慧交通项目定位于建成全市统一、集中管理的交通运输数据中台，打造湖北智慧交通典型样板应用。项目规划建设1套保障体系，打造1个智慧交通数据服务中心，建成两大智慧平台，主要服务于行业监管、运输企业、从业人员、社会公众4类用户。全面统筹行业监管、综合执法、行政审批及便民服务等业务场景，融合交通行业内和行业外全要素数据，全面提升鄂州交通运输综合管理水平。10月25日，完成项目建设说明初稿，11月根据实际需求做相应调整。

安全应急管理。全市交通运输行业实现无水上交通安全事故、无危险化学品运输事故、无港口装卸作业事故、道路运输和城市公交无一次死亡2人以上的道路交通事故，交通运输安全生产形势基本稳定和风险基本可控。全面落实安全生产责任制，着力推动安全生产专项整治三年行动集中攻坚工作走深走实，强力推进安全生产大检查大整治工作落实落细，深入开展危险化学品运输专项整治工作，扎实推进安全生产打非治违专项治理，狠抓重点领域安全管理工作，增强交通运输应急管理成效，组织开展"安全生产月"活动，持续加强行业安全稳定工作。

政企改革完成。加快"放管服"改革，完成与省、市政务服务网对接，将所有事项办事流程、服务指南和受理条件进行优化，全部录入政务服务网，实现网上办理。配合做好交通综合执法改革，进一步厘清公路职责边界，完成划转人员名单核实、资产清查、岗位设定等工作，有61人划转到综合执法支队工作，完成人员编制转隶手续办理工作。根据《中央企业公司制改制工作实施方案》《省政府国资委关于贯彻落实〈国务院办公厅关于印发中央企业公司制改制实施方案的通知〉的通知》等文件要求，制定方案，成立专班，开展清查核资、财务审计、资产评估等工作，做好人员划转、产权划转、权属界定以及人员思想稳定工作，公路局局属经纬公路规划设计院整体移交到市交通投资公司，路桥公司改制工作完成。

（汪燕　张昭）

【鄂城区】 至2021年底，全区农村公路1018.64公里，路网密度250.04公里/百平方公里。

基础设施建设。全区危桥改造10座，改造中5座。下达农村公路县乡道建设计划7公里，完成6.13公里；农村新建公路计划20公里，完成19.29公里；提档升级工程25公里，完成23.61公里。汀祖镇申报创建"四好农村路"省级示范镇。

行业管理。开展较大人口规模自然村组通硬化路数据审核，对全区自然村组通硬化道路设施等数据集中审核上报、信息填报，并到各镇开展内业核对。对公路安全隐患安装减速板，完成13处学校路口的安装，其余43

2021年12月10日，鄂州市交通运输局申报资金补助的4艘铝合金渡船运至鄂城区交付涉渡乡镇

处在组织施工。做好进口冷链食品疫情防控工作通告,成立冷链食品疫情防控工作专班,明确工作责任,联合区市场监管局、属地街办向从事冷链食品储存、运输企业宣传通告内容。做好农村公路限高、限宽卡点排查工作,开展农村公路限高限宽设施和检查卡点专项整治行动,查出 6 处限高、限宽,取缔 2 处,其余 4 处完成审批手续。

安全应急管理。加强非法采砂、非法码头巡查,坚持每月巡查渡口 2 次,对 1 艘"三无"鄂黄冈工程 0123 采砂船进行拖移、拆除。举办渡口渡工安全知识专题培训会。全面加强道路交通、客运交通、桥梁安全管理。汛期加强对辖区范围内公路、客运交通、桥梁的排查,发现损毁路段(桥梁)13 处,并下达安全隐患整改函。及时采取抢修或限行等措施,确保道路交通畅通。推进武九铁路上跨人行天桥移交工作,与武汉铁路局达成意向,待武汉铁路局对上跨人行天桥进行鉴定,消除安全隐患后,将组织泽林镇、碧石渡镇与武汉铁路局完成上跨人行天桥的移交、资金移交工作。

(王文胜)

【华容区】 至 2021 年底,全区公路通车里程 1108.75 公里(不含高速公路),路网密度 279.5 公里/百平方公里。其中高速公路 61.81 公里,国道 24.50 公里、省道 39.87 公里、县道 140.53 公里、乡道 181.74 公里、村道 722.11 公里。区内铁路车站 4 个,铁路货运站 1 个(二级枢纽)。

基础设施建设。316 国道鸿泰至孙彭段 1.92 公里,在原 15 米道路两侧各增加 3.75 米机动车道、2.75 米绿化隔离带、4.5 米非机动车道及 4.0 米人行道,改造后道路红线宽 45 米,建设内容包括道路、排水、强弱电工程、绿化、照明、交通等,至 2021 年底完成产值 5148 万元。316 国道华容街龙华路至汀桥段大修工程全部完工,线路全长 2.86 公里,主要施工内容为排水工程、土方工程、路面工程及其他附属工程,货币工程量 6272.84 万元。将"四好农村路"建设与美丽乡村建设和乡村旅游相结合,打造美丽农村路 60 公里。全年新建农村公路 20.08 公里,投资金额 1003.90 万元;农村公路提档升级 10.15 公里,投资 507.45 万元;县乡道改造 4.76 公里,投资 714 万元。实现乡镇通三级以上公路率 100%,公路通村率、通湾率 100%,通村湾公路硬化率 100%。

运输服务。华容区开通公交线路 4 条,开通客运班线 24 条,与武汉市开通城际公交线路,实现稳定运营。运营班线车 64 辆,实现全区 71 个建制村"村村通客车",建设招呼站 105 个、候车亭 61 个。

公路养护。县道日常养护投资 70 万元,华浦路维修改造投资 172.00 万元,乡道、村道日常养护投资 256.66 万元,道路破损修复投资 67 万元。完成幸福港 2 桥、3 桥及汪后小桥等危桥改造,姜湾桥、七咀湖桥、大胜桥、下马河桥等危桥主体基本建成。

(葛宇航)

【梁子湖区】 至 2021 年底,梁子湖区通车总里程 1234.5 公里。其中高速公路 34.8 公里,国道 24.1 公里、省道 54.9 公里、县道 139.5 公里、乡道 305.9 公里、村道 675.3 公里。

基础设施建设。鄂咸高速公路正式通车;武阳高速公路梁子湖区段 4.5 公里在建中,工程进展顺利。国省干线改扩建、美化亮化工程有序推进。牛石至公友公路港口河大桥建成通车。鄂咸高速公路太和收费站 T 形路段拓宽工程建成交付使用,总投资 530 万元。启动环山旅游公路工程建设,完成沼山镇王铺村段 2.4 公里。国省干线梁子湖段沼山街至东沟镇龙塘村段美化亮化试点工作全面启动。推进农村公路危桥改造,消除农村公路危桥隐患,太和镇马龙桥、涂家垴镇细屋彭桥改造完成,其余 5 座危桥施工中。纳入全省公路桥梁"三年消危"项目的辖区国省干线太白桥、六十中桥、朝英桥、蜈蚣桥、谢埠桥、花黄桥等 6 座桥梁施工中。

"四好农村路"建设。创建"四好农村路"示范乡镇,优先建设干支相连路、旅游路、产业路、扶贫路,以路兴产、以产拓路、路产融合,着力打造与梁子湖自然景观和谐相融、浑然一体的农村路网体系,协调促进全区农村公路建设管理均衡发展。2019—2021 年,全区共投资 6.5 亿元,完成"四好农村路"476 公里(其中路面刷黑 300 公里)。沼山镇、太和镇、涂家垴镇先后被评为"四好农村路"省级示范乡镇;梁子湖区被评为"四好农村路"省级示范区,"四好农村路"建设成效获省政府督察激励。

运输保障。区域内武昌客运班车 19 辆,到鄂州城区客运班车 41 辆,到金牛、保安客运班车 17 辆,"村村通"客运车 12 辆。梧桐湖新区开通 301 路、302 路环城公交班线。深化道路运输"放管服"改革,区道路运

2021 年 9 月 16 日,梁子湖区牛石至公友公路港口河大桥正式竣工通车

输依申请政务服务事项共100项，推行"一窗受理、内部流转、限时办结、窗口出件"服务模式，窗口办件量32件，按时办结率、群众满意度100%。全面开展公路限高限宽设施专项整治工作，区道路违规设立限高限宽设施11处全部拆除。

科技信息化。投资150余万元建设公路"智慧交通管理系统"，建成"农村公路建、管、养"平台主机房，并根据实际情况在国道、省道、乡道、村道、城市道路、交通驿站建成8个高标准路网监控系统。运行后全区道路实现可视、可测、可控的综合监管，形成依托卫星遥感影像探索公路数据快速采集、及时更新的工作机制。

安全应急管理。把安全生产要求落实到交通运输全行业全领域，深化"隐患清零"行动。集中整治营运驾驶员、客货运车辆、客货运站场和运输企业存在的隐患和薄弱环节，防范和坚决遏制重特大事故发生。开展全方位、广渠道、立体式的宣传，通过工作微信群、公益短信等多媒体平台广泛营造平安交通宣传氛围，聚焦"一感一度一率一评价"攻坚，发放平安创建一封信，张贴"崇尚科学，反对邪教"宣传画，倡导村民接听"12340"电话测评。

（明淑平）

孝感市交通运输

【概况】至2021年底，全市公路总里程18074.03公里，路网密度205.8公里/百平方公里。其中高速公路475公里、一级公路385.03公里、二级公路1427.72公里、三级公路826.90公里、四级公路14959.38公里，实现所有建制村通二级及以上公路。内河航道通航里程546.8公里，其中三级以上高等级航道94.9公里、四级航道18.1公里、五级航道84.2公里、六级及以下航道349.6公里，拥有县级以上港口5个、港区8个、泊位18个、渡口97个。有客运站17个，其中一级客运站3个、二级客运站11个、三级客运站3个。物流园区20个。

基础设施建设。全年完成交通固定资产投资103.42亿元，比上年增长12.8%，为年计划的108.57%。其中，高速公路投资50.04亿元，为年计划的100%；普通公路投资49.63亿元，为年计划的115.8%；水运建设投资7130万元，为年计划的102%；站场物流投资3.04亿元，为年计划的180%。武汉城市圈环线高速公路大随至汉十段(孝感境)32.5公里建成通车，"四横(麻竹、福银、沪蓉、沪渝)二纵(京港澳、武汉城市圈环线)"高速公路骨架网基本形成，实现"县县通高速"，形成市域内半小时通勤圈，市区及各县市进出口形象得到根本性改观。硚孝高速公路二期、武(汉)大(悟)高速公路、孝汉应高速公路加快建设，京港澳高速公路改扩建工程、武汉至天门高速公路前期工作加快推进，孝汉应南延、北延和硚孝高速公路西延工程加快谋划，区域大循环加快形成。实施干线公路提档升级工程，建成一级公路90.18公里、二级公路13.37公里，公路路容路貌显著改观，通行能力不断增强。316国道孝南新铺至云梦伍洛段新建工程(即长兴三路延伸工程)施工顺利。实施农村公路惠民工程，新建成农村公路1258.5公里，为年计划的115%。成功创建"四好农村路"全国示范县1个，省级示范县1个、省级示范乡镇3个。完成危桥改造234座，为年度计划的111%。实施干线航道升级连网工程，推进汉北河南坑至新沟段航道工程，按照"分段建设、分期招标"要求，汉北河民乐至新沟段9.7公里和天鹅至麻河11.0公里一期2个施工标段开工建设。实施客货站场补强工程，开展农村客运站亭"达标行动"，成功申报农村客运站建设项目8个、农村客运候车亭项目227个。孝感新都市物流园电商创业中心、湖北和其兴物流园(汉川)、苏宁易购电商产业园暨华中总部项目、长湖物流园区加快建设。建成客运站场1个，23个农村候车亭通过验收，建成货运站场(物流园区)5个，逐步实现客运零换乘、货运无缝衔接。

公路管养。投资5000万元，在全市国省干线建成16处不停车治理超限超载点。查处超限超载车辆942辆，卸载货物3.74万吨，全市超载率

2021年5月24日，硚孝高速公路二期府河特大桥在建中

由17%降至3%以内，基本消除"百吨王"。市综合执法支队执法案卷被评为孝感市2018—2020年涉企行政执法案卷第一名。全市农村公路总里程突破1.6万公里，农村公路养护基本实现全覆盖，巩固拓展脱贫攻坚成果同乡村振兴有效衔接。各县(市、区)紧密结合美丽乡村建设、人文历史文化、产城景融合发展，充分挖掘地域特色，开展路长制示范线创建，建设"自然风景绿廊、示范产业走廊、生态富民长廊、历史人文画廊"示范路。全市成功创建路长制示范线7条共计144.1公里，累计建成路长制示范线432公里。

2021年5月10日，107国道孝感外迁段正式通车

运输服务保障。全年完成旅客周转量6.36亿人公里，比上年下降37.7%，货物周转量68.99亿吨公里，比上年增长38.9%。市政府印发《关于孝感城区优先发展公共交通的实施意见》《孝感城区公交发展补短板三年行动方案(2021—2023年)》，对城区公交优先发展明确时间表、路线图。微循环、定制公交等多元化个性化公交模式不断推出，相继开通孝感城区定制公交专线9条，提供"门到门""点对点"服务；开通孝感城区到武汉定制客运班线。农村客运发展稳中有进，所有建制村"村村通"客车保持率100%，农村客运车辆1841辆，其中公交车、公交化改造782辆，通村客运公交化率为42%，比上年提高7%。城乡客运一体化有序推进，城区开通公交线路2条，实现孝感城区周边乡镇公交全覆盖。加快推进孝感城区54座公交站台及信息化建设。孝感城区公交线路24条，公交车469辆。加快实施孝汉城际公交一体化，开通汉川至蔡甸柏林、汉川至东西湖码头潭2条城际公交线路。优化完善城乡物流枢纽节点布局，推进交邮合作，农村三级物流服务体系不断完善，节点覆盖率稳步提升，建成客货邮融合综合服务站14个。新批网络平台货运公司3家，累计批复11家。货运组织方式逐步优化，坚持以大宗货物运输"公转水、公转铁"为主攻方向，加快发展多式联运，成功培育"孝感云梦—孝感汉川—江西九江""孝感云梦—孝感汉川—江苏常熟"等"公转水"航线，"江苏连云港—武汉白沙洲阳逻—孝感汉川"等"水水中转"航线。汉北河南垸至新沟段航道工程、新都市物流园区等项目加快推进，以"公转水、公转铁"为核心的运输结构调整基础条件进一步夯实。

运输市场监管。全面规范机动车驾驶培训行业经营行为，对全市48家机动车驾驶培训机构开展质量信誉考核，考核评级AAA级驾校12家，AA级驾校28家，A级驾校7家，B级驾校1家(停业整顿)。加强营运车辆动态监管，完成"两客一危"和农村客运车辆4G动态监控升级，委托第三方机构对车辆运行状态和驾驶员驾驶行为进行全天候、全过程监控；严格落实"两客一危"车辆动态监控违规信息闭环处理规定，按月抽查考核通报；加强孝感城区出租汽车运营监管，建立出租汽车"红黑榜"制度，启动出租汽车驾驶员从业退出机制，依规对3名驾驶员从业资格延期注册、退出出租汽车经营；加快网约车合规化进程，办理网约车驾驶员从业资格许可证96件。开展交通秩序整治，结合"五城同创"，强化"三站"运输市场管理，查处整治非法营运车辆、非法网约车等非法经营行为。

绿色交通建设。制定印发《市交通运输局关于分解2021年生态环境保护重点工作任务的通知》，中央第二轮环保督察问题方案制定、问题整改有序推进，所有信访件按时间节点销号。进一步巩固"港口和船舶污染防治、岸线资源清理整顿、非法码头治理"三大标志性战役成果，完成6家汽车尾气排放性能维护(维修)M站建设；在巡游出租汽车和农村客运汽车领域推广使用新能源汽车60辆。

平安交通建设。制定安全生产重大风险、管控措施2个清单，实施动态调整、分级管控，梳理一般隐患1059处、风险点33个。开展自然灾害综合风险普查，路桥隧及码头属性信息、高边坡及775处风险点信息全部录入完毕。建立整改督办机制。坚持"一周一暗访、一事故一通报、一案一追责"，采取"四不两直"、突击检查等方式，开展安全生产大检查、隐患大排查大整治行动，狠抓隐患问题整改销号，确保隐患风险全部整改到位。委托第三方机构对全市36家"两客一危"企业进行安全生产标准化达标考核，27家通过，9家评估中。投资200余万元，对汉川鑫顺等3家场地进行改造升级，全市21家危货运输企业场地全面达标。重新核定全市47家驾校、52个教练场、1687辆教练车、1455名教练员资质资格，统一加装电子围栏、车载终端等信息化设备。加大车辆船舶安全监管力度，全市848辆公交车安装安全隔离设施；汉川、应城、安陆市516辆农村客运车辆、城区900辆出租汽车4G动态监控系统改造升级圆满完成；6条13辆800公里以上长途客运班车退出市场，

198 辆违法改装燃气出租汽车钢瓶重新检验合格；累计整治"三无"船舶 6424 艘、长期逃避海事监管船舶 502 艘，排查非退捕禁捕渔船 282 艘。全系统未发生一次死亡 3 人及以上安全责任事故。

交通改革创新。优化营商环境，114 项依申请和公共服务事项办理时间压减 70.3%；将公交站点、维修业户、旅游客运企业等 11 个方面基本信息接入"鄂汇办"系统，为市民提供交通便民信息服务；实现道路旅客运输、普通货物运输以及危险货物道路运输驾驶员从业资格证补发、换发、变更、注销及诚信考核等 5 项事项"跨省通办""省内通办"。行政事业性单位改革加快推进，市交通运输综合执法支队、市港航事业发展中心、市道路运输事业发展中心挂牌成立，市公路事业发展中心加快组建中。经营类事业单位改革圆满完成，市公路工程设计院整体移交市国资委管理。国有企业改革顺利完成，孝感合力运输集团有限公司、孝感汽车客运集团整体移交市国资委，孝感市交通经济技术开发公司完成清算关闭。

（付斌　李苏秦）

【孝南区】至 2021 年底，全区公路通车总里程 3036.31 公里。其中高速公路 55.69 公里、一级公路 103.90 公里、二级公路 218.70 公里、三级公路 81.70 公里、四级公路 2077.11 公里、等外公路 499.21 公里。境内航道通航里程 210.4 公里，其中五级航道 21.8 公里、六级航道 188.6 公里。有客运站 11 个，其中四级客运站 6 个、五级客运站 5 个，候车亭 343 个、招呼站 149 个。

基础设施建设。全年完成交通固定资产投资 4.7 亿元。实施 12 项交通工程建设，其中续建 1 个、新建 11 个。槐荫大道东延伸线和城南大道、孝武大道工程、硔孝联络线二期涉铁项目、107 国道陆联至肖港段改扩建工程（天紫湖路口至陆联段）等项目建设顺利。策划一批围绕乡村振兴、产业升级、武汉同城化、国土整治等主题项目，包括孝南区美丽乡村建设 PPP 项目、新型建材产业园建设项目、朱湖全域国土综合整治区内道路改造项目、109 省道孝感至汉川公路孝南段、孝感港朱湖码头、347 国道孝南区东山大堤至云梦联合桥段改扩建工程等，通过完善路网，打通乡村路、断头路，加大与武汉中心城市连接，提高通行品质。新都市、长湖、新发地等综合物流园区加快建设。

公路管养。加强路政管理，规范涉路行政许可，开展联合治超、"打非治违"专项行动，严厉打击以路为市、打场晒粮、乱堆乱放、挖掘路肩、毁坏行道树等违法违规行为。新建 2 处不停车检测站投入运行，现场处理违法超限车辆 400 余辆；杨店治超站处理违法超限超载车辆 31 辆次，卸载货物 2004 吨。公路养护采取专业性养护与群众性养护相结合的方式，以区农村公路局专业性养护为主体，做好公路巡查、病害调查、日常养护和小修养护等工作，指导沿线乡镇村组开展群众性自发养护。全区农村公路管养里程 2259.51 公里纳入经常性管养，基本实现"有路必养、建即有养、养即到位"工作目标。

"四好农村路"建设。完成农村公路建设 99.83 公里。全区 12 个乡镇实现 100% 的建制村村村通沥青（水泥）路、通客车目标。全面推行路长制工作，构建覆盖全区所有国省干线、县乡道路及农村公路的区、乡、村三级路长制体系，全面创建"安全、通达、净美"的公路交通环境。全年投资 2.1 亿元，在 107 国道天紫至永安创建农旅融合示范线，打造"八方通天紫，四季赏金卉"示范路。

运输服务保障。全年公路完成客运量 66 万人次、旅客周转量 990 万人公里，完成货运量 253 万吨、货物周转量 1.06 亿吨公里。全区有营运车辆 1011 辆，其中客车 81 辆、在营货车 930 辆 10336 吨。客车承运人责任

2021 年，城南大道、孝武大道市政工程施工现场

2021年11月，107国道天紫一永安段农旅融合示范线完工

险投保率100%。开通"村村通"客运线路22条，"村村通客车"通车率达100%。拥有客运企业6家，维修企业39家，其中4S店18家；综合性能检测站1家、M站1家。有驾校10所。全年考核道路运输企业69家，其中客运企业6家、货运企业21家、驾培机构10家、维修企业32家。投资74.8万元，新建农村港湾式候车亭14个。

平安交通建设。全区交通运输企业、物流园区、施工工地等开展综合检查工作，排查一般隐患252处，全部完成整改。开展督导检查34次，行政处罚40次，对8家企业负责人进行约谈警示。全区交通运输行业道路运输、水上交通、公路水运工程建设施工保持零事故，道路桥梁安全畅通，全系统无火灾事故、无突发事件发生。

污染防治。完成"两非"整治任务，全区无非法码头、无非法使用岸线。建立船舶污染防治长效机制，加强取缔渡口非法渡运监管力度，查处"三无"船只污染情况。在海事码头推进港口岸电设施建设，完成安装泵船专用变压器；在朱湖码头投入建设船舶污染物接收转运处置设施。加强车辆扬尘管控，督促货运车辆不扬尘、不抛撒、不遗漏，装载散体物料的运输车辆必须加盖帆布密闭运输。对施工现场物料要求集中堆放，并采取覆盖或洒水等措施，做到不扬尘。

（戴文迪）

【汉川市】 至2021年底，全市公路通车总里程4500.94公里。其中高速公路76.3公里，国道59.5公里、省道246.7公里、县道192.6公里、乡道256.7公里、村道3669.14公里。内河航道通航里程153.5公里，其中汉江96公里、汉北河57.5公里，汉川港口码头11个，生产性码头泊位15个，渡口55个。

基础设施建设。孝汉应高速公路汉川段完成征地拆迁；孝汉应高速公路南延伸线初步确定通道方案；武经天门至宜昌高速公路武汉至汉川段确定线形、完成工可编制，开展投资招标。续建的348国道回龙至田二河界牌桥段一级公路路基、涵洞基本完成；211省道泵站河桥至城隍转盘段改扩建、244省道马北线农旅融合及路长制示范线全面完工。109省道汉川汪家河至华一段建设工程、211省道汉川小兴村至霍城段工程建设启动。完成县乡道改造2.1公里、提档升级农村公路135公里。《汉川港总体规划》和环评报告确定工作流程和完成时限。汉川港船舶污染物接收转运专用码头编制建设方案，完成配套污染物接收船建造。城南客运站（公交总站）完成主站楼建设，建成北河五级客运站、沉湖镇、汈汊湖养殖场4个港湾式候车亭。

运输服务。2021年2月8日开通汉川城区至柏林W103城际公交，9月28日开通汉川城区至码头潭W102城际公交，实现汉川公交与武汉地铁多方位无缝衔接。组织客运公司纯电动空调客车配合开展流动疫苗接种工作，

2021年9月28日，W102路汉川至东西湖城际公交开通运行

承担流动接种点医务人员接送、接种人员留观、防疫器材运送等任务，累计用车84辆次。

超限超载治理。建成348国道红卫村、分水镇公鸡洲段、311省道韩集段3处治超系统，实现科技治超。至12月底，检测货运车辆3923辆次，查处违法超限运输车辆27辆次，卸载转运货物1265吨。

码头治理。完成非法码头整治工作，11处规范提升码头全部验收合格并补植复绿。实行岸线资源分类清理，对占用汉江岸线资源设施进行登记核查和清理整顿。推进港口船舶污染防治，实现港口环保设施监管、污染物转运处置设施全覆盖。汉川港区100总吨船舶防污改造全部完成、全面达标，2021年无新建船舶。

优化营商环境。全面清理、审查规范文件，推动"非禁即入"政策落实，实行证照制度改革，全面推行告知承诺制。大力发展现代物流业，向6家物流公司发放道路运输经营许可证（网络货运）。落实"三减合一"政策，降低货车检测成本和管理成本。

安全应急管理。开展危货运输专项整治、"三年消危"专项行动、船舶碰撞桥梁专项整治、校车线路安全隐患整治、成品油专项整治等，发现安全隐患182处，并督促整改完成。开展运输企业安全生产"四大行动"，落实安全生产总监，编制张贴岗位安全生产责任卡、岗位风险辨识卡、岗位操作规程卡及岗位应急处置卡等"四知卡"，2家包货运输企业邀请专家驻企。狠抓道路、水上、施工安全监管，开展货车超限超载运输、打击"黑车"、农村道路交通安全、非法码头等专项整治，继续推进公路安全生命防护工程建设，全年水陆无安全生产责任事故，安全形势总体平稳向好。

（王心妍）

【应城市】至2021年底，全市公路总里程2327.63公里，路网密度211公里/百平方公里。其中高速公路67.5公里、一级公路32.586公里、二级公路140.024公里、三级公路160.184公里、四级公路1927.336公里。内河航道通航里程35公里（界河按二分之一算），港口1个，生产性码头泊位4个，渡口17个。有客运站6个，其中二级客运站1个、五级客运站5个。

基础设施建设。全年完成交通固定资产投资5.4亿元。重点实施交通项目18个，其中续建1个、新建17个。续建项目347国道应城段（护子潭大桥至三合段、西十至天门皂市段）改扩建工程在做前期工作。2个不停车超限超载检测站建设、210省道平应线安陆与应城界点至盛滩段水毁修复、212省道盛滩至城区段水毁修复、省道安全生命防护"455"工程、347国道应城绕城段路长制工程、农村公路建设、262省道上跨长荆铁路立交桥（杨岭立交桥）建设、347国道应城市马堰畈二桥危桥改建、田店镇富水大桥至有名店环市路养护、曹大公铁立交安全隐患整改应急养护、世纪大道养护挖补等建设完工；212省道盛滩至城区段改扩建、农村公路危桥改造、公共交通运输体系、应城市三合镇伍家山郊野旅游公路建设项目、应城西互通连接线白杨铁路立交桥建设、客运站建设等工程在建中。

"四好农村路"建设。因地制宜统筹"四好农村路"建设与路长制、美丽乡村建设、乡村旅游规划的结合，建成田店镇富水大桥至有名店环市旅游路7.1公里。完成农村公路提档升级工程69.80公里，涉及11个乡镇。启动杨河西古线（约7公里）和杨岭景杨线（约4.5公里）2条乡道改造升级勘察设计。计划完成42座危桥改造，其中国省道危桥10座（拆除重建3座、维修加固7座）、农村公路危桥32座（拆除重建26座、维修加固6座）。完成7座国省道危桥加固维修，完成10座农村公路危桥拆除重建、6座农村公路危桥维修加固，累计完成国省道、农村公路危桥改造23座。

运输服务。全市拥有营运汽车1222辆，其中载客汽车253辆、载货汽车697辆、公共汽车72辆、出租汽车200辆。全年公路完成客运量257.69万人次、旅客周转量7428.89万人公里；完成货运量678万吨、货物周转量3.74亿吨，比上年分别增长3.04%、0.71%。优化交通功能布局，提升城市形象，投资3400余万元，占地面积83.26亩的二级中心客运站建成投入运营，跨省、跨市县客运线路的62辆客车搬迁至中心客运站。建成杨和镇、三合镇五级客运站，协商开通客、货、邮（快递电商）综合业务。启动义和镇、天鹅镇、郎君镇三级客运站建设。建成达标港湾式候车亭5个、直通式候车亭5个。

公路管养。加强公路巡查，拆除非交通标志标牌4块，清理摊点及乱堆乱放物268处4629.4平方米，修补坑槽9739.9平方米，整修路基12.74公里，水泥路灌缝48公里，油路灌缝89600延米。健全"路长制"工作运行机制，新增路长公示牌10块，更新公示牌信息38块。市镇村三级路长上下贯通，协作联动，市级路长7人、镇级路长111人、村级路长293人，履行巡路、管路、护路、治路工作职责。完成347国道应城绕城段平交通湾组路硬化22条，汉宜东线平交道口刷黑1万平方米，拆除建筑控制区内违法搭建16户、清理商业广告和非交通标志15处，农户墙面整修刷白3.6万平方米。同时，在347国道应城市绕城段示范线47个平交路口安装警示牌和减速板，完成"陡改缓""急改弯"33处，筹建全路段区间测速设备，严控货车超速行驶，持续开展联合巡查执法，杜绝占用应急车道、乱停乱靠等违法现象，全面筑牢道路安全"生命防线"。

运输市场监管。巩固城市交通环境综合治理成效，严厉整治非法营运车辆营运行为。查处三轮、四轮电动车61辆。狠抓"打非治违"，查纠市区出租汽车各类违章10余起、非法营运车辆9辆。投资160余万元，在中心客运站建成4G动态综合监控系统平台，对全市195辆农村客运车辆安装随车动态监控设备，实现农村班线客运安全全程实时动态监控。利用2处不停车检测系统，采集、分析和处理过往货车信息,做到 24 小时对超限超载车辆进行监控取证。全年查处车辆 548 辆,卸载货物 1.83 万吨。

优化营商环境。全面开展"清、减、降"专项行动。对 2021 年以前制定的有效规范性文件全部进行清理,并将清理结果上网公示。精简政务事项,由年初的 105 个职能事项精简为 82 项,78% 以上的审批服务时限压缩到 1 天办结,全年网办件 691 件。落实货车年审、年检和尾气排放检验检测标准"三检合一",降低运输成本。推进"一事联办"工作,通过数据共享、流程优化、部门协作等方式,让群众办事更便捷、得实惠。全年办结"一事联办:我要开物流公司"事项 10 件。

安全应急管理。狠抓安全监管,深入到全市所有交通运输企业、施工工地等开展综合检查工作,全年综合安全检查 4 次、专项安全检查 22 次,出具隐患整改通知书 48 份,提出整改要求 148 条,对于发现的 114 处安全隐患一律实行闭环管理,按"五定"原则整改到位。联合农业农村局及重点水域乡镇开展"三无"船舶专项清理整治 3 次,清理船只 211 艘。同时,联合公安交警对发现 4 处较为明显的危险路段,作为全市道路交通安全隐患重点整改项目,全部整改到位。

(邓勇 程圣天)

【云梦县】至 2021 年底,全县公路总里程 1889.53 公里,路网密度 312.9 公里/百平方公里。其中高速公路 18 公里、一级公路 52.46 公里、二级公路 116.87 公里、三级公路 104.41 公里、四级公路 1529.74 公里、等外公路 68.05 公里。内河航道通航里程 78.5 公里,港口 1 个,生产性码头泊位 2 个,渡口 15 个。有客运站 11 个,其中一级客运站 1 个、二级客运站 1 个、四级客运站 1 个、五级客运站 8 个。货运站 1 个。

基础设施建设。全年完成交通固定资产投资 12.56 亿元。武汉城市圈环线高速公路建成通车;云孝快速通道(对接长兴三路)完成路基构筑物和路面基层;协调孝汉应高速公路建设,永久性征地全部完成,完成临时便道 14 公里、临时便桥 2 座,完成 3 号、5 号、6 号拌和场站场建设,府河、老府河桩基施工中。投资 1.8 亿元,完成 347 国道汉宜线中修、211 省道护肖线路基防护、334 省道云陡线道路提升、420 省道清两线改造、新 316 国道路长制示范线、和平路道路升级改造、危桥改造、通村公路建设等 8 个项目建设。完成孝汉应高速公路云梦段、汉西高铁云梦联络线、资源旅游路高罗线 3 个续建项目年度投资任务。334 省道云陡线、420 省道清两线 2 条国省干线公路改造,在全省国省干线建设工作考核中被省交通运输厅通报表扬。

"路长制"工作。进一步健全"路长制"工作机制,明确工作职责,夯实县乡村三级路长巡管体系。建立联动协调机制,召开"路长制"联席会议,县乡村路长按时巡查路段,及时解决问题。完善乡镇"路长制"工作机制,在全县推行"三有三无"(有领导机构、有办公场所、有专职)模式。坚持问题通报机制和考核机制,县政府把"路长制"工作作为年底目标考核,制定考核方案和考评细则。全县每年创建"路长制"示范线 1 条,云梦与孝南分界点至 316 国道与子文路交叉口全长 18.5 公里,为 2021 年度"路长制"示范线建设线路,主要是安全防护、管理、绿化三大提升工程建设,投资 6000 余万元。9 月县政府印发《关于进一步加强公路沿线环境综合整治工作的通知》,交通运输部门列出 5 条国省干线、14 条"四好农村路"、22 条"美丽乡村路"问题清单和任务清单。按照方案要求,明确任务分工,在全县全面开展集中整治工作,取缔占道经营 52 处,拆除违法建筑 42 处,清理非法标牌 131 处,铲除非法种植及堆积物 362 处 1809 平方米,交通环境有显著提升。

公路养护。加强路基边坡养护,完成路肩修整 78.38 公里、排水 496.12 公里。做好桥梁巡查和养护。修复桥面铺装破损 7 处、安装防护网 172.8 平方米,新修 5 座桥检索步道,维修更换 6 座桥伸缩缝,更换 16 座桥止水带,铺设水泥预制六角砖护坡。完善、更换公路桥梁标牌标线标识及安全设施,完成指路标志牌 50 块,更换轮廓标 50 根,施划热熔标线、轮廓标贴字膜。及时处治路面病害,做好预防性养护,灌养缝 29.64 万延米,乳化沥青封层处理龟网裂 5340 平方米,深层压浆补强 422 吨,挖补坑槽 6627.68 平方米。

运输市场管理。开展出租汽车市场整治,针对群众反映的热点难点问题,创新管理方式,推选出 11 名出租汽车代表,畅通联系渠道,定期定时定点沟通,及时掌握出租汽车群体思想动态和诉求。定期开展出租汽车从业人员职业培训、法纪教育,提高从业人员法律意识和服务意识。加大对出租汽车巡查力度,加快投诉处理和投诉案件办结进度。检查巡游出租汽车 600 余辆次,责令改正 158 辆次,查处违规经营行为 30 起,暂扣车辆

2021 年 11 月 14 日,云孝大道长兴三路延伸工程在建中

1辆,责令公司组织学习教育35起,受理投诉85起,立案调查39起。从业资格证扣分40分,案件结案率100%。成立由交通、公安、城管组成的联合专班,常态化开展城区客运市场整治,查处非法营运车辆13辆次、"麻木"89辆次、电动车32辆次。

路政管理。查处路政案件8起,追缴赔(补)偿费用4.94万元。清理各类非公路标志119块,制止并拆除公路建筑控制区范围内违法建筑物45处552平方米,清理公路管控范围内堆积物113处665平方米,清理占道经营132处669平方米,制止处理违法涉路施工19起、工程建设污染42处。保持超限超载治理高压态势,依托伍洛不停车检测系统,查处超限车辆46辆,卸载货物1490余吨,超限率控制在3%以内。

(王金忠)

2021年12月底,安陆市赵钱旅游公路通车

【安陆市】至2021年底,全市公路总里程2570.06公里。其中高速公路64.1公里、一级公路40.43公里、二级公路258.29公里、三级公路186.98公里、四级公路2020.26公里,大中小桥梁276座。内河航道通航里程40.3公里,渡口3个。有客运站13个,其中二级客运站2个、三级客运站1个、五级客运站10个。大型物流园2个。

基础设施建设。全年完成交通固定资产投资3.21亿元。211省道城区至李店段9.37公里全部完工,累计投资1.92亿元;211省道城区至赵棚段农旅融合示范线提升工程26.8公里,累计投资金额6000万元;243省道陈店至胡棚段22.59公里改扩建项目完成前期工作;262省道安桃线桃园河至字畈段11.85公里改扩建项目、211省道赵冲至赵棚段4.69公里改扩建项目完成前期工作,具备开工条件。完成210省道巡店段、辛榨段、平应线接官至伏水段共计23.6公里和243省道十塘至胡棚段3.2公里中修工程,投资2540万元。完成316国道、210省道2条安全生命防护工程,投资883.43万元。

"四好农村路"建设。全面完成农村公路建设234.65公里,投资1.4亿元,其中完成乡村骨干网畅通18.2公里、乡村基础网连通96.2公里、农村公路提档升级120.25公里。推进"三年消危"行动,由孝感市交通局打包招标,统一实施,26座危桥改造全面启动,投资3500万元。完成农村公路安全生命防护"455"工程96公里,总投资848万元。加强基层站场建设,改扩建王义贞、李店2个乡镇客运站,投资286.8万元。加快建设农村物流网络,新建农村物流综合服务中心9个,累计建成农村物流网点54个。安陆市被评为"四好农村路"省级示范县(市),王义贞镇成功创建"四好农村路"省级示范乡镇,获奖励资金600万元。

运输保障。全年新增货车78辆815.2吨。加强运输市场监管,网上稽查客车985辆次,查处班车、货车违规违章车辆46辆次,查处违规出租汽车48辆,查扣非法营运车辆35辆。落实道路运输企业质量信誉考核工作,对3家出租汽车公司、4家二类以上维修企业、6家驾校进行年度质量信誉考核,对考核不合格的1家驾校进行停业整顿。开展非法码头整治、船舶污染防治,取缔拆解"三无"采砂船舶2艘,注销登记船舶1艘,上网公示灭失船舶4艘。

路政管理。依托超限监测站和不停车检测系统,与交警部门联合开展路面治超常态执法,对重点路段严密布控,基本实现干线公路无超限超载车辆行驶。全年查处超限车辆102辆、卸载货物3478.6吨。投入210余万元,购置4辆大型洒水车、清扫车,做到"人工+机械"常态化清扫保洁。

安全管理。加强道路运输领域和工程建设领域安全保障工作,组织安全检查81次,检查企业56家,排查并及时消除安全隐患33起,责令1家危货运输公司停业整顿,确保交通运输领域零事故发生。做好疫情防控,坚持"人物地"同防,严把交通工具、客货站场、货物运输、从业人员、乘客服务等五大关口,持续做好冷链食品运输、物流快递疫情防控工作。

交通改革。涢通交通投资开发公司组建工作全面完成,吸收成立4家子公司,融资运营工作正式启动,相继开展太白大道北延线、高速公路出口绿化工程、老316国道南城段绿化工程、赵钱线金叶银杏栽植等项目建设。推进公交运行体制改革,自筹资金600万元,收购公交线路经营权5条,收购燃油公交车51辆,占燃油公交车的70%。投入资金400余万元,收购安赵线社会客运班线经营权33辆,尝试城乡客运一体化公交改造,9月份开通第一条全域公交线路。

(陈克柱)

【大悟县】 至2021年底，全县公路总里程4466.59公里（不含等外公路里程），路网密度224.9公里/百平方公里。其中高速公路96.2公里、一级公路72.07公里、二级公路266.91公里、三级公路281.82公里、四级公路3749.59公里、等外公路1342公里。有客运站10个，其中一级客运站1个、二级客运站1个、乡镇客运站8个、货运站1个。

基础设施建设。全年完成交通固定资产投资4.06亿元，其中三桥四桥改造5800万元，346国道隔离墩2500万元，路网延伸76公里3040万元，危桥改造25座3382万元，提档升级112.75公里4510万元，宋应线路面改造28.3公里6000万元，路长制示范线8400万元，省道水毁修复46.5公里6975万元。计划新建港湾式候车亭80个，完工40个；改建直停式候车亭50个，推进黄站镇三级汽车客运站建设。

"四好农村路"建设。全年完成县乡道改造19公里，乡村路网连通、延伸公路建设71.16公里，农村公路提档升级112.75公里，农村公路危桥改造24座，申报美丽农村路48.83公里。四姑镇成功创建"四好农村路"省级示范乡镇。县乡道路集中养护，完成浆砌片石挡土墙1500立方米、路面坑槽填补9500平方米、沥青路面裂纹灌缝15000余米。

运输服务。全年公路完成客运量280.73万人次、旅客周转量1.41亿人公里，公共汽（电）车完成客运量350.2万人次，巡游出租汽车完成客运量510万人次。有普通候车厅320个，港湾式候车亭150个，招呼站296个。完成城区全部老旧燃油公交车（43辆）收购工作。新投入新能源公交车56辆，开通城区及城乡公交一体化公交线路10条。

公路管养。全县国省道生命安全防护"455"工程，完成108省道荷土线波形护栏、路口渠化施工安装，投资730万元；完成473省道乔吕线波形护栏、标识牌施工安装，投资210万元。为确保道路通畅，对各危桥、险段备砂石防滑料20000立方米、编织草袋11000条、三角木1200块、防冻融雪剂50吨，成立应急队伍50人。全年地面绿化20万平方米、植树2.6万棵。

路政管理。路政大队下设3个路政中队、执法人员39名。全年拆除非公路标牌280余块，清理临时加水点23处、临时摊点67处、各类障碍物586处，制止新增违章建筑23处。结合县三治办5个临时治超点，开展路面联合治超专项行动，严格实施"一超四罚"，确保超限率控制在3%以内，3处不停车检测系统路面安装工程完工。

运输市场监管。开展城区客运市场整治、"三治"和非洲猪瘟检查工作，检查企业12次、车辆1419辆次，查处违规经营行为113起，受理行政处罚案件10件，未发生一起行政复议或行政诉讼案件。对全县客运企业、车站、驾校、维修企业进行安全检查8次，并对重点客运企业进行安全督查整改。全县有许可驾校4所，注册教练车129辆，注册教练员91名。办理从业资格证换证272件，道路运输证年审128件，完成从业资格证诚信考核1286件、从业资格证继续教育935件。

优化营商环境。推进交通运输信息资源共享合作，加强电子路单、超限超载治理、高速公路协同管理等信息共享。深化"互联网+政务服务"，推进政务服务"一张网、一扇门、跑一次"改革，推进"互联网+监管"，深化事中事后监管模式改革。建设关键信息基础设施安全防护和监管平台，建设指挥联络系统和应急处置系统，提高全县交通运输网络安全防护和应急处理能力。

安全应急管理。构建共建共治体系，健全落实安全生产责任制，推行安全生产信用管理，强化风险隐患预防控制，完善应急救援与事故调查制度。开展道路运输安全专项治理，加强汽车客运站安全监管，严格长途客运安全管理，深化货车超载超限治理，加大危险货物运输安全监管力度，严格落实动态监控责任。推进农村道路交通安全管理，提升公路防控体系防控能力。实施公路安全生命防护工程，全面实施公路桥梁"三年消危行动"，开展干线公路灾害防治，持续开展提质升级专项行动，开展涉路施工安全专项治理，强化行业安全生产执法工作。开展水上交通安全专项治理，开展船舶碰撞桥梁和通航建筑物隐患排查治理，开展水上涉客运输安全治理、载运危险化学品船舶安全治理、长期逃避监管船舶专项治理。

交通改革举措。深化扩权赋能强县实施意见，将交通运输部门9项法定职权（其中行政处罚5项、行政检查4项）下放城关镇综合执法改革试点中心。积极配合乡镇综合执法改革试点工作。制定《大悟县交通运输综

2021年，建成的346国道大悟段

【孝昌县】 至2021年底，全县公路总里程3992.8公里，路网密度328公里/百平方公里。其中高速公路59.6公里、一级公路59.6公里、二级公路180.6公里、三级公路293公里、四级公路3400公里。

基础设施建设。全年完成交通固定资产投资3.5亿元。107国道改扩建工程（南北段及外迁段）、花邹线、261省道、334省道、419省道全面完工。10月1日，107国道孝昌外迁工程正式运行通车；12月底，孝昌县"两站一级路"项目竣工通车。115省道、261省道2个灾毁重建项目加速推进，提前完成灾毁重建任务，完成灾毁里程13.4公里，投资2337万元。

"四好农村路"建设。全年计划建设农村公路232公里，投资15920万元。其中，农村公路提档升级133公里、乡村路网延伸工程85公里、县乡道改造14公里，截至11月，建设任务全部完成。深入开展示范县、示范乡镇创建活动，提升农村公路运输服务管理软实力，成功打造"四好农村路"示范线200公里。孝昌县被评为"四好农村路"全国示范县。推进"路长制"示范线创建工程，农旅融合更加紧密。11月，投资9600万元、261省道19公里路长制示范线建设项目全面完工。同时，以点带面，全面深入推进"路长制"工作，各乡镇每年自定5公里创建目标。

运输保障。全县拥有公交车53辆（其中纯电动公交车25辆），公交线路4条，新开通公交车校园专线3条，投入16辆公交车精准对接，服务清溪学校师生出行。出租汽车93辆（其中更换到期出租汽车77辆、采购新能源出租汽车10辆、其他出租汽车6辆），客运线路105条，营运客车256辆。其中省级线路5条、市际线路17条、县级线路24条、县内线路59条。全年运送旅客105万人次，比上年下降13.3%。开展交通秩序整治活动，查扣非法营运车辆187辆，查处"三无"车辆121辆、违章客车9辆次，现场纠正违章客车50辆次，处理违规出租汽车5辆。

公路管养。2月3日，孝昌县交通综合执法大队正式挂牌成立。坚持联合治超、源头治超、科技治超，建成小河、107国道2处不停车检测系统，查扣超限运输车辆643辆次，卸载货物1.9万吨，全县超载率由17%下降至4%以内，"百吨王"大幅减少。组织开展平交路口整治，对国省干线平交路口259处、农村平交路口689处隐患路口，采取安装警示提示标志、减速装置、拓展视距、施划标线等方式进行有效处置。开展公路巡查和安全隐患排查治理。全年拆除非交通标志标牌205块，责令自行拆除158块。清理公路及用地范围堆积物297处2804平方米，清理占道经营227处415平方米。组织开展自然灾害公路承灾体普查，率先在全省交通运输系统完成数据采集和建立隐患台账，普查公路里程787.9公里，桥梁87座。

安全应急管理。深入开展交通运输领域安全专项整治"三年行动"整治活动。推进"三年消危"行动，全年完成危桥改造13座。组织开展安全大检查、隐患大排查、大整治百日行动，排查企业145家次，查处违法违章行为133起，排查一般隐患78起，全部完成整改。全县国省道及农村公路整治投入经费165万元，处置安全隐患点162处45公里。组织交通应急队伍50人进行应急演练。圆满完成春运、"五一"、汛期、中秋、国庆等节假日期间和重点时段交通运输应急值守与保障任务，安全生产形势总体稳定。

（曾若男）

2021年，孝昌县成功创建"四好农村路"全国示范县。图为孝昌县田堂旅游公路

黄冈市交通运输

【概况】 至2021年底，全市公路通车里程33469公里，路网密度192.4公里/百平方公里。其中高速公路771公里、一级公路830公里、二级公路2692公里、三级公路1598公里、四级公路27219公里、等外公路359公

里；按行政等级（不含高速公路）分为国道 885 公里、省道 2021 公里、县道 2898 公里、乡道 10810 公里、村道 16084 公里。等级公路占比为 98.9%，二级及以上公路占比为 12.8%。全市铁路营运里程 480.5 公里，其中复线里程 393.4 公里，电气化里程 438.7 公里。内河航道通航里程 698 公里，其中一级航道 200 公里、三级航道 42 公里、四级航道 14 公里、五级航道 15 公里、六级航道 14 公里、七级航道 109 公里、等外航道 304 公里；港口码头泊位 138 个，其中生产用泊位 103 个、非生产用泊位 35 个。有客运站 132 个，其中一级客运站 2 个、二级客运站 14 个、三级客运站 7 个、四级客运站 10 个、五级客运站 94 个，货运站 8 个。

基础设施建设。全年完成交通固定资产投资 227.01 亿元，其中铁路 88.55 亿元、高速公路 36.88 亿元、普通公路 68.29 亿元、港航建设 8.62 亿元、物流站场及其他 24.67 亿元。完成一级公路路基 99 公里、路面 86 公里，二级公路路基 81 公里、路面 108 公里。完成新（改）建农村公路 2470 公里。一季度全市 40 个总投资 86.8 亿元的交通项目开工建设。11 月，207 省道一级公路开工建设。安九高铁黄梅段建成通车，黄冈至黄梅高铁、武汉新港江北铁路黄冈段具备通车条件，麻安高速公路麻城东段通过交工验收；武穴长江大桥、棋盘洲长江大桥、蕲太高速公路西段、沪蓉高速公路龟峰山支线通车运营；燕矶长江大桥、武红高速公路、麻城石材专用线等加快建设。持续推进港口船舶防污染"雷霆行动"。沿江 6 个县市区成立船舶污染物接收公司，全市 41 个生产性码头全部配备船舶垃圾、生活污水和油污水接收设施，实行免费接收船舶垃圾。6 个船舶污染物接收转运码头基本建成并开展运营，100 总吨以下产生生活污水船舶、40 艘受电设施改造船舶全部完成，电子联单闭环率达到 90% 以上。浠河航道整治工程、武穴田镇黄家山码头、黄州临港新城综合码头二期加快推进，浠水中电建

2021 年 11 月 19 日，安九高铁安庆至黄梅段试运行

绿色建材码头、蕲春权顺码头等一批码头岸线获交通运输部审批。加快推进武穴大道物流园、湖北振鑫物流园、麻城一公里物流园建设。建设罗田县大别山地标优品智慧物流园、蕲春县原产地供应链、物流智慧仓项目，完善乡镇物流配送节点。

"四好农村路"建设。出台《关于"四好农村路"高质量发展的意见》《"四好农村路"示范市创建实施方案》等文件，落实市级养护配套资金，将"四好农村路"示范市创建工作列入县（市、区）政府绩效考核内容，开展"十大最美乡村振兴路"评选活动，推动全域创建工作深入开展。全市新（改）建农村公路 2470 公里，畅通 260 公里将军故居路，创建美丽农村路 1500 公里。黄冈市、浠水县分别获评"四好农村路"全国市域示范创建突出单位和示范县。全市新获评"四好农村路"省级示范县 1 个、省级示范乡镇 6 个。红安县 2020 年被列为全国农村公路管养改革试点县，又获评全国城乡交通运输一体化试点。团风县、武穴市创建省级全域公交示范县，罗田县创建农村客货邮融合发展样板县。

运输服务保障。全市完成道路客运量 2333 万人次、旅客周转量 14 亿人公里，完成货运量 15016 万吨、货物周转量 144.05 亿吨公里；道路客运量比上年增长 4%、货运量比上年增长 38.9%。水路完成货运量 6151 万吨，比上年增长 11%。内河港口完成货物吞吐量 12330.85 万吨，比上年增长 53%。全市拥有营运汽车 18944 辆，比上年减少 4.3%。其中载货汽车 15288 辆，比上年减少 4%；载客汽车 3656 辆，比上年减少 5.4%。全市拥有公交车 1681 辆，其中新能源公交车 1194 辆。更新新能源公交车 231 辆，完成客运班线公交化改造 10 条，新增公交里程 347.2 公里。拥有船舶 451 艘，比上年减少 12%，总净载 724192 吨，比上年减少 11.2%。

物流发展。推进"千人进千企"行动，编制《全市现代物流业"十四五"发展规划》，首次出台《黄冈市促进现代物流业发展若干措施》。加强重点企业培育，促进物流业新增月度入规企业 3 家，新增年度入规企业 12 家，全市在规企业达 38 家。全市全年交通运输、仓储和邮政业增加值为 80.08 亿元，比上年增长 24.5%；全市规上交通运输和仓储业营业收入 18.83 亿元，比上年增长 36.6%。大力推进产业招商，举行黄冈现代物流业招商推介会和黄冈现代物流业专场签约活动，现场集中签约 14 个项目，总投资 90.6 亿元。

公路管养。全年完成国省道大中修 242 公里，其中大修 137 公里、中修 105 公里，完成危桥改造 461 座。新增国省干线指路标志牌 63 块、公路中央分隔带 24.6 公里。黄团浠美丽公路示范区全面推进，绿化、治超、养护管理等整体水平显著提升。扎实开展"四好农村路"专项整治行动，整治问题 53 个，整治成效位列全省第一方阵。投资 900 余万元，启动黄冈市

2021年9月28日，沪蓉高速公路麻城龟峰山支线高速公路正式通车

综合交通智慧管理平台项目建设。创新管理模式，搭建"路长制"信息化云平台。

优化营商环境。推进简政放权，交通审批许可事项取消10项、下放3项。创新推行道路运输驾驶员从业资格证27项高频服务事项"市县通办"，164个市级办理事项即办率达到50%，时限压缩比达到75%，网上受理率100%。推广"我要开物流公司"主题"一事联办"工作；推行"无证明办事"、船舶证书"多证联办"，全力推进"减成本"，推行复印免费、"快递送达"等便民措施。

安全应急管理。深入开展安全生产三年专项整治行动。全年检查单位（企业）2551次，排查整改隐患2154个。组织开展全市综合交通领域安全隐患"大排查、大清理、大整治"专项行动，检查重点企业、重点对象、重点路段等4371次，发现并整改隐患1358个。全面推进公路桥梁"三年消危"行动，882座危桥改造项目完成636座。研究出台《关于加强全市国省干线平面交叉道口管理的指导意见》。全面排查全市普通国省干线公路和农村公路临崖路段、临水路段和桥梁路段，分类分批整治安全隐患。

交通改革举措。全面完成黄冈市公路事业发展中心、市道路运输和物流事业发展中心、市港航事业发展中心的三定方案、人员转隶、新印章启用等工作。进一步完善交通综合执法体系，建立健全执法管理制度。农村公路管理养护体制改革不断深入，县乡村三级路长体系基本建立。起草《黄冈市关于推进多式联运高质量发展的实施方案》，全面对接市委市政府推进黄团浠一体化决策部署，提请市政府出台《黄团浠国省干线美丽公路示范区建设方案》，推进"五个示范"工作。黄冈市交通运输局获"全国文明单位""全国交通运输系统脱贫攻坚成绩突出集体""湖北省扫黑除恶专项斗争先进集体"、黄冈市区创建国家卫生城市"先进单位"等称号，"四好农村路"和国省道一二级公路建设连续第四年获省政府大督查正向激励，累计获奖励资金10650万元。

（潘攀）

【黄州区】至2021年底，全区公路总里程1463.5公里，路网密度404.3公里/百平方公里。其中高速公路20.8公里、一级公路146.8公里、二级公路106.3公里、三级公路304.9公里、四级公路884.7公里；按行政等级分为国道35公里、省道73.6公里、县道143.6公里、乡道329.2公里、村道861.3公里。境内河流适航通航里程57.9公里，其中长江36.67公里、内河（巴河）21.23公里。已建泊位30个（其中生产性泊位24个、功能性泊位6个），在建生产性泊位10个，最大靠泊能力5000吨级，农村渡口6个。有客运站9个，其中一级客运站1个、二级客运站1个、三级客运站1个、五级客运站6个。

基础设施建设。全年完成交通固定资产投资4.3亿元。推进347国道陶店至团风举水河桥一级公路、唐家渡港区沿江疏港一级公路等项目前期要件办理，服务推进207省道化工园至南湖工业园、燕叽大桥等重点项目征地拆迁工作。347国道陶店至巴河一级公路完成路基施工4公里、涵洞40道，竹林湾桥桥线下施工完成，桥面系主桥和左幅桥施工完成；347国道陶店至举水河桥（黄州段）工可、初设、施工图获批复。207省道黄州化工园至南湖工业园公路启动建设。黄团浠国省道美丽公路示范区项目（团黄公路10.8公里、江北公路20.3公里绿化项目）回填、平整绿化土方、栽种行道树、土壤改良、挖设排水边沟、提高沉井、修建挡土墙、铺植草皮、修建花坛等。汽南线二码头至鄂黄长江大桥段3.1公里路面大修工程全面完工。黄州港船舶污染物接受转运码头项目年底全部建设完成。唐家渡港区沙洲锚地项目投入试运营。楚江综合码头高桩件杂货泊位基本建成，25吨级门座式设备主要部分安装完毕。祥宏物流综合码头散货泊位启动招投标流程。完成辖区内3家企业15艘船舶岸电系统受电设施改造，4家码头岸电设施建成投入使用。

"四好农村路"建设。9月28日，总投资2519.6万元、全长7.2公里的幸福水库环库路一期工程全线建设完成。完成农村公路提档升级、支持乡村振兴工程24.48公里，创森绿化农村公路60.2公里，创建美丽农村路56公里，改造危桥3座，完成路太线、张白线"黄冈逸道"项目9.2公里，维修农村公路破损路面1.4万平方米。顺利通过交通运输部"四好农村路"全国示范县创建复核，路口镇成功创建"四好农村路"省级示范乡镇，乡道王李线获评"全市十大最美乡村振兴路""全国十大美丽农村路"。

安防工程建设。持续开展国省干线安全防护设施维护更新工作，更新安防公路标志牌44块，更换安全防撞桶281个、中央安全护栏21块、钢制防眩板3227块、钢制安全护栏470余米。将安防工程建设与农村公路提档升级和隐患排查整治工程建设相融合，投资460万元，完成安防工程建设40公里，进一步提升全区农村公路安保工程建设整体水平。

运输保障。全区拥有道路运输企业224家。其中客运企业8家（包括旅游客运企业3家、城乡公交企业1家）、客运车209辆（包括旅游车48辆、城乡公交车76辆），道路客运班线（含城乡公交线路）59条，其中省际线路14条、市际线路19条、县际线路16条、城乡公交线路10条，全年完成公路旅客运输72万人次；普货运输企业201家、普货车辆5181辆；危货运输企业15家、危货车辆733辆。有一类维修企业25家、二类维修企业维修109家、三类维修企业125家。驾校7所，其中一级驾校2所、二级驾校1所、三级驾校4所，年培训能力4.2万余人。港口经营企业11家，水运企业9家，水运服务企业1家，拥有各类运输船舶248艘45万载重吨。全区基本形成国省干线"三纵四横"，农村公路连片成网，一类水运口岸雏形初显，公水铁并举的综合交通运输网络。

法治建设。组织开展《中华人民共和国民法典》《中华人民共和国固体废物污染环境防治法》等热点法律法规主题宣传活动，利用网络教学竞赛、执法风纪自查、法律顾问参与案卷评查等整训方式，营造良好交通法制环境，获得全省"七五"普法中期先进单位。出台全年"双随机、一公开"计划并上网公示，并与交警部门开展联合抽查工作，稳步推进"一网通办"、互联网+政府服务水平，完成区编办部署的赋权街道权责划分工作，行政审批窗口工作质效提升，开展涉企行政执法作风整顿和"清、减、降"工作，制定涉企"两轻一免"清单，交通优化营商环境提质增效。

风险防控。建立"两客一危"、冷链物流、桥梁涵洞、渡口码头等领域信息数据库，开展安全检查60余次，实行重大隐患领导包保挂牌督办，针对性开展危化品运输企业安全生产标准化达标建设，开展挂靠危化品运输车辆清理整顿，敦促企业完成主要负责人及安全管理人员资格证考试及网络注册，实现交通安全隐患动态清零。全区交通工程建设、公路航道运行环境、危化品运输等领域无一例重大责任安全事故发生。

行业治理。率先在实现全市农村公路危桥库内"消危清零"基础上，完成3座库外危桥建设，全面结束区境内全部农村公路危桥运行历史。推进公路治超雷霆行动，超限站查处违法运输车辆153辆，与交警部门联合开展查处超限超载车辆66辆（其中"百吨王"15辆），卸载货物3730余吨，吊销1年内3次违法超限超载运输车辆道路运输证41辆，责令1年内违法超限超载3次的4名驾驶员停止从事营业性运输，对1年内超限超载车辆数超过企业车辆总数10%的货运企业停业整顿62家。2021年农村公路养护管理工作和国省干线小修保养工作分别名列全省第1和第2位。农村公路实施养护转型、管理升级，维修农村公路破损路面1.4万平方米，健全区乡村三级"路长制"，"路长制""路保姆"成为标配。压紧压实生态环境保护行动，狠抓路面及施工扬尘污染、维修喷涂污染，深入推进船舶污染物防治战役，落实河湖库长责任。参与整治巴河"四乱"联合行动，拆除泡沫排筏8艘、收缴违规渔具10条根、劝退捕鱼人员10余人、清理违规垂钓台2座，有效维护辖区水域平安、畅通。

文明建设。首创市区"司机之家"，开展道德讲堂4期，成功举办"建功'十四五'、奋进新征程"岗位技能大赛公路养护技能竞赛。开展文明出行劝导、"建生态公路，创森林城市"等文明城市创建工作，全系统注册"好邻居"217人。承接人大调研4次，15件"两案"办理率、见面率、满意率100%；系统市级以上文明单位覆盖率100%。全区辖4个街道、3镇、1个乡和1个省级经济开发区、1个省管工业园区，常住人口40万，面积353平方公里。先后被授予全国历史文化名城、中国民间艺术之乡、全国双拥模范城、国家卫生城市、省级基础教育名城等称号。

（徐闻聪）

【团风县】 至2021年底，全县公路总里程2707.93公里，路网密度333.61公里/百平方公里。其中高速公路71.40公里、一级公路54.66公里、二级公路141.28公里、三级公路74.21公里、四级公路2355.39公里、等外公路10.99公里。内河航道通航里程37.5公里，其中一级航道4公里、三级航道4.5公里、四级航道11公里、五级航道14.4公里、等外航道3.6公里，港口1个，生产性泊位2个，渡口9个。有客运站10个，其

2021年，106国道路面油层铺筑中

中二级客运站1个、五级客运站9个。

基础设施建设。全年完成交通固定资产投资6亿元，比上年增长15%。黄冈革命烈士陵园红色旅游路（二级公路）41.9公里，年度完成投资1.95亿元，占比44.6%；106国道淋山河段改扩建工程12公里（一级公路），年度完成投资1.85亿元，占比42.3%；207省道溢流河至上巴河段改建工程（二级公路）11公里，年度完成投资9000万元，占比71%。完成提档升级农村公路19.93公里、通村公路8.60公里，完成跨年度项目安全防护工程21.69公里。全年完成危桥改造44座，其中国省干线危桥改造7座、农村公路"三年消危"桥梁37座，"三年消危"危桥改造计划全部完成。团风举水河大桥维修加固工程完工。团风县船舶污染物接收转运码头工程完工。黄冈公路养护应急中心项目正式开工建设。投资80万元，改造升级上巴河汽车客运站；投资204万元，新建港湾式候车亭34个；完成4个公路管理站和交通驿站视觉标识系统化建设。完成《团风县现代物流业"十四五"发展规划》修编工作，启动"鄂东国际物流园项目"设计。

"四好农村路"建设。县政府出台《关于推动"四好农村路"高质量发展的指导意见》《团风县"四好农村路"示范县创建方案》《团风县农村公路路长制实施方案》《团风县推动"四好农村路"高质量发展领导小组》等文件，全县实行农村公路路长制，建立起"县、乡、村"三级路长管理责任体系，按照"权责分明、分级管理、管养有效、奖惩有力"原则，通过建立规范化、科技化动态管理机制，保障全县农村公路良好的运行服务状态。

运输服务保障。全年公路完成货运量45万吨、货物周转量4410万吨公里，比上年分别增长6%、7.2%；完成客运量125.3万人次、旅客周转量4109.5万人公里，比上年分别下降18.3%、21.4%。水路完成货运量367.95万吨、货物周转量33.12亿吨公里，与上年基本持平。全年办理道路货物运输行政许可34个（其中新增货运公司

2021年，建成的团风农村公路马峰线公路驿站

6家），新增货运车辆147辆。实施城乡公交一体化改造，以县交投公司为运营主体，先后收购3家农村客运企业，改造城乡公交线路6条，开通城区、城乡公交线路14条，公交车覆盖辖区10个乡镇，有效解决偏远村庄百姓出行难问题。为支持乡村振兴，新增山区公交线路3条。基本建立以县城为中心，城区、城镇、镇村三级公交线路为一体的公交服务网络。

公路管养。完成路面病害整治、保洁除尘、清沟梳涵、整治路肩、整修边坡等年度计划工作。完成修补路面坑槽、路肩修整、边沟清理、清理坍塌方、沥青路面灌缝、修复钢护栏等，购置公路养护机械设备。推进四新技术运用，但店大桥安装无缝伸缩缝，实现桥梁伸缩缝快速修补，上巴河桥、港口桥、干渠桥等桥梁采用W810密封胶代替传统的桥梁橡胶止水带，减少后期养护投入。结合"洁化365黄冈公路在行动"活动，推进国省道沿线生态建设，全面提升国省干线公路通行环境，318国道新桥至方高坪段39.3公里"养护精品线路"建设，打造"黄团浠交通一体化"国省干线养护管理示范区、路域整治示范区、治超管理示范区、应急管理示范区和美丽公路示范区。

路政管理。按照"黄团浠交通一体化"和城区出口公路"四化"（洁化、绿化、净化、美化）工作要求，打造团风亮点示范区，集中开展路域环境整治，开展整治行动20余次，加大过境路段、马路市场、非公路标志的综合治理力度，确保过境路段人车分流，无占道经营、乱堆乱放、乱设标牌等侵占公路路产路权行为，提升公路整体服务功能。坚持称重检测、卸载放行工作原则，查处超限车辆512辆（其中"百吨王"101辆），卸载、转运货物22474.8吨，恢复、拆除非法改装车辆189辆，吊销1年内超限运输3次车辆营运证1辆。

科技与信息化。深化道路运输安全监管工作与互联网技术深度融合，进一步提升道路旅客运输现代化信息管理能力。将道路运输企业4G动态视频监控设备全部升级，加强对"两客一危"车辆安全生产全过程实施动态的有效管控，切实落实企业安全生产主体责任，交通运输部门安全生产监管责任。初步制定水上交通安全监管5G信息化平台建设方案。

安全应急管理。开展危险货物运输大检查大整治，检查危险货物运输车辆20余辆次。开展全县水路运输（服务）企业和在册营运船舶资质核查年审换证工作，全县2家水运企业均通过经营资质核查和年审材料审核，2艘运输船舶全部通过年审换证。完善港口企业各项安全工作制度，重点排查和处理船舶污染突出问题和安全隐患，加强进出港区船舶非法违法行为检查力度，全年整改安全隐患39处。全年检查企业、单位、场所713

个，查出安全隐患208处，集中整改销号207处，加强隐患排查、整改、销号闭环管理，确保全县综合交通安全生产形势持续稳定向好。

（胡林喜）

永佳河镇生态大道南斗天湖环湖道路

【红安县】 至2021年底，全县公路总里程3063.12公里（不含高速公路），路网密度170.5公里/百平方公里。其中高速公路61.7公里、一级公路80.86公里、二级公路338.36公里、三级公路39.54公里、四级公路2537.34公里、等外公路67.02公里。在营渡口23个。有客运站14个，其中二级客运站2个、五级客运站12个。

基础设施建设。全年完成交通固定资产投资10.2亿元，为年计划的127.5%。武汉至红安高速公路控制性工程施工全面启动；230国道七里坪至县城段一期工程完工；经典旅游景区公路、华吕公路通车运营；完成234省道檀树岗至永佳河段路面大修、国省道危桥改造12座。农村公路完成提档升级150公里、通组公路50公里，农村公路危桥改造119座，将军故居路提档升级42.57公里、品质提升87.41公里、景区循环10.5公里。农村公路建设全市考核排名第一，获市政府激励奖金50万元。建立全县农村公路管养路长制，优化管养工作格局，提升管养成效。聚力示范创建，提等升级强引领，红安县成功创建"四好农村路"省级示范县、杏花乡成功创建"四好农村路"省级示范乡镇。着力巩固提升，振兴乡村惠民生，将交通运输领域巩固脱贫攻坚同乡村振兴有效衔接。

运输服务保障。开通县城至上新集（二程）、县城至桐柏公交，全县"一票制"公交乡镇覆盖率达92%，成功列入全国城乡交通运输一体化示范创建县。维修保养客渡船2艘，在营渡船年检全覆盖。督促指导客运场站、冷链物流经营单位和道路水路客运经营者落实落细疫情防控各项要求。查处非法培训点6处、非法教练车20余辆次，驾培企业备案1家。

路政管理。"雷霆行动"治超全年组织联合执法大行动139次，查扣违法超限运输车辆1818辆，其中"百吨王"车辆37辆，落实"一超四罚"，处罚车辆432辆，卸载货物13795吨。清理占道经营120处314平方米、堆积物179处1219平方米，拆除违章构筑物2处，清理非公路标牌150块。查处路产案件62起，依法审批行政许可案件8起，大件护送3起。查扣非法盗采砂石运输车辆27辆次。

安全应急管理。整改完成市政府督办4处安全隐患、市综合交通安全生产专委会督查反馈8处安全隐患、县安委办挂牌督办安全隐患8处并销号。开展安全隐患"大排查、大清理、大整治"专项检查，约谈3家企业负责人，排查治理一般隐患110余处，整改率100%。关停煤气站点1处、LNG加气站1座，整改液化气加气站1家，有效遏制行业安全事故发生。深入开展安全生产专项整治"三年行动"，排查一般隐患241处，全部整改完成。新采购救援海巡艇1艘，并投入使用。开展水上安全检查，监督检查乡镇渡口渡船98处（艘），发现整治安全隐患6处；注销（报废）僵尸船舶17艘。

交通改革举措。交通运输综合执法大队挂牌，执法改革有序推进。全年录入"两法平台"案件85件，行政受理窗口缩减办事环节，实行"一窗受理、一网全办"。全国农村公路管理养护体制改革试点工作扎实推进。县政府出台《红安县农村公路管理养护体制改革试点工作实施方案》《红安县推动"四好农村路"高质量发展意

2021年，407省道天台山旅游公路溜石板路段完工

见》，完善农村公路三级"路长制+信息化"管养机制，构建"总路长抓总、分级路长抓实"管养工作格局，确保全县1名总路长、1名县道路长、13名乡道路长、384名村道路长和472名养护员履职到位，实现农村公路管养全覆盖和"有路必养、养必优良"工作目标。

（李兴名　秦祖斌）

【麻城市】至2021年底，全市公路总里程5415.47公里（不含高速公路），路网密度144.5公里/百平方公里。其中高速公路157.19公里、一级公路63.30公里、二级公路383.16公里、三级公路215.70公里、四级公路4753.31公里。内河航道通航里程110公里（界河按二分之一算），渡口6个。有客运站19个，其中一级客运站1个、二级客运站1个、三级客运站1个、五级客运站16个，货运站1个。

基础设施建设。全年完成交通固定资产投资48亿元。麻城至安康高速公路麻城东段建成；106国道麻城上畈至彭店段36.56公里改建工程建成通车；麻城市兴达路改扩建工程、麻城市边浮线X320枣林大桥至三屋畈段公路改建工程、麻城市孝感乡路京广大道至新106国道改扩建工程完工。全市"三年消危"项目库计划改造危桥327座，其中国省道桥梁62座、农村公路桥梁265座，完工324座。铁门岗乡成功创建"四好农村路"省级示范乡镇。全市将军故居路升级改造计划155.11公里，已完成91.67公里。

运输服务。全年完成公路客运量87.2万人次、旅客周转量5642.3万人公里，货运量374.1万吨、货物周转量4895万吨/公里。

公路养护。全年修补沥青路面坑槽3315平方米，路肩整修694公里、边坡割草500公里，清理水沟7600米。更换钢护栏346米，更换各类标志牌43块，急弯更换广角镜12块。346国道和106国道绕城线施划标线4664平方米（346国道彩色标线3450平方米）。完成206省道麻新线、325省道夫土线沥青路面灌缝处理。国道干线更换百米桩、示警桩117根，及时修复路肩带、硬路肩，确保国省干线附属设施完好。

综合执法。全年办理各类行政处罚案件1900余件，无行政复议和行政诉讼发生。持续保持对超限超载和货车非法改装整治的高压态势，建成不停车超限检测系统，助力超限超载治理，查处超限超载车辆1232辆次，卸载货物30616.7吨，查扣非法改装车165辆次、抛洒滴漏车辆71辆次，全市公路超限率为2%，比上年下降10%，有效遏制超限运输、货物抛撒、道路扬尘等违法行为。

安全与应急管理。坚持不懈抓好安全生产和风险防范工作，全面落实安全风险分级管控和隐患排查治理双重预防性工作体系，全年没有发生一起安全责任事故。举办全市道路畅通、汽运反爆等多项应急演练活动，不断提升交通系统应急抢险能力。深入开展扫黑除恶常态化斗争，强化交通运输行业管理，净化交通运输市场经营环境。

交通改革。按市委编办核定的"三定"方案，10月12日麻城市道路运输发展服务中心正式挂牌，落实人员，实现职能到位。"互联网+放管服"改革成效明显，363项交通行政权责事项并入全省"一张网"系统，受理办结交通行政审批业务2243件，

2021年10月12日，麻城市道路运输发展服务中心挂牌成立

2021年9月18日，闵集大桥建成通车

办结率100%。

（刘颖）

【罗田县】 至2021年底，全县公路通车总里程3471.33公里，路网密度161.91公里/百平方公里。其中高速公路63.13公里、二级公路407.36公里、三级公路81.67公里、四级公路2828.68公里、等外公路90.49公里。有客运站8个，其中二级客运站1个、五级客运站7个。

基础设施建设。全年完成交通固定资产投资5.1亿元，为年度目标的170%。全市"建养一体化"项目318国道罗田县城至三里畈段一级公路改扩建工程完成路基14.61公里、路面8公里，项目控制性工程三里畈大桥建成通车；309省道张杨线地质灾害点处置完成总工程量的90%。古城路及黄道山大道新建工程完成水泥路450米，黄道山大道完成路基90%、地下管网60%及隧道主体工程。

"四好农村路"建设。完成肖家坳至古楼冲、大雾山至八迪河、平湖至项家畈等"四好农村路"建设项目42.14公里，完成路基工程33.26公里、路面工程19.34公里。全县纳入全省公路桥梁"三年消危"行动桥梁128座（含白莲示范区3座）全部完工。

公路养护。国省干线公路养护以"精细养护、特色养护"为主，实现公路日常性养护和小修常态化，全面完成匡河、大河岸、九资河、胜利等养护站和服务设施标识系统改造，统一行业整体形象。以"洁化365黄冈公

2021年，九资河镇改造后的客货邮融合综合服务运输站

路在行动"为主基调，加大污染源头治理，对城区出口路和重要干线公路进行日常保洁机械化处理并保持常态化；打造养护精品线路；完成206省道大崎镇、309省道九资河镇过境公路路域环境整治；优化309省道、323省道等30公里干线公路通行环境。农村公路全面落实县乡村三级管养制度，开展联合执法行动，全力保障路产路权。实时掌握农村公路情况，督促完成整改问题100余处。

运输服务保障。全县有客运企业14家、货运企业12家、客运线路162条，城乡公交班线11条，城区公交班线6条，水运渡口4处。全年安全运送旅客40.82万人次。城区公交先后投入纯电动公交车26辆，并建设配套充电站；开通罗田城区至大河岸、白庙河等乡镇城乡公交班线。以创建农村客货邮融合发展示范县为契机，打造多站合一、资源共享的基础设施体系，启动城东客运站、匡河车站、胜利车站交邮融合改造工作，改造为客货邮融合综合服务运输站。

行业监管。开展道路运输专项治理，重点打击无证营运、站外揽客、不按线路行驶等乱象，全年立案查处客运违法案件300余起。重点整治318国道、204省道、228省道、323省道等主要路段在公路安全保护区内修建建（构）筑物，设置广告牌、宣传版，违法搭建、占道经营等违法行为，清理公路沿线非路用标志130余块，配合沿线乡镇拆除过境路段乱搭乱建建（构）筑物40处600余平方米，清理公路沿线堆积物及障碍物500余立方米。加大路面联合治超执法力度，重点检查运载建筑渣土、水泥、混凝土、砂石以及"百吨王"等超限超载车辆，查处非法改装车辆52辆，查处超限运输车辆700余辆，查处"百吨王"24辆次，卸载货物1.3万余吨。

（张宁）

【英山县】 至2021年底，全县公路总里程2870.63公里，路网密度198公里/百平方公里。其中高速公路26.11公里，国道41.04公里、省道255.59公里、县道168.69公里、乡道851.86公里、村道1527.34公里，农村公路占全县总里程88.7%。

2021年7月18日，318国道罗田段一级公路三里畈大桥合龙

基础设施建设。全年完成交通固定资产投资7.3亿元。219省道红红线红花至陶河段全线建成通车，九龙大道以及附属设施全面完成建成通车，323省道过三线过路滩至石镇段竣工通车。完成114公里农村公路建设任务，建成九大线等20条120公里"四好农村路"示范线路。完成干线公路危桥改造10座、农村公路危桥改造59座。323省道石镇至卡里段、219省道杨柳至红山段开工建设。方家咀乡被评为"四好农村路"省级示范乡镇，获奖励200万元；县交运局获湖北省脱贫攻坚先进集体称号；英山县被黄冈市政府评为"普通干线公路建设工作成效较好县"，获奖励50万元；九大线获评黄冈市"十大最美乡村振兴路"，获奖励30万元。

2021年6月10日，英山过石公路扩建中

道路运输企业。全县有客运企业12家，其中长途客运公司1家、旅游客运公司2家、农村客运公司6家、出租汽车公司1家、公交公司2家、驾校4家，维修企业93家。从事客货运输车辆1053辆，其中客车224辆、货车547辆、出租汽车119辆、公交车163辆。开通农村客运班线63条，乡镇通车率100%，建制村通车率100%，其中23个建制村以电召、预约形式开通。

公路管养。全年整修路肩1640公里，清理边沟2962公里，修复公路破损设施，查处路面案件39起，拆除临时非公路标志255块，清除乱堆乱放85处678立方米，下达责令改正通知书165份，有效维护路域环境。

综合执法。2021年4月，县交通运输综合执法大队正式挂牌运作。聚焦超限超载治理，落实"一超四罚"264起，卸载转运货物11420吨，抄告违法车辆信息251辆。"两客一危"运营车辆4G动态视频监控实现全覆盖，全县8个重点货物源头企业安装称重和监控设备，超限超载率控制在3%以内。加强交通建设项目质量和交通安全执法"亮剑行动"，下达整改通知书19份，查处工程质量监督案件5起。全年组织安全检查220人次，发现并整改安全隐患32起。

交通物流。全县有物流企业15家，大型货车20辆，三轮配送车辆50辆，快递企业12家，干线运输车辆20辆，电动三轮车近200辆。社区团购企业5家，商贸企业80家，配送车辆近200辆。冷链冻库40家。全县日收快件6200余单、派送快件3万余单，日处理物流商贸配送100余吨，其中农特产品占60%以上。

（付天姿）

【浠水县】至2021年底，全县公路通车总里程3817.15公里，路网密度195.65公里/百平方公里。其中高速公路114.4公里、一级公路129.92公里、二级公路228.69公里、三级公路242.68公里、四级公路2976.46公里、等外公路125公里；按行政等级(不含高速公路)分为国省道305.81公里、县道340.61公里、乡道1507.02公里、村道1549.31公里。国省道桥梁86座、农村公路桥梁732座。境内长江岸线40.6公里，内河航道通航里程53.9公里，其中三级航道9.4公里、四级航道44.5公里，港口3处，生产性码头4座，泊位6个。有客运站10

2021年4月20日，在建中的九龙大道南冲畈双桥

个,其中二级客运站 1 个、三级客运站 1 个、四级客运站 2 个、五级客运站 5 个、简易站 1 个,货运站 1 个。

基础设施建设。全年完成交通固定资产投资 27 亿元。黄黄高铁开展联调联试,完成站房主体工程建设,配套项目千里路、浠散路安时大道至千里路段、站前广场完工。完成 201 省道城区至余堰段中修,完成 401 省道桃白路、228 省道汪岗至竹瓦段、葛洲坝大道绿化工程。加快推进 220 国道界岭至丁司垱段、浠散路红莲至散花段、347 国道陶巴公路和巴蕲公路建设。完成国省干线危桥改造 5 座。

"四好农村路"建设。完成农村公路范查线、丁土线、散花南畈基地路提档升级。加快推进芦象线、学李线、官查线提档升级。完成通组公路 178 公里、窄路拼宽 90 公里、安防工程 76 公里。完成农村公路危桥改造 73 座,在建 30 座。

运输服务保障。全年公路完成客运量 749 万人次、货运量 349 万吨。港口完成货物吞吐量 1091.7 万吨。全县有客运公司 17 家,营运客车 657l 辆,客运线路 131 条。其中,跨县以上客车 126 辆、线路 23 条,县内营运客车 508 辆、线路 108 条,旅游包车 23 辆。货车 599 辆。维修企业 227 家,其中一类维修企业 2 家、二类维修企业 30 家、三类维修企业 195 家;驾培机构 5 家,机动车综合性能检测站 1 家。出租汽车公司 2 家,出租汽车 299 辆;公汽公司 1 家,城区公交线路 9 条,公交车 109 辆,公交运营里程 186 公里,停靠站点 256 个。

公路养护。国省干线养护完成路肩平整、边坡整修、清理边沟等,完成路面坑槽修补、清灌缝,清理疏通涵洞等。完成新建桥梁检查步道 15 座及规范设置 86 座管养桥梁,完成国省干线绿化新补植 103.074 公里。完成 409 省道葛洲坝大道生态廊道建设,完成养护资质平移、朱店公路管理站拆除重建、养护应急中心房建工程及路网视频监控系统建设,启动 409 省道下巴河公路服务区及 202 省道松山公路管理站建设,修缮改造养护站房 5 处。农村公路养护清理路肩 146 公里、边沟 1.6 万余米,清除垃圾 2300 余吨,路域环境明显改善。

路政管理。拆除国省干线沿线违章建筑 8 处 216 平方米,清除堆积物 288 处 5549 平方米,拆除非公路标志标牌 334 块,清理占道经营 168 处 2107 平方米,拆除摊棚 48 处 1360 平方米,清理种植 48 处 810 平方米,拆除电线杆 30 根。清除农村公路两侧农作物 960 余处,拆除违规建筑物 68 处 1520 平方米,整治农村公路"脏、乱、差"现象,依法保护农村公路路产路权。查处超限超载货车 3845 辆,其中超载车辆 2271 辆、卸载货物 4.99 万吨,整治非法改装车辆 175 辆。

港航管理。清理拆除"三无"采砂船 65 艘,清理"三无"小挂机 12 艘,完成退渔禁捕工作,完成浠水船舶污染物接收转运处置趸船和船舶污染物斜坡道码头建设,加强码头岸线日常管理。

营商环境优化。交通行政审批事项全部进入市民之家行政服务窗口,实现"一网通办""一个窗口办理"。全年办件量 3641 件。办理行政许可 126 件,其中货车许可 91 件,港口许可 1 件、公路涉路许可 2 件、超限许可 32 件;客货车年审 1435 件。

安全应急管理。排查国省干线公路水毁安全除患 356 处,清除山体滑坡及坍塌方 8 万立方米、修复挡墙及路肩边坡加固 160 余处,修复加固波形梁钢护栏等防护设施 45 处 686 米、疏通桥涵 160 座。农村公路清理扶正倒伏树木,恢复标示牌 36 块,修复路基 72 公里,砌筑边坡 2132 延米,抢通山体塌方 3 处,修复水毁农村公路 171 条,保障农村公路安全通畅。下发整改通知 68 份,纠正水上水下违章作业 24 起,发送水上安全提醒信息 1200 余条。安全生产无责任事故。

(隋群)

【蕲春县】至 2021 年底,全县公路里程 4005.92 公里,路网密度 167.1 公里/百平方公里。其中高速公路 89 公里、一级公路 91.32 公里、二级公路 281.57 公里、三级公路 316.13 公里、四级公路 3212.69 公里、等外公路 15.21 公里;按行政等级(不含高速公路)分为国道 50.7 公里、省道 335.6 公里、县道 374.1 公里、乡道 1465.85 公里、村道 1690.67 公里。港口 1 个,泊位 7 个,码头 6 个。有客运站 17 个,候车亭 480 个。

基础设施建设。全年完成交通固定资产投资 41.8 亿元,为年度目标的 137.4%。全年实施"两高五主五干四好农村路,一站一场一清零"十六大工程,"双高"即黄黄高铁、蕲太高速公路西段;"五主"即 347 国道巴河至蕲州一级公路、205 省道下蕲线复线胡海至瓮门段、258 省道青下线青石至挪步园、236 省道英黄线张塝至向桥段、403 省道清蕲线五条主骨架

2021 年,管窑红灯建材砂石集并点 1 个 5000 吨级散货泊位建成

公路项目;"五干"即县道大田线、县道郑席线、县道檀大线、乡道向桥斌冲至桥边、乡道界曹线;"四好农村路"即所有农村公路项目;"一站"即蕲北客运站;"一场"即蕲春港权顺基散货码头;"一清零"即改造库内公路危桥99座,提前一年清零。新增高速公路通车里程30公里,改造省道31.4公里、县乡道46.7公里,提档升级农村公路260.8公里,刷黑农村公路21条54.9公里,新改建产业路、坑组路134公里,改造通村公路161.66公里。

"四好农村路"建设。全年完成农村公路提档升级58.9公里,建设美丽农村路128公里,完成株大线、大田线、郑席线、檀大线、麻武连接线蕲春东路段等7条线路升级改造,新建公路驿站4个、小景观29处。全长11.9公里的县道绿唐线成功入选2020年度全国"十大最美农村路",刘河镇成功创建"四好农村路"省级示范乡镇。

公路养护。干线公路修补沥青路面坑槽、清灌缝,修复损坏钢护栏、整修路肩、清理边沟、修整边坡。配齐养护机械设备,开展"洁化365"专项行动,不间断清洗绕城一级公路、沿江一级公路、下蕲线八里段中央隔离带、波形钢护栏和指路标志标牌,创优公路出行环境。打造生态美丽公路,对英黄线、下蕲线、狮梅线、香管线沿线宜林绿化带播种四季花籽,红色旅游公路两侧补植树木,打造株大线小景观29处。

运输服务。全年公路完成货运量834万吨、货物周转量32.46亿吨公里,完成客运量360.5万人次、旅客周转量4032万人公里。水路完成货运量1718.59万吨、货物周转量83.44亿吨公里。全县有运输车辆3700辆、出租汽车262辆、船舶31艘、总动力29.6万千瓦、总吨位14.4万吨。

城乡客运。新成立1家客运公司,增加客运车辆33台;开通蕲春至太湖弥陀省际公交,拓展城区公交线路4条,上线新能源公交车126辆。启动大同旅游客运中心建设,改造完成刘河大公五级客运站,新建农村港湾

2021年,漕河城区新能源公交车上线运营

式候车亭22个。漕河城区公交全面实施更新改造和提档升级,68辆老旧柴油中巴车更新为94辆新能源公交车,其中纯电动公交车87辆、燃气公交车7辆。公交线路由8条扩增至12条,另开辟工业园区循环线路、定制线路5条,将县城漕河主城核心区与新城区、开发区、城郊生活区有机连接,网城一体。

现代物流发展。启动蕲春县现代物流业"十四五"规划,大别山原产地供应链物流智慧仓、湖北兴业现代物流园加快推进,蕲春仓储物流中心落实落地,蕲春网络货运智慧产业园正式签约,扶持龙全建材、双鸿物流进限入规,全年快递物流营业收入超亿元。

优化营商环境。实行"多审合一""容缺办理",开展"高效办成一件事""清、减、降"专项行动,修订和废止规范性文件2件,优化行政审批服务47项,95%以上高频事项当天受理当天办结。

超限超载治理。全年查处违法超限货运车辆5116辆次,比上年增长320%,其中"百吨王"16辆次,查处非法改装货车274辆次,卸载货物3.5万余吨。对违规企业下达责改通知书30份,处罚违规货物源头企业7家,对7家运输企业责令其停业整顿,吊销道路运输证13本,对2家违规企业、310名从业人员依法纳入诚信质量考核进行扣分。启动安装源头企业税控系统和治超管理系统,该系统率先在县城投黄砂超市进行试运行。同时,所有货车运载货物均采用二维码磅单,执法人员通过扫描二维码可以及时了解货物信息、吨位和源头,方便源头倒查和遏制虚假磅单。

平安建设。持续实施桥梁消危行动、公路生命安全防护工程、平交路口"千灯万带"示范工程,打牢道路交通运输安全基层基础。采取企业自查、行业监管单位巡查、局督查相结合方式,重点对"两客一危"、渡口渡船、施工工地和人员密集场所消防、防汛物资储备等环节进行不间断地排查,查出的45处隐患全部整改到位。

(王文林 王金松 洪莹)

【武穴市】至2021年底,全市公路里程2651.42公里(不含高速公路),路网密度127.3公里/百平方公里。其中高速公路70.9公里、国道94.1公里、省道112公里、县道227.36公里、乡道929.92公里、村道1288.04公里。境内长江岸线45.6公里,内河航道通航里程129.1公里,港区有货运码头13座、泊位42个,客汽渡7个。有客运站13个,其中二级客运站2个、四级客运站1个、五级客运站10个、货运站1个。

2021年9月25日，武穴长江公路大桥正式通车

基础设施建设。全年完成交通建设投资9亿元（含武穴长江公路大桥投资，不含高铁匝道工程），为年计划的112.6%，比上年增长16%。塔南线公路完工，中部新城高铁小镇连接线、高铁北站落客匝道工程及城东充电站项目主体工程建成，黄家山散货码头完成水工部分建设，官桥和百米港一桥2座危桥改造、郑席线龙里至大法寺段改造、官桥至朝阳公路、马口富强散货码头、刘桂超限检测站等项目在建中。332省道龙腰至梅川段一级公路、农村危桥改造、武山湖环湖路、金昌线等4个续建项目有序推进。220国道武穴至瑞昌过江通道项目在进行前期工作；水铁联运项目按程序向省政府申请开展码头项目前期工作。

"四好农村路"建设。完成农村公路提档升级150公里，修复破损路面75公里，刷黑美丽乡村示范点公路55公里，改造农村危桥26座。完成余川大道示范线刷黑，建成王冲、彭河2条旅游路，完成梅川"一河两岸"现代农村示范园道路升级。持续推进农村危桥改造、公路绿化美化、安防设施完善、配套设施建设、文明文化宣传、路域环境整治等六大工程，高质量打造仙人湖环湖路、横百线等迎检线路，建成一批便民驿站和客运站亭，全面推行"路长制"，助力黄冈市成功创建"四好农村路"全国示范市。大法寺镇成功创建"四好农村路"省级示范乡镇。仙人湖环湖路被评为黄冈市"十大最美乡村振兴路"。

行业监管。交通运输综合执法大队挂牌成立。交通事业单位改革顺利完成。持续开展源头治理和路面管控，全市货车非法改装和超限超载违法行为得到有效遏制，特别是347国道、郑席线、红色旅游路等公路污染现象明显好转，运输安全形势稳定。坚持以路美村、以路兴业、以路富民，成功打造梅狮线"党员示范路"、武盘路"铁板路"、官太线"防汛路"、大法寺全域"四好农村路"等一批特色路、品牌路，极大提升全市道路通畅水平。持续长江大保护行动，全市7座公务码头、4家船厂污染物接收设施配备齐全，污染物接收码头及船舶投入运行。累计整改港口船舶污染隐患24起，水路污染防治考核排名长期位于黄冈市前列。全年完成港口货物吞吐量7677万吨。全面落实港口协税措施，协征水路税收超4.2亿元。全面清理和规范交通企业经营资质。持续开展安全隐患大排查、大整改，全年排查各类安全隐患78处，整改76处。

运输物流。发展现代物流，制定《武穴市促进现代物流业发展若干措施》及其实施细则。网络货运平台完成经营资质手续办理。开展"千人进千企"活动，走访交通企业137家、经营主体182个（含物流快递），逐一摸清企业发展难题，"一对一"制订帮扶措施。武穴致远物流、运鸿速达2家企业顺利入规。恒鹏物流、富强砂石码头、盘塘砂石集并中心3家企业具备入规条件，4家港口企业完成运输业务拆分。

民生保障。推动创建省级城乡公交一体化示范县，添置新能源公交车60辆，延伸公交线路2条，加密城区线路3条，新开通城乡线路1条，完成余川、梅川2条线路公交化改造。做实疫情防控，紧盯车站码头、公路卡口、冷链食品运输和物流快递等领域，全力守牢交通防疫关口。

（韩露）

【黄梅县】至2021年底，全县公路通车里程4119.28公里，路网密度242.17公里/百平方公里。其中高速

2021年，中部新城高铁小镇连接线工程沥青路面刷黑施工中

公路68.52公里、一级公路155.25公里、二级公路215.23公里、三级公路147.20公里、四级公路2865.08公里、等外公路668公里；按行政等级分为国省道261.12公里、农村公路3858.16公里。内河航道通航里程133.9公里，港口码头8个，泊位14个(其中5000吨级泊位2个)，旅游码头1个，渡口27个(其中内河21个、长江6个)。有客运站13个，其中二级客运站2个、三级客运站1个、五级客运站10个。

基础设施建设。全年完成交通建设投资9亿元。安九高铁正式开通。黄梅高铁站集疏运105国道改建工程在进行隧道、桥梁及构造物施工。全面完成县城至龙腰段路面工程，启动大河同城化项目建设。大河红旅出口路路面基本建成。258省道黄青线宋冲段改线、五鸣线、五陈线和阻马线等水毁地灾工程顺利推进。完成105国道、347国道、236省道、小付线、梅向线等公路安全防护工程和安全隐患整治工程。全年完成危桥改造30座，在建8座。环古角水库公路完成征拆、清表工作，及施工便道工程。落实苦竹、停前2座五级车站建设工作，维修港湾式候车亭1个、招呼站5个。完成交通枢纽项目地勘工作，完成小池垃圾回收码头建设。完成滨河新区和老城区16座公交候车亭和20座公交站牌安装，并投入使用。黄竹林道口主体工程完成，启动引道工程建设。

"四好农村路"建设。加快"四好农村路"创省级示范县迎检线路项目建设，共12条线路79.02公里，投资2.03亿元。基本完成横山公路、下停线、一杉线、刘壁线、铁童线、古驿大道、烟张线、港栗路、严王线等11条公路建设任务。

运输服务保障。全县有营运汽车4526辆，其中客车390辆、出租汽车263辆、城市公汽91辆、客船29艘(湖内21艘、长江8艘)，基本满足全县客货运输需要。加强运输市场整治，查处违法违规经营行为133起，清理整治驾校非法培训点3处，加大县汽车站、人民医院、火车站等场所巡查和执法力度，探索试点运管、客管联合执法。

公路养护。坚持公路日常和预防养护并重、人机结合、专群结合原则，保障公路安全通行。全年完成路肩整修、清除路肩蒿草、路肩打药除草、清理边沟等养护任务。完成347国道、105国道路面坑槽修补、路面清灌缝等。150公里县道试点专班养护，效果明显。同时做好安全标志标牌校正、安装及更换工作，完成国省干线公路公里碑更换164块、百米桩更换及校正1405根、道口桩266根；制作安全震荡标线6公里，安装防眩板1596块，安装爆闪灯32个，修复更换钢护栏7604米。

路政管理。联合公安机关、乡镇城建、社区等部门集中整治以路为市、随意占用公路摆摊设点、非法在公路建筑控制区内倾倒生活垃圾、建筑材料等违法行为，105国道集中开展"三乱四清"整治活动成效明显。全年清除非公路标志630块，清理公路堆放垃圾900立方米，拆除违法乱搭乱建(棚)302处。坚持"政府主导、部门联动、统筹部署、依法推进"治超原则，全年查处车辆2410辆次，卸载货物6.04万吨，查处非法改装车18辆、"百吨王"49辆，按"一超四罚"停业整顿货物源头企业2家，约谈货物源头企业52家，有效遏制车辆非法改装和超限超载行为。

安全应急管理。成立安全生产领导小组，把安全生产管理纳入议事日程，做到半月一检查、半季一督查、半年一总结，全年一考评，压实安全生产工作责任。制定安全生产全年工作要点和安全生产月活动方案。加大春运、清明、"五一"、国庆等节日期间安全督查力度。举办安全应急演练活动5次，提升行业安全防范意识。按照安全管理职责要求，组织专班对各客货运输企业、渡船、渡口、危桥、危险路段进行检查。查处长江违法采砂行为3起，督促50余艘船舶完成相关登记手续。开展全行业"安全生产大排查、大清理、大整治"活动，查找安全隐患378条，下达安全隐患整改通知书55份，根据隐患情况建立台账，对照隐患台账整改到位。

(黄金文)

咸宁市交通运输

【概况】至2021年底，全市公路通车里程17768.15公里(以下合计17555.486公里)，路网密度182.2公里/百平方公里。其中高速公路482.45公里、一级公路421.53公里、二级公路1641.16公里、三级公路619.28公里、四级公路13969.54公里、等外公路634.19公里；按行政等级(不含高速公路)分为国道521.36公里、省道992.81公里、县道2656.26公里、乡道4378.68公里、村道8736.59公里。等级公路比重达96.3%。内河航道通航里程442.75公里，港口2个，生产性码头泊位11个，渡口98个。有客运站54个，其中一级客运站4个、二级客运站3个、三级客运站8个、四级客运站1个、五级客运站28个，农村综合运输服务站10个。

基础设施建设。全年完成交通固定资产投资47.56亿元，为年度目标的101%。其中高速公路投资18亿元、普通公路投资28.56亿元、港航站场物流投资1亿元。赤壁长江大桥建成通车；咸宁至九江高速公路施工图设计获批复，控制性工程九宫山1、2号隧道开凿。107国道咸安绕城段改建工程建设稳步推进；咸宁大道西延伸段道路工程在进行路面底基层施工。咸宁城市绿色货运配送公共信息服务平台项目开工建设。咸宁长江综合门户港建设（一期）年度完成投资910万元。高铁咸宁北站前广场改造项目完工。咸宁风景道项目完成步行骑行综合道、骑行道63.6公里、自驾游道618.37公里，在建86.91公里，建设公路驿站27个、景观节点38个，完成咸宁风景道LOGO标识涂装345.9公里。建成省内首条"荧光大道"泉都大道、首条"长寿命型公路"桂乡大道。咸宁市纳入全省公路桥梁"三年消危"项目库526座，其中国省干线桥梁70座、农村公路桥梁456座，桥梁加固改造152座、拆除重建374座。全年完成危桥改造264座，其中国省干线37座、农村公路227座。

"四好农村路"建设。完成县乡道改造183.43公里、乡镇二通道建设24.77公里，乡村路网连通、延伸公路建设224.12公里，提档升级建设318.76公里。咸安区被评为"四好农村路"全国示范县，嘉鱼县成功创建"四好农村路"省级示范县，咸安区大幕乡、嘉鱼县潘家湾镇、通山县杨芳林乡成功创建2020年"四好农村路"省级示范乡镇，通城县"四好农村路"建设获督查激励奖金300万元。咸安区汀泗桥镇黄荆塘产业路被交通运输部《美丽农村路建设指南》选定为典型示范案例，入围全国"最美农村路"50强。

公路养护。完成国省干线大修65.2公里、中修24.8公里。完成灾毁恢复重建项目4个共计31.57公里。做好修补路面坑槽、路面裂缝灌缝、平整路肩、修整边坡、机械打草、修整路肩草、清理边沟、补划路面标线等日常养护工作。增补示警桩、百米桩、道口桩2389根，安装、修复钢护栏8260米。推广应用"四新"技术，加大大粒径基层结构、热熔复合改性纤维碎石封层、抗裂基布、微表处、ATB-25沥青碎石等技术推广应用，形成规模效应。351国道咸安区台小线15公里、360省道大向线10公里、209省道通山县咸通线5公里、351国道嘉鱼县台小线2.8公里共32.8公里大修中应用热熔复合改性纤维碎石封层技术；351国道嘉鱼县台小线2公里中修应用抗裂基布技术；351国道咸安区台小线10公里、嘉鱼县台小线4.6公里共14.6公里大中修应用微表处技术；360省道咸安区大向线10公里大修中采用ATB-25沥青碎石。106国道崇阳县京广线大修中应用大粒径基层结构1公里。

超限超载治理。严格管控矿山源头车载"重量"，积极监督货源单位安装称重设备，对不合规经营的货源企业，采取约谈企业法人、现场约谈或警告货车驾驶员、处以罚款等方式，督促源头企业标载出厂。提升矿山源头监管"质量"，在矿山出入口设置限高架，落实24小时值守，严格执行"三不进场、三不出场"，超限超载不放行。查处超限超载车辆825辆，卸载货物18441.6吨。联合执法常态化，积极开展流动治超。加快推进治超检测站标准化建设，在治超检测站前方设置货车检测通道和交通标志，安装电子抓拍系统，引导货车主动按序进站检测。全市7个治超站、8个流动检测点建成不停车检测系统5个、在建2个，建成电子抓拍系统4个。全市超限运输比下降到2%以内。

运输服务保障。全年公路完成客运量950万人次，水路完成客运量5.8万人次、货运量512万吨，港口吞吐量完成1225万吨。优化调整中心城区公交线路，5条线路直达市民之家，其他线路一次换乘到达市民之家，消除疾控中心、福利院、二小、高新区三期等公交"盲点"。约谈省客、风韵等网约车公司，加快推进网约车合规化进程，办理网约车道路运输证49个、从业资格证650个，保障乘客安全和权益。加快城乡运输一体化，持续开展农村客运公交化改造，咸安—梓山湖、通城—大坪等5条线路改为城乡公交，赤壁市全域公交全面实现，获评全省全域公交示范县，申报成为全国城乡交通运输一体化示范创建县，并在全省交通运输工作会上交流发言。

物流发展。绿配创建不断深入，形成以捷利泉都现代物流综合产业园、湖北安欣多式联运物流中心为支点，五大公共配送中心为支撑点，60个大型商超和快递驿站为末端的"2+5+60"城市绿色货运配送网络。捷利泉都现代物流综合产业园投入运营，通山县物流仓储分拨中心物流营业区完成。公路港、京港物流仓储配送中心等物流项目一期完工，咸宁物流储备中心前期工作稳步推进。全市累计建成县级农村物流中心5个，镇级农村综合运输服务站64个，村级农村物流服务点668个，构建起"一点多能、一网共用、深度融合"的农村物流三级配送体系。

工程质量管理。成立平安百年品质工程创建示范工作领导小组。开展

2021年，咸宁大道西延伸段道路工程路面施工中

2021年，捷利泉都现代物流综合产业园成功创建城市绿色货运配送示范工程

普通公路工程质量安全综合督查，聘请第三方检测机构对工程实体质量进行抽检，抓好重点部位和重点环节隐患排查和安全监管，督促参建单位落实质量安全管理责任，加强自查自纠、举一反三，建立源头有防控、整改有措施、过程有检查、结果有记录的长效机制。开展全市交通在建工程领域安全问题隐患排查整治，全面排查施工安全防护、特种设备、临时驻地等重要点位，加大参建单位安全生产责任教育。持续开展"坚守公路水运工程质量安全红线"专项行动，对照14个红线问题，逐一进行排查，逐项整改。工程质量安全实行差异化监管，针对省交通运输厅通报的106国道通山洪港至九宫山改建工程实体质量抽检不合格等问题，约谈参建单位负责人，跟踪督办，严格落实整改。

建设市场管理。印发《咸宁市交通运输局关于进一步规范全市交通工程建设项目招投标管理的意见》《咸宁市交通运输工程建设招标代理机构管理办法（试行）》《咸宁市交通运输局关于进一步规范交通工程建设管理的通知》等文件，强化源头治理，完善事前事中事后监管体系，落实监督责任，消除招投标过程中各类不合理限制和壁垒，确保交通工程招投标统一规范、公开透明，营造良好的公共资源交易市场秩序。

安全应急管理。完善常态会商督办机制，坚持安全生产监管常态化。完善水上交通安全管理机制，落实水域、船舶、船员全覆盖管理，厘清县级人民政府牵头责任、乡镇政府属地责任、涉水活动主体责任和职能部门监管责任，切实防范水上交通安全事故发生。完善安全生产培训机制，依托"智慧交通"平台，使用手机App或电脑网页创新开展全行业安全生产网上培训，培训交通运输企业195家、从业人员4628人。全市41家"两客一危"重点企业和1886名从业人员全部录入，网上培训实参率和完成率100%。配合铁路沿线安全整治，完成涉及交通的22处公跨铁桥梁和公铁并行防护设施隐患整改、移交和后续管护。开展机动车维修企业和成品油运输车辆专项整治，检查机动车维修企业297家，下发整改通知书15份，查处成品油危险品运输车辆无押运员证2辆。推进船舶碰撞桥梁安全隐患治理工作，对辖区内18座桥梁开展隐患排查，整改隐患48项。全面开展"三无"船舶整治，完成长江禁捕水域22艘涉渔"三无"钢质船舶统一集中上岸工作，督导全市乡镇政府完成禁捕水域生活交通船舶登记2000艘，销毁"三无"船舶35艘。做好汛期巡查排查、防范应对、应急处置、值班值守等工作，投入抢险人力1853人次、机械设备433台套，开展水毁路段塌方清除和公路及附属设施修复工作。

法治建设。落实法律顾问制度，对《咸宁市城市绿色货运配送市场经营主体认定考核管理办法》《咸宁市交通运输工程建设招标代理机构管理办法（试行）》等规范性文件进行合法性审查，实行公平性竞争审查3次，清理文件3份，备案文件1份，审查合同20余份。办理人大代表建议24件、政协委员提案25件，满意率100%。牵头实施4项深化改革项目，稳步推进交通综合执法改革。全面推行行政执法"三项制度"，严格规范行政许可、行政处罚和行政检查，发布城市客运"红黑榜"7期、道路客货运"红黑榜"5期，表扬红榜驾驶员200余人，曝光黑榜驾驶员100余人。

（蔡霖）

【咸安区】 至2021年底，全区公路总里程3107.59公里，路网密度206.64公里/百平方公里。其中高速公路92.3公里、一级公路127.86公里、二级公路273.31公里、三级公路144.32公里、四级公路2334.65公里、等外公路135.15公里。全区所有乡镇政府所在地均通达二级以上公路，20户以上自然村100%通硬化公路，所有建制村100%通客车。

基础设施建设。全年完成交通建设投资12.18亿元。356省道横沟桥至通山县黄沙铺段改扩建工程（一期）全长5.6公里完工，辖区完成2.4公里。计划实施农村公路提档升级505公里，完成提档升级450公里。大幕乡获评"四好农村路"省级示范乡镇，咸安区获评"四好农村路"全国示范县。208省道甘鲁至毛坪段改建工程全长15.2公里，改建段路面、路基工程基本完工，新建段小型结构物基本完成，路基土石方完成60%。香城大道官埠桥至巨宁公司段道路综合改造工程（一期），完成西河桥至巨宁公司段4.08公里主路面工程投资1.21亿元。360省道大幕至向阳湖公路改扩建工程分为大幕至肖家咀和张公至甘棠2个路段全长39.72公里,路面、路基工程完工。公路桥梁"三年消危"行动,完成危桥改造50座,其中国省干线危桥7座。

公路养护。351国道台小线西外环段10公里路面中修、咸安区351国道台小线7.2公里灾毁恢复重建、咸安区普通国省干线公路危桥改造、360省道大向线大洲湖大桥改造、年度普通国省干线5座危旧桥改造、咸安区上年国省干线公路安全生命防护工程、351国道咸安区聂家湾至杨菊花段路面等7个养护工程全部完工。做好修补路面坑槽、路面裂缝灌缝、平整路肩、修整边坡、清理堆积物、清理边沟等日常养护工作,更换、埋设百米桩1053根、公里碑153块,更新、扶正标识标牌170个,安装、修复钢护栏5500余米,完成路面普通热熔标线1万平方米、震荡标线850余平方米,每月全面检查列养桥梁1次。

路政管理。全年巡查发现并纠正各类违法行为62起,查处路赔案件13件;开展路养联合巡查21次,制止、纠正电力、水利、燃气等各类不规范涉路施工行为9起;路警联合查处路损案件11起。开展"擦亮小城镇"百日综合整治等行动,全年拆除非公路标志149块,清除废弃土等堆积物29处550平方米。境内货运车辆进站检测率达96%左右,全区干线公路货车超限率控制在2%以下。

运输服务保障。城乡公交一体化改造稳步推进,完成原咸安至张公线路收购,开通咸安客运中心至梓山湖新城、咸宁北站至贺胜东站2条公交线路;实现校车统一运营管理;咸宁现代公路港物流园等物流项目、乡镇三级客运站及三级物流配送体系建设持续推进。全区7家客运企业386辆客车、5家危险品运输企业72辆货车纳入视频监管。按照"应减尽减、应快尽快"原则,进一步提高审批效率。全年办理道路货物运输经营许可(普通货运)275件,机动车维修经营备案128件,客货运输经营者等车辆过户、更新306件,道路运输从业人员继续教育培训1591次,客车、货车等《道路运输证》年审及机动车驾驶员培训教练车年度审验3646件。

安全生产。成立安全隐患排查整治领导小组和水上交通安全检查组、道路运输安全检查组、办公场所和生活小区安全检查组、疫情防控工作检查组、公路项目质量安全检查组、安全责任日常工作落实情况检查组6个工作专班,对全区交通运输系统安全隐患进行大排查。"打非治违"检查运输车辆1200辆次,发现违章车辆180辆次,处罚76辆次;查处非法驾驶培训点2个、教练车2辆;查处非法流动加油车7辆;检查维修厂家131家,备案110家,下达整改通知书88家;投资140万元,完成42个存在交通事故安全隐患平交路口升级改造。春运和汛期调配装载机、挖掘机等大型机械278台次,修补坑槽2300余平方米,修复钢护栏5处,投资20万元增添铁锹、铁丝、麻袋、锥形筒等防汛物资。组织干线公路突发公共事件联合应急演练。

2021年5月5日,开展水上交通安全检查

2021年,咸安区创建"四好农村路"全国示范区。图为白云山农村公路驿站

交通体制改革。11月29日，咸安区交通运输综合执法大队挂牌成立，核定编制123人，由原运管所、交通质监站、公路局下属路政大队、超限超载车辆检测站4个单位整体划转和区农管所、物流局部分人员组成，整合全区交通运输行政执法职能，以区交通运输局名义统一行政处罚权以及与之相关的行政检查、行政强制权等执法职能。

（洪琼芳）

【嘉鱼县】 至2021年底，全县公路总里程2680.43公里，路网密度263.05公里/百平方公里，其中高速公路73.68公里、一级公路107.47公里、二级公路76.33公里、三级公路54.59公里、四级公路2250.49公里、等外公路117.87公里。内河航道通航里程109.6公里（界河按二分之一算），港口1个，生产性码头泊位11个，渡口21个。有客运站6个，其中二级客运站1个、三级客运站2个、五级客运站3个。

基础设施建设。全年完成交通固定资产投资3.41亿元，比上年增长30.12%。公路建设投资17062万元，其中359省道嘉鱼县绿岭至朱砂段改建工程完成投资2800万元、"三年消危"工程完成投资1406万元、公路灾毁恢复重建完成投资1728万元、安全防护工程完成投资6436万元、农村公路建设完成投资4692万元。投资1272.3万元的护县洲锚地试运营，港区内包括锚地靠泊船舶生活垃圾、油污水等均可统一交由锚地管理公司上岸处置，真正做到污染物接收、转运和处置一条龙服务。

"四好农村路"建设。完成簰洲湾镇复阳村农村公路改造工程2公里、王家巷村农村公路改造工程0.62公里、潘家湾镇蔬菜产业路4.02公里、县乡道改造工程0.73公里等乡村骨干网畅通工程。簰洲湾镇陈家坊村通村公路、大思线改造等16个项目共14.11公里完工，完成官桥八组产业循环路20公里建设计划和5公里路面整理。完成农村公路提挡升级68.75公里，并对全县172公里"四好农村路"线路进行补坑槽、刷黑、划线。全县农村公路桥梁"三年消危"共41座，完成危桥拆除34座、梁板架设24座、桥面铺装完工21座，并具备临时通车条件。进一步提升嘉鱼县陆八舒扶贫

2021年，嘉鱼县余码头公路驿站建成

旅游公路惠民、便民作用，建成陆八舒扶贫旅游公路沿线3个交通驿站。嘉鱼县获评"四好农村路"省级示范县，潘家湾镇获评"四好农村路"省级示范乡镇。

运输服务保障。全年完成道路旅客周转量5612.82万人公里，比上年下降9.36%。继续强化驻站制度，加强客运安全源头管理。对辖区内客运公司，按照《道路旅客运输企业质量信誉考评办法》完成考评工作；完成公交汽车管理工作，加强安全监管，确保公交公司全年无安全责任事故；加强出租汽车市场监管力度，规范出租汽车文明经营行为，查处非法营运出租汽车66辆。完成全县139辆出租汽车更新置换工作。开展汽车维修行业优质服务活动，开展打击非法改、拼装货车专项整治行动，重点加强货运维修企业监管。开展机动车驾驶培训教练员"吃拿卡要"行为整治活动，规范驾校教学行为、收费行为、服务行为，对驾校实行动态管理，督促驾校落实安全管理制度。

公路管养。强化公路日常养护巡查，有效清除路面砂石、抛撒物等，定期清洗公路安保设施，保证道路设施整洁美观，及时处治路面坑槽、沉陷、翻浆等病害。整治路肩、边坡，疏通公路排水设施，完善公路绿化带补栽行道树木，补装、更换受损钢护栏、补划路面标线。联合交警部门，

2021年，嘉鱼县成功创建"四好农村路"省级示范县

投资30万元对351国道台小线、102省道武嘉线等5处存有安全隐患的平交路口进行整治。及时清理桥梁泄水孔和伸缩缝，同时对3座桥梁进行预防性养护。嘉鱼县公路管理局获评2021年度全省国省干线公路十佳养护单位。

路政管理。加大公路巡查力度，依法查处各项违法行为，处理损坏路产案件5起，及时修复损坏的路产和附属设施，对巡查过程中发现的安全隐患及时上报和处理。多次到矿山源头企业进行治超治限宣传，杜绝超限超载车辆出厂上路行驶。通过上路巡查和临时设点检查，查处超限超载车辆119辆，自行卸载、转运货物1921吨，清理堆积5处58立方米，排查整治安全隐患3处。

交通环保。集中开展长江干线非法码头整治、长江段港口岸线资源清理整顿、船舶污染防治等长江大保护三大专项战役攻坚战。配合长江大保护、非法码头治理、长江流域十年禁捕等，对渔业船舶、运输船舶、"三无"船舶摸底排查，制定处置方案。对涉渔船舶采取"三个一批"措施，即统一回收一批22艘、标识管理一批497艘、联合执法打击一批35艘。接收转运处置船舶垃圾18.61吨、船舶生活污水2289.8立方米、船舶油污水3.94立方米。加强柴油货车污染治理工作，联合环保、公安交警开展柴油货车尾气排放达标路检路查联合执法行动，检查柴油货车营运证、运输证等，对超标排放的营运货车进行联合惩处和制约。

安全应急管理。全县运输行业没有发生一起重特大责任事故，事故指标严格控制在下达的指标内，安全态势平稳。联合养护、路政等部门集中开展公路路域环境整治行动。全面排查管养桥梁沿线地质情况，制定方案维修加固。多次对公路桥梁、在建工地等重要场所进行安全检查，并在重要时段、重要节日前夕部署专项安全检查。制定公路防汛应急工作预案，成立工作领导小组，组建成立72人突击队，严格落实值班制度，做好应急装备、物资储备。

（陈甸甸）

【赤壁市】 至2021年底，全市公路总里程3128.22公里，路网密度181.6公里/百平方公里，其中高速公路86.52公里、国道115.86公里、省道203.35公里、县道360.35公里、乡道753.849公里、村道1608.29公里。内河航道通航里程84.5公里（界河按二分之一算），港口1个，生产性码头泊位4个，渡口8个。有客运站8个，其中一级客运站1个、三级客运站1个、五级客运站6个。

基础设施建设。全年完成交通固定资产投资16.2亿元，比上年增长37.7%。赤壁长江公路大桥正式通车。投资2950万元的西杨线西凉咀至神山街道工程、投资3800万元的361省道赤壁市大竹山至随阳段改建工程建成通车。107国道外迁工程、351国道武赤线改线段工程建设按计划推进。茶庵岭物流园完成项目前期工作，施工单位进场施工。长江大桥东延线工程及赵李桥铁路立交桥工程完成前期相关工作。陆水河节堤码头工程和319省道咸赵线百花岭至羊楼洞路面改造工程待确定选址和土地调规。陆水河航道疏浚和夜游项目航标设置基本完成。开展船舶受电设施改造，完成溢油回收船和污水接收箱建造。

"四好农村路"建设。完成农村公路建设133.7公里，其中农村公路乡村骨干网畅通工程13.6公里、乡村基础网连通工程51.3公里、农村公路提档升级68.8公里。完成"三年消危"桥梁18座。

创建全国城乡交通运输一体化示范县。重点打造"城乡电动公交体系+货运专线配送体系+电动三轮配送体系"相结合的三级物流运力网络。以城乡配送中心为核心，以遍布城乡的公交及多级配送中心为节点，建成1个县级农村物流中心、10个农村综合运输服务站（农村物流综合服务站）、144个村级农村物流综合服务点，形成一张辐射全域的物流网。12月，被交通运输部列为第二批全国城乡交通运输一体化示范创建单位。

创建全省全域公交县。10月13日，赤壁市最后一条城乡公交线路（神山、西凉湖）正式开通，全市14个乡镇（街办）144个建制村全部公交直达，全面实现城市、乡镇、建制村三级公交一体化。12月通过省交通运输厅专家组验收；2022年1月，被省交通运输厅授予"全域公交县"称号。

客货邮一体化试点。通过交邮合作，在中心客运站、城南客运站2个县级客货邮综合服务站、151个"邮掌柜"村点叠加物流服务功能。通过与村淘赤壁服务中心合作，在建成的52个农村淘宝服务站开展共同配送服务；通过开辟公交车带货收货新渠道，

2021年9月25日，赤壁长江公路大桥通车

2021年，在建中的107国道赤壁段外迁工程

缩减农村物资上下行时间周期，提高配送效率，降低物流成本。入选省交通运输厅试点项目。

规范运输市场秩序。查处非法营运网约车14起，查处违规经营出租汽车22起、教育纠正违规行为15起。强化驾培维修市场监管，完成维修企业和驾培机构质量信誉考核。全市交通运输行业市场秩序正常稳定。

路政管理。强化"联合治超""科技治超""源头治超"，将超限超载车辆控制在2%以内，全年查处超限运输车辆481辆次、卸载货物11745吨，车辆覆盖率100%。开展清扫、除草、树木危枝修剪、清障等日常管护活动，做好清捡垃圾、修补路面坑槽、路面灌缝、清理堆积物、障碍物等公路养护工作。

安全应急管理。利用演示文档（PPT）和App平台，开展安全教育培训5期，培训从业人员500余人次。组织开展安全生产"大检查、大整治""打非治违""专项整治百日攻坚"等专项行动14次，对车站、码头、渡口、渡船、"两客一危"等重点部位和重要节点进行拉网式检查，督促整改、消除安全隐患400余起。圆满完成春运、清明、"五一"、中秋、"十一"等重大节假日运输安全保障工作，全年未发生一起重大安全事故，水上交通持续32年无事故。开展公路安全生命防护工程和平交路口专项整治，投入资金100万元完成100处国省道与农村公路平交路口专项整治。

(陈晓峰)

【通城县】 至2021年底，全县公路总里程2466.31公里，路网密度216.2公里/百平方公里。其中高速公路49.3公里、一级公路28.13公里、二级公路204.23公里、三级公路75.15公里、四级公路2078.3公里、等外公路31.2公里；按行政等级（不含高速公路）分为国道75.43公里、省道86.65公里、农村公路2304.23公里；形成以2条高速公路、5条国省道干线公路和农村公路为主的交通路网结构。内河航道通航里程43.7公里，渡口7个。有客运站9个，其中一级客运站1个、三级客运站3个、四级客运站5个。

基础设施建设。全年完成交通建设投资12亿元。五里大道改造工程、沙堆至大溪湿地公园公路沙堆集镇段和上坪至大溪村段、2019年安防工程、国省道安全隐患治理、西冲村至天门村公路、金麦村通村公路、大坳村至荻田村旅游公路环线工程等9个项目交工验收；中医药产业园旅游公路、双龙路、庄前至药姑山公路改建工程(大坪乡集镇、庄大线)、石杨线、沙里线一标段、通四线标准化、龙门村、雁门村、北港收费站至庄前大桥公路等28个项目交工验收中。完成北岭线、关刀至黄龙林场公路（云溪水库大坝至道上村旅客集散中心段）、麦市黄龙桥、风景道、隽水大桥主线、47座危桥改造等项目建设，推进城东新区路网、开发区路网、106国道绕城公路(隽西大道)、象月线、五里超限站等项目建设。完成一中路面改造、362省道四庄桥至王家塝段大修、银城西路石泉小游园段、106国道马港至界上段路面改造（路肩硬化及排水工程）、水毁工程等项目建设，启动戴黄、里塘公路和菖蒲港桥至银邑米业等项目建设。完成宝塔大道、福人路、横岭隧道、沙上线、潭高线、隽大线等项目前期工作，持续推进通修高速公路、G353改道、环城公路、塘湖镇至青山梓木公路等项目前期工作，完善县"十四五"综合交通规划。

"四好农村路"建设。完成县乡道改造13.6公里、乡镇二通道建设18.8公里，建成乡村路网连通、延伸公路50.9公里，改造升级农村道路68.8公里，完成农村公路危桥改造年度计划，打造石南、北港、大坪、麦市、关刀、四庄、马港、五里等乡镇"四好农村路"示范线。通城县"四好农村路"建设获省政府通报表扬，获奖励资金

300万元。

运输服务保障。全年公路完成货运量185.3万吨、货物周转量1.52亿吨公里，比上年分别增长8.05%、8.03%；完成客运量601.2万人次、旅客周转量8714.4万人公里，比上年分别增长11.15%、49.29%。全县拥有客、货运输企业20家，客运班线93条，客车238辆、公交车64辆、出租汽车224辆，货车909辆。有机动车维修企业93家，车辆综合性能检测站2家，驾校6所。全县有物流企业45家，其中快递公司10家，物流信息服务企业1家，货运代理企业35家；物流营运车辆102辆(不包括配送三轮车)。

公路养护。做好全县5条国省干线沥青路面和水泥路面清缝灌缝、清理边沟、处理路肩杂草、水沟修复、清理路面积水、挡土墙修复、清理山体滑坡等日常养护；修补国省道路面底层、路面坑槽；国省干线公里桩、百米桩全部更新、补栽。同时加大全县68座桥梁日常保养力度，清理伸缩缝400米、泄水孔180个，处理桥梁跳车5处；对部分桥梁护栏刷漆。投入60余万元，对程丰大桥进行预防性养护；全县68座桥梁信息公示牌安装基本完成；完成黄袍小桥、白水崖中桥等10余座桥梁桥检通道修建。

路政管理。查处、纠正违法行为90余起，下达违法整改通知书37份并跟踪纠正整改。对国省干线公路集中整治5次，清除路障40余处，拆除非公路标志标牌80余块等，损坏路产立案7起，结案7起。采取定点整治、流动整治、源头整治等方式，检查车辆2387辆、卸载31辆、卸货236.21吨，联合公安交警等部门查处超限车辆57辆次，卸载货物1126.7吨，全县公路超限超载率控制在3%以下。

安全应急管理。严格落实安全生产"两个主体责任"，强化预防预控体系建设，健全安全生产风险管控、隐患治理等工作机制。开展安全生产三年专项整治、公路桥梁"三年消危"、自然灾害风险公路承灾体普查等专项行动，实现"两客一危"企业驾驶员动态监控违规信息闭环处理全覆盖，杜绝安全生产责任事故。健全应急快速反应机制，全面提升交通应急保障能力，妥善防范应对汛期暴雨、冰雪灾害等恶劣天气，主动抗灾救灾，及时保障全县交通安全畅通。

（程宇）

【崇阳县】 至2021年底，全县公路总里程3076.85公里，路网密度156.3公里/百平方公里。其中高速公路93公里、一级公路48.28公里、二级公路426.9公里、三级公路66.59公里、四级公路2438.27公里、等外公路3.81公里。内河航道通航里程53公里，渡口23个。有客运站7个，其中二级客运站1个、四级客运站5个、五级客运站1个。

基础设施建设。全年完成交通固定资产投资4.9亿元，比上年下降23%。武深高速公路崇阳连接线工程、106国道花山至黄龙段改扩建工程、崇阳二桥、城东学校道路、油市至清水乡村旅游公路等16个项目竣工。319省道咸赵线龙泉山、259省道铜天线盘山等重要节点路段高标准建设停车休闲区、交通厕所等公路服务设施，特别是在259省道铜天线、362省道金保线、246省道凤界线、359省道石铁线等路线因地制宜拓宽设置6处停车区并配设道路鲜花景观带。

"四好农村路"建设。完成农村公路提档升级68公里、农村公路路网连通、延伸建设70公里，乡镇二通道建设10公里，重要县乡道建设13.9公里。完成农村公路桥梁"三年消危"危桥改造施工招标，完成肖岭大桥加固改造、杭瑞高速公路黄龙连接线大桥桩基处治。安装警示标志80余个，消除安全隐患60余公里，完成54处农村公路平交路口安全提升改造。清理高小线等县乡道塌方2万余立方米，修复小桥和盖板涵3道、修砌挡土墙3300余立方米，修复路面1200平方米。委托劳务服务公司对27条共192.88公里干线公路开展日常养护，保持路基完好、路面整洁、平整，路肩平整坚实、边坡平顺稳直，排水设施畅通，沿线设施无损坏，绿化协调、美观。

运输服务保障。建成县级物流城乡配送(分拨)中心1个、城区"快递超市"店(点)45家。全县12个乡镇设立农村物流综合服务站、村级农村物流综合服务点128家，开通固定货运班车线路12条，交邮合作试点128个。乡镇服务站覆盖率100%，村级服务点覆盖率100%，"县、乡、村"三级农村物流配送体系基本完善。投资300余万元，新(改)建候车亭32个，改造乡镇客运站2个；完成申报一二级客运站2个、三级客运站2个、五级客运站3个(其中新建1个、改

2021年12月21日，崇阳县至赤壁首条城际公交开通

建 2 个)。

公路养护。全年完成沥青路面灌缝 92 公里、水泥路面灌缝 8 公里、沥青料修补坑槽、清理边沟、整治路肩、清除塌方、疏通桥涵泄水孔、清理桥梁伸缩缝、修复桥涵道、清转路肩杂物等日常养护工作,埋设百米桩、公里碑 47 公里,美化路肩 51 公里。及时修复破损水泥混凝土路面、沥青混凝土路面,挡土墙等,保障公路畅通。省交通厅发布抽检通报中,崇阳县抽检路段路面性能 PQI 值为 97.94,居全省第一。

路政管理。全年查处超限超载车辆 284 辆次,卸货 6800 余吨,查处路产赔偿案件 19 起。制止在红线控制区内违章建筑 8 处 640 平方米。清理公路路障 4210 立方米。路政案件查处率 100%、结案率 100%。查处非法改装车 301 辆,并按规定恢复原貌。加大货运"源头治理"工作,对货运源头单位下达违法行为通知书 2 份,取缔非法装载点 3 处,责令停业整改 5 家。

运输市场监管。督促道路运输企业对经检测达不到安全技术条件的营运车辆,立即送修或及时更新;对领取从业资格证的营运驾驶员进行培训考核,重点加强客运车辆和驾驶员安全管理,开展客运驾驶员继续再教育培训;加强对运输企业安全生产监管工作,组织专班在节假日期间常驻客运站现场办公,检查、督促、指导运输企业、客运站安全工作。推进企业安全生产标准化建设,全县 6 家道路客运企业全部完成达标任务,其中一级达标 1 家、二级达标 2 家、三级达标 3 家。制定汛期应急预案,实行 24 小时电话值班制度。储备应急运力 40 辆,完成防汛抗旱物资运输和人员疏散。开展"两客一危"车辆动态监控违规信息闭环处理工作。组织各道路运输企业法人、安全管理人员、安全例检人员、"三品"查堵人员、维修企业质检员参加各项安全知识培训。

科技信息化。崇阳县智慧交通应用管理平台系统主要分为路网管理、资产管理、路况评定、巡检管理、养护管理、建设管理六大模块,投资近

2021 年,路政执法人员治理超限超载现场

150 万元,实现全县农村公路路网、资产、路况等数据在时间和空间上的可视化管理,并结合全县农村公路管养实际情况定制一套适用于农村公路的巡检养护业务流程,有力促进全县农村公路管理规范化、养护科学化。

公路安全防护。加强公路安全畅通监管,持续推进公路生命安全防护工程,完成临水临崖路段整治 98.4 公里,安装波形钢护栏 55.4 公里,增设广角镜 86 个;积极推进"三年消危"行动,完成危桥改造 37 座,整治中 16 座;开展自然灾害风险公路承载体普查,完成国省干线公路 306.98 公里、农村公路 417.78 公里普查工作。投资 50 万元实施"千灯万带"工程,完成 63 处公路安全隐患处置,安装减速带 723 米、文字警示标牌 103 块、警示标牌 69 块、警示灯 95 个、电子警示灯 18 个等,公路安全保障水平进一步提升。同时,严格公路施工安全管理,落实新建、改建、扩建工程安全设施"三同时"制度,强化桥梁、隧道、高边坡等工程施工安全措施,完善安全生产保障机制,确保工程施工安全。

水上安全监管。加强重点渡口现场监管,严防船舶超载、冒险航行和危险品上船,确保渡运安全。联合青山镇政府和相关部门开展青山水库船舶安全综合整治行动,对青山水库 59 艘客渡船进行年检,督促不符合安全技术性能的船舶全部整改到位,将废弃趸船拖离码头,对客渡船舶停靠水域设置浮标,查处违法违规经营船舶 3 艘,扣押"三无"船舶 26 艘,拆除钓鱼筏房 5 个、钓鱼筏排 13 个。

安全隐患治理。完善安全生产隐患排查治理常态化和防范化解重大风险防控机制,将行业重大风险点重要信息纳入月度调度信息内容,建立重大风险基础信息、责任分工、防控措施、监测监控和应急处置"五个清单",推进安全生产风险可视化、精准化、动态化管理。在重大节假日和重点时段组织开展安全生产专项检查,全面排查治理事故隐患和薄弱环节,对发现的安全隐患做到隐患整改"五到位",实行闭环管理。全年开展安全隐患排查 59 次,下达隐患整改通知书 11 份,整改一般安全隐患 686 项。

交通改革举措。县交通运输局机关增加公路、运管、海事、港航管理局的行政职责和原县农业局渔船检验职责;内设机构由原来的 9 个调整为 8 个;保持原有的 18 个行政编制,领导职数调整为 1 正 2 副。组建交通综合执法大队,为局属副科级全额拨

款事业单位，定编120名；领导职数为2正3副，内设7个机构(2股5中队)。

(程文阔)

【通山县】 至2021年底，全县公路通车里程3268公里，路网密度122公里/百平方公里。其中高速公路97公里、一级公路9.8公里、二级公路405.78公里、三级公路280.8公里、四级公路2324.97公里、等外公路149.65公里；按行政等级(不含高速公路)分为国道87.3公里、省道199公里、县道529.7公里、乡道717.3公里、村道1637.7公里。实现所有乡镇通二级公路黑色化，187个建制村村村通公路，公路通达率、硬化率100%。内河航道通航里程89公里，渡口30个。客运站10个，其中一级客运站1个、三级客运站2个、五级客运站7个。

基础设施建设。全年完成交通固定资产投资12.29亿元。咸宁至九江高速公路开工建设。完成106国道洪港至九宫山一级公路路基7.13公里、3座桥梁上下部结构、3座桥梁下部结构；完成209省道界水岭至山口段大修工程路基路面5公里；完成马桥至洋湖、板桥至富有、通山至黄沙、茅田河至太平山、闯王镇至老屋里及绕城北路等县乡公路路基47公里、路面18公里。推进公路桥梁"三年消危"行动，实施90座桥梁改造，完成59座。城乡公交一体化项目完成征地、清表等前期工作；集公路站、交通厕所、停车区为一体的板桥公路站主体工程建成；公路建设养护应急物资储备中心，3000型环保沥青拌和站和水泥稳定土拌和站建成并投产。

"四好农村路"建设。加快农村路网建设，推动脱贫成果与乡村振兴有效衔接，完成乡村骨干网畅通工程20公里、乡村路网连通工程50.8公里、农村公路提档升级68.6公里；完成杨芳林乡"四好农村路"建设20公里，余白公路、大坑村、下杨村、新桥冯村、寺口村、烽火村、泉港村、龙岭村等公路建设21.3公里。

运输服务保障。全年公路完成客运量61.72万人次，比上年增长10.9%，完成旅客周转量4324.3万人公里，比上年下降8.6%；完成货运量365.2万吨、货物周转量3.12亿吨公里，比上年分别增长12.4%、13.2%。水路完成客运量39万人次、旅客周转量110万人公里，比上年分别下降9.3%、15.4%，实现连续26年无安全责任事故。全县跨省市客运车辆78辆，农村客运车辆149辆，出租汽车128辆；客运线路98条，其中县内78条、县外20条；新改建农村客运候车亭28个。城区新能源纯电动公交车75辆，营运线路7条，其中城区、城郊(山口、塘下)线路6条，隆鼎丽都专线1条，公交站亭(点)160余个。客渡船160艘并全部开展年检年审工作，确保营运船舶适航率100%。物流仓储分拨中心一期项目(包括快递分拣中心、配送中心、快消品仓库、停车场、司机之家等)建成并投入使用，物流企业19个，快递企业6个，快递驿站33个，乡镇代理15个，物流代理站点1个。依托物流仓储分拨中心打造县三级农村物流分拨中心，12个乡镇级农村物流综合服务站，覆盖全县187个建制村物流网点，基本建成"布局合理、双向高效、种类丰富、服务便利"的农村物流服务体系。

公路管养。全县国省干线公路进行热灌沥青预防性养护，完成路面灌缝110公里，整理国省干线公路路肩102公里，修补坑槽6100平方米，修整边坡3568平方米，补栽行道树1590棵、公路桩191根。对国省干线公路79座桥梁、317座涵洞逐一检查病害并进行清理、维修，完善桥梁信息牌56块，新设限载限速通行标志4个。完成106国道、209省道灾毁恢复13处，安装涵洞、砌筑挡土墙，清理水毁塌方，安装、修复钢护栏，补划路面标线。

行业监管。开展由政府主导、部门联动的"四治"百日攻坚等专项整治行动，对超限超载及非法矿产装载等行为实行全天候动态管控治理，查处超限超载车辆305辆，卸货4500余吨，改型、无从业资格车辆15辆，处理违规货源企业13家。开展客运站及周边和乡镇非法营运车辆专项整治行动6次，查处非法营运车辆17辆，排查整治危险品运输车辆安全隐患和违规经营5次。开展路域环境集中整治3次，清理占道堆积物、种植物1300平方米、占道施工38处、非交通标志牌90余块，拆除路边简棚2间、违建院墙90平方米。

智能交通。率先在全市建成县级交通运输应急监控指挥中心，对所有营运车船特别是"两客一危"车辆实现4G动态视频监控全天候、全过程监管，通过第三方监测平台发送安全预警信息18条，"两客一危"车辆动态监控平台发现并及时纠正驾驶员违规行为8225次，查处出租汽车未在线从事经营活动4起。建立健全国省干线养护信息化管理系统，完善公路基础数据库，实现干线公路"智慧管养"。建设完善水上搜救应急系统，利用渡口渡船电子远程监控系统，及时纠正3起超载等违法航行行为。建设"智慧公交"，实现市民乘坐公交车手机移动支付功能。

节能减排。推广新能源汽车倡导绿色出行，新建公交总站和充电站场，更换新能源纯电动公交车75辆，建设新能源充电站场3个，配备充电桩33个，通山县成为全省首个实现公交车整体"油改电"转型升级、实现绿色出行的山区县。在209省道咸通线大修中采用同步碎石封层新技术，应用温拌沥青等低能耗材料，提高公路使用周期，减少对原材料的摄取，打造低碳公路。

交通环保。开展船舶污染防治和港口设施污染防治专项行动，健全完善富水湖船舶污染物接收、转运及处置监管联单制度，全县每个渡口配备垃圾桶、废油回收桶3个，营运船舶配备船舶垃圾桶、袋等垃圾储备容器，满足航行过程存储船舶垃圾需要，实现垃圾、污油水全部上岸处理。持续巩固营运黄标车淘汰工作专项行动，至2021年底累计淘汰营运黄标车470辆。

随州市交通运输

【概况】 至2021年底，全市公路通车里程14957公里，路网密度155公里/百平方公里。其中高速公路333.5公里、一级公路185.7公里、二级公路1126.6公里、三级公路293.2公里、四级公路13018公里。全市有通航水域10处、等级航道里程150.5公里，渡口34处。有客运站33个，其中一级客运站1个、二级客运站5个、三级客运站1个、五级客运站26个。

基础设施建设。全年完成交通固定资产投资22.33亿元，为目标任务的184%。普通公路20.51亿元，其中国省道8.30亿元、农村公路12.21亿元；危桥改造1.21亿元；站场物流5557万元；水运建设510万元。浪河至何店一级公路建成通车。316国道十岗至厉山段安全设施配套完善工程中央分隔带预制混凝土护栏安装完成。346国道随州市十岗至任家台段控制性工程府河大桥下部结构完成，在进行上部结构施工。316国道广水市平林至曾都区淅河段改扩建工程高新区段完成4公里路基及跨麻竹高速公路分离式立交桥下部结构。随州至信阳高速公路完成投资人招标和项目公司组建，工可及初步设计编制完成，相关专题完成3个。全市完成一级公路路基4公里、路面7.3公里，二级公路路基21公里、路面13公里。完成农村公路新改建780公里、危桥改造93座。

"四好农村路"建设。继续加大农村公路建设力度，着力补齐交通基础设施建设短板，把农村公路打造成促进发展的经济线，保障安全的生命线，展现亮点的风景线。同时，整合资源，加强农村公路路域环境整治，营造政府主导、上下联动、部门协同的"四好农村路"建设工作格局。全年新改建农村公路780公里，随县唐县镇、广水市郝店镇成功创建2020年度全省"四好农村路"示范乡镇。

运输服务保障。全年完成公路客运量1561万人次、旅客周转量8.76亿人公里，比上年分别增长28.12%、32.65%；完成货运量8040万吨、货物周转量150.37亿吨公里，比上年分别增长34.52%、28.95%。有客运企业33家、客车1288辆，其中旅游客运企业6家、旅游客车104辆；客运班线660条，其中省际班线33条、客车43辆（其中800公里以上线路17条、客车38辆）、市际班线63条、客车133辆。货运企业506家、货车17799辆。公交营运线路29条（曾都区20条、随县2条、广水7条）、公交车516辆（曾都区386辆、随县16辆、广水114辆），出租汽车788辆，其中城区547辆、随县25辆、广水216辆。新增（更新）客车50辆，其中中高级客车26辆；新增货运业户1273家4010辆货车，新增危货企业1家，新增（更新）危险货物运输车辆21辆。圆满完成春运任务，春运期间完成客运量44.93万人次，处理投诉23起。依法许可网络预约出租汽车公司4家；开通学生定制公交29条，手机App充值公交卡功能上线运行。在籍船舶139艘，其中省际普通货物运输船舶43艘载重吨8.4万吨，客渡船51艘，旅游客船33艘，砂石船、公务船、水务趸船等12艘；在册船员308人。

物流发展。建立随县农村物流（仓储）三级配送中心，建设仓库面积12579.2平方米，引进德邦快递、圆通快递、邮政速递等快递企业入驻园区。在随县19个镇（场）设立镇级农村物流配送网点、165个村建设村级物流配送网点，开通5条配送线路，所有站点统一挂牌、统一着装、工作牌，80%以上站点完善和具备服务功能。随州城乡万吨农产品冷链物流中心项目建成仓库1栋，建成1号农产

2021年12月，346国道十岗至任家台段改扩建工程府河大桥建设现场

品冷藏库1栋，获交通运输部补助资金800万元。

公路管养。全年完成大修44.48公里、中修24.5公里。完成随县小林养护管理站标准化改扩建。实施国省道危桥改造6座，完工1座、开工建设4座、完成招投标1座。做好清理边沟、处治坑槽、铣刨路面、灌缝、补划标线等日常养护，修复安全防护设施，黑色化路口路面，规范统一全市公路管理站、停车区和公路服务区标识和标牌，有效提升公路行业服务保障能力。8月11日，随州市遭遇特大暴雨，市公路管理局迅速启动防汛应急预案，赶赴现场研判水毁灾情，组织应急队伍抢险救灾保畅通，投入资金172万元，抢通全部水毁路段，确保国省干线公路安全畅通。为应对低温雨雪灾害天气，全市路政养护人员联合行动，对弯道陡坡路段抛撒防滑砂石料，提高路面抗滑性；对个别重点危险路段安排值班值守提醒劝导，所有线路和桥梁均有养护、路政人员24小时不间断巡查，确保道路安全畅通。

路政管理。推进全市国省道路域环境整治专项行动，重点清理非公路标志205块，治理加水点28处。推进科技治超建设，全市4个治超站全部安装路面监测系统、电子抓拍系统，基本实现科技治超、精准治超。政府主导、部门配合、路警联合治超模式基本形成，全市4个超限检测站全部实现交警24小时驻站值守，治超效率和安全性进一步提高。全年查处超限车辆1183辆，卸载车辆1122辆，卸载货物33724.54吨，整治非法改装车188辆。

行业监管。加强客运市场稽查，查处非法营运车辆16辆。强化巡游出租汽车监督管理，采取巡查与定点守候方式，查处出租汽车不打表、拒载等违法违规经营行为60余起，出租汽车经营秩序明显好转；发放网络预约从业资格证226个、传统巡游从业资格证117个。全年办理道路货物运输驾驶员从业资格证件3507本，比上年增长75%；注销道路运输从业资格证件1802本，换发IC卡式资格证3277本；参加诚信考核8102人；开展资格证协助查询，查出伪造证件13本。强化驾培维修市场监管，全市13家机动车检验检测机构完成综合性能检测联网系统升级改造；完成维修企业和驾培机构2020年质量信誉考核工作；平稳有序推进全省驾驶员培训和考试平台联网对接工作，全市接入驾培监管平台驾校30家，核定教练车958辆、教练员1050人。

科技信息化。推广应用运输车辆动态监控，全市"两客一危"车辆、农村客运车辆、总质量12吨及以上普货车辆均安装使用动态监控终端；推广应用"双随机、一公开"监管平台，执法透明度、执法效果显著提升，实现执法工作全程留痕，责任可追溯。推广应用湖北道路四级协同管理与服务信息系统，实现运政业务网上申请、网上办理。加速"互联网+公交服务"平台建设，手机App充值公交卡功能上线运行。进一步加强和规范汽车维修电子健康档案系统使用，确定第一批M站维修企业6家，实现汽车排放检验—维护—复检闭环管理，全年治理尾气排放不合格车辆1129辆。

安全应急管理。集中开展道路普货运输安全专项整治行动、危险品运输安全集中整治问题整改"回头看"，排查隐患225起。深化公路安全生命防护工程和平交路口专项整治，完成平交路口专项整治，312国道和346国道隐患整治通过省综合专委会验收销号。将水路交通安全生产专项整治三年行动、水上交通安全突出问题集中整治等行动与日常安全督查相结合，督促整改缺陷10项。圆满完成节假日和重点时段交通运输应急值守与保障任务，全市交通运输行业未发生重特大事故，安全生产形势总体稳定。

交通改革举措。推进交通运输综合行政执法改革，市委编委批复同意组建随州市交通运输综合执法支队。同步推进事业单位改革，11月，市编委批复原随州市道路运输管理局更名为随州市道路水路运输事业发展中心、随州市公路管理局更名为随州市公路事业发展中心、随州市交通物流发展局更名为随州市交通物流发展中心。

文明创建。完成随州市交通运输局"省级文明单位"、公路局"全国文明单位"复核。建成5个品牌化公路"文明驿站"。在城区547辆出租汽车和322辆公交车上刊登公益广告，公益广告率达70%以上。举办职工劳动竞赛、"职工大讲堂"、演讲比赛等活动。

（喻红平）

2021年3月29日，随州城区1号线"定制公交"正式开通

【曾都区】 至2021年底，全区公路总里程2456.06公里，路网密度172.35公里/百平方公里。其中高速公路59.8公里、一级公路61.41公里、二级公

2021年，327省道长张线胡家河分水岭段建成通车

路197.31公里、三级公路110.829公里、四级公路2026.708公里。

基础设施建设。全年完成交通固定资产投资2.7亿元。327省道长张线胡家河分水岭段、洛府线洛阳段、星光至夹子沟县乡公路、现光山景区段、王张线谢店至龚店公路、先余线万店至先觉庙水库公路、王龚线花湾至龚店段等7个项目建成通车。新建通村公路62公里，完成提档升级通村公路77公里、危桥改造13座。新建农村候车亭10个，水毁修复工程全部完工。

公路养护。做好沥青病害路面挖补工作，对263省道迎宾大道段、316国道曾都段大面积病害进行机械铣刨后重新铺筑、小面积病害进行切割修补、坑洞式病害做到一洞一清理一填补压实。做好特殊路段及时垫补及病因消除工作，对262省道浙万段待改建路段根据实际情况做到勤垫勤补，有效保障该路段安全畅通。同时，对316国道十岗段路面大面积坑槽进行修补，并做好公路病害处置方案。打造高质量路域环境、提升辖区路容路貌作为养护工作重点，先后对辖区316国道、迎宾大道、炎帝大道等进行全面维修保养，开展路域环境整治，同时清理沿线堆积物、障碍物，全面清理路肩、水沟，刷新附属设施桥涵，修复受损设施。

路政管理。加大查处侵占路产路权等违法行为力度，确保公路安全畅通。查处路损案件3起，清理非公路标志68块，制止违法建房300余平方米，清理堆积物1800余平方米，处理涉砂车辆1辆，处罚超限运输案件3起，督促办理超限运输许可证3件。加强重点路段治理力度，开展路养联合工作，查处私设平交道口、破路施工、抛冒滴漏等行为，全面净化公路环境，有效维护公路安全畅通。进一步推动交警驻站联合执法工作，不定期开展流动联合治超，重点针对辖区240国道、316国道、346国道、炎帝大道等路段，查处车货总重超过49吨货运车辆；对辖区砂石料场、商混站等运输企业进行超限超载相关法律法规宣传，要求货运企业和场站加强货运车辆监管。

安全应急管理。落实安全生产主体责任，进一步厘清《安全生产工作责任清单》，层层签订安全生产目标管理责任状。组织开展"安全生产月"、安全生产隐患大排查等活动，排查安全隐患35次，治理纠正违章行为29起，排查隐患16起，整改率100%。针对316国道东外环段公路通行安全率下降问题，多次对沿线安全隐患进行排查、统计，确定增补设施要求、类型和数量；为保障辖区公路安全通行信息标识清晰、准确，对相关线路安全设施及标志进行更换、新增和修复。强化公路应急养护能力，及时修复因特大暴雨受损公路，确保辖区公路安全畅通。

（关文）

【广水市】 至2021年，全市公路总里程5081.18公里（其中2000公里农村公路未纳入统计年报），路网密度192公里/百平方公里。其中高速公路70.98公里、一级公路78.63公里、二级公路321.52公里、三级公路45.24公里、四级公路4564.81公里。内河航道通航里程89公里。有客运站13个，其中二级客运站2个、五级客运站11个。货运站2个。

基础设施建设。全年完成交通固定资产投资5.42亿元，比上年增长9%。完成346国道应山河大桥拆除重建、328省道十里至蔡河镇段路面刷黑等工程建设；"三年消危"桥梁改造42座，实际开工34座，完工25座；完成十新线泉口桥、广余线七孔桥、白武线高梗桥3座国省干线危桥加固，完成乡村路网连通、延伸公路建设70

2021年，星光至夹子沟县乡公路建成通车

2021年12月30日，316国道广水平林至曾都浙河段高新区跨麻竹高速公路立交桥在建中

公里和农村公路提档升级70.66公里。打造"四好农村路"示范路150公里，十里街道办事处和郝店镇分别成功创建"四好农村路"省级示范乡镇。

运输服务保障。开通农村客运班线330条，客运车辆625辆，其中通村客车（个体）386辆、乡镇客车239辆，369个建制村通车率100%。推动网约车合规运营，加快巡游出租汽车运价改革，进一步提升出租汽车服务质量。全市公交车实现微信、支付宝网上支付功能。检查客、货运车辆2242辆，查处各类运政案件232件，其中查处非法营运案件19件、货车非法改装51件、货车装运无合法来源凭证河道砂石案件6件、其他案件156件。检查运输企业141家，检查车辆175辆次，发现问题隐患104处，逐一跟踪企业完成整改。

公路管养。及时维修路面坑槽、沉陷等病害，坑槽处理全部采用机械化作业，用铣刨机铣刨路面，养护综合车生产沥青混凝土，压路机进行碾压，小修保养实行机械化、标准化。全年修补沥青路面基层3876平方米、沥青路面面层6875平方米，路面沉陷地段集中进行铣刨加铺。沥青路面灌缝108公里，对沥青路面网裂路段集中推油，水泥混凝土路面清灌缝15公里。新建浆砌水沟846米，清理水沟84公里，清理路肩、绿化带高草340公里。

路政管理。切实维护公路合法权益，及时查处损坏公路路产案件，集中清理占道堆物、加水冲车、非交通标志等影响交通安全障碍物。全年清理占道堆积物177处1601.34平方米，清理摆摊设点57处177平方米，拆除非交通标志178块，路养联勤146次，查处路损案件32件。路警运联合流动精准治超，查处超限超载运输与非法改装车辆579辆，其中超限车辆579辆，卸载及转运货物22066.7吨，处理非法改装车辆26辆、无河砂来源车辆4辆。

安全应急管理。制定安全应急工作预案，落实安全应急人员和安全管理工作经费。开展公路隐患排查治理活动，对316国道、346国道重要交叉路口设置临时红绿灯，两侧设置水马、爆闪灯、提示牌等设施，提升安全通行能力，全年维修钢护栏2250米、标志牌24套，补划标线75公里。投入水毁修复资金150余万元，公路防汛处置及时，未发生水毁引发的交通中断。

交通改革举措。成立广水市交通运输综合执法大队，为广水市交通运输局管理的副科级公益一类事业单位，核定事业编制120名。成立农村公路养护中心，为副科级公益一类事业单位。

（黄炼）

【随县】至2021年底，全县公路通车总里程5513.46公里，路网密度97.5公里/百平方公里。其中高速公路220公里、一级公路35.35公里、二级公路672.82公里、三级公路82.53公里、四级公路4502.76公里；按行政等级分为（不含高速公路）国省道508.02公里、农村公路4785.44公里。内河航道通航里程中等级航道35.7公里、等外航道40余公里，渡口7处。有客运站17个，其中二级客运站1个、三级客运站1个、五级客运站（包括农村综合服务站）15个。

基础设施建设。全年完成交通固定资产投资2.9亿元，比上年增长130.1%。完成240国道柳林至周家湾公路路基25公里，桥涵14座；完成475省道草店至车云山公路路面16.57公里，263省道何柳线随县段改扩建工程4.33公里。累计投资1.15亿元，完成干线公路大修53.23公里。完成440省道唐张线唐县镇至吴山镇段路面刷黑改造20公里、随中片区尚市镇有余村乡村振兴路路面刷黑16.23公里、封江至高城镇道路刷黑11公里、240国道曾都界至均川镇道路刷黑6公里。新建港湾式候车亭15处，全县累计建设候车亭262个。新建海事应急搜救艇船1艘，出渡口专用公路1条，增设固定监控点2处。

"四好农村路"建设。完成通村公路建设154里，投资约7550万元。完成吴万线、红余线、尚富线、唐太线等县乡道改造32公里，投资约7040万元。完成农村公路提档升级75公里，投资约3750万元。完成农村公路桥梁建设12座；"三年消危"第一批45座桥梁招标完成，已进场施工，投资约4000万元。落实农村公路日常养护管理，重点对471公里县道进行日常养护，按照"县道县养，乡村道乡村养"原则，定期对各镇（场）落实乡村道路养护情况进行考核。开展县道路域环境整治工作，完成炎帝大道、唐大线、均洪线、封高线、厉封线路域环境整治，带动乡村道路域环境治理，辖区内农村公路面貌显著变化。实施县道水毁修复工程，针对"8·12"特大暴雨造成农村公路水毁情况，累计投入266万余元，对灾毁严重的童金线、均洪线、高石线、邱

2021年，随县公路部门开展公路养护作业

沙线、双讴线、三三线、刘尚线等路段进行水毁工程修复。助力唐县镇加大"四好农村路"建设，刷黑华宝山农村公路20余公里，唐县镇成功创建"四好农村路"省级示范镇。稳步推进美丽农村路建设，全年创建美丽农村路46公里。

运输服务保障。全年完成客运量476.1万人次、旅客周转量2.7亿人公里，完成货运量2391.88万吨、货物周转量44.92亿吨公里。8月14日至18日，随县柳林镇遭遇罕见洪灾期间出动公交车19辆次，运送救援人员104趟次。春运、中高考、寻根节、"七一"和"十一"等重要时间节点，严格落实24小时应急值班制度，圆满完成各项运输保障任务，均未造成旅客滞留现象。积极推进城乡一体化建设，将1路公交线路延伸至随县公务员小区。

路政管理。坚持政府主导、部门配合协调，各单位联合行动工作机制，持续精准打击车辆违法超限运输行为，辖区路段车辆严重超限超载态势得到有效遏制，全年查处超限超载车辆215辆，卸载转运货物5831吨，清理堆积物8300平方米，车辆超限率继续保持在2%以下。规范源头企业从业人员日常监管水平；督促货运源头企业安装称重和视频监控设备，并网管理；依法查处货物源头企业违规超限装物行为15起，有效遏制超限货运车辆出(站)场。

行政审批。深化"放管服"改革，开展政务服务事项精简，精简后交通运输行政审批事项大项共29项，精简率达55%；积极推进"一窗通办"、"一事联办"，按照"最多跑一次"要求，落实"店小二"精神，推行跨单位审批事项联合办理，推广应用"我要开物流公司(货运)"等联办主题事项，切实解决企业、群众办事跑多个窗口、重复提交材料、多次排队等难题。深化"证照分离"改革，大力推进"照后减证"、审批改备案，全面推行告知承诺制，对业务量较多的"道路运输经营许可""道路旅客运输站经营许可"实行告知承诺制；对"机动车驾驶员培训许可"实行审批改备案制；对"出租汽车经营许可"进行优化审批服务，审批时限由20个工作日压减到1个工作日。全面实施"双随机、一公开"监管；推进"信用交通"建设。

安全应急管理。强化行业安全生产主体责任，落实落细安全举措，堵塞安全监管漏洞，坚决遏制重特大事故发生。加大道路运输、水上运输、在建工程行业安全监管力度，确保全县交通运输行业安全生产形势总体平稳。制定应急救援预案，做好各类突发事件和生产安全事故防范工作，进一步完善和增强养护应急功能。

交通改革举措。按照《中共随县县委机构编制委员会关于组建随县交通运输综合执法大队的通知》精神，划转86名人员至综合执法大队。

（黄璐）

【大洪山风景名胜区】 至2021年底，辖区内有333省道22公里、黄双路9.2公里、麻竹高速公路随州西段连接线3.5公里、内循环二级旅游公路41.23公里、通村公路124公里、其他农村道路49公里。景区内有五级客运站1座。

基础设施建设。全年争取意向性补助资金230万元，新建农村公路7公里；核准农村公路危桥改建10座启动实施。大洪山22公里旅游公路建设全面推进，其中333省道至上景园林2公里、高速公路连接线至原石部落片区2.5公里开工建设并完成路基工程。争取农村公路水毁抢修资金50万元，全力恢复道路畅通。

公路养护。全力搞好协调服务，做好333省道与高速公路连接线日常养护工作，确保景区主要通道安全畅通。协调当地村组提供临时便道，服务省道黄木淌危桥改建工程开工建设。全面检查麻安高速公路长岗连接线郭家湾隧道照明灯具、灯光，投资2万余元更换隧道灯具、电路管控设备。

（喻红平）

恩施土家族苗族自治州交通运输

【概况】 至2021年底，全州在册公路通车里程29878.91公里，路网密度124公里/百平方公里。其中高速公路588公里、一级公路96.81公里、二级公路2489.81公里、三级公路585.43公里、四级公路26118.86公里。内河航道通航里程628.5公里（界河按二分之一算），港口5个，生产性码头泊位12个，渡口183个。有客运站72个，其中一级客运站2个、二级客运站5个、三级客运站5个、简易和未定级站60个。货运站3个。

基础设施建设。全年完成交通固定资产投资103.5亿元，比上年增长14%。其中高速公路建设41.1亿元、普通公路建设56.2亿元、站场水运建设6.2亿元。宜来高速公路鹤峰东段完成投资20.9亿元、张南高速公路宣恩至咸丰段完成投资18.7亿元；建恩北高速公路奉建隧道开工建设；利咸高速公路项目省发改委批复；巴张高速公路沪蓉沪渝连接段开展工可研究工作。普通国省道年度计划建设36个项目898公里，开工在建30个项目770公里，6个项目128公里完成"建养一体化"等施工招标；全州采用"建养一体化"方式完成8个项目包共35个项目招标，总里程708公里，总投资150亿元。全面推动农村交通基础设施提档升级，提升农村公路管养和安全运营水平。新改建农村公路2731公里，为年度计划的167%；全面推动公路桥梁三年消危行动364座，完工201座，完成设计批复并开展施工招标160座。推进建设宣恩忠建河洞坪库区航道整治等水运工程7个和咸丰综合客运枢纽等站场物流项目4个。

"四好农村路"建设。联合州乡村振兴局印发《恩施州乡村振兴交通运输实施方案（2021—2025年）》，实施县乡道畅通、通村路升级、通组路补短板"三大工程"，实施安全保障、管理养护、运输服务"三大提升行动"，全面推动农村交通基础设施提档升级，提升农村公路管养和安全运营水平。实施乡村振兴重点村双车道建设，新改建农村公路2731公里，建始县获评"四好农村路"省级示范县，恩施市白杨坪镇等4个乡镇获评"四好农村路"省级示范乡镇。巴东县大面山旅游公路、巴人河旅游公路入选"宜荆荆恩"城市群"金秋十线"。推进乡镇客运站和候车亭达标升级，完成巴东沿渡河镇客运站改扩建，新建候车亭88个，"村村通客车"成果不断巩固拓展。

运输服务保障。全年公路完成客运量2098.28万人次，比上年下降10.49%，旅客周转量12.92亿人公里，比上年增长8.6%；完成货运量4997.9万吨、货物周转量73.46亿吨公里，比上年分别增长35.91%、29.19%。水路完成客运量53.31万人次、货运量148.5万吨，比上年分别增长90.12%、19.55%。全州完成客运站和候车亭建设投资1.07亿元，为年度计划的148.5%。

公路管养。全年完成国省干线路面大中修工程133公里、灾毁恢复重建工程68公里、安全生命防护"455"工程200公里、地质灾害防治工程166公里、危桥改造项目4个、养护管理站改造5个，建成生态旅游示范路248公里，完成养护投资4.61亿元。推进排水设施补短板、冬春专业化养护、护栏补短板、急弯视线诱导、养护工程建设、示范路创建和规范垃圾收集设施等7个专项工作，提升国省干线公路安全运营保障水平。开展小修保养和日常管养，完成水沟清理、修复边沟、修补坑槽、路面灌缝、疏通修整涵洞、修复安防设施等维护和保养工作。国省干线路面使用性能指数为88.73。开展交通运输执法领域突出问题专项整治行动，职责明确、依法行政的综合执法工作机制初步建立。

行政审批。行政审批"清减降放"成效明显，1天办结事项由51项扩大到124项，91%的州级交通运输行政审批事项承诺办理时限压缩至3天以内。推行行政审批"清减降放"专项行动，州级交通运输行政审批事项取消2项，下放11项，收件端前移18项，提交材料从969份减少到649份。所有行政审批事项实现"最多跑一次""全程网办"，"零跑腿"事项147

2021年1月10日，209国道龙凤坝至谭家坝段改建工程大沙坝大桥合龙

2021年12月25日至26日，恩施州公路养护部门除雪保畅

项，占比95%，"即办件"事项114项，占比74%。在省内率先取消道路货物运输(除危险货物运输)驾驶员从业资格考试，道路危险货物运输企业异地经营备案事项落地落实。州、市交通运输服务窗口整合完毕，"一窗收件、分类办理、统一出件"的"一窗通办"新模式运转良好。持续加强招投标管理，全州交通项目均实现全流程电子化招投标。

科技与信息化。抓好公路科技项目及成果转化，生态自密实混凝土、公路运营安全风险评估及预警等科研工作稳步推进，试点推行。推广应用道路智能防控预警系统、开普封层路面技术、碳纤维远红外加热系统、乳化沥青、LED隧道照明等成果，技术、经济和社会效果显著。印发行业生态环境保护责任清单，压实生态环境保护责任；开展行业生态环境问题"大起底、大排查、大整治"，有序推进长江保护三年攻坚提升，船舶生活污水达标改造全面完成，汽车排放检验与维护制度全面施行；完成中央、省生态环保督察反馈问题及包保来凤县整改年度任务。

安全应急管理。健全安全生产隐患挂牌督办、通报、述职、约谈等工作制度，完善"上下联动、横向到边、纵向到底"安全管理体系。推进全州交通运输安全生产专项整治三年行动集中攻坚，全年排查隐患6025处，完成整改5991处，对15处重大隐患挂牌督办，整改销号13处。委托专业机构对18家道路危货运输企业开展第三方安全隐患排查，排查安全隐患339项。有序推进企业主要负责人和安全生产管理人员"两类人员"安全考核，考试合格率达54%。深化交通运输领域整治，建立5种渠道问题线索摸排机制，在道路客运、城市出租汽车和工程建设等三大领域开展乱象整治，行业风气明显好转。深入开展常压液体危险货物罐车、旅游客运及小微型客车租赁经营备案清理、桥梁防碰撞治理等专项工作。按期完成农村客运车辆4G动态视频监控全覆盖、800公里以上长途客运班线安全风险评估，建立健全"州到县、县到企"和"州到企"双轨并行重点营运车辆动态监控监管体系。加强部门沟通协作，全年推送气象路况信息190余条，保障群众安全便捷出行。及时调整州汛期公路保畅应急分队和水上搜救应急分队，储备防汛抗旱应急客车87辆、应急货车87辆、船舶12艘。开展水上、道路交通安全应急救援演练，提升应急处置能力。汛期期间，全州交通运输系统投入抢险及修复资金6867万元，抢通公路1615处。全州交通运输领域未发生较大及以上生产安全事故，安全生产形势持续稳定。

（杨瑶）

【恩施市】至2021年底，全市公路总里程8485.12公里，路网密度123.28公里/百平方公里。其中高速公路164.09公里、一级公路13.14公里、二级公路402.98公里、三级公路71.82公里、四级公路4443.57公里、等外公路3389.52公里。内河航道通航里程56公里(界河按二分之一算)，港口1个，生产性码头泊位1个。

基础设施建设。全年完成交通固定资产投资6.24亿元，比上年下降35%。209国道恩施龙凤坝至谭家坝合同段完成投资2.37亿元；318国道恩施吉心至虎岔口段改建工程完成投资2977万元；高旗大道项目完成投资4285万元。恩施市崔家坝绕镇公路完成投资1285万元，351国道芭蕉至咸丰龙井段改建工程全长51.82公里，完成投资1.45亿元；462省道恩施市赵家湾至红土段改扩建工程全长14.8公里，完成投资3908万元；462省道恩施市红土至马尾沟段改扩建工程全长21.97公里，完成投资2182万元；恩施市茆山至太山庙段改扩建工程完成投资872万元；恩施市新塘至双河公路产业扶贫改扩建项目(一阶段)完成投资479万元；恩施市交通扶贫农村公路建设(2018—2019年项目)完成投资8122万元。恩施市华硒生态农牧业有限责任公司投资1.39亿元，在恩施市马鞍山路41号华硒产业园内，新建冷链仓库及蔬菜水果交易市场。

"四好农村路"建设。全市建设农村公路479公里，农村公路安全生命防护"455"工程第二批完成80%、第三批完成50%，完成8座危桥改造任务。上报全省公路桥梁"三年消危"行动第二批项目库40座危桥检测报告，获批复入库33座。规范化管理养护农村公路5917.4公里。建设"四好农村路"示范线8条110.1公里，涉及7个乡镇县乡村道美化、绿化及提档升级。白杨坪镇成功创建"四好农村路"省级示范乡镇。

运输服务保障。全市完成公路水路客运量425万人次、货运量34万吨。完成38家道路运输企业、1家新增旅游运输企业、2条新增县内班线、2家新增县际包车考核工作。新增新能源纯电动公交车24辆并投入使用。

拥有运营公交车256辆,新能源公交车占比70%。注册登记物流企业170余家,建成中等规模物流园区3处,重点物流企业4家,进驻恩施市物流快递企业12家。桂花树公交停保场项目主体工程、场区配套设施安装及综合楼二次装修工程和绿化工程完工,累计完成货币工程量近8000万元;完成公交站台民俗化改造17个、公交站牌民俗化改造90个、公交站台维修23个,均通过验收。

公路养护。做好国省干线公路坑槽修补、清缝灌缝、清理边沟、清铲路肩、机械打草、桥梁维护、安全设施清洗、修复公里桩、百米桩、更换、修复道口桩、绿植、路树刷白等日常保养和维护任务。汛期清除塌方184处,修复挡土墙778.21立方米,清理倒树91根。全市配套农村公路养护资金1990.82万元,规范化管理养护农村公路5917.4公里,其中县道460.37公里、乡道2642.78公里、村道971.81公里、其他农村公路1842.44公里。

路政管理。依法拆除违法非公路标志、商业广告380块(张),制止违法采挖36处,新增违建12起,依法取缔占道经营、摆摊设点133处257.5平方米,规范加水洗车站点8处,查处路赔案件166起,收取路产损失赔(补)偿费49.47万元。修复公路安保设施(含防撞软墙)312处。超限检测站查处超限超载车辆233辆,其中教育放行49辆,卸(转)载车辆114辆、卸(转)载货物4722.3吨。

安全应急管理。印发《2021年全市交通运输安全应急管理工作要点》《2021年度安全生产监督检查计划》,进一步明确全年工作目标任务。全市交通运输安全生产形势总体平稳,事故起数、死亡人数、受伤人数、经济损失"四项指标"全面下降。

交通改革举措。全面完成交通运输综合体制改革,厘清行业管理与交通综合执法职责边界,规范行业管理。推进公汽公司多元化经营战略,开拓市场,发展第三产业反哺主业经营。

(谭许晶)

【利川市】 至2021年底,全市公路总里程7409公里,路网密度160.8公里/百平方公里,其中高速公路110公里、一级公路21.236公里、二级公路363.533公里、三级公路69.348公里、四级公路6844.893公里。内河航道通航总里程50公里,渡口24个。全市许可的客运站有4个,其中二级客运站1个、便捷客运站3个。

基础设施建设。全年完成交通固定资产投资3.65亿元,比上年下降11.4%。齐岳山产业公路齐岳村至店子垭口段改扩建工程竣(交)工通过验收。318国道利川市长坪至苏拉口段改扩建工程完成路基工程量的98%、路面工程量的30%。完善全市农村公路安全生命防护工程300公里、占总工程量的60%。350国道利川市石山庙至羊子岭段新建工程完成路基工程的22%、桥梁工程的11%、隧道120米、涵洞10道。省道利鱼线利川市绕城段01合同段上跨高路铁路桥项目,完成总工程量的65%。242国道团堡至元堡改扩建工程下穿铁路段建成,上跨高速公路段在进行钢架梁架设。利川市腾龙洞景区道路连接线改扩建项目开工建设。

"四好农村路"建设。全年下达农村公路建设计划里程247.3公里、资金9212.8万元,农村公路提档升级计划里程151.66公里、资金3009.37万元,农村公路养护计划6311.6公里、资金1062.13万元。完成农村公路建设里程212.47公里、提档升级48.26公里,完成农村公路安全防护工程300公里、占总工程量的60%。积极推进桥隧"三年消危"行动,危桥改造第一批项目25座全部完工。完成农村公路日常养护任务。完成"十四五"农村公路规划的县乡道改造及提档升级公路数据采集工作、较大人口规模自然村组通硬化路数据核实工作。

运输服务保障。全年完成公路客运量657.58万人次、水路客运量55万人次。做好旅客运送保障工作,春运40天运送旅客29.2万人次。优化10公里城市主干道公交线路,改造完成城区公交站台164个,完成18个充电桩建设。支持从事农村客运经营的道路客运企业开展跨区域、跨行业兼并重组、联合经营。组织对全市农村客运企业油补、亏损补贴等政策性补助进行核算,完成基础性核算工作并发放各类政策性补助1100余万元。圆满完成清明、"五一"、端午、国庆等节假日客运服务保障工作。全市所有渡口渡船救生设备设施进行更换配备,配发救生衣500件、灭火器50个、救

2021年7月5日,350国道利川市石山庙至羊子岭段新建工程开工建设

生圈50个，继续推行"群众保险，政府买单"的船舶意外伤害保险工作机制，改造升级峡口塘库区3艘人力船舶，保障库区人员安全出行。坚持不懈抓好疫情防控，督促客运企业单位落实客运车船防护措施。

邮政快递业。全市有邮政企业1家、乡镇支局(所)12家，快递企业8家，城区及乡镇网点70家。全市快递行业完成收件量389.8万件，比上年增长70.1%；完成派件量2867.86万件，比上年增长39.21%；业务收入完成6718.46万元，比上年增长58.36%。建成村级快递服务站点179个，覆盖建制村178个，设点建制村覆盖率38.19%，未设点但快递服务进村156个，快递服务进村共计332个，覆盖率为71.2%。

行业监管。完成县道养护招标，正式启动县道、旅游公路由农村公路管理局直管工作。推进桥隧"三年消危"行动，第一批25座危桥改造全部完工。积极做好春夏农村公路日常养护督查及隐患排查，完成清理边沟、疏通涵洞、清理塌方等日常养护任务。全市清理"三无"船舶533艘，发放拆解"三无"船舶补偿资金60万元，投资200万元建造的30米海事泵船投入使用。开展交通运输违法行为打击整治行动，查处非法客运经营案2起、成品油专项整治案件9起、非法营运出租汽车整治案件7起、道路运输证验审超期4起。

路政管理。联合公安等部门在全市范围内开展依法打击非法超限超载运输联合专项行动，查处货运车辆超限超载违法行为，卸载货车83辆次，卸载货物2700余吨。坚持路政巡查常态化，调查损坏、破坏公路路产案件6起，查处公路控制区范围修建建筑物36起，责令清除堆物占道70余起，处理路面污染20余起，及时纠正公路控制区内建房搭棚4起，下达责令改正交通违法行为通知书50余份。

科技与信息化。按照省交通运输厅《关于做好农村客运车辆全面推广应用4G及以上动态视频监控技术有关工作的通知》及恩施州交通运输局

2021年11月17日，投资200万元打造的30米海事工作趸船安全下水

《全州农村客运车辆推广应用4G及以上动态视频监控技术工作方案》要求，全市从9月开始开展车辆动态监控联网联控入网率100%达标工作，11月30日，完成2G升4G农村客运车辆262辆，至此，全市626辆农村客运车辆动态监控设备全部完成4G升级改造工作，入网率100%。

行政审批。交通窗口办理各类业务2万余件。对104项局政务服务事项开展"五减"工作，所有事项全部实现零跑腿。推进"一网通办"，引导办事群众通过网络平台申请办件，网办率达到95%以上。开展"一窗通办"工作，将局全部政务服务事项受理权全部委托市政务局综合窗口，由综合窗口工作人员统一收件后再转到交通窗口具体办理，方便办事群众集中办事。关键事项一起办，实现水电气外线接入工程，交通、自规、住建、城管、水利等部门联网审批，确保3天内完成审批工作。

安全应急管理。深入推进安全生产专项整治三年行动，高频次开展安全隐患排查整治行动，全年检查企业70家次，发现安全隐患139条，下发整改通知书26份，整改完成率100%；排查公路沿线地质灾害隐患点132处。广泛开展安全生产知识宣传教育活动。汛期严格落实24小时应急值守制度，做好应急抢险及灾后修复工作。全年农村公路水毁修复资金3166万元，其中路基塌方清理195万元、挡墙修复450万元、盖板涵36道58万元、新建涵管38万元、路面沉陷修复752万元、新建及恢复钢护栏33万元、新建水沟及清理水沟25万元、修复泥结石路(包含重建路基及其他)484万元、排危21处1103万元、桥梁修复3座28万元。

(李积瑾)

【建始县】至2021年底，全县公路总里程4939.24公里，路网密度185公里/百平方公里。其中高速公路50.29公里、一级公路5.80公里、二级公路327.98公里、三级公路18.05公里、四级公路3713.14公里、等外公路823.98公里。全县内河航道通航里程22.5公里(界河按二分之一算)，港口4个，生产性码头泊位3个，渡口25个。有客运站11个，其中三级客运站1个、四级客运站3个、五级客运站5个、简易站2个。

基础设施建设。全年完成交通固定资产投资6.95亿元，比上年增长28.69%。建成景阳镇老集镇综合码头，新增泊位3个，通过能力1000吨

级。全年开工公路大中修建设项目29个，完工21个、在建8个。其中339省道红岩寺至汪家寨15.3公里沥青路面中修，209国道阳坡地质灾害治理，闫家湾隧道提等升级，列养线路坑槽修补，339省道大石板公路驿站及其他沥青路面铺筑，列养线路水沟补短板（含河水坪和景阳集镇）、涵洞疏通修复、挡土墙修复、高蟠线三里坝至河坪段钢护栏补短板工程，339省道地灾抢险、云桂桥、奇羊坝桥加固工程，209国道、318国道、339省道危险路段减速标线等10个重点大中修工程完工。339省道红岩寺至汪家寨15.3公里沥青路面中修完成80%，汪家寨至建始城区14.90公里沥青路面大修完成90%，景阳河至汪家寨73.82公里国省干线安全生命防护"455"工程完成80%，汪家寨大桥加固工程完成90%，汪家寨隧道提等升级工程建设中。209国道三元子至云桂桥73.13公里国省道干线公路安全生命防护"455"工程完成80%。

"四好农村路"建设。建成农村公路123公里、旅游产业路58公里、特色产业路126公里。建始县被授予"四好农村路"省级示范县，花坪镇、高坪镇被授予"四好农村路"省级示范乡镇。

公路养护。全县国省道公路养护里程370.92公里，其中国道135.07公里、省道235.85公里。全年完成国省干线公路水沟清理、修复路肩墙、修复边沟、修复挡土墙、清洗护栏标牌等日常维护和保养任务，对鹤建线、奇阳坝至马兰溪段公路沿线进行绿化、美化工程；疏通涵洞85道，整治涵洞30道，新建涵洞13道；修复（更换）钢护栏95处、钢护栏板180块、防撞块124个等；清除国省干线公路塌方40处，修复路基沉陷9处，抢险投资150余万元；完成209国道苏北线、318国道沪聂线、339省道鹤建线共3条线路沿线垃圾桶设置工作。

运输服务保障。全年完成公路客运量173.7万人次，比上年增长45.6%，比2019年下降38%。全县有道路客运企业10家，有省际以上旅游包车客运企业2家、市际包车资质企业1家、县际旅游（包车）资质企业5家、县内包车资质企业2家。有客运车辆304辆，比上年下降5.3%。其中省际包车62辆、市际包车47辆、县际及县内包车16辆，旅游客运资质车辆13辆。全县运营线路168条，其中省际班线10条、市际班线5条、县际班线14条、县内班线139条，村村通客车实行区域经营，客运班线实现所有建制村全覆盖，建制村通客车率100%。有城市出租汽车企业3家、出租汽车112辆。有道路货物运输经营业户829家，货运车辆871辆11896.13吨（含牵引车156辆、挂车157辆）；其中，危险货物运输企业2家、运输车辆16辆53.8吨，普通货物运输企业55家、货车215辆3031.21吨，普通货运个体户772家、货车640辆8811.12吨。

安全应急管理。加强交通工程质量安全监督管理，新开工项目监督覆盖率100%。完成在建农村公路路面质量抽检28次，抽检项目路面宽度、厚度、强度合格率均为100%。对国省干线安全生命防护"455"工程在建线路5个标段进行专项检查，在建重点项目质量安全检查9次。下发整改通知书7份，全部整改完成。检查运输企业安全生产，检查车辆300余辆、船舶15艘，排查一般隐患40个，全部整改到位。

交通改革举措。2021年8月16日，交通运输综合执法大队增设邮政快递业管理中队，主要职责为贯彻执行国家邮政快递业法律法规、方针政策和邮政快递服务标准；研究制定县域内邮政快递业发展战略和发展规划；监督管理县域内邮政快递业市场以及邮政普遍服务的实施，负责邮政快递业安全生产监管、统计、申诉管理等工作，保障邮政快递信息安全，维护安全稳定邮政快递市场秩序等。

（董仙霜）

【巴东县】 至2021年底，全县公路总里程8000公里，路网密度238.66公里/百平方公里。其中高速公路70.28公里、二级公路423.68公里、三级公路114.44公里、四级公路6091.6公里、等外公路1300公里。内河航道通航里程184.5公里（界河按二分之一算），港口2个，生产性码头泊位17个。有客运站12个，其中三级客运站2个、五级客运站10个。有县级物流配送中心1个、乡镇仓储分拨中心1个、乡镇物流综合服务站11个、村级物流服务点195个。

基础设施建设。全年完成交通固定资产投资13.60亿元，比上年增长49.49%。"建养一体化"01项目包完成投资1.83亿元、02项目包累计完成投资5.64亿元；完成清江大桥"平安工程"冠名申报工作；组织对水布垭清江大桥、三友坪至泗淌连接线项目、"十三五"期间大中修部分项目竣工验收工作。完成年度大中修及灾毁重建项目施工图批复、209国道巴东县城至溪丘湾段改扩建工程设计批复和公路应急中心国土空间远景规划上报工作。大力推进巴张高速公路沪蓉沪渝连接段前期工作，巴张高速公路沪蓉沪渝连接段完成工可研咨询和长江二桥地质及桥型论证。实施长江巴东港总体规划局部调整，进一步规范港区布局，提升水运能力。巴东港砂石集并中心（宝塔河港区泓宇物流码头）建成投运；巴东港船舶污染物接收转运码头主体完工；巴东港主城港区西瀼坡旅游客运码头、宝塔河港区东瀼口作业区通用物流码头等项目开展前期工作。推进长江巴东港国有资源整合工作，与省港口集团完成巴东神农溪旅游发展有限公司股东变更登记手续。巴东县二级汽车客运站完成主体工程的90%，主站楼基础工程完工；巴东北站一级客运枢纽站完成土地报批手续。

"四好农村路"建设。推进农村公路"由线成网、由窄变宽、由通到畅"工程，全年开工建设农村公路457公里，完成农村公路危桥改造15座。陆续打造铁堰线、清桥线、清白线等乡村旅游环线，茶税线、杨救线、宝红线等产业环线。巴人河旅游公路和大面山旅游公路被评为"宜荆荆恩"城市群最美农村路。巴东县"四好农村路"全国示范县创建报送交通运输部评定；东瀼口镇被评为"四好农村路"省级示范乡镇。

运输服务保障。全年公路完成客运量115.90万人次，比上年增长2%，完成旅客周转量1.16亿人公里，与上年持平；完成货运量103万吨，比上年增长4%。水路完成客运量37.03万人次，比上年增长33.78%；完成货运量147.93万吨，比上年增长19.08%，港口货物吞吐量179.22万吨，比上年增长139.34%，港口货物出口量139.75万吨，比上年增长190.96%。城乡客运一体化有序推进，全力打造"四好农村路"示范乡镇和城乡客运一体化线路。建制村通客车率100%。积极推动公交车、出租汽车和营运车辆更换纯电动新能源车工作，运行新能源城市公交车28辆，建设充电站10座，充电桩32个；野三关集镇投入的80辆出租汽车和6辆公交车全部为纯电动车。物流降本增效初见成效，物流企业不断转型升级，资源得到有效整合，社会物流成本整体下降。有序开展道路货运车辆"三检合一"。

公路养护。按照"畅通主导、安全至上、服务为本、创新引领"养护方针，突出国省干线预防性养护、经常性养护、精细化养护。以路况服务为基础，强化日常养护管理。加强路侧停车带、观景平台、路肩、防撞墙内侧等重点部位干净整洁。全年清理水沟1625公里，涵洞456道，清除塌方134处16890.6立方米，提高抵抗汛期暴雨灾害能力，保障公路安全畅通。加强冬季雨雪防滑工作，保障高寒路段安全畅通。注重预防性养护工作，强化科学养护、预防性养护理念，加强路面病害处治工作。投资90万元完成巴东城区出口金竹园路面修复，投资50万元完成野三关谭家坪圆梦小镇路面改造，投资50万元完成245省道巴野段路面沉陷修复。加强沿线设施维护，提升公路服务水平。投入35.6万元，改善国省干线道口3个，新增热熔标线6936.02平方米，减速振动标线177.93平方米，提高公路通行保障能力。加快推进养护工程建设，投资880万元的209国道、318国道安全生命防护"455"工程进入施工阶段。抓好水毁应急抢修工作，完成245省道巴野公路中村段边坡垮塌全面治理工作，投资1500万元。全面落实"三年消危"任务，完成318鱼泉河大桥拆除重建，沿渡河大桥、平阳坝大桥等7座桥梁加固报批工作。

行业监管。成立县级交通运输综合执法大队，整合路政、运政、质监、海事等执法职能。加强超限超载治理，落实"一超四罚"机制，严厉打击货车非法改装、超限超载等违法行为。与乡镇、交警、派出所联合开展区域治超22次，组织夜间专项整治行动16次，查处超限超载车辆149辆，卸载货物891.7吨，查处非法改装车辆4辆。检查过境危化品运输车辆125辆。开展城区客运市场秩序整治，打击非法营运行为，全县出租汽车行业平稳有序发展，检查非营运车辆1139辆次，依法暂扣非法营运客运车辆69辆，证据登记保存25件。

行政审批。"放管服"改革深入推进，营商环境进一步改善。交通行政许可及服务事项全部实行"一个窗口对外""一张网"办理，群众满意率100%，全年办理公路客运业务965件、客运班线路牌年审463件、维修备案89件、出租汽车业务468件、普货业务956件、从业资格证业务2841件；"我要开物流公司（货运）"在恩施州高效办成一件事系统上线运行；打造运政服务高频事项跨省通办服务亮点，办理跨省通办83件。

安全应急管理。建章立制，压实责任。健全系统安全管理机构，建立安全生产管理制度，充实安全管理人员。升级全县"两客一危"以及4类及以上班线客运车辆4G动态监控，并纳入第三方监控。全年组织安全生产培训8次、培训人员160人次。全年开展安全综合督查4次、行业安全检查12次，发现并交办的安全隐患全部整改完成。分析风险，强化监管。落实重大风险季度填报机制，对行业领域风险隐患一季度一排查，重大风险隐患及时录入监管系统，发现并填报重大风险隐患1个，实行动态管理。制定完善全县交通运输公共突发事件应急预案、防汛抗旱应急预案和火灾防控应急预案，成立应急分队5个98人，联合开展水上综合应急演练、开展公路防汛抢险保通应急演练、客运企业和站场组织消防应急演练等。全年交通运输行业未发生重特大安全生产责任事故，总体形势稳定向好。

（李俊）

2021年6月22日，348国道快速通道应急演练

【宣恩县】至2021年底，全县公路通车总里程6682.01公里，路网密度104.4公里/百平方公里。其中高速公路120.1公里、一级公路19.53公里、二级公路240.24公里、三级公路56.48公里、四级公路2541.22公里、等外公路3704.44公里。辖区有通航水域6个，通航里程120余公里，乡镇公益性达标渡口17个。有客运站5个，其中

二级客运站1个、便捷站4个。

基础设施建设。全年完成交通固定资产投资4.55亿元，比上年增长10%。宣咸高速公路宣恩段(境内3.4公里及1个枢纽互通)建设有序推进。351国道宣恩县椿木营至长潭河段12.85公里路基及桥梁工程完工，王家山隧道开挖掘进1132米，木林溪隧道完成临建工程。242国道恩下云坝(大集场)至宣恩晓关段路基本完成。209国道宣恩绕城公路一碗水至雷家坳段2.8公里路基建成，宣恩大桥施工便道及桩基工作平台完成。209国道高罗绕镇公路完成收尾工作。结合特色产业基地、特色旅游资源、特色村寨规划等推进旅游公路建设，完成宣恩县沙道沟镇响龙大道南段安置点至郑家坳、泡桐湾至彭家寨游客集散中心道路工程、椒园镇黄坪至水田坝公路付家坡至落水洞段工程及宣恩县三河沟桥接线工程，完成东门关乡村旅游配套设施路基工程。清江支流忠建河洞坪库区航道整治工程进入施工准备阶段。

"四好农村路"建设。完成乡村骨干网建设3.4公里、农村公路提档升级28.3公里、乡村基础网联通工程51.9公里建设。完成农村公路安全防护100公里。积极推进农村公路危隧改造工程，小井口隧道改造完工，龙洞隧道洞身扩挖33米。推进"四好农村路"示范创建工作，建成"四好农村路"示范线306.8公里，珠山镇成功创建"四好农村路"省级示范乡镇，获农村公路建设和养护资金奖励200万元。万寨乡积极创建中。

运输服务保障。全年公路完成客运量330.62万人次。全县有客运企业10家，其中班线客运企业5家、旅游客运企业2家、出租客运企业1家、公交企业2家；开通客运线路207条，其中省际班线6条、县际班线20条、农村班线170条、公交线路11条，全县164个建制村(含17个社区)通客车保持率100%。在营客运班车305辆、旅游客车55辆、出租汽车60辆、城市公交车32辆。机动车综合性能检测站1家。三类以上机动车维修企业110家，其中一类维修企业1家、二类维修企业13家、三类维修企业96家。驾校3所，其中一类综合驾校1所、三类单项驾校2所。候车亭、招呼站118个。客渡船18条(含经营性客渡船6艘)，各类持证船员52人。全县物流产业持续发展，有大型物流园2家、物流公司13家、配送车辆23辆，年货运量2.2万吨。

公路养护。做好国省道302.91公里、农村公路2517公里日常养护工作管理，汛期抢险、扫雪防滑，公路保畅工作有序开展。持续巩固国省干线公路"七个专项"工作成果，实现"畅、洁、舒、美"公路养护管理目标。基础设施建设加快推进，王家坳站场、东门关服务区、布袋溪公厕全面完工。新纳入市场化养护农村公路140余公里。完成233.42公里国省道、1500余公里县乡村道自然灾害风险普查。加强地质灾害防治，完成209国道8处公路灾害处置。全面完成209国道、242国道、232省道等国省干线29处平交道口安全隐患整改和351国道、232省道25公里安全生命防护"455"工程建设。完成国省道危桥改造3座、农村公路危桥改造9座。国省干线路面大修工程及农村公路危桥改造稳步推进。

行业监管。深化"放管服"改革，优化营商环境，推进政府职能转变。5月，宣恩县交通运输综合执法大队正式挂牌。开展道路旅客运输经营秩序专项整治、道路运输行业打击非法营运暨疫情防控专项整治、成品油运输市场整治等行动。清理堆积物74处984平方米、占道经营28处131平方米、广告牌38块、横幅103处，查处其他路损行为8处。办理路产损赔案件20起、路政处罚案件1起。持续开展"平安工地"建设，实现全县在建交通工程质量监管全覆盖。

智能交通。在智慧交通平台一期项目基础上，投资28万元对智慧交通平台进行完善升级，优化一期项目中"两客一危"、车站管理、企业运营车辆管理3个子系统，新增农村班线查询、在线约车、汽车租赁、物流信息发布4项服务，不断增强科技化行业监管手段，提升服务效能。

交通环保。强化绿色交通建设，巩固环保成果，持续开展"车容车貌"整治和"垃圾分类"处置，开展规范公路沿线垃圾收集设施专项整治，投资5.84万元，对209国道、351国道、232省道等干线公路沿线观景点、停车带和有条件区域路段增设分类垃圾亭和垃圾箱，设置规划垃圾设施40组。开展环境污染治理，严格治理渣土车运输路面污染，对全县汽车维修企业进行环保专项督查。加快实施在建工程覆绿，环境保护和水土保持有序推进。

安全应急管理。深入推进安全生产专项整治三年行动、长期托管船舶整治等专项行动。加强"两客一危一货"企业、车辆及驾驶人员安全监管和违法违规行为整治力度，重点突出开展危险化学品道路运输、危险化学品运输市场、涉路天然气管道和重点

2021年2月4日，宣恩县交通运输局组织开展春运志愿服务关爱活动

2021年11月,活龙坪至大路坝资源旅游公路建成通车　　2021年12月,咸丰县十字岭隧道建成通车

场所安全检查。对交通在建工程项目进行安全生产大排查,发现隐患79处并督促完成整改。开展水上安全检查125次,部门联合执法3次,现场整改28起。清查船舶1082艘,上岸拆解833艘,规范管理自用船、渡船共245艘,辖区内所有渡口实行船舶进出港报告制度。及时发布恶劣天气预警40余条。水上运输持续保持36年无事故。

(李瑜)

【咸丰县】至2021年底,全县公路总里程8061公里,路网密度316.1公里/百平方公里。其中高速公路47公里、一级公路19公里、二级公路166公里、三级公路333公里、四级公路2986公里、等外公路4510公里。内河航道通航里程140公里,渡口13个。有客运站6个,其中二级客运站1个、五级客运站4个、简易站1个。

基础设施建设。全年完成交通固定资产投资10.1亿元。351国道大沙坝至李子溪段改扩建项目完成投资2.25亿元;463省道咸丰县尖山至大路坝段完成投资2.38亿元;坪坝营旅游客运站完成投资260万元;唐崖至朝阳旅游公路完成投资1.37亿元;朝阳大桥及接线工程完成投资9427万元;353国道朝阳寺至石门坎段大修完成投资1118万元;十字岭隧道及接线工程完成投资6768万元;咸丰大道延长工程完成投资3960万元;丁寨至甲马池旅游公路生态景观带建设完成投资690万元;国省干线危桥加固改造工程完成投资765万元。

"四好农村路"建设。全年完成农村公路建设投资1.81亿元。完成乡村骨干网畅通工程13.6公里、乡村基础网连通工程58.9公里、农村公路提档升级55.95公里。积极开展美丽农村路创建工作。

运输服务保障。全年公路完成客运量88.6万人次、旅客周转量9854.9万人公里;水路完成客运量4.74万人次。全县道路客运企业7家、客车401辆(含旅游客运企业2家、旅游客车95辆),出租客运企业2家、客运车辆200辆,公交企业1家、客运车辆48辆,汽车租赁公司6家、租赁车辆21辆。道路普通货运企业17家,货车1045辆4463万吨。一类汽车维修企业1家、二类汽车维修企业15家、三类汽车维修企业14家;机动车驾驶培训机构3家,教练车148辆(含摩托教练车16辆)。

公路养护。6月1日,全县2829.97公里列养农村公路纳入公司化养护模式,公开招标2家养护公司进行养护。通过组织考评,全县列养农村公路实现市场化、专业化、公司化养护,成效良好。组织开展国省干线公路养护7个专项行动,整治边沟15.02公里,整治边沟存在缺陷60.58公里,修复涵洞10道;整改钢护栏10.7公里,钢护栏补遗加长3处104米,钢护栏搭接203处1420米,立柱贴膜4659处,采取临时过渡性措施处治9座桥梁护栏治理;增设急弯视线诱导标832套,增设转弯预警系统2套,投入300余万元完善公路标志标牌。

交通物流发展。《咸丰县农村物

流融合发展规划》报县政府审批同意。遴选聚源物流有限责任公司申报全省农村交通物流融合发展项目。牵头联合县科经、供销以及聚源物流有限责任公司及其联合体等共同签订《咸丰县农村物流融合发展协议》，推进全县农村物流发展工作。

行业监管。联合相关职能部门开展道路运输行业清源攻坚专项行动，办理案件 38 起。联合公安交警部门查处违法超限运输车辆 39 辆次，责令卸载货物 520 吨。全县交通在建工程监督覆盖率 100%。优化营商环境，制定群众或企业办事事项流程指引图，压减办理材料 402 项、减环节 216 处、减时限。开展"三无"船舶整治行动，清理船舶 1133 艘，拆解 1079 艘，申请保留 54 艘。

安全应急管理。道路运输履行"三关一监督"工作职责，检查客运企业 219 家次，排查隐患 61 起，现场整改到位 61 起，下发隐患整改通知 27 份。对所有渡船进行维修保养，配置安全绳、灭火器、救生衣、救生衣架、垃圾桶、集油盘等设施，清运和处置渡船生活垃圾 8.6 吨。汛期期间，国省道发生水毁灾情 1614 处，造成交通中断 1540 处，投入应急抢险资金 9000 余万元完成灾后恢复重建工程。

（李艳芳）

【来凤县】 至 2021 年底，全县公路总里程 2880.76 公里，路网密度 2.18 公里/平方公里。其中高速公路 2.08 公里、二级公路 165.51 公里、三级公路 194.75 公里、四级公路 2268.42 公里、等外级公路 250 公里。内河航道通航里程 125.9 公里，码头 2 个，生产性码头泊位 1 个，渡口 33 个。有客运站 5 家，其中二级客运站 2 家、五级客运站 3 家，简易站 2 家。

基础设施建设。全年完成交通固定资产投资 5.91 亿元（不含宣咸高速公路来凤段），比上年增长 43.81%。来凤大道建成通车，完成投资 1.40 亿元。242 国道来凤县三胡至桂花树工业园（下穿铁路段）完成路基及路面水稳层施工，完成投资 6342 万元；中华山隧道双洞贯通，完成投资 2.30 亿元。鹤来一级公路来凤县小河坪至湘鄂情大桥段工程（下穿铁路段）完成桥墩浇筑和下穿铁路段路面水稳层施工，完成投资 5036 万元。投资 4053 万元，完成 2020 年国省干线部分路面大中修养护工程；投资 776 万元，完成 209 国道来凤境河坝梁至团结桥段灾毁恢复重建工程；353 国道来凤县三胡至杨梅古寨段路面大修工程基本完工，完成投资 991 万元；喳西泰老虎洞中桥及接线工程中的桥梁建设基本完工，完成投资 1319 万元。投资 2463 万元，完成 2020 年农村公路水毁修复工程；农村公路大中修和小修项目完成投资 745 万元，乡道及村道安全生命防护"455"工程完成投资 343 万元。全年启动国省道和农村公路危桥改造 14 座。宣咸高速公路来凤段完成工程量的 50%，年度完成投资 9.12 亿元，累计完成投资 13.80 亿元。

"四好农村路"建设。创建"恩施州乡村振兴特色示范路"，推进"四好农村路"建设，实施"美丽农村路+"工程，巩固脱贫攻坚成果，拓展乡村振兴成效。全县农村公路总里程 2713.17 公里，通村公路硬化率 100%，通组公路硬化率 85%，农村公路通达率 100%。全年改善重要县乡道 4.5 公里，实施安高线、铁峡线等 6 条公路提档升级，新建桐子园中桥等 4 座桥梁 155 延米；实施"三年消危"工程，维修加固桥梁 11 座；消除断头路，修建斑蔡线、狮大线等 29 条 50.7 公里路网连通公路。

开展农村公路专业化养护。县政府出台《来凤县农村公路养护实施方案》，农村公路养护由县交通运输局统一安排部署，县、乡、村分区分级养护；按照公路不同等级制定养护标准；进行机械化、公司化、制度化集中专业养护。全县农村公路专业化养护里程 1099.2 公里，其中县道 184.4 公里、乡道 680.2 公里、通村主干道 234.6 公里，实现县、乡、村道日常养护全覆盖。进一步提升农村公路安全防护水平，完成钢护栏修复 45 处 1450 米，维修标志标牌 105 块，桐天线、观小线、荆岩线等 19 条线路 26.65 公里增设完善钢护栏等交通安全设施。

运输服务保障。有客车 626 辆，货车 208 辆，公交车 61 辆（其中新能源公交车 55 辆），出租汽车 157 辆。驾培机构 3 家。从事"村村通客车"经营企业 1 家，客车 151 辆，覆盖全县 196 个村（含 11 个社区）。渡船 32 条，客渡船只 11 艘。全县 196 个建制村（社区）全部通客车，通达率 100%，形成以城区为中心、乡镇为节点、覆盖村组三级客运网络。

优化营商环境。设立"店小二"专线，安排专人负责接听受理；积极探索推行使用电子证照，向县政府提出方案措施；在超限站张贴鄂汇办

2021 年 9 月 27 日，来凤大道通车

App下载海报,强化宣传引导;开展运政业务人员业务培训,提升办事水平;向车辆驾驶员积极宣传鄂汇办使用方法及超限电子许可功能;被检查车辆实行电子许可二维码扫码验等许可程序;落实构建"10分钟便民利企圈、24小时'e政务'";优化群众办事效率,79项行政审批县级事项全部进驻窗口;推进"一把手"进窗口活动,主要领导及分管领导坚持每月进窗口坐班,研究解决重点问题解决方案,实现部分重点领域高频事项现场落实。

行业监管。按照"三关一监督"安全管理职责,常态化监管各运输企业安全管理制度、机构、管理人员等落实情况,督促客运站落实"三不进站,六不出站"管理制度、落实人员密集场所疫情防控措施和安全应对防恐爆工作。加强幼儿园校车安全排查。联合科经局、市场监管局、安监局、公安局等单位到县城及建筑工地、砂石场、商混站、停车场、加油站和临时停放流动加油车地点,打击成品油违法运输。对全县小微型客车租赁公司进行排查备案,排查未备案企业145家并下达《责令改正违法行为通知书》。四是处理路政案件23起、路损赔偿19起。处理非法客运车辆47辆、非法运输危险货物车辆10辆。加强异地经营车辆监管,吊销10辆异地经营车辆道路运输证。整治驾培市场。

安全应急管理。县农路局与全县8个乡镇联合组建9支应急抢险队伍,开展桥涵、水沟、边坡、挡墙等设施安全巡查,及时处置水毁灾害。组织国省干线公路应急抢险12起,排查隐患26处、消除隐患26处,同时做好机械设备检修,确保应急设备良好,应急物资齐备。落实水上交通安全监管责任,全县8个乡镇、31个渡口、41名船员逐级签订安全责任书;做好每月1次安全例行检查、每季度1次专项检查,制止无证船员参与渡运行为12次、船舶超载行为5次;清理"三无"船舶1760艘(上岸拆解1395艘、标识管理365艘);临时封停南河码头、仙佛寺码头,取缔非营运船舶载客。组织专班开展在建工程安全隐患排查,排查一般隐患312条,完成整改311条,1条在整改销号验收中。

交通改革举措。1月13日,来凤县交通运输综合执法大队挂牌成立,按照"编制随事走,人随编制走"原则,将原运管所、海事处、质监站编制和人员整建制划入交通运输综合执法大队,同时将县公路管理局、县农村公路管理局(交通物流发展局)承担行政执法职责划入县执法大队,其人员编制按照不超过30%比例划转,组建隶属于交通运输局副科级公益一类事业单位,财政全额拨款,人员编制84名。

(田永祥)

【鹤峰县】 至2021年底,全县公路总里程3387.68公里,路网密度115.76公里/百平方公里。其中二级公路324.27公里、三级公路65.70公里、四级公路2882.31公里、等外公路115.40公里。内河航道通航里程95.3公里,渡口19个(其中停航7个)。有客运站10个,其中三级客运站2个、四级客运站1个、五级客运站5个、简易站2个。

基础设施建设。全年完成交通固定资产投资23.1亿元。其中高速公路20亿元、国省道和农村公路3.1亿元。宜来高速公路鹤峰东段主线完成项目总投资的57.4%、桥梁基础总量的98%、涵洞通道总量的96%、隧道洞身总量的80%及隧道二衬总量的73%。351国道绕城线(瓦窑坪至跳鱼坎段)改建工程路面完成总量的60%,其中一级公路路面完成工程量的90%,二级公路路面完成下基层摊铺1公里、混凝土硬路肩浇筑2公里;351国道(容美至腊树垭段)改建项目路面完成沥青下面层15.2公里、C30混凝土防撞墙2.7公里;茶园边坡抢险治理完成抗滑桩钢筋及混凝土浇筑14根266米、边坡喷锚1880平方米;环城公路绿道工程完成节点三观景平台浇筑施工、五观景平台砌筑回填施工和交通厕所的基础平整及浆砌施工、部分路段种植区清理培土施工;走大线路面和安防工程累计完成合同工程货币量的75%;江坝线江坪河库区移民公路工程累计完成合同工程货币量的90%;鼓锣山三十二烈士红色旅游公路累计完成合同工程量80%;479省道鹤峰县茅坝至梳背溪段改扩建工程完成路基、涵洞工程。燕子镇成功创建"四好农村路"省级示范乡镇。

运输服务保障。全县有道路客运企业14家(含旅游企业3家),公交企业2家。营运客车272辆,其中城市公交车26辆、个体出租汽车50辆。客运班线140条。拥有营运货车277辆,其中危险货物运输车辆17辆。拥有机动维修企业32家,其中一类维

2021年8月8日,宜来高速公路鹤峰东段控制性工程——杉树坪隧道实现右线贯通

修企业1家、二类维修企业15家、三类维修企业16家。驾驶员培训学校3家，机动车维修检测企业1家。全县除人口少、流动人口少的26个建制村采取约租方式以外，其他均采取班车和区域经营及公交化方式开通，拥有农村班线107条、农村客运车辆193辆，全县205个建制村和12个社区通客车率100%。

行政审批。大力实施"放管服"改革，推动行政审批"减时限、减材料"，104项审批事项均实现"全程网上办"，承诺办理时限压缩至3天以内。

公路养护。国省道干线公路沥青路面灌缝处理160公里，修补路面坑槽600平方米，疏通涵洞420道，砍割路肩、边坡长草1160公里，清除路基小型塌方4400立方米。栽种桂花、樟树、银杏树1120株约20公里，各类花卉7500平方米，行道树刷白150公里，修复路肩4200立方米，边沟整治15公里，修复钢护栏460米，规范警示标牌320块，设置警示柱800根拆除重建急弯陡坡防撞墙1处（太平奇观段）。实施245省道巴来线下坪集镇至分水岭段"生态示范路"60公里。加大所辖77座公路桥梁、760道涵洞、5道隧道日常养护和巡查管控力度，更换限载标志和桥梁公示牌，更新桥梁数据库，对5座桥进行预防性养护，对省道南鹤线大垭1、2号隧道提质升级，完成投资320万元。积极探索农村公路新型管养体制机制，推进实施农村公路"路长制"，推广使用"路长制"信息平台，提升管养信息化水平。

安全应急管理。层层压实安全责任，开展各项安全生产专项整治行动，加强行业监管，持续推进"平安交通"建设，强化应急准备，排查化解矛盾风险，严守行业平安稳定底线。将全县"两客一危"、在建工程、水上交通、公路养护保畅、重点领域消防等各领域安全工作作为重大事项纳入全系统年度安全生产工作进行专题研究部署，明确交通安全工作重点。全县交通运输系统保持平稳有序。

（黄韵）

仙桃市交通运输

【概况】 至2021年底，全市公路总里程4555.83公里，路网密度173.4公里/百平方公里。其中高速公路153公里、一级公路172.15公里、二级公路377.01公里、三级公路20.01公里、四级公路3249.07公里、等外公路584.59公里；按行政等级分为（不含高速公路）国道90.26公里、省道279.66公里、县道693.11公里、乡道1489.55公里、村道1850.25公里。辖区内河航道通航里程82公里。全市有桥梁459座19895.76延米，其中特大桥1座1478延米、大桥15座4169.98延米、中桥138座7138.84延米、小桥305座7108.94延米。

基础设施建设。全年完成交通固定资产投资10.15亿元，其中公路建设完成投资9.04亿元。投资26217万元，建成318国道仙桃市胡场至毛嘴段改建工程6.78公里、215省道仙桃市张沟至北口大桥段改扩建工程1公里、321省道彭场至仙桃城区段改建工程5公里、455省道仙桃市胡场至郭河公路改建工程1.35公里，共一级公路路面14.13公里；投资3438万元，建成仙桃市剅河至排湖公路改建工程2.2公里、仙桃市南干渠路建设工程1.2公里、仙桃市汪洲大道延长工程1.9公里，共二级公路路面5.3公里；投资1.35亿元，完成灾毁恢复项目40.92公里；投资25941万元，完成农村公路提档升级218.47公里；投资17416万元，完成农村公路路网改善工程114.6公里；投资3911.2万元，建设农村公路桥梁和危桥改造。站场建设完成投资6050万元，其中仙桃市南城客运站（一级）完成投资6000万元、仙桃市通海口汽车客运站（二级）完成投资50万元。港航建设完成投资5000万元，建设胡场砂石码头2个2000吨级泊位。

运输服务保障。全年完成道路客运量245.57万人次、旅客周转量9544.79万人公里，完成货运量1296.92万吨、货物周转量19.53亿吨公里。港口运输完成货物吞吐量118.22万吨、货物周转量5.8亿吨公里，集装箱运

2021年，455省道胡场至郭河段改扩建工程完工

输3.87万标准箱,比上年增长10.6%,公路水路运输服务质量明显提升。春运期间运送旅客36.46万人次,比上年下降76%。全年完成货运车辆办证436辆、年审632辆;危险货物车辆年审及换证66辆,客运车辆办证9辆。完成客车、货车、出租汽车驾驶员从业资格证新办证783件、继续教育签注盖章4224人次;道路运输驾驶员从业资格证换证1335人次。办理危货驾驶员、危货押运员从业资格证94件。注销黄标车道路运输车辆道路运输证56辆,注销4.5吨以下蓝牌货运车辆33辆;清理道路货物运输车辆不规范数据78辆次。注销到期从业人员资格证476人次。驾校、培训中心安装普通货物运输驾驶员从业资格证培训系统,实现学员"一次报名、一次培训、一次考核"。完成机动车检测站"三检合一"系统升级工作,实现普通货运车辆等级评定数据全国互通。

公路管养。开展公路、桥梁日常养护,加大养护资金投入,确保公路"畅、洁、绿、美、安、舒"。完成养护大修工程40.93公里,其中321省道汉仙线29.13公里、211省道广仙线11.80公里。完成路面小中修工程,对汉仙线、张洪线、毛通线、沙联线、仙监线、胡郭线、318国道、消仙线、陈枝线进行中修,并做好日常小型病害处治工作。西流河管理站服务区建成投入使用。加强公路绿化工程,因地制宜对列养护公路空白路段进行补植,打造绿化示范路、美化景观路。与地方政府签订共建协议,做好路树种植和护管工作,保证路树种植成活率。加强桥涵监管及水毁处治,对汉江大桥18号主墩防撞设施进行前期勘探、设计等,更换智能监测管线防冻液,确保消除安全隐患。对刘口高架桥、老襄河桥、太洪闸、沙岭桥、毛嘴桥、通顺河桥、318国道通顺河大桥等桥梁进行刷漆,伸缩缝及护栏进行维修、更换。完成318国道、消仙线、毛通线、仙崇线、李谢线等8处滑坡等危险路段水毁处治,对毛通线出现垮塌的沙梗坝涵闸进行拆除重建。

2021年,318国道仙桃市周邦至胡场改扩建工程路面摊铺中

加强安全生命防护工程,及时进行查漏补缺,对损毁的安全设施采取补植、更换、见新等,进一步消除安全隐患。

路政管理。按照"政府主导、部门联合、源头控制、综合治理"原则,依法治理违法超限运输行为,常态化开展超限超载车辆联合整治,组织执法人员在砂石码头开展集中治超活动,进一步落实源头治理工作要求。利用科技手段加强非法改装车辆出行时段有效监控,轻量化车型成为仙桃市运输市场主力军,联合治超工作取得明显成效。全年查处超限车辆807辆,卸载转运各类货物4899吨。清除占道堆积物257处,下达责令整改通知书69份,办结涉路施工许可13件,办结路损案件8件。组织执法人员到公路沿线乡镇政府、相关部门、企业、在建工地、货场、码头等地进行走访,宣传相关政策。

行业监管。对全市"村村通客车"进行考核和"回头看"年终检查,检查考核农村客运企业11家、车辆110辆。调研袁排公路、三伏潭栗林咀至排湖、剅河范关至毛场沿线农村公路候车亭达标情况,检查农村候车亭20个,4月15日前全部进行翻新处理。全年查处无证经营车辆58辆、无从业资格证驾驶营运车辆15起、不按核定线路运行或站点停靠车辆44辆、其他违章73起。新增2款出租汽车专用车型。报废更新92辆出租汽车,完成426辆出租汽车经营权换证工作和新禁烟标志张贴工作。通过定期巡查与不定期巡查相结合,流动巡查与固定点稽查相结合,进一步加大对出租汽车不规范经营行为查处,全年查处巡游出租汽车各类违章162起,其中擅自转让经营权27起。在江汉热线等媒体刊登巡游出租汽车红黑榜12期。维护驾培市场秩序,确保驾驶培训与考试有效衔接,由驾校自主选择运营商武汉北斗、武汉数米。规范机动车维修备案制,备案二类维修企业56家、4S店18家、三类维修企业169家。全面推进维修行业电子健康档案系统建设,二类以上维修企业系统安装率100%。完成船舶营运检验122艘次,受理建造检验8艘。开展水路运输企业资质核查,通过核查企业4家,暂停业务1家,审核通过运输船舶55艘。

交通环保。加大城乡一体公交化改造力度,稳步推进全域新能源公交,引导协调企业对具有条件的农村客运班线采取公车公营、统一新能源公交车型、循环发班经营模式,完成仙桃至杨林尾农村客运车辆公交化改造,更新新能源电动汽车20辆。开展100~400总吨运输船舶防污染改造、岸电改造检验以及脱检船舶清理工作，清查超期3月的脱检船舶7艘，检验防污染改造船舶20艘。开展船舶防污染设施设备、使用情况及船舶受电设施使用监督检查4次，加快推进船舶受电设施改造，100总吨以下船舶完成达标改造12艘。启动"沁源号"垃圾接收船试营运，推动港口接收设施与城市公共转运处置设施衔接，加强生活垃圾、油污水转运处置过程监督管理。开展胡场砂石集并中心防尘环保设施监督检查，检查仙桃港靠泊船舶岸电使用情况10艘次，提高岸电覆盖率和船舶受电使用率。

安全应急管理。开展春季冬季道路运输安全生产大检查、危货联合整治行动，"两客一危"运输企业安全生产集中治理行动等专项检查，检查14家，抽查车辆399辆次，发现问题和一般隐患83个，下发隐患整改通知46份。开展动态监控视频抽查12次，重点整治危货驾驶员行车中抽烟、接打电话、超速等违规行为，发现违法违规驾驶行为106起，发布通报12期。督促危货企业按照五种形态措施处理驾驶员违法违规行为373人次。落实"两类人员"安全考核工作，登记并通过考核54人，考核率100%。辖区82公里航道安全畅通，航道标位正确率、完好率达99%。全市39处渡口整改安全隐患64起，涉水乡镇安全管理去函55份。建立生活交通船（农用船）船舶档案，细化整治措施，全年查处"三无"船舶7艘。开展辖区河流船舶碰撞桥梁隐患治理，督促孝仙嘉大桥完成清障设标安全隐患整改，及时处理长荆铁路大桥防撞设施漂走险情。全市全年道路运输、水上交通、交通建设施工等领域均未发生重大安全生产责任事故，安全生产形势持续稳定向好。

文明创建。开展文明单位、文明窗口、青年文明号等创建活动和"道德模范""身边好人""最美文明志愿者""文明家庭"等评选活动。涌现出湖北省第二届"荆楚楷模·最美应急人"凌霞玉、全省港航海事系统先进个人龚海英等先进典型。仙桃市四达公路建设有限公司被全国公路职工思想政治工作研究会授予"公路交通行业百个先进基层党组织"称号，被湖北省交通运输厅授予"2020年度湖北省普通公路施工企业AA信用等级"称号。仙桃市安捷公路养护有限公司在全省第五届"交通工匠杯"公路职工职业技能大赛中获团体三等奖。

（归烨）

天门市交通运输

【概况】 至2021年底，全市公路总里程5158.827公里（不含高速公路），路网密度197.5公里/百平方公里。其中高速公路56公里、一级公路254.10公里、二级公路387.77公里、三级公路302.17公里、四级公路4213.70公里、等外公路1.08公里。内河航道通航里程339.4公里（界河按二分之一算），港口1个，在建泊位3个，渡口46个。有客运站15个，其中二级客运站2个、三级客运站2个、五级客运站11个。

基础设施建设。全年完成交通固定资产投资7.6亿元。其中公路建设投资7.03亿元，完成荷沙线、大天线等一级公路交安工程40.34公里。完成潜杨线一级公路路基2.4公里。完成国省干线大修15.06公里。完成危桥改造72座1792延米。完成农村公路提档升级233.93公里。完成农村公路连通工程99.57公里。完成港航固定资产投资1101万元，开展天门工业园港区一期工程设计变更，航道趸船、巡航艇建造等工作。客（货）运站场建设完成导航台土建工程和工艺设备调试。

"四好农村路"建设。全年完成自然村公路建设168.41公里、提档升级公路123.48公里，建设"四好农村路"200公里，刷黑100公里。同时，采用EPC建设模式，计划用3年完成农村干线公路升级改造260公里和乡村振兴重点村道路刷黑300公里，用2年完成全市150座四五类危桥改造。深化农村公路管理养护体制改革，全面推行县乡村三级"路长制"，采取"一路一长"方式，落实管理责任制，以刚性制度执行和全社会主动参与、监督，全面改善农村公路治理体系，提高农村公路治理能力，切实做到公路管理网格化、精细化、规范化、

2021年，240国道保台线天门段改扩建完工

长效化。

运输服务保障。全年完成公路客运量426.08万人次、旅客周转量20173.03万人公里，比上年分别下降22.15%、13.57%；完成货运量2087.85万吨、货物周转量22.06亿吨公里，比上分别增长102.1%、72.92%。完成水路货运量40万吨、货物周转量3.37亿吨公里，比上年分别下降70.63%、64.1%。同时，持续做好疫情防控工作，制定疫情防控交通运输保障工作方案，重点加强客运站场和公交车、出租汽车、农村客运班车、长途客运班车疫情防控工作，全面做好公共交通从业人员和冷链驾驶员全员核酸检测及公路疫情防控检查点值班值守等工作。圆满完成春节、"五一"、国庆、中秋等重点时段运输保障工作，投入运力386辆，应急运力35辆，发送班次3.6万个，运送旅客23万人次。圆满完成高考、中考等重大活动运输保障工作。

城乡客运一体化。完成天门至干驿（马湾）、卢市（净潭）、石家河（佛子山）、天门南火车站、张港5条乡镇公交专线改造，全市乡镇通公交率达到75%。全市公交服务质量进一步提升，优化公交线路8条，完成公交站亭亮化工作和12座港湾式候车亭建设，全市公交站亭达到115座。加强公交运营服务质量管理，建立健全公交企业绩效评价机制。开展"文明线路、文明车组"及"青年文明号"创建活动，以"倡导绿色出行、促进生态文明"为主题，开展绿色出行宣传月和公交出行宣传周活动。

交通物流发展。全市登记物流企业316家，运营的运输、快递、仓储类企业约230家。其中物流园区3家，交通零担物流约44家，广州服装专线6家，柯桥专线1家，快递168家，仓储8家。全市农村物流配送中心建成，城区配送网点3个，乡镇物流配送站点26个，覆盖100%的乡镇，建成覆盖300余个建制村村级站点，村级覆盖率达50%以上。天门市农村物流配送中心按照市、镇、村三级配送模式，"区域试点，逐步完善，全面发

2021年，九蒋线佛子山至渔薪段路面刷黑

展"原则，围绕农资、农产品、农村日用消费品和小件物品快递等配送服务，构建物流配送实体网络，利用九真镇和黄潭镇农村综合服务站、农村小卖部、小型超市，建立站点，进行物流配送。利用企业货源优势，融合交通、商务、农业、供销、邮政等各方资源，解决农村物流需求分散、量小、季节性强、组织难、效益差问题，打造"一点多能、一网多用、深度融合"的农村物流发展新模式，构建集智能、共享、集约为一体的物流配送融合发展平台，成为天门市第一家集农村物流配送、互联网+电商配送为一体的配送网络平台和物流供应链管理服务平台。

行业监管。规范道路运输市场秩序，开展天门南火车站喊客拉客、非法营运出租汽车、违规旅游车、"残疾人代步车"、非法驾驶员培训点、货运市场"打非治违"等专项整治行动，查处外籍长途违规经营车辆30起、旅游车辆7辆，非法营运出租汽车73辆，拆卸残疾人代步车私自安装疑似出租汽车标识36辆次，取缔非法售票站点21家，收缴自制广告招牌30余块。完成道路运输从业人员继续教育培训和诚信考核签章12434人次，17所驾校教练员和教练车基础信息全部录入上传至省交通驾培监管平台。开展驾培行业突出问题专项治理，依法查扣违规教练车5辆，查处违规教练4人，处理回复投诉20件，回复率与满意率均100%。开展维修检测企业经营资质清理，查处违规维修经营业户13家，下达整改通知书13份。

路政管理。路域环境和超限治理协调推进，办理路损案件47起。清除路面堆积物192处1068.9平方米，拆除违章建筑20处145平方米，拆除非交通公路标志牌30个，制止违法增设平面交通道口3起。加强超限超载治理力度，检测过站货运车辆，查处超限车辆658辆，卸载货物18895.4吨，恢复改型车辆93辆。加强过境过站货运车辆宣传教育和14家源头企业，特别是团山、建昇2家石料场宣传督导。

交通环保。全面推广使用清洁能源车辆，全市农村班线公交化改造车辆及新增公交车52辆，均为纯电动公交车型。严把大货车市场准入关，新增柴油货车全部达到国家排放标准。推进油气回收治理，本籍成品油运输车辆全部加装油气回收装置。加强扬尘综合管控，推行绿色施工，采取围挡、覆盖、洒水等措施抑制施工扬尘。依托蔡岭、皂市2个超限检测站，督促砂石运输车辆做到"平车覆盖"，防止砂石料抛洒污染路面。长江大保护攻坚战取得胜利，被省长江大保护十大标志性战役指挥部评为"湖北省长

江大保护十大标志性战役"表现突出单位。

码头治理。持续巩固非法码头治理、港口船舶污染防治、岸线清理整治"三大攻坚"战成果。积极推广本籍船舶和过港船舶使用船舶水污染物联合监管与服务系统"船E行",建立健全船舶和港口污染防治长效机制,按月调度,跟踪管理,对到港船舶污染防治开展监督检查,做到逢船必检,违法必究。全年接收船舶固体垃圾2.7吨,船舶生活污水122吨,船舶含油污水4.66吨、残油0.3吨。加强现场执法监管,全年检查船舶4366艘次,责令整改1起,立案船舶污染行政处罚案件3起。

安全应急管理。完善综合交通安全生产委员会机构与职责,调整充实各专委会成员单位和工作专班人员。深入开展安全生产整治"三年行动""大排查大整治行动""危险品运输安全整治"及"平安交通"建设活动。依托12328平台,进一步加强"两客一危一货"实时监管力度,全市"两客一危"、12吨以上重载货车、农村客运车辆以及"四类船舶"4G视频和AIS监管工作进一步深化。继续推进公路安全生命防护"455"工程,完成隐患路段整治536公里。全面加强汉江航道管理,辖区航道灯光保证率和标位正常率达99%;运输船舶疏导抢通力度和丰枯水期设标工作全面加强,航道保持安全畅通。推行手机App安全知识培训,实现客运企业主要负责人、安全管理人员、驾驶员等从业人员安全培训全覆盖。全方位开展新冠肺炎疫情防控工作和应急运输保障工作。开展水陆运输和工程建设领域安全生产大检查、专项督查,排查、整改安全隐患1659件,实行重大安全隐患省级挂牌督办1件、市级挂牌督办1件,全年无交通安全生产责任事故。

行政审批。全面深化"放管服"改革,聚焦企业和群众高频办理事项,通过"减材料、减流程、减时限、减跑动"、"硬减"申请材料97份,压缩36项高频办理事项1天内办结。优化"一事联办"主题事项申请材料容缺后补,稳步推进"证照分离"改革。推动交通运输领域高频便民服务事项入驻"鄂汇办"移动应用端,逐步实现便民服务事项"掌上办"。政务服务窗口全面实施"首问责任制""延迟、预约服务""一次性告知"等制度,提高办事效率和服务质量。

(张文敏)

潜江市交通运输

【概况】至2021年底,全市公路通车里程3724.47公里,路网密度186.88公里/百平方公里。其中一级公路155.87公里、二级公路354.57公里、三级公路81.11公里、四级公路3126.60公里、等外公路6.32公里;按行政等级分为国道153.03公里、省道203.10公里、县道704.36公里、乡道1194.01公里、村道1469.97公里。等级公路占比99.83%。全市通车里程中有铺装路面公路3686.624公里、简易铺装路面公路22.94公里,有铺装、简易铺装路面铺装率99.6%。客运站2个,其中一级客运站1个、二级客运站1个。

基础设施建设。全年完成公路建设投资11.67亿元,为年度目标的117.2%,完成路基323.10公里、路面329.01公里。318国道后湖至浩口段、247省道潜江汉江大桥至渔洋公路工程一标、枣潜高速公路连接线、东城大道南延工程、234国道灾毁修复等重点项目全面完工。247省道潜江汉江大桥完成大桥全部下构及引桥段上构施工合拢;247省道一级公路改扩建工程完成七一至谢小段、快岭段5公里路基路面施工;234国道后湖至熊口段完成7公里路基路面施工;322省道一级公路改扩建完成熊口农场2公里加宽段及东干渠桥主体、东荆河四桥加宽桥梁基础工程施工;城东物流专用公路跨G50大桥完成桥梁主体施工;公路桥梁消危行动项目"EPC+养护"完工48座。潜江传化公路港(物流)完成投资4920万元。全年完成港口工程投资3372万元。

"四好农村路"建设。提请市政府出台《潜江市深化农村公路管理养护体制改革试点实施方案》《潜江市农村公路路长制实施方案》《潜江市农村公

2021年12月19日,247省道潜江汉江大桥在建中

路养护管理考核细则》，成立由市长挂帅的农村公路管理养护工作领导小组，建立市、镇、村行政主要负责人为路长的三级路长责任制，将农村公路管理养护纳入乡镇年度目标考核。联合市人社局共同开发农村公路护路员公益性岗位 220 个，同时为各乡镇街道护路员配置打草机等小型养护设备，并对全市包括护路员在内的农村公路管理人员进行信息化及设备使用培训。联合市公安局、市人社局、市农业农村局、市应急管理局，采取内业资料检查与外业线路核查相结合的方式开展年度全市农村公路管理养护工作考核。熊口管理区成功创建"四好农村路"省级示范乡镇。完成全市 53 座危桥改造，实现全市公路危桥"三年消危，一年清零"总体目标。成功承办全国公路危旧桥梁改造培训班。

运输服务保障。全年完成道路客运量 33.52 万人次、旅客周转量 3415.12 万人公里，比上年分别下降 78.1%、52.7%；完成货运量 1639.62 万吨、货物周转量 25.69 亿吨公里，比上年分别增长 55.4%、67.36%。完成港口吞吐量 68.2 万吨，比上年下降 6.8%；完成水路货运量 118.68 万吨、货物周转量 3.34 亿吨公里，比上年分别增长 104.6%、31.5%。拥有道路客运班线 41 条、客车 145 辆、公交车 444 辆、公交换乘枢纽站 3 个，建成高标准港湾式候车亭 369 座、简易候车亭 141 个、招呼站牌 675 处，有利促进农村客运网络与城市公交网络合理衔接和有效融合；"村村通客车"通达率 100%。拥有普通货运车辆 2525 辆 34997.54 吨、危险货物运输车辆 1579 辆 24820.78 吨。拥有码头泊位 13 个，渡口 50 个，运输船舶 50 艘 4.1 万吨。

路政管理。按照"多方联动、突出重点、标本兼治"原则，清理公路堆积物 52 处 816 平方米，清理打场晒粮 280 平方米，整治马路市场 82 处，拆除非公路标志牌 261 块，接（处）公路赔偿案件 21 起、行政处罚案件 45 起，结案率 100%。开展路警联合治超专项行动，始终保持超限运输治理高压态势。制定《潜江市公路管理局货

2021 年 4 月 23 日，电动公交覆盖潜江所有区镇街道

运车辆违法超限运输信息报送和抄告管理规定》，严格落实对超限车辆"一超四罚"处罚机制。依法查处违法超限车辆 289 辆，卸载货物 7194.2 吨，全市境内违法超限运输行为得到有效遏制。

行业监管。进一步规范道路运输市场经营秩序，开展道路客货运、驾培、维修、出租汽车等行业专项治理，执法人员上路稽查 600 余次，突击打"黑"行动 109 次。查处各类违章案件 512 起，其中客运违章 43 起、危货违章 66 起、普货违章 149 起、驾培违章 31 起、出租汽车违章 25 起、查处非法营运出租汽车 105 辆、网约车 59 辆。受理群众投诉举报案件 270 件。诚信考核扣分 140 余人次。完成经营许可船舶检验 106 艘次，其中建造（改建）检验 3 艘次、营运检验 103 艘次，确保被检船舶质量稳定、航行安全。

交通信息化。投资 416.1 万元，启动交通运输指挥应急服务信息平台项目建设，该平台运用 4G/5G、GIS、北斗定位等新技术，整合和优化全市交通运输系统工程建设、公路路网资产与养护、营运车辆船舶、道路水路运输等信息化资源，建设交通大数据管理中心、指挥应急中心、事件信息处理中心，进一步提高交通运输行业管理和服务水平。推进全市公路管理与服务信息化，市公路管理局和市农村公路管理局分别建成覆盖国道、省道、县道、乡道、村道的公路管理信息化系统，并进行升级，增加路长制和安全管理等功能模块，不断实现功能全覆盖。养护人员使用手机 App 进行公路巡查和日常管养，通过后台下发养护计划、任务指令、审核养护工作量，全流程监督管理人员和工作，全市公路管养步入智能化、精细化、规范化轨道。统筹推进公路水路交通视频云建设，与中国电信潜江分公司开展战略合作，在全市国省干线、农村公路、城区中心路口、重点桥梁、水路等地调查智能监控安装点，做好接入指挥信息平台准备工作，为公路养护、水运安全、交通运输综合执法、应急指挥等提供数据支撑，进一步提升全市交通运输行业信息化、智能化水平，提升应急处置能力。

安全应急管理。开展安全生产专项整治三年专项行动、危化品道路运输集中整治、船舶碰撞桥梁隐患治理、消防安全、"打非治违""亮剑行动"等专项整治。建立问题隐患和制度措施"两个清单"，严格按"五落实"要求跟踪督办整改。积极推广重点营运车辆和船舶智能视频监控报警技术应用，严格落实动态监控违规信息闭环处理。抓好网上稽查工作，严格处理事实清楚的违法行为。组织开展危险货物运输事故应急处置，客运车辆防

神农架林区交通运输

【概况】 至2021年底，全区公路通车里程2013.92公里，路网密度62.29公里/百平方公里。其中一级公路33.13公里、二级公路361.98公里、三级公路211.71公里、四级公路1356.47公里、等外公路50.63公里；按行政等级分为国道188.91公里、省道223.88公里、县道365.12公里、乡道564.38公里、专用公路15.92公里、村道655.71公里。等级公路占比为97.48%。全区通车里程中有铺装（高级）路面里程1924.24公里，其中水泥混凝土路面1485.67公里、沥青混凝土路面438.57公里，简易铺装路面（次高级）里程23.72公里，铺装率为96.72%。有客运站16个，其中二级客运站1个、三级客运站3个、四级客运站2个、五级客运站9个。

基础设施建设。保康至神农架高速公路正式通车运营。房县至五峰高速公路各项专题快速推进。307省道八角庙至茨芥坪改扩建完成总投资2.83亿元，占计划总投资的93%。209国道阳日至观音河改扩建完成路基主体工程的90%。启动472省道松柏至宋洛改扩建工程，完成投资3500万元，占计划总投资的7.2%。完成杜酒线、鱼阳线、机场路、南德线等国省干线公路大中修及灾害治理56.19公里，完成投资5960万元。八角庙应急物资储备中心竣工并投入使用。公路桥梁"三年消危"行动公路危桥入库22座，完成国省干线危桥改造1座，进入招投标前期工作18座；完成农村公路危桥2座，进入招标阶段1座。松柏客运站建设累计投资2238.12万元，神农架综合客运枢纽建设总投资2627万元。

"四好农村路"建设。全年农村公路建设81.2公里，新建桥梁3座166延米。计划农村公路提档升级项目40个295.4公里，提档升级与安全生命防护"455"工程同步实施项目9个129.4公里。完成项目31个226.42公里，开工项目3个8.6公里，未开工项目6个60.5公里。提档升级完成229.22公里，占比为77.6%。猫儿观至石屋头9.28公里农村公路开工；完成水池垭道路硬化、章宝河至千家坪生态安防工程、燕塔线水毁及边坡治理工程、完成官封至塔坪公路路面安防工程、完成燕官线水毁，完成投资3000余万元。木鱼镇通过"四好农村路"省级示范乡镇验收。

运输服务保障。全年完成公路客运量64.92万人次、旅客周转量2923人公里，完成货运量307.51万吨、货物周转量1.38亿吨公里。全区有道路客运车辆292辆，其中班线客车86辆、旅游客车132辆、公交车9辆、出租汽车65辆，普通货运车辆444辆。有二类维修企业14户、三类维修企业22户。教练车21辆。进一步推进林区交旅融合发展，打造旅游风景道路示范线，开通木鱼集镇—酒壶坪换乘旅游专线；优化交旅融合运行线路，开通木鱼镇—木鱼观景台—香溪源—青天袍—换乘中心换乘专线；同时在旅游旺季加大发班密度。将交旅融合线路向外延伸，开通木鱼—兴山808-1城际公交，启动松柏—阳日线路公交化改造。

公路养护。春运期间连续冰冻天气给交通带来诸多不便，公路养护部门降雪前在高寒易结冰积雪路段布设除雪机械设备，在各站配备融雪剂、防滑料、防滑草垫等，主要道路交叉路口悬挂无偿救援横幅对受困车辆进行义务救援，未因冰雪天气致交通中断现象发生，过往车辆安全通行得到保障。日常养护按照绩效考核责任制度，遵循公路养护技术标准，精心部署，科学组织，较好地完成国省干线430.92公里路面、路肩保洁、保畅工作；及时维修国省干线受损钢护栏、钢索270处，维修及更换国省干线公

2021年5月28日，保康至神农架高速公路正式通车

路各类标牌，刷白路树340公里。

路政管理。通过加大路面巡查力度、推行"路养联合"巡查模式，缩短路政案件查处时间，提高占路、损路等违法行为查处率。联合公安、交警、城管等部门定期、不定期开展联合整治行动，散装货物运输路面抛撒、乱堆乱放、占道经营等行为得到遏制，有效巩固路域环境的改善。制止并纠正违法开挖路肩带种植农作物14处，清除利用公路附属设施设置非公路宣传横幅6幅、架设自来水管道2处，督导当事人恢复因其施工临时拆卸公路安保设施3处，拆除违章建筑10处223平方米，拆除管辖范围内设置非公路标志牌150块，清理公路及公路用地范围内堆积物95处3466平方米，清理公路用地范围内种植作物34处，清理占道经营96处。依法查处施工运输车辆污染路面，发现并制止损路行为37起；依法查处路产损失案件19起，收取路产损失赔偿费13万元。路政案件查处率、结案率98%以上，无行政复议、诉讼案件发生。

超限治理。开展宣传整治活动，规范5家货运源头企业，从源头加强货物装载监管。严把货物运输关，摸清货运规律，在关键路段与经信委、公安交警、运管等多部门实施联合执法，对货运车辆超限超载临时检查、治理18次，及时制止超限超载车辆上路行驶；检查运输砂石料车辆3460辆次，责令消除非法改装架设高墙板车辆36辆。查处超限车辆134辆次，卸载货物143吨、转运货物540.2吨，超限率控制在4%以内，有效保护公路及其附属设施安全。

物流寄递。10月28日，神农架林区邮政业安全发展中心在林区运管局挂牌，物流寄递监管机构正式成立。向企业推送《快递业务经营许可管理办法》《中华人民共和国道路运输条例》等法律法规，形成防范化解重大风险广泛共识。建立快递企业工作群，引导快递企业持续强化行业安全生产工作，健全落实安全生产责任制，推进企业主体责任落实。制定发放《新冠肺炎疫情防控和法律法规知识手册》，引导从业人员遵守疫情防控、文明出行、规范经营。

安全应急管理。推进安全生产专项整治三年行动。开展客运安全专项整治行动，对辖区经营运输危化品企业进行摸底调查，组建专班采取定点蹲守与流动巡相结合方式，督查8个乡镇客运站客运工作。春节、两会、"五一""十一"等节假日及重要时段期间，全区开展安全大检查，全面排查治理事故、安全隐患。加大重点线路及客运站点安全监管和稽查密度，重点检查车辆技术、人员资质，危险品运输电子运单。节日期间，未发生一起客运安全事故和旅客滞留现象。推进"两客一危"动态监控闭环处理工作，全区"两客一危"车辆动态监控设备升级为4G。清理区内"两客一危"车辆入网情况，提升"两客一危"车辆入网率和在线率。

（张朝）

2021年10月27日，林区邮政业安全发展中心在林区运管物流局挂牌

交通运输发展战略研究及前期工作

【物流服务研究】 多式联运研究。2021年,省政府印发《关于促进多式联运高质量发展的意见》《湖北省推动多式联运高质量发展三年攻坚行动方案(2021—2023年)》,为加快推动湖北省多式联运高质量发展提供前所未有的政策支持。全省有国家级多式联运示范工程项目5个。第一批国家多式联运示范工程武汉阳逻港一期项目、第二批国家多式联运示范工程黄石棋盘洲项目于2019年、2021年通过国家验收,获"国家多式联运示范工程"称号。第三批国家多式联运示范工程武汉金控粮食物流项目、宜昌白洋港项目、鄂州三江港项目计划在2022年迎接国家验收。联合人民日报社人民论坛杂志社开展湖北省多式联运发展调研,研究进一步发挥多式联运优化资源配置、促进降本增效、推动经济增长的优势和作用。

运输结构调整。全省以推动多式联运高质量发展为抓手,促进运输结构优化。2021年,全省铁路、水路、公路完成货运量214339.79万吨。其中,铁路完成货运量5405.26万吨,比2019年增加198.73万吨,增长3.82%;水路完成货运量47625万吨,比2019年增加8520万吨,增长21.79%。铁路、水路、公路运输在综合运输中的占比依次是2.52%、22.22%、75.26%,比2019年分别增长0.16%、增长4.5%、下降4.66%。全省集装箱多式联运量完成73.08万标准箱,比2019年增长50.07%;全省港口集装箱铁水联运量完成6.78万标准箱,比2019年增长30.46%。

(张努特)

【交通规划管理】 "十四五"规划编制工作。全面对接国家和省"十四五"最新战略部署,注重总体把握,加强全局谋划,不断推进完善湖北省"十四五"交通规划重大工程项目、重大政策和重大改革举措。组织召开规划推进会议,谋深谋细重大交通项目,修改完善规划文本内容。组织召开"十四五"规划专家咨询会,积极征求省发改委等18家单位意见建议,根据各单位意见对规划文本进行全面修改完善。《湖北省综合交通运输发展"十四五"规划》及公路水路重点项目库正式印发。规划印发后,积极做好宣传解读工作,便于"十四五"规划的顺利实施。

部省规划衔接工作。抢抓国家"十四五"规划编制窗口期,加强与交通运输部衔接对接,沿江通道作为战略骨干通道纳入国家专项规划,中部地区大通道大枢纽建设、长江中游城市群交通互联互通得到重点支持。武汉被列为国际性综合交通枢纽城市,襄阳、宜昌、黄冈—鄂州—黄石被列为全国性综合交通枢纽城市。在国家新一轮交通网络规划调整中,湖北新增国家高速公路约1700公里,新增国家高等级航道约680公里。湖北省第十一次党代会以来,争取车购税补助资金(公路水路)473亿元,同比增长14.4%。明确进入国家规划的公路水路项目投资规模突破3000亿元,可争取车购税补助资金超过600亿元。

重大专项规划工作。组织召开交通强国建设试点调度会,统筹推进现代内河航运建设等6个方面交通强国试点工作,研究印发《湖北省交通强国建设试点实施方案》,及时向交通运输部报送交通强国建设试点工作总结。加快推进湖北省综合立体交通网规划编制工作,并通过专家评审验收。积极贯彻落实国家关于大别山革命老区、长江经济带等综合交通运输相关部署,制定印发《关于落实〈大别山革命老区综合交通运输"十四五"发展规划〉的责任分工方案》。

其他规划衔接工作。按交通运输部要求报送国家综合立体交通网主骨架、"重走长征路"红色旅游交通规划等相关材料,认真研究反馈关于新时代推动中部地区交通运输高质量发展等意见。积极配合省直相关部门做好国土空间、生态建设、旅游发展等规划衔接工作,及时反馈相关意见。认真梳理地方政府部门关于"十四五"规划诉求事项,结合全省布局和地方实际,合理答复相关建议。

(罗志文)

【规划编制】 湖北省综合交通运输发展"十四五"规划编制工作。在完成《湖北省综合交通运输发展"十四五"规划》初稿基础上,多次召开专题会议,贯彻国家和省最新政策文件精神,并在厅门户网站发布公示,公开征求对规划的意见建议,邀请国家和省科研院校领导专家对规划进行咨询。通过线上线下相结合的方式向交通运输部沟通汇报,就重大项目进行对接,一批项目成功纳入国家专项规划;加强与全省各市州及江西、湖南等相邻省份对接,充分吸收各方意见,全面提升规划质量与可操作性。《湖北省国民经济和社会发展第十四个五年规划和二〇三五年远景目标纲要》印发后,集中时间逐字逐句对规划报告进行修改完善,并于2021年8月底上报省委省政府审议,10月20日省政府正式印发规划。

大别山综合交通基础设施"十四五"规划编制工作。2020年完成《湖北大别山地区综合交通基础设施"十四五"发展规划》。2021年,按照交通运输部编制要求,补充报送湖北大别山片区运输服务、智慧绿色、安全应急等除基础设施以外的交通运输发展现状及"十四五"发展思路,并对重点指标进行统计和测算,对重点项目库进行对接,根据国家大别山"十四五"规划编制单位的要求多次提供基础资料和统计数据,力争湖北大别山片区更多项目进入国家规划项目库。

(胡莎)

【专项研究】 湖北省综合客运枢纽布局研究。为加快推进综合交通一体化发展,提高综合交通运输效率,满足人民日益增长的美好生活需要,省交通运输厅开展湖北省综合客运枢纽布局研究课题。该课题于2021年3月启动,完成工作大纲和调研计划,6月通过招标优选合作单位,考虑疫情实际情况,采取线上调研方式,开展为期两周面向各市州及厅直有关单位的调研,12月完成送审稿并通过专家评审。该课题对促进各种运输方式之间有效衔接发展,进一步改善旅客出行条件，提高全省客运的运输效率和质量具有重要意义。

湖北交通运输发展阶段与水平研究。为进一步认清湖北交通运输发展所处的阶段和水平，明确发展的特征和趋势，加快建设交通强国示范区，省交通运输厅启动湖北交通运输发展阶段与水平研究课题。确定项目负责人后，组建工作专班，多次讨论课题大纲，并按照相关规定选择招标代理机构，6月选定合作单位并签订协议，其后课题组与中标单位完善研究大纲与调研大纲，加强前期资料收集和分析工作，多次集体研究讨论有关问题，12月完成研究报告并通过专家评审。该课题对明确未来湖北交通运输发展方向有着重要的意义。

（胡莎）

交通建设前期工作

【重点工程前期工作】 规划项目开工。协调各方加快推进规划项目前期工作，平顶山至宜昌高速公路襄阳至南漳段、武汉都市区环线福银高速公路至沪蓉高速公路段等7个项目265公里高速公路项目开工建设，在建项目达23个合计878公里。同时，还有8个未开工项目基本完成项目前期工作，其中完成初步设计批复1个、工可批复1个、工可咨询6个。同时，加强项目储备谋划，下达一批2022年重点项目前期计划，为确保"十四五"规划目标实现打下良好的基础。

省际项目衔接。加强省际项目衔接，推进省际交通互联互通建设。根据初步形成的"十四五"规划成果，涉及省际接点项目9个，均与邻省（市）达成一致。其中，"十三五"启动的4个省际通道项目全部签订接点协议；"十四五"新启动的5个省际通道项目中，签订省际接点协议2个，其余3个在加快协商推进中。

重大问题排解。加强项目现场调研，及时掌握项目推进现状及遇到的问题，加大衔接协调力度，多措并举解决难题。协助地方加快推进十巫高速公路溢水至镇坪段、房五高速公路房县段、福银高速公路改扩建项目沿线等项目前期工作，就有关问题提出建设性意见。积极争取发改、自然资源、生态环境等部门支持，加快推进项目前期工作中涉及的各专题研究工作进度。

（罗志文）

【站场物流前期工作】 加快推进站场物流规划项目前期工作，通过加强项目日常管理、现场督导等方式，有效推进项目前期工作及建设进度。2021年，孝感西客运换乘中心、麻城市汽车客运中心等项目取得交通运输部补助资金，神农架林区松柏客运站等17个客运站场项目和荆襄物流配送中心、鄂渝陕（竹溪）农产品冷链物流配送中心等6个货运枢纽（物流园区）项目取得省补助资金。纳入交通运输部"十四五"综合客运枢纽规划的17个项目中，开工建设9个。纳入湖北省交通物流发展"十四五"规划的59个货运枢纽（物流园区）新建项目中，有17个开工建设。

（朱燕）

【高等级航道前期工作】 积极推进高等级航道项目前期工作，汉江兴隆至蔡甸段2000吨级航道整治工程、兴隆枢纽二线船闸工程等项目前期工作推进中，江汉平原水网联通工程共7条航道项目在开展研究中。高等级航道前期工作明确总的建设要求，即通过实施汉江2000吨级、江汉平原水网联通工程、兴隆枢纽二线船闸等一系列高等级航道工程，创建交通强国示范引领工程；总的建设目标是，对于汉江2000吨级航道前期工作，力争下年开工建设，对于江汉平原水网联通等高等级航道分别逐一提出相应的目标，2021年完成全部预可研究；总的建设理念是按照高质量打造精品、智慧、生态、示范工程的要求开展项目设计，体现创新、协调、绿色、开放、共享理念，实现一流标准、一流技术、一流管理、一流服务。按照上述总要求，设立高等级航道项目前期工作作战室，编制前期工作流程图和组织架构图，对项目每个环节制定横道图，实行倒排工期，挂图作战。

（徐伟）

交通基础设施建设

【全省公路水路交通基础设施建设】 2021年,全省完成公路水路固定资产投资1200.9亿元(含长航、汉江枢纽投资43.2亿元),占年度目标(1000亿元)的120.1%。全省新增公路里程7309公里,其中新增高速公路148公里、一级公路510公里、二级公路390公里、四级公路11396公里,减少三级公路2428公里、等外公路2706公里。截至2021年底,全省公路总里程达到296922公里,其中高速公路7378公里、一级公路7569公里、二级公路25014公里、三级公路8923公里、四级公路243836公里,等级公路所占比重为98.59%,二级及以上公路所占比重达到13.46%,较上年提高0.04个百分点。

全省公路沥青混凝土路面39676公里、水泥混凝土路面235503公里、简易铺装路面7572公里,公路路面铺装率为95.23%。全省公路按行政等级分为国道14306公里、省道20366公里、县道28598公里、乡道85038公里、村道148175公里、专用公路440公里。全省公路密度达到159.73公里/百平方公里,乡镇通畅率100%,建制村通达率100%、通畅率100%。

全省内河航道总里程9066.68公里,其中内河航道通航里程总计8666.94公里,与上年保持一致。按航道结构等级分为一级航道269.4公里、二级航道801.5公里、三级航道1019.1公里、四级航道289.0公里、五级航道811.4公里、六级航道1787.9公里、七级航道1187.9公里、等外航道2500.7公里,等级航道所占比重为71.2%,三级及以上航道所占比重为24.1%。

1. 公路重点工程建设

全省高速公路完成固定资产投资381.1亿元,为年度目标(370亿元)的103.0%。十堰经镇坪至巫溪高速公路鲍峡至溢水段、湖北赤壁长江公路大桥、监利至江陵高速公路东延段、麻城至安康高速公路麻城东段等4个项目共计148公里建成通车。鄂州机场高速公路一期工程等项目实现开工。

全省普通公路完成固定资产投资627.8亿元,为年度目标(510亿元)的123.1%,普通公路固定资产投资保持高位运行。建成一级公路508.6公里,为年度目标(500公里)的101.7%,二级公路926.0公里,为年度目标(700公里)的132.3%。完成新改建农村公路19675.5公里,为年度目标(1.3万公里)的151.4%,建设进度位列全国第一方阵。至2021年底,全省农村公路总里程达到26.2万公里,实现所有乡镇、建制村、20户以上自然村通硬化路,农村公路通达深度和等级结构明显提高。

2. 港航建设

全省港航建设固定资产投资完成107.5亿元(含长航、汉江枢纽投资43.2亿元),为年度目标的179.2%。其中航道项目完成投资54亿元,占总投资的50.2%;港口项目完成投资53.5亿元,占总投资的49.8%。汉江河口段2000吨级航道整治工程全面完工,唐白河、富水、汉北河等重点航道开工建设。荆州铁水联运一期码头3~4号泊位、荆州港监利容城港区新洲码头工程、襄阳港小河港区综合码头一期工程、宜昌港枝江港区中石化、中石油、中长燃等3个油库码头工程建成,新增港口吞吐能力1200万吨。

全省水路完成客运量314.4万人次,比上年增长34.95%,完成旅客周转量1.88亿人公里,比上年增长86.35%;完成货运量4.76亿吨,比上年增长17%,完成货物周转量3438.8亿吨公里,比上年增长25.8%。全省完成港口吞吐量4.88亿吨,比上年增长28.58%,其中外贸货物吞吐量1787万吨,比上年下降2.4%。完成集装箱284.34万标准箱,比上年增长23.66%。港口生产形势运行良好。

3. 站场建设

全省站场建设完成投资84.5亿元,为年度目标的140.9%。其中客运站场建设完成投资12亿元,货运物流设施建设完成投资72.5亿元。孝感西客运换乘中心、十堰市武当山客运换乘中心、竹山县擂鼓客运站、竹溪县向坝客运站、郧西县客运站改扩建工程、枝江市安福寺客运站、通山县中心客运站改扩建工程、崇阳县交通客运总站改扩建工程、嘉鱼县官桥客运站、咸宁市咸安区横沟客运站等10个客运站项目建成。黄石新港现代物流园一期工程、江山贝尔物流园、襄阳传化公路港一期、恩施好又多华硒物流园、三峡银岭冷链物流园(一期)、远安县物流中心、宜昌货运中心(白洋物流园)、鄂西北集散运物流中心等8个货运物流项目建成。

全省公路完成客运量2.11亿人次,比上年下降2.91%,完成旅客周转量128.61亿人公里,比上年下降2.28%;完成货运量16.13亿吨,比上年增长41.11%,完成货物周转量2196.18亿吨公里,比上年增长33.92%。

(张学阳)

【全省"四好农村路"建设】 至2021年底,全省农村公路总里程261810公里,位居全国第三,实现所有乡镇、建制村、20户以上自然村通硬化路,干支相连、镇村直达、对接循环、人便于行、货畅其流的农村交通网络基本形成。主要做法:

1. 提质升级,构建外通内联、衔接顺畅的农村公路网络体系。抓住大力实施乡村振兴建设行动新机遇,科学编制农村公路发展规划,推进"三大工程"建设,巩固拓展交通脱贫攻坚成果,服务乡村振兴发展。全年全省新改建农村公路19675.5公里,为年度目标的151.4%。

加快实施骨干网畅通工程。推进连接港口、火车站、机场、高速公路出口等的农村公路建设。推进尚未实现双向连通的乡镇二通道建设,实现具备条件的乡镇二通道连通。加强资源路、旅游路、产业路建设,推动串联乡村主要旅游景区景点、主要产业和资源节点、中小城镇和特色村庄等公路建设,实施重要县乡道改造升级。全年全省完成骨干网畅通工程2525.3公里,乡村骨干网通行能力和运行效率进一步提高。

加快实施基础网连通工程。推进农村公路进一步向自然村(组)延伸,实施建制村对外连接、自然村与自然村间连接、通村公路与村内道路连接、农村公路穿村路段等项目建设，配套建设必要的农村公路桥梁。全年全省完成农村公路连通工程7749.8公里，新建农村公路桥梁6675延米，推进农村公路由线成网，农村路网进一步优化加密。

加快实施老旧路提升工程。加快推进农村公路提档升级，有序实施窄路基路面加宽改造及破损路段路面的改善，推进具备条件的建制村通双车道公路。全年全省完成农村公路提档升级9400.4公里，全省农村路网通行能力和整体服务水平显著提高，有效解决农村公路拥堵问题。

2. 规范管理，构建长效稳定、保障有力的农村公路治理体系。印发《关于巩固脱贫攻坚成果全面推进乡村振兴加快全省"四好农村路"高质量发展的指导意见》，提出实施"畅通、连通、提升"三项工程，推进全省"四好农村路"高质量发展；制定印发《湖北省普通公路发展"十四五"规划》，将推进农村公路提质升级纳入重点工作任务。

开展专项治理，提升安全水平。2020年，省政府印发《湖北省公路桥梁三年消危行动方案》，按照"消除存量、遏制增量、动态排查、综合治理"的方针，全面启动公路桥梁"三年消危"行动，力争用3年时间完成全省公路现有6108座危桥加固改造任务。省交通运输厅及时印发《湖北省公路危桥加固改造技术指南》《中小跨径桥梁通用图》等技术规范。全省落实补助资金49亿元，实施危桥改造4616座，其中农村公路3750座。

强化考评激励，推动责任落实。加强农村公路建设项目质量监管，委托第三方机构按年度目标25%的比例对农村公路建设项目进行质量抽检，并将检测成果与农村公路建设项目资金切块规模挂钩，与"四好农村路"示范创建考评挂钩，推动工程质量稳步提升。省委省政府将"四好农村路"发展纳入湖北省市县党政领导班子和领导干部推进乡村振兴战略实绩考核和省政府督查激励范畴，有效压实地方政府主体责任。2021年，省政府对"四好农村路"建设成效较好的3个市州、15个县进行激励，共计奖励5100万元。

深化典型示范，推进全域发展。经省政府同意，省交通运输厅联合省财政厅、省农业农村厅、省乡村振兴局印发《关于深化"四好农村路"示范创建工作的实施意见》，扩大示范创建范围，推进"四好农村路"示范省、示范市、示范县、示范乡镇创建活动，推动示范创建从区域示范引领向全域达标发展转变，省市县乡四级示范创建实现全覆盖。至2021年底，全省创建"四好农村路"全国示范县16个、"四好农村路"建设市域突出单位3个、省级示范县39个、省级示范乡镇150个、全国城乡交通运输一体化示范县2个、全国城乡交通运输一体化示范创建县3个、国家级农村物流服务品牌2个。同时，全省开展"十大最美农村路"评选活动，助力美丽乡村建设。蕲春县绿唐线被交通运输部评为"十大最美农村路"，孝昌县小观线生态路被交通运输部评为"幸福生活小康路"。

3. 建养并重，构建政府主导、集约高效的农村公路养护体系。坚持建养并重的发展理念，加强农村公路养护力度，构建政府主导、集约高效的农村公路养护体系，维护好来之不易的建设成果。

强化资金保障。印发《湖北省深化农村公路管理养护体制改革实施方案》，落实分级负责机制。省、市、县三级财政按照"1530"标准，切实保障农村公路日常养护资金到位。2021年，省交通运输厅按不低于全省成品油税费改革新增收入替代原公路养路费部分15%的标准，将农村公路养护工程省级补助资金8.65亿元及时分解下达至各县市，比上年新增1.448亿元。全年各县市区按新标准配套农村公路养护资金达到10亿元。

强化分类指导。鼓励通过分段承包、公益性岗位、定额包干等模式，吸收沿线群众参与路面保洁、路肩整理、绿化修剪、边沟疏通等日常养护工作；鼓励通过政府购买服务方式，将路面灌缝、小型坑槽填补等小修保养工程、水毁应急抢通修复等项目交由专业单位承担，提高小修保养质量和效率；按照项目进行管理，采取公开招投标方式择优选择有资质的施工单位，逐步推行大中修养护向市场化转变。

强化试点先行。省交通运输厅印发《湖北交通强国建设试点"四好农村路"建设工作方案》，探索农村公路建养管运协调、可持续发展机制和模式。湖北省及6个县市5个方面内容被交通运输部列为深化农村公路管理养护体制改革试点，省深改办将深化农村公路管理养护体制改革工作纳入2021年重要改革项目予以推进。省交通运输厅联合省财政厅出台《湖北省深化农村公路管理养护体制改革试点实施方案》，推进养护生产模式创新、农村公路信息化管理和美丽农村路建设，各县市开展改革试点，推动主体责任、机构人员、养护资金"三落实"。

强化绩效考核。省交通运输厅印发《湖北省农村公路养护评价管理办法(试行)》，推动完善省级农村公路养护补助资金与养护考核、路况评定挂钩机制，在全省分级开展农村公路路况评定，进一步考评养护生产成效，深化检测评定数据在农村公路养护管理中的应用，不断提升农村公路养护精准化水平，提高资金使用效益。2021年，省级委托第三方检测农村公路3万公里。

4. 融合发展，构建资源共享、便捷高效的农村运输服务体系。推进城乡交通运输一体化，推动农村客货统筹、运邮协同及农村物流配送发展，进一步打通城乡双向流通堵点、断点，促进农民出行"走得好"、农村物流降本增效。

持续推进城乡客运均等化发展。加快推进农村客运公交化发展，武汉、潜江和咸宁赤壁市等地先行先试，开展全域公交建设，基本实现城乡运一体化发展。启动乡镇汽车客运站和农村候车亭达标建设行动，全年建设改造完成乡镇汽车客运站 25 个，新改建农村候车亭 1125 个，农村客运车辆动态监测终端全部升级为 4G 水平，农村地区客运服务保障能力水平持续提升。

持续推进农村物流体系建设。加快构建县、乡、村三级物流运输体系，着力打通农产品进城和农资、消费品进村的双通道，相继出台乡镇综合运输服务站、农村交通物流项目等投资补助办法，持续加大县乡村三级农村物流节点体系建设力度，积极申报创建第三批 4 个国家农村物流服务品牌，强化农村物流发展示范引领。

持续推进农村客货运融合发展。制定《2021 年湖北省推进农村客货邮融合发展工作方案》，指导赤壁、石首、竹山、老河口、宜城、宜都、秭归、竹山等县（市）启动农村客货邮融合发展样板县创建，按照"一点多能、一网多用、深度融合"原则，统筹交通、商务、农业、供销、邮政、旅游等各方资源，加快推进农村客运＋旅游、农村客运＋小件快递、农村物流＋产销供应链等新模式发展。全年建成客货邮融合站点 37 个，客货邮融合运营线路 50 条，推动农村客货邮共享站场运力资源，共享运输服务网络，统筹解决农民群众幸福出行、物流配送、邮政寄递三个"最后一公里"。

（黄河）

省交通建设重点项目

2021 年 1 月 16 日，十巫高速公路鲍溢段 6 标所有梁板全部架设完成

【十堰经镇坪至巫溪高速公路鲍峡至溢水段】 9 月 3 日，十堰经镇坪至巫溪高速公路鲍峡至溢水段通车试运营。十堰经镇坪至巫溪高速公路全长约 180 公里，其中鲍峡至溢水段 58.63 公里，桥隧比达 79.6%。批复概算 102.11 亿元。2018 年 5 月开工建设。2021 年 5 月完成交工验收。

工程进度。全年完成投资 4.90 亿元，开工累计完成投资 102.11 亿元，占总投资的 100%。形象进度：路基、桥梁、涵洞工程、边坡防护、排水工程全部完成；路面基层、面层全部完成；房建、交安、绿化、机电工程全部完成。

【赤壁长江公路大桥】 9 月 25 日，赤壁长江公路大桥建成通车。赤壁长江公路大桥是《国家公路网规划（2013 年—2030 年）》中 351 国道台州至小金公路跨越长江的控制性工程，是长江干线新建过江通道规划重点项目之一，也是《湖北省骨架公路网规划（2002—2020）》中天门至赤壁公路的重要组成部分。项目起自荆州市洪湖市乌林镇水府村，止于赤壁市赤壁镇普安村，全线采用双向六车道高速公路标准建设，设计速度 100 公里/时，路线全长 11.2 公里。其中长江大桥全长 3.35 公里，主桥全长 1380 米，采用主跨 720 米双塔对称结合梁斜拉桥方案。批复建设工期 48 个月，实际工期 42 个月。2018 年 3 月 21 日正式开工建设。

工程进度。全年完成投资 9014 万元，累计完成投资 32.49 亿元，占总投资的 100%。2021 年 3 月 16 日，赤壁长江公路大桥主桥合龙；6 月 3 日，赤壁长江公路大桥通过交工验收。

（赤壁长江公路大桥有限公司）

2021 年 6 月 3 日，赤壁长江公路大桥通过交工验收

交通基础设施建设

2021年12月，监利至江陵高速公路东延段建成。图为江北东项目汉河互通

【监利至江陵高速公路东延段】 监利至江陵高速公路东延段起于荆州市洪湖市乌林镇水府村附近，与赤壁长江公路大桥北岸接线对接，终点与监利至江陵高速公路分盐枢纽互通对接，全长62.51公里，主线桥梁56座37265.5米（含互通区主线桥、主线上跨分离式立交桥），另设瞿家湾连接线10.16公里。建设工期42个月，概算投资87.87亿元。2018年11月开工建设，2021年底建成。

工程进度。全年完成投资3.78亿元，累计完成投资87.87亿元。形象进度：路基工程累计完成100%，桥涵工程累计完成100%，路面工程累计完成100%，工业化桥梁、瞿家湾连接线工程全部完成，房建工程累计完成100%（江北东房建工程除汉河服务区因涉及基本农田问题暂未能实施，其余均完工），交安工程累计完成100%，绿化工程累计完成100%，机电工程累计完成100%。

【枣阳至潜江高速公路襄阳北段】 本项目起于襄阳市枣阳市新市镇王大桥村鄂豫省界，与河南省焦作至唐河高速公路对接，终点与枣阳至潜江高速公路襄阳南段对接，线路全长47.87公里。建设工期36个月，总投资34.95亿元。2020年4月10日，一期土建工程正式开工。

工程进度。全年完成投资11.95亿元，为年度计划的108.7%；开工累计完成投资28.03亿元，占总投资的80.2%。形象进度：一期土建工程路基土石方、绿化工程、圬工防护、排水工程、涵洞工程全部完成。桥梁桩基、墩柱、梁板预制、梁板安装、现浇箱梁、桥面系全部完成。路面工程底基层累计完成125.37万平方米，占总量的90%；下基层累计完成30.3万平方米，占总量的23%；上基层累计完成13.2万平方米，占总量的11%；房建基础工程全部完成；主体工程全部完成；装修与总图累计完成20%；交安工程隔离栅累计完成45.49公里，占总量的37%；波形钢板护栏累计完成20.2公里，占总量的10%。

【襄阳绕城高速公路南段】 本项目起于襄阳市襄州区峪山镇杨庄村，与襄阳绕城高速公路东段对接，止于欧庙镇熊庙村，设熊庙枢纽互通与二广高速公路相接，路线全长31.64公里。建设工期36个月。2019年12月18日，一期土建工程正式开工。

工程进度。全年完成投资5.54亿元，占年度计划的110.9%；开工累

2021年10月29日，枣阳至潜江高速公路襄阳北段跨汉丹铁路立交桥转体成功

2021年，襄阳绕城高速公路南段火电厂特大桥主桥全幅合龙

计完成投资23.31亿元，占总投资的87.5%。形象进度：一期土建工程路基土石方、绿化工程、圬工防护、排水工程、涵洞工程全部完成。桥梁工程桩基、墩柱、梁板预制、梁板安装、现浇箱梁、桥面系全部完成。路面工程底基层累计完成63.63万平方米，占总量的90%；下基层累计完成10.53万平方米，占总量的15%；上基层累计完成3.4万平方米，占总量的5%。房建基础工程、主体工程完工；装修与总图累计完成63%。交安工程隔离栅累计完成18公里，占总量的24%；波形钢板护栏累计完成13公里，占总量的11%。

2021年12月21日，麻城至安康高速公路麻城东段通过交工验收。图为宋埠枢纽互通

【十堰至淅川高速公路湖北境段】本项目起于十堰市丹江口市石鼓镇贾寨村，止于十堰市丹江口市丁家营镇，全长41.08公里。项目采用设计速度100公里/时，批复概算67.73亿元，总工期48个月。2019年9月开工建设。

本项目设桥梁11423.615米/35座，其中特大桥1076米/1座、大桥10131.455米/31座、中桥216.16米/3座；设隧道8344.5米/5座，其中长隧道7481.5米/4座、中隧道863米/1座；设互通式立交4座（石鼓互通、凉水河互通、龙山互通、丁家营西枢纽互通）、匝道收费站4处、服务区1处、养护工区（与凉水河互通合建）与监控管理分中心（与服务区合建）各1处。

工程进度。全年完成投资22.18亿元，为年度计划的105.6%；开工累计完成51.77亿元，占总投资的76.4%。形象进度：路基工程累计完成100%；桥梁（涵）工程累计完成95%；隧道工程完成92.5%，基层累计完成32.8%。路基土石方、桥梁下构、梁板预制全部完成。梁板架设累计完成3923片，占总量的97%；防撞护栏累计完成42209米，占总量的92%；桥面铺装累计完成19958米，占总量的88%。隧道开挖初支累计完成15538米，占总量的96.1%；隧道二衬累计完成14496米，占总量的89%。路面底基层累计完成20.09公里，占总量的38.8%；下基层累计完成17.18公里，占总量的33.2%；上基层累计完成13.71公里，占总量的26.5%。

【麻城至安康高速公路麻城东段】本项目起于黄冈市麻城市铁门岗乡铁门枢纽互通式立交，止于黄冈市麻城市宋埠镇枢纽互通式立交，路线全长15.86公里。采用四车道高速公路标准建设，设计速度100公里/时，路基宽26米，特大、大、中、小桥梁12座3724米。2019年9月正式开工建设。2021年12月21日，麻城至安康高速公路麻城东段通过交工验收，提前9个月完成全部建设任务，全年完成投资37133万元。

（湖北交投高速公路发展有限公司麻城东分公司）

【宜都至来凤高速公路鹤峰东段】本项目起于恩施州鹤峰县与宜昌市五峰县交界的马蹄岩隧道，止于龙潭坪附近，与宜都至来凤高速公路鹤峰（容美）至宣恩（当阳坪）段对接，路线全长38.63公里（短链31.23米）。建设工期48个月。2020年7月开始施工。

2021年7月18日，十堰至淅川高速公路丁家营互通B匝道首片钢箱梁吊装完成

交通基础设施建设

2021年12月3日，宜都至来凤高速公路鹤峰东段王家沟大桥T梁架设完成

工程进度。全年完成投资3.64亿元，占年度计划的35.69%；开工累计完成投资26.75亿元。形象进度：路基土石方累计完成962.74万立方米，占总量的87.85%；圬工防护累计完成8.46万立方米，占总量的79.66%；桥梁基础累计完成1630根（座），占总量的96.67%；系梁累计完成592个，占总量的89.69%；墩柱累计完成894根，占总量的88.69%；涵洞通道累计完成38道，占总量的80.85%；隧道洞身开挖初支累计完成25335米，占总量的92.76%；隧道二衬累计完成24179米，占总量的88%。征地拆迁及临建工程全部完成。

【呼和浩特至北海高速公路宜都（全福河）至鄂湘界段】 本项目位于湖北省宜昌市境内，北起宜昌市宜都市王家畈镇全福河村文竹湾，连接呼和浩特至北海高速公路宜都至五峰（渔洋关）段，南止鄂湘两省交界（炉红山），对接呼和浩特至北海高速公路湖南段。路线全长18.81公里，概算投资33.57亿元，建设工期48个月。

工程进度。全年完成投资8.01亿元，为年度计划的100.1%；开工累计完成投资13.33亿元，占总投资计划的39.70%。

（湖北交投宜昌建设高速公路管理有限公司）

【张家界至南充高速公路宣恩（李家河）至咸丰段】 本项目是《湖北省省道网规划纲要(2011—2030年)》中规划建设的"九纵五横三环"高速公路网中的横五线——阳新至咸丰高速公路的重要组成部分，也是《国家公路网规划(2013年—2030年)》中规划的张家界至南充高速公路(G5515)的重要组成路段。本项目是加快"鄂西生态文化旅游圈"建设、促进武陵山少数民族经济社会发展试验区建设、统筹区域协调发展的重要交通基础之一。项目起于恩施州宣恩县李家河镇二虎寨村，接张南高速公路湘鄂界至来凤段和安来高速公路恩施至来凤段，止于小模村，接张南高速公路咸丰至鄂渝界段和恩黔高速公路，与规划的利川至咸丰高速公路对接，路线全长37.50公里。设桥梁22座7949.9米（其中特大桥1座1165.5米、大桥19座6621.4米、中桥2座163米），隧道13座16603米（其中长隧道8座13639米、中隧道3座2331米、短隧道2座633米），互通式立交5处，服务区1处，匝道收费站3处，监控管理分中心1处，养护工区1处。同步建设三胡连接线1.38公里，设大桥2座441.5米；忠堡连接线2.48公里。主线采用四车道高速公路标准建设，设计速度80公里/时，整体式路基宽度25.5米、分离式路基单幅宽度12.75米，连接线采用设计速度40公里/时、路基宽度10米二级公路标准。本项目批复概算金额56.37亿元，建设工期48个月。2021年1月5日，一期土建工程正式开工。

工程进度。全年完成投资17.58亿元，占年度计划的83.7%；开工累计完成投资19.21亿元。形象进度：路基土石方累计完成993万立方米，占总量的82.3%；防护工程完成72%；桥梁基础累计完成1319根（座），占总量的86.8%；系梁累计完成539根，占总量的64.7%；墩柱累计完成649根，占总量的67.8%；涵洞通道基础累计完成65道，占总量的67.7%；隧道洞身开挖初支累计完成24165米，占总量的72.6%。

项目特点：

(1)本项目全线长37.50公里，线路桥隧比为65%，高填深挖路基

2021年11月17日，张家界至南充高速公路宣恩（李家河）至咸丰段后坝大桥首件现浇箱梁浇筑完成

37段、高路堤27米、高边坡65米、高墩柱63米、高支架现浇35米、隧道地质条件复杂、涉路施工（跨高速公路、跨省道）等施工特点。线路地形复杂，多处为垂直裸露岩体，无施工场地，便道修建困难；线路沿线均有河流经过，河流多为两侧山体流水汇聚而成，雨季时山水及河水对线路施工影响很大，地质条件复杂多变，施工难度大。

（2）本项目区域地处鄂西山地南缘地带，属武陵山核心地带。地层区划隶属扬子地层区分区。除起始段白垩纪碎屑沉积砂砾岩外，主要为三叠系至寒武系海相碳酸盐夹细碎屑岩沉积建造，第四系主要呈零星片状分布于沟谷、山间洼地以及缓坡地带，多属冲洪积或坡残积成因。区域地质环境条件复杂，线路经过地段不良地质现象发育，属湖北省地质灾害极易发区。线路两侧存在岩溶、滑坡、崩塌、踩空区等不良地质现象。

（3）本项目跨线施工李家河枢纽互通C匝道桥设30+40+33现浇箱梁跨越运营中的恩来高速公路，小模枢纽主线1号桥以63米钢混结构跨越咸丰大道，并相继跨越232省道及恩黔高速公路；小模枢纽A匝道1号桥跨恩黔高速公路；K81+420.5小模大桥加宽桥在既有通车高速公路上桥梁加宽；小模枢纽匝道与恩黔高速公路搭接拼宽。新旧高速公路路基并线，高速公路车流量大，安全防护难度高。部分现浇梁墩身为高墩，施工难度大。现浇箱梁采用支架现浇，现浇箱梁工艺要求高，梁体线形控制难度大。

（4）泌水河大桥为分离式路幅桥梁，该桥左幅9号墩、10号墩，右幅10号墩、11号墩处于峡谷谷底，设计墩柱最高达到63米，谷底与悬崖顶呈80°左右角度。且该桥处于当地革勒车镇风景区内，协调经费较高。山谷崖壁陡峭，施工便道修筑困难。由于墩柱较高，利用高塔吊施工时，无法保证塔吊有充足的摆臂空间，施工难度及安全风险较大。

（5）本项目隧道13座16603米，隧道占比44%，其中梅子垭隧道2735米、老山隧道2848米。由于隧道较长，施工时采用双向掘进。根据地质水文情况，山体部分岩溶发育程度高，泉涌量大，含水性强，在反坡掘进时，对隧道内排水要求极高。梅子垭隧道出口与老山隧道进口约100米相连，相连处隧道施工可能出现相互干扰。苏麻湾隧道1827米，地质条件差，存在天然溶洞，围岩类型以Ⅳ、Ⅴ类为主，进尺困难容易产生涌水、突泥等地质灾害。

（6）本项目施工范围跨越多个风景区，涉及杨梅古寨风景区、革勒车新建景区、马倌屯风景区、大鲵保护区，现场便道修筑条件有限，线路环保要求高，环保、水保管控重点较多，控制难度较大。

【武汉硚口至孝感高速公路（二期）工程】本项目起于京港澳高速公路灯塔互通，至孝感市孝南区毛陈镇焦湖，与孝感市环城路孝硚大道衔接。路线全长12.01公里（其中武汉市东西湖区4.11公里、孝感市孝南区7.9公里），约占硚孝高速公路项目主线（34.5公里）的35%，主线桥梁5座9.74公里，路基全长2.27公里，桥梁比例达81%。主线采用双向四车道高速公路标准建设，设计速度100公里/时，路基宽度为26米；连接线为双向四车道一级公路，设计速度60公里/时，整体式路基宽为23米。建设工期40个月。2019年9月，控制性工程正式启动。

工程进度。全年完成投资11.39亿元，为年度计划的114%。形象进度：桥梁桩基累计完成1543根，占总量的94%；系梁累计完成675片，占总量的86%；承台累计完成49个，占总量的94%；墩柱累计完成1199根，占总量的83%；盖梁累计完成404片，占总量的72%；预制梁累计完成982片，占总量的52%；预制梁安装累计完成824片，占总量的44%；等截面现浇箱梁累计完成83跨，占总量的38%；挂篮累计完成684米，占总量的56%。

（湖北硚孝高速公路管理有限公司二期分公司）

【武汉至阳新高速公路武汉段】武汉至阳新高速公路武汉段起于武汉绕城高速公路，至升华村与武汉至阳新高速公路鄂州段对接，路线全长16.69公里。全线采用双向六车道高速公路标准，设计速度100公里/时，路基宽度33.5米。建设工期42个月。2019年7月，土建工程正式开工。

工程进度。全年完成投资10.13亿元，为年度计划的101%；开工累计完成投资47.38亿元。至12月底，武汉至阳新高速公路武汉段完成K3~K16段一期土建工程，二期路面完成10公里。

（董振华）

2021年，在建中的武汉硚口至孝感高速公路（二期）工程府河大桥

交通基础设施建设

2021年12月,武汉至阳新高速公路武汉段路面施工中

【武汉至阳新高速公路鄂州段】 武汉至阳新高速公路鄂州段起于武汉市与鄂州市交界的梧桐湖南岸,与武汉至阳新高速公路武汉段对接,至三山湖农场附近的鄂州市与黄石市交界处,与武汉至阳新高速公路黄石段对接,路线全长17.91公里,建设工期36个月。采用双向六车道高速公路标准,设计速度100公里/时,路基宽33.5米。其中主线桥梁8座,互通2处,服务区1处。

工程进度。全年完成投资16.9亿元,为年度计划的106%;开工累计完成投资46.67亿元。至12月底,武汉至阳新鄂州段完成一期土建工程梁板架设,在进行桥面系、桥梁附属、服务区路基工程施工中。

(董振华)

【武汉至阳新高速公路黄石段】 本项目及其所在的通道建设构建起武汉、长沙、南昌三地之间快速便捷的"三角形"城际交通网络,支撑黄石作为区域中心城市融入长江中游城市群一体化发展,发挥其中心城市经济辐射功能。建成后将直接缩短武汉至南昌的时空距离,全面打通三大中心城市之间的3小时高速交通圈。初设概算131.72亿元,建设工期42个月。项目全长91.32公里,桥隧比38.46%,设计速度100公里/时。以大广高速公路为界,北段长38.07公里,双向六车道;南段长53.25公里,双向四车道。全线设置特大桥3座7700米,大中桥68座19908米,隧道4座7853米,枢纽互通3处,落地互通6处;服务区2处,停车区2处,养护工区2处,管理监控分中心1处。2020年7月1日正式开工建设。

工程进度。全年完成投资32.13亿元,为年度计划的107%;开工累计完成投资62.21亿元,占概算总投资的47%。形象进度:全线路基土石方累计完成总量的75%。涵洞通道累计完成总量的77%。桥梁桩基累计完成13.8万米,占总量的80%;墩柱累计完成2970个,占总量的57%;盖梁累计完成1199道,占总量的48%;现浇梁累计浇筑混凝土6000立方米,占计总量的6%;预制箱梁累计完成2914片,占总量的26%;梁片架设累计完成2019片,占总量的18%。隧道开挖累计完成9916米,占总量的63%;二衬累计完成9391米,占总量的60%。

(李齐琛)

2021年,武汉至阳新高速公路鄂州段长港河连续梁施工中

2021年10月23日,在建中的武汉至阳新高速公路黄石段富水河特大桥

【武汉至大悟高速公路武汉至河口段】 武汉至大悟高速公路是湖北省"九纵五横三环"高速公路布局方案中武汉市14条放射线之一,是武汉市北向出口路、北部路网中的主要干线公路,是连接武汉和中原城市群的快速通道。项目起于武汉三环线南湖村互通,在大悟县河口镇以西跨越304省道后,于刘集与麻竹高速公路搭接;另设机场东支线连接汉十高速公路、岱黄高速公路;设滨湖路延长线支线连接四环线。项目主要位于武汉市黄陂区及孝感市大悟县境内,路线全长77.33公里;机场东通达支线全长2.36公里;滨湖路延长线支线全长6.81公里。计划总投资160.28亿元,建设工期42个月。2019年7月16日正式开工。

工程进度。全年完成投资61.04亿元,为年度计划的101.67%;开工累计完成投资120.89亿元,占总投资计划的75.4%。形象进度:一期土建工程桩基累计完成7584根,占总量的99.9%;承台(系梁)累计完成3181座,占总量的97.0%;墩柱累计完成5107根,占总量的93.9%;盖梁累计完成1849座,占总量的93.3%;箱梁预制累计完成9339榀,占总量的95.9%;箱梁架设累计完成6617榀,占总量的69.6%;路基土石方累计完成2267.7万立方米,占总量的95.9%。

2021年12月,在建中的鄂州机场高速公路一期工程陈桥枢纽互通

【鄂州机场高速公路一期工程】 鄂州机场高速公路是湖北国际物流核心枢纽——鄂州花湖机场对外集疏运的主要通道,鄂州机场高速公路一期工程为机场至武黄高速公路段。本项目是《湖北省新型基础设施建设三年行动方案(2020—2022年)》中实施的两条智慧高速公路之一,也是湖北省首条智慧高速公路示范路。项目起于鄂州市花马湖西侧黄山北,与鄂州机场预留南接口对接,止于泽林镇陈桥村韩伏泗北,上跨武黄高速公路,设陈桥枢纽互通与武黄高速公路相接,路线全长13.04公里。计划总投资23.61亿元,建设工期36个月。主线设桥梁12座2602米(含互通区主线桥),其中大桥9座2356米、中桥3座246米;设互通式立交2处、主线收费站1处、监控管理分中心1处、养护工区1处。主线采用双向六车道高速公路标准建设。起点至主线收费站段设计速度80公里/时,路基宽33米;主线收费站至终点段设计速度120公里/时,路基宽34米。2021年1月1日正式开工建设。

工程进度。全年完成投资17.85亿元,为年度计划的102%;开工累计完成投资20.85亿元,占总投资的88%。形象进度:一期工程土建工程累计完成96%,路面工程累计完成90%;房建工程完成50%(房屋和收费天棚主体结构均完成),交安工程完成56%,机电智慧交通工程完成70%。

【武汉绕城高速公路中洲至北湖段】 武汉绕城高速公路中洲至北湖段是国高网G50沪渝高速公路和G70福银高速公路的一段,是武汉绕城高速公路重要组成部分,是湖北省规划"九纵五横三环"高速公路网中武汉四环线的重要组成部分。武汉绕城高速公路中洲至北湖段改扩建工程建成通车后,对发挥武汉"环线+射线"路

2021年3月3日,武汉至大悟高速公路武汉至河口段底基层施工中

网整体功能，促进城市圈产业布局蓬勃兴起，巩固提升武汉全国综合交通枢纽和国家物流中心地位，完善国家高速公路网，实现区际交通便捷出行有着重要的现实意义。

武汉绕城高速公路中洲至北湖段改扩建工程项目起于武汉四环线与武汉绕城高速公路相交的藏龙岛（枢纽）互通式立交终点，接武汉南四环大桥至中洲段，止于武汉绕城高速公路与武汉东四环相交的北湖（枢纽）互通式立交，接武汉东四环北湖至建设段，路线全长约30.431公里。全线利用既有高速公路两侧加宽为主的八车道高速公路标准改扩建方案，采用设计速度120公里/时，按照路基宽度42米控制。批复概算40.93亿元，项目资金来源为国家专项债券，建设工期36个月。全线设互通式立交6处、收费站4处、服务区1处、养护工区1处。2020年9月开始动工。

工程进度。全年完成投资7.14亿元，占年度计划的102.1%；开工累计完成投资13.84亿元，占总投资的33.83%。

（湖北交投京港澳高速公路改扩建项目管理有限公司）

【**孝汉应高速公路（福银高速公路至武荆高速公路段）**】湖北省在公路水路交通运输"十三五"规划中期评估过程中，适时对全省高速公路布局进行优化调整，谋划新增武汉都市区环线高速公路通道，通道位于武汉大都市区外围，连接武汉与城市圈邻近城市，途经武汉、孝感、鄂州、黄冈、黄石，全长约351公里。本项目即为武汉都市区环线高速公路福银高速公路至武荆高速公路段，它是在《湖北省省道网规划纲要（2011—2030年）》中规划的孝汉应高速公路基础上，向北延伸至福银高速公路而形成。项目起于孝感市孝南区肖港镇幸王村，与规划的武汉都市区环线高速北段对接，设孝感北枢纽互通接福银高速公路，达终点汉川市麻河镇竹林坑，与规划的武汉都市区环线高速公路孝感南段对接，设麻河枢纽互通连接武荆高速公路。路线全长34.44公里，设桥梁12座26360米，其中特大桥5座24240米、大桥5座1960米、中桥2座160米。互通式立体交叉5处（其中枢纽互通2处），设匝道收费站3处，服务区1处，养护工区1处，监控分中心1处；孝感西连接线3.42公里。批复概算74.39亿元，建设工期36个月。2021年12月1日，土建工程正式开工。

工程进度。全年完成投资17亿元，为年度计划的113%；开工累计完成投资20亿元，占总投资的27%。形象进度：孝汉应高速公路一期土建项目临建工程全部完成，路基工程累计完成26%，桥梁（涵）工程累计完成19%。

项目特点：

(1) 建设意义。本项目及所在通道建设将有效支撑武汉建设国家中心城市，加快武汉"大光谷""大车都""大临港""大临空"四大经济板块建设，引领武汉大都市区发展，推动武汉城市圈一体化进程，同时进一步优化武汉城市圈国高网结构，增强通道供给能力，强化路网衔接与转换，并为沿线地区经济产业发展提供基础设施保障，建设意义重大。

(2) 地质条件差，施工环境一般。勘察区域雨量充沛，沿线河网密布，地表水塘、河溪星罗棋布，在水塘、河流底分布有一定厚度淤泥质粉质黏土层。根据钻探揭露结合静探原位测试成果，局部地段厚度较大可达15.80米左右。项目靠近终点段落存在膨胀土，呈褐黄色~灰褐色，可塑-硬塑状态，含少量铁锰氧化物及灰绿色高岭土，具有弱膨胀潜势，个别具有中等膨胀潜势，该层分布不均匀，厚度和埋深变化较大。

(3) 交叉路网多，协调及施工难度大。项目桥梁比例高达77.52%，互通个数和变宽桥梁数目多，施工难度及要求高；项目起终点与两条通行高速公路衔接，主线与多条国省道(316国道、419省道、347国道和长兴三路)相交，与两条铁路（汉十高铁、汉丹铁路）存在交叉，保通和施工组织要求高，协调工作量大。

(4) 通航河流及管线交叉多。项目穿越环西分蓄洪区及三条规划通航河流（澴河、府河和老府河），施工时需加强与航道及防洪部门沟通确认；与4条500千伏、1条220千伏和3条110千伏高压线交叉，部分净空和水平距离不满足规范要求；与国防光缆四处交叉，部分需要改移；与天然气及石油管道交叉4次，需确保施工安全。

(5) 自然生态和社会环境保护任务重。项目区域村落、城镇多，人口密度大，线位两边学校、养殖户和寺庙多，声环境要求较高；采用桥梁穿越涢水翘嘴鲌国家级水产种质资源保护区实验区，需加强施工管控、防污染措施；沿线基本农田多，需优化布线和工程方案，节约用地，少占良田。鉴于以上自然环境和建设条件，对项目设计、施工、管理都提出很高环保要求。

各市州交通建设重点项目

黄石市

【**203省道阳新县棋盘洲至富池段改建**】203省道阳新县棋盘洲至富池段改建项目全长33.88公里，按一级公路标准建设，概算总投资12.1亿元。截至2021年底，新港互通至三洲段9.9公里中，建成通车新港段7.7公里，三洲南延段2.2公里完成部分路基；三洲至富池段23.98公里中，完成路基22.3公里，海口湖特大桥、老渡口中桥、袁广湖大桥下构完成，平

均完成主体工程量的97%；小雅山隧道贯通，完成主体工程的97%。全年完成投资4.41亿元，累计完成投资9.97亿元。

(章杰 曹睿桓)

【357省道木港至龙港段改建】 357省道木港至龙港段改建工程41.68公里，按二级公路标准建设，概算总投资4.35亿元。2021年计划完成投资0.1亿元。截至2021年底，木港至吉山段10.5公里、吉山村段0.98公里、洋港至龙港段18.3公里建成通车；小港至燕窠段1.81公里中，完成路基0.8公里；燕窠至洋港段2.7公里中，完成路基2.4公里。全年完成投资0.11亿元，累计完成投资1.65亿元。

(章杰 曹睿桓)

【武穴长江大桥阳新富池连接线上巢至兴富路口段公路】 武穴长江大桥阳新富池连接线上巢至兴富路口段全长5.67公里，按二级公路标准建设，概算总投资1.17亿元。项目业主为富池镇政府。王埫咀大桥主体结构完成，路基土石方累计完成50%。全年完成投资0.15亿元。

(章杰 曹睿桓)

【国省道大中修工程】 全年计划建设106国道梁公铺至黄土坡段23.85公里、351国道木港至五一段11公里、351国道国和至向阳村段4.19公里、203省道尖峰村至老渡口段7.83公里、203省道富池至枫林段5.48公里共计52.35公里国省道大中修工程，总投资2.43亿元。截至2021年底，完成106国道白沙至浮屠街段2.82公里、106国道沿镇至黄土坡段7.94公里、351国道木港至兴国段3.15公里、351国道国和至向阳村段4.19公里共计20.70公里大修工程。另，351国道七里岗至五一段、203省道尖峰村至老渡口段完成招标工作。全年完成投资0.86亿元。

(章杰 曹睿桓)

【富水航道富池至排市段建设】 该项目按三级航道标准疏浚富池至兴国段29公里、按四级航道标准疏浚兴国至排市段30.5公里，新建1座1000吨级船闸，总投资13.69亿元。截至2021年底，项目工可、初设均获批复，航道、船闸、节能、土地、选址意见、航评、环境影响评价、生态影响、水土保持、洪评等专题均获批复。3座桥梁施工图设计通过专家审查，完成修编上报待批。康明桥开工建设，完成南岸施工便道和施工钢栈桥架设；桥墩桩基完成31根，完成总量36.9%。全年完成投资0.92亿元。

(章杰 曹睿桓)

【黄石港阳新港区富池作业区综合码头】 该项目新建4个5000吨级泊位，总投资4.53亿元。截至2021年底，3号、4号泊位交工验收，1号、2号泊位基本建成；完成码头后方陆域道路堆场施工、监理招标工作，完成堆场土方工程及"三通一平"，完成堆场棚灌注桩268根。全年完成投资0.45亿元，累计完成投资4.03亿元。

(章杰 曹睿桓)

【黄石港阳新港区富池作业区富江公用码头】 该项目建设2个5000吨级散杂货泊位，总投资1.9亿元。截至2021年底，完成水域部分工程建设，完成陆域堆场建设用地报批与土地规划。全年完成投资1亿元，累计完成投资1.2亿元。

(章杰 曹睿桓)

【黄颡口砂石集并中心】 该项目由鄂东矿港港口物流有限公司投资和建设。项目分两期实施，一期建设黄颡口火山作业区6个5000吨散货泊位，总投资9.06亿元。截至2021年底，一期6个泊位完成工可、初步设计及水域施工图设计批复，岸线获交通运输部批复；同时，水域码头平台钢管桩植桩完成533根，完成设计工程量的99%；嵌岩桩施工完成71根，完成设计工程量的13%；预制构件完成337件，完成设计工程量的15.3%。陆域场地部分启动生态红线范围外场地平整施工。全年完成投资1.62亿元，累计完成投资3.3亿元。

(章杰 曹睿桓)

【阳新县综合客运枢纽站】 该项目为一级综合客运枢纽站，总建筑面积13907平方米，并建设相关配套设施，总投资1.28亿元。截至2021年底，完成项目工可、初步设计、施工图设计、项目建设用地规划许可证、项目建设工程规划许可证等批复，站内土石方开挖外运25万立方米、占总量的70%，桩基完成406根、占总量100%，塔吊安装完成100%，站房基坑开挖完成100%，承台基础浇筑完成100%；室外管网完成45%，室外水稳层完成20%。全年完成投资0.7亿元。

(章杰 曹睿桓)

襄阳市

【207国道襄阳段改建工程开工建设】 5月27日，207国道襄阳段(襄州至宜城段)改建工程动员大会在樊城区牛首镇召开，标志着项目正式开工。该工程起于鄂豫两省交界处的襄州区黄集镇，途经襄州、樊城、襄城、南漳、宜城5个县(市、区)，在宜城小河刘家营顺接现状207国道，全长96.18公里。全线4处上跨高速公路、3处上跨铁路、3处下穿铁路。采用一级公路标准建设，设计速度80公里/时，分段采用双向四车道和六车道，路基宽度25.5米和33米。主要控制性工程汉江特大桥全长4454米。概算总投资69.5亿元，建设工期42个月，计划2024年9月建成通车。项目建成后，将化解襄阳市南北方向大通道城区堵点，提升国道通行能力和路网整体运营效率，推动襄(阳)宜(城)南(漳)一体化发展。全年完成投资14.15亿元，累计完成投资15.15亿元。

(王自强)

【邓城大道襄阳西收费站及接线工程改造完工】 12月29日，邓城大道襄阳西收费站及接线工程改造项目完工。该项目位于二广高速公路与邓城大道的相交处，是二广高速公路与樊城区交通转换的重要节点，属于樊城互通的一部分，总投资2300万元，主要设计为A匝道加宽和收费站出入口加宽。A匝道加宽段全长497.33米，宽2米。收费广场出口侧加宽段长180米，入口侧扩宽段长114米。收费通道由原来的3进6出模式，改造为5进5出和4进6出相互调节的潮汐车道模式，增加车道称重设备和不停车称重检测系统。襄阳市公路建设养护中心负责土建工程，湖北省交投公司负责机电工程。该项目的改造完工，极大解决邓城大道襄阳西收费站拥堵问题，方便襄阳市民出行。

（王自强）

【302省道樊城竹条至太平店段改扩建】 302省道樊城竹条至太平店段改扩建工程是襄阳市第一个采用"建养一体化"模式建设的国省干线公路项目，全长29.45公里，采用一级公路标准建设，一般路段设计速度80公里/时、集镇路段设计速度60公里/时，预算总投资55061.2万元。樊城区政府、襄阳市交通运输局共同成立302省道樊城竹条至太平店段改扩建工程指挥部，负责项目统筹管理。委托樊城区住房和城乡建设管理局作为项目实施主体履行行业主职责，委托樊城公路段具体负责项目质量、进度、安全、环保、计量等施工组织管理。全年完成路基1公里、投资1100.7万元，累计完成路基6公里、投资13100.7万元。

（王自强）

【襄阳市南北轴线南延段新建工程（南内环—南外环）完工】 12月，襄阳市南北轴线南延段新建工程（南内环—南外环）完工。项目起于南内环线与东内环堰坡，止于南外环鹿门寺互通，路线里程3.91公里，概算总投资3.47亿元。技术标准为城市快速路和一级公路，设计速度60公里/时。建设单位为襄阳市公路建设养护中心，监管单位为襄阳市交通运输综合行政执法支队，设计单位为中交第二公路勘察设计研究院有限公司，代建监理单位为武汉大通工程建设有限公司。本项目分2个标段，第一标段1.53公里，施工单位为中天交通建设投资集团有限公司，第二标段2.39公里，施工单位为中铁十五局集团有限公司。全年完成路面1.91公里、完成投资2714万元，累计完成路基和路面3.91公里、完成投资3.47亿元。

（王自强）

【襄阳市谷城至丹江口公路改建】 该项目起于汉十高速公路谷城互通匝道口与303省道平交口处，止于丹江口市东环路(241国道)平交处。路线全长29.47公里，其中谷城县境内全长28.95公里、丹江口市境内全长0.52公里。谷城境内计划总投资5.45亿元。按一级公路标准建设，设计速度80公里/时，路基宽21.5米，沥青混凝土路面，双向四车道。全年完成路面3公里、投资2350万元，累计完成路基8公里、路面5公里、投资12750万元。建设单位为谷城县公路管理局，设计单位为华杰工程咨询有限公司。

（王自强）

【316国道三岔路至土关垭段改扩建工程（水星台至石花）开工建设】 6月，316国道三岔路至土关垭段改扩建工程(水星台至石花)开工建设。项目起于水星台村316国道与谷水路连接处，终于316国道与老谷高速公路石花站出口处，路线全长9.21公里。按设计速度80公里/时的一级公路标准建设，路面宽度为21米和24.5米，沥青混凝土路面。计划投资2.87亿元，资金来源为部省投资及地方自筹。全年完成投资7200万元。建设单位为谷城县公路建设养护中心，设计单位为湖北交通规划设计院股份有限公司，施工单位为湖北工建基础设施有限公司，监理单位为湖北利民建设工程咨询有限公司。

（王自强）

【316国道河谷公路大桥西延线开工建设】 9月，316国道河谷公路大桥西延线工程开工建设。项目起于吴家营村，终于316国道可家大竹园处，路线全长4.50公里。按设计速度80公里/时的一级公路标准建设，路基宽度25.5米，路面宽度24.5米，沥青混凝土路面。计划投资1.99亿元，资金来源为部省投资及地方自筹。全年完成路基3.69公里、投资1.20亿元。建设单位为谷城县公路建设养护中心，设计单位为湖北交通规划设计院股份有限公司，施工单位为中交一公局第一工程有限公司，监理单位为湖北利民建设工程咨询有限公司。

（王自强）

【346国道南漳界碑头至县城段改建】 该项目起于界碑头，止于县城西，与305省道平交，全长34.44公里。设计标准为一级公路，双向四车道，设计速度80公里/时，路基宽24.5米，行车道宽23米。计划总投资5.94亿元，资金来源为部省投资及地方自筹。全年完成路面1公里、投资2511万元，累计完成路基路面29.80公里。业主为南漳县公路管理局，施工单位为南漳久通路桥建设有限责任公司，设计单位为湖北中广公路勘察设计有限公司，监理单位为湖北利民建设工程咨询有限公司。

（王自强）

【346国道宜城汉江二桥及接线工程】 该项目起于南营办事处南洲村，止于346国道鄢城办事处铁湖村，路线全长18.08公里。计划总投资12.90亿元。设有东岸、西岸2个项目部。工程建设包含路基土石方、桥涵、防护排水、路面、机电交安、绿化等施工。双向六车道，建设工期4年。全年完成路基4.5公里、投资4.47亿元，累计完成路基14.5公里、路面4公里、投资11.67亿元。设计单位为中交第二公路勘察设计研究院有限公司，施工单位为中交一公局集团有限公司，监理单位为北京路桥通国际工程咨询有限公司。

（王自强）

【328国道老河口市孟楼至仙人渡段】 该项目起于328国道鄂豫省界

孟楼镇附近，与328国道河南段对接，止于老河口市仙人渡镇以北的王家楼附近，与316国道衔接。建设里程32.94公里，计划投资5.67亿元。全线采用双向四车道一级公路标准，设计速度80公里/时，一般路段路基宽度24.5米，孟楼镇区设置非机动车道及人行道，路基宽度29米。全年完成路面8公里、投资3371万元，累计完成路基路面22.75公里、投资5.24亿元。建设单位为老河口市交通运输局，施工单位为中交隧道工程局有限公司，设计单位为湖北省交通规划设计院股份有限公司。

（王自强）

【316国道河谷大桥及连接线】该项目起于老河口城东王家楼，接316国道襄阳城区段改建工程，至谷城城北王家湾，与316国道谷城段相连。路线全长11.86公里，其中新建8.47公里，与303省道共线3.39公里。起点至303省道平交口采用设计速度80公里/时的双向六车道一级公路标准，路基宽度32米；303省道交叉口至终点采用设计速度80公里/时的双向四车道一级公路标准，路基宽度24.5米。初设批复投资12.63亿元。资金来源为上级补助和地方自筹。其中，河谷大桥全长4.80公里。至2021年底，全年完成河谷大桥主桥主梁节段挂篮悬臂施工完成42%，主塔施工完成100%，斜拉索完成13%。跨堤孔桥现浇梁施工完成100%。老河口侧引桥基础及下构全部完成；预制T梁完成81%；T梁安装完成75%。谷城侧引桥基础及下构全部完成；预制T梁施工完成85%；T梁安装完成80%。汽车通道完成100%。路基填筑完成89%。全年完成路基2.07公里、路面1.88公里，累计完成路基8.47公里、路面6.88公里，投资11.03亿元。

（王自强）

【316省道唐河特大桥通车】6月30日，316省道唐河特大桥通车。唐河特大桥是316省道枣阳新市至襄州黄集段改建工程襄州段的控制性工程，桥梁全长1767.04米，采用设计速度80公里/时、双向两车道的一级公路标准，桥面宽12米。全年完成投资4549.71万元。建设单位为襄州区公路管理局，设计单位为湖北省交通规划设计院股份有限公司。

（王自强）

【316省道白河特大桥通车】9月29日，316省道白河特大桥正式通车。白河特大桥是316省道枣阳新市至襄州黄集段改建工程襄州段的控制性工程，桥梁全长1036米，采用一级公路标准，设计速度80公里/时，桥面宽12米。建设单位为襄州区公路管理局，设计单位为湖北省交通规划设计院股份有限公司。全年完成投资2489.98万元。

（王自强）

【小河港区综合码头开通】9月27日，湖北省港口集团襄阳小河港区综合码头正式开通。襄阳小河港区综合码头由襄阳市交通建设投资有限公司投资建设，根据全省港口资源整合部署，于2021年8月28日移交至省港口集团。襄阳小河港区综合码头是当前汉江上规划建设的最大港区，唯一的枢纽港，多式联运综合运输试点交通枢纽，襄阳地区打造汉江航运中心的核心港区。位于小河镇荣河村。设计年通过能力1510万吨，规划建设21个泊位，以件杂货、散货（含砂石）、集装箱为主，兼有LNG加注、水上加油、船舶污染物接收转运、水上综合服务和船舶修造等功能。整个港区占用岸线长度2495米，占用陆地面积136万平方米。规划进港铁路16.57公里，连接浩吉铁路，发展铁水联运。建成的襄阳小河港区综合码头一期工程总投资3.14亿元，陆域宽390米，纵深248米，港区总面积120675平方米，建设有4个水工泊位，其中件杂货泊位3个、散货泊位1个，配套相应道路、堆场、仓库及供电供水等生产辅助设施、港口装卸机械设备等，设计年吞吐量220万吨。

（王自强）

【宜城市长山三级旅游汽车客运站建设启动】2021年，宜城市启动长山旅游客运站、流水旅游汽车客运站2家三级旅游汽车客运站建设。长山旅游客运站位于宜城东南部新街社区，投资概算1450万元，占地面积13333.3平方米，其中建筑面积2157平方米，停车场占地面积6000平方米。流水旅游汽车客运站位于流水镇黄湾村，投资概算1500万元，占地面积14000平方米，其中主站楼建筑面积3245平方米，停车场占地面积6000平方米。

（王自强）

宜昌市

【宜都长江大桥建成通车】2月9日，宜都长江大桥开通试运营。该项目是国家高速公路G59呼和浩特至北海南北大通道上重要的控制性工程，全长15.7公里，采用设计速度100公里/时、路基宽度33.5米双向六车道高速公路标准建设，长江大桥为主跨1000米双塔钢桁梁悬索桥，概算33.85亿元，2016年8月正式开工，2020年10月通过交工验收。大桥建成通车后，将五峰、鹤峰等武陵山需要帮扶地区和全国百强的宜都市通往武汉、直达长三角的运行时间缩短近1小时。

（许来）

【三峡翻坝江北高速公路正式通车】9月28日，三峡翻坝江北高速公路正式并网开通试运营。该项目全长36.5公里，起于夷陵区太平溪镇，终点与宜巴高速公路相接。全线包括35座桥梁、10条隧道，桥隧比高达近71%。项目总投资48.78亿元，主线为设计速度80公里/时的四车道。2017年12月8日正式开工，2021年5月20日通过交工验收。

（许来）

【宜昌船检服务保障基地正式开工】11月29日，宜昌船检服务保障基地(枝江)暨湖北省验船师实训基地正式开工建设。基地占地面积10亩(约合6667平方米),总建筑面积3000余平方米,分一期、二期建设,总投资3000万元。基地规划建设有专业轮训室、船舶审图室、设备保管室、证书预录室以及配套的集训场地、生活基础设施,满足培训、学习、船舶检验、验船师交流等功能需要。同步建设船舶文化展示区,将基地建成宣传船舶文化、宣传船舶工业发展史的国防教育基地。

(徐祥凯)

【241国道白果树至清水湾段建设完工】 6月,241国道白果树至清水湾段建设完工。本项目起于五峰县渔洋关镇白果树村,止于清水湾村,全长24公里,按照双向两车道二级公路标准建设,设计速度40公里/时,路基宽度8.5米,概算投资24623万元。2017年8月开工建设。由宜昌市交通规划勘察设计研究院设计,青岛建工集团有限公司、河南永吉路桥发展有限公司等单位承建。

(张琬灵)

【351国道五峰升子坪至观坪段新建工程建设完工】 5月,351国道五峰升子坪至观坪段新建工程建设完工。项目起于五峰县升子坪东侧现状351国道,止于观坪,全长15.78公里,按照双向两车道二级公路标准建设,设计速度40公里/时,路基宽度8.5米,概算投资19481万元。2018年11月开工建设,由宜昌市交通规划勘察设计研究院设计,宜昌富强工程有限责任公司、五峰交通建设开发有限责任公司等单位承建。

(张琬灵)

【351国道五峰高家坳至长湾段新建工程建设完工】 12月,351国道五峰高家坳至长湾段新建工程建设完工。项目起于351国道高家坳处,止于长湾,接351国道向师傅茶厂处,全长7.8公里。按照双向两车道二级公路标准建设,设计速度40公里/时,路基宽度8.5米,概算投资9236万元。2020年4月开工建设。由宜昌市交通规划勘察设计研究院设计,湖北鑫盛宏峰建设有限公司、湖北宏振路桥有限公司承建。

(张琬灵)

【241国道点军联棚至长阳龙舟坪段一级公路(鸡公岩隧道至偏岩段)建设完工】 12月,241国道点军联棚至长阳龙舟坪段一级公路(鸡公岩隧道至偏岩段)建设完工。项目起于点军区鸡公岩进隧道,于长阳县梅子湾出隧道,隧道长2.55公里,至孙家棚后路线向南,经两叉口,跨沟备溪至偏岩,全长7.9公里,按照双向四车道一级公路标准建设,设计速度60公里/时,路基宽度23米,概算投资34360万元。2018年8月开工建设。由湖北省交通规划设计院设计,由浙江交工路桥有限公司、湖北清江路桥建筑有限公司等单位承建。

(张琬灵)

【241国道点军联棚至长阳龙舟坪段一级公路(点军段)建设完工】 12月,241国道点军联棚至长阳龙舟坪段一级公路(点军段)建设完工。项目起于点军区江南二路,终至鸡公岩隧道,穿越隧道与长阳县境内路段实现对接,全长8.6公里,按照双向四车道一级公路标准建设,设计速度60公里/时,路基宽23米,概算投资5.64亿元。2020年7月开工建设。由湖北省交通规划设计院设计,中建三局集团有限公司、中恒建设集团有限公司承建。

(张琬灵)

【324省道长阳鸭子口至资丘段改扩建工程建设完工】 9月,324省道长阳鸭子口至资丘段改扩建工程建设完工。项目起于鸭子口,止于资丘,全长35.5公里,按照双向两车道二级公路标准建设,设计速度40公里/时,路基宽度8.5米,概算投资27070万元。2019年3月开工建设。由中交通力建设股份有限公司设计,四川众能建筑工程有限公司、宜昌博通路桥工程有限公司等单位承建。

(张琬灵)

【459省道长阳火烧坪至鸭子口二级公路建设完工】 3月,459省道长阳火烧坪至鸭子口二级公路建设完工。项目起于火烧坪乡西侧,终至鸭子口,全长39.2公里,按照双向两车道二级公路标准建设,设计速度40公里/时,路基宽度8.5米,概算投资43659万元。2018年3月开工建设。由湖北省交通规划设计院有限公司设计,邵阳通泰路桥建设有限公司、福建鑫伟公路建筑工程有限公司等单位承建。

(张琬灵)

【318国道宜都红花套至南桥村段建设完工】 6月,318国道宜都红花套至南桥村段建设完工。项目起于宜都市红花套,在王家坝下穿岳宜高速公路后经马家店到南桥村,全长5.4公里,按照双向四车道一级公路标准建设,设计速度60公里/时,路基宽度20米,概算投资12456万元。2019年4月开工建设。由宜昌市交通勘察设计研究院设计,宜昌富强工程有限责任公司承建。

(张琬灵)

【枝江市姚家港作业区疏港公路建设完工】 12月,枝江市姚家港作业区疏港公路建设完工。项目起于枝江市合金村(318国道石林段与姚家港三路平交处),在新河口跨玛瑙河后,沿江岸穿过姚家港作业区后向北,止于与老318国道平交处,路线全长12.2公里,按照双向四车道一级公路标准建设,设计速度60公里/时,路基宽度19米,概算总投资27862万元。2020年4月开工建设。由宜昌市交通勘察设计研究院设计,宜昌富强工程有限责任公司承建。

(张琬灵)

【318国道宜都红花套至长阳偏岩公路(长阳段)开工建设】 9月,318国道宜都红花套至长阳偏岩公路(长

阳段）开工建设。项目起于孙家湾，止于长阳偏岩处，与点军联棚至长阳龙舟坪公路对接，路线全长 16.36 公里。按照双向四车道一级公路标准建设，设计速度 60 公里/时，路基宽度 20 米，概算总投资 68177 万元。由湖北建科国际工程有限公司设计，宜昌富强工程责任有限公司承建。

（张琬灵）

【253 省道远安鸣凤至当阳庙前段改扩建工程（当阳段）开工建设】 4 月，253 省道远安鸣凤至当阳庙前段改扩建工程（当阳段）开工建设。项目起于远安县鸣凤镇双利村，止于当阳市庙前镇井岗村。全长 29.7 公里，按照双向两车道二级公路标准建设，设计速度 40 公里/时，路基宽度 8.5 米，概算总投资 35750 万元。由长春市市政工程设计研究院设计，湖北中二建设工程有限公司、宜昌富强工程有限责任公司承建。

（张琬灵）

【253 省道远安鸣凤至当阳庙前段改扩建工程（远安段）开工建设】 9 月，253 省道远安鸣凤至当阳庙前段改扩建工程（远安段）开工建设。项目起于远安县鸣凤镇双利村，止于当阳市庙前镇井岗村。路线全长 19.9 公里，按照双向两车道二级公路标准建设，设计速度 40 公里/时，路基宽度 8.5 米，概算总投资 23473 万元。由湖北省交通规划设计院有限公司设计，宜昌富强工程有限责任公司承建。

（张琬灵）

【241 国道龙五一级公路长阳清江特大桥主体工程完工】 9 月，241 国道龙五一级公路长阳清江特大桥主体工程完工。项目位于长阳土家族自治县龙舟坪镇，是 241 国道龙五一级公路项目的控制性工程，路线全长 1.2 公里，其中主桥全长 354.8 延米，桥宽 29.82 米，为飞燕式钢桁架系杆拱桥，双向四车道，设计速度 60 公里/时，按照一级公路标准建设。项目总投资 16000 万元。2017 年 12 月开工建设。由中交第二公路勘察设计院有限公司设计，中交第四公路工程局承建。

（张琬灵）

【255 省道天池口清江特大桥开工建设】 11 月，255 省道天池口清江特大桥开工建设。项目起于长阳土家族自治县资丘镇偏山村，终于天池口村，全长 378 米，按照双向两车道二级公路标准建设，设计速度 40 公里/时，总投资 6000 万元。由中交第二公路勘察设计研究院有限公司设计，四川路桥建设集团有限公司承建。

（张琬灵）

【254 省道宜都市清江三桥开工建设】 6 月，254 省道宜都市清江三桥开工建设。项目起于五眼泉镇汉洋坪村，止于高坝洲镇湾市村，全长 1249 米，其中主桥采用 85 米+150 米+85 米三跨预应力混凝土梁变截面连续梁，跨堤引桥采用 34 米+56 米+34 米现浇连续梁，其余引桥采用跨径 30 米、42 米装配式预应力混凝土 T 梁。桥面宽 36 米，双向六车道，采取一级公路标准建设。概算投资 25000 万元，建设工期 24 个月。由中交第二公路勘察设计研究院有限公司设计，中国一冶集团有限公司承建。

（张婉灵）

荆门市

【207 国道荆门桃园至子陵、团林至砖桥段改建】 该项目全长 103.19 公里，其中桃园至子陵段 59.35 公里、团林至砖桥段 43.84 公里。采用一级公路标准建设，设计速度 80 公里/时，双向四车道，路基宽 24.5 米，批复总投资 21.18 亿元。2018 年 10 月开工建设。至 2021 年底，累计完成投资 26 亿元，完成本项目概算调整审批、桃园至子陵段交工验收和备案、团林至砖桥段全部路基和路面 43 公里、桥梁 27 座。

（赵津津 李晶涛）

【荆门市公路桥梁"三年消危"行动危桥改造】 全市计划改造桥梁 328 座，其中 175 座公路危桥（四、五类桥）拆除重建，153 座三类桥加固改造。估算总投资 3.50 亿元，计划工期 760 天。在全省率先实施设计施工总承包 (EPC) 建设模式，以市为单位"打捆"招标、整体推进，用三年时间彻底消除公路桥梁安全隐患。"三年消危"行动危桥改造由中铁大桥局集团有限公司设计、施工。至 2021 年底，全市完成危桥改造 95 座，其中国省道桥梁 7 座、农村公路桥梁 88 座，完成总投资 1.8 亿元。

（赵津津 李晶涛）

【三环线平交道口改造】 本项目设置辅道 28 处，分离式立交 9 处，上跨 4 处，下穿 5 处；大型平交口渠化 5 处；封闭中分带开口 65 处，新增 5 处，保留 36 处；封闭路侧开口 195 处；搭接道口纵坡优化 112 处、局部硬化 131 处；寨子坡水库穿东外环道路防护项目土坝 4 座、箱涵 2 道等。其中辅道、分离式立交接线 17.95 公里，设计速度 20 公里/时，路基宽度采用 6.5 米和 8 米，防护因地制宜采用喷播植草、三维网植草、拱形骨架、混凝土预制空心六角块护坡。全线设支线上跨桥 4 座 538.8 米，其中大桥 3 座 441.6 米、中桥 1 座 97.2 米；涵洞 101 道；新增标志牌 405 块，护栏 15.60 公里，道口警示桩 875 个，减速丘 850.5 米；设置信号灯 7 处，不停车超限检测系统 3 处，交叉口交通流探测预警系统 6 处；寨子坡水库防洪工程土坝 4 座、箱涵 2 道，以及寨子坡水库排水工程箱涵 528.9 米、排水明沟 5.77 公里。施工图设计总预算 1.98 亿元，资金来源为市级财政资金投资，建设工期 24 个月。项目建设单位为荆门市交通运输局，设计单位为苏交科集团股份有限公司，监理单位为湖北楚维工程咨询监理有限责任公司，施工单位中国建筑第六工程局有限公司。至 2021 年底，辅道完成 4650 米；桥梁工程完成桩基 44 根、墩柱 26 根、盖梁 13 块、桥台 1 块、承台 1 块；寨子坡排水箱涵完成528米暗涵、基础开挖、垫层、底板和箱体，回填完成80%；寨子坡排水明渠完成开挖1452米；K27+500段完成80%清表；K39+210段完成366米清表；K39+210保通路完成水稳层铺设。共计完成货币工程量约3800万元。

（赵津津　李晶涛）

【234国道钟祥城区绕城段】　项目起于钟祥市洋梓镇以北蔡家湾，在黄庵村下穿长荆铁路后行至本项目终点与347国道及枣潜高速公路连接线平交。项目全长19.97公里，按双向四车道一级公路标准建设，设计速度80公里/时，路基宽度25.5米，总投资6.03亿元。2020年12月10日正式开工建设。至2021年底，全线10座桥梁开工7座、完成4座，完成部分涵洞及7公里路基工程。

（赵津津　李晶涛）

【347国道京山段改扩建】　该项目起于天门市与京山市交界处邓李村，止于347国道京山与钟祥交界处黄台村，接347国道荆门东桥至子陵段改扩建工程，全长56.92公里。项目采用建养一体化模式建设。至2021年底，完成孙桥街道路面工程2公里、其他施工段路面10.7公里，累计完成路基56.92公里、路面30公里、桥梁5座。

（赵津津　李晶涛）

【347国道荆门东桥至冷水段改扩建工程（钟祥段）】　该项目起于钟祥市与京山市交界处，终点接荆门高店互通，全长62.79公里，分7个标段。按双向四车道一级公路标准建设，路基宽度24.5米，设计速度80公里/时，概算总投资13.44亿元。第二合同段3标、5标全长14.13公里于2020年7月29日完成交工验收；第三合同段全长16.3公里于2020年9月29日完成交工验收；第一合同段全长21.68公里于2021年9月23日完成交工验收。

（赵津津　李晶涛）

【348国道沙洋城区绕城段】　该项目起点顺接348国道沙洋汉江二桥接线工程终点，止于高阳镇垢冢村。路线全长15.23公里，全线采用设计速度80公里/时、路基宽24.5米的双向四车道一级公路标准建设，批复投资3.19亿元。项目分4个阶段实施。第一阶段为开发区段1.66公里完工；第二阶段为311省道高桥集镇至342省道枣林段4.89公里，完成交工验收；第三阶段为342省道枣林至348国道垢冢段4.16公里，完成交工验收；第四阶段为311省道高桥集镇至汉江二桥段4.77公里，2021年6月通过交工验收。

（赵津津　李晶涛）

【223省道沈集至荆州六监区公路沙洋段】　该项目起于沙洋县沈集镇沈集村，止于沙洋县后港镇蛟尾村，全长51公里，按二级公路标准建设，路基宽10米，路面宽8.5米，计划总投资3.9亿元。项目于2016年5月开工建设，2021年1月底全线工程交工验收。

（赵津津　李晶涛）

【266省道钟祥市文集至石牌段改扩建】　项目起于钟祥市文集镇沿山村，与331省道钟铁线相接，在塘港村接入老路，而后沿老路改建至终点，与439省道江石线相接。全长23.04公里，按双向两车道二级公路标准建设，设计速度80公里/时，路基宽12米，路面宽10.5米。总投资18027万元，其中部省补助资金8063万元、地方财政9964万元。建设单位为钟祥市公路管理局，设计单位为中国公路工程咨询集团有限公司，施工单位为湖北钟祥通达路桥工程有限公司，监理单位为湖北楚维工程咨询监理有限责任公司。项目于2018年1月20日开工建设。至2021年底，完成沿线全部桥梁、石牌段9公里路面、347国道以北9.5公里过渡路面工程。

（赵津津　李晶涛）

【311省道沙洋城区至后港段改扩建】　项目起于沙洋县城区沙洋大桥附近，终于沙洋县后港镇西侧，下穿蒙华铁路后，汇入原有老路。批复里程36.7公里，全线采用设计速度80公里/时、路基宽度24.5米的一级公路标准建设。批复投资86754.71万元。设计单位为中交第三航务工程勘察设计院有限公司，施工单位为中国一冶集团有限公司（路基路面施工）、沙洋楚雄公路桥梁工程有限责任公司（桥梁工程施工），监理单位为上海中咨安通工程管理股份有限公司。项目于2020年7月开始施工。至2021年底，完成路基37.07公里、路面20公里。

（赵津津　李晶涛）

【327省道京山三阳至钟祥客店公路京山段改扩建】　项目起于京山市三阳镇南坪客线与国道240平交处，止于京山市与钟祥市交界处徐家坪，顺接327省道钟祥段，全长36.56公里。采用建养一体化模式建设，由山东省路桥集团有限公司中标建设。至2021年底，累计完成路基34公里、路面基层20公里。

（赵津津　李晶涛）

【342省道沙洋至河溶（沙洋至五里段）公路改建】　项目起于311省道（老汉宜线）沙洋县卷桥南环路十字交叉口，在刘集镇北街改线，终点与新207国道T形相交。批复里程35.68公里，全线采用设计速度80公里/时、路基宽度21.5米的一级公路标准建设。批复投资85543.73万元。设计单位为湖北省交通规划设计院股份有限公司，采用建养一体化模式由湖南建工集团有限公司作为施工单位进行施工，监理单位为厦门港湾咨询监理有限公司。项目于2018年7月开始施工。至2021年底，工程主体完工。

（赵津津　李晶涛）

【482省道钟祥市丰乐至北新集段改扩建】　项目起于丰乐镇，止于234国道北新集处，与龙北线对接。项目全长40.62公里，按二级公路标准建设，设计速度60公里/时，路基宽10米，计划总投资30920万元。施工单位为钟祥

通达路桥公司、钟祥畅达养护公司，监理单位为湖北楚维工程咨询监理有限责任公司。项目于2017年12月开工，至2021年底，完成沿线全部桥梁工程、部分涵洞及10公里路面工程。

（赵津津 李晶涛）

【348国道沙洋汉江公路二桥】 项目起于沙洋县范家台桥北，与348国道沙洋县城区段改线工程对接，止于李家台，与348国道顺接。批复里程4公里（其中沙洋县境内2.10公里、天门市境内1.90公里），其中汉江公路二桥长2.153公里，两岸接线1.843公里。汉江公路二桥和两岸接线均采用路基宽度24.5米的双向四车道一级公路标准建设，设计速度80公里/时。批复投资53676万元。设计单位为北京交科公路勘察设计研究院有限公司，施工单位为中交第三航务工程局有限公司，监理单位为湖北省公路水运工程咨询监理有限公司。项目于2018年11月开始施工。至2021年底，完成合同工程量的90%，桥梁上部构造基本完成，完成引桥208榀箱梁架设、沙洋侧引桥及两岸接线路基。

（赵津津 李晶涛）

鄂州市

【鄂钢长航矿石及件杂码头】 鄂州港三江港区建设2个5000吨级矿石泊位和2个3000吨级（兼顾5000吨级）件杂泊位，码头结构形式均为直立式，年设计通过能力336万吨。投资金额2.17亿元。项目业主为湖北鄂钢长航港务有限公司。鄂钢矿石泊位基本完工，完成投资4000万元，完成进度95%；鄂钢钢铁件杂码头基本完工，完成投资2050万元，项目完成进度90%。

（张昭）

黄冈市

【106国道麻城市上畈至彭店段改建】 10月，106国道麻城市上畈至彭店段改建工程竣工。项目起于106国道麻城市黄土岗镇上畈村，止于106国道宋埠镇彭店村，路线全长35.68公里，总投资9.61亿元。全线采用设计速度80公里/时、路基宽度24.5米、双向四车道一级公路标准建设。

（潘攀）

【106国道麻城市渣家湾至廖家湾公路开工建设】 4月，106国道麻城市渣家湾至廖家湾公路正式开工建设。项目起于麻城市福田河镇桠枫树村廖家湾，止于渣家湾，路线全长7.72公里，总投资1.42亿元。采用设计速度80公里/时、双向两车道二级公路标准建设。

（潘攀）

【219省道英山县杨柳至红山段改建工程开工建设】 7月，219省道英山县杨柳至红山段改建工程正式开工建设。项目起于英山县杨柳湾镇水口桥村，止于英山县红山镇黄泥岗村，连接318国道环城一级公路，路线全长16.35公里，按二级公路标准设计，路基宽10米，路面宽7米，沿线新建桥梁6座、涵洞51道。工程总投资2.86亿元。

（潘攀）

【332省道黄梅县梅山至龙腰公路改扩建工程建成通车】 7月1日，332省道黄梅县梅山至龙腰公路改扩建工程建成通车。项目起于黄梅县杉木乡梅山村105国道交界处，止于黄梅县与武穴市交界处龙腰，路线全长16.92公里。按一级公路标准建设，路基宽25.5米，路面宽18米，沥青混凝土路面。

（潘攀）

【黄小高速公路龙感湖互通口至城区道路升级改造完工】 12月20日，黄小高速公路龙感湖互通口至城区道路升级改造项目完工。项目路线全长4.56公里，采用一级公路技术标准，宽21.5米，沥青铺设厚度12厘米。道路等级为城区、园区主干道，设计速度80公里/时，双向四车道，总投资2100余万元。

（潘攀）

【219省道红红线红花至陶家河段竣工通车】 6月，219省道红红线红花至陶家河段竣工通车。219省道红花至陶家河段改建工程是英山县普通公路"建养一体化"项目包之一，起于草盘地镇五桂村与222省道小白线平交，终于陶家河乡陶河街道，路线里程15.2公里，总投资1.39亿元，建设标准为二级公路。

（付天姿）

【323省道过三线过路滩至石镇段竣工通车】 9月，323省道过三线过路滩至石镇段竣工通车。323省道过三线过路滩至石镇段是英山县普通公路"建养一体化"项目包之一，起于雷店镇过路滩村与222省道小白线平交，终于石头咀镇街道与201省道中大线平交，路线里程19公里，总投资2.07亿元，工期24个月，建设标准为二级公路。

（付天姿）

【九龙大道改建工程全线通车】 6月，九龙大道全线建成通车。九龙大道改建工程起于毕升大道交叉口处，止于红山大道平面交叉口，改建道路全长2.74公里，估算总投资7294.5万元。道路等级为二级公路兼城市主干路，沥青混凝土路面。

（付天姿）

咸宁市

【107国道咸安绕城段改建】 该项目起于贺胜桥镇贺胜村附近与107国道武汉江夏段对接，终于汀泗桥双港桥头与107国道赤壁对接，全长36.84公里。按双向四车道一级公路技术标准建设，设计速度80公里/时，路基宽26米，沥青混凝土路面，项目概算20.76亿元（调整）。2019年3月8日开工建设。

（蔡霖）

【咸宁大道西延伸段项目（一期）】咸宁大道西延伸段项目分2期建设。项目一期工程起于现状咸宁大道与嫦娥大道交叉处，至咸安区汀泗桥镇程益桥村附近接规划四路，全长约6公里。按双向六车道一级公路兼顾城市主干路标准建设，设计速度60公里/时，路基宽度29米，项目概算4.21亿元。2018年12月开工建设。

（蔡霖）

【107国道赤壁外迁段】107国道咸宁市赤壁外迁段起于赤壁市中伙铺镇南山村，止于茶庵岭镇八王庙村，路线全长26.93公里。项目采用双向四车道一级公路标准建设，设计速度100公里/时，路基宽度24.5米，项目概算15.70亿元（调整）。2019年11月28日正式开工建设。

（蔡霖）

【武深高速公路崇阳连接线建成通车】12月，武深高速公路崇阳连接线工程建成通车。项目起于崇阳县人民大道和香山大道交会处，终点接武深高速公路崇阳西互通，路线全长17.8公里（其中杨家湾至崇阳西互通段4.7公里按路基宽12米的二级公路标准建设）。采用设计速度80公里/时的双向四车道一级公路标准建设，车辆荷载公路—Ⅰ级，路基宽度24.5米，沥青混凝土路面，项目概算5.11亿元。

（蔡霖）

随州市

【浪河至何店一级公路】12月31日，浪河至何店一级公路通车试运行。浪河至何店一级公路是346国道、240国道随州市区段改建工程及浪河至何店一级公路建设工程PPP项目存量项目，起于编钟大道与麻竹高速公路交叉口的王家冲，于邓家咀接263省道，对接汉十高速公路何店互通出口，全长7.29公里。预算总投资51271万元，建设工期24个月。施工单位为中铁二十局集团第一工程有限公司、京山县路桥建设有限公司、随州市九易通路桥工程有限公司，监理单位为广东协立工程咨询监理有限公司。

（喻红平）

【346国道随州市十岗至任家台段改扩建】项目起于346国道与316国道交叉处淅河镇十岗，止于南郊任家台。路线全长23.76公里，建设工期36个月，概算总投资7.9亿元。设计速度80公里/时，按路基宽度25.5米、双向六车道一级公路标准建设。至2021年底，项目控制性工程府河大桥下部结构完成，在进行上部结构施工中。待自然资源部批复用地手续后，启动全线项目建设。

（喻红平）

【㵐水二桥拆除重建】㵐水二桥位于随州城区核心地段，是连接一河两岸的重要桥梁之一，该桥于1992年9月竣工投入使用，桥梁全长247米，宽15米，双向两车道。随着经济社会发展和交通量急剧增长，无法满足通行需要，需拆除重建。经规委会批准同意，新建大桥为两端下穿立交式连续刚构桥，全长约240米，宽26米、双向四车道，总投资约8877万元。项目于2020年6月启动前期工作，完成规划设计方案、项目建议书批复、可行性研究报告编制、初步设计及施工图勘测设计招标。

（喻红平）

【316国道随州市十岗至厉山段安防工程（东外环安防工程）】5月1日，316国道随州市十岗至厉山段安防工程（东外环安防工程）开工建设。项目起于淅河镇十岗，止于厉山镇南岗，全长43.79公里，主要包含中央分隔带混凝土护栏、路侧波形钢护栏、18处平交路口路基路面加宽及标牌标线等工作内容，总投资1.2亿元。至2021年底，完成中央分隔带预制混凝土护栏预制安装、安装防眩板、附着式轮廓标更新安装，标志标牌安装完成。

（喻红平）

【316国道广水市平林至曾都区淅河段（高新区段）改扩建】项目起于广水市长岭镇响塘湾，与316国道孝感市安陆段对接，止于高新区淅河镇丁家湾，与316国道随州十岗至厉山段对接，全长36.57公里。总投资13.99亿元，其中高新区境内6.54公里，投资2.33亿元。全年完成4公里路基及跨麻竹高速公路分离式立交桥下部结构。

（喻红平）

仙桃市

【318国道胡场至毛嘴段改建】12月，318国道胡场至毛嘴段改建工程全线通车。本项目起自胡场镇四号村，止于毛嘴镇横堤拐村，全长30.78公里，总投资8.71亿元。按双向四车道一级公路标准建设。全年完成6.78公里路面，完成投资14164万元。

（归烨）

【215省道仙桃市张沟至北口大桥段改扩建】本项目起于仙桃市张沟镇215省道起点处，终于通海口镇北口大桥，全长31.30公里。按设计速度60公里/时、路基宽度21米、双向四车道的一级公路标准建设。全年完成路基2公里、路面1公里，完成投资4700万元。

（归烨）

农村公路建设

【武汉市】 全年新建通湾公路64.17公里，提档升级54.96公里，重要县乡道建设52.69公里，新建农村公路桥梁129.02延米。加快完善农村公路高质量发展体系，巩固拓展脱贫攻坚成果，与乡村振兴有效衔接。出台《武汉市农村公路建设养护市级补助专项资金管理暂行办法》。"四好农村路"高质量发展纳入地方政府绩效考核指标。持续推进农村公路管养体制改革，全面推行"路长制"。委托专业第三方开展检测评定，摸清农村公路技术状况底数。创建"美丽农村路"219.14公里。黄陂区被评为"四好农村路"全国示范县，蔡甸区被评为"四好农村路"省级示范县，黄陂区王家河街、蔡甸区索河街、江夏区湖泗街被评为"四好农村路"省级示范乡镇。开展"四好农村路"建设工作中腐败和作风问题专项整治，督导各区自查自纠、立行立改，建章立制，标本兼治，全面排查整治产业基地（重点产业园）配套道路未贯通、建设标准低、工程质量不高、路面损坏严重等问题。

（盛欢）

【荆州市】 全年完成农村公路新（改）扩建1439.84公里，其中县乡道改造101.42公里，提档升级676.71公里，通村公路661.71公里。全市农村公路通车里程达22191公里，全面实现乡镇100%通达二级以上公路，1521个建制村100%通水泥（沥青）路，"外通内联、安全舒适、环境优美、服务优质"的农村公路网络基本形成。

农村公路管养体系不断完善。充分发挥市级承上启下作用，加强指导监督，推动县级政府100%设置农村公路管理机构，乡（镇）政府100%明确农村公路管理专（兼）职部门，农村公路100%有专业公司或"一员多岗"人员从事管养。农村公路从以建设为主向建管养运协调发展转变。江陵县、松滋市分别出台"路长制"实施方案，建立总路长+县乡村三级路长工作体系，将路域环境综合治理、超限超载治理、农村交通安全监管相结合，避免重复执法、多头执法、相互推诿现象，提高工作效率，在服务保障民生方面发挥积极作用，成为实施乡村振兴战略重要抓手。

全域示范创建成效显著。荆州市获交通运输部、财政部、农业农村部、国家乡村振兴局联合通报表扬为"四好农村路"市域示范创建突出单位；洪湖市等5个县（市、区）成功创建"四好农村路"省级示范县，沙市区观音垱镇等13个乡镇成功创建"四好农村路"省级示范乡镇。

农村客运服务水平稳步提升。建制村通客车率保持100%，农村客运发展资金配套率100%，农村物流快递通建制村率100%。实施农村站亭达标工程，建成乡镇综合交通运输服务站4个、农村候车亭28个，其中新建直停式候车亭3个，改建直停式候车亭15个，改建港湾式候车亭10个。

（彭华）

【黄冈市】 全年新改建农村公路2470公里，畅通260公里将军故居路，创建美丽农村路1500公里。黄冈市获"四好农村路"建设全国市域突出单位称号，浠水县获评"四好农村路"全国示范县，红安县获评"四好农村路"省级示范县，新获评"四好农村路"省级示范乡镇6个。红安县被确定为"全国城乡交通运输一体化示范创建县"，罗田县被确定为"全省客货邮融合发展样板创建县"。

（潘攀）

【咸宁市】 全年完成农村公路县乡道改造183.43公里，乡镇双通道建设24.77公里，乡村路网连通、延伸公路建设224.12公里，提档升级建设318.76公里。咸宁风景道于2020年全面启动建设，力争用3年左右时间基本打造成型。已建成步行骑行综合道、骑行道63.6公里和自驾游道618.37公里，在建中86.91公里，建设公路驿站27个、景观节点38个，完成咸宁风景道LOGO标识涂装345.9公里。建成省内首条"荧光大道"泉都大道、首条"长寿命型公路"桂乡大道。咸安区汀泗桥镇黄荆塘产业路被交通运输部《美丽农村路建设指南》选定为典型示范案例，入围全国"最美农村路"50强，获新华网推荐展播。崇阳县铜钟乡塘口至大岭乡村旅游公路，被《湖北日报》以"叩开乡村振兴门"为主题刊登报道。

开展示范创建。咸安区获评"四好农村路"全国示范县，嘉鱼县获评"四好农村路"省级示范县，咸安区大幕乡、嘉鱼县潘家湾镇、通山县杨芳林乡获评"四好农村路"省级示范乡镇。8月12日，省人民政府办公厅印发《关于对2020年落实有关重大政策措施真抓实干成效明显地方予以督查激励的通报》，通城县获"四好农村路"建设成效较好的市、县（市、区）通报表彰，奖励资金300万元。截至2021年底，咸宁市崇阳县、咸安区2个县（市、区）被评为"四好农村路"国家示范县，崇阳县、咸安区、嘉鱼县3个县（市、区）被评为"四好农村路"省级示范县，咸安区汀泗桥、双溪桥镇、大幕乡，嘉鱼县陆溪镇、官桥镇、潘家湾镇，崇阳县白霓镇、铜钟乡，通山县大畈镇、杨芳林乡10个乡镇被评为"四好农村路"省级示范乡镇。

（蔡霖）

【随州市】 全年完成农村公路建设780公里。高度重视"四好农村路"建设，积极争取上级部门和地方政府给予项目和资金支持，将其列入重要议事日程，进行专题研究。抢抓机遇，精心组织实施"四好农村路"建设，补齐交通基础设施建设短板，把农村公路打造成促进发展的经济线，保障安全的生命线，展现亮点的风景线。同时，整合资源，形成合力，加强农村公路路域环境整治，营造政府主导、上下联动、部门协同的"四好农村路"建设工作格局。随县唐县镇、广水市郝店镇被评为2021年度全省"四好农村路"示范镇。

(喻红平)

【仙桃市】 全年完成农村公路投资4.72亿元。完成农村公路提档升级218.47公里，投资25941万元；农村公路路网改善工程114.6公里，投资17416万元；农村公路桥梁建设和危桥改造，投资3911.2万元，实现乡镇和建制村100%通硬化路、100%通客车，以城区为中心、乡镇为节点、村组为网点的农村公路交通网络初步形成。仙桃市被评为"四好农村路"省级示范县，陈场镇被评为"四好农村路"省级示范乡镇。仙桃市交通运输局每月对农村公路建设进度、质量进行考核评比，督促镇政府切实履行主体责任，完成提档升级征地、拆迁等配套工程，高标准做好道路沿线绿化美化工作。引入第三方检测机构对道路质量进行检测，实施事前、事中、事后全过程的有效监督，必须经过施工方自检、监理抽检、第三方检测、乡镇和村质量监督小组监督、交通运输部门巡查等多重监督方式，经验收合格后才能过关。各乡镇从建成一条路、绿化一条路、美化一条路入手，加快农村公路提档升级，打通产业发展通道、连接镇与镇的内循环通道。

(归烨)

【天门市】 全年完成自然村公路建设168.41公里，提档升级公路123.48公里，建设"四好农村路"200公里，刷黑100公里。完成隐患治理1105公里，其中警示柱1836根，各类标志牌3232块，减速板3477米，波形护栏123517米。

(张文敏)

旅游公路建设

【武汉市】 黄陂区农村公路姚塔线。南起于木兰乡，北止于姚集街西侧接108省道(黄土公路)，全长18.10公里，是通往木兰旅游风景区的精品道路，也是黄陂区"放射型路网"的北部重要公路组成部分、黄陂"木兰旅游环线"的重要一环，串联起木兰山、木兰湖、木兰花乡等景区，打通乡村振兴与农民增收的快速道，带动沿线因路而变、因路而美、因路而兴，提升黄陂木兰文化生态旅游品质。入选2021年度湖北省"十大最美农村路"。

(盛欢)

【荆州市】 2021年，全市旅游公路项目完工2个、在建5个，全年完成投资10.29亿元。完工项目中，221省道石首城区至桃花山改扩建工程起于笔架山街道办事处东岳山街与东方大道平交处，止于桃花山镇入口，与221省道桃花山集镇路段对接，全长31.35公里，全年完成路面3.35公里、投资4.65亿元。纪南新区环长湖旅游公路位于纪南文旅区内，环绕长湖一圈，由1条环湖主线、2条连接线组成，全长52.3公里，全年完成路基4.94公里、路面10.44公里，投资1972万元。

在建项目中，254省道新江口至355省道洈水旅游一级公路是洈水旅游快速通道组成建设之一，全长33.58公里，全年完成路面20公里、投资3亿元。环洪湖旅游公路(一级公路)是洪湖市重要旅游公路，全长13.02公里，全年完成投资9755万元。松滋市环湖旅游公路(主线段)全长11.39公里，全年完成投资1.20亿元。石首市天鹅洲旅游公路(220省道至麋鹿保护区段)全长3.95公里，全年完成路基0.5公里、投资1000万元。荆州区张家山、菱角湖、丁家咀连湖旅游公路全长16.44公里，全年完成路基路面4.34公里、投资1700万元。

(张俊霞)

【仙桃市】 仙桃市胡郭公路318国道至排湖绿道段改建工程。项目起于胡场镇五号村，接318国道，止于排湖风景区排湖绿道与原有胡郭公路交叉口。建设里程10.35公里，公路等级为一级公路，设计速度60公里/时，路基宽度23米，估算投资28373.07万元。至2021年底，胡郭公路318国道至排湖绿道段改建主体工程完工。

仙桃市剅河至排湖公路改建工程。项目起于213省道李谢线董庄桥处，向东沿老路布设，与排湖产业通道交叉，接排湖至沔城公路，全长14.2公里。全线采用设计速度40公里/时、路基宽度11米、路面宽度8米的二级公路标准建设，估算投资11267.94万元。2021年底建成通车。

(归烨)

交通建设和质量管理

【交通基本建设管理】 1.多措并举，加强行业管理。一是加快设计审批进度。采取"提前介入、合理交叉、积极推动"方式，完成13个公路水运建设项目初步设计审批；根据项目建设进度分步批复施工图，完成30个公路水运建设项目施工图设计文件批复；3个交通运输部批的公路水运建设项目，2个及时批复、1个完成审查；及时向省发展改革委报送汉北河南垸至新沟段航道工程初步设计审查意见，为"十四五"项目推进创造条件。二是及时办理施工许可。按照"提前衔接、及时办理、跟踪督办"原则，及时办理麻城至安康高速公路麻城东段等3个项目施工许可、4个项目控制性工程施工许可，为重点项目开工建设奠定基础。三是积极推动竣工验收。采取"积极指导、强化督办、主动服务"的措施，向省政府专题报告全省高速公路竣工验收有关情况，积极推动竣工验收工作，完成武汉天河国际机场第二公路通道等3个项目竣工验收工作，上海至成都国道主干线宜恩高速公路等4个项目基本具备条件，计划年内办理竣工验收。四是严格交工备案核查。严格落实交工备案核查制度，完成武穴长江公路大桥等14个项目交工备案。针对容缺开通的三峡翻坝江北高速公路等7个项目，采取约谈、下发责令整改函等措施，督促项目建设单位整改，5个项目按要求整改，2个项目在整改中。

2.完善制度，夯实管理基础。一是推动疫情防控常态化管理。印发《关于做好当前交通建设领域疫情防控工作的指导意见》，指导交通建设项目针对建筑工地人员聚集性特点，制定切实可行的常态化防疫措施。将建设项目落实疫情防控相关工作纳入日常监管范围，强化常态化防控措施落实。二是推动审批服务制度化管理。规范高速公路建设项目审批管理，印发《省交通运输厅关于进一步规范高速公路工程管理报批有关事项的通知》《省交通运输厅关于进一步加强高速公路建设项目设计审批工作的通知》等，进一步梳理高速公路工作流程，明确报批要求，实行清单化、流程化、透明化管理。三是推动台账资料信息化管理。按交通运输部要求填报在建高速公路和大型水运工程"两库"信息，定期更新报送；组织开展公路水运工程质量状况及质量监督信息统计报表填报，总结分析公路水运工程质量状况；每月收集汇总高速公路项目、港航重点项目建设进展，编制《公路水运重点工程建设简报》。

3.强化监管，提升治理效能。一是加强设计源头监管。坚持问题导向，盯紧关键环节，提升设计文件质量。通过信用评价、印发提醒函、督办函等形式，压实设计单位责任，对6家设计单位未按要求落实审查批复意见、地质勘察深度不足等行为进行信用扣分，对宜来高速公路宜昌段等2个项目下发报批材料补正通知，对1家设计单位因交安设计不规范下发提醒函；通过推行设计标准化、强化地质勘察、严格设计变更等手段，提高工程设计质量。二是加强工程过程监管。运用综合督查、专项督查、质量巡查、"四不两直"等多种监督检查形式，采取"监督工程师+专家"方式，做到全省公路水路重点工程质量监督全覆盖。开展公路水路工程质量监督检查30余次，印发检查通报25份，下达隐患整改通知书57份，对800余个工程质量隐患和问题督促整改。三是补齐工程质量短板。持续开展"质量安全红线"、隐患"大排查、大清理、大整治"专项行动及质量通病治理、"质量月"活动，补齐短板弱项。对监利至江陵高速公路东延段龙门吊限位器等安全附件损坏或缺失、呼和浩特至北海高速公路卷扬机配重不满足要求等11个质量安全红线问题，及时进行纠正；对桥梁支座开裂、钢筋保护层厚度合格率偏低等问题，采取整改、约谈、质量预警等措施予以纠正。

4.专项推动，补齐建设短板。一是深化公路服务区"厕所革命"专项行动。参与制定《高速公路服务区(停车区)服务设施规范》《高速公路服务区(停车区)管理规范》《湖北省普通公路服务设施运行维护管理办法》，新建工程设计审查和交工备案中，将服务区厕所作为审查要点，推动高速公路服务区厕所建设的落实。二是开展标志标线提升专项工作。重点针对高速公路枢纽互通立交、高速公路出入口路段、车道数增减变化路段等，开展排查评估，建立"两个清单"(问题清单、措施清单)，进行针对性设计与优化，进一步提高全省公路交通安全和服务水平。对标志标线提升效果进行明察暗访，将鄂咸、咸黄高速公路枢纽式互通指引信息、与城市道路标志衔接等问题反馈给项目单位整改。三是开展土地卫片违法用地问题核查。按照省政府办公厅《关于印发湖北省卫片执法工作方案的通知》要求，组织市州交通运输主管部门，对自然资源部门提交的3批次、400余个土地卫片违法用地问题逐一进行核实，指导各地、各项目加快推进交通建设项目用地报批，完善用地手续，积极推动违法用地问题整改。四是开展交通建设施工扬尘防治工作。印发《湖北省公路水运建设工程施工扬尘防治工作指南(试行)》，推动项目建设单位、施工单位、监理单位建立健全施工扬尘防治管理体系和制度，推进施工扬尘防治标准化建设，提升文明施工和绿色施工水平。将扬尘污染防治纳入公路水运工程质量安全专项督查内容。

（汪颢）

【交通基础设施建设市场管理】 1.完善制度建设，筑牢交通建设市场规范发展根基。印发《湖北省特许经营高速公路建设项目投资人自行勘察设计、施工管理办法》，通过对施工资质和能力、勘察设计能力和行为、施工履约情况等核查，进一步规范自行勘察设计、施工管理，防止采用虚假投资的方式规避招标、违规承担设计施工任务，确保达到法定规模标准的应招尽招。规范招标代理机构行为，促进交通建设阳光工程建设。研究制定《湖北省交通运输工程建设招标代理机构管理办法》，并通过视频培训形式在全省交通运输领域进行宣贯。根据管理办法要求，对湖北招标股份有限公司因招标文件编制疏漏等不良诚信行为进行约谈。计划对参与2021年省级重点工程招标代理服务的13家代理机构开展信用评价。

探索研究制定招标文件备案程序指引,实现备案标准化、流程化。突出文件备案核查要点,重点涵盖涉及落实行业管理政策、优化营商环境、提高市场竞争活力等方面条款。通过重塑招标文件备案流程和程序,提高招标文件编制质量,封堵招标文件人为漏洞,确保招标文件合法合规合理。截至11月底,省交通运输厅招标文件备案138个(其中完成开标评标项目130个)。涉及公路项目106个、水运项目32个。其中施工类26个、设计类5个、监理类16个、其他服务类91个。联合省公共资源局印发《湖北省推进政府投资项目远程异地评标常态化指导意见》《关于建立健全全省招标投标领域优化营商环境长效机制的通知》;协调省公共资源中心印发《关于停止收取工程投标保证金履约保证金有关事项的通知》,进一步降低招投标制度性交易成本,免收投标保证金和不合理的履约保证金,有效减轻企业负担。

2.发扬"店小二"精神,激发市场活力。建立健全招投标领域优化营商环境长效机制。加大对本地制定的招投标相关规章、规范性文件清理整合力度,按照应减尽减、能统则统的原则,对保留的招投标制度文件实行合并清理,进一步梳理规范性文件信息公开情况,在厅网站上及时公示公开,或者设置链接,方便市场主体查询。优化招标文件编制。对投资人招标文件进一步优化,指导有关市州政府依法依规设置招标条款,在招标方案、资格条件、评标办法、合同条款设置等方面提供政策支持。支持项目提前开展有关招标,允许在项目建设规模、建设标准、控制点确定和工程可行性研究报告上报待批阶段,提前开展勘察设计招标,缩短项目前期工作时间。

持续推动减环节、减材料、减时限工作。全面梳理33项行政审批事项,对每个事项逐个研究减环节、减材料、减时限的可能性,在不违反相关法律法规前提下,坚持能优化则优化,能合并则合并,能减则减,以新机制推动办事流程优化重塑。经过梳理,全部达到省政务办要求。全年完成50家公路养护工程施工从业资质新申请和资质复核换证工作,14家公路水运工程试验检测机构新申请资质和复核换证工作,配合省住建厅做好20家交通工程施工企业新申请资质联审工作。

3.加快建立以信用为核心的新型监管机制。对全省公路水运工程46家设计企业、250家施工企业(含普通公路)、60家监理企业、80家检测机构进行信用评价。其中AA级84家,占参评总数的19.3%,A级328家,占参评总数的75.2%,B级13家,占参评总数的3%,C级5家,D级4家。对783名监理工程师进行信用评价,其中42名监理工程师因失信行为扣分。信用评价过程中坚持原则,严格评价标准,确保标准公开、程序公开、客观公正、及时向社会公布评价结果。强化信用评价结果运用。在招投标环节,对信用好的从业单位,在参与投标和中标数量、资格审查、履约担保金额、履约信誉评分等方面给予优惠,构建激励与约束并重的竞争机制。逐步探索将信用评价结果与"双随机、一公开"监管有效结合,推动基于信用等级和风险类型实行差异化监管。全年完成10家检测机构、5家监理企业"双随机"检查工作。

加快交通运输领域信用体系建设。起草并发布《省交通运输厅关于建立交通运输领域信用承诺制的通知》。逐步推行在行政许可、招标投标等领域应用信用承诺制。部分行政审批事项推行告知承诺制和优化审批服务,减少办事材料,简化办事环节,缩减办事期限。起草《湖北省公路水运建设市场信用档案管理办法》,规范湖北省公路水运建设市场主体行为,保障当事人合法权益,促进市场主体诚信经营。

开展建设市场综合督导。按照"双随机、一公开"方式,组织专家组,通过调研座谈、查阅资料、实地检查等方式,对张家界至南充高速公路宣恩(李家河)至咸丰段项目和湖北宜都至来凤高速公路鹤峰东段进行督导,对在招标时具有资格施工过程中不具备资格的情形及时清退处理,在国内属首创。此外,发现宜来高速公路鹤峰东项目主要材料未公开招标等问题。组织省公路局、省港航局开展多批次市场综合督导,发现基本建设程序不完善、分包管理不规范、质量安全隐患等问题数10项,给予及时通报并督促整改到位。

开展招投标"双随机、一公开"专项检查。联合省公共资源局印发《关于建立健全全省招标投标领域优化营商环境长效机制的通知》《2021年度全省工程建设招投标"双随机、一公开"检查工作方案》等多项制度,开展招投标"双随机、一公开"专项检查,重点检查应招未招、规避招标、擅自改变招标方式,设置等不合理条件限制和排斥潜在投标人,串通投标、弄虚作假,评标专家不能客观公正地履行职责等问题。检查发现鄂州机场高速公路一期工程项目主要材料未按核准意见公开招标,宜昌港枝江港区中石油油库码头工程等3个港口项目,没有按规定进入湖北省公共资源交易平台进行交易。依法处理汉江雅口航运枢纽工程厂房内部装饰装修工程合同段招标5名评标专家未履职尽责,导致评审结果明显错误的不良行为。

开展特许经营高速公路建设项目投资人自行勘察设计施工能力核查。对孝汉应高速公路和襄阳绕城高速公路东南段延长线项目开展相应的核查工作,发现存在无资质承担施工任务问题、现场施工能力不足等问题。严格把关平台业绩信息审核。加强公路水运信用信息系统项目基本信息审核工作,打击弄虚作假行为。截至2021年11月底,累计审核业绩信息1353个,其中施工类1142个、设计类211个。拟订业绩信息抽查计划,梳理抽查项目清单,重点清理虚假项目、虚假工程规模、虚假人员等信息。

4.打造公平竞争的营商环境。全年认定和查处第一批违法分包行为项目26个、超资质承揽工程行为的企业9家,对10家企业给予行政处罚,罚款金额3100余万元全部上缴国库。查处第二批违法分包行为企业，罚款金额514万元全部上缴国库。严厉打击借用资质和围标串标等违法违规行为。对出借资质并将项目转包给无资质个人的企业在2020年度普通公路信用等级降为D级，实施差别化监管，并将违法行为通报全省，全面清理该企业在省内交通运输系统承接项目是否存在类似违规情形，要求各级交通运输主管部门加大检查和执法频率，发现问题依法查处。查处燕矶长江大桥环保水保监测服务招标项目串通投标违法行为，并实施行政处罚。

严肃处理投诉举报事项。进一步督促招标人在招标文件中载明接收异议联系方式，及时依法处理投标异议。进一步健全投诉处理机制，联合省公共资源局探索在线受理投诉等方式。指导武阳高速公路黄石段档案管理招标等3个项目招标人申请的依法重新评标工作。依法调查十巫高速公路房建装修工程招标举报人提供的有关线索，驳回了举报人捏造事实恶意举报的不合理要求。协助省公共资源局妥善处理赤壁东延线投资人招标的投诉纠纷，助推项目顺利实施。依法调查白洋长江公路大桥BYTZ-1标段涂装工程违法分包和质量隐患等问题，责成项目业主对发现的合同条款违约问题给予施工单位罚款处理。依法调查处理十巫高速公路SWBY-2之3号梁场排水沟项目，中交路桥建设有限公司分包管理不规范问题。

5.加大根治全省交通领域欠薪工作力度。开展公路水运建设领域进城务工人员欠薪情况排查，按时向交通运输部报送公路水运建设领域拖欠进城务工人员工资问题排查表。开展高速公路、普通公路、水运建设市场综合调研，将保障进城务工人员工资支付工作作为调研重点内容，督促指导各项目全面落实工资专用账户、实名制管理等5项制度，对发现的问题，及时通报，责令限期整改，对拒不改正的，严肃处理，依法处罚，公开曝光。全年督办高速公路2个在建项目、5个施工标段，普通公路12个市州21个在建项目、22个施工标段，水运工程5个市州6个在建项目、6个施工标段。督办结果纳入施工单位年度信用评价。进一步压实属地监管责任，验证排查效果，印发《关于开展公路水运建设领域根治拖欠农民工工资工作全面排查和交叉督办的通知》，组织全省各市州交通运输局组成17个根治欠薪工作排查组，对各市州普通公路水运项目，开展相互交叉排查，发现问题及时处理。通过交叉排查，督促各级交通运输主管部门加强组织协调和统筹安排，完善制度体系。

加强制度建设、信用应用、风险防控，逐步建立治理拖欠进城务工人员工资长效管理机制。一是招投标管理中严格落实进城务工人员工资保障要求。在项目招标文件中明确进城务工人员工资保证金的收取、进城务工人员工资专用账户管理、用工合同管理、进城务工人员工资银行直接支付等条款。为及时兑现进城务工人员工资的需要，在项目招标文件中明确进城务工人员工资优先支付，并扣留一定比例的计量款作为及时兑现进城务工人员工资的施工风险管理基金。二是拖欠行为纳入信用联合奖惩。对发生拖欠问题的企业记入信用评分，推送"信用中国"网站公布，并对失信人实行差别化监管，对列入"黑名单"的违法行为，依据《湖北省保障农民工工资支付办法》等规定，及时曝光，实施联合惩戒，使欠薪违法单位和个人"一处失信，处处受限"。三是防范化解欠薪风险。进一步健全欠薪应急处置机制，明确处置措施和责任分工。督促有关单位和部门加强欠薪信息沟通协作，做好应急预案，做到早发现、准研判、快处置。

（苏德俊）

【交通建设造价管理】 造价审查。严格依据现行规范标准，从项目造价文件编制依据的合法性、工程数量的准确性、技术经济指标的合理性等方面进行造价审查。全年审查各类项目造价文件69项次，其中：高速公路新建项目12项次（工程可行性报告4项次、初步设计8项次）；国省道项目52项次（道路养护改造30项次、桥梁维修改造12项次、灾害治理6项次、交通安全设施精细化提升3项次、桥梁健康监测系统建设1项次）；高速公路专项工程项目5项次（收费站改扩建1项次、互通增设2项次、服务区及停车区增设2项次）。上报金额1311.59亿元，审查金额1242.07亿元，共核调金额69.52亿元，核调比例5.30%。积极推进公路造价从业单位信用评价工作，根据《湖北省交通基本建设项目造价文件审查规定（试行）》有关规定，对送审的造价文件及编制单位进行评分评价。全年发布造价审查简报4期，促进造价文件编制单位提高编制水平。

定额管理。结合全省交通工程建设实际，深入工程一线收集参建单位对定额等计价依据的实际需求，开展省内补充定额编制工作。全年完成《装配式桥梁、波形钢腹板安装、喷浆搅拌加芯桩预算补充定额（征求意见稿）》发布工作；按照交通运输部发布的《公路养护预算编制导则》要求，完成《湖北省高速公路养护工程预算定额（征求意见稿）》修编及测算工作，并正式发布；完成《湖北省2021—2022年公路工程预算补充定额》工作大纲编制及评审工作。现场调研十浠高速公路、十巫高速公路中段及呼北高速公路宜都至鄂湘界段施工情况，开展相关定额编制的基础资料跟踪调查及收集工作。

信息化管理。完成12期湖北省交通建设工程主要材料价格信息的收集、整理、上报、测算、审核、发布任务。收集材料价格信息报表880份，涉及信息采集点982个，16大类190余种材料规格，共26000余个材料价格信息数据；完成并向交通运输水运工程造价定额中心上报4期水运工程材料价格信息。编制发布《湖北省交通工程造价信息》期刊6期。

造价人员管理。按照交通运输部职业资格中心要求，受理全省公路、水运造价人员注册事宜。全年受理上报初始、延续和变更注册申请200余人次；根据省人力资源和社会保障厅、省交通运输厅统一安排，组织开展全国二级造价工程师（湖北省）考前资格审核、命题等工作。

(周振)

【交通工程质量监督】 1.高速公路监督。全年组织公路重点工程质量监督检查14次，其中综合督查2次、质量保证体系专项督查4次、桥梁工程质量专项督查1次、隧道工程专项督查1次、路面工程质量专项督查2次、防护及排水工程专项督查1次、原材料及工程实体质量专项抽查3次，配合厅建设市场处督查1次，印发各类检查通报14份，实现在监项目监督检查全覆盖。通过督查，发现质量隐患或问题逾1000个，项目建设单位组织参建单位进行整改和销号处理；按照"差别化监管"机制，对督查过程中发现存在较多质量问题的2个项目，开展整改情况"回头看"，保证工程质量。全省在建公路重点工程监督抽检数据533650个(组)，总体合格率为99.05%。

根据《湖北省公路重点项目质量安全量化排序考核评价办法(试行)》规定，综合全年督查情况，对质量综合督查和专项督查涉及的33个施工合同段、25个监理合同段进行督查量化排序，未发生质量责任事故。2021年，组织完成三峡翻坝江北高速公路、鄂至咸宁高速公路、麻城至安康高速公路麻城东段、十堰经镇坪至巫溪高速公路等4个高速公路项目交工验收质量核验工作；完成麻城至武穴高速公路，潜江至石首高速公路，杭瑞高速公路湖北段，十堰市郧阳区(鄂豫省界)至十堰市茅箭区高速公路，保康至宜昌高速公路宜昌段、襄阳段，武深高速公路嘉鱼北段等7个高速公路项目竣工质量复测工作；完成武汉城市圈环线高速公路仙桃段、洪湖段，武深高速公路嘉鱼北段等3个高速公路项目竣工质量鉴定工作。

2.水运工程监督。全年组织2次质量综合督查和15次专项检查，下发质量督查通报4份，质量抽查意见通知书13份，均整改闭合到位。加强交竣工质量检测检验工作，完成中韩(武汉)石油化工有限公司80万吨/年乙烯工程项目10号泊位工程、阳逻国际港集装箱铁水联运二期项目等11个建设项目交工质量核验，参与完成黄石港棋盘洲港区二期工程等7个建设项目竣工验收工作。完成黄石港棋盘洲港区棋盘洲作业区三期工程、湖北鄂州民用机场项目中国航油码头工程等11个项目质量监督手续办理。全省在建水运工程整体实体质量保持较高稳定水平，全年质监机构和监理单位共抽检质量数据54775点(组)，总检测合格率96.8%，比上年下降0.1个百分点，整体合格率继续保持较高水平。

3.普通公路监督。2021年，对省交通运输厅委托直接开展质量监督的348国道沙洋汉江公路二桥、247省道潜江汉江大桥(第二施工标段K2+900~K5+360)、316国道河谷汉江公路大桥及接线、346国道宜城汉江二桥及接线、482省道钟祥市丰乐汉江公路大桥等5个普通公路跨汉江大桥项目，组织质量安全综合督查1次和质量专项督查3次，印发督查通报4份；组织工程原材料和实体质量抽查3次，印发质量监督抽查意见通知书2份。组织开展全省普通公路工程原材料和实体质量抽查2次，印发抽查情况通报2份。全省各级交通运输主管部门及所属交通质量监督机构通过巡视检查、专项督查、综合督查、检测抽查等方式督促参建各方落实质量责任，保障全省在建普通公路工程实体质量继续保持较高水平。其中，全省干线公路监督抽检数据654878个(组)，合格数据641474个(组)，总体合格率97.9%，较上年上升1.8个百分点；农村公路监督抽检数据97058个(组)，合格数据93761个(组)，总体合格率96.6%，较上年上升1.6个百分点。

4.既有高速公路改扩建工程质量监督。全年对沪渝高速公路枝江互通新建工程、沪渝高速公路新建荆州东服务区等2个既有高速公路改扩建工程项目，组织质量安全综合督查1次和质量专项督查1次，印发督查通报2份。组织完成纱帽大道交汉洪高速公路综合枢纽工程(涉高速公路部分)交工质量验证性检测工作。

5.资信管理。完成63家监理企业、152工程项目、171个监理合同段、850名监理工程师2020年度信用评价工作。完成武大高速公路大悟段等4个重点项目，112余名监理人员岗前考核工作；严格监理企业资质管理，督促14家监理企业上报资质延续申请；协助省交通运输厅开展监理企业"双随机、一公开"监督抽查2次，检查监理企业5家。

6.试验检测管理。配合省交通运输厅完成15家等级检测机构等级评定；开展检测机构能力验证(比对试验)，涉及全省93家公路水运工程试验检测机构、88家重点工程工地试验室，对比对试验结果为"不满意"和"基本满意"的18家检测机构和工地试验室作出暂停相应参数试验、限期整改、年度信用评价扣分等处罚；配合省交通运输厅开展对检测机构的双随机检查，抽查等级检测机构10家，要求10家机构在1个月内完成整改；完成88家等级检测机构、323个工地试验室(含现场检测项目)、约3000余名检测人员2021年度信用评价工作。

(沈磊)

【厅重点办工作】 2021年，全省高速公路建设完成投资381亿元，为年度目标370亿元的103%。鄂州机场高速公路一期工程、咸宁至九江高速公路咸宁段、孝汉应高速公路、宜昌至来凤高速公路宜昌段、襄阳至南漳高速公路、沪蓉高速公路红安联络线、十堰至巫溪高速公路郧西至鲍峡段(北段)等7个项目开工建设。武阳高速公路黄石段、十浠高速公路等续建项目加快推进。十巫高速公路鲍峡至溢水段、赤壁长江公路大桥2个项目通车，监利至江陵高速公路东延段、麻安高速公路麻城东段2个项目建成。至2021年底，全省高速公路总里程7378公里。主要工作有：

(1)推进行业管理规范有序。一是对外出台打基础、管长远的行业管理文件。研究出台《省交通运输厅关于进一步规范我省高速公路建设项目管理工作的指导意见》，对高速公路项目前、中、后期3个阶段要经历的12个环节提出具体指导意见，明确职责，规范程序，强化管理。研究发布《省交通运输厅关于进一步加强我省高速公路建设项目目标管理工作的通知》，对高速公路项目建设相关阶段任务、节点时间、年度考核提出要求，强化进度目标管理，增强目标管理抓手。二是对内制定制度化、规范化的相关工作机制。根据省交通运输厅高速公路目标管理工作新要求，配套制定月度巡查制、季度调控制、半年通报制、年度考核制、专项督办制、宏观调度制等6项推进高速公路项目建设的工作机制，并在日常工作予以执行，提升高速公路建设目标管理治理能力。

（2）推进日常督办持续加压。既抓统筹又抓督办，将省政府疫后重振补短板强功能三年行动作为工作重点，结合一线巡查掌握的高速公路项目进展情况，分析预判形象进度与时序的匹配性，检查节点目标的完成情况，针对滞后情况提前预警，通过发督办通知、约谈负责人、厅领导带队现场督办、召开推进会等方式督促加快滞后项目建设，促进高速公路年度建设目标任务的完成。全年召开全省高速公路项目调度（推进）会2次，分管厅领导带队现场督办3次，下发督办通知3份，约谈5个市州交通运输局领导和7个滞后项目建设单位主要负责人，推动项目建设提速加力。

（3）推进巡查调度精准有效。按照高速公路目标管理和相关推进工作机制要求，成立工作专班，每月到高速公路项目建设一线进行巡查，通报检查存在的问题，协调相关重难点问题，提出工作要求和建议。加强项目建设过程监管，掌握项目一线情况，建立项目基础数据库，对项目建设实行精准调度，促进项目建设均衡协调推进。全年巡查实现25个在建高速公路项目全覆盖，印发项目巡查调度会议纪要35份，印发全省高速公路建设情况简报4期。

（4）推动协调服务落地见效。既抓管理又抓服务，积极协调解决影响工程推进的各类问题。针对影响高速公路推进的征地拆迁、电力迁改、管线迁改、铁路交叉等问题，通过现场协调、发函、召开专题会议等方式争取相关部门和地市政府支持，为项目建设排忧解难。全年印发现场推进专题会议纪要3份，向国网省电力公司发函1份，向省政府专题报告1次，协调推动武阳高速公路起点凤凰山互通交叉施工、武大高速公路武汉至河口段电力迁改、武阳高速公路黄石段取土、宜来高速公路宜昌段控制性工程施工等系列制约项目推进的问题。

(左小明)

赤壁长江公路大桥

交通基础设施养护和管理

【普通公路养护】 实施"三年消危"行动。全年全省累计实施危桥改造项目4036座,完工2841座、在建1195座,潜江市、黄冈市等市州超额完成年度目标任务。完成40个普通国道养护项目(其中路面养护工程项目29个328公里、危桥改造项目5个、灾害防治项目5个、交通安全设施精细化提升工程项目1个)前期工作,设计文件及设计批复下发各单位。2020年底和2021年的2030公里灾毁恢复重建计划和大中修计划完成1280公里,完成率63%,襄阳、黄冈、十堰等地完成率超过80%;各高速公路经营管理单位多方筹资,共投入26亿元用于公路养护维修,有效提高路况水平。普通国省道、农村公路路面技术状况指数(PQI值)分别达到86.55、82.93。

(耿峥 吕厚权)

【高速公路养护】 大力整治高速公路四类桥隧。9月底核桃树大桥综合整治工程完成交工验收,全省高速公路再无四类及以下桥梁;透水的峡口隧道开展修复工程,引水洞改造工程完工。通过整治,宜巴高速公路解除交通管制,全面恢复正常通行。各高速公路经营管理单位投入26亿元用于公路养护维修,有效提升路况水平。湖北交投鄂西高速公路运营有限公司、汉江高速公路运营管理有限公司,武汉中交沌口长江大桥投资有限公司路面技术指标PQI位列全省前三。开展高速公路路域环境整治百日攻坚,路面、收费站、服务区环境卫生显著改善和提升。精准做好高速公路收费站疏堵保畅,对府河、龚家岭等易拥堵收费站督促整改落实。

(耿峥)

【高速公路服务区】 全省高速公路经营管理单位投入专项资金18275万元,整体提升服务区公共场区、公共厕所、监控设施服务功能。推进"司机之家"建设,按照"司机之家"建设部署要求,改善货车驾驶员停车休息环境和条件,完成巴东、崔坝、黄龙、襄北服务区"司机之家"建设。全省高速公路服务区"司机之家"达18处,并在验收运营的8处"司机之家"中遴选2处参加2020年"全国AAAAA级司机之家"评选。11月19日,组织货运企业和驾驶员代表在京珠高速公路孝感服务区参加"司机之家"体验活动,听取意见和建议,改进服务区服务质量。

开展服务区停车场和公共厕所服务质量提升专项活动。组织9个调查评价小组,对全省服务区进行实地调查。自服务质量提升专项行动开展以来,服务区硬件维修维护投入专项资金16586万元,增加保安保洁1073人,比原来的保安保洁增长53.6%,10月14日,召开全省高速公路服务区服务质量提升专项行动现场会。开展收费站、服务区服务质量暗访工作,对全省高速公路收费站、服务区采取"四不两直"的方式进行日常暗访、专项暗访,各收费站、服务区进一步强化服务意识,优化服务流程,提高服务质量。

开展费收"双争双创"主题活动。全省高路系统开展"争当业务能手、争做服务标兵,创建服务示范站、创建服务示范窗口"为主题的"双争双创"主题活动,努力提高全省高速公路依法收费、文明收费、科技收费能力,展现高路系统良好形象。开展费收"创新创效"主题活动。高路系统开展费收运营服务质量创新创效活动,活动围绕管理创新创效、科技创新创效、服务创新创效3个方面8个内容全面铺开,总结一批新技术、新经验、新举措等创新成果。湖北交投收费稽核平台进行试点测试,楚天智能交通公司历经6个月的收费业务金牌讲师评选活动圆满结束。

开展"荆楚行 湖北情"系列活动。10月14日,在中馆驿服务区组织全省高速公路服务区2021年"荆楚行 湖北情""十大美味小吃"评选活动。组织参加首届中国高速公路美食高峰论坛,遴选"十大美味菜肴""十大美味小吃"参与评选,荆沙鱼糕及襄阳牛肉面分别获二、三等奖。开展全省高速公路服务质量"线上评、线下改"社会评议活动。群众直接通过扫描二维码可以实现随时评、线上评,高速公路行业管理部门对相关问题进行督办整改,实现线下改,有效提升高速公路服务质量。

严格落实疫情常态化防控工作。多次前往汉十线、汉宜线、武麻线、京珠线、武汉周边等40余对服务区(停车区),抽查督导行程码登记、测温、消杀情况,督促高速公路收费站、服务区加强常态化疫情防控工作。全年全省高速公路收费站、服务区疫情防控累计投入1800余万元,开展防疫知识安全教育培训100余次,疫情防控安全演练90次,从业人员疫苗接种率均超过96%。其中服务区设置防控监测点350余处、隔离房185间,全省服务区未发生疫情传染责任安全事故。

(叶春松 耿峥)

【航道管理与养护】 1.航道管理。建立完善全省航道建设、管理、养护机制体制,出台《湖北省航道建设项目前期工作推进方案》《湖北省汉江航道养护管理评价办法(试行)》《汉江航道应急抢通工作实施方案(试行)》《湖北省汉江及江汉运河通航建筑物统一调度管理办法》等一系列规定,航道建设、管理和养护得到规范化和有序化。持续推进重点工程建设。汉江五级枢纽建设顺利推进,其中雅口航运枢纽电站厂房、泄水闸等主体土建工程基本完工,船闸通航试运行,发电机组安装和泄水闸门安装进行中,年底实现2台机组发电。浠水航道整治工程正式开工建设。唐白河、汉北河、富水航道工程进入招标和施工准备阶段。

加强水运建设市场管理。组织第三方开展2021年度水运建设市场调研,组成专家组对十堰、宜昌、黄冈、黄石重点水运工程的水运建设市场从业行为和专项工作开展情况进行现场检查,现场反馈意见,并书面通报存在的问题。抓好水运建设市场信用体系建设,组织2020年度全省水运工程施工和设计企业信用评价,进一步提高水运工程参建单位诚信履约意识，维护水运建设市场秩序。指导项目竣工验收，对在建项目现场跟踪，对收尾阶段项目提前介入进行竣工验收工作指导，推动项目按时保质建成。指导黄石棋盘洲二期工程、荆州煤炭储备基地一期工程、武汉80万吨乙烯工程10号泊位工程、汉江蔡甸汉阳闸至南岸嘴段航道工程等开展竣工验收准备工作。开展疏浚土综合利用，在项目设计文件审核、航道工程实施过程中，指导地方编制疏浚土综合利用方案，不仅减少疏浚土对环境的破坏，还变废为宝，解决多年来航道项目配套资金落实难的难题。

2. 航道维护。加强航道养护工作质量考核，进一步完善汉江航道养护规范化管理考核长效机制，细化指标，以点带面全面推广。组织第三方机构每季度开展汉江航道养护工作考评，对存在的问题及时进行整改，不断改进养护方式。加强航道养护信息发布。每日发布航道尺度和水文信息，充分利用网络传播平台面向公众发布，为船民、船企运输船舶的配载提供参考依据。编撰"航道养护这一周"，将汉江航道养护管理情况每周进行综合整理发布，供各航道养护单位互相借鉴。各航道养护单位在微信群及时通报洪峰经过本辖区情况，为下游单位提供预判断信息，形成航道养护管理上下联动、紧密合作良好氛围。做好汉江航道应急抢通工作，建立浅滩疏浚和整治建筑物应急抢通机制，引入社会力量加大应急抢通力度，保障航道畅通。

3. 航道安全。开展船舶碰撞桥梁隐患治理三年行动，完成全省523座桥梁隐患排查，199座桥梁的航道、水上交通、桥梁基础信息和风险隐患信息经审核后全部上报交通运输部，其中需要开展桥梁通航安全风险及抗撞性能综合评估的56座桥梁在开展评估中。组织有关单位专家，起草交通运输行政执法人员应知应会手册水运建设市场执法部分，按时上报交通运输部。

（黄风华）

市州公路养护及改革

【武汉市】 全市公路养护部门加强公路日常养护管理，保障全市普通公路安全畅通运行。全年完成大中修66.03公里、安防工程74.73公里。完成路面灌缝41.55万米，修补坑槽39568平方米，桥涵隧养护786个工日。67座桥梁列入全省"三年消危"第一批项目库，争取省、市补助资金7802万元，累计完工38座。委托专业机构开展第一次全国自然灾害综合风险公路承灾体普查，国省干线1341.05公里、农村公路2655.07公里外业普查采集全部完成，上报市级审核风险点135条。组织全市公路养护技术骨干培训200余人次。组队参加全省"交通工匠杯"公路职业技能竞赛，获二等奖。中心应急保障站管养的318国道升东段、347国道汉施公路段、111省道（汉新线）合计43.75公里的国省干线公路，全部完成移交接养。黄陂区横山公路管理站标准化改造完成，蔡甸区消泗公路停车区、松林公路养护应急中心建成，新洲区230国道公路综合服务区主体结构完工。全市公路部门有效应对低温冰冻、暴雨、大风等气象灾害，投入人员1500人次，设备450台（套），清除倒伏树木266处，清理渍水54处，抢通阻断1处。

（盛欢）

【十堰市】 十堰市公路养护部门负责6条国道和32条省道管养工作、管养里程3292公里，其中国道982公里、省道2310公里。全年完成公路大修20公里、中修13公里。推进公路危桥"三年消危"专项行动，实施危桥改造143座。排查重大地质灾害隐患78处，完成治理9处，其余风险点均在管控中。国省干线发生水毁1589处、终端139处，损失达1.9亿余元。全市公路养护部门多方争取抢通修复资金，各县市区启动灾后重建计划，基本实现当年水毁当年修复目标。全年计划建设养护管理站8个，建成郧西县将军河养护站、丹江口市丁家营养护站、竹溪县彩心桥管理站、竹山县土塘养护站等4个，郧阳区五峰养护站、七里沟养护站、双台养护站、房县上龛养护站等4个在建中。

（杜杰）

【襄阳市】 全市有国道7条、省道28条，共计2844.07公里。全年完成修补路面坑槽2.65万平方米、沥青路面灌缝36.43万米，水泥路面破碎板应急处治5.88万平方米，整修路肩462公里，清理边沟964.8公里。严格执行桥梁各项管理制度，加强桥梁观测和养护，根据每年桥梁检测报告，做到"一桥一策、一桥一档"，安排好桥梁养护工作。加强出口路扬尘管控，细化考核指标，保证良好道路环境。

养护考核精准。对省公路局反馈的全市路检评定指标逐条线路进行分析，与前几年情况进行对比，分析指标变动情况，到次差路段现场查看，查找原因，有针对性地确定工作重点，在此基础上调整全市养护考核办法，完善考核内容，鼓励各地创新管养措施。在现场考核中，采取随机方式抽取检查路段，通过"步检"现场查看养护情况和路况水平。对检查中存在的问题，以通报形式进行全面反馈，督促限期整改。

养护工程保质量。组成专班对年度国道第一批预安排的15个项目前期工作进行统筹安排，制定养护工程项目工作路线图，明确时间节点、责任单位和具体责任人，保证养护工程项目前期工作按期完成。对养护工程项目进度实行月度调度督办，现场抽查工程质量，督促业主单位和施工单位及时整改存在的问题。养护工程建设积极应用新技术、新工艺，在全长约8公里的樊城上堰至牛首段灾毁重建工程项目中全面采用微裂均质化施工工艺，改造旧水泥混凝土路面，实现旧料有效利用，减少施工污染。

路域环境抓品质。积极推进"畅安舒美""美丽公路经济带"示范创建活动，因地制宜，多措并举优化公路路况、提升服务品质。一是打造文明路、安全路、生态路等为代表的品质公路。襄城区结合"美丽乡村"建设，整治303省道、207国道两侧路域环境，营造"畅安舒美绿"公路环境。枣阳市打造路旅融合风景道，建设美丽公路经济带，争取配套资金，将234国道、346国道、272省道部分路段打造成景观路段。二是不断提升公路服务设施服务保障水平。加强公路厕所、公路服务区日常管理，注重完善服务功能，提升服务质量。襄州区乔洼公路服务区可以承担加油、住宿、餐饮、车辆停放、车辆维修等功能。

公路水毁保畅通。7月中下旬至8月上中旬期间，全市遭受5次强降雨，局部降雨量超过400毫米。连续暴雨造成全市干线公路沿线出现山体滑坡、边坡滑塌、挡墙损毁、路面、护栏和附属设施被冲毁，5条国道、26条省道640处受损，公路塌方13.5万立方米、损毁挡土墙和护坡8万立方米、路基19.1万立方米、路面17.5万平方米、桥梁严重受损12座、边沟及护栏损毁64.4公里，直接经济损失达1.4亿元。灾情发生后，各地迅速组织应急抢险突击队，紧急调动应急储备物资和机械设备，及时对公路路肩、边坡出现的小型水毁进行修复，防止水毁扩大。75处中断交通的干线公路全部在短时间内抢通，受灾路段修复率达到95%。

养护工程完成情况。大中修项目：完成襄州274省道闵桥至白集等17个续建项目133.05公里。全年省下达大中修计划项目21个163.41公里，其中省公路局负责做前期工作的项目5个41.50公里、地方负责做前期工作的项目16个121.91公里，前期工作均获批复。至12月底，实际完成114.32公里，占计划的93.77%。

灾毁重建项目：完成樊城274省道上堰村至牛首村等3个续建项目30.59公里。全年省下达计划27.13公里，至12月底，实际完成17.25公里，占计划的63.6%，南漳县、宜城市基本完成，保康县307省道、襄城305省道项目完成前期工作。

干线公路桥梁"三年消危"项目：纳入"三年消危"项目库的危桥100座，累计完成64座，实施21座，完成前期工作15座。完成保康241国道、346国道等16段续建安全防护工程138.55公里。

（王自强）

【荆州市】 坚持"补短板、优结构、提质效、促转型、强治理"思路，狠抓日常养护、预防性养护、大中修、灾毁恢复重建以及危桥改造工程，落实公路突发事件应急处置工作，提高公路养护质量效益，提升整体路况，确保公路路网运行安全。建立县（市、区）月检查，市对县季检查、评比、通报养护考核评价机制，落实公路日常养护工作，提升路容路貌。全市完成修复沥青路面坑槽、水泥混凝土破板、水泥路面灌缝及压浆、修整路肩等工作。更新维护交叉路口指路牌、告知牌、预告牌，增设振荡线、更新热熔标线；维修更新公里碑、百米桩，维修更换防撞墙、钢护栏、示警桩、爆闪灯、防眩板等。完成103省道汉阳沟桥等7座桥梁预防性养护，更换桥梁伸缩缝11处、处理桥头跳车12处。开展融雪除冰830公里。石首市启动江北公路站、小河公路站建设，江陵县完成公路应急中心建设，公安县启动养护应急中心选址工作。

加强技术服务，推进养护工程实施。组织开展养护技术培训300人次、养护安全管理培训50人次，271省道和429省道修复养护工程技术交底观摩会、公安254省道灾毁恢复重建工程"填充式大粒径水泥稳定碎石"基层交工现场观摩学习。提高前期工作质量，邀请专家在施工图设计审查会前现场踏勘，特别是荆州区271省道项目，组织专家现场讨论，并结合老路调查进行4次方案比选。方案设计中应用"四新"技术，采用"填充式大粒径水泥稳定碎石"技术30公里、"热熔复合改性沥青纤维碎石封层"技术40公里。严把质量关，委托第三方对开工项目实施质量、进度、安全巡检和跟踪检测，发现问题及时整改。全年完成大中修34.09公里、危桥改造12座、灾毁恢复重建工程42.40公里。

加强安全监管，确保公路运行平安畅通。开展公路安全生产专项整治"集中攻坚年"行动，督促整改公路施工现场安全隐患。全市排查隐患整治151处（其中省级挂牌督办2处，市级挂牌督办4处）。拆除公安县221省道、松滋市254省道、洪湖市214省道等线路旁违规埋设的天然气管道。清查拆除限高限宽设施14处，拆除违章商棚（板房）24处，拆除非公路标志标牌190块。开展公路防汛和疫情防控，应战暴雨天气4次、动用机械87台次，处理倒伏路树3000余棵，清挖水沟、排除积水950处。

（彭华）

【鄂州市】 一是国省干线危桥改造稳步推进。国省干线桥梁"三年消危"入库13座危桥，全年完成竹林桥、六十中桥、东港桥危桥改造3座，另10座在施工中。完成314省道蜈蚣桥左半幅和黄藤桥右半幅、316国道太白桥右半幅和汀桥左半幅的拆除及新建施工；完成316国道六十桥和东港桥的维修加固；完成348省道刘思忠桥旧桥的拆除及盖梁、桩基施工；完成106国道碧石桥基础施工；完成348省道龙泉头桥加固施工。

二是完成农村公路危桥改造，全市农村公路三年危桥改造27座（其中大桥1座、中小桥26座），年度目标完成16座中小桥改造。全年完成危桥改造货币工程量1500万元。其中小下桥、幸福港小桥2、幸福港小桥3等6座中小桥建成通车，有12座在改造施工中。

三是做好日常小修保养工作。完成行道树刷白，补植百米桩、公里碑并刷漆喷字；清理边沟，清洗波形护栏，清理路肩、沿线设施清障、疏通涵洞等。完成316国道、106国道沥青路面坑槽修补，工程造价200万元；316国道路面灌缝工程造价30万元；完成316国道、106国道、257省道、203省道等线路波型梁损坏修复以及樊口大桥栏杆修复，工程造价75万元；完成316国道华容治超站至段店街段、106国道世纪新峰水泥厂至分水岭段、316国道临江村附近两侧边沟修复和新建工作，工程造价70万元。国省干线行道树、公里碑、百米桩、道口桩、警示桩等刷白工程，工程造价20万元。

四是提升加强安全应急保障能力，明确安全应急预防为主、分级负责、协调联动的应急处置原则，组建1支由80人组成的相对固定的应急救援队伍。以各养护站为单位，日常储备应急物资砂石料600余吨、草袋6000条、标志牌200块、反光锥筒320个、爆闪灯128个，应急机械设备24台(套)，确保处于良好技术状态，随时可正常使用。安排全天候值班值守，严格落实24小时值班值守和领导带班制度，日常各养护站坚持每天安排6人对辖区国省干线公路进行巡查。

五是开展路域环境治理和桥下空间治理。清理各类路障，处理占道58处392平方米，拆除非公路标志牌1块，制止乱摆摊设点13处，清理路障146处2282平方米。联合综合执法支队清理316国道东沟大桥桥下堆放的建筑材料，消除桥梁安全隐患，保护干线公路完好与安全畅通。

(张昭)

【黄冈市】全市抓实"洁化365，黄冈公路在行动"和黄团浠国省干线美丽公路示范区建设，推动全市养护管理工作提质增效。开展全市养护大调研活动，现场督办养护管理工作。利用季度、半年督办及持续开展"晒履责、赛养护"活动，对下达的养护任务进行跟踪检查，逐项进行督导落实。全市15个灾毁恢复重建工程全部完工，实施路面大修123.79公里、中修152.53公里，保障全市公路路况稳定向好，顺利通过交通运输部国道路况检测。

日常性养护。针对群众关注最密切、公路功能最凸显的国省干线城区出口路，研究制定《"洁化365 黄冈公路在行动"实施方案》，统筹配置养护资源要素，投入洒水车30辆、清扫车19辆，每天开展路面保洁、降尘作业，每周清洗附属设施，成功打造11条精品线路，国省干线城区出口路较好实现路面清扫常态化、桥涵养护规范化、排水疏通及时化、标志标线清晰化、绿化管护长效化、用地范围整洁化。

桥梁养护。积极维护国省道大中桥梁"四牌一步道"。积极开展桥梁预防性养护，浠水、黄梅、罗田积极开展防撞墙警示漆刷新，增强安全警示效果。罗田县对河西畈中桥、李婆墩大桥、栗子坳大桥和胜利大桥等4座大桥进行护栏升级改造，有效提升桥梁护栏防护能力。

站点建设。按照《湖北省普通公路养护和服务设施视觉标识系统设计手册》，进一步完善公路站点视觉标识系统，保持服务区、交通厕所室内外干净整洁，公路便民服务更加便利。投入1221.19万元，新增交通标志1034处，更换125处，调整8处，拆除76处，有效提升公路通行环境。黄州区砂子岗管理站、团风县大树管理站改造完成，浠水县朱店管理站新建到位，罗田县首个国省干线公路服务区—薄刀峰公路服务区建成。新建成团风县、浠水县公路养护应急中心主体工程，进一步完善应急保障体系。

(陈莉)

【随州市】全市全年普通国省道大修工程计划44.48公里、中修工程计划24.5公里，至年底全部按计划完成。开展公路桥梁"三年消危"行动，全市国省道危桥改造6座，至12月底，危桥改造完工1座、完成工程量90%的1座、开工建设3座、完成招投标1座。主要工作：

(1)实施"四项提升工程"，对重点路段、重点桥梁进行现场整治和提升，确保现场检测状况良好。

一是实施道路和桥梁技术状况提升工程。组织养护专班对全市国省道路况进行全面梳理，科学分类处治路面病害，确保路面无坑槽。对需实施养护工程路段PQI值较差的提前实施路面大中修工程63公里，保持良好的路况水平。全面完善国省道桥梁信息牌、桥名牌、桥梁保护区公示牌、限载牌设置；加强桥梁日常养护和预防性养护工作，对桥梁轻微病害进行及时修复，重点是清除桥面污泥、疏通桥下河道、清理伸缩缝堵塞物，保持泄水孔通畅，保持护栏完整、干净、美观。

二是实施交安设施提升工程。进一步落实安全责任，对全市普通公路开展公路领域隐患排查整治专项活动，深入推进"平安公路"创建活动，争取市政府支持，市财政投入1.2亿元，对316国道东外环一级公路43.79公里中央双黄线进行治理；利用部独柱墩治理政策，向省公路管理局成功申报346国道长岭高架桥独柱墩治理项目，完成项目施工图评审。联合公安交警部门整治国省道普通公路安全隐患工程，全面排查全市普通国省道事故多发点、平交路口、临水临崖、急弯及穿村过镇路段，查出隐患1473处，并督办治理。进一步完善国省干线公路沿线交通安全设施，做到标线规范清晰、公里牌醒目。

三是实施路域环境整治工程。高质量推进全市国省道路域环境整治专项行动，重点清理非公路标志205块，治理加水点28处，清理边沟2128公里，修复边沟1584米，处治坑槽1800平方米，铣刨路面56000平方米，灌缝182公里，修复安防设施1746米，补划标线468公里，黑色化支路口路面105处，并规范统一全市公路管理站、停车区和公路服务区标识和标牌，有效提升全市公路行业服务保障能力，展示公路行业良好形象。

(2)美丽公路建设。全市按照"政

府主导、部门配合、建养并重、综合治理"原则，以107国道、316国道一级公路为重点，总结推广美丽公路创建成果，加大创建力度，加快推进美丽公路经济带建设。316国道曾都区淅河十岗至随县净明45公里一级公路按美丽公路建成通车运营，107国道广水境内44公里一级公路完成路面施工，相关配套设施在建中。曾都省道随柳线城区13公里绿色公路，取得曾都区政府资金支持，整合7.5公里中修计划和桃园大桥接线工程资金，高标准打造绿色公路，项目及配套设施均完工。

（喻红平）

【仙桃市】 健全日常养护管理考核办法、小修保养验收评定办法，规范公路日常保养、小修工程、综合管理、资金使用、公路技术状况评定等日常养护管理工作。按照"定额养护、合同管理、计量支付"养护管理模式，每月月底对养护管理站进行日常小修工程考核，验收合格后办理计量与支付手续，以省市季度检查为依据进行考核奖惩。

日常养护。规范路面病害处治，推进养护绿色作业，推广废旧路面材料循环利用。对路基日常养护，按人均承包管养4公里"分路基到人"，确保路肩横坡度，保证排水畅通。与当地政府协商共建，对路面保洁实行国路民养；在实施公路绿化工程中，打造绿化示范景观带，完善公路排水设施，形成"畅安舒美"通行环境；与公安交警联合行动，开展交安设施整治，对国省干线公路进行拉网式排查，提升公路安全保障能力。加强内业规范管理。重点宣贯省养护基础图表范本，结合实际修改完善，做到内业资料整理、归档的完整性、及时性和闭合性。8月，在全省公路建设、养护两项指标考评中，仙桃市取得"国省一二级公路建设总体目标任务完成情况"和"2020年普通国省道路况检测"全省前十名，分别获得480万元和300万元资金奖励。

（归烨）

【天门市】 公路部门对全市主次干道全面实施维修养护，确保路面畅通与安全。全市公路养护小修保养完成沥青面层坑槽修补7578.28平方米，基层坑槽修复48.17平方米，清灌缝544587米，清除堆积物1599立方米，除草1103公里，补植苗木28979株，维修防护栏790米，补栽刷新公路沿线百米桩1122个、公里碑79块，拆旧立新及刷新标志标牌1261块。同时，构建"畅、安、舒、美"公路生态走廊，推进美丽公路创建，全年投资623万元，对240国道保台线石家河至天门段、348国道武大线多宝段等宜林空白路段绿化，进一步改善公路路域环境。

（张文敏）

公路水路运营管理

【湖北交通投资集团有限公司】 2021年，湖北交投集团全年完成投资458亿元，超目标5%；实现营业收入520亿元，超目标15%，较2019年增长56%；净利润53亿元，超目标15%，较2019年增长26%。建成赤壁长江公路大桥、十巫高速公路鲍溢段、麻城至安康高速公路麻城东段、江陵至监利高速公路东延段"1桥3路"148公里。集团在中国服务业企业500强位次连续三年上升，居193位。第五次获得全国"优秀企业债发行人"。

项目建设克难求进。强力推进项目前期工作，追赶项目建设进度，全年完成交通基础设施投资304亿元。续建宜来高速公路鹤峰东段、鄂州机场高速公路、张南高速公路宣恩至咸丰段、呼北高速公路鄂湘界段等"2桥14路"608公里，全省首条4改8高速公路展开规模施工，先进工装工法得到有效应用。全力推进建设用地合法化和项目环评获批，前期工作进展稳步有序，新开工通山至武宁高速公路湖北段、红安联络线等"1桥7路"468公里。加大要素投入，超常规推进鄂州机场高速公路建设，开工一年内实现主体工程贯通。鄂州花湖机场按期建成校飞，为正式运营奠定坚实基础。

交通服务提质竞进。持续推进高速公路收费运营、养护管理、安全应急、品质提升等工作，全面迈开"一体化、标准化"运营管理新步伐，全年实现通行费收入154亿元。成功并购大广高速公路河南新县段，首次将集团路桥运营版图扩张至省外；承租接管大广南高速公路大冶、三溪、燕厦3对服务区，实现服务区管理品牌首次输出。运营服务创新增效，在武汉、十堰等地实行"点对点支付"模式，增收2000万元；开展数据稽查、区域稽查、重点稽查，堵漏增收2300万元。推行养护项目"大标段"招标，强化合同履约管理，实施"养护示范路"建设，持续提升路况品质。构建"区域化、属地化"运营新格局，推进常态化疫情防控，圆满完成春运等重要时段保畅任务。推进路域环境整治，加快武当山、安陆、潜江等服务区提档升级，擦亮窗口服务形象。

产业发展稳中有进。优化产业结构，建强发展"朋友圈"，拓展外部市场，提高经营质效，非通行费经营性收入242亿元、净利润15亿元，较2019年分别增长21.6%和20%。现代物流规模更大，物流集团营收超百亿元，稳居全国物流企业前30强，进入央企供应商名录，集团外收入较2019年实现倍增；汉口北国际多式联运物流港主体结构封顶，达成招商合作意向70%；江陵改性沥青生产基地项目投入运营。工程建设质效更高，建设集团推进内部重组，做实市场主体，成为公路、市政总承包"双一级资质"

交通基础设施养护和管理

企业,主体信用评级获AA,工程施工进军云南、河南等省外市场。产城交旅融合更实,完成土地一级开发收益8.8亿元,实现营业收入20亿元。武汉长江新区国际绿创中心开工建设;襄阳文化旅游示范区全面推进,开业项目累计接待游客超100万人次;孝感天河智谷产业园建成,招商去化率达50%;麻城龟峰山完成核心景点改造;龙船水乡景区提档升级后开业运营;神农架交旅融合项目取得新进展。交通服务链条更强,畅通能源全产业链,实现采销储一体化,成品油外部销售占比达80%;"荆楚优品"亮相消博会、食博会;谋划组建全国服务区采购联合体,推进商品平台互通。交通科技亮点更多,高速公路通信干线网络升级改造取得实质性进展;高标准推进鄂州机场高速公路、京港澳高速公路湖北北段智慧高速试点示范项目;智能检测协诚环保公司入选省级专精特新"小巨人"企业;筹建湖北交投智慧交通研究院,打造产学研融合新主体。产业金融步伐更快,组建交投资本,打造产融投一体化基金运作管理平台;财务公司首次获得监管最高评级,进入全国同类企业"第一方阵";出资24亿元增资省铁路基金和长江财险。

风险防控持续推进。强化风险意识,坚持问题导向,创新方式方法,健全制度体系,守牢债务、资金、安全"底线""红线",有效防范系统性风险。着力防控资金风险,获融资授信6100亿元,刷新历史纪录;全年融资776亿元,综合成本3.67%,为历史最低;取得省政府融资审核确认批复,满足金融机构贷款审批要求;在银行间交易商协会申请储架发行资质。防范债务风险,推进50万亩(约合33333.3万平方米)高速公路土地评估作价增资,增加净资产197亿元,降低资产负债率近2个百分点。防范安全风险,完善安全生产体系,开展质量安全专项巡查,及时有效处置沪渝高速公路香炉山隧道、沪蓉高速公路宜巴段峡口隧道、核桃树大桥、兴山服务区等险情,安全生产态势总体平稳可控。

(赵林)

【湖北省港口集团有限公司】 2021年4月,省委省政府作出加快全省港口资源整合的决策部署,将武汉港发集团更名为湖北省港口集团有限公司(简称省港口集团),整合省属国企及长江、汉江沿线市州国有港口资产。6月30日,省港口集团揭牌成立,9月底完成资产整合。整合后,全省港口发展实现规划一体化、建设一体化、管理一体化、运营一体化,实现3个倍增:港口货物吞吐能力从1亿吨增长至2.05亿吨,其中集装箱吞吐能力从230万标准箱增长至480万标准箱;码头泊位数从68个增长至187个;覆盖通航里程从720公里增长至1545公里,其中长江新增505公里、汉江新增320公里。2021年,武汉港集装箱吞吐量完成248万标准箱,比上年增长26%,首次跻身全国集装箱港口前20强。阳逻港完成184万标准箱,比上年增长50%,箱量位居长江中上游之首,增幅创历史新高;商品车作业量多年保持内河第一、全国第三。初步形成以武汉港为核心,以宜昌港、荆州港、黄石港为重要枢纽节点,其他地区港口为重要支撑的长江中游港口群,集装箱、商品车、件杂货及大宗散货运输等功能互补的港口布局。省港口集团为武汉港口型国家物流枢纽的建设运营主体,是武汉陆港型国家物流枢纽、宜昌港口型国家物流枢纽的主要参与者,主导武汉阳逻、鄂州三江、宜昌白洋等3个全国多式联运示范工程运营。

(1)功能定位。省港口集团总体战略定位:打造集港口投资建设、运营服务、航运物流、临港产业园区等为一体的航运核心企业,建成长江中上游最大公共码头营运商以及中部地区最大、最具影响力的临港产业集团和综合物流集团。区域港口发展定位:以武汉港为龙头,鄂东南、宜昌荆州港口为两翼,汉江港口为延展,形成"江海联运、水铁联运、水水直达、沿江捎带、港城一体"的水运体系。

(2)主营业务。省港口集团主要拥有四大业务板块:港口经营,综合运输[包括江海航运、公路客运、道路货运、多式联运、中欧班列(武汉)],港航服务及物贸供应链,港航投资建设(包括港产城开发、交通建设)。

(3)经营业绩。省港口集团全年完成营业收入122.14亿元,同口径增长32.04%;利润总额2.5亿元,同口径增长近4倍;资产总额492.35亿元,同口径增长20.45%;所有者权益152.38亿元,同口径增长20.08%。投入营运的18家二级子公司,有13家营业收入、有10家利润总额实现两位数增长。全年港口货物吞吐量完成

2021年9月30日,华中港航集团与中外运湖北公司在武汉会议中心签署中国(武汉)—韩国直航合作协议

1.06亿吨,同口径增长17.73%;集装箱吞吐量完成172.61万标准箱,同口径增长24.36%;克服"缺芯"影响,商品车完成116.56万辆,同口径增长15.14%,继续保持全国第三;集装箱铁水联运完成5.93万标准箱,同口径增长32.54%。中欧班列(武汉)发运455列、3.74万标准箱,比上年分别增长97.8%、97.6%,单列资金缺口比上年降低64%。"中国(武汉)—日韩"直航完成1.39万标准箱,比上年增长2.3倍,航次箱量最高达到497标准箱,平均箱量达202标准箱,比上年约翻了一番。阳逻综保区进出口总货值完成22.1亿美元,比上年增长122%。

(4)改革发展。6月30日,省港口集团揭牌成立,王忠林省长出席并揭牌;9月30日,完成"物理整合"。同时确定58项任务清单,聚力做好整合"后半篇文章",扎实推进"六个一批"(营运一批港口、开辟一批通道、整合一批企业、实施一批项目、协同一批业务、置换一批贷款),湖北省港口资源整合工作取得重大突破。为加快阳逻港集约化、高质量发展,经过多轮谈判磋商,省港口集团与卓尔集团于2021年12月30日签订正式收购协议,成功收购卓尔持有的香港上市公司中国通商集团74.81%股权,阳逻港一二三期实现一体化运营。收购中国通商集团,使省港口集团拥有第一家上市公司,是省市平台企业第一家在香港的上市公司。

(5)投资建设。2021年,省港口集团完成项目及股权投资62.6亿元,比上年增长18.85%。多式联运海关监管中心、阳逻港三期海关监管设施、多式联运示范园分拣区检测区、集装箱港区智能闸口等一批重点项目建成,阳逻港在长江中上游港口中率先实现5G信号全覆盖,武汉港口型国家物流枢纽功能更加健全。以中欧班列(武汉)为依托的武汉陆港型国家物流枢纽成功获批。中标随信高速公路项目。新荣客运站地块成功挂牌出让,铁水联运二期及周边806亩土地完成收储,阳逻国际港核心区裕亚北地块213亩具备挂牌条件,航运产业总部区完成

2021年,武汉港完成集装箱吞吐量142.07万标准箱,比2019年、2020年分别增长29.72%、24.89%

股权收购,硚孝高速公路二期、粮食保税加工、长江航运中心、新港临江汇、汉口客运中心、金口商品车物流园、咸宁公路港物流园、博乐新型建材产业基地、汉欧国际物流园等重大项目稳步推进。

(6)科技建设。加强集团公司信息化顶层设计,编制省港口集团信息化发展规划,提出"3221"信息化总体架构。印发《湖北省港口集团有限公司信息化项目建设管理暂行规定》,统筹管理全集团信息化建设工作,规范信息化项目建设,提高信息化项目建设质量和效率。规划设计省港口集团调度指挥与监控中心,建设完成省港口集团视频监控平台,实现全省主要运营港区视频监控全覆盖,为集团统一调度指挥及安全管理提供有力支撑。规划设计省港口集团公司大数据平台,建设经营数据分析系统,初步实现系统基本功能,完成经营数据分析系统一期项目开发,实现港口集装箱吞吐量、港口货物吞吐量、中欧班列(武汉)、铁水联运、商品车装卸、运输及仓储、大宗商品贸易数据看板功能。

(7)党群工作。落实党委理论学习中心组学习制度,开展贯彻落实全国和省市国有企业党的建设工作会议精神"回头看",强化党对经济工作的领导,常态化开展基层党建工作调研,集团公司党委主要领导带队调研3次,全面推进党建品牌创建工作,组织实施"三比三促"党建品牌创建活动,着手建立集团公司特色党建品牌资源库,并在市政府国资委"党旗红、国资强——市属国企党建品牌巡展"活动中展示品牌创建成果。湖北金口农贸公司正式成立,助力乡村振兴,集团落实市委"国企联村"行动部署迈出坚实步伐。举办"颂歌献给党·启航新征程"庆祝建党100周年职工歌咏比赛。承担市政府国资委组织的"红色印记——百企说百年"主题宣传活动1954年、1998年、2013年三个年份的宣传解说任务,以习近平总书记2013年视察武汉新港为切入点组织拍摄专题片,经"武汉国资"微信公众号展播后产生良好社会反响。

(8)疫情防控。按照交通运输部关于港口及一线人员、船舶船员、公路水路、进口冷链等疫情防控工作指南,制发《关于印发〈关于进一步做好严防境外新冠肺炎疫情输入工作实施方案〉的通知》《新冠肺炎疫情"人地物"同防工作清单》等文件,督导各级企业严格落实"外防输入"和"人物地"同防措施,修编细化防控措施及应急预案102篇。报送各类货物追溯信息14893条,累计完成119190标准箱进口集装箱预防性消杀,配合海关等相

关部门查验进口货物检疫检验 6827 批次；"中国（武汉）—日韩"直航累计运行国际航线 99 班次，情况均正常。

（9）表彰奖励。2021 年，省港口集团获得全国供应链创新与应用示范企业、国家 AAAAA 级物流企业、湖北省及武汉市"双百强"企业、2021 年中国物流优秀服务商、武汉市安全生产红旗单位等称号。综交院和长江新丝分别入选省市上市后备"金种子""银种子"企业名单。长江新丝路获得 6 项软件著作权，申报 2 项发明专利，"云上多联"平台入选"武汉市首批数字经济应用场景"发布项目清单。综交院新取得水运行业乙级、建筑行业丙级、造价咨询乙级等资质。武汉路桥被认定为国家"高新技术企业"。武汉港工取得港航工程三级资质。武港集团鄂奎获全国"交通技术能手"称号，综交院蒋玉冰同志被授予武汉市"带徒名师"。

（王鹏）

【崔家营航电枢纽管理处】 枢纽运营情况。截至 2021 年 12 月 31 日，枢纽持续安全运行突破 4673 天，累计通航船舶数量 3.49 万艘，通航船舶吨位 825.5 万吨；电站全年发电量 4.97 亿千瓦时，累计发电量达 53 亿千瓦时；全年上缴税收 2826 万元，自发电以来上缴税收突破 3.4 亿元。全年未出现人身伤亡等安全事故。全年按计划完成水轮发电机组 2 台次 A 级检修和 3 台次 C 级检修。科学备汛，合理调度，安全应对枢纽自运营以来持续时间最长的汉江秋汛。促进党建和业务工作融合，按照"三个到一线"的工作标准把大政方针落实在一线、把党的组织夯实在一线、把建功立业写实在一线，组织党员干部职工在新冠肺炎疫情防控、防洪度汛、机组 A 级检修等急难险重任务中取得优异成绩，管理处党委获省直单位先进基层党组织称号，并代表 100 家省直先进基层党组织在大会上作交流发言。

1. 提升枢纽综合服务能力。优化通航服务，提升船闸运行规范化水平。完成"e 船畅"内河通航调度指挥系统崔家营船闸通航 App 建设工作，崔家营船闸实现智能通航调度指挥和船民服务等信息化功能，为船民提供更加便捷的通航体验，提升安全通航效率和服务水平。为汉江航道整治工程和货物运输开通"绿色通道"，相关工作得到地方政府和服务对象一致认可，全年通航船舶数量比上年增长 32%，船舶总吨位比上年增长 135%，过闸满意度达 98%。

切实发挥社会效益。科学应对汉江超过 20 年一遇的洪水，加强机组开停机和机组负荷精准调度，充分利用水能，克服洪水和机组大修停机等困难，提前 77 天完成全年 3.9 亿千瓦时发电任务。响应国家保证电力稳定供应号召，落实管理处电量市场化交易任务，让利企业用电 1.58 亿千瓦时。按期完成水轮发电机组 2 台次 A 级检修和 3 台次 C 级检修，处理枢纽各设备缺陷 305 项，完成泄水闸 11 号弧门锁定装置增设等多项技改工作，进一步提升设备设施健康水平。

积极践行生态职能。结合各级政府对汉江保护政策的实施，开展枢纽生态保护工作，落实增殖放流、汉江禁渔、坝区清污、鱼道运行等工作。全年向库区投放指定鱼类 7 余种 22 万尾，保持库区鱼类数量和遗传多样性；累计清除各类垃圾 7000 立方米，库区内水环境得到持续改善；巩固警戒水域联合执法成效，坝区捕鱼全面杜绝；与时俱进修编鱼道运行维护管理制度，开展鱼道运行工况检测，形成过鱼情况分析报告，为内河枢纽鱼道运管积累经验、提供支撑。

2. 优化枢纽运维管理水平。持续推行电站标准化作业，严格遵守运行规程，根据来水及水库调度需要，加强与电力公司沟通协调，及时调整机组负荷分配、水位控制，动态优化调整检修项目和工期，提升水能利用效率，做到电站高负荷、长周期安全稳定运行。精益机组运行技术水平，通过不断尝试和调整，探索机组最低运行水头和开机水头，其中运行水头降至 1.3 米，开机水头降至 1.8 米，为汛期发电运行提供宝贵经验，在确保安全前提下，真正做到"用好每一方水，争取每一度电"。加强日常巡查巡视，对重点设备、重点部位安排加密巡检，落实设备"日排查、周研判、月分析"机制，通过每月一次业务培训、每季度一次应急演练，每运行值每月一次事故预想等运行管理措施，及时发现和处理潜在缺陷、事故先兆，提升运行人员应急处置能力，保障电站安全生产态势。

增强设备健康保障。有序推进"十四五"检修技改计划，面对 2 台机组 A 级大修任务，在总结首台机组 A 级检修的经验上，进一步完善项目监督管理和质量验收规范流程，强化检修质量管理，严控工序流程、关键节点，组织实施机组 A 级检修中拆除、检修、回装、试验等 52 大项检修工作。按期完成水轮发电机组 2 台次 A 级检修和 3 台次 C 级检修任务，全年检修工期 262 天，创枢纽运营以来年检修工期时长历史新高。将"零缺陷"管理理念贯彻到设备生命周期全过程，实施设备巡查全覆盖、设备状态全掌握、设备消缺零遗漏的闭环管理模式，不断探索技术改造新思路、新方法、新工艺。全年完成泄水闸弧门锁定等技术改造 4 项，处理各类设备缺陷 326 项，切实保障枢纽各设备健康状态。

筑牢安全管理根基。完善安全管理制度，加强安全监督考核等措施，进一步压实安全责任。从规范"两票"管理、加强隐患排查治理和优化"两查两报"机制等工作着手，查摆安全风险隐患和安全生产问题，全年组织开展安全大检查 6 次，安全专项检查 4 次，排查各类一般安全隐患 75 项，按计划整改完成 67 项，其余整改工作按计划稳步推进；各部门自查、抽查 100 余次，及时发现、解决各类安全生产问题 20 余项，重大问题提交安委会研究解决 1 项。开展平安湖北建设、扫黑除恶、打击整治枪爆违法犯罪等专项工作，深化安全生产专项整治三年行动，着力构建人防、物防、技防"三位一体"安全保障，确保枢纽长期安全稳定发展。坚持新冠疫情常态化防控工作，按照属地相关要

2021年，崔家营航电枢纽管理处职工工作室开展名师带徒活动

求，适时调整疫情防控常态化工作方案，严格落实疫情防控各项措施，加强内部和外委项目人员管控，管理处人员"零感染"。

强化工作实施效能。全年完成各类事项政务督办工作114件，实现急难险重工作目标落实全覆盖。不断推进和深化绩效考核管理，全年开展联合绩效考核7次，个人平时考核3次，发现单位（部门）问题6项、考核人员25人次。规范开展项目采购组织和实施工作29项，全年预算资金执行率98%，档案管理通过省特级复审。中央在鄂及湖北省共16家媒体到管理处开展专题采风，管理处在学习强国、湖北日报等国家级、省级媒体发布新闻50余篇。

重视技术人才培养。开展内部培训，组织安排年轻技术人员开展重要检修技改项目跟班学习，培养动手能力和实践经验。坚持开展"导师带徒"活动，发挥传帮带作用，促进技术力量梯队衔接、整体提升。针对部分技术人员对电站励磁装置和调速系统相对生疏的情况，组织12名技术人员到励磁厂家进行专项培训学习。组织技术骨干分专业开展编制工作，梳理总结枢纽技术管理和运维规程。

（薛若枕）

【江汉运河航道管理处】 2021年，江汉运河管理处积极应对常态化新冠肺炎疫情冲击、汉江洪水连续来袭，聚力保安全、保运行、保通航，在绿色发展、平安航道创建、干部队伍建设、综合管理上用劲发力，确保通航设施持续稳定运行。全年通航船舶4470艘次，船舶总吨380万吨，取得安全、畅通、高效、和谐新业绩。工作主要亮点：

1. 用心学党史，用情办实事

精心科学谋划，周密安排部署，确保党史学习教育起好步、开好局、有成效。将党史学习教育纳入党委中心组、"三会一课"、支部主题党日必学内容，两名党员党史学习教育微党课获作为省厅优秀微党课作品受到表彰。举办庆祝建党100周年暨"七一"表彰诵唱展示活动，组织党员到柳直荀烈士陵园等红色教育基地进行沉浸式现场教学，开展专题读书班、开设学习专栏，党史故事天天播、党史知识竞赛等10余项活动。按照"小切口、影响大、能办到、群众直接受益"要求，针对具体问题开门纳谏，问需于民。聚焦船民船企，领导班子主动认领，带头完成"e船畅"系统建设及推广应用和针对滞航船舶的"一迎、二送、三保"服务等具体实事；聚焦干部职工，完成驻地"亮起来"工程、职工宿舍防潮改造等后勤保障提质增效的10余件实事；聚焦下沉社区和驻地群众，拓展服务内容，助力文明城市创建和乡村振兴建设。

2. 通航管理"强规范、重服务"

精细管理谋求实效。进一步加强两船闸运行管理科学化、规范化水平，先后修订《船舶运行调度规范》《设备巡检细则》等7项规章制度，抓好运行调度责任落实，规范船舶过闸申请、计划编制、调度发航等流程，加强船闸档案管理，完善运行、维修、保养台账记录，初步构建运行顺畅、衔接紧密、简约高效的船闸调度维护工作流程。依法护强化责任。规范日常航道巡查，兼顾巡航频率的同时，依法加强航道管理，全年会同地方海事局联合巡航执法2次，走访跨河桥梁运营单位和新建跨河线缆建设单

2021年12月23日，江汉运河航道管理处党员为滞航船民送去蔬菜等生活物资

位4家，发出涉航桥梁（枣潜高速公路、楚都大道桥）整改函件2份，迁改不满足通航净空高度要求的线缆2条，提醒在建跨航道桥梁建设单位5次。进入冬季枯水期后，针对航道水深不足重载船舶无法通行，迅速组织调遣专业疏浚船经过6个昼夜连续奋战，完成近2.3万立方米的疏浚工程量，保障冬季民生等重要物资运输畅通。智慧引领加速迈进。积极协调有关单位，通过对智能航运管理服务系统改造升级，在全省推广应用内河通航调度指挥系统——"e船畅"，率先实现江汉运河（龙洲垸航闸、高石碑航闸）、汉江（崔家营航闸、雅口航闸、兴隆航闸）5闸联合调度服务，推动湖北内河通航管理信息化工作，智慧运河一键通航的经验在全省内河航运系统得到复制和推广。服务举措提升效能。为了做好船闸服务管理工作，开展电话"微访谈"，通过致电船民了解水运市场需求，掌握水运企业在船舶运输中存在的"难点"和"痛点"，针对电话调研情况，主动改变服务模式，与相关部门密切配合，在疫情防扩散、运行组织、通航保障、宣传引导、安全值守等方面联动协调，齐抓共管，为船民提供良好的通航环境，有效保障船舶畅通航行。

3. 平安建设"抓防范、保稳定"

强化责任，织密平安航道防护网。研究制定《常态化疫情防控和应急处置工作方案》。定期部署推进安全生产各项工作，每季度对安全重点工作进行自查自评，总结经验、分析不足、研究对策。全年开展安全检查12次，通报各类安全隐患9处，安全隐患数量同比下降60%。结合"大排查、大清理、大整治"专项行动和关于船舶碰撞桥梁隐患治理三年行动部署，重点抓好重要时段安全检查，及时督促相关部门进行船闸巡检、航道巡查，完善跨河桥梁标志标识，确保船闸运行安全，船闸安全通航率100%，进出口船闸无水上交通安全特重大责任事故。同时，防灾减灾、消防安全、食品安全、燃气安全、打击整治枪爆、反恐怖防范、扫黑除恶等专项整治工作同步开

龙洲垸船闸所工作人员指导船员使用"e船畅"内河通航调度指挥系统

展，平安航道建设向多维度延伸。

强化担当，充当抗洪防汛主力军。8—10月，汉江连续迎来两轮秋汛考验，高石碑船闸连续经历高水位运行，全处迅速响应并启动应急预案，多次召开专题会对防汛工作进行严密部署，备足防汛物料设备，加强与地方防汛部门工作联络，共同研判汛情。三级响应启动后，全处干部职工对引航道重要部位和船闸设施进行昼夜24小时险情巡查，两轮洪峰共历时24天，全处参与防汛巡查值守200余人次，保障通航建筑物、船闸机电设备安全稳定运行。

4. 综合管理"强效率、保运转"

有序实施，高效完成高石碑船闸大修。高石碑船闸大修期间，管理处统筹兼顾、妥善安排，克服疫情和天气等多重不利因素影响，协调施工、监理单位，在施工进度、质量、安全等方面跟踪管理，解决闸门振动、跳动量过大、同步性不够等影响船闸安全稳定运行问题，大修结束后，机房面貌焕然一新、外部环境整洁有序，且比原计划提前通航，缩短了待闸船舶停航等待时间。队伍建设"树形象、上台阶"。2名中层干部被推荐提拔到处党委领导班子岗位，全年组织完成9名在编干部轮岗，2名干部到省厅挂职，按规定启动专业技术岗位评聘工作，引导鼓励专业技术职工提升技能，增强履职能力。面向社会公开招聘新入职职工5名。

（张辉）

【高速公路联网收费中心】2021年9月，开通8条路段，全年服务保障11路4桥共35个新收费站并入全国联网运营。仅路网服务流量3.5亿辆次，归集联网高速公路通行费279.13亿元（全口径日均7647.39万元）。全省高速公路通行收费车流量3.5亿辆，日均95.77万辆。按时完成国际标准集装箱运输车辆差异化收费政策实施，配合做好抢险救灾车辆通行服务平台省级开发及联调测试，实现对中高风险地区来鄂车辆精准识别。开发联网收费拆分数据可视化校核系统，完善省级辅助平台系统，确保计费精准、安全稳定。加强争议处理及交易对账管理，上线交易对账系统，最大限度保障业主权益。

精准高效开展ETC服务专项提升行动。对标部颁规程，建成湖北省卡签二次发行系统。完成电子退费功能升级，ETC系统与银行系统实现全面对接，用户退费更加安全高效。统一修改规范银行用户协议相关表述，并督促银行完成协议变更和启用；启动汽车选装ETC发行功能优化，全面做好部路网中心开放平台模式汽车选装ETC运营各项准备工作。截至2021年

底，全省累计发行ETC通衢卡843.95万户，其中客车747.15万户、货车96.8万户；当年新增用户31.43万户。全年全省发行的ETC通衢卡共通行7065.18万次；活跃卡(至少一次通行)354万张，活跃比为59.39%。

积极做好通行费结算划拨。全年核对全省路网通行费收入134465笔，按时清分、划拨各联网路段单位通行费收益共计6447笔。全年新增11个路段25个收费站共53台POS机，受理移动支付8347.56万笔519662.56万元，日均22.87万笔1423.73万元。完成与工行的合同续签，确保联网通行费现金归集、汇缴等相关工作稳定有序开展。继续探索新型收费技术应用，协调推进鄂东大桥机器人扫码收费。

对标做好视频联网和视频上云各项工作。截至2021年底，共接入17条新通车路段视频联网，配合完成15条视频升级改造路段图像更新接入，接入视频图像上云505路，实现所有新开通路段视频上云全覆盖。优化视频联网系统网络，将全省原视频千兆网26个具备条件的主干网节点向OTN设备迁移，集中解决全网视频传输通道窄、传输慢等系列问题。扩容升级岱黄等部分路段视频传输链路。完成机房主中心与备份中心通信链路升级。

全力抓好网络安全管控。开展常态化网络安全态势监测，突出重点，严格做好流量分析、系统病毒分析、网络安全等保测评。严格落实网络安全事件处置"第一时间法则"，全年有效监测和预防路网病毒事件3起，有效确保业务系统网络安全。

规范做好通行介质管理。建立联网高速公路CPC卡投放长效机制，规范CPC卡入库、盘点、调拨流程。全年全省累计投入CPC卡124.9万张。开展省内调拨CPC卡516次1979588张；跨省调拨3次13万张。开展CPC卡赔偿标准调研，初步形成赔偿新标。建立CPC卡定责流失卡情况分析月报制度，引导协助路网追逃，全年追回CPC卡1200余张通行费12.4万元。

持续提升客服受理能力。2021年全年受理服务热线94.78万件(日均2597件)，比上年下降41.90%；互联网自助查询服务440.56万次(日均1.21万次)，比上年减少58.03%。通过微信、短信平台、电台、微博、门户网站等向社会发布出行信息35.08万条。截至12月31日，全省受理客户服务投诉工单39783笔，日均109笔，较上年下降58.57%。受理12328、12345、阳光信访、省长和市长信箱及荆楚网等省级平台转办投诉270件。微信公众号关注数突破123万人，绑定ETC卡用户累计82.68万人。"湖北e出行"被评为"2021湖北十佳政务微信(省直)"。

综合保障能力稳步提升。建立健全专业技术岗位日常晋级聘用工作机制，完成专业技术岗位日常晋级聘用及岗位认定9人。完成2辆公务用车购置手续，进一步规范中心公务用车管理。按要求有序推进中心办公系统及设施设备信息化升级工作。严格落实武汉市新型冠状病毒肺炎疫情防控指挥部1号通告要求，8月，中心全体党员干部职工"逆行"进入被划为中风险区域的单位大楼，以"最低限度轮流运转""内外联动、配合支援"运行保障机制，全封闭近1个月，保障联网运行抗疫工作基本正常运转。

(郑相毅)

黄冈市黄州区"四好农村路"

综合交通和水陆运输

【综合交通】 至2021年底，全省综合交通网总里程达31万公里，实现市市有铁路（神农架在建），县县通高速公路，具备条件乡镇通二级路，村村通硬化路和客车，交通"硬联通"不断延伸、加密、成网。全省公路总里程29.7万公里，其中国省干线3.5万公里（含高速公路7378公里）、农村公路26.2万公里。全省二级及以上公路4万公里，98%的建制乡镇通二级及以上公路，100%的建制村通沥青（水泥）路。建成三级客运站场198个、公路货运枢纽（物流园区）76个。全省内河航道通航里程8667公里，其中长江航道1038公里（占长江干线航道三分之一多）、汉江航道866公里；三级及以上高等级航道2090公里。长江干线有三峡、葛洲坝两大枢纽，汉江在全省境内规划和建设有8级枢纽（建成4级）。全省港口38个，其中主要港口4个、重要港口14个、一般港口20个，港口码头总泊位数1236个，其中生产性泊位840个、非生产性泊位396个。拥有清洁能源和新能源船舶29艘。全省铁路营业里程5310公里，其中高速铁路和城际铁路1690公里。全省有机场12个，其中民用机场7个、通用机场5个。全省建制村100%通邮，快递网点100%乡镇全覆盖。油气管道7500公里，其中天然气管道5750公里。

（罗志文）

【全省道路运输业发展】 1.道路客运。2021年，全省营运客车2.72万辆，比上年下降6%。营运客车车型"大改小"趋势明显，大型客车8865辆（占比33%），中型客车12051辆（占比44%），小型客车6263辆（占比23%）；营运客车向更加安全舒适方向发展，高级客车9625辆（占比35%），中级客车10540辆（占比39%），普通客车7014辆（占比26%）。道路旅客运输业户2211户，比上年减少27%，其中旅游、包车客运业户降幅达66%。长途客运接驳运输企业58家、线路249条、车辆577辆、接驳点64个，比2019年分别下降12%、19%、21%、24%；卧铺客车304辆，比2019年下降52%。

道路运输保障有力有效。2021年春运全省道路运送旅客1690万人次，"五一"期间运送338万人次，国庆期间运送368万人次，比2019年分别下降60%、28%、54%。重要时段、防汛抗旱运力保障以及行业疫情防控工作平稳有序。

道路客运转型发展。武汉武昌至黄石、咸宁赤壁至温泉、咸宁赤壁至嘉鱼、黄冈红安至武汉等城际公交开通。湖北省首条跨省定制客运班线"武汉至固始"开通，"孝感至汉口"城际定制客运上线运行。定制客运业务在湖北省道路客运联网售票系统技术支持下，陆续上线61条线路，累计订单超50万。国庆期间，全省日均定制客运401趟次，日均运送旅客3235人次，较中秋节增长159%、186%。全省110家客运站实行实名制管理和联网售票运营，省内一二级客运站实现自助售（取）票设备全覆盖、移动互联网售票和线上支付渠道全覆盖。

全域公交加快发展。通过推进湖北省全域公交县（市、区）创建工作，以点带面提升城乡客运公共服务均等化水平。全省继续保持100%乡镇和建制村通客车。老河口市、谷城县、竹山县、赤壁市等4个县市纳入全省第一批全域公交县创建名单，赤壁市通过全域公交县创建验收，成为全省首个全域公交示范县。启动全省乡镇汽车客运站、农村候车亭达标行动，完成新改建标准乡镇汽车客运站（乡镇综合运输服务站）25个、农村候车亭1125个。

2.道路货运。2021年，全省营运货车33.57万辆，比上年增长10%。营运货车大型化、重型化发展趋势明显，全省营运载货汽车平均吨位14吨。牵引车8.32万辆、挂车8.69万辆，比上年分别增长18%、13%。专用载货汽车1.13万辆，比上年增长3%。道路货物运输经营业户12.04万，比上年减少11%，其中普通货运业户11.85万户，降幅11%；货物专用运输业户2830户，增幅16%；大型物件运输业户664，增幅170%；危险货物运输业户394户，增幅4%。

网络货运融合发展。2021年，全省网络货运企业53家，整合货运车辆39万辆、驾驶员44万人，完成运单近202万单，完成货运量1.8亿吨、货物周转量292亿吨公里，运费总额超过80亿元。

结构调整稳步推进。加强"绿色运输"建设，襄阳市、十堰市获选首批国家级"绿色货运配送示范城市"。农村客货邮融合发展逐步深入，农村物流网络体系进一步完善。

3.行业管理。进一步完善服务发展举措，开展道路货运领域党建试点、危货协同监管试点、常压液体危险货物罐车治理，持续推广危货电子运单，覆盖率保持100%，全年完成电子运单近130万单。全省"两客一危"车辆均安装4G动态监控终端，部分车辆采用AI智能识别系统，覆盖车辆数量全国领先。2021年底，农村道路客运车辆安装4G及以上动态视频监控终端实现全覆盖。全省1712家企业监控平台、3家道路运输安全监测平台对"两客一危一货"及农村道路客运车辆实行运行动态数字监控。进一步优化营商环境，深化"放管服"改革，对全省道路货物运输经营许可（道路危险货物运输除外）、道路旅客运输站经营许可全面实行告知承诺制，推广"我要开物流公司（货运）"一事联办，推出"跨省通办""无人干预自动审批"等惠企便民措施。全省278家机动车检验检测机构实现货运车辆"三检合一"。全省实现"一窗通办"，累计接受申请近38万件，准予许可并办结25万件；发放省际市际包车牌105万块。

（刘蔚）

【节假日运输】 春运40天。2021年1月28日至3月8日，新冠肺炎疫情常态化防控形势下的首个春运。全省铁、水、公、空共发送旅客2668万人次，比2019年下降58.9%。其中，道路发送旅客1653万人次，比2019年下降60.6%；铁路发送旅客896万人次，比2019年下降56.5%；民航发送旅客107.7万人次，比2019年下降52.2%；水路发送旅客11.5万人次，比2019年下降6.7%。春运期间，没有出现旅客滞留、积压等现象，没有发生重大服务质量投诉事件。

"五一"小长假客运。2021年5月1日至5日，全省铁、水、公、空累计发送旅客730.75万人次，日均146.15万人次，比2019年下降12.8%。其中，铁路347.83万人次，日均69.57万人次，比2019年增长3%；民航27.8万人次，日均5.56万人次，比2019年增长10.3%；公路337.81万人次，日均67.56万人次，比2019年下降42.3%；水路17.31万人次，日均3.46万人次，比2019年增长171.80%。

国庆黄金周客运。2021年10月1日至7日，全省铁、水、公、空累计发送旅客821.1万人次，比2020年下降12.17%，比2019年下降39.42%。其中，铁路发送旅客396.9万人次，比2020年增长11.46%，比2019年下降18.93%；公路发送旅客368.17万人次，比2020年下降30.38%，比2019年下降54.3%；水运发送旅客22.51万人次，比2020年增长28.76%，基本恢复至2019年水平（下降0.8%）；民航出港旅客33.52万人次，比2020年增长3.14%，比2019年下降10.49%。

（刘恒）

【**交通运输节能减排**】1. 倡导绿色出行。根据国家统一安排，9月，全省围绕"倡导绿色出行、促进生态文明"主题，组织开展"绿色出行宣传月"和"公交出行宣传周"活动，通过一系列多样化宣传活动，向公众普及绿色交通知识，提升城市公交从业人员服务意识、乘客交通安全意识和文明出行意识，引导广大市民树立绿色出行理念、增强公交低碳出行意识。全省17个市州普遍开展双主题宣传活动，并向县级城市延伸，全省营造了解公交、关心公交、支持公交、选择公交的良好氛围。

全省公交管理部门和相关企业通过制作大屏展板、张贴绿色出行宣传海报等形式，传播绿色出行知识和理念，动员广大干部职工争做绿色出行的宣传者、推广者、倡导者，倡导干部职工休假外出时乘坐地铁公交、共享单车等绿色低碳交通工具。有条件的市州利用公交车和出租汽车LED屏滚动播放出行宣传公益广告，将活动主题刊登在各公交站色橱窗。

为倡导绿色出行，助推碳达峰、实现碳中和，"公交出行宣传周"活动期间，武汉、鄂州、孝感开展宣传进社区活动。武汉公交公司组织50名学生志愿者与社区工作人员，到小区张贴宣传海报、悬挂横幅，引导群众参与绿色出行行动。鄂州市公汽公司组织志愿者走上公交站台，为市民解答日常出行相关问题，向乘客赠送绿色出行宣传册。孝感市向市民、学生发放《城市公共汽车乘坐规则》折页1400余份，向公交驾驶员发放《城市公交驾驶员应急安全服务手册》500余本。孝感、荆州、十堰开展优惠乘车活动，以更为经济、实惠、便捷的服务吸引更多市民关注、支持公交发展，联合支付宝、银联等推出乘车优惠活动成效明显。

2. 清洁能源和新能源汽车推广。全省持续实施政策引领，加快推进全省新能源公交领域车辆新能源化，促进公交行业节能减排和结构调整，实现公交行业绿色、健康、可持续发展。根据省交通运输厅、省财政厅、省经信厅和省发展改革委《关于印发〈湖北省新能源公交车推广应用方案(2020—2022)年〉的通知》部署要求，出台《关于进一步加快推进新能源公交车推广应用工作的通知》，进一步优化发展目标，加快老旧运输车辆淘汰，调动各地发展新能源、清洁能源公交车积极性。截至2021年底，全省新能源公交车达到15601辆，新能源公交车占比67%，并处于持续增长状态。全年全省新增和更换新能源公交车2826辆，占全省新增和更换公交车总数的98%。

持续提升全省城市公共交通服务质量，更好满足城市发展和人民群众公共交通出行需求，出台《关于开展全省城市公共交通服务质量提升行动的通知》，推进公交线网结构科学化、运营组织高效化、出行信息智能化、司乘服务标准化、乘车环境品质化要求。10月，出台《关于开展运输保障重点工作调研督办的通知》，调研督办全省新能源公交车推广应用情况，确保优质高效完成重点工作。

3. 开展"节能宣传周"和"全国低碳日"活动。8月23日至29日为全国节能宣传周，8月25日为全国低碳日。结合湖北交通运输工作实际，围绕"节能降碳，绿色发展""深化交通绿色发展助力碳达峰碳中和""低碳生活，绿建未来"宣传主题，开展节能降碳宣传教育，倡导绿色低碳生产生活方式，营造节能降碳浓厚氛围，共建青山碧水蓝天。全省交通运输系统通过制作节能、降碳、资源再利用宣传专栏宣传节能知识，利用LED电子显示屏、QQ群、微信群等多种形式，宣传节能降碳理念，普及碳达峰、碳中和的重要意义和基本知识。低碳日当天，省交通运输厅机关开展"低碳生活 绿色未来"倡议签名暨节能产品兑换活动。各市州交通运输部门、厅直各单位组织"节能倡议签名""废旧电池兑换节能产品""废弃书本换绿植"等活动，激发干部职工和学生节能环保意识。

4. 推广港口岸电设施及LNG加注站建设。省交通运输厅与国家电网湖北分公司联合印发《关于推进港口泊位岸电建设与改造工作有关事项的通知》，加快推进港口泊位岸电建设与改造工作。截至2021年底，全省港口岸电覆盖泊位数357个，岸电累计使用706万千瓦时，比2020年增长91%。省交通运输厅协调省发展改革委，在运输船舶受电设施改造上争取中央资金，对LNG加注站项目进行奖励性补助，持续推进船舶LNG加注站建设。鄂州港富地富江船用LNG加气站建设项目、宜昌港秭归县水运应用LNG加注项目2020年底开工，截至2021年底，宜昌港、鄂州港LNG项目均基本完工，具备运营条件。2021年计划实施货运船舶受电设施改造235艘，全部完成改造、检验。

（刘恒）

【班线运输】 至2021年底，全省班车客运经营业户2016户，比上年减少29%。其中，企业业户593户：拥有客车100辆及以上的55户、占比9%，59~99辆的94户、占比16%，10~49辆的291户、占比49%，10辆以下的153户、占比26%；个体运输户1423户。

定制客运快速发展。湖北省首条跨省定制客运班线武汉至固始开通，孝感至汉口城际定制客运上线运行。武汉、荆州等市6家企业投入359辆小型客车开行城际道路客运约车服务。定制客运业务在湖北省道路客运联网售票系统技术支持下，陆续上线61条线路，累计订单超50万。国庆期间，全省日均定制客运401趟次，日均运送旅客3235人次，较中秋节增长159%、186%。全省110家客运站实行实名制管理和联网售票运营，省内一二级客运站实现自助售（取）票设备全覆盖、移动互联网售票和线上支付渠道全覆盖。

运输结构持续优化。2021年，全省班车客运客车2.16万辆，比上年下降7%，从车型分类看，大型客车4459辆（占比21%），中型客车11210辆（占比52%），小型客车5913辆（占比27%）；从车辆等级分类看，高级客车6203辆（占比29%），中级客车8720辆（占比40%），普通客车6659辆（占比31%）。长途客运接驳运输企业58家、线路249条、车辆577辆、接驳点64个，比2019年分别下降12%、19%、21%、24%；卧铺客车304辆，比2019年下降52%。

（刘蔚）

【旅游客运】 支持运游一体化发展。鼓励汽车客运站与旅游集散中心合作，在汽车客运站设置景区专用候车室，鼓励企业开展旅游客运专线、旅游直通车、旅游公交、景区小交通等运游结合特色业务。武汉市机场快线升级，提供从机场直达小区的定制化商务车拼车服务。武汉市开通"慢游两江四岸"旅游观光巴士线路，谷城县开通鄂西北生态乡村旅游公交线路，赤壁市开通羊楼洞古镇旅游公交专线。全省旅游、包车运力5597辆，其中大型客车4406辆、占比79%，中型客车841辆、占比15%，小型客车350辆、占比6%。旅游、包车客运经营业户195户，其中拥有客车10~49辆的业户123户、占比63%。

加强和改进旅游客运安全管理。深化部门协作，在规范开展市场准入、强化事中事后监管、强化企业主体责任落实等方面加大安全管理工作力度，有力防范化解旅游客运安全风险。各地规范发放包车牌，开展日常旅游包车客运车辆管理，并严格落实车辆动态监控闭环管理有关要求。

（刘蔚）

【城市公交运营】 2021年3月5日，省道路运输管理局、省城市公共交通协会和武汉市公交集团公司联合向公交企业、管理服务机构联合倡议继续推进"日行一善 载德前行"活动，各地积极响应，开展多项活动。武汉公交坚持把此项活动与党建工作、企业生产经营、改革发展深度融合，突出活动的政治引领、服务引领和文化引领作用；襄阳公交大力弘扬企业"三讲"文化，把此项活动与党建、技能比武、标兵评选等活动相结合，引导员工岗位建功、实干创新；宜昌公交每周发布"日行一善好人榜"。此项活动有力推动公交优先战略实施和城市文明进步。

助碳达峰，促碳中和，提高公交服务质量。协助开展全省新能源公交车发展情况调查和2020年度全省新能源公交车推广应用情况调查，完成全省调查情况工作报告，并在此基础上代拟《关于进一步加快推进新能源公交车推广应用的通知》，通知要求2021—2025年，各城市每年度新增及更换公交车中新能源公交车比例不低于90%；到2025年末，全省公交车中新能源公交车比例力争超过75%。制定配套的新能源公交车补贴条件，及时完成2019年度全省新能源公交车运营补助资金的测算和分配工作，助力全省新能源公交车发展。参加公交服务质量督办调研，打造高品质、多样化的城市公共交通服务体系，提高群众满意度。开展2021年"绿色出行宣传月"和"公交出行宣传周"活动。武汉、天门围绕"碳达峰、碳中和"，通过线上＋线下集中宣传，并开展形式多样的活动。宜昌公交以"倡导绿色出行，促进生态文明"为主题，多措并举，设立"新能源公交开放日"，邀请乘客体验，不断增强公众绿色出行意识。

（徐晓婷）

【城市轨道交通运营】 2021年，武汉轨道交通5号线、6号线二期、16号线（汉南线）3条线路开通初期运营，新增运营里程75.2公里。武汉在中部地区首开全自动驾驶线路（5号线）。2021年武汉全年轨道交通客运量10.03亿乘次，日均客运量274.71万乘次。全市有轨道交通企业3家（含有轨电车企业），运营线路14条，运营里程478.6公里（含有轨电车49公里），全国排名上升到第五位，世界排名进入前十，进阶世界级地铁城市。拥有轨道车辆3124辆（地铁公司2830辆），从业人员16304人。启动轨道交通运营线路安全保护区立法工作，形成《武汉市轨道交通运营线路安全保护区管理办法》送审稿。完成3条新开线路初期运营前安全评估，推进5条线路运营期间安全评估。组织企业编写《武汉市轨道交通全自动运行线路初期运营前安全评估补充技术条件（暂行）》，出台轨道交通企业服务质量考核办法，开展年度服务质量考核。

（徐美林）

【客运出租汽车运输】 2021年，全省有巡游出租汽车43882辆，客运企业281户，个体1740户，新能源车3036辆。企业主要有两权合一经营、挂靠经营、个体经营3种经营模式，所占比重分别为66%、31%、3%。全省有首汽约车、神州专车、易到、呼我出行、斑马快跑、风韵出行、万顺叫车、尚车出行、曹操专车、滴滴出行等60家平台公司在全省14个市州分别办理"网络预约出租汽车经营许可证";全省办理"网络预约出租汽车运输证"车辆34968辆;办理"网络预约出租汽车驾驶员证"116532人。开展出租汽车质量信誉考核,2020年度荆州先行出租汽车有限公司等4家企业服务质量信誉考核等级为AAAA级、武汉大通出租汽车有限公司等77家企业服务质量信誉考核等级为AAA级。

(吴松)

【城乡客运一体化】 推进湖北省全域公交县(市、区)创建工作,以点带面提升城乡客运公共服务均等化水平。全省继续保持100%乡镇和建制村通客车。老河口市、谷城县、竹山县、赤壁市等4个县市纳入全省第一批全域公交县创建名单,赤壁市通过全域公交县创建验收,成为全省首个全域公交示范县。潜江市推进电动公交通村,初步形成"一小时电动公交圈"。襄州区、竹山县开展客运班线公交化改造,开通至乡镇专线公交。竹山县、远安县被授予"全国城乡交通运输一体化示范县"称号,赤壁市、老河口市、红安县入选第二批全国示范创建县。湖北省乡镇和建制村通客车评估获全国好评等次。启动全省乡镇汽车客运站、农村候车亭达标行动,完成新改建标准乡镇汽车客运站(乡镇综合运输服务站)25个、农村候车亭1125个。组织开展2020年度城乡交通运输一体化发展水平自评估工作,全省92个县(市、区)中(其中武汉市、黄石市、宜昌市城区整体评价),AAAAA级县(市、区)76个,占比83%;AAAA级县(市、区)13个,占比14%;AAA级县(市、区)2个,占比2%;AA级1个,占比1%。

(刘蔚)

【驾驶员培训行业管理】 按照《湖北省交通运输厅 湖北省公安厅关于做好省交通驾驶培训监管服务平台与省公安互联网交通安全综合服务管理平台联网对接工作的通知》要求,召开全省驾培监管服务平台与省公安互联网交通安全综合服务管理平台联网对接工作视频部署会,全面部署两个平台联网对接工作,明确工作目标和要求。

做好培训学时信息上传基础性工作。推进两平台联网对接工作顺利进行,实现驾培学时信息通过计时系统及网络远程理论教学系统传入省交通驾培监管平台,共两批次合计32家计时系统服务商、26家网络远程理论教学系统服务商接入省交通驾培监管平台。

推进落实驾培考试平台联网对接具体工作。发布《关于报送机动车驾培考试平台联网对接工作有关情况的通知》,要求各市州每月报送上月工作小结、定期报送"过渡期"工作推进情况报表。截至2021年8月1日,全省驾校、教练场、教练员、教练车复核等对接基础工作进度基本完成,17个市州全部实现向省交通驾培监管平台上传培训数据。

开展2020年度驾培机构质量信誉考核工作。经考核,全省有驾培机构715家,其中AAA级111家、AA级339家、A级174家,考核结果在外网上公布。同时,因行政主体发生变化、驾培经营许可改为备案等因素,为继续做好机动车驾驶培训机构质量信誉考核工作,重新制定《湖北省机动车驾驶培训机构质量信誉考核办法(修订稿)》。

(胡礼苗)

【道路运输从业人员培训】 推进道路货物运输驾驶员从业资格考试制度改革有关工作。贯彻落实《交通运输部办公厅关于做好道路货物运输驾驶员从业资格考试制度改革有关工作的通知》部署要求,推动取消道路货物运输驾驶员从业资格考试,印发《全省道路货物运输驾驶员从业资格考试制度改革工作实施方案》,修改省四级协同运政系统有关设置,督促各市州自2021年3月1日起,严格执行改革工作实施方案,不得再组织开展除道路危险货物运输以外的道路货物运输驾驶员从业资格考试。

做好道路运输驾驶员高频服务事项"跨省通办"有关工作。起草《2021年湖北省道路运输驾驶员高频服务事项"跨省通办"工作方案》。根据襄阳提出的关于"跨省通办、省内通办"有关问题,全面梳理事项办理规则、申请材料等内容。针对部便民政务系统有关办理事项申请材料和办结时限与湖北省不一致问题,提出湖北省所有线上及线下受理平台相同办理事项的申请材料和办结时限,都应及时同部平台保持一致。全省实现道路旅客运输驾驶员、普通货物运输驾驶员、危险货物道路运输驾驶员从业资格证补发、换发、变更、注销及诚信考核等5项高频事项"跨省通办""全程网办"。

做好从业人员网络远程继续教育系统备案有关工作。因机构改革,道路运输从业人员网络远程继续教育系统备案工作从省道路运输管理局移交省交通运输厅。按照省交通运输厅《关于调整湖北省道路运输从业人员网络远程继续教育备案流程有关事项的通知》要求,配合做好资料审查核对、登记存档等有关工作。至2021年底,审查存档5家网络远程继续教育系统开发商。同时,10月启动备案系统开发商与省道路运政管理系统互联互通工作。

做好机动车驾驶员培训教练员职业技能竞赛相关工作。2021年10月13—15日,第十三届全国交通运输行业职业技能竞赛湖北省选拔赛暨2021年"湖北工匠杯"技能大赛——全省交通运输行业第五届"交通工匠杯"机动车驾驶员培训教练员职业技能竞赛在宜昌举办,襄阳选手耿志彬获第一名,宜昌、襄阳、黄冈代表队分别获得团体一、二、三等奖。

(胡礼苗)

【机动车维修检测】 2021年,全省有3739家(含新增企业)一二类维修企业、267家三类维修企业安装系统,维修数据上传255万余条,上传率43.78%。其中,宜昌市上传率91.12%、神农架林区上传率84.62%、荆门市上传率77.72%、潜江上传率74%，仙桃市上传率低于20%。21.9%的企业完成系统对接，实现数据自动上传。全省1422家维修企业，出具汽车维修竣工出厂合格证54.3万余张，其中尾气治理数据5.1万余张；有307人进行App注册，访问量511次。湖北省汽车维修电子健康档案实现省级系统全覆盖，并与部省系统数据对接。加大湖北省汽车维修电子健康档案系统推广应用宣传力度，推动全省汽车维修电子健康档案系统向三类维修企业延伸，督促和引导维修企业使用系统，提高系统使用率和数据上传率。

推进道路货运车辆"三检合一"工作，优化道路运输车辆技术管理。按照交通运输部《联网技术要求（暂行）》，指导技术开发单位对湖北省道路运输车辆综合性能检测联网系统升级改造工作，组织联网的"三检合一"检测机构进行系统升级测试。2021年4月1日，全省新版道路运输车辆综合性能检测联网系统启用，道路运输车辆技术等级评定及车辆年审工作顺利开展。发布《关于开展机动车检验检测机构联网登记的公告》，指导取得市场监管部门相关资质认定证书、实现与机动车安全技术检验检测系统和机动车排放性能检验检测系统联网的机动车检验检测机构，接入道路运输车辆综合性能检测联网系统。至12月底，新增机动车检验检测机构103家登记并联网，全省有278家检验检测机构实现"三检合一"。全年全省综合性能检测33.4万辆次，其中出省内异地检测报告5.9万份，跨省异地检测报告1.7万份。

推进实施机动车排放检测与强制维护制度（I/M制度）工作。截至2021年7月底，全省公示汽车排放性能维护（维修）站约530家。根据机动车排放检测与强制维护制度工作实际，完善省级汽车维修电子健康档案系统功能需求，在企业维修信息录入时，增加"尾气治理"类维修性质，在系统查询、统计模块中相应增加维修性质（含尾气治理）查询条件，在维修竣工出厂合格证上相应增加"维修性质"项目，便于检测站复检车辆时查验合格证，判定车辆是否进行"尾气治理"。加快推动全省汽车排放检验信息和维修治理信息闭环联网管理工作，省生态环境厅和省交通运输厅就联网事宜进行座谈，两部门第三方平台服务机构从技术保障层面对省级规范达成共识，两系统联网工作在试点中。

（陈蕤）

【全省水路运输】 推进水铁联运、江海联运发展，水路运输生产保持较好增长态势。2021年，全省全年完成水路货物运输量4.76亿吨（其中海洋货运0.78亿吨），比上年增长22.14%；完成货运周转量3438.80亿吨公里，比上年增长28.38%。完成水路春运及清明、"五一""十一"等节假日水路运输协调保障工作。春运40天，全省投入运力运船舶1709艘次29.8万客位（日均投入运力43艘7500客位），安全运送旅客11.89万人次，比2019年下降3.3%。

组织开展全省运输船舶受电设施改造工作。成立领导小组和工作专班，进一步明确责任分工，加强政策宣传、技术指导；对全省纳入五年改造范围的运输船舶进行全面摸底，确保底数清楚、应改尽改；坚持月调度月督办，及时掌握各地改造工作进展，确保年度目标任务按时完成。全年全省计划完成受电设施改造船舶235艘，截至2021年11月15日完成改造施工船舶213艘。

做好水路运输常态化疫情防控相关工作。按要求督促各地指导客运港口和客运船舶严格执行消毒、通风、测温、查验健康码与行程卡、设置留观区等防控措施，分区分级严格控制客船载客率，落实实名购票、实名验票和航线熔断等措施，从严从细做好疫情防控工作，进一步强化船舶航行中监管、防护和应急处置措施。加强进口冷链及进口高风险非冷链集装箱疫情防控，坚持"人物地"同防，指导相关市州督促港航企业严格落实交通运输部最新版系列防控指南，做好相关货物运输轨迹实时查询和日常消毒制度，执行好专人运输、带证运输等规定，同时严格做好一线从业人员个人防护、健康监测和疫苗接种等工作，到武汉、黄石等港口一线实地督导港口疫情防控措施落实。

按职责分工做好航运企业、运输船舶运营资质管理及航运企业行政许可审批等事项资料审查相关工作。开展年度国内水路运输及其辅助业和国际船舶运输业核查，协助做好核查信息汇总、审核相关工作。加强基础信息管理，组织开展部省水运政务数据共享涉及航运企业及营运船舶数据更新。

（崔娟）

【长江航运管理】 运输生产稳中有进。印发实施《湖北省交通强国建设试点方案》，启动《湖北省数字交通顶层设计》编制工作。推进交通强国建设试点等部省规划落实，《湖北省综合交通运输发展"十四五"规划》和高速公路、普通公路、水运、运输服务等子规划相继发布实施，《湖北省综合立体交通网规划》等重大规划编制基本完成。2021年，全省完成水运建设投资107.50亿元（含长江航道、汉江水电枢纽投资），新增港口吞吐能力1200万吨，累计达4.15亿吨。全年水路运输完成客运量314.35万人次、旅客周转量1.88亿人公里，比上年分别增长35.0%、86.3%；完成货运量47625.0万吨、货物周转量3446.39亿吨公里，比上年分别增长17.0%、25.8%。全省港口吞吐量、集装箱吞吐量分别完成4.89亿吨、284.37万标准箱，分别增长28.6%、24.2%。港口集装箱铁水联运量6.40万标准箱，增长29%。

安全基础进一步筑牢。开展"三无"船舶、河道非法采砂船舶、长期逃避海事监管船舶、港口危货"专家会诊"等10余项专项整治行动，注销逃避监管船舶664艘。完成全省船舶碰撞桥梁隐患清理，排查桥梁532座，上报199座重要桥梁隐患信息，对其中41座桥梁开展通航安全、抗撞性能综合评估。推进水路承灾体普查，783个千吨级泊位、1108公里千吨级及以上航道、4座通航建筑物和2座航运枢纽信息采集全面完成。应急搜救能力稳步提升,编制湖北省水上应急搜救基地布局规划。开展全省水上搜救业务培训,组织搜救行动27次,救助遇险船舶19艘、遇险人员56人。落实港口船舶疫情防控指南,坚持"人防+物防+技防",突出"冷链物流、水路客运"两个重点,织密织牢疫情防控网。全省水路交通未发生安全生产责任事故。

服务保障能力不断增强。多式联运示范工程加快建设,武汉阳逻港水铁联运二期建成营运,黄石新港多式联运示范工程获批命名,宜昌白洋、鄂州三江、武汉金控等示范工程建设进入攻坚阶段。运输网络不断优化,新开通"日本—中国(武汉)—蒙古国""中国(武汉)—中国(厦门)—泰国""中国(武汉)—韩国—日本"水铁联运航线。新开辟"武汉—济宁""舟山港—武汉、黄石""北粮南运""南肥北送"以及"阳逻港—龙潭港"点到点航线、三峡地区钟摆航线。以阳逻港为依托的中欧班列(武汉)全年往返411列,比上年增长91%。高端航运服务不断丰富,发布首个长江航运标准合同、首个国内大运河航运指数和铁矿石、煤炭综合运价指数。"云上多联"交易货物42.28万吨,比上年增长14%,累计订单交易额222.37亿元。

《湖北省内河航道发展规划》《湖北省港口布局规划》完成修编。《湖北省水运发展"十四五"规划》《湖北省推动多式联运高质量发展三年攻坚行动方案(2021—2023年)》《湖北省交通强国建设试点方案》《关于加快建设湖北绿色航运的行动方案》等发布实施。水路运输结构调整工作资金补助评价等4个办法印发,"规划+方案+办法"组合文件密集出台,引领全省水运行业高质量发展。

重点工程建设全面加强。交通强国示范项目加快建设,宜昌三峡库区港口岸电、江海直达示范船、纯电动游轮等3个项目建成运营,其他6个项目进展顺利。汉江雅口枢纽首台机组并网发电,孤山、碾盘山、新集枢纽加速推进,汉江河口段2000吨级航

2021年3月26日,长江干线武汉至安庆段6米水深航道整治工程交工验收

道全面完工,唐白河、富水、汉北河等重点航道开工建设,汉江2000吨级航道前期工作全面推进。荆州江陵煤炭储备基地一期工程基本建成,宜昌白洋港与紫云铁路对接成功,武汉80万吨乙烯10号泊位、安吉物流滚装码头二期等港口项目全面完工,襄阳小河港综合码头开港运营。

成立省港口集团,整合港口资产近550亿元,实现港口吞吐能力、码头泊位数、港口岸线"三个倍增"。全国内河首个智慧港口——阳逻水铁联运二期实现无人驾驶、远程操控、自动化管理。开展进口货物"船边直提"、出口货物"抵港直装"流程再造,中部地区枢纽港基础更牢。

内部管理工作不断加强。营商环境持续优化,推进下放省际普货和港口经营商品汽车滚装运输等审批事项。推行船舶登记号限时审核制度。对20项涉企经营许可实施清单管理。开展港航基础条件普查。制定汉江航道养护管理等制度。推进汉江及江汉运河船闸统一调度。组织汉江航道应急抢通。完成植物油运输船改造检验。首次聘请第三方机构开展船检质量综合评价。实施船员身心健康关爱行动。举办首届"中国船员高质量发展"高端论坛。组织行业春训和港口航道、船员船检、网络安全等培训。开展农村水路客运油价补助资金审计。信息化建设扎实推进,建成汉江碾盘山至襄阳段143公里电子航道图。"船E行"在全省长江、汉江推广应用。"e船畅"在崔家营、雅口等船闸上线运行。宜昌在全省率先研发"e船检"和船舶交易小助手。

绿色航运发展成效明显。完成第一轮中央环保督察整改和第二轮中央环保督察迎检,第一轮中央环保督察"回头看"及专项督察11项反馈问题整改销号9项。汉江、清江非法码头整治基本完成。全省临时砂石集并中心有序退出,清退22个、关停10个。船舶港口污染防治巩固提升,港口船舶污染物接收转运设施全覆盖。全面完成100总吨以下船舶生活污水装置改造220艘。完成船舶受电设施改造235艘,港口岸电覆盖泊位数357个,累计使用岸电706万千瓦时,比上年增长91%。宜昌、鄂州LNG加注站基本完工、具备运营条件。武汉、十堰2个溢油设备库全面建成。武汉、宜昌化学品洗舱站完成洗舱作业23艘次。长江中游首座水上绿色综合服务区——中长燃武汉新五里服务区正式启用。全球载电量最大纯电动游轮"长江三峡1号"建造完工,全国首艘快速双体集装箱船"交发天龙"下水营运,全国内河最先进、装载量最大的江海直达敞口集装箱船"汉海5号"成功首航。

(曹慕鑫)

【港口管理】 持续抓好港口疫情防控工作，全省水运口岸码头企业防疫工作再布置、再强调，码头进一步做好"外防输入，内防反弹"工作。每季度协助省交通运输厅完成部省数据对接中港口经营、港口危货附证数据更新收集整理工作。完成港口经营许可审批权限下放工作，省级国际集装箱港口经营、商品汽车滚装经营等许可审批权限由省政府下放到市州一级。做好港口、口岸降本增效相关工作，开展港口企业收费情况调查工作，完成各市州港口企业收费情况数据整理工作。

港口防污染工作。持续巩固船舶生活污水收集处置装置改造。2021年，全省2853艘400总吨以上船舶（加装生活污水处理设施）、943艘100~400总吨船舶（注销、报停、封堵厕所、加装存储装置等）、218艘产生生活污水的100总吨以下船舶全部改造完成。持续推进港口岸电设施建设和使用。截至11月底，全省港口岸电覆盖泊位数306个，岸电累计使用670万千瓦时，是上年全年总用电量之和的182%。持续推进船舶LNG加注站建设。鄂州港富地富江船用LNG加气站建设项目、宜昌港秭归县水运应用LNG加注项目2020年底开工；截至11月15日，宜昌港LNG项目陆域完成95%，水工、趸船完成100%，在进行交工验收。持续推进船舶受电设施改造。全年计划实施货运船舶受电设施改造235艘，截至11月底，完成施工改造233条。持续巩固船舶污染物接收全过程电子联单管理。"船E行"系统覆盖辖区内所有港口。全省船舶污染物码头接收设施全面纳入"船E行"系统。全面监管核查靠港船舶污染物交付和"船E行"系统的使用。截至11月，全省靠港内河营运船舶"船E行"注册率达90%以上；全省进港船舶检查比例达50%，查处偷排超排案例19艘次。2021年，全省1—10月船舶生活垃圾及生活污水接收转运处置比例超过70%。

港口安全工作。结合全省安全生产专项整治三年行动、"大排查、大清理、大整治"行动协同推进整治危险货物港口作业安全生产重点难点工作，聚焦港口危险货物罐区作业场所、聚焦港口特殊作业违规行为、聚焦危险货物经营相关前置手续等三个方面重点问题，全面压实港口危险货物生产企业主体责任，压实企业所在属地港口行政主管部门监管责任。开展自查、排查、督办三级联动程序，组织辖区内港口危险货物企业开展自查，全省58家危险货物港口企业全面完成四个方面自查并提交自查报告，形成问题清单、整改清单。持续跟踪整改项目，重点打击违规动火作业、超范围经营行为。开展港口企业原油成品油储罐安全风险评估管控和隐患治理督查工作，主要包括布局选址、港口经营资质、设备设施、自动控制系统、港口作业、特殊作业、安全管理七个方面。全省危货港口开展安全"专家会诊"工作，对武汉、黄冈、荆州、鄂州、黄石等5个市的港口危货企业开展安全督查。

（刘洪江）

【船员管理和培训】 统筹抓好新冠肺炎疫情防控和船舶船员服务工作。落实疫情防控常态化管理要求，及时宣传最新版本《船舶船员新冠肺炎疫情防控操作指南》，严格防范新冠肺炎疫情通过船舶、船员传播。采取有效措施防范船员培训、考试、办证等人员密集疫情传播风险。船员培训严格限定参加培训人员名额，在校培训期间实施封闭式管理，采用线上线下相结合方式等；组织考试严格控制高风险地区船员参加考试，适当延长考试时间避免人员聚集，按疫情防控要求加强考生防疫信息核实、进场、候考和考试期间管理；办理船员证件则推广使用海事综合服务平台和手机App、湖北省政务服务网、海事一网通办平台，推行邮寄、预约、延时、容缺等服务。

2021年，全年组织内河船员培训71期2328人、船员参加考试60期3258人，办理船舶登记业务3598项，授予船舶识别号312艘，完成船舶进出港报告注册信息核验工作770艘，受理船舶进出港报告126140航次，核发各类船员适任证书7437本、各类特培证书608本、服务簿1588本、最低安全配员证书1066本。实施疫情间船员身心健康关爱行动，分片（武汉、宜昌）组织2期船舶所有人、船员服务机构、船员培训机构和船员代表参加的心理健康讲座，开发船员心理健康测评小程序，近3000名船员参加心理健康、情绪、压力、职业满意度、职业倦怠、职业忠诚度、职业认同等方面测评。

开展船舶配员和《船员服务簿》记载专项整治。聚焦船舶配员不足、船员服务簿记载不规范等问题，采取业务系统数据比对为主、现场核查为辅的方式梳理出"两份清单"，即船舶最低安全配员证书过期失效、未按规定持有船舶最低安全配员证书的船舶清单和未按规定持有适任证书或特殊培训合格证的船员清单。对照两个清单督促船舶和相关人员进行整改，共核发最低安全配员证书1066本。

组织长期逃避海事监管船舶专项整治活动。通过比对业务系统数据，动态梳理出辖区长期逃避海事监管船舶清单。按照属地原则，安排专班负责长期逃避海事监管船舶联系工作，摸清船舶状态，督促指导船舶按照规定进行停航报备和船舶进出港报告，督促转让、报废、拆解、沉没、灭失的船舶尽快办理所有权注销登记。开展专项整治行动以来，全省督促664艘船舶办理所有权注销登记，1377艘船舶进行进出港报告注册（其中新增注册388艘），实施船舶现场监督检查7988艘次、船舶安全检查3996艘次，有2951艘船舶纳入休眠库进行管理，2700余艘船舶按程序报交通运输部海事局注销其国籍证书。

（王祥）

【船舶检验】 2021年1—11月，全省完成船舶审图440套；各类检验6946艘次、639.2万总吨，其中建造检验541艘、72.7万总吨。审核授予船检登记号452个，产品检验1.1万件（台），检验业务量比上年同期均有明显提升。

(1) 探索船检管理新机制。委托中国船级实业公司开展2021年度船检质量现场评价，结合各市州评价情况等，确定16个市州船检工作综合评价等级。批复宜昌市港航建设维护中心设立宜昌船舶审图中心(筹建)。宜昌市实现船检档案电子化管理，实行船检档案规划、入库、查找、借阅、监管完全信息化管理；研究开发"e船检"App软件，建立船厂、船东与船检部门沟通平台，新增短信提醒、回复功能和证书邮寄服务选择功能。宜昌市申报为全国内河小型检验管理试点单位，根据部海事局的统一部署，编制试点工作方案。

(2) 开展质量监督检查。按照"双随机、一公开"要求，不定期开展船检质量督查。加强船检登记号审核管理，建立多级审查制度。运用海事协同平台检验监督功能，确保新建船船图一致性。做好直属海事部门通报涉嫌船检质量问题船舶的核查、整改和反馈工作。规范全省船检部门对船舶检修检测服务机构的认可和数据采信行为，聘请中国船级社实业公司实施现场抽查。

(3) 推进重点船舶检验服务。继续采取聘请第三方专业机构，实施新建大型内河货船、LNG新能源动力船、植物油改建船检验质量抽查(5艘)，同时对黄冈船检新建LNG新能源动力检验进行技术指导。为缩短办证时间，推选A、B角制度，推行船检登记号限时审核制度。一季度组织武汉审图中心集中审图，荆州、鄂州、黄冈、武汉等船检部门及时开展检验，保证20余艘货船按期进厂上船台改建。对未申报改建的普通货船，停止签发适装植物油证书。

(4) 专项活动取得阶段性成效。组织开展长期脱检船专项整治，摸清全省证书过期船舶的情况，建立船检证书过期船舶清单。有序推进"大机小标"问题整治。针对省内部分船厂建造2800~5000载重吨级内河货船，功率标注218kW×2台(与实际功率相差100%以上)，导致出现"跨等船"(船员等级低配和人员数量少配)造成的安全隐患，从审图、建造检验、营运检验等环节着手，督促相关船检部门采取有效措施，全部更改10余艘在建船舶的主机功率。对出厂的营运船舶组织开展专项清查。

(5) 促进绿色船舶发展。配合推进港口船舶污染防治攻坚提升行动和船舶岸电改造。指派专人跟踪推进400总吨以下小型内河环保改造检验，协调各市州船检优先审图、检验，配合船舶岸电改造。从严控制船舶转籍和新建采砂船，从源头上防止违规新建和违规改建以及外省采砂船转入。武汉、黄冈承担2艘LNG动力内河货船建造检验，宜昌承担2艘LNG/柴油双燃料动力川江标准货船的建造检验。孝感、荆州市完成雄安新区100艘18米LPG动力游览船、2艘纯电动公务船的建造检验发证。

(李群华)

江汉运河航道荆门航段

安全应急管理

【全省水陆交通安全】 2021年，接报公路水路行业安全生产事故47起、死亡70人，其中较大等级事故7起、死亡23人，未发生重大及以上等级事故。道路运输领域接报事故43起、死亡64人，其中"两客一危"行车事故9起、死亡14人。公路水运工程建设领域接报事故4起、死亡6人。水上交通、港口作业以及城市轨道交通领域未发生人员死亡事故。全省交通运输安全生产形势总体平稳。

1. 健全安全生产责任体系。印发《关于调整湖北省交通运输厅安全委员会组成人员及进一步明确厅机关相关处室安全监管主要职责的通知》，严格落实"三管三必须"要求，进一步厘清安全监管职责。每季度召开厅安委会全体会议，对全省安全生产形势及重点工作推进情况进行通报，建立健全工作长效机制。会同应急管理、公安交管等部门开展联合安全约谈，督促各地深入分析问题、坚决整改问题。

安全监管模式持续创新。制定《湖北省"两客一危"车辆动态监控违规信息闭环处理基本规范》，对全省2.6万余辆"两客一危"车辆实施"全天候、全覆盖、全闭环"监管，消除安全隐患。会同经信、商务、文旅、市场监管等部门联合发文，督促各地切实加强道路运输安全协同监管，深入推进道路运输安全专项整治。省交通运输厅、省公安厅联合印发《危险货物道路运输交通安全协同监管试点工作实施方案》，指导武汉、省管高速公路开展危货运输协同监管工作先试先行。

安全生产责任压紧压实。制定年度安全生产监督检查计划，在春运、两会、"五一"、中秋、国庆等重点时段、重大活动期间，各级领导队深入基层一线开展安全生产暗查暗访，指导各地加强安全保障工作，督促企业落实安全生产主体责任。针对道路交通事故易发频发态势，省综合交通专委会组织召开道路交通安全专题会商，并在全省开展道路交通安全专项整治百日行动，确保全省交通运输安全生产形势稳定。

2. 深化专项整治集中攻坚。印发《省交通运输厅安委会关于加强水上交通运输安全风险防控工作的通知》等，督促全面排查交通运输安全风险，指导各级交通运输部门、重点工程建设单位建立重大风险信息清单，实现精准识别、有效管控。组织开展湖北省交通运输防范化解安全生产重大风险防控机制建设研究，初步编制安全生产风险分类分级标准及风险动态调整办法、安全生产风险防范机制和安全生产风险防控平台技术方案，推动风险防控工作制度化、动态化、常态化。

深化排查治理安全隐患。全面开展交通运输安全隐患"大排查、大清理、大整治"专项行动，推进安全生产专项整治三年行动集中攻坚，全省交通运输系统排查问题隐患46547项，完成整改46111项，整改率为99%。同时，委托第三方机构开展安全生产检查评估，发现一般隐患1283处，重点督办隐患76处，其他提示项4条，全部整改到位。2021年省综合交通专委会挂牌督办的15处重大隐患全部按时整改销号。

深化安全生产专项行动。印发"集中攻坚年"百项任务清单，狠抓重点领域、突出问题治理。深入推进危险化学品道路运输安全集中整治，对全省396家危化品道路运输企业、18331辆车辆、12.4万道路危险货物运输驾驶员、危险货物装卸及押运人员进行清理整治。开展船舶碰撞桥梁隐患治理，全省"两横一纵两网十八线"及14条省级重要航道的199座桥梁的航道、水上交通、桥梁的基础信息和风险隐患信息全部录入桥区信息报送功能模块。开展自然灾害综合风险公路水路承灾体普查，圆满完成全省公路水路承灾体风险普查数据采集和县、市级数据检查任务，实现"数据采集填报完成率100%、数据检查完成率100%"的阶段性成果。

3. 夯实安全基层基础建设。健全完善平安建设体制机制，成立领导小组和6个专项工作组，制定7项工作制度，明确细化53项重点工作任务，主要经验在《平安湖北建设专刊》登载。2021年"七一"前，省交通运输厅派出7个工作组到17个市州交通运输局及厅直相关单位调研督办平安建设工作。全年开展平安公路、平安车站、平安站所、平安服务区、平安港口（码头、渡口）、平安航道、平安船舶、平安工地共8项试点工作，平安创建活动全覆盖推进。省交通运输厅安全监督处获"2018—2021年度平安湖北建设先进集体"称号。

基础条件明显改善。全省城市公交车驾驶区域安全防护隔离设施安装率持续保持100%。印发《关于做好农村客运车辆全面推广应用4G及以上动态视频监控技术有关工作的通知》，全省14730辆农村客运车辆全部完成安装工作。统筹调度全省公路桥梁"三年消危"行动，累计实施危桥改造4036座，其中完工2841座、在建1195座。大力开展国省干线公路升级改造，完成公路安全生命防护工程17215公里、干线公路灾害隐患治理229公里，有效提升交通运输本质安全水平。

安全宣传教育成效显著。各级交通运输主管部门党委(党组)理论学习中心组专题学习习近平总书记关于安全生产重要论述全覆盖。连续多年举办"安全生产月"启动仪式，认真开展典型事故警示教育，积极推进交通运输安全宣传"五进"活动，广泛开展普法教育、基层宣讲、安全培训、各类应急演练等652场次，参加人数逾2万人次，全面提升从业人员安全素质，营造共抓安全的良好氛围。全省道路运输企业主要负责人和安全生产管理人员通过安全考核7577人次，通过率为80.43%。

（董沛玲）

【工程安全监督】 2021年，省交通运输厅质监局直接监督的高速公路重点工程项目18个，水运重点工程项目15个以及汉江公路大桥5座，涉及施工合同段54个、监理合同段46个。开展安全生产专项整治"集中攻坚年"和坚守公路水运工程质量安全红线行动，针对不同施工阶段、关键环节和特殊时段，采取"监督工程师+专家""双随机"等模式，严格落实"一月一检"制度，组织开展综合督查、专项督查、平安工地考核评价等多种形式检查和隐患整改"回头看"18次，下发检查情况通报18份、安全检查整改通知书75份，发现安全问题1900余处，实现安全督查全覆盖，隐患整改率100%。

以平安工地建设为抓手，强化新开工项目和危大工程开工前安全生产条件核查，加大日常安全监管力度，推进全省公路水运重点工程项目开展平安工地建设有序开展。全年组织对全省公路水运工程开展平安工地考核2次，检查公路重点项目9个，抽查监理合同段7个，监督覆盖率15%，抽查施工合同段15个，监督覆盖率28%，均满足《公路水运工程平安工地建设管理办法》抽查比例要求。武汉市四环线高速公路北湖至建设段等5个重点工程项目被应急管理部、交通运输部联合冠名"平安工程"。十堰至淅川高速公路（湖北段）等3个工程项目、张家界至南充高速公路宣恩（李家河）至咸丰段SG-1标中铁二十一局集团有限公司等21个施工合同段分别获省交通运输厅平安工程、平安工地冠名。

各重点工程建设项目建立项目应急管理体系，成立应急管理部门和兼职应急队伍，储备应急物资，与地方国土、消防等部门建立应急联络机制，结合工程实际编制应急救援预案，对从业人员组织日常应急培训，根据施工进展情况及时开展应急演练，落实应急管理职责。

（沈磊）

【全省公路安防工程】 2021年，全年实施危桥改造项目4036座，完工2841座、在建1195座。全省完成公路安全防护工程建设17215.3公里、干线公路灾害隐患治理229公里。各级公路部门排查隐患3825处，整治3814处，整改率99.7%。

强化公路治超和专业渡口安全保障。加强路域环境巡查整治，2021年1—12月，检测货车336.49万辆，查处违法超限车辆3.32万辆，卸转货物68.88万吨；拆除违章建筑698处，清理非公路标志1.33万块，清理公路堆积物1.46万处，清理占道经营5935处。

加强公路收费站、服务区及汽车渡运安全和现场秩序管理。全省专业公路渡口开行航班2.6632万次，安全渡运车辆39.55万辆次。

（何玉清 郭岐山）

【道路运输安全管理】 2021年，共接上报道路运输行车事故43起（包含高速公路行车事故26起），其中普通货车行车事故30起，"两客一危"行车事故8起，农村客运1起，公交车行车事故4起，共死亡64人，受伤33人。其中8起"两客一危"行车事故中，死亡13人，受伤5人，与上年（事故6起、死亡10人、受伤28人）相比，事故起数上升33%，死亡人数上升30%，受伤人数下降82.14%；与2019年（事故7起、死亡16人、受伤37人）相比，事故起数上升14.28%，死亡人数下降18.75%，受伤人数下降84.49%，未发生重大及以上道路行车安全责任事故，全省道路运输安全生产形势总体平稳可控。

1. 开展三年专项整治行动攻坚。每月定期上报专项整治"一情况两清单"，建立"攻坚年"工作台账。制定《全省危险化学品道路运输安全集中整治工作专项暗访暗查情况通报》《全省危险化学品道路运输安全集中整治工作总结》，收集、统计全省各市州开展专项整治工作情况。开展专项整治工作以来，全省发现安全隐患2088起，其中整改1960起，清理挂靠车辆452辆，清理不具备资质从业人员71人，查处违法行为637起，注销危货运输企业资质3家。全省危货电子运单企业覆盖率继续保持100%，截至2021年10月底，共完成电子运单近98万单。配合客货处开展常压液体危险货物罐车治理，完成常压液体罐车信息录入6000余辆。春运、"五一"、中秋、国庆节假日等重点时段，采取"四不两直"方式，组织开展督导检查22次，检查企业121家，发现问题隐患347起，其中整改341起，确保重要时段道路运输安全平稳有序。多次参加省委、省政府、省安委会组织的安全生产督查工作，发现问题隐患51个，全部落实整改。

2. 持续深化动态监控闭环处理机制。坚持把严格落实闭环处理工作机制作为加强重点营运车辆安全监管的重要手段，持续强化重点营运车辆动态监控违规信息闭环处理工作，修订完善《湖北省重点营运车辆动态监控违规信息闭环处理基本规范》，通过线上宣贯培训、实地调研指导形式，指导督促各地道路运输监管部门和相关企业严格落实闭环处理工作机制，坚持每月按时向省交通运输厅报送全省"两客一危"车辆动态监控违规信息闭环处理工作情况通报。各市州重点对车均报警率和报警次数排名靠前的"两客一危"企业和车辆进行约谈，限期整改，对驾驶员违规行为，严格按照"五种形态"实施处罚。2021年，1—12月，全省运用五种形态实施闭环处理，其中"两客一危"车辆驾驶员接受批评教育31784人次，经济处罚6154人次1157521元，停班学习818人次，辞退开除62人，联合惩戒5人次。对"两客一危"企业通报208起，约谈179起，整改1045起，处罚24起102000元。违规信息比上年下降56.39%，有效防范化解运输过程中的安全风险。

3. 推动出台系列安全监督措施。制定《湖北省提升农村客运及城市公交远程化网络化动态监控水平的实施方案（代拟稿）》《关于进一步加强和改进道路运输行车事故报送和统计工作的通知（代拟稿）》《危险化学品道路运输安全专项整治三年行动重点任务集中攻坚方案（代拟稿）》，修订《湖北省"两客一危"车辆动态监控违规信息闭环处理基本规范（代拟稿）》《关于持续做好湖北省道路运输安全第三方监测服务信息报送工作的通知（代拟稿）》等文件，为精准制定道路运输安全监管政策、措施提供保障。做好道路运输自然灾害风险隐患研判，定期上报工作材料。做好农村客运车辆4G动态监控终端安装工作，督办孝感、仙桃、随州、恩施、襄阳等地农村客运车辆4G动态监控终端安装工作进展情况，上报相关市州工作进度情况。

4. 排查重大安全生产隐患防范化解重大风险。按照省关于开展重大风险隐患排查治理工作部署要求，建立重大风险"五个清单"，应用安全生产监管信息化系统，指导督促相关单位彻底摸清道路运输风险底数，全面摸排800公里以上客运班车、省际包车、危险货物运输、重载货车和城市公交等领域内风险点96个，上报安全生产重大风险信息90条，进一步落实重大风险管控措施，确保重大风险处于可控状态。

开展安全生产标准化建设达标评价工作，落实《交通运输企业安全生产标准化建设评价管理办法》，严格按照要求和程序进行网上公示，对评审材料中有问题的驳回整改，全年收到各评价机构考评函46份，公示道路运输安全生产标准化建设二级达标企业45家。做好道路运输"两类人员"考核工作。截至2021年10月，全省"两类人员"5777人，考核通过4562人，通过率为78.97%，与6月统计的全省"两类人员"情况相比，总人数减少13人，通过人数增加2196人，通过率提升38%。

（黄继兵）

【全省公路水路应急管理】 组织修订《湖北省交通运输行业突发事件总体应急预案》，研究编制《湖北省公路交通应急物资储备体系规划》《湖北省交通运输行业疫情防控应急预案》，印发《湖北省防汛抗旱交通运输应急保障工作预案（修订）》。加强与应急、气象、自然资源、公安交管等部门协调沟通，加强跨区域、跨省市应急联动，加快整合数据资源，强化信息传递共享。深化高速公路"一路多方"联勤联动机制，不断检验和提升路网应急调度处置能力。

加强应急保障能力。加强交通运输领域安全生产重大风险防控，有针对性地强化监管责任和预警预防工作。省政府召开研究全省高速公路应急救援专题会议，督促完善高速公路清障施救管理体制，进一步推进全省两级高速公路联合应急处置指挥中心实体运作，高效运行。11月23日，省交通运输厅举办2021年度城市轨道交通反恐应急实战演练活动。

加强应急值班值守。先后印发《厅应急办生产安全事故及突发事件信息报告工作机制》《关于进一步加强和改进全省道路运输行车事故报送和统计工作的通知》等，及时获取并有效处置事故、事件信息。严格落实领导带班和24小时专人值班制度，重要时段实行主要领导总值班、分管领导带班值、机关干部轮流值、应急办全天值，开通12328、12122服务热线，全天候统一受理、及时处理突发事件。

加强防范应对处置。圆满完成全国两会、庆祝中国共产党成立100周年、第二届联合国全球可持续交通大会等一系列重大活动和春节、清明、五一、中秋、国庆等节假日期间全省交通运输保障和应急值守工作。切实做好交通运输行业气象灾害应急响应，全力防范应对恶劣天气情况。春运期间，全省累计投入铲冰除雪装备5321台次、人力27328人次，抛撒融雪剂7582.78吨、防滑料5674立方米，增设警示牌1769余块，湖北全境高速公路、国省干线均未发生大面积车辆滞留现象，有效保障人民群众出行安全。

（董沛玲）

【普通公路应急管理】 加大应急储备。全省全时段待命应急保通队伍96支5330人，储备铲冰除雪设备2198台套、融雪剂4798吨、盐3787吨、砂石料60110立方米、炭灰3200立方米、棉毛毡20000立方米、草袋18万余条、警示标志标牌26794块；水毁抢修设备2452台套、公路钢桥23套、无人机16架、冲锋舟20艘、渡船9套、野战帐篷170顶、编织袋224194条、砂石料11.8967万余立方、警示标志标牌15943块、锹镐8726把、水马及防撞锥等29098个，确保能够及时调用。

高效应急处置。2021年2月25日夜间开始，十堰、襄阳、神农架林区等地出现新一轮强降雪，各地公路部门采取有效措施，迅速出动清雪除冰。全省累计动用机械设备1895台（套、班次）、应急队伍2848人次，处置突发事件（雨雪、崩塌、冰冻、阻断等）8次，紧急出动17次，消耗融雪剂206吨、防滑料205立方米、草袋490条。汛情期间，全省普通公路国省干线受损4710处，因滑坡、坍塌、泥石流、水毁等原因受损1253处，道路中断75条278处，造成公路灾毁损失约14亿元。累计投入人力12340人次，投入砂石料4.3万立方米，投入机械设备8548台班进行抢修保畅工作；普通国省干线投入应急抢通、修复资金5520余万元。

2021年11月5日，针对全省启动气象灾害（寒潮）Ⅲ级应急响应和冬春冷空气特点，各地公路部门积极应对，第一时间进行安排部署，开展拉网式路面巡查、安全排查和隐患整治，对应急装备进行维护保养，及时更新补充各类应急物资。组建除雪保畅应急队伍210支5192人，储备除雪车47辆、融雪剂撒布机181辆、重型抛雪机2辆、除雪铲397把、铁锹7549把、除冰锤413把、路面加热除冰车1辆、多功能除冰除雪车23辆、装载机317辆、翻斗车362辆、巡查车辆435辆、物资运输车332辆、吊车29辆、救援拖车20辆、无人机25架、融雪剂5084.36吨、防滑料90282.5立方米、草袋209715个、各类警示标志标牌11934个、警示锥筒39449个、照明设备452套。

（何玉清　郭岐山）

【道路运输应急管理】 按照统一领导、分级负责、条块结合、属地为主的原则，各级成立道路运输应急管理组织机构，初步构建省、市、县三级应急组织体系，负责应急指挥与协调、应急日常管理、现场指挥等工作，为有序开展道路运输应急保障工作奠定基础。全省各市、县两级道路运输管理机构结合本级实际，成立相应的领导小组，明确各级职责，形成统一指挥、分级负责的应急管理工作机制，进一步加强应急处置的组织领导。

修订完善预案。为切实做好应急管理，加强应急工作准备，提高道路运输行业快速有效地提供应急保障能力，最大限度地减少灾害损失。根据应急工作"四落实"要求，协助省交通运输厅修订完善《2021年湖北省道路运输防汛抗旱交通运输应急保障工作预案（修订）》，重点对组织机构、抢险救援、人员车辆保障上进行修订和完善，提高预案针对性和可操作性。同时，督促各地市修订完善本级预案，加强应急物资储备，形成纵向到底、横向到边、覆盖全行业的预案体系。制定《省运管局（道路运输事业发展中心）防汛抗旱领导小组的通知》，协助省交通运输厅切实做好道路运输防汛抗旱保障工作。

强化应急车辆保障建设。为确保应急运力储备，协助省交通运输厅对各级交通运输部门在本辖区内建立应急运力储备，做到领导责任、车属单位、车牌号码、驾驶人员、带队人员、集结地点"六落实"，并结合交通战备管理体系组建应急运输保障车队，落实应急运力，依托客运站、货运站、物流园区等场站建立应急运输集结点。有效衔接省直管防汛运力和地方防汛运力，储备应急运力1000辆，重点针对荆州、荆门、仙桃等防汛区域制定完善运力组织方案。

做好有效应对，全面预防预警。每月开展道路运输自然灾害风险隐患研判，指导各地密切关注气象变化，与公安、气象、公路等部门加强信息共享和联合行动，随时掌握天气、路况情况，排查消除可能因极端恶劣天气造成的安全隐患。指导各市州运管机构督促企业落实恶劣天气应对措施，做好驾驶员安全教育和车辆检查维护工作，严格管控车辆运行线路，对不符合通行条件的线路及车辆该停则停；汽车客运站要严格客运站封闭式管理，落实长途班线客运实名制管理制度，完备站内监控和防火防爆等安全设施，加强车辆例检、报班、出站登记等各个环节及岗位人员履职情况的监督检查。遇有影响客车正常运行的恶劣天气，汽车客运站及时向旅客发布信息通告，对旅客做好解释和疏运工作。

（黄继兵）

【水路交通安全和应急管理】加强组织领导，健全完善工作机制。制定《中共湖北省交通运输厅港航管理局党委平安湖北建设领导小组和专项组组成方案》，成立平安建设领导小组，领导小组下设2个专项组，按照分工负责维护社会稳定、智能化建设、社会治安公共安全、市域社会治理和铁路护路等工作，明确领导小组和各专项组职责。根据工作需要和组织人事变动，调整局反恐怖工作领导小组组成人员。制定《中共湖北省交通运输厅港航管理局党委关于加快推进水路交通领域平安湖北建设的实施意见》，明确指导思想、主要目标，对照省交通运输厅重点任务分工，对涉及的49项重点任务进行分解。制定《湖北省交通运输厅港航管理局平安湖北建设领导小组专项组工作制度》，建立体制机制运行方案，健全完善四项工作制度，协同推进平安建设工作。

严格源头管理。加强船检登记号审核管理，建立多级审查制度，发挥船舶检验监督管理系统监督功能，确保新建船舶船图一致。聘请中国船级社实业公司实施船舶检修检测服务机构认可条件评估和现场验证，规范船舶检修检测服务机构认可和数据采信行为。按职责分工，协助省交通运输厅做好航运企业、运输船舶运营资质管理及航运企业行政许可审批等事项资料审查相关工作。配合省交通运输厅开展年度国内水路运输及其辅助业和国际船舶运输业核查，协助做好核查信息汇总、审核相关工作。部署开展落实企业主体责任专项整治，提升航运公司本质安全水平。严格船舶登记质量管理，严把船员培训监督、考试、发证关。

重点时段、重大活动保障。加强组织领导，提前安排部署，强化安全监督和督查督办，有效保障春运、法定节假日、两会等重点时段，庆祝中国共产党成立100周年、第二届联合国全球可持续交通大会、第四届中国国际进口博览会等重大活动期间以及襄阳市东西轴线道路工程PPP项目、新建铁路黄冈至黄梅铁路等重大工程水上交通安全。开通汉江兴隆船闸夜航，对水上飞机AG600试飞实施现场维护。密切关注汉江水情、汛情，及时发布航行通告，实施并及时调整汉江、江汉运河等水域水上交通管制措施。及时撤离雅口枢纽工程施工人员和设备，根据汛情对二期围堰实施破堰分流。

加强风险防控。落实《关于深化防范化解安全生产重大风险工作的意见》，对照42项重大风险清单，全面排查水路交通安全生产风险，督促辖区生产经营单位落实安全生产风险防范化解主体责任，按照相关规范和指南辨识、评估安全风险并落实风险管控措施，将安全生产风险控制在可接受范围内。收集汇总并向省交通运输厅报送52个风险程度较高的重大风险点信息。加强水上交通运输安全风险防控，配合省交通运输厅明确9个方面24项重点工作任务及其完成时限、责任分工。开展"典型事故案例进航运公司、进船员培训机构"活动，联合教育部门开展水上交通安全知识进校园活动，不断增强行业和公众安全意识。

深化隐患排查。深刻汲取"6·13"十堰燃气爆炸事故等事故教训，以港口危货和水路客运为重点，按照"全覆盖、零容忍、严执法、重实效"的总要求，6—9月开展水上交通领域安全隐患"大排查、大清理、大整治"活动，全面排查消除各类安全隐患。加强船舶管理专项治理和水上交通安全突出问题集中整治，对船舶碰撞桥梁、河道非法采砂、"三无"船舶、内河船舶非法从事海上运输、长期逃避海事监管船舶、船舶最低安全配员和《船员服务簿》记载、水上无线电秩序管理、企业安全生产主体责任落实等突出问题进行集中整治。督促各地协同县乡人民政府及农村、水利等部门累计清理"三无"船舶、艇、筏、漂浮工具及设施93653艘。

应急处置及时到位。推进水路交通运输安全环保智慧监测平台建设。加强安全监管和应急搜救力量建设,新建50米级应急搜救指挥艇。推进潜江50吨级船舶溢油应急设备库建设。分级组织开展水上突发事件应急演练,进一步提升应急实战能力。成功应对寒潮、大雾、大风、汉江特大秋汛极端恶劣天气影响。加强应急值守,联合应急、水利、消防、公安等部门以及社会救援力量,及时有效处置各类突发险情。全年组织协调搜救行动27次,救助遇险人员56人、遇险船舶19艘。

(王祥)

安庆至九江高速铁路

十 交通财务费收

【资金保障】 全面谋划推进"十四五"交通发展，同步开展"疫后重振补短板强功能交通补短板工程三年行动(2020—2022年)"，力争用三年时间，实施一批交通补短板强弱项提功能重大项目，基本建成创新、协调、绿色、开放、共享交通强国湖北示范区。

建立完善政府主导、分级负责、多元筹资的投融资模式，积极争取财政资金，吸引社会资本投入，多渠道筹措建设和养护资金。坚持"政府主导"，进一步完善财政事权和支出责任划分机制，明确各级政府支出责任。在中央车购税、燃油税交通专项税费资金分配基础上，更加注重财政事权与财权对等，突出财政事权和支出责任相适应，由以补助、引导为主，逐步转化为履行支出责任为主。用好用足政府收费公路专项债券政策，对于符合条件的项目，积极争取债券发行额度。坚持"市场融资"，进一步激发社会资本投资活力，建立公平开放透明、平等竞争的市场规则，鼓励和引导各类社会资本进入交通领域。继续规范创新推广运用PPP模式，应用领域由公路不断向港口航道、综合交通枢纽、物流场站等领域拓展，引导市州通过"交通+沿线土地、旅游、矿产等资源""存量带增量""项目捆绑、肥瘦搭配"等创新做法，广泛吸引社会资本参与，提高项目收益推进项目落地。

开展《车辆购置税收入补助地方资金暂行管理办法》政策宣传和解读，加强车辆购置税收入补助地方资金管理，提高资金使用效益，促进交通运输事业健康发展。车购税资金管理和使用遵循以下原则：一是突出事权。按照交通运输领域财政事权和支出责任划分有关要求，保障好中央财政事权所需的相关支出，并根据不同时期发展目标对地方财政事权给予一定资金支持。二是保障重点。重点保障国家重大战略目标和纳入国家交通运输规划的重大项目建设。三是注重绩效。实行全过程预算绩效管理，强化绩效评价结果运用。四是各司其职。各级财政部门、交通运输主管部门应当按照各自职责负责项目和资金申报、审核、执行、监管等相关工作。

车购税资金全过程预算绩效管理。按照职责加强对车购税项目和资金申报、审核、执行的管理监督，建立"谁申报、谁负责""谁使用、谁负责"的责任机制。一是强化绩效目标管理。车购税资金使用主体在申报项目和资金时，科学设置明确、具体、一定时期可实现的绩效目标，以细化、量化的指标予以描述并按要求提交。加强对绩效目标的审核，将其作为项目评审评估、资金分配的重要依据，并将审核后的绩效目标随同资金一并分解下达到具体项目。二是做好绩效运行监控。加强车购税资金执行过程中的绩效监控，综合运用数据支撑系统等信息化手段，重点监控是否符合既定的绩效目标，项目和资金执行偏离既定绩效目标的，应当及时采取措施予以纠正。三是加强绩效评价和结果运用。按照各自职责，客观公正地组织开展好绩效评价工作，将评价结果及时反馈给被评价单位，对发现的问题督促整改。

(黄河清)

【预算管理】 科学编制预算。结合疫后重振和"十四五"规划，开展2022年预算编制工作，精心谋划、依法规范编制部门预算。按省财政厅有关要求，及时上报的2022年预算编制文本。在具体编制过程中，对于预算编制不严谨、"拍脑袋"的项目、对于预算执行不及时、"拖后腿"的项目，对于绩效评价不合格、"不争气"的项目，进行甄别清理，科学编制预算。

加强预算执行。按时公开2021年部门预算；批复下达厅直单位2021年部门预算，下发《关于规范高效做好2020年省对下转移支付预算分配工作的通知》，落实责任处室(单位)，明确分配要求。召开厅机关、厅直单位预算工作座谈会，进一步规范和加强预算管理。在具体执行过程中，按期通报预算执行进度，压实预算执行主体责任，利用预算调剂等手段进一步优化预算执行效率。规范高效做好2021年省对下转移支付预算分配工作，落实责任处室(单位)，明确分配要求，把严把紧预算支出关口。按期通报预算执行进度，压实预算执行主体责任。积极应对新冠疫情冲击，大力压减一般性支出，减免相关承租企业房屋租金。积极开展清理拖欠民营企业中小企业账款工作。

开展绩效评价。全面实施预算绩效管理。全面推进部门预算项目支出绩效管理，按要求开展车购税资金绩效评价工作；印发年度预算绩效管理工作方案，开展省级交通专项资金重点绩效考评。建立完善绩效指标库，强化绩效评价结果应用，综合衡量资金政策执行效果，为政策后续实施和完善提供决策支撑。开展部门预算、对下转移支付项目绩效评价工作。统筹合并开展年度部省补助资金绩效评价、部省资金结存情况核查以及扶贫领域交通专项资金检查工作。建立全方位、全过程、全覆盖的预算绩效管理体系，实现预算和绩效管理一体化。在2021年二、三季度末两个时间节点，分析项目绩效执行情况并形成报告，发现问题、自我纠偏，确保完成年度绩效目标。同时，发挥绩效评价结果"风向标""指挥棒"的作用，将绩效评价结果充分应用到预算编制、资金分配、政策调整等方面。对于绩效评价不合格、"不争气"的项目，进行甄别清理，及时调整预算。通过不断总结，提炼全省交通行业适用的共性和个性化绩效指标，建立了具有行业特色的预算绩效评价标准体系，促进了预算规范有效执行。

(黄河清)

【费收管理】 至2021年末，全省收费公路里程7467.5公里，占公路总里程29.7万公里的2.5%。其中，高速公路6939.9公里、一级公路315.1公里、独立桥梁隧道212.5公里，占比分别为92.9%、4.2%和2.8%。全省收费公路里程比上年末净增加398.9公里。其中，高速公路净增加322.5公里、一级公路减少56.1公里、独立桥隧净增加132.5公里。

(1) 主线收费站。2021年末，全省收费公路共有主线收费站28个，比上年末增加2个。其中，高速公路18个、一级公路6个、独立桥梁隧道4个，占比分别为64.3%、21.4%和14.3%。

(2) 建设投资。2021年末，全省收费公路累计建设投资5300.8亿元，较上年末净增加763.2亿元，增长16.8%。其中，累计资本金投入1452.2亿元，资本金比例27.4%；累计债务性资金投入3848.6亿元，债务性资金比例72.6%。

(3) 债务余额。2021年末，全省收费公路债务余额4162.3亿元，比上年末增加729.6亿元，增长21.3%。其中，年末银行贷款余额2465.6亿元，年末收费公路专项债余额2.5亿元，年末其他债务余额1694.2亿元，占比分别为59.2%、0.1%和40.7%。

(4) 收入支出。2021年，全省收费公路车辆通行费收入287.8亿元，比上年增加74.8亿元，扣除2020年2月17日至5月5日期间因新冠肺炎疫情防控全国收费公路免收79天车辆通行费29.7亿元因素(简称"2020年疫情防控免费因素")后，2021年车辆通行费收入同比净增加45.1亿元，增长18.6%；2021年支出总额527.4亿元，比上年增加118.9亿元，增长29.1%；车辆通行费收支缺口239.6亿元，比上年增加44.1亿元，扣除2020年疫情防控免费因素后，2021年车辆通行费收支缺口同比增加73.8亿元，增长44.5%。2021年度支出总额中，偿还债务本金249.2亿元、偿还债务利息200.4亿元、养护支出28.2亿元、公路及附属设施改扩建工程支出1.3亿元、运营管理支出30.3亿元、税费支出18.0亿元，占比分别为47.3%、38.0%、5.3%、0.2%、5.7%和3.4%。

1. 政府还贷公路情况。

2021年末，全省政府还贷公路里程3611.5公里、累计建设投资总额2309.8亿元、债务余额1771.9亿元、年通行费收入133.3亿元、年支出总额180.9亿元，分别占全省收费公路的48.4%、43.6%、42.6%、46.3%和34.3%。

(1) 里程构成。2021年末，政府还贷公路总里程3611.5公里，其中，高速公路3283.4公里、一级公路296.9公里、独立桥梁隧道31.3公里，占比分别为90.9%、8.2%和0.9%。政府还贷高速公路占收费高速公路里程的47.3%。

(2) 建设投资。2021年末，政府还贷公路累计建设投资2309.8亿元，其中，高速公路2169.9亿元、一级公路66.5亿元、独立桥梁隧道73.4亿元，占比分别为93.9%、2.9%和3.2%。政府还贷公路累计建设投资总额中，累计资本金投入602.9亿元，资本金比例26.1%；累计债务性资金投入1706.8亿元，债务性资金比例73.9%。

(3) 债务余额。2021年末，政府还贷公路债务余额1771.9亿元，其中，高速公路1698.3亿元、一级公路30.4亿元、独立桥梁隧道43.3亿元，占比分别为95.8%、1.7%和2.4%。

(4) 收支情况。2021年，政府还贷公路通行费收入133.3亿元。其中，高速公路121.2亿元、一级公路1.9亿元、独立桥梁隧道10.2亿元，占比分别为90.9%、1.4%和7.7%。2021年度政府还贷公路支出总额180.9亿元。其中偿还债务本金66.1亿元、偿还债务利息86.4亿元、养护支出14.5亿元、公路及附属设施改扩建工程支出0.3亿元、运营管理支出13.6亿元、税费支出0.1亿元，占比分别为36.5%、47.8%、8.0%、0.2%、7.5%和0.0%。2021年度政府还贷公路通行费收支缺口47.6亿元。其中，高速公路缺口48.8亿元、一级公路缺口5.3亿元、独立桥梁隧道盈余6.6亿元。

2. 经营性公路情况。

2021年末，全省经营性公路里程3856.0公里、累计建设投资2991.0亿元、债务余额2390.4亿元、年通行费收入154.4亿元、年支出346.5亿元，分别占全省收费公路的51.6%、56.4%、57.4%、53.7%和65.7%。

(1) 里程构成。2021年末，经营性公路总里程3856.0公里，其中，高速公路3656.5公里、一级公路18.2公里、独立桥梁隧道181.2公里；分别占经营性公路里程的94.8%、0.5%和4.7%。经营性高速公路占收费高速公路里程的52.7%。

(2) 建设投资。2021年末，经营性公路累计建设投资2991.0亿元，其中，高速公路2569.2亿元、一级公路13.4亿元、独立桥梁隧道408.4亿元，占比分别为85.9%、0.4%和13.7%。经营性公路累计建设投资总额中，累计资本金投入849.2亿元，资本金比例28.4%；累计债务性资金投入2141.8亿元，债务性资金比例71.6%。

(3) 债务余额。2021年末，经营性公路债务余额2390.4亿元，其中，高速公路1985.4亿元、一级公路6.9亿元、独立桥梁隧道398.1亿元，占比分别为83.1%、0.3%和16.7%。

(4) 收入支出。2021年，经营性公路通行费收入154.4亿元。其中，高速公路133.0亿元、一级公路1.8亿元、独立桥梁隧道19.6亿元，占比分别为86.1%、1.2%和12.7%。2021年，经营性公路支出总额为346.5亿元。其中偿还债务本金183.1亿元、偿还债务利息114.0亿元、养护支出13.7亿元、公路及附属设施改扩建工程支出1.0亿元、运营管理支出16.7亿元、税费支出18.0亿元，占比分别为52.9%、32.9%、4.0%、0.3%、4.8%和5.2%。2021年，经营性公路通行费收支缺口192.1亿元。其中，高速公路缺口172.9亿元、一级公路缺口2.5亿元、独立桥梁隧道缺口16.7亿元。

3. 通行费减免情况。

2021年，全省收费公路减免车辆通行费36.6亿元。其中，鲜活农产品运输"绿色通道"减免12.3亿元，重大节假日小型客车免费通行减免12.0亿元，高速公路差异化收费、ETC通行费优惠、抢险救灾车辆免费通行等其他政策性减免12.2亿元，占比分别为33.7%、32.9%和33.4%。扣除2020年疫情防控免费因素后，2021年车辆通行费减免金额同比减少6.3亿元，下降14.6%。

4. 实施高速公路差异化优惠。联合省发展改革委、省财政厅印发《关于对国际标准集装箱运输车辆通行费实施差异化优惠的通知》，对安装使用集装箱运输专用ETC、合法装载的、通行湖北省高速公路的国际标准集装箱运输车辆，在5%基本优惠的基础上，再给予省内通行费9折优惠。该优惠政策自2021年9月1日0时起实施，实施期暂定两年。

5. 归集联网高速公路通行费。坚持通行数据日清分、周汇总、月分析。进一步完善封账管理制度，督促站所全面做好封账工作，确保清分数据准确；进一步提高清分数据准确率，与技术部门协调清分数据提取及上报工作流程，开发路段、中心数据校核等多项管理功能，重点提升数据上传率和及时性；继续做好各类数据上报分析工作，及时发现、分析、排除特情问题，确保数据及时和准确。2021年，路网服务流量3.5亿辆次，归集联网高速公路通行费279.13亿元（全口径日均7647.39万元）。2021年，全省高速公路通行收费车流量3.5亿辆，日均95.77万辆。持续保障重大政策技术实施。按时完成国际标准集装箱运输车辆差异化收费政策实施，配合做好抢险救灾车辆通行服务平台省级开发及联调测试，实现对中高风险地区来鄂车辆的精准识别。开发联网收费拆分数据可视化校核系统，完善省级辅助平台系统，确保计费精确、安全稳定。加强争议处理及交易对账管理，上线交易对账系统，最大限度保障业主权益。

6. 精准高效开展ETC服务专项提升行动。对标部颁规程，建成湖北省卡签二次发行系统。完成电子退费功能升级，ETC系统与银行系统实现全面对接，用户退费更加安全高效。统一修改规范银行用户协议相关表述，并督促银行完成协议变更和启用；启动汽车选装ETC发行功能优化，全面做好交通运输部路网中心开放平台模式汽车选装ETC运营各项准备工作。截至2021年底，全省累计发行ETC通衢卡843.95万户，其中客车747.15万户、货车96.8万户；当年新增用户31.43万户。全年全省发行的ETC通衢卡共通行7065.18万次；活跃卡（至少一次通行）354万张，活跃比为59.39%。

7. 积极做好通行费结算划拨。2021年，全年核对全省路网通行费收入134465笔，按时清分、划拨各联网路段单位通行费收益6447笔。全年新增11个路段25个收费站共53台POS机，受理移动支付8347.56万笔519662.56万元，日均22.87万笔1423.73万元。完成与工行合同续签，确保联网通行费现金归集、汇缴等相关工作稳定有序开展。继续探索新型收费技术应用，协调推进鄂东大桥机器人扫码收费。

8. 对标做好视频联网和视频上云各项工作。截至2021年底，接入17条新通车路段视频联网，配合完成15条视频升级改造路段图像更新接入，接入视频图像上云505路，实现所有新开通路段视频上云全覆盖。优化视频联网系统网络，将全省原视频千兆网26个具备条件的主干网节点向OTN设备迁移，集中解决全网视频传输通道窄、传输慢等系列问题。扩容升级岱黄等部分路段视频传输链路。完成机房主中心与备份中心通信链路升级。

9. 全力抓好网络安全管控。积极开展常态化网络安全态势监测，突出重点，严格做好流量分析、系统病毒分析、网络安全等保测评。严格落实网络安全事件处置"第一时间法则"，全年有效监测和预防路网病毒事件3起，有效确保业务系统网络安全。在全国两会、中国共产党成立100周年、进博会等网络安全重点保障期间，实施7×24小时值班值守，随时处置突发事件。

10. 规范做好通行介质管理。建立联网高速公路CPC卡投放长效机制，规范CPC卡入库、盘点、调拨流程。2021年，全省累计投入CPC卡124.9万张。开展省内调拨CPC卡516次1979588张；跨省调拨3次130000张。开展CPC卡赔偿标准调研，初步形成赔偿新标。建立CPC卡定责流失卡情况分析月报制度，引导协助路网追逃，全年追回CPC卡1200余张通行费12.4万元。

11. 持续提升客服受理能力。2021年，全年服务热线受理94.78万件（日均2597件），比上年下降41.90%；互联网自助查询服务440.56万次（日均1.21万次），比上年减少58.03%，是人工受理量的13倍。通过微信、短信平台、电台、微博、门户网站等向社会发布出行信息35.08万条。及时受理、快速处置客户投诉。截至12月31日，全省受理客户服务投诉工单共计39783笔，日均109笔，比上年下降58.57%。受理12328、12345、阳光信访、省长和市长信箱及荆楚网等省级平台转办投诉270件。微信公众号关注数突破123万人，绑定ETC卡用户累计82.68万人。"湖北e出行"被评为"2021湖北十佳政务微信（省直）"。

12. 规范实施"点对点"政府统一支付。落实《省质强办关于印发湖北省公共服务质量提升行动方案》精神，严格资金预存及清分结算要求，鼓励地方政府采取统一支付方式，对十堰市等通行部分高速公路段区间实行免费政策。

13. 做好争议数据及交易对账处理工作。根据部路网中心相关要求，进一步建立健全争议数据及交易对账处理工作制度，完善工作流程，完善争议处理及交易对账的管理机制和平台建设，做好交易对账系统联调联试及省级系统开发工作，确保交易对账系统上线，积极协调各方做好争议处理，最大限度保障业主权益。

14. 不断完善收费系统优化工作。进一步查漏补缺，注重细节，完善省级辅助平台系统功能，有效确保路段、省中心各级系统计费精确，安全稳定，开发联网收费拆分数据可视化校核系统，对通行车辆基本信息、收费站、门架、收费公路、收费单元的收费费率等进行地图可视化展示，实时展示湖北高速路网上的在途车辆及其行驶路径，利用云计算、大数据等技术，展示通行湖北高速公路车辆的历史计费结果及拆分数据，可视化展现车辆通行门架路径拟合的过程，方便路段单位对历史通行车辆进行收费数据校核。

15. 做好新高速公路路段、收费站点并网开通工作。按照《关于明确取消高速公路省界收费站后全网费率管理基本性规则性事项的通知》要求，指导路段提前做好开通前各项准备工作，提高效率、缩减成本。全年完成11路4桥共35个新收费站的联网运营开通工作。

16. 做好政策减免车辆通行保障工作。建立预约服务系统监管机制，加强对查验人员的管理，加强收费人员培训，确保熟练掌握预约系统查验软件，制定特情处置流程，加派现场引导和处置人员，提高现场处置和通行效率，快速处理绿通车辆等政策免费车辆，做到应免尽免，减少社会舆情。严格落实差异化收费政策，做好集装箱车辆优惠软件程序下发，确保顺利实施。配合部路网中心做好抢险救灾车辆通行服务平台省级开发及联调测试工作。如发生优惠车辆应享受优惠但未能享受优惠的情况，严格按规范要求办理退费。

17. 做好稽核保障工作。建立完善的稽核管理体系，建立路段和站级稽核管理机构，明确工作职责，加强稽核队伍建设，通过业务培训、经验交流等方式提高收费人员对稽核工作的认识。指导各路段做好数据分析、证据采集、模型整理、特情筛查等方面的工作，保障业务流转、协查联动及任务落实。建立考核评价机制，积极协同打击违法违规逃费行为，有效减少通行流失，保障全网稽核业务有序开展，共同维护行业健康有序发展。

18. 做好疫情防控大数据报送工作。对高速公路收费系统及报表系统进行升级开发，实现对中高风险地区来鄂车辆的精准识别。采用入口精准排查，从高中风险地区所辖收费站入口入手，筛选排查高中风险地区所辖收费站来鄂车辆，编制疫情管控相关地区车辆入鄂明细表，并上报省交通运输厅交通保障专班。对收费车道系统进行升级开发，对中高风险地区抵鄂车辆车道系统进行提示，更加快捷地协助有关部门对重点地区来(返)鄂人员的管控，降低疫情传播风险。

19. 电子收费(ETC)发行工作。保障系统平稳运行，多层次、多角度地服务发行方、合作银行、ETC用户等各ETC参与方，实现电子收费(ETC)业务智能化、标准化。完成湖北省卡签二次发行系统建设，对标最新联网收费客户服务管理相关规则及《收费公路电子收费与运营服务规程》，通过高效、规范的途径提供各类客户服务。完成电子退费功能升级改造，以客户服务为驱动，实现现有的ETC系统与银行系统对接并可控可靠地完成退费操作，提高退费效率，提升用户售后体验。

20. 开展疫情防控期间"免费"补偿测算工作。2020年2月17日至5月6日，实行疫情防控期间对车辆免收车辆通行费政策。按国家有关要求，对"免费"开展收费公路合法权益补偿测算工作，依法给予收费公路经营管理单位合理补偿。

(黄河清)

【行业管理】 建立风险防范机制。统筹交通发展与债务风险防范，充分认识防范化解债务风险的紧迫性，根据"十四五"规划，科学测算融资规模，做好融资方案，规范举债行为，坚持预算与规划相适应、财力与需求相匹配，从源头上防控债务风险。同时，做好债务清理甄别工作，将存量交通债务纳入预算管理，落实偿债资金来源；积极优化债务结构，合理调整长短债比例，科学安排偿还时间，以低成本债务置换高成本债务；加强跟踪督导，建立债务化解信息报送制度，加强动态监控和督办。

建立预算保障机制。根据"十四五"规划，进一步完善预算保障机制，做好"争、保、压、精、审"。"争"，就是继续争取省级财政保障，争取省级债券资金投入；"保"，就是保障重点支出，保障重大项目，加大统筹力度，进一步提高资金安排的指向性、有效性；"压"，就是强化零基预算理念，建立能增能减、有保有压的预算分配机制，坚决删减不具备条件的项目或者高估支出标准的项目；"精"，就是优化支出结构，精准发力、精准投入、精准保障，在项目谋划与资金安排上更加科学、可行，树立长期过紧日子的思想，把有限的资金花在刀刃上；"审"，就是加强审计监督和财务检查，以问题为导向，对执行进度慢、绩效评价结果不理想的项目，减少预算安排或不再安排。

建立统筹发展机制。综合运用项目捆绑、肥瘦搭配等方式，将收益较好和收益较差的交通基础设施项目打包招标，平衡项目间整体收益。探索将新建项目和存量项目打包，凭借存量项目较为稳定的收益预期吸引社会资本投资，缓解资本金出资压力。引导、鼓励有条件的地区将交通建设与产业发展、园区建设、乡村旅游、资源开发等捆绑实施一体化开发。探索实施流域矿产、水电资源、港口岸线、后方土地产业及商业开发与航道、港口、物流园等捆绑统一开发模式。积极发展"交通＋物流""交通＋旅游""互联网＋交通"等新兴业态，充分发挥大数据在交通运输领域的运用，提高交通运输基础设施的社会效益和经济效益。

建立存量盘活机制。探索通过改建—运营—移交(ROT)、转让—运营—移交(TOT)、资产证券化、信托产品等方式盘活存量交通基础设施资产，拓宽筹融资渠道。争取更多收费公路等优质项目纳入国家不动产投资信托基金(REITs)试点，盘活权属清晰、收益稳定、回报良好和运营持续的存量资产，募集资金用于新的交通基础设施补短板项目，形成投资良性循环(2021年有2个收费公路项目，中交集团的武汉至深圳高速公路嘉鱼至通城段、武汉航空港发展集团的武汉天河机场第二公路通道申请REITs试点)。探索将具有良好现金流和收益支撑的交通运输基础设施项目，通过资产证券化、出让部分政府资产以及经营性国有资产权益等方式，盘活存量资产，释放投融资能力，实现投资良性循环。

建立奖惩激励机制。为调动地方政府积极性，对地方配套到位情况好、投资完成情况良好的市县，优先向交通运输部申请、下达车辆购置税补助资金和省级补助资金；对地方投资不能到位或到位率较低的市县，以及资金下达后、项目推进滞后的市县，缓拨或核减下一批次部省补助资金，以促进项目加快建设。

防范化解政府债务风险。妥善解决全省取消二级公路省级贷款余额的还本付息问题。加强对汉江雅口航运枢纽等项目债务管理工作。做好高速公路存量贷款债务主体变更工作，理顺债务关系。

清理拖欠民营企业中小企业账款。加强对厅直单位、市县交通运输部门指导，开展"清欠"工作。重点关注工程建设项目等资金量大、易发生拖欠的领域，在排查梳理的基础上，建立问题台账和台账销号制度，确保应清尽清。

规范开展交通运输发展政府举债融资。对新建高速公路项目，科学确定建设模式，按省政府要求，做好相关回复意见工作。对没有收益的普通公路、内河航运等项目，指导市县纳入地方政府一般债券融资渠道。对政府收费公路债务融资，纳入收费公路专项债券发行渠道，严格落实项目收益与融资规模相平衡。

严格落实财务报告制度。加强财务报告制度，及时汇总填列各类报表，全面准确反映行业财务状况，为防范风险、加强绩效监督考核提供合规有效信息，提升行业财综合务管理水平。

加强财会队伍建设。加强党建引领，提高政治站位和履职能力。坚持党建和业务深度融合。开展党史学习教育，提高政治站位，增强担当意识，提升工作本领，增强服务交通强国建设的责任感、使命感、荣誉感。不断提升依法履职能力。坚持党的领导，加强思想政治学习，提高财务人员政治判断力、政治领悟力、政治执行力，提升专业化水平和综合能力素质，打造一支政治可靠、业务精良、作风过硬、遵纪守法的财务人员队伍。

（黄河清）

【资产管理】持续推进资产清查工作。形成厅直单位资产清查工作报告，提出建议意见，依法规范处置历史遗留问题，切实加强和规范国有资产管理。规范基建项目资产移交程序。印发《省交通运输厅基本建设项目竣工财务决算及资产移交工作规程》，规范基本建设项目财务决算、资产交付、结余资金处理等工作。健全国有资产管理制度体系。指导厅直单位根据依法履行职能和事业发展的需要，结合资产存量、资产配置标准、绩效目标和财政承受能力配置资产，设置行政事业性国有资产台账。规范公路资产核算及管理。贯彻落实《公路资产管理暂行办法》，组织相关培训；加强公路水路公共基础设施政府会计核算，指导行业做好初始入账工作，全面反映公路水路资产"家底"。

严格落实政府采购各项制度。印发《省交通运输厅机关委托代理政府采购管理办法（试行）》，充分发挥政府采购政策功能，提高政府采购活动效率。规范基建项目资产移交程序。印发《省交通运输厅基本建设项目竣工财务决算及资产移交工作规程》，规范基本建设项目财务决算、资产交付、结余资金处理等工作。加强公路收费权转让备案管理。按交通运输部规定，对符合备案条件的项目，加强公路收费权转让备案管理，强化事中事后监管，确保责任清晰、措施得当、风险可控。加强政府采购预算审编。加强对属财政性资金采购项目的预算与计划管理，切实做到应编尽编、应采尽采、不编不采。加强政府采购实施管理。严格采购计划审批，加强采购活动流程控制，突出重点环节，确保政府采购信息公布的及时、完整、准确，实现全流程公开透明。

（黄河清）

【全省高速公路费收】2021年，全省联网高速公路通行费总收入280.77亿元，通行收费车流量3.52亿辆，通行政策性减免费车辆3285.84万辆。其中，免费通行"绿色通道"车辆195.83万车次，对正常合法装载运输鲜活农产品车辆免收通行费12.27亿元；免费通行重大节假日小型客车2828.21万车次，估算免费金额11.31亿元。

优化调整全省货车收费标准。根据国家部委开展高速公路收费标准优化调整实施效果评估工作要求，结合全省高速公路取消省界收费站以来收费运行情况，对货车收费标准优化调整，自2021年1月16日零时起，对通行全省联网收费高速公路和长江大桥的2、3、5、6类货车收费标准进行调降，相比2020年1月1日出台的全省各类型货车收费标准（鄂交发〔2019〕265号）平均下降比例分别为23%、11%、4%、7%。货车通行成本进一步降低，有效推进物流行业降本增效。全年组织召开绿色通道政策落实、收费站拥堵治理、高速公路服务区服务质量提升专项行动、收费站运营服务创新创效等专题会商会6次。

严格落实ETC车辆5%优惠、绿色通道减免、重大节假日小型客车免费、集装箱车辆等优惠减免政策。配合"寻根节""烈士亲属异地祭扫"等车辆优先快速放行。截至2021年底，全省高速公路ETC车辆优惠11.08亿元，重大节假日减免11.31亿元，绿色通道减免12.27亿元，新冠病毒疫苗货物运输减免135.99万元，集装箱货车2021年9月1日0时—12月31日24时优免5530.62万元。

按照"司机之家"建设部署要求，改善广大货车驾驶员停车休息环境和条件，完成巴东、崔坝、黄龙、襄北服务区"司机之家"建设，全省高速公路服务区"司机之家"达到18处，在2020年验收运营的8处"司机之家"遴选2处参加"全国5A司机之家"评选。全年新增星级服务区22对。迅速处置天门服务区、清溪服务区、溢水服务区和渡河服务区舆情，依托948交通广播等媒体发布澄清报道。协调经营管理单位，做好"沿着高速看中国"特别节目在沪渝高速公路湖北段服务区拍摄工作。

全年全省高速公路收费站、服务区疫情防控累计投入1800余万元，开展防疫知识安全教育培训100余次，疫情防控安全演练90次，从业人员疫苗接种率均超过96%。其中服务区共设置防控监测点350余处、隔离房185间，全省服务区未发生疫情传染责任安全事故。

（叶春松　耿峥）

【全省普通公路费收】 2021年，全省普通公路收费站车流量1596.23万辆；通行费收入2.02亿元，其中政策减免1588.49万元，其他减免245.33万元。

（叶春松）

【交通内部审计】 全年开展各类审计业务32项，其中预算执行和财务收支审计16项，重点建设项目（资金）审计10项，开展"十三五"车购税结存情况审计调查1项，指导开展交通专项资金审计1项，配合审计署、审计厅开展领导经济责任审计2项、审计调查2项。

1.强化审计监督，推进审计全覆盖。持续开展厅直单位财务收支情况审计和后续审计。对16家厅直单位2020年度1—10月财务收支审计整改情况和11—12月财务收支情况开展后续审计，促进各单位规范预算和财务管理，提高管理绩效。根据交通运输部规定，完成湖北十漫、沪蓉西、宜巴、麻武等7个高速公路项目竣工财务决算审计认定，完成麻安高速麻城东段等3个高速公路项目开工前审计。督促项目单位办理竣工验收工作时，做好中小企业工程款、质保金的清欠退还工作。

按照交通运输部部署完成湖北省"十三五"车购税资金结存情况审计调查工作。通过各地自查自纠和对襄阳市重点抽查，全面了解全省"十三五"期车购税专项资金下达规模、使用管理现状和结存总体情况，找准湖北省车购税资金使用管理存在的主要问题，并提出针对性整改措施建议，有效降低车购税资金结存比例。加快推进湖北省取消高速公路省界收费站项目结（决）算审计工作，完成审计服务采购控制价测算和招标文件编制工作，计划启动实施招标采购工作。指导开展对交职院所属企业改制的清产核资和审计工作。

2.统筹各方资源，形成审计监督合力。配合审计署和审计厅完成原省长和厅主要领导经济责任审计。审计期间，按照省政府和厅党组统一部署，多方协调，全力配合，充分沟通，对审计发现的问题认真研究，积极反馈，督促相关单位抓紧整改落实，高标准完成经济责任审计工作。配合审计署武汉特派办开展国家重大政策措施情况跟踪审计，配合审计厅开展优化营商环境专项审计调查，跟踪审计厅完成雅口航电枢纽建设项目审计工作。

开展车购税资金结存审计调查工作。优化资源配置，协调统筹厅业务处室、厅直业务局和社会审计力量，利用各自专业优势，重点开展对襄阳市车购税资金结存情况的审计调查工作。开展"精致走账"专项审计工作。

按照驻厅纪检监察组关于深化纠正"四风"工作任务要求，会同厅财务处对厅直单位开展财务报销重点抽查，进一步规范厅直单位财务管理工作。选派一名同志参加厅直单位巡察工作。按照巡察工作要求，以审计发现问题为导向和线索，提升审计监督效能。

3.完善审计制度，提高审计规范性。配合审计署和审计厅完成原省长和厅主要领导经济责任审计工作中，总结迎接审计工作经验，梳理关键环节和重要事项，研究拟定《交通运输厅迎审工作规范》，严格规范统筹、协调、配合、服务审计等工作，为后续开展政府审计工作提供指导。根据省委巡视整改要求，制定下发《湖北省交通运输厅审计发现问题线索移送管理办法》，进一步规范审计发现问题线索移送工作。

4.加强审计整改，强化审计成果运用。进一步完善审计整改销号制，对2019年度及2020年1—10月审计及其他部门查出问题的整改落实情况进行登记，开展整改情况后续审计，加强督促检查，确保查出问题能够有效整改，杜绝屡审屡犯现象，推进审计成果的运用。落实原省长和厅主要领导经济责任审计发现问题的整改工作。及时分解整改清单，明确整改责任，坚持"一周一督办，一周一报告"制度，加强审计整改跟踪管理，主动服务基层单位，督促各单位对审计发现问题及时有效进行整改。

（胡敏）

交通法治

【交通法治建设】 2021年，省交通运输厅贯彻落实省委、省政府有关法治政府建设、深化"放管服"改革、优化营商环境等重要文件和会议精神，紧扣厅党组确定的改革发展目标和工作任务，以推进法治政府部门建设、交通运输执法领域突出问题专项整治、加强综合行政执法队伍素质能力提升等为重点，完善机制，落实责任，加强协调，有效推动各项目标任务落实落地，为交通运输事业高质量发展提供重要支撑保障。

压实主体责任。省交通运输厅法治交通建设领导小组将依法行政理念贯穿于交通运输事业改革发展全过程。制订领导干部年度学法计划，配发《习近平关于全面依法治国论述摘编》《中华人民共和国行政处罚法》等书籍，厅党组、厅长办公会在研究问题之前，先学习相关政策法规。建立健全厅主要负责人牵头、各部门分工落实的领导协调机制、工作调度机制。厅长履行法治建设第一责任人职责，召开专题会议，定期听取依法行政工作汇报，研究部署行政执法突出问题专项整治、行政复议等工作。

科学民主决策。厅党组带头贯彻《重大行政决策程序暂行条例》，凡涉及"三重一大"事项，依法进行公众参与、专家论证、风险评估、合法性审查、集体讨论等程序。畅通沟通反馈渠道，重大决策事项提交审议前，在厅门户网站公开征求意见，时间不得少于30日，采纳情况及时公开。建立法律顾问制度，法律顾问按规定参与重大行政决策。

注重系统推进。根据《法治政府建设实施纲要 (2015—2020 年)》《法治社会建设实施纲要 (2020—2025 年)》《法治中国建设规划 (2020—2025 年)》，研究制定实施方案，明确具体措施、责任领导和具体责任人，抓好落实。谋划《湖北省"十四五"法治交通建设规划》，印发年度法治工作要点，有序完成年度各项目标任务，每年及时向省政府、交通运输部报告工作完成情况，并通过厅门户网站向社会公开。

（鲁琴）

【交通行政立法】 实施科学民主立法。配合省人大做好涉及交通运输立法起草、意见征集、计划落实等相关工作。向省政府申报《湖北省港口管理办法》为2022年政府规章计划立法项目。加强立法课题研究，委托武汉大学法学院课题组对湖北省6部交通运输地方性法规实施评估。坚持依法立法，立法项目必须通过问卷调查、实地调研、意见征集等方式，向社会公开征求意见，并以适当方式公布意见和采纳情况。对企业生产经营活动密切相关的交通运输法规规章草案，充分听取企业和行业协会商会意见，对可能引发社会稳定风险的法规规章草案，进行社会稳定风险评估。

开展法规规章清理。围绕优化营商环境、长江生态保护、公共卫生体系建设、行政处罚法、汉江流域水环境保护和长江汉江湖北段禁捕等5个方面，全面清理6部省本级交通运输法规、8部省政府规章、50部规范性文件。重点修订《湖北省水路交通管理条例》《湖北省道路运输条例》，推动相关法规修改废止工作。配合交通运输部法制司，对9部交通运输行政法规、部门规章、部规范性文件提出清理意见。2021年7月，省政府作出《关于修改和废止部分规章的决定》（省政府420号令），决定对《湖北省出租汽车客运管理办法》《湖北省港口管理办法》进行修改。

严格规范性文件管理。落实《湖北省交通运输规范性文件管理办法》《湖北省交通运输厅关于完善规范性文件合法性审查机制的意见》，建立规范性文件制定起草、审查备案、公布清理长效工作机制，实现全程可追溯、全程对外公开。落实公平竞争审查制度，组织厅机关各处室、厅直各单位、各市州交通运输局贯彻落实《公平竞争审查制度实施细则》，转发学习省市场监管局典型案例及情况通报。规范性文件审查坚持务求实效，聚焦关键核心条款，听取企业、行业协会意见，重点对上位法依据不足、增加市场主体义务、不利于市场公平竞争的条款提出修改意见，切实做到有件必审、应审尽审。先后对9部规范性文件组织合法性、公平性、制度廉洁性联席审查会议，向被审查处室反馈审查评估报告，提升规范性文件制定水平。加强与省司法厅、省市场监管局沟通联系，按时报送规范性文件备案、公平竞争审查报表。省交通运输厅无一件重大行政决策、规范性文件被省人大常委会、省政府、法院确认违法或撤销。

（鲁琴）

【交通行政执法】 加强队伍建设。印发《湖北省交通运输综合行政执法队伍素质能力提升三年行动方案 (2021—2023 年)》《关于落实交通运输部 2020 年综合执法检查反馈意见及进一步优化营商环境的通知》，细化交通运输行政执法"三项制度"实施标准。编印《交通运输行政执法人员应知应会手册》作为"法治能力提升专项行动"培训教材，组织开展执法人员三年轮训。

规范行政执法。严把执法人员准入关，清理不符合持证要求的执法人员；组织省内改革到位地区完成"综合行政执法"门类的交通运输行政执法证换证工作，规范换证1394人。配合交通运输部开展交通运输综合执法检查，推选执法人员参加执法检查考试。推进执法信息化建设，停止使用全省运政四级协同管理系统执法模块，全面推广应用交通运输部行政执法综合管理信息系统，实现执法检查、文书制作、行政处罚全程通过部综合执法系统办理。推动基层执法站所"四基四化"建设，升级执法装备，配置执法记录仪、无人机，推行手机掌上办案执法，实施非现场执法。

依法复议诉讼。落实省交通运输厅制定的《行政复议与行政应诉工作规则》《厅法律顾问工作规则》，聘请武汉英达律师事务所、武汉德伟君尚律师事务所作为厅法律顾问，全程参与案件办理过程。建立健全案件研究会商与沟通协调机制，案件办理之前拟定工作方案，准确把握案件实体、程序、证据、应诉环节。贯彻落实省依法治省办《关于发挥行政复议和行政应诉监督功能推进法治政府建设的实施意见》要求，建立案例分析研判指导机制，对复议案件多发、落实复议决定不力的市州交通运输局督促整改。

(鲁琴)

【普法依法治理】 全面开展执法专项整治。开展执法领域突出问题专项整治行动。畅通投诉渠道，在厅网站公布投诉举报电话和电子信箱。2021年，全省各级交通运输部门走访(座谈)企业2364个、从业人员7306人次，及时处理12328监督电话投诉。省交通运输厅先后组织5轮清理自查，向交通运输部上报执法领域突出问题353个，收集典型案例17个，逐项明确整改措施、整改时限和责任人。加大督导力度，针对6月交通运输部调研督导组在荆州、宜昌、潜江等地调研提出的问题清单，及时召开全省电视电话会议进行通报，督促核查整改，将整改情况报交通运输部。抽调业务骨干，派出5个指导组，以片区为单位，到市县开展专项整治督导。到黄冈等地召开专题思想交流会，开展讲政治、优作风、强服务专题教育，推进"我为群众办实事"实践活动，践行执法为民理念。全省排查问题353个，整改问题353个，整改率100%，先后约谈27人，通报批评11人。

广泛开展法治宣传教育。办好交通职工大讲堂，邀请省委党校、武汉大学法学院教授通过视频连线方式为全省交通运输系统干部职工讲授习近平法治思想、解读《中华人民共和国民法典》、新修订《中华人民共和国行政处罚法》，组织收看交通运输部关于《中华人民共和国长江保护法》的宣贯讲座。利用港口、码头、执法船、高速公路情报板等开展长江保护法宣传教育活动等。落实"谁执法谁普法"责任制，制定年度普法责任清单，开展5月"路政宣传月"活动，基层站所举办"站所开放日""执法体验周"等活动，邀请企业代表、新闻媒体参与、观摩、体验执法工作。

(鲁琴)

【"放管服"改革　优化营商环境】 落实全省交通运输优化营商环境16条措施意见，制定省交通运输厅年度优化营商环境任务分工方案，组织推动全面深化"放管服"改革、优化营商环境工作落实。实施落实"月调度、季通报、年总结"工作机制，加强组织调度，通过组织召开专题会、座谈会等多种方式，推动落实省交通运输厅优化营商环境5项牵头任务，支持中小微企业降成本，为市场主体创业创新营造便利发展环境。一是优化调整货车收费标准，2021年1月16日零时起执行。二是推动实现港口资源整合，取得明显成效。三是多式联运取得明显成效，集疏运体系逐渐完善。四是推广高速公路差异化收费，对标准集装箱运输车辆高速公路通行费实行9折优惠，2021年9月1日起实施。五是整治限高限宽设施和卡点，全面整治阶段后，全省"两限一卡"设施共835处，其中合法保留设施799处，拆除设施36处。

持续推进简政放权。将"港口经营许可"中省级审批内容下放至市级实施；取消公路水运工程监理企业丙级资质2项省级行政许可事项。深化扩权赋能强县改革，成立领导小组，梳理向县级下放省、市级职权事项35项(包含省级5项)，梳理确定"县直报省、省直达县"改革事项12项，制定并向全省交通运输系统下发实施细则，明确工作机制、改革任务事项和责任分工。深化"证照分离"改革，对交通运输部门40项改革事项明确责任处室，制定实施措施，下发通知分类推进改革。启动行政备案试点工作，研究梳理交通运输部门省市县三级行政备案情况，摸清底数，计划建议取消1项省级备案事项。

不断规范事中事后监管。制定和完善监管机制，制定印发《加强和规范交通运输事中事后监管三年行动方案(2021—2023年)》，明确2021—2023年加强和规范交通运输事中事后监管的行动目标、主要任务、工作保障等。创新和完善监管方式，落实"互联网+监管"试点工作，确认监管事项178项，对全部140项检查实施清单要素进行核查、完善，向省"互联网+监管"平台传输监管行为数据29888条。开展"双随机、一公开"检查，全年按计划检查17次，检查对象27户，根据交通运输部规章立改废情况动态调整"两库一单"，增加执法人员信息4条，检查对象信息17条。加强跨部门跨区域联动协作，利用小微型客车租赁监管公益诉讼契机，全面清理应备未备的小微型客车租赁经营企业，约谈部分小微型客车租赁经营企业，与公安、市场监管、通信管理、网信部门开展联合监管。提升监管能力和水平，推进包容审慎执法，坚持过罚相当，推广说理式执法，引导市场主体合法经营、消除违法隐患。

有效提升服务水平。围绕"高效办成一件事"，大力开展"减、优、提"，在交通运输行业实施"五减一优"，在减少审批事项的同时，推进减材料、减环节、减跑动、减时限。一是减环节，推广电子证照。对省级超限运输许可开发启用二维码电子证书，依托"鄂汇办"查询、验真，超限运输车辆"一码通行"，省时降费，3万多台次超限运输车不用领取纸质通行证即可通行。优化审批流程和系统功能，高速公路业务征求经营管理单位意见环节，由线下改为线上，提高效率，全部39家经营管理单位上线操作。二是减时限，压缩办理时间。省级政务服务事项减时限比例达77%，增加即办件，组织市县交通运输部门开展"减时限"工作，巩固提升"我要开物流公司(货运)"一事联办成果。三是减材料，推行证照免提交。对省交通运输厅政务服务事项的申请材料进行电子证照关联，40项全部标记"免提交"实现申请人网上申报时自动获取，31项申请材料标记为"硬减"后申请人无须提交，确定对4个省级事项的7个证明材料实行告知承诺制。四是减跑动，方便群众办事。所有省级政务服务事项均实现最多跑一次，10项公路许可事项入驻"鄂汇办"实行"掌上办"，45项便民服务事项对接"鄂汇办"实现实时查询，

"道路客运驾驶员从业资格证换证"等实现"跨省通办""省内通办",减少从业人员跑动次数。五是优服务,提高审批质效。厅领导带队到中交二航院等企业调研,了解企业诉求,征求服务意见,面对面回应企业反映的涉及交通高速公路项目审批等问题,提出优化服务措施。2021年6月18日开通省交通运输厅"店小二"服务专线电话,由专人负责实行一个号码对外服务。规范受办理12345服务热线工单。完成厅审批平台升级换版工作,开展"事项主线"政务数据目录梳理和供需对接清单编制工作。开展优化营商环境堵点调研、执法问题调查走访活动,检查办件速度和质量,主动接受群众监督评价,提高群众满意度。全年省级规范高效办理审批174212件,较上年同期翻倍。

(鲁琴)

【高速公路路政管理】 监管执法。推进高速公路管理领域事中事后监管三年行动,依法全面梳理路政管理职责,细化执法权责清单,加强违法超限超载、大件运输许可、清障施救服务、行业运营"四项监管"。2021年,全年查处路产赔偿案件4687起,制止侵害路产路权违法行为220起,清理桥涵堆积物27630立方米,拆除违法跨线18处、非公路标志牌27处、违法建筑7638平方米。落实"双随机、一公开"和"互联网+监管",对40家清障施救服务企业和115处清障施救服务站点实行随机抽查、在线查验、在线监管,查处违规服务行为15起。落实"谁执法谁普法"责任制,广泛应用新媒体新技术创新普法形式,"法律六进""路政宣传月"等普法活动深入开展,效果明显,武黄支队"七五"普法工作受到交通运输部通报表扬。

超限治理。持续推进警路联合治超常态化制度化,在督促各收费站严格落实"货车必检、超限禁入"的同时,充分发挥超限检测站核验功能,探索应用信息化手段,有针对性地开展收费站货车称重、ETC门架、许可审批数据抽查比对,逐步实现超限治理由入口管控向"入口检测、途中监测、出口倒查"的全过程管控延伸。处罚违法超限运输84起,上报抄告违法超限运输信息50条,货车违法超限率严格控制在0.01%以内。健全行业安全生产常态化监管机制,督促整改各类问题20余项,重点加强涉路管线设施排查整治工作,对340处管道、781条通信光缆、4886条电线电缆进行排查摸底、建档造册,做到底数清、现状明、动态管。狠抓常态化疫情防控,严格督办防控措施情况落实,外防输入、内防反弹。

基层建设。配合省交通运输厅出台全省高速公路路政执法站所规划和建设标准,推动路政执法营房与新建高速公路"四同步"建设,制定局属路政支队基础设施提档升级实施方案,分步推进支队"五室一中心"建设,武穴南等5处独立执法场所初步建成,46处路政驻地修葺一新,基层执法办公环境明显改观。建立推行处务会、队务会、业务工作例会和局机关联系基层"四项机制",健全执法业务和人、财、物综合管理体系,出台管理制度20余项,实行清单化、项目化管理,有效促进各项工作规范化、标准化。克服执法人员紧缺、车辆装备不足等困难,统筹调配资源、加强内外协调,及时进驻并保障"十路五桥"共计447公里新建路段顺利开通。拟定省交通运输综合行政执法改革建议方案,梳理形成交通运输综合行政执法事项省市县三级清单目录。开展执法队伍素质能力提升专项行动,无人机操作、队长讲堂、模拟现场处置等系列执法技能竞赛活动实效明显。

优化营商环境。开展"执法服务大走访""执法体验周""路政开放日"活动,征集意见建议147条,与30余家企业建立服务联动机制,做实"零跑腿"事项7项,梳理形成97项问题清单并全部整改办结销号。进一步优化大件运输许可审查流程,探索引入第三方咨询服务机制,应对大件运输许可爆发式增长压力,配合做好申请材料审查、现场审核、路线规划、入口核验等各项工作,配合办理大件运输许可审查165050件,日均办理660件,无一起有理投诉事件。落实"放管服"改革要求,开展"营商环境堵点大调研"等活动,落实"我为群众办实事"163件,汉十支队专属定制服务大件运输跑出"加速度"、鄂西支队护航风电设备"巨无霸"安全通行等典型事例被"学习强国"平台、《湖北日报》点赞。

智慧路政。全面升级启用路政执法业务平台,开发完善巡查管理、施救监管、超限治理、案件办理等9项功能模块,实现日常路政执法业务场景全覆盖。开发应用财务管理系统,完成局OA办公、人事管理、固定资产管理三个系统国产化升级改造和安全等级保护测评工作。打造以移动终端为基础、以信息平台为中枢、以数据支撑为核心的路政执法综合管理体系,对70台无人机、190套车载视频、1212套个人单兵实行联网调度,构建形成"看得见、连得上、呼得应、调得动"的执法指挥调度体系。发挥好应急处置服务中心科技化、信息化指挥调度功能,协助做好高速公路路网运行监测、预警和信息服务工作,健全路网视频会商、联勤联动、统一调度机制,强化交通保障、安全维稳各项措施,实现收费站拥堵缓行事件、道路2小时以上交通阻断事件和交通阻断总时长分别比上年下降7%、30%、50%的"三下降"。

(王耀华)

【普通公路路政管理】 组织指导、协调协同全省各级公安、交通、经信、市场监督等部门,开展"百吨王"、零点行动、百日行动等专项整治活动,依托固定超限检测站点,加强矿山、港口、水泥厂、物流园区等货物集散地重点源头企业、重点路段、重点时段巡逻稽查,以及货车生产、维修、改装企业和检测检验机构摸底排查,从源头和路面强化监管。2021年,全年检测货车336.49万辆,查处违法超限车辆3.32万辆,卸转货物68.88万吨,整治非法改装车辆1610辆,保持治超高压态势打击违法超限超载运输行为。

统筹协调全省各地先后建成不停车超限检测系统100余处、电子抓拍系统50处；配合省交通运输厅推动完成全国治超联网管理信息系统省级工程建设需求论证、工可研究与初步设计；梳理审核上报严重违法失信超限超载运输行为责任主体80余起列入失信名单，协调相关部门实施联合惩戒。

及时排查清理非法设置非公路标志、违法占用公路资源、违法占道经营、违法增设交叉口等违法行为。2021年，全省全年查处公路违法行为3694起（违法超限运输除外），罚款146.11万元，收取赔补偿费943.98万元；拆除违章建筑698处，清理非公路标志1.33万块，清理公路堆积物1.46万处、占道经营5935处。

全年办理公路行政许可11万余件；办理涉路施工许可190件、省内大件运输许可736件，参与跨省大件运输并联许可6878件，受理群众咨询电话1500余人次，群众满意度100%。围绕"学党史、当先锋、护公路、优服务"主题，在公路沿线、超限检测站等地悬挂宣传标语、张贴宣传画、制作展板。利用公路沿线电子显示屏、情报板开展24时滚动宣传，组织路政巡查上路开展广播宣传，适时宣传路政政策法规。

（杨勇　耿峥）

十巫高速公路鲍峡至溢水段

交通科技与培训教育

【科技项目研究与管理】 2021年,湖北省交通运输重点围绕应用基础研究、交通运输建设研究、软科学研究、信息化技术研究,标准、计量及质量研究,企业创新研究和科技成果推广七个领域组织开展科技创新活动。7月14日,发布2021年度湖北省交通运输科技项目申报指南,申报工作主要以网上申报方式开展,综合初审结果、项目查重、科技查新及专家评审评分意见,列入2022年度厅科技项目计划50个,预算补助资金522万元,计划补助项目36个。签订2021年度科技计划项目任务书41份。全年按验收程序完成《依托村村通客车工程建设我国农村电子商务一体化运输平台运营模式研究》等15个往年厅科技计划项目验收工作,并在厅网站公开结题项目研究成果信息。

2022年湖北省交通运输厅科技项目计划表

序号	项目名称	项目承担单位	项目保证方
一、应用基础研究			
1	基于区域气候特性的沥青路面早期非显性病害识别预测及预防性养护时机研究	潜江市交通运输局、武汉理工大学、潜江市公路管理局	潜江市交通运输局
2	高耐候彩色长余辉自发光道路标线涂料的开发与应用	咸宁市交通运输局、武汉工程大学、湖北省交通规划设计院股份有限公司	咸宁市交通运输局
3	应用柔性蜂格网的航道边坡生态治理研究	湖北省交通规划设计院股份有限公司	中南工程咨询设计集团有限公司
4	面向电动客车的节能行驶规划与能量优化技术研究	恩施土家族苗族自治州交通运输局、武汉科技大学	恩施土家族苗族自治州交通运输局
5	基于多源大数据的城市群交通网络设计研究	咸宁市交通运输局、西南交通大学	咸宁市交通运输局
6	复杂条件下汉江下游急弯段航道整治关键技术研究	湖北省交通规划设计院股份有限公司、交通运输部天津水运工程科学研究所	中南工程咨询设计集团有限公司
7	大跨径UHPC组合桥面铺装关键材料与技术研究	湖北省路桥集团有限公司、湖北交投十浠高速公路有限公司、武汉理工大学	湖北省联合发展投资集团有限公司
8	现役特大跨度悬索桥综合性能提升关键技术研究	湖北省交通规划设计院股份有限公司	中南工程咨询设计集团有限公司
9	安山岩集料用于沥青路面特性研究	湖北省路桥集团有限公司、武汉理工大学	湖北省联合发展投资集团有限公司
10	废轮胎热解炭黑WTPC改性沥青及其混凝土设计与性能研究	武汉市交通运输局、武汉市黄陂区交通运输局、武汉工程大学	武汉市交通运输局
11	建筑废弃物制备温结再生骨料及其在道路工程中的应用研究	湖北第二师范学院、中国地质大学(武汉)、阳新县交通运输局、武汉时源工程技术有限公司	黄石市交通运输局
二、交通运输建设养护研究			
1	沥青路面数字化信息建设及养护智能决策技术研究	湖北交投智能检测股份有限公司、公路建设与养护技术材料及装备交通运输行业研发中心(武汉)、湖北交投高速公路运营集团有限公司	湖北交通投资集团有限公司
2	公路改扩建工程沥青路面数字化施工控制关键技术研究	公路建设与养护技术材料及装备交通运输行业研发中心(武汉)、湖北交投智能检测股份有限公司、湖北交投京港澳高速公路改扩建项目管理有限公司	湖北交通投资集团有限公司
3	高速公路改扩建动态检测评定及应用研究	湖北省交通规划设计院股份有限公司、中南勘察设计院集团有限公司、湖北交投京港澳高速公路改扩建项目管理有限公司	湖北交通投资集团有限公司
4	大跨度悬索桥正交异形桥面板疲劳性能评估与提升技术	湖北联合交通投资开发有限公司、山东高速湖北发展有限公司	湖北省联合发展投资集团有限公司
5	基于光栅阵列传感的改扩建高速公路长寿命智能沥青路面设计方法研究	湖北交通投资集团有限公司,武汉理工大学、湖北交投京港澳高速公路改扩建项目管理有限公司	湖北交通投资集团有限公司
6	远距离非接触光学测试技术在桥梁施工监控中的应用研究	中南安全环境技术研究院股份有限公司	中南工程咨询设计集团有限公司
7	高速公路改扩建路基不均匀沉降及控制技术研究	湖北省交通规划设计院股份有限公司、中南勘察设计院集团有限公司、湖北交投京港澳高速公路改扩建项目管理有限公司	湖北交通投资集团有限公司

续上表

序号	项目名称	项目承担单位	项目保证方
8	大跨空腹式连续刚构桥初始缺陷引起的开裂特征及防裂研究	武汉理工大学、中铁大桥局集团有限公司、中交第二公路勘察设计研究院有限公司、中南勘察设计院集团有限公司、湖北交投鄂西高速公路建设管理有限公司	湖北交通投资集团有限公司
9	生物基环保型冷补沥青混合料的研发与应用	湖北樊魏高速公路有限公司、湖北联合交通投资开发有限公司、山东建筑大学、山东高速湖北地区高速公路运营管理关键技术与新材料研发中心	湖北省联合发展投资集团有限公司
10	大流量高速公路改扩建交通组织与安全管控技术研究	中交第二公路勘察设计研究院有限公司、湖北交投京港澳高速公路改扩建项目管理有限公司	湖北交通投资集团有限公司
11	高速公路服务设施规划和设计关键技术研究与示范	北京交科公路勘察设计研究院有限公司、湖北交投实业发展有限公司、中南勘察设计院集团有限公司、中交第二公路勘察设计研究院有限公司、湖北交投京港澳高速公路改扩建项目管理有限公司	湖北交通投资集团有限公司
三、软科学研究			
1	农村公路养护管理改革相关支持机制研究	湖北交通职业技术学院、北京交干智库信息科技研究院	湖北交通职业技术学院
2	公路隧道基础数据信息化集成与健康智能评估系统研究	湖北省交通规划设计院股份有限公司、湖北交投智能检测股份有限公司、武汉华和物联技术有限公司、中国地质大学(武汉)	中南工程咨询设计集团有限公司
3	场所精神在交通建筑中的创新应用研究	武汉综合交通研究院有限公司、武汉理工大学	武汉市交通运输局
4	产教融合赋能公路工程计量支付应用型人才培养模式研究	湖北省公路学会、武汉交通职业学院、长沙计支宝信息科技有限公司、武汉工大研究所、武汉轻工大学	湖北省公路学会
5	交通强国背景下汉江航道高质量发展路径研究	湖北省交通运输厅港航管理局、武汉理工大学	湖北省交通运输厅港航管理局
6	数字政府治理下的交通运输综合执法机制研究	孝感市交通运输局、孝感市交通运输综合执法支队、湖北省社会科学院, 路空一体(武汉)科技发展有限公司	孝感市交通运输局
四、信息化技术研究			
1	融合北斗+遥感的高速公路交通基础设施形变整体监测关键技术研究	湖北交通职业技术学院、重庆交通大学	湖北交通职业技术学院
2	高速公路跨部门数据共享的实现及安全机制研究	湖北省高速公路联网收费中心、湖北省楚天云有限公司	湖北省高速公路联网收费中心
3	城市交通时空大数据治理关键技术研究	湖北工业大学、湖北交通职业技术学院	湖北交通职业技术学院
4	交通枢纽 VR 仿真及导向标识布局优化与评估技术	武汉理工大学、湖北省交通运输厅通信信息中心、湖北交通职业技术学院	湖北交通职业技术学院
5	基于大数据技术的湖北高速公路隧道养护智能决策研究	湖北交投智能检测股份有限公司、公路建设与养护技术材料及装备交通运输行业研发中心(武汉)、湖北交投高速公路运营集团有限公司、中国科学院武汉岩土力学研究所	湖北交通投资集团有限公司
6	基于 BIM 的大跨度非对称钢桁拱桥施工数字化管控技术研究	湖北高路公路工程监理咨询有限公司、湖北交投智能检测股份有限公司、公路建设与养护技术材料及装备交通运输行业研发中心(武汉)、湖北交投鹤峰东高速公路有限公司、中铁大桥局集团有限公司、湖北工业大学、中交第二公路勘察设计研究院有限公司	湖北交通投资集团有限公司
7	航道工程 GIS+BIM 技术研究	湖北省交通规划设计院股份有限公司	中南工程咨询设计集团有限公司
8	基于遥感和 BIM 的公路地质灾害隐患监测及信息化管理技术研究	武汉市交通运输局、武汉综合交通研究院有限公司、中国地质大学(武汉)	武汉市交通运输局

续上表

序号	项目名称	项目承担单位	项目保证方
五、交通运输标准化研究			
1	湖北省交通运输标准化体系研究	湖北省交通运输厅工程质量监督局、湖北省标准化与质量研究院	湖北省交通运输厅工程质量监督局
2	湖北省高速公路机电系统一体化与标准化体系研究	湖北交投高速公路运营集团有限公司、湖北省城建设计院股份有限公司、中南勘察设计院集团有限公司	湖北交通集团投资有限公司
3	湖北省高速公路改扩建设计和施工指南	中交第二公路勘察设计研究院有限公司、中南勘察设计院集团有限公司、湖北交投京港澳高速公路改扩建项目管理有限公司	湖北交通投资集团有限公司
4	公路沿线非公路标志设置规范	湖北省交通规划设计院股份有限公司	中南工程咨询设计集团有限公司
5	气泡混合轻质土用于山区高速公路关键技术及标准体系研究	湖北省交通规划设计院股份有限公司	中南工程咨询设计集团有限公司
6	桥梁预防性养护与健康管理系统设计规程	湖北省公路学会、湖北省路桥集团有限公司、中铁大桥科学研究院有限公司 湖北楚天联发路桥养护有限公司、武汉轻工大学、武汉工大研究所	湖北省公路学会
六、企业技术创新研究			
1	桥梁混凝土构件快速修复用新型UHPC材料应用技术研究	湖北武麻高速公路有限公司、中国地质大学（武汉）、山东高速湖北地区高速公路运营管理关键技术与新材料研发中心	湖北省公路学会
2	长江三峡风景生态敏感区沿江国道改造及多社会功能景观提升绿色建造关键技术	中交第二航务工程局有限公司、湖北交通职业技术学院、湖北省交通规划设计院股份有限公司、宜昌市公路养护中心	湖北交通职业技术学院
3	桥梁"消危"工程免拆除加固关键技术研究	湖北省公路学会、湖北楚天联发路桥养护有限公司、湖北省交通规划设计院有限公司、武汉理工大学交通与物流工程学院、衡水奇佳工程材料有限公司、武汉工大研究所有限责任公司	湖北省公路学会
4	高等级公路挡墙轻质柔性回填材料及设计施工技术研究	宜昌市交通运输局、宜昌富强工程有限责任公司、三峡大学	宜昌市交通运输局
5	桥用钢索锈蚀断丝智能检测技术研究	湖北楚天联发路桥养护有限公司、湖北省交通运输厅工程质量监督局、华中科技大学、湖北楚检科技有限公司、中南安全环境技术研究院股份有限公司、武汉交投公路建设管理有限公司、湖北鄂东长江公路大桥有限公司、武汉青山长江大桥建设有限公司、荆州长江公路大桥管理局、武汉交投高速公路运营管理有限公司、武汉西四环线高速公路建设管理有限公司	湖北省交通运输厅工程质量监督局
6	钢结构桥梁正交异性板U肋全熔透角焊缝多通道超声检测成像技术	湖北交投智能检测股份有限公司、公路建设与养护技术材料及装备交通运输行业研发中心（武汉）	湖北交通投资集团有限公司
7	无辅助墩大跨宽幅组合梁独塔斜拉桥智能建造关键技术研究	湖北交通职业技术学院、中交第二航务工程局有限公司、中交第二公路勘察设计研究院有限公司、襄阳市公路建设养护中心	湖北交通职业技术学院
七、推广应用研究			
1	面向视知觉的高速公路交通安全主动防控理论标准化应用研究	湖北省路桥集团有限公司	湖北省联合发展投资集团有限公司

1. 科技创新能力建设。编制完成《湖北省"十四五"交通运输科技创新发展规划（报批稿）》。依托湖北交通投资集团有限公司的"公路建设与养护技术、材料及装备交通运输行业研发中心"，年度配置设备总价值7803.9万元，引进硕士学位以上专职研发人员5人，建立"科技研发+养护设计+IT"一体的公路基础设施数字化研发团队，与华中科技大学、武汉理工大学、中国地质大学、武汉科技大学、湖北工业大学、武汉工程大学等高校7个科研团队建立持续合作机制。由湖北省交通规划设计院股份有限公司、武汉理工大学、中南安全环境技术研究院股份有限公司联合承担的科技项目"轻低收缩超高性能混凝土开发及其在桥梁中应用研究"；由湖北省交通规划设计院股份有限公司、湖北省交通运输厅公路管理局、中国地质大学（武汉）、武汉市测绘研究院、湖北省地质环境部站、宜昌市交通勘察设计研究院有限公司联合承担的科技项目"鄂西山区交通地质基础数据信息化集成与国土空间交通规划灾害风险评价系统"；由湖北省交通规划设计院股份有限公司、武汉理工大学、仙桃市交通运输局联合承担的科技项目"微生物诱导固结特殊填料在道路工程中的应用研究"等3个厅科技项目入选交通运输部2021年度交通运输行业重点科技项目清单。

2. 科技创新活动及成果。

(1) 依托湖北国创高新材料股份有限公司的"公路交通节能与环保技术及装备交通运输行业研发中心"，获"一种废旧沥青混合料油石连续分离装置"实用新型专利授权。完成湖北省知识产权局"三大工程"项目"道路废旧沥青混合料再生新型建筑材料关键技术"结题验收及技术推广工作，完成湖北省科技厅重大专项"自修复沥青混凝土路面工程化研究及应用"项目验收工作。

组织完成"自修复沥青混凝土路面工程化研究及应用""基于紫外老化的彩色沥青混合料色彩稳定性研究""彩色沥青路面保护剂应用技术"等项目研究，开发出相关沥青材料、混凝土材料和施工技术。

开展"基于柔性减震和微孔降噪原理的降噪技术""高固含量高黏高韧SBS改性乳化沥青研究和应用""酸性石料沥青混合料综合应用研究""大掺量磷石膏复合稳定基层材料的研发""低挥发性新型生态祛味路面新材料"等项目研究，取得一批科技成果。

(2) 依托湖北交通投资集团有限公司的"公路建设与养护技术、材料及装备交通运输行业研发中心"统筹推进科技项目22项，其中新立项3项、延续项目10项、结题项目4项、推广应用项目5项。获知识产权授权32项，其中"一种自动化的高速公路技术状况评定方法、系统及产品"等发明专利3项、"一种减震吊梁辅助装置"等实用新型专利19项、"带有桥梁荷载AI实验图形用户界面的电脑"等外观专利2项、"多肋式桥梁横向分布系数计算分析系统V1.0"等软件著作权6项，发表《基于中台理念的公路水运工程试验检测标准化系统设计》等中文核心期刊论文2篇。"分散式污水处理技术"入选武汉市先进技术指导目录。"基于MABR工艺的高速公路服务区分散式智能成套污水处理系统推广应用"申报2021年"创青春"湖北青年创新创业大赛，并获得铜奖。

聚焦"新基建"和"交通基础设施数字化"重点研究。研发的基于光栅阵列传感技术成套解决方案，可实现对高速公路结构健康状况、路面运行状态、车辆行驶状态等全域、全天候的实时监测，成功应用于鄂州花湖机场建设，同时在湖北省首条智慧高速公路鄂州机场高速公路应用。"基于中台理念的数据分析系统建设"项目研究，在数据标准化、精准化和互联共通方面有重要进展。

(3) 交通运输部、工业和信息化部认定的智能网联汽车自动驾驶封闭场地测试基地（襄阳）完成"汽车低电压部件电磁兼容设计与整改技术研究"等25项课题结题，获"基于双面阵列和广义逆算法的材料吸声系数测量方法"等8项发明专利授权、"试验室报告管理系统"等13项软件著作权授权，主持和参与制修订标准15项，其中《商用车驾驶室乘员保护》等国家标准13项、《客车自动破窗装置》等行业标准2项。

2021年度湖北交通科技成果获奖项目

项目名称	所获奖项
高应力强卸荷下地下工程硬岩劣化机制与灾变防控关键技术	湖北省科技进步奖一等奖
超大跨径斜拉桥施工全过程受力调控理论及其应用技术研究	中国公路学会科学技术奖一等奖
香溪长江公路大桥设计技术研究	中国公路学会科学技术奖二等奖
大跨宽幅重载钢筋及钢箱结合梁斜拉桥设计创新技术	中国钢结构协会科学技术奖一等奖

3. 标准体系建设。2021年，交通运输行业归口管理的《桥梁多点同步顶升施工技术规范》等11项湖北省地方标准批准发布，《预应力桥梁孔道循环压浆施工技术规程》等20项湖北省地方标准批准立项编制。

（周建勋）

【交通环境保护】以交通运输"双碳"和多式联运高质量发展为重点，打好蓝天保卫战。按照全省碳达峰行动方案编制工作安排，组建工作专班，委托专业机构组织开展交通领域碳达峰专项行动方案编制工作，2021年12月通过专家评审并修改完善，为省级行动方案提供目标、路径和政策措施支撑。坚持政策引导，加大全省新能源公交车推广应用，2021年7月，印发《关于进一步加快推进新能源公交车推广应用工作的通知》，明确目标任务，健全考核奖励机制。全省2.5万辆公交营运车辆中，清洁能源占比超80%，电动公交车占比超50%。高位推动多式联运高质量发展，2021年5月，省政府出台《关于促进多式联运高质量发展的意见》和《湖北省推动多式联运高质量发展三年攻坚行动方案（2021—2023年）》，并建立健全相关配套制度。全省全年完成集装箱多式联运量、港口集装箱铁水联运量73.075万标准箱、6.775万标准箱，比上年分别增长46.2%、74.42%，比2019年分别增长50.07%、30.46%。不断加强交通工程施工扬尘防治工作。8月，印发《湖北省公路水运建设工程施工扬尘防治工作指南（试行）》，督办公路水运建设工程参建单位落实扬尘防治主体责任，细化防治措施，督促各级交通运输主管部门履行监管职责，开展全面排查，督促整改落实，不断完善交通工程施工扬尘防治长效机制。

以港口船舶水污染防治和长江生态保护修复为抓手，打好碧水保卫战。按照全省长江高水平保护专项行动要求，拟定全省船舶和港口污染防治攻坚提升行动方案，报请省政府于12月底印发并实施；同时建立船舶和港口污染防治调度机制，每月精准调度，每季度全面调度。通过倒排工期挂图作战，加密督办重点任务按时完成。一是船舶生活污水收集处置装置改造任务全部完成。全省2853艘400总吨以上船舶（加装生活污水处理设施）、943艘100~400总吨船舶（注销、报停、封堵厕所、加装存储装置等）、220艘产生生活污水的100总吨以下船舶全部改造完成。二是岸电建设和使用持续推进。截至2021年12月底，全省港口岸电覆盖泊位数357个，岸电累计使用706万千瓦时，比上年增长91%。年度计划实施货运船舶受电设施改造235艘，全部完成改造、检验。三是船舶污染物接收全过程电子联单管理持续巩固。全省船舶污染物码头接收设施全面纳入"船E行"系统，并覆盖所有港口。截至12月底，全省靠港内河营运船舶"船E行"App注册率达99%，进港船舶检查比例达50%，全年查处偷排超排案例30艘次。四是武汉、宜昌洗舱站正式建成运营，宜昌港、鄂州港LNG项目基本完工，具备运营条件。按照国家四部委关于长江主要支流非法码头整治有关要求，督促沿江地方政府落实属地责任，加大汉江、清江码头整治力度，并履行牵头部门职责，会同相关部门合力推动码头规范提升工作。截至12月底，全省汉江、清江纳入整治范围的658个码头、砂场、砂堆、砂站整治工作基本完成。

以中央生态环境保护督察为契机，重点抓好交通运输领域生态环境问题整改。截至2021年底，承担的第一轮中央生态环保督察8项整改任务全部完成并销号，承担的第一轮"回头看"及专项督察11项整改任务完成并销号9项，基本完成整改待销号1项，达到序时进度要求1项。9月，中央督察组进驻湖北省开展为期1个月的第二轮生态环保督察。省交通运输厅做好督察相关配合工作，指导市州对交办信访件涉及交通运输的事项立行立改。12月按督察组反馈意见要求拟定整改方案，指导各地交通运输部门启动整改工作。抽调专人组建专班，采取现场督办、函件督办、电话督办等多种形式专项调度，4月8日现场督办宜昌市政府组织拆除原中石化宜昌王家河油库码头，指导宜昌市交通运输部门督促项目业主于12月16日完成交工验收，并同步开展调试运行，并于12月22—23日组织完成省级验收，如期实现2021年底完成码头迁建的整改目标。

（刘伟）

【交通信息化与网络安全】 高位推动，智慧交通项目统筹推进有成效。对智慧交通建设，厅党组谋篇布局，分管领导统筹协调。厅办公智能化提升项目开建；交通云数据中心扩容升级一期工程工完成批复，年底完成初步设计批复；省综合交通信息平台一期工程工可完成专家评审。汉江兴隆至蔡甸智慧航道等3个项目纳入交通运输部新基建重点工程清单。省公路局综合信息平台建设完成工可编制，省港航局综合信息平台工可报告完成修编，省高管局初步建成高速公路智慧交通大数据平台，部治超联网管理信息系统初步设计获省发改委批复，汉江电子航道图完成375公里，开展碾盘山枢纽至襄阳（铁桥）143公里电子航道图制作，智慧汉江工可修编中。智慧公交、智慧地铁、智慧机场等纳入智慧交通试点项目建设进展顺利。荆州公交App正式上线，"襄阳出行"App用户总数达60万人，宜昌"宜知行"App用户总数突破40万。武汉地铁"智慧安检、刷脸乘车"实现第三方App（支付宝、微信、银联）扫码过闸。武汉天河国际机场T2航站楼智慧化改造项目开工建设。

顶层设计，整体谋划和推进智慧交通数字交通建设。落实厅党组谋划湖北数字交通顶层设计要求，实现湖北智慧交通统筹集约发展。编制《湖北省交通运输信息化"十四五"发展规划（征求意见稿）》和《湖北省交通运输科技创新"十四五"发展规划（征求意见稿）》，细化湖北省交通强国建设试点智慧交通建设实施方案任务清单。启动《湖北省数字交通顶层设计》编制工作并提交初稿。调研形成厅直单位"十四五"信息化工作任务清单。加快推进政企合作打造双试点示范，与中国交通建设集团签订《交通强国智慧交通试点战略合作框架协议》，精准对接湖北省交通发展需求，在数字化建设、智慧交通等方面开展务实合作。加快推进信息化项目管理新机制，完成厅信息化项目建设管理办法（征求意见稿），明确交通运输信息化建设归口管理，在编制规划、制订计划、会审项目、交竣工验收等环节做实厅信息中心职责职能。

做细做实，提升网络安全保障能力。着力做好"四抓"，即抓认识、抓措施、抓检查、抓预防，坚决打赢网络安全攻坚战。组织召开厅网络安全专题工作会，压实主体责任；印发网络安保方案，细化工作部署；组织开展行业网络安全高风险隐患排查，抓好专项整治；组织开展厅攻防演练，提升防御体系水平，省交通运输厅被湖北省网络安全等级保护领导小组办公室评为2021年度等级保护工作先进单位。发布行业网络安全通报2期，落实日常整改；完成行业网络安全督查，全力排查隐患。印制宣传展板和信息滚动播放，开展网络安全宣传周活动。完善重要时段信息系统保障，建立网络安全应急联系人机制，统筹网络安全技术力量，启动重要时段专项信息通报。

（邹珺）

【湖北交通职业技术学院】 新校区建设。高质量完成二组团、三组团所有土建工程收尾以及竣工资料收集整理，二组团、三组团1标和3标、道路管网及供配电项目竣工验收和结算工作，以及已建配电房及各建筑单体配电间通电和信息化项目调试工作，新校区具备搬迁基本条件。做好内外协调工作，主动安排校内部门开展搬家现场对接工作，收集整理各部门行政用房需求，拟定学校各部门办公用房计划。统筹新校区搬迁准备工作，制定搬迁工作方案，召开搬迁工作调度会，研究解决搬迁难题和困难，保障新校区搬迁工作有序推进；对外加强沟通协调，有序推进马沧湖校区土地处置，筹措新校区建设资金，全力推进剩余工程建设，协调劳务纠纷、土地闲置、污水排放和消防验收等相关事宜。关注学生诉求，完成各校区793台空调安装，切实为学生办实事。

内涵建设。双高建设稳步推进，完成省级"双高校"和3个省级"双高专业群"的申报。持续深化产教融合、校企合作，与国内领先的汽车制造商——吉利汽车集团组建吉利汽车产业学院，携手信息通信技术领头羊——华为技术有限公司建设华为ICT学院，与国际知名服务品牌——国际金钥匙成立武汉分院，成功与武汉地铁集团、省路桥集团等企业组建订单班。万雯教师党支部书记工作室入选国家级"双带头人"教师党支部书记工作室，是全省高职院校唯一一位。全国青年文明号、全国巾帼文明岗、交通运输青年科技英才、航空职业教育教学名师、湖北省岗位学雷锋标兵、职工(劳模)创新工作室等相继花落学校。教科研成果获批国家"十三五"规划教材5种，《公路勘测设计(第4版)》《网页设计立体化教程》获评全国首届优秀教材奖，1门课程获批省级课程思政示范项目。提升师资队伍建设水平，组织19名教师参加职业院校课程思政培训班、132名教师参加专题网络培训、50名中青年教师参加武汉大学暑期综合能力提升培训班、73名教师参加"高校教学管理改革能力建设专题网络培训"，组织13名教师参加教师资格认定。学校被省委省政府授予2020年防汛救灾先进集体，20余名士官生参加河南救灾行动。

办学水平。强化专业群内涵建设，双高建设阶段性标志性成果突出。智能交通技术专业群获批湖北省"双高计划"拟建专业群，新能源汽车技术专业群成功获批第二批国家级教师教学创新团队，《汽车故障诊断技术》在线开放课程获评中国交通教育研究会网络教育资源中心二等奖；与淄博职业学院开展专业群资源库共建。积极备战技能竞赛，获得"互联网+"大学生创新创业省赛金奖、全国技术能手、全国职业院校技能大赛二等奖、湖北"工匠杯"一等奖等10余项奖项，实现技能竞赛新突破。

专业设置调整。围绕七大交通特色专业群，开展专业设置工作，共备案专业50个，分别是：工程测量技术、土木工程检测技术、工程造价、建设工程监理、高速铁路施工与维护、道路与桥梁工程技术、道路养护与管理、城市轨道交通工程技术、机电一体化技术、工业机器人技术、无人机应用技术、智能工程机械运用技术、飞机机电设备维修、飞行器数字化制造技术、汽车检测与维修技术、新能源汽车技术、汽车智能技术、汽车技术服务与营销、智能交通技术、城市轨道交通通信信号技术、计算机运用技术、计算机网络技术、现代移动通信技术、电子商务、航海技术、轮机工程技术、船舶电子电气技术、电气自动化技术、建筑装饰工程技术、环境艺术设计、建筑工程技术、装配式建筑构件智能制造技术、虚拟现实技术应用、艺术设计、城市轨道交通运营管理、邮政通信管理、邮政快递运营管理、智能物流技术、现代物流管理、采购与供应管理、邮政快递智能技术、大数据与会计、酒店管理与数字化运营、旅游管理、空中乘务、市场营销、大数据技术、人工智能技术运用、跨境电子商务、智能控制技术。

2021年4月25日，湖北交通职业技术学院与华为技术有限公司签署全面合作协议

年度新增装配式建筑构件智能制造技术、邮政快递智能技术、大数据技术、人工智能技术应用、跨境电子商务、智能控制技术等6个专业。

职业教育体系建设。与武汉市供销商业学校、武汉市石牌岭高级职业中学、十堰市郧阳科技学校、京山市中等职业技术学校和江汉油田职业技术学校5所中职学校实行3+2中高职分段培养合作，共录取考生215名。响应扩招政策，服务交通运输行业开展单招扩招工作，招收道路与桥梁工程技术、汽车检测与维修技术、智能工程机械运用技术、建筑工程技术、艺术设计（交通景观设计方向）等5个专业，共录取40人。

对外交流和校企合作。积极开展对外交流活动，完成与美国沃特康社区学院的中美合作办学项目及中日本短期自动车大学的中日合作办学项目申报工作，草拟中外合作项目管理办法。新增校企合作企业22个，新签订校企合作协议28份，新增实习实训基地19个；完成武汉地铁订单班组班和送岗工作，完成96份校企合作协议清理工作。

学生管理。组织开展富有时代感、具有校园色彩、师生参与性强、符合现代传播特点的校园文化活动；开展中华经典晨读月等活动，促进以文化人、以文育人。全年有17人获国家奖学金、504人获国家励志奖学金、422人获评"优秀毕业生"；举办以"乐活、青春、传承"为主题的"5·25"大学生心理健康月、"10·10"世界精神卫生日系列活动，开展生命教育主题班会、红色电影观影周、专题讲座、读书分享会等主题活动，坚持心理咨询教师值班制度，保持心理热线24小时畅通，开展个体咨询256人次，热线咨询86人次，危机干预16人次。大学生征兵工作圆满完成，入伍人数301人，毕业生走兵占比66%；参加武汉市征兵政策宣讲比赛获三等奖；学校获武汉市、洪山区"征兵工作先进单位"，2人获评洪山区"优秀民兵"。

招生就业。全年录取考生4621

2021年6月17日，湖北交通职业技术学院庆祝中国共产党成立100周年师生合唱汇演暨第二十届大学生科技文化艺术节

人，新生报到4374人，计划执行率98.24%，录取分数再创历史新高。省外录取考生1439人，比上年增长19.2%，有效提升普高生比例，确保学校普高录取分数大幅提高，有效提升生源质量。加大与国动部、省军区等对接，争取3个军兵种9个招生专业，计划650个。参与湖北、湖南、河南、江西、安徽、浙江、陕西、四川、重庆9个省（市）士官面试工作。争取"3+2"合作学校5所，6个专业，录取考生215人。争取行业单招政策，录取考生40人。响应扩招政策，录取考生44人。争取地铁订单班计划160人，共258人参加面试体检。就业率96.40%，高于全省平均就业率7个点；创业基地累计入驻团队（项目）90个，带动就业400余人，被省发改委列为第二批省级大众创业万众创新示范基地建设单位。

社会服务。积极推进科研项目立项结题等工作，获批立项49项，其中省厅级及以上项目24项。全年完成成教招生433人、培训1225人次，承接社会各类资格考试15799人次。全年创收314万元，其中成人教育收入88万元、培训及考试收入226万元。积极响应职业教育赋能提质行动计划，完成武汉市退役军人职业技能培训承训机构申报工作并获批准。做好精准扶贫工作，成立乡村振兴工作队，选派优秀干部，7月底入驻神农架林区宋洛乡梨子坪村，投入消费帮扶资金近36万元，拨付乡村振兴专项资金8万元。

文明创建。涌现"全国巾帼文明岗"万雯、"湖北省岗位学雷锋标兵"马靖宇等典型人物，培树"全国青年文明号"物流与交通管理学院、第四届省直机关"红旗党支部"新能源汽车技术专业群教师党支部。在促进就业、维护稳定、开展征兵等活动中，入选省级大众创业万众创新示范基地，获省、市"征兵工作先进单位"、武汉市"平安高校"建设优秀单位等称号。杨文婕获全省职工（网络）宣讲比赛一等奖，并代表湖北省参加全国职工演讲比赛，学校先后获评国家级青年文明号、全国高校活力团支部。

常态化疫情防控。抓好常态化疫情防控工作，严格落实校园封闭管理，全面加强日常排查，定期做好校园消杀，及时发放防疫物资。落实健康监测，推行学生健康"日报告""周通报"制，开展集中核酸检测，实现师生核酸检测全覆盖。做好接种新冠疫苗教育引导和组织工作，组织校内专场集中接种和组织前往医院接种疫苗，在校生接种率99.56%，教职员工接种率93.94%。

（夏勇子）

交通综合管理

【机构编制】 稳步推进交通运输体制机制改革。组织开展交通综合执法改革专项调研，省交通运输厅党组多次专题研究交通综合执法改革工作，优化细化《关于"湖北省交通运输综合行政执法局"机构编制建议方案》，积极向省委编办有关部门汇报沟通，呈报省交通运输综合行政执法局机构设置，公路、道路运输、港航3个事业发展中心"三定方案"，汉江崔家营航电枢纽管理处和雅口航运枢纽建设管理处机构编制设置等，完成高管局与公路事业发展中心职责划分划转和人员临时调整工作，组建交通综合执法改革工作专班。积极推进厅通信信息中心、交科所改革工作。

（肖磊）

【干部工作】 严格有序开展干部选任工作。提拔重用17名处级干部，交流任职9名处级干部，完成厅直3个事业发展中心领导班子配备调整和4名一二级巡视员职级晋升；妥善安置2名军转干部，完成军转干部安置专用二级调研员职数申报和2020年度公务员职级职数使用情况备案。进一步加强厅直单位科级干部选任把关，切实规范厅直单位科级干部选任工作事前沟通、方案审核、任职备案等制度，及时审定2021年度厅直五局一至四级主任科员职级晋升方案，完成厅机关9名科级干部职级晋升工作。

组织协调年度考核测评和民主生活会等。配合省委考核组完成厅领导班子及班子成员年度考核工作，开展厅直单位领导班子成员和班子年度考核工作，协助配合其他责任处室完成省交通运输厅2020年度省委重要工作检查考核，探索推进完成厅机关和厅直五局平时考核工作，指导驻村工作队开展片区年度考核工作。完成厅党组民主生活会系列工作并指导厅直单位开好领导班子民主生活会。

从紧从实加强干部监督管理。突出抓好干部日常管理监督，组织全厅副处级以上领导干部和四级以上职级人员填报个人有关事项报告，及时将省管领导干部个人有关事项报告转递省委组织部，完成2021年领导干部个人有关事项系统录入、重点核查、随机抽查等工作。认真执行干部"凡提四必"和选拔任用全程纪实制度，对厅直单位科级干部选任实行事前沟通和备案管理，推进厅直单位干部档案专项审核复查。巩固拓展前违规办理和持有因私出国（境）证件专项治理成果，更新完善613名登记备案人员信息，开展因私出国（境）证件和出国（境）情况核查清理。不断加大对干部提醒、函询、诫勉力度，诫勉3人，批评教育6人，完成3名受处理、诫勉影响期满干部考核工作。完成党政领导干部在高校、科研院所兼职情况清理工作。

认真做好省委巡视反馈问题整改清仓见底。把抓好省委巡视反馈问题整改作为践行"两个维护"的具体行动，与选人用人专项检查指出问题整改结合起来，融入日常、一体推进，选人用人专项检查反馈的7个问题全部销号。认真履行巡视整改监督责任，建立跟踪督办机制，把整改落实情况纳入领导班子综合考核，推动修订交通运输5个社团财务、资产等制度，下发反馈问题后续整改提醒函2件。

激励干部干事创业、担当作为。抓好《关于激励干部新时代新担当新作为的实施意见》落细落实，推动干部休假、体检、医疗等待遇保障落实到位，完成军转干部补办社保、补发工资工作，持续推进工资报审系统应用和厅直事业单位岗位设置，开展厅职业年金补记，督办高管局落实路政支队艰苦边远津贴，完成2021年全国交通技术能手推选工作。

此外，积极开展事业单位统一公开招聘，完成5家厅直事业单位招聘用编申请、计划申报、网上报名审核、面试、考察、备案等工作。推进厅机关和质监局开展遴选公务员工作。完成厅机关和厅直单位公务员信息更新采集和干部统计、工资统计工作。强化多岗位、多领域实践锻炼，落实远安县和省信访局挂职干部推荐工作。归纳总结"十三五"交通援疆工作，落实第十批援藏计划交通职位申报，落实好新疆博州党政代表团来厅交流考察。组织开展"最美退役军人"申报推荐工作。

（肖磊）

【干部培训】 坚持业务培训、专题轮训、网络培训相结合，统筹制定2021年度干部教育培训计划，落实2名厅级干部、24名处级干部、33名科级干部参加省级主体培训班，厅机关各处室举办业务培训班21期，培训1500余人次。推进湖北交通职业技术学院申报湖北省高水平高职院校，进一步加大交职院教育培训供给。按计划推进"十四五"教育培训和人才发展规划编制工作。开展内河船员培训专题调研，形成专题报告，经厅主要领导同意后转相关单位贯彻落实。组织厅领导、厅机关、厅直单位相关人员按要求集中观看严肃换届纪律警示教育片。

（肖磊）

【驻村扶贫工作】 有效衔接脱贫攻坚与乡村振兴工作。按照省委组织部和厅领导要求，督促驻黄丝村工作队撤离前交出一本"明白账"，做好驻黄丝村收尾工作。完成远安县乡村振兴挂职干部及驻村工作队人员选派工作，人员按期到位，保障落实到位。印发《关于加强驻村帮扶提升工作质效的通知》，明确工作重点，加大帮扶力度，建立工作机制，落实责任捆绑，发挥牵头单位作用。组织完成省派驻村工作队人员年度考核工作，会同远安县委组织部、乡村振兴局，做好远安县省派驻村工作考核。省交通运输厅被省委表彰驻村工作突出的支持单位，驻村工作队被省委省政府、交通运输部表彰为工作突出的省驻村工作队、脱贫攻坚先进集体。

（肖磊）

【工资社保】 2021年，按省关于机关事业单位工资政策规定，完成省交通运输厅机关和指导厅直单位完成在职工作人员基本工资自2021年10月1日起的标准调整工作，以及离休干部基本离休费自2021年10月1日起的标准调整工作。按省相关通知，完成厅机关和厅直单位奖励性补贴清理工作，全厅系统不再发放奖励性补贴。

（方敏）

【交通职业资格】 做好全省交通职业资格报考和考务工作。编制发布《湖北省交通运输行业专业技术人员职业资格考试考务管理细则》，为确保关键考务细节要求清晰明确，组织拍摄考务规范操作视频《湖北省交通运输行业专业技术人员职业资格考试重点考务环节工作指导》，统一考务实施规范要求。完成2021年度全国公路水运工程试验检测专业技术人员职业资格考试（湖北考区），参考人数7604人，考试14282科次；完成2021年湖北省轨道列车司机鉴定考试1300余人次（含统一鉴定和日常鉴定），培训鉴定考评员74人；安排湖北省公路水运工程施工企业主要负责人和安全生产管理人员考核53场次，共有3966人次参考，通过考核取得证书3100人次，通过率78.16%，办理延期、调入、注销、变更、注册等业务8200余件；审核监理工程师报考资料168份；资格后审2020年试验检测合格考生资料260份。全年为考生邮寄发放试验检测证书608本，补办遗失证书5本，寄送机修专证书49套，打印鉴定证书49本。及时按照有关要求向省政务服务网一网通平台、感知系统等互联网平台提交水危和安管业务数据等信息。

完善职业资格服务社会功能。首次筹备组织全省公路养护工职业技能等级认定，开展第一批公路养护工职业技能等级认定考核统考。有来自7个市州的20余个企业、341人参考。为方便企业部分汛期值守人员就近、就地参考，在人社部门和交通职业资格宜昌联系点共同协作下，采取"送考上门"点对点服务的方式，分别在荆州、五峰、宜都组织3场"专场送考"活动，对11家企业的422名养护工开展认定工作。为确保关键考务细节要求清晰明确，首次开展重点考务环节的规范操作视频制作工作，进一步提升考务人员考前培训实效。成功在汉首次举办74人次轨道列车司机职业技能鉴定考评人员培训班。

（向元）

【职称】 持续推进"互联网+"职称评定模式。根据2020年新修订的《湖北省路桥、港航工程专业技术职务水平能力测试大纲》要求，对原有题库试题从专业方向、知识点、难易度、赋值比重等方面进行甄别和分类，以便更有针对性地考察应试人员的专业水平。同时，聘请行业内的专家和教授继续开发符合行业发展新规范和新趋势的试题，并广泛征集工程设计、施工和养护中的实际案例，引导专业技术人员不断学习新技术、新规范，考察专业技术人员创新思维能力。为畅通职称评审报名渠道，进一步完善专业技术人员水平能力测试机考报名系统，2021年首次启用该系统线上报名，实现水平能力测试网上审核、网上确认和网上缴费等功能，顺利完成高级和省直中初级水平能力测试700余人。切实做到"让数据多跑路，让专业技术人员少跑路"。

落实职称改革等有关工作。为进一步提高评审标准与交通专业实际匹配度，科学客观公正地评价专业技术人才，正式发布新修订的《湖北省工程系列路桥、港航专业技术职务任职资格评审条件（试行）》。本次修订工作是依据国家职称改革要求，结合湖北省交通行业发展需要，在原有副高、中级和初级评审条件内容中，新增加正高级评审标准；在原路桥、港航专业下，分别细分科研规划与勘察设计、建设管理与施工、运营管理与养护3个专业方向。修订后的评审条件与交通运输行业技术发展特点更为贴近，更加突出专业技术人员在品德、能力和业绩要求的导向作用，体现人才评价分类别、分层级和向基层倾斜的特点。同时，为进一步加强路桥、港航工程专业技术职务评审委员会建设，提高职称评审工作质量，面向在鄂中央企业、省直单位等增补更新一批评委专家。2021年征集具备并被聘用为路桥、港航工程专业正高级技术职务的专家评委80余名，其中，中青年专家占比达48%。

（向元）

【外事外经】 全年协助厅人事教育处清理和更新出入境备案人员数据库，新增备案人员8人，更新备案人员信息10人，撤销备案75人。及时催缴备案持证人员上缴因私出国（境）证件，完善证件借出、归还登记手续。根据疫情防控要求，暂停实施因公出国访问和培训项目。5月11—14日，世界银行监测代表团（简称世行代表团）到雅口航运枢纽工程开展第六次项目监测活动。世行代表团实地考察在建中的雅口航运枢纽建设工地、库区复建工程及莺河湿地公园等，详细了解关于工程建设各方面进展情况，并就项目实施目标、工程进度、征地移民、环境管理、大坝安全及技援课题等内容进行交流与讨论；对工程质量、安全、环保等方面所取得的成绩给予高度评价。世行代表团表示：雅口航运枢纽畅行的生态优先，绿色发展理念值得肯定，项目无论是工程质量、安全、环保等各方面都达到世行方面的预期，同时也对即将开展的机组安装、库区蓄水及并网发电等下阶段工作表达关注。世行方面表示将一如既往地同省交通运输厅紧密合作，克服疫情带来的影响，确保项目顺利推进，完成既定建设目标。

（向元）

【目标管理】 深度谋划目标任务。始终把目标责任制管理摆在重要位置，主要领导亲自抓，分管领导具体抓，各单位、各部门负责人分工负责、齐抓共管、严格监督，目标制定时，从实际出发、向高处努力，科学、直观、量化、清晰地反映各项工作目标。第一时间将目标责任书、省政府工作报告涉及交通运输的重点任务、交通运输部年度重点任务及全省交通运输工作会议确定的目标任务进行细化分解，逐条制定落实措施，明确责任人和完成时限，为完成全年目标任务奠定坚实基础。

精准督办跟踪问效。印发《关于加强重要事项督办狠抓工作落实的通知》等文件，突出交通运输中心工作和重点工作，进一步加强对重大决策部署、重要会议任务、重要会议或调研活动涉及省交通运输厅事项的督办工作力度，按要求每半月督办相关会议精神落实情况，每月督办省长批示件进展情况，每双月督办厅党组会、厅长办公会决定事项及厅主要领导交办事项的落实情况，每季度督办省委省政府重要工作任务进展，每半年督办目标任务落实情况，进一步查漏补缺，切实推动部、省、厅重大决策部署和全年目标任务落实落地。

优质高效完成任务。圆满完成各项目标任务。全年公路水路固定资产投资再创历史新高、突破1200亿元。鄂州机场高速公路一期工程等7个项目开工建设，武阳高速公路黄石段等续建项目加快推进，建成十巫高速公路鲍峡至溢水段等4个高速公路项目148.2公里；建成一级公路508.6公里、二级公路926公里，新改建农村公路19675.5公里；雅口航运枢纽土建工程基本完工，船闸试运行；新集水电站临建设施、一期导流工程均按时完成建设任务，全省新增港口吞吐能力1141万吨；建成汽车客运站、货运场站18个，黄石新港多式联运示范工程顺利通过交通运输部验收；新建高速公路"司机之家"9家，新增"星级服务区"22对；实施危桥改造2813座，其中完工1977座；新创建"四好农村路"省级示范县13个、省级示范乡镇50个。省港口集团正式挂牌成立；制定涵盖全省交通运输基础设施规划、建设、运营和客货运输服务等全过程的规范性制度近50项，行业管理制度体系更加完善；精神文明创建成果丰硕，全省交通运输系统一批先进集体和先进个人获国家和省级荣誉。

（程梦雨）

【社会管理及综合治理】 积极参与属地综治管理和平安建设。按照"属地管理"原则，将协助、支持属地开展综治工作列入年度工作计划和目标管理责任书内容。积极组织参加社区党建联席会，联合航空社区对辖区困难职工家庭进行走访慰问，共计慰问困难户30户，发放慰问金1.9万元。落实航空社区综治安全项目建设帮扶资金2.5万元，全面提升驻地社区综合治理能力。

加强对综治联系点的指导和帮扶。从推进矛盾纠纷调处多元化、推进镇村综治中心建设规范化、推进社会治理积分制提档升级示范创建、积极开展平安宣传和创建工作等方面着手，全面落实开展综治联系点帮扶工作。按照三年帮扶工作规划，11月厅党组书记、厅长朱汉桥到联系点东宝区实地调研，指导地方综治工作开展。全年组织专人3次到东宝区开展综治工作调研。积极开展2021年综治示范项目帮扶工作，将全区"智慧看家"视频监控平台、全域"五员议事"工作室、牌楼镇"舒心驿站"纳入联系点综治示范项目进行帮扶指导，援建综治项目3个，落实援建资金110万元。

（李永胜）

【信访】 健全落实信访工作领导责任制。厅党组会贯彻学习习近平总书记关于信访工作重要指示精神以及省委、省政府主要领导关于信访工作批示精神，研究全省交通运输领域信访工作情况。印发《2021年全省交通运输系统信访工作要点》，指导全省交通运输系统落实开展信访工作。

扎实开展领导包案接访工作。严格落实《湖北省交通运输厅领导干部接访制度》，制定庆祝建党100周年系列活动期间厅领导接访日排班表，全年开展厅领导接访值班工作14天。落实厅领导批阅来信包案工作，办理厅主要领导批阅信访件20件。建立厅领导批阅信访件台账，督办责任单位按期办理。

加强信访事项督办化解。全年厅本级办理信访事项598件人次，比上年减少39.7%。其中，接待群众来访69批188人次，比上年减少49.7%，办理群众来信(含省部级转办件)410件，比上年减少33.5%。办理落实厅长批示件20件，调研督导4次、督办13次，信访案件受理率、办结率100%，中央信访联席会议交办的湖北省交通运输领域重复信访事项化解事项，均上报国家信访局审核化解，化解率100%。全年未出现重大缠访闹访和大规模聚集性群体性信访事件等情况，重大活动期间信访形势总体稳定。

加快推进重复信访事项专项化解工作。积极向厅党组会汇报重复信访事项化解专项行动工作情况，厅主要领导亲自过问，分管领导部署落实。制定印发《全省涉交通运输领域集中治理重复信访、化解信访积案专项工作实施方案》，对照涉交通运输领域信访事项清单，及时交办各地各单位。印发《关于开展全省交通运输领域集中治理重复信访、化解信访积案专项工作调研的通知》，对各地交通运输部门治理重复信访、上级部门交办信访事项办理，以及信访矛盾纠纷排查和建党100周年庆祝活动期间稳定保障等工作开展专项调研。全年开展调研督导4次、督办13次，组织召开重难点信访事项督办工作会4次。

全力做好重点时段信访稳定工作。周密部署春节、全国两会、第二届联合国全球可持续交通大会以及庆祝建党100周年等重大节假日、重要时间段期间信访稳定工作。重要时段实施涉稳涉访信息"零报告"制度，督促各级交通运输部门密切关注行业动态，加强行业稳定情况监测，做好形势研判和风险排查。针对重点人员、重点群体提前部署，上下联动，及时处置可能影响社会稳定的苗头性、极端性、行动性问题。全年处理涉稳涉访信息3621条，整理上报84条，报送信访情况分析、报告13次、总结5次。全省交通运输系统未发生大规模聚集性赴省进京群访情况。

（李永胜）

【档案管理】 年初，印发《2021年全省交通运输档案工作要点》，指导交通系统有计划、有步骤地开展档案工作。坚持把政治建设摆在首位，从讲政治的高度开展档案行政管理。围绕

"6·9"国际档案日等重要时间节点，广泛开展内容丰富、形式多样的档案法律法规宣传教育和标准规范宣贯培训工作。加强事中事后监管，做好厅机关档案工作目标考评工作。指导厅直单位学习领会档案业务配套相关规章制度，提高档案工作规范化水平。按照上级有关要求，加强疫情防控和精准扶贫两项专题档案资料收集、归档和整理工作。严格时限要求，全面梳理收集，确保专项档案资料完整齐备，同时建立专题档案目录和数据库。做好疫情防控和精准扶贫档案利用工作，为精准服务交通运输工作提供翔实、可靠的基础资料。

加强档案行政管理。服务指导涉及改革单位的档案处置工作，重新审定《文件材料分类方案、归档范围和保管期限表》("三合一"制度)，确保档案资料安全完整，确保各单位档案工作规范开展。继续做好档案目标管理考评工作，按照《湖北省机关档案工作目标管理考评办法》相关要求，做好本单位档案目标管理到期复查考评工作，确保档案目标管理考评工作顺利开展。加强重点建设项目竣工档案有序管理，建立健全档案登记、形成、收集、整理、验收等管理制度，强化工程建设项目档案工作。加强对在建工程项目档案管理工作的监督检查，指导工程建设项目档案专项验收工作。

推进档案信息化建设。继续推进电子文件在线归档工作，扩大在线归档范围，由省特级向省一级延伸。各地交通运输部门要力争完成电子文件在线归档工作。持续推进数字档案室建设，加快存量档案数字化步伐，积极开展数字档案室创建工作。

强化档案安全保障。建立健全"人防、物防、技防"三位一体的档案安全防范体系。持续强化安全责任意识，严格执行安全管理制度。加强档案安全保密机制建设，提升档案网络和信息系统风险管理能力，守住档案安全底线。

加强档案干部队伍建设。多渠道开展档案业务人员培训，提升档案干部履职尽责能力。以身边先进人物为标杆，激励档案干部立足岗位担当作为。加强档案干部培训，组织开展档案干部上岗及其他档案专业培训工作，引导档案干部加强政治理论、法律知识、专业知识及专业技能学习。

(戚媛)

【省人大建议、政协提案办理】 全年收到全国人大建议4件、省人大建议122件，其中主办77件、会办45件；省政协提案77件，其中主办26件、会办51件。截至2021年8月25日，199件建议提案全部办结，答复率、沟通率、满意率均为100%。办理结果均完成网上办理、纸质回复"双轨制"。除敏感内容外，全部在单位门户网站上主动公开。答复意见资料统一归档管理。主要做法是：

加强工作指导。印发《省交通运输厅关于办理人大建议和政协提案工作的通知》，要求各承办部门认真负责地分析好、研究好、办理好、答复好每一件代表建议提案，把建议提案办理作为推动和改进交通运输工作的一项重要举措，提高建议提案办理工作实效。

加强调查研究。要求承办部门办理前尽可能到实地调查研究，全面把握建议提案提出的背景、代表的真实意图及解决措施的可行性，结合交通运输工作实际，统筹考虑，合理答复。承办部门克服人员少、工作量大等困难，认真调研分析，实地走访勘察。

加强联系沟通。建立健全沟通机制，采取电话、信函、邮件等多种方式与建议提案领衔人进行沟通，了解掌握建议所涉及内容的深层次问题。在深入调研基础上与建议领衔人进行沟通，听取意见和建议，共同探讨解决问题的办法。在答复前进行电话或邮件沟通，进一步征求代表和委员意见，将办理答复文件及《征询意见表》寄给代表，听取反馈意见。

加强跟踪督办。及时把建议提案办理中出现的新情况、新政策融入答复意见中，确保建议提案件件能真正解决问题。严格办理时限，要求承办部门安排责任心强，熟悉业务工作的人员在规定时限内完成办理工作，确保办理事项件件有落实。

(戚媛)

【研究室工作】 高质量抓好文稿起草。坚持履职尽责、担当作为，提升学习力、领悟力、执行力，起草完成2021年全省交通运输工作报告、交通运输运行半年调度会工作报告，高标准完成工作会交流材料，汇编全省交通运输系统全年、半年工作总结。起草完善全省综合交通基本情况通稿、向省长汇报全省交通运输情况材料、全省多式联运和桥梁消危行动会议讲话等重要材料，圆满完成厅党组交办的各项工作任务。

高要求做好文字把关。做好相关处室重要材料把关，负责对全国政协调研湖北多式联运汇报等重要材料以及各类讲话进行严格把关，协助相关处室起草并拟定关于省交投集团改革重组方案有关修改建议的报告、关于国庆节前顺利开通8条高速公路有关情况的报告等重要材料，全年起草把关材料80余篇。

高水平开展调查研究。按照要求，组织处室人员开展做实做优省级事业发展中心职能研究并形成报告，起草拟定《交通运输促进物流业降本增效的现状与对策》材料，积极与省委政研室衔接沟通，完成相关落实方案向省政府的报送。与省委办公厅调研室积极沟通，《交通运输促进物流业降本增效的现状与对策》以参阅件形式印发。专题研究向省委信息综合室报送年度调研选题并及时报送调研报告。

高站位做实重大宣传。做好重大宣传工作，认真把关相关新闻宣传材料，收集整理上报交通运输部"最美系列"(最美公路人、港航人、搜救人)材料。下发规范常态化疫情防控期间宣传工作的通知。按照省政管办要求进一步开展新媒体账号清理。做好重大宣传工作落地工作，开展好港口资源整合宣传。对接省委网信办做好行业重要舆情的衔接与转办处置。

(许磊)

【厅机关后勤服务中心】 硬件设施补短板。针对厅机关大楼投入使用时间长、设施设备老化、部分功能落后问题，按照厅领导关于大楼维修总体要求，科学谋划，统筹兼顾，合理布局，妥善安排，确保施工楼层职工正常办公；同时在食堂改造过程中，严选餐饮供应商，保证大楼人员用餐需求。按期完成大楼中央空调末端、走道吊顶、职工食堂维修改造及办公室门、窗帘更换和"职工之家"维修改造，配合厅信息中心对整个大楼会议室进行维修改造。

综合服务提质量。全年完成厅机关水电维护、职工进餐、公务接待、会议服务、保洁绿化、公务用车、安全保卫等综合服务保障工作，其中公务用车安全行驶约14万公里（含7次中央及省部级重大公务用车），协助接待上访事件37次。同时，配合厅机关及时高效完成OA替换资产处置等专项工作。组织"互联网+义务植树""节约粮食 从我做起"等活动，经常性开展"倡导绿色生活、反对铺张浪费，实施垃圾分类、促进资源回收"等宣传教育活动，推动节约型机关建设。厅后勤中心党支部被厅机关党委评为"先进基层党组织"。

统筹兼顾筑防线。强化清洁消毒流程、及时发放防疫物资、关注疫苗接种情况、定期组织核酸检测等，筑牢机关防控疫情安全屏障。同时，为加强常态化疫情防控，拟订《省交通运输厅机关大楼常态化疫情防控和应急处置工作方案》《关于进一步加强厅机关外来人员管理工作的通知》，切实做到疫情防控全天候、全过程、全覆盖。

（姚婷）

【湖北省综合交通运输研究会】 贯彻落实民政部关于进一步加强社会团体管理文件精神，加强学会自身建设，规范学会内部治理，建立完善权责明确、运转协调、制衡有效、充满活力的现代社会组织。根据省交通运输厅有关社会团体相关规定，结合研究会工作实际，修订完善《湖北省综合交通运输研究会财务管理办法》《湖北省综合交通运输研究会费用管理报销办法》《薪酬管理办法》《固定资产管理办法(2021)》，并通过理事会审议。

按照省委巡视组要求和有关人事变动，研究会以邮件、传真、短信等方式向研究会33名理事发送《关于以通讯形式召开湖北省综合交通运输研究会理事会的通知》，提请审议表决《关于张昌伟同志辞去副会长职务的申请》《关于林浩、陈方晔等同志辞去理事及会员职务的申请》等5项议案。5月完成研究会在省民政厅社会团体负责人变更备案手续。

（谭静）

【湖北省公路学会】 学术活动质量和规模再上新台阶。12月组织召开"绿色交通建设技术论坛"学术年会，年会主题为"低碳引领、创新驱动、绿色发展"，来自全省各会员单位和相关交通专业大专院校学生约400人参加会议，23位专家学者进行大会交流演讲。同时举办科技成果展，30余家高新技术企业展示在绿色交通发展理念引领下的新材料、新装备、新技术、新工艺等最新科研成果。编辑出版《2021年绿色交通建设论坛学术年会论文集》，收录选编论文72篇。12月上旬与香港、广州等五省二市一特区公路学会共同主办"2021年五省一市二区公路交通技术论坛"，会议在深圳和香港两地同步举行。500余位专家、代表，围绕"可持续的基础设施——进入新时代"主题展开多层次多视野学术交流。湖北公路学会代表张厚记在会上作了《基于环境安全的大掺量磷石膏应用于道路基层关键技术研究》演讲。

组织专题技术交流和现场观摩学习活动。3月底和4月初，学会2次组织从事高速公路建设和施工的会员单位工程技术人员到深中通道建设工地观摩学习，高速公路施工技术专委会、省交投集团等单位共27人参加观摩学习。9月27日至29日，学会组织开展机械设备技能比武大赛，湖北长江路桥有限公司承办的第一届"交建杯"机械设备技能比武大赛在鄂州机场高速公路建设项目现场举行，竞赛采取"理论+实操"相结合的方式，来自高速公路建设、施工的会员单位约80多名机械设备操作技能人员参加比武。学会组织参加世界交通运输工程技术论坛、中国公路学会各分会专题学术会议、技术交流会约450人次；各市州学会组织各种类型交流、现场观摩及培训约2200人次。

科普活动取得积极成效。5月组织参加湖北省科技活动周启动仪式，

12月，召开2021年绿色交通建设技术论坛学术年会

9月，组织参加湖北省"2021年全国科普日"主场活动

展出省内"十三五"期建成的11座长江大桥图片和成果介绍；9月组织参加湖北省"2021年全国科普日"主场活动，展出和发放交通科普图书资料500余份；11月组织参加省科协第十一届湖北科技论坛活动；组织参观中铁大桥局桥文化博物馆。学会获中国公路学会"2021年度全国科普日公路知识普及宣传活动先进单位"和省科协"2021年湖北省全国科普日活动优秀活动单位"称号。学会网站发布稿件19篇进行公路科普宣传，宣传公路交通科普知识、介绍公路学科学术带头人，推介省公路学会科技奖获奖项目，报道学会各专委会、各市州学会开展科普活动情况和先进事迹。创新拓宽科普平台，建立与地方合作机制。与省公路社区组织专场科普进社区活动。

建立健全激励机制，评先创优、人才举荐工作取得新成果。首次参加中国公路学会第二届"全国美丽乡村路"评选活动，学会推荐的红安县王姚线和十堰市马赛路2条农村公路获评"最美乡村路"。做好学会优秀学术论文评选工作，第十八届湖北省公路学会自然科学优秀学术论文共评选出优秀学术论文74篇，其中特等奖1篇、一等奖9篇、二等奖16篇、三等奖35篇、优秀奖13篇。开展人才举荐和表彰工作，学会推荐的3名工程师均获第十一届中国公路学会百名优秀工程师称号。

科研、科技奖评审、职称评审、科技评价、档案技术服务工作均取得进步。科研工作能力进一步增强，学会作为第一承担单位3个项目（其中省科协立项1个）完成并通过验收，4个项目进行中（2个项目待验收），4个新项目获省交通运输厅立项。继续做好学会科技奖评审工作，2020年度湖北省公路学会科学技术奖评审中，10个项目获奖。受省交通运输厅委托组织完成职称评审相关工作，参加全省路桥、港航专业技术人员水平能力测试技术人员787人，合格率47%，进入评审306人，通过评审195人。完成科技成果评价11项，其中2项为新技术新产品的先进性及市场排名评价。继续为建设中的恩来、利万等7个高速公路建设项目部收集整理档案资料，编制竣工文件。完成利万高速公路工程档案管理服务工作验收。依托学会网站、简讯、期刊等媒介，加强宣传和信息服务，《湖北公路交通科技》出版4期，发行2400册；学会网站20余个栏目上载稿件256篇；学会简讯升级改版，发行24期，5个栏目稿件201篇。

按照国家最新要求，重新修订《湖北省公路学会科学技术奖奖励办法》等5项管理规章。召开理事会和常务理事会，研究审议学会换届工作等重要事项，审批23个单位会员和322名个人会员入会申请。加强技术业务培训，服务基层会员，全年组织线上线下培训12次，其中5月下旬和11月下旬举办的"公路工程计量支付信息化技术与应用""公路养护工程质量检验评定标准土建工程"培训约400人参加。编制《湖北省公路学会团体标准管理办法》，完成首批学会团体标准《桥梁深水桩基础施工作业技术规程》等3个标准的编制。

（杨运城）

【湖北省交通会计学会】 2021年4月7日召开省交通会计学会第八届第五次常务理事会；12月8日在线上召开第八届第五次理事大会，会议传达全国和全省交通运输工作会议精神，会长魏公民代表第八届理事会作《众志成城 化危为机 助推交通财会工作新发展》工作报告，听取关于2020年学会财务收支情况，表彰2020年学会活动及组稿撰稿先进集体和先进个人。

开展学术研究交流经验。积极参与建党100周年征文活动。为庆祝中国共产党成立100周年，进一步发挥交通运输财审工作保障作用，中国交通会计学会联合交通运输部财务审计司共同举办"喜迎建党100周年 服务交通强国建设"交通运输财审工作创新发展主题征文活动。学会在省交通运输行业内积极组稿，湖北省交通投资集团有限公司《探讨新时期高速公路行业融资模式的选择》、汉江雅口航运枢纽工程建设指挥部《浅析基本建设项目竣工财务决算中常见的问题及对策》获三等奖。全年收集交通运输行业资产管理、财务管理、预算管理、绩效评价、信息化、内审内控、政府采购、业财融合、筹融资等方面学术论文52篇。

搭好会刊网站宣传平台。《湖北交通财会》会刊是学会联系会员的桥梁纽带，是宣传国家和上级法规制度以及交通财务中心工作的阵地，办好会

2021年4月7日，召开省交通会计学会第八届第五次常务理事会

刊是学会的一项重要工作任务。全年编辑出版《湖北交通财会》4期，印制发行5600本，刊登包括新增的案件披露、精神风貌等栏目文章12篇，财审工作研究、财务管理、资产管理、审计监督、内部控制、筹融资探讨、税务筹划等方面学术论文28篇，全国及全省交通工作会议报道、交通行业动态、学会工作动态、省财政厅关于印发全面实施预算绩效管理系列制度等财务法律法规23篇。为会员学习新的会计和审计知识、探讨财审理论、交流工作经验、展示会员单位和个人风采提供平台。

开展调研走访做好服务。6月，学会到黄冈、天门等地参与走访调研工作，同时了解会员单位基本情况，征求会员单位对学会各项工作等方面的意见和建议。为会员单位代订《交通财会》《财会通讯》等刊物。全年组织42家会员单位征订《交通财会》68份，81家会员单位征订《财会通讯》142份。

（刘念）

【湖北省交通历史文化学会】编辑建党百年专辑。学会积极参与交通运输部的建党百年主题出版活动，组织建党100周年主题征文，6月份发行的《交通历史文化》（第25期会刊）为中国共产党成立100周年专辑。在动态栏目中重点报道各会员单位开展党史学习教育情况；在轨迹栏目重点宣传在中国共产党领导下，交通事业所取得的巨大成就。先后发表《"两路"精神：历久弥新的奋斗足迹》《我国高速公路的前世今生》《湖北水运迈入第一方阵》《中国铁路峥嵘岁月的历史见证》等文章；在风采栏目，着重宣传报道为交通事业发展作出突出贡献的优秀共产党员的先进事迹。

夯实交通历史文化研究阵地。学会按照厅党组提出的"整合历史资源、挖掘文化内涵；结历史规律、传播文史亮点；提升行业品牌、服务交通发展"发展理念，在会刊《交通历史文化》设有特载、动态、轨迹、探索、风采、文苑等栏目，围绕中国共产党成立100周年，对交通建设成就、科技发展、技术比武等交通热点进行探索，展示交通文化亮点。全年征集交通稿件约600余篇、图画300余幅，经过学会编辑部甄选，编辑出版4期期刊，采纳稿件145件、图片176幅，发放2000余本。

首届交通史志优秀成果申报。《黄冈交通运输志》是记录黄冈革命老区这片热土上交通改革发展历史，传承黄冈交通人奋斗精神，2015年编纂工作通过招标由省交通历史文化学会承担，2020年12月由人民交通出版社股份有限公司出版。2021年学会将其作为首届交通史志优秀成果申报。

开展交通历史文化学会发展前景调研。根据省交通运输厅《全面开展厅社团清理工作的通知》要求，开展交通历史文化学会工作情况总结和发展前景研究，并呈报《交通历史文化学会当前情况和今后发展情况的研究报告》。研究报告认为，党的十九大以来，中央启动新一轮机构改革，按照新的职责，交通运输部统筹规划铁路、公路、水路、民航、邮政发展，形成真正意义上的大交通格局。湖北交通历史文化学会、会员单位涉及水陆公铁等交通运输企事业单位，立足于大交通格局，能在交通历史传承、文化研究、品牌塑造、交流研讨等方面更好地发挥好大交通的平台作用。学会组织参观辛亥革命武昌起义纪念馆和辛亥革命博物馆。重温辛亥革命历史，回顾新中国成立70余年湖北交通的发展变化。

召开年度理事会。1月19日，湖北交通历史文化学会召开2021年理事会。根据学会章程，本次会议应到理事至少42人，由于疫情限制，会议采取线上和现场开会相结合方式，会议邀请常务理事单位和秘书长、监事到现场开会。会议由王汉荣主持并报告上届理事会工作。接受王汉荣、林浩、邵爱军辞去理事职务；乔亮、田晓彬、钱兵、周大华因职务变动辞去常务理事职务。新增王凡昌、曹慧娟、陈方先、周爱民、左玲、柯黎为常务理事。

（王汉荣）

党群工作和精神文明建设

【党建工作】 扎实推进党史学习教育。对标上级要求,结合交通实际,成立领导小组,制定实施方案,组建工作专班,压茬推进专题学习、专题组织生活会、研讨研学、"我为群众办实事"等规定动作,接受省第九督查指导组4次现场督导。组织开展"诵读党史名篇 献礼百年华诞"展示、"礼赞一百年 颂歌献给党"歌咏会、"学百年党史 赞交通成就"征文、党史知识竞赛、读书分享会等活动。组建宣讲小分队到基层一线宣讲;组织观看红色经典剧节目展演、到红色教育基地开展沉浸式教学;以路为媒讲党史故事,推荐红色旅游线路60余条,征集红色公路故事100余篇。推动"我为群众办实事"实践活动常态长效,厅领导领办的7件实事超额完成,厅机关办理完成46件实事、厅直系统104件实事落地见效。

大力强化理论武装。印发《关于进一步落实"思想引领 学习在先"机制 提高理论学习质量的通知》,持续推动理论学习走心走深走实,把个人自学、集体研学、专题调研有机统一,增强学习自觉、落实学习内容、落细学习责任、提升学习质效。厅党组示范带头,以扩大会形式集中学习17次,中心组专门学习13次;厅机关党委每月安排学习内容、每期编印学习资料、每季度讲评学习情况;全年举办处以上党员干部专题读书班3期,培训300余人次。厅直各级党组织对标落实学习制度,切实用党的创新理论武装头脑、指导实践、推动工作。压紧压实意识形态工作和网络意识形态工作责任制。

持续用力抓实基层建设。牢固树立大抓基层鲜明导向,推进基层组织工作条例、支部工作条例等党内法规制度有效实施。及时组织和完成换届工作,不断健全完善基层组织机构,加强党支部标准化规范化建设,建强战斗堡垒。组织基层党务干部培训班2期,培训115人次。深入基层调查研究,坚持开展"一对一"帮建互动、面对面指导提高,领导干部基层党建联系点制度全面落实。持续深化红旗党支部创建,全年培树出1个省直机关、5个厅级"红旗党支部",3名个人、1个集体在省直机关"两优一先"评选受到表彰。

开展货运领域党建试点。8月以来,按照交通运输部统一部署,联合省委两新工委制定湖北省道路货运领域党的建设试点工作方案,推动武汉等7个市州、15家不同类型的货运物流企业,按照"一地一策、一企一案"思路,以建立健全党组织、维护好货车驾驶员权益、推动货运企业高质量发展为出发点,探索道路货运领域党建工作,新建立货运领域党组织27个,建成完善党群服务阵地27个,走访党员货车驾驶员216人次、慰问困难党员货车驾驶员160人,发放爱心礼包654个、慰问金16万元,收集并办理货车驾驶员诉求223个,试点工作取得阶段性成果。

参加党建引领基层社会治理。组织全厅系统党员干部落实"双报到、双报告"制度。编印工作手册,填写工作日志,组建对口联系社区工作队、突击队,建立机关、社区联系协商制度和下沉情况及时报告、通报机制,参加驻地党建大联盟,推动参与社区共建,助力社区治理,8月份组织760人次连续2周支援对口社区加强疫情防控。

(邱欣年)

【党风廉政建设】 加强统筹谋划。制定落实2021年全面从严治党主体责任清单,领导班子成员共明确责任清单6大项,细化任务清单43条,推动主体责任落细落实。印发《省交通运输厅贯彻落实〈中共湖北省委关于推进清廉湖北建设的意见〉的措施》,推动清廉湖北建设各项措施任务在交通领域落地见效。召开全面从严治党工作推进会,全面部署安排年度全面从严治党工作任务。厅党组会先后16次传达学习习近平总书记系列重要讲话精神、党中央和省委重要会议精神,研究部署落实全面从严治党工作,持续推动全面从严治党向纵深发展。

开展经常性纪律教育。持续深入开展党风廉政建设宣传教育月活动,推进党章党规党纪和监察法律法规学习宣传教育进机关、进学校、进基层、进家庭。深化以案促改、以案促治,编印《交通系统违纪违规案例选编(2021)》读本,分层分类发放到党员干部手中,开展有针对性的讨论、对照和自查,充分利用身边事教育身边人,引导广大党员干部职工引以为戒,警钟长鸣。各级党组织书记带头落实讲廉政党课要求,组织党员干部前往中国共产党纪律建设历史陈列馆等警示教育基地参观学习,观看省直机关"清风颂"廉政书画作品展,报送廉政书画作品6幅、廉政微视频1部,教

2021年3月10日,省交通运输厅召开党史学习教育动员会

育引导党员干部筑牢拒腐防变防线。

深化巡视整改和政治巡察。坚持把省委巡视问题整改作为落实全面从严治党主体责任重要内容，发扬钉钉子精神，持续跟踪督办省纪委办公厅督办函反馈的需要持续整改的15个问题。推动对厅直单位党委巡察全覆盖，组建巡察组进驻崔家营管理处、雅口指挥部，对2家单位开展政治巡察，及时介入重大交通项目廉政阳光工程建设，对苗头性、倾向性问题，及时提醒告诫、诫勉约谈；对发现的问题提出整改要求，督促限期整改到位，推动进一步补齐制度缺失，堵塞制度漏洞，扎紧制度笼子。

持续深入纠治"四风"。坚持"严"的主基调不动摇，持之以恒落实中央八项规定及其实施细则精神，制定省交通运输厅关于整治形式主义官僚主义、狠抓工作落实的实施方案，聚焦五大整治重点、四项整治措施，全面营造敢于负责、善于担当、务实重干的工作氛围。持续推进整治形式主义为基层减负工作，全年会议数比上年减少20%、监督检查考核事项减至2项。全面清理自查移动互联网应用程序、工作群、自媒体公众号等使用情况，坚决遏制指尖上的形式主义。紧盯传统节日等重要时间节点，下发通知重申严明纪律，持续对纠"四风"提前打招呼、发信号、提要求。加强对常态化疫情防控交通措施落实、"长江大保护"治理、优化营商环境等重点工作的监督，促进落实落地。

强化监督执纪问责。高度重视群众信访举报，及时自办、交办、转办和督办，全年收到信访举报55件，全部分类办理办结。组织厅直单位和厅机关504名科级干部全面排查廉政风险点，建立科级干部廉政档案，做好预警防控。协助驻厅纪检监察组开展纪律审查，全年处置问题线索6件、党纪处分9人次、政务处分1人次。践行监督执纪"四种形态"，立足抓早抓小，对有苗头性、倾向性问题的党员干部，提前提醒、督促整改。

（邱欣年）

【行业精神文明建设】 用特色活动载体培育核心价值。融入全过程宣传教育，组织全系统持续开展"中国梦·劳动美""爱岗敬业·明礼诚信"等主题实践活动，利用交通站点、交通工具和行业媒体及网站、微博、微信等新媒体，做好"图说中国共产党精神谱系""全国道德模范""时代楷模"公益广告和"中国梦"系列动画片视频刊播。推动全过程典型引领，广泛开展各类典型选树宣传学习活动，选树一批立得住、叫得响、树得牢的先进典型，组织参与做好"感动交通年度人物"与"最美"系列先进典型人物以及全国文明校园创建、全民阅读优秀项目等推选申报，完成交通运输系统第20届全国青年文明号推荐和往届全国青年文明号复核工作。

用推进文明实践弘扬时代新风。聚焦助力社区工作开展，在职党员按照"双报到""双服务"工作要求，主动认领服务岗位，开展社区文明城市宣传、政策法律咨询等共建服务活动。聚焦职工美好生活向往，持续组织参加省直机关迎新年全民健身，配合完成厅机关"职工之家"建设，配齐完备的职工健身器材，圆满组织迎新年竞步走、趣味运动会、"学党史、悟初心、庆三八"等活动。聚焦志愿服务活动，抓深抓实"日行一善、载德前行"志愿服务品牌，构建常态化"青年战疫志愿服务队""雷锋志愿服务队""党员志愿服务分队"，持续开展"爱国卫生大扫除 我为防疫出把力"等志愿者服务活动。

用文化成果擦亮行业品牌。围绕省委"建成支点、走在前列、谱写新篇"的重大发展战略，聚焦"开路先锋"使命担当，编制完成湖北交通运输行业精神文明建设"十四五"规划，发挥好行业精神文明建设对湖北交通运输"十四五"高质量发展的保障支撑作用。持续深入抓好"书香交通·文化同行"品牌创建，全年累计推送电子听书360余册，免费赠送推荐书籍43本，先后以"中国文化我读你听""以史为镜、以史明志，知史爱党、知史爱国""交通强国 先行有我"为题，组织主题读书分享会3期，线下参加人数450余人次、线上听众3000余人次，交通运输系统职工连续三年在省总工会、省直机关工委组织的演讲比赛中获一等奖。

（邱欣年）

【交通运输工会工作】 制定印发《2021年湖北省交通运输工会工作要点》。推树和获评一批先进集体和先进个人，获全国工人先锋号1个、全国模范职工之家1个、全国五一巾帼

2021年4月23日，省交通运输行业精神文明建设指导委员会主办"书香交通·文化同行"第10期读书分享会

党群工作和精神文明建设

推动职工书屋示范点建设

标兵岗1个、全国交通技术能手2名、全国交通运输行业职业技能大赛"优胜选手"3名,交通职工代表全省参加"中国梦·劳动美——永远跟党走、奋进新征程"全国职工演讲比赛决赛;获湖北省五一劳动奖状1个、湖北省五一劳动奖章2名、湖北省工人先锋号1个;获省级示范性职工(劳模、工匠)创新工作室1个、省级职工(劳模、工匠)创新工作室1个。省交通运输工会在2020年度全省工会工作"职工说了算"绩效考评和专项工作考评中获优胜单位。

开展系列教育活动。精心谋划安排系统性党史学习教育,厅党组成员、副厅长汪凡非,省总工会党组成员、副主席刘晓林专门为交通运输系统工会干部做党史专题报告。通过省总工会"你点我送"专家讲师团送教、工会干部培训班、职工大课堂等形式,广泛开展工会干部带头学、专家辅导学、读书征文学、知识竞赛学等活动,引导广大干部职工听党话、跟党走。以"中国梦·劳动美——永远跟党走、奋进新征程"为主题,在全省交通运输系统组织开展5月"学党史、感党恩、跟党走"主题征文演讲,评选一、二、三等奖6名。组织6月书画摄影比赛,收集作品123件。组织开展庆"五一"劳模专题宣传,专题报道"五一劳动奖章"获得者徐旺明等劳模事迹。组织申报"全国交通建设工匠""2021年感动交通年度人物"等系列推选宣传,组织参与全省"中国梦·劳动美——永远跟党走、奋进新征程"全省职工(网络)宣讲、清廉家庭建设主体实践等活动。

开展系列竞赛活动。会同有关部门制定《湖北省交通运输行业2021—2025年职工劳动和技能竞赛规划》,紧扣推进重大工程项目、群众性经济技术创新创效、"服务提质"劳动竞赛等8个领域。协调组织2021年全省职工职业技能大赛,联合省人社厅、省总工会、团省委举办全省交通运输系统"第五届'交通工匠杯'职工职业技能竞赛",在公路管理、运管物流、港航海事、地铁轨道等4个交通运输行业,组织举办全省公路系统养护工、运管物流系统机动车驾驶员培训教练员、港航系统流体装卸工和城市轨道交通调度员4个工种职业技能竞赛,挖掘和培树"交通工匠"15名、优胜能手31名,并择优组队参加第十三届全国交通运输职业技能竞赛活动。组织开展汉江雅口航运枢纽工程项目引领性劳动竞赛、全国道路运输安全行车百万公里驾驶员劳动竞赛等活动,7人被评为全国道路运输安全行车百万公里优秀驾驶员。

推进服务职工。开展"我为群众办实事"实践活动,以阵地建设作为满足职工新期待的有效抓手,在全省交通运输系统新建授牌厅级职工书屋6个、职工(劳模)创新工作室1个、职工(教育)培训基地1个、示范爱心母婴室2个。配合厅有关部门做好交通"职工之家"器材配置工作。着眼广大职工实际所需,在已建5个阵地基础上,进一步督促规范管理制度,

2021年9月30日,启动全省交通运输行业第五届"交通工匠杯"职工职业技能竞赛城市轨道交通列车司机技能竞赛

拓展服务功能，组织开展新发展阶段女职工创新工作室等阵地调研、参与"工会鹊桥"职工联谊等活动，提供包括心灵护航、劳动保护等更多常态性、精准性服务。落实好"冬送温暖、夏送清凉"活动，"两节送温暖"期间下拨慰问资金12万元，慰问春节坚守生产一线基层职工648人，夏季高温走访慰问一线职工968人；开展21名2020年度战疫、战洪、战贫劳模（先进）疗休养并召开座谈会，发出劳模（先进）倡议书，分批次组织1名全国劳模、1名省级劳模、2名优秀先进职工代表参加全国总工会、省总工会组织的劳模疗休养活动，走访慰问省部级劳模23人；坚持困难职工档案动态管理，春节前走访慰问困难职工13名，有针对性落实对湖北省交通运输系统困难职工送温暖补助发放2万元；落实好"职工爱心消费助农"活动，争取上级工会及配套资金20万元。

推进权益维护。研究部署网络货运驾驶员等交通新就业形态建会入会工作。组织开展全省道路运输货运物流企业建会和货运驾驶员入会情况调研，并召开市州交通运输部门工会工作座谈会，上报建会入会情况。推动县市区单独建会、联合建会、行业建会、区域建会等多种方式，扩大加入工会组织覆盖面。配合加强"司机之家"建设，帮助改善生产生活条件。面对疫情零星散发，建立厅直单位职工健康码每日上报机制，主动做好疫情防控期间职工健康管理工作。组织推进职工心灵护航加油站建设，配合开展交通改革时期矛盾纠纷排查化解工作。开展以2021年"安康杯"竞赛为载体的群众性安全生产和职业病防治工作，做好"交通安全日"宣传活动，为665名女职工购买安康团体重大疾病保险。持续推进以职代会为基本形式的民主管理工作，组织开展"聚合力 促发展"全省优秀职工代表提案评选活动申报，了解和收集职工诉求、征集提案，提高民主管理能力和水平。

推进治会管会。组织开展统计年报和全省交通运输系统产业工会组织体系状况调研并形成报告。组织工会主席培训班，通过专题培训、以会代训等多种形式，进一步加强对工会干部的严格教育管理。每季度向驻厅纪检监察组报告履行管党治党责任情况，以及常态化下沉社区参与基层社会治理，持续强化工会干部作风建设。坚持全面预算管理，首次将本级工会及厅直基层单位工会预算汇总并上报全国工会预算平台。宣贯财政部、全国总工会《关于做好〈工会会计制度〉贯彻实施准备工作的通知》等文件精神，先后对接交通工会财务核算方式调整、核定一般性转移支付补助金额基准数等事项，完成拨付2017年1—9月工会经费基层返款差额。紧盯看牢资产监管、询价采购等重点领域和关键环节，力求把更多经费用在为职工办实事、解难事上。

（张娟）

【离退休干部工作】 党建引领老干部工作。引导离退休老同志学习贯彻习近平总书记关于老干部工作的重要论述，多形式多渠道向广大老同志宣讲党的十八大以来党和国家事业取得的历史性成就、历史性变革，教育引导广大老同志坚决维护习近平同志党中央的核心、全党的核心地位。5月，组织老党员到英山县大别山革命历史文化陈列馆开展"学党史、听党话、跟党走"主题教育活动及参观农村"四好农村路"建设，引导老同志珍惜光荣历史、不忘革命初心、永葆政治本色。采取通报会、主题教育活动和座谈讨论等形式学习党史，利用老干部活动中心、宣传栏、微信平台等阵地，开展学党史活动，发挥老同志熟悉党史的独特优势，在学党史、讲党史、懂党史、用党史方面发挥示范带动作用，传承好、发扬好党的成功经验。6月，组织老党员到交通运输行业一线讲好初心故事，讲好交通故事，讲好党的优良传统和作风，讲好优秀传统文化，讲好先进典型事迹，讲好交通改革发展变化。

组织开展庆祝建党100周年活动。联合社区党支部邀请省委党校教授为老党员老干部讲党课；组织老党员老干部到英山、咸宁红色教育基地参观学习，接受红色教育；举办建党100周年党史知识竞赛、"峥嵘百年 与党同行"1921—2021年党史成就展、老干部"喜迎华诞 百年献礼"书画摄影作品展，回顾党的奋斗史、交通建设史，抒发老同志爱党爱国爱交通的情怀。"七一"前夕，组织开展走访慰问活动，举办庆祝建党百年文艺展演，并为121名"光荣在党50年"党员发放纪念章。充分发挥老党员、老干部优势，积极参与社区治理，整治社区环境、化解邻里纠纷、调解家庭矛盾，效果明显。响应省关工委号召，为随州特殊学校开展帮扶活动，组织引导老同志自觉自愿、量力而行，聚焦建设交通强省，为交通运输建设献计献策，增添正能量。

精准服务，各项待遇落实到位。加强老干部工作制度建设，先后完善离退休党支部学习制度，离退休干部处办公制度、服务制度、走访慰问制度，老干部活动中心管理制度等21项制度。落实涉老政策，落实好离退休

2022年6月，省交通运输厅离退休干部庆祝建党100周年大会，为"光荣在党50年"党员发放纪念章

党群工作和精神文明建设

2022年，组织离退休老党员老干部到英山红色教育基地参观学习

干部生活待遇，做好服务管理工作。努力为老干部多办实事好事，定期走访慰问离退休干部，重大节假日前对高龄、独居、生活困难、长期卧床、生病住院的老干部开展家访慰问，全年看望慰问老干部100余人次，为老干部办理特批用药20余人次，及时提醒报销医药费，每15天请新华医院医生上门开展问诊，每15天到医院为老干部取药。提供个性化、亲情化服务，开展健康知识讲座、手机摄影讲座、书画讲座、法律知识讲座，开办老干部歌唱班、模特班、手工制作班。

老干部活动场建设提档升级。多方筹措近20万元，对厅离退休第一党支部台北二路老干部活动中心进行改造升级，按照厅机关红旗党支部标准化建设统一标准，改造党支部活动室；利用第一党支部与桃源社区党支部开展共建改造部分活动场所；利用厅信息中心技术优势，改造活动中心信息化；利用工会职工书屋为老干部活动书屋新添价值1万元左右的书籍，合理利用预算经费，更新老干部活动设施及体育健身器材。积极争取硚口区委组织部支持对厅离退休第二党支部（交通小区）党员活动室进行改造升级，进一步优化活动环境。

打造让老干部信得过的工作队伍。围绕加强老干部服务工作，创新老干部工作思路开展调查研究。上半年，对公路事业发展中心、道路运输事业发展中心、港航事业发展中心、交通职业技术学院和信息中心老干部工作开展调研，通过对厅机关及厅直单位老干部工作的调研，探索做好老干部工作的新思路。加强老干部工作部门自身建设。老干部工作是一项政治性、政策性很强的工作，责任重大。要为老干部工作人员进步成长创造条件，提高老干部工作者政策运用、管理服务、沟通协调、开拓创新的能力，努力建设一支讲政治、重感情、业务精、作风好、老同志信得过的老干部工作队伍。进一步加强对厅直单位老干部工作组织领导、人员配备、经费安排以及经常性工作督促检查，确保工作有人管、事情有人办、经费有保障。

（胡树江）

【交通宣传报道】 交通宣传围绕厅党组中心工作，做到立足行业、服务人民，增强新闻报道和舆论引导的针对性、有效性，巩固宣传思想主阵地。传播交通好声音，唱响交通主旋律，为湖北加快"建设交通强国示范区，打造新时代九省通衢"营造良好的舆论氛围。

1. 做好湖北交通宣传报道。庆祝建党100周年期间，全程报道省交通运输厅建党100周年大会、报道省交通运输厅"礼赞一百年 颂歌献给党"主题活动。会前撰写通稿邀请省内媒体记者，全程摄影摄像留存资料；会后组织在《湖北日报》《湖北画报》发表《湖北交通党史学习教育——"走实"更"走心"》等多篇通讯文章，并同步在省内各大主流媒体发表多篇文章。

重点聚焦"十四五"开好局起好步。重点围绕全省交通运输系统"坚决打好疫后重振民生保卫战经济发展战"的要求，统筹抓好疫情防控和行业发展，充分发挥交通运输在"六稳""六保"大局中的支撑作用。在《中国交通报》《湖北日报》发表头条文章《引领中部 辐射全国 通达世界 湖北综合交通运输布局"3239"》《湖北交通固定资产投资 一季度完成逾200亿元》《湖北111个交通重大项目集中开工 交通托底 幸福升级》《湖北深层次整合全省港口资源 抱团协作打造千亿级港口企业》《武汉1+8城市圈织密水陆空交通网 九城一家 越走越亲》，全方位展示湖北交通开好局起好步。

精准展示交通脱贫攻坚成果。按照厅党组工作安排，厅宣传中心派专人到洪湖市万全镇黄丝村驻村工作队开展脱贫攻坚工作。同时，多次到黄丝村工作队深度采访交通行业抓脱贫攻坚的做法，报道工作队发展产业扶贫，写出《清水脱贫蟹 黄丝好风光》一文。报道工作队扶贫帮困，写出《找准"穷根子"，下准"药方子"》一文。反映工作队让老百姓从"要我富"转变成"我要富"的工作成效。新闻稿多次在《中国交通报》《湖北日报》等媒体刊发。

大力弘扬先进典型传递正能量。采访全国脱贫攻坚先进个人罗田县农村公路管理局局长张志强，报道他跑遍413个建制村用脚步丈量"脱贫路"的奋斗足迹。采访全国脱贫攻坚先进个人通山县交通运输局局长刘兴美，报道他拼智拼力修通"民心路"，让修路成为脱贫攻坚硬支撑的光辉事迹。采访湖北省道德模范随县殷店公路管理站职工王何林，报道她继承父志，扎根山区，十几年如一日照料病重养父母的感人事迹。这些先进典型集中反映交通人可贵的思想品质。

全力对接做好"沿着高速看中国"服务保障。"沿着高速看中国"主题宣传活动开展以来，专人负责对接相关媒体、联系相关单位、做好服务保障工作。活动启动前，修改完成"沿着高速看中国"湖北行动方案，得到中央媒体认可。后续宣传中，体现特点，突出重点。在多次接待中央媒体时，克服疫情和天气等不利因素，推荐具有湖北交通行业特色的拍摄内容，全心全意做好服务保障工作。在设计拍摄高速公路线路的同时，联系路政人员落实好安全保障工作，确保整个主题宣传活动期间拍摄相片和视频安全。"沿着高速看中国"主题宣传活动期间，对接服务保障《人民日报》、新华社、《光明日报》《经济日报》《中国日报》、中央人民广播总台、中新社、《工人日报》等各类媒体记者。

及时跟进综合交通新进展。《湖北省综合交通运输发展"十四五"规划》出台。以此为契机开展综合交通宣传，重点围绕三枢纽、两走廊、三区域、九通道为主要内容的综合交通网络空间总体布局，重点关注铁路、水运、公路、航空、邮政重大节点性工作，着力开展多式联运发展成就，高度关注铁路、航空、邮政发展的新动向、新成就。全年在湖北电视台、《湖北日报》《湖北画报》推出专题深度报道，展示综合交通发展成就。

密切关注公路危桥改造"三年消危"行动。密切跟进全省危旧桥梁改造热点，重点报道荆州、潜江、黄冈、随州等地危桥改造成绩，以点带面，宣传各地标准化设计、工厂化预制、装配化施工、"国家队"入场、信息化管理等特点。展示湖北建设精品桥梁，保证通行安全，进一步提升老百姓幸福感、获得感。

2. 扩大湖北交通影响。每月与《中国交通报》编辑联系沟通策划重点，通过行业新闻宣传主阵地《中国交通报》，相继组织策划和撰写反映交通抗疫、复工复产交通先行、交通项目开门红、"六稳""六保"等文章，全面展示湖北交通形象。全年在《中国交通报》发稿近300篇，湖北站被《中国交通报》评为优秀记者站，厅宣传中心主要负责人被评为"十佳记者"。与《湖北日报》合作开辟交通行业版，与湖北电视台合作，在新闻频道开辟"荆楚大交通"专栏。指派专人负责行业版和"荆楚大交通"期间，做到月月有重点、期期有主题、篇篇有特色。编辑出版《湖北交通新闻》50期、《湖北交通》杂志4期、各类稿件3000余篇，完成会议报道100余次，拍摄宣传照片。

注重宣传队伍建设。组建"交通记者宣传QQ群""交通铁记微信群""湖北交通通联群""湖北交通网评员联络群"，长期联系《人民日报》、新华社、《湖北日报》、湖北电视台、《湖北画报》、948交通广播、荆楚网、省政府门户网、《楚天都市报》《农村新报》等媒体记者，建立良好合作关系。同时，加强与市州县交通运输系统通讯员沟通对接，组织年度通讯员通联会议，组建培养一支稳定的通讯员队伍。

搭建融媒体平台，广泛争取支持。利用好《中国交通报》、办好"湖北交通新闻"专栏、《湖北交通》杂志、厅门户网新闻栏目、长江云交通新闻栏目、湖北交通微信、湖北交通新闻微信，办出省交通运输厅融媒体。主动联系各市州做好本地区宣传策划，确保全省各地交通运输行业的重大事件、工作亮点、宝贵经验、典型人物，得到及时有效宣传，进一步提升交通运输行业在全社会的影响力。

(方庆)

调查研究

交通运输促进物流业降本增效的现状与对策

湖北省交通运输厅　朱汉桥

物流涉及生产、销售、运输、保管、仓储、配送、管理等多个环节，具有点多、线长、面广、系统性等特点，涉及发改、商务、经信、供销、邮政等部门职能，是典型的复合型产业。推动物流业降本增效，对于畅通经济循环、提升产业竞争力具有重要作用。实现物流业降本增效关键在于实现物流全链条成本最低、效率最高，与本地区经济发展水平相适应。交通运输是物流业重要环节，深入研究交通运输如何在促进物流业降本增效中更好发挥作用，具有重要意义。

一、我省交通运输促进物流业降本增效工作取得一定成效

据统计，2019年我省社会物流总费用占地区生产总值的比重为14.26%。与全国比较，低于全国（14.7%）平均水平0.44个，居全国第九。与周边比较，低于安徽（14.9%）、湖南（15.1%）、江西（16.3%）、山西（17.8%），高于河南（13.6%），居中部六省第二。与发达地区比较，高于江苏（13.8%），与浙江（14.33%）基本持平。在2019年我省社会物流总费用中，运输费用占比52%，略低于全国（53%）平均水平，低于周边安徽（74.7%）、重庆（62.1%）等。总体上看，我省物流业呈现稳中向好发展态势，交通运输在促进物流业降本增效中发挥了积极作用。

（一）交通物流通道日益完善。完善畅通、配套衔接的物流通道基础设施是促进物流业降本增效的基础。"十三五"以来，主通道不断延伸，全省综合交通网总里程突破31万公里，其中铁路营业里程5259公里，航道通航里程8667公里，公路里程突破29万公里，公路总里程、高等级内河航道总里程位列全国前三，实现了市市有铁路（神农架在建）、县县通高速公路、镇镇通二级路、村村通硬化路。通道网络不断健全，"九纵五横三环"高速公路骨架网基本形成，普通国省道二级以上公路比例达85%。"五纵三横"铁路通道全面建成，以武汉为中心的"米"字形高铁网逐步形成。长江6米深水航道已经建成，武汉实现万吨级船舶通达。航空"双枢纽、多支线"布局基本完成。枢纽节点不断加密，全省有物流园区218个，形成了"各市州建有物流枢纽、各县市建有物流中心"的节点布局。农村物流三级物流体系基本形成，建成农村综合运输服务站433个，快递网点乡镇覆盖率100%。

（二）交通物流组织水平逐步提高。集约高效、经济便捷的运输组织是促进物流业降本增效的关键。"十三五"以来，运输结构持续优化，深入推进运输结构调整三年行动，积极引导大宗货物运输"公转铁、公转水"，2020年公路、水路、铁路运输在综合运输中的比重依次是69.65%、26.63%、3.71%，与2019年同期相比，分别下降10.35%、上升9.05%、上升1.49%。国际运输组织取得突破，先后开通武汉天河国际机场直飞卢森堡、芝加哥等5条全货运空中航线，武汉至上海洋山港航线天天班成为长江中上游地区通江达海的优质航线，武汉至日本关西首条集装箱江海直达航线开通。多式联运加快发展，5个多式联运项目列入国家示范工程，数量位居全国第一。8个甩挂运输试点项目完成竣工验收，开通试点线路18条，试点企业货运车辆降低成本15%以上，效率提高约30%。网络货运发展迅猛，2020年全省28家网络货运企业共集约实际承运车辆26万辆，设置服务网点626个，有效降低回程空载率，实现了货源与车源的集约整合。

（三）交通物流发展环境显著改善。放管并重、便民利民的管理服务是促进物流业降本增效的保障。"十三五"以来，"放管服"改革不断深入，全面推行网上审批，一事联办"我要开物流公司（货运）"上线实施。出台《关于促进道路货运行业健康发展的八条意见》，实施本省籍道路货物运输车辆异地年审和安检、综检、环保检"三检合一"等政策，切实减轻道路货运经营者负担。通行费用减免力度大，调整货车通行费计费方式，同时实行高速公路差异化收费，先后9次出台政策降低运输成本。"十三五"期累计减免高速公路通行费超300亿元。智慧服务有所突破，省港口集团"云上多联"智慧供应链综合服务平台一期投入运行，武汉航运交易所航运交易综合信息服务平台持续发布武汉出口集装箱运价指数等航运指数。

二、我省交通运输促进物流业降本增效短板弱项

虽然交通运输在促进物流业降本增效中取得了一定成效，但仍然存在短板弱项，有较大提升空间，主要体现在：

（一）硬联通不够。随着我省经济社会快速发展，货物运输量迅速增长，京港澳高速公路湖北段等部分国家高速公路主通道瓶颈问题开始显现，106国道黄石大冶市区段等国省干线城镇路段拥堵加重。少数跨省市地区还存在断头路，如宜张高速公路鄂湘省界尚未打通。长江武汉至宜昌段航道整治工程受环保等要素制约进展不够快，三峡船闸通行能力达到极限，影响长江黄金水道功能发挥。铁路专用线进港口、进大型工矿企业和物流园区比例还不够高。

（二）软衔接不足。各种运输方式衔接仍有不足，运输结构优化仍需加大调整，公路运输占比约70%，推进大宗货物运输"公转铁、公转水"仍有较大空间。省内港口、机场、口岸、铁路及物流园区、货运站场等信息系

统功能较为单一,信息交互共享不够,承运人难以对客户提供"一站式"服务。运输装备和技术水平不够高,在集装箱化率、装备自动化等方面还有较大提升空间。

(三)大主体不多。交通物流行业经营主体多、规模小、集约化程度低,龙头企业较少,多式联运承运人体系发展不成熟,组织水平和运行效率还有待提升,有效整合资源、组织联程运输的难度较大。政府对市场主体的培育力度有待进一步加强,在政策支持、金融扶持、营商环境保持等方面需要找准问题、对标先进、开拓创新。

三、加快我省交通运输促进物流业降本增效对策建议

坚持以"思想破冰"引领发展突围,更好发挥湖北"得中独厚"区位优势和"得水独优"资源禀赋,以更密联通的交通运输基础设施为基本支撑,以更优功能的集疏运通道为重要保障,以更高效率的多式联运体系为建设重点,全方位促进全省物流业降本增效,力争走在中部地区前列,助力我省打造发展环境最优、投资吸引力最强的"洼地",为我省加快发展内陆型经济、建设成为中部地区崛起重要战略支点提供有力支撑。

(一)破"基础设施不优"之冰,突"结构性降本增效"之围。一是完善大动脉。围绕全省"一主引领、两翼驱动、全域协同"区域产业布局,加快构建"3239"(三枢纽、两走廊、三区域、九通道)全省综合交通运输布局,逐步破除通道瓶颈,打造现代化综合交通运输体系,加速融入"全球123快货物流圈"(国内1天送达、周边国家2天送达、全球主要城市3天送达),为打造国内大循环重要节点和国内国际双循环战略链接提供基础支撑。二是畅通微循环。打通"断头路",着力解决"最后一公里"问题。协调推进公路、铁路与机场、港口、货运枢纽、物流园区有效衔接,实现全省长江干线主要港口全面接入铁路,提高铁路在港口集疏运中的比重。着力推进核心港区和重点港区的疏港公路建设,实现二级及以上公路高效联通。三是优化点布局。着力构建以武汉为核心的国际性综合物流枢纽,以襄阳、宜昌为支撑的全国性综合物流枢纽,以黄石、鄂州、荆州、荆门、十堰、咸宁等为多中心的区域性物流枢纽,形成"一核双极多中心"物流枢纽体系。加快全省港口资源整合后的优势发挥,进一步突出港口节点的枢纽作用。

(二)破"信息整合不足"之冰,突"技术性降本增效"之围。一是信息共享化。打破信息壁垒,推动我省口岸、航运、港口、铁路、公路、水路信息平台建设和互联,实现运输方式、运输工具、运输组织数据等信息共享。打造智慧物流云平台,整合物流站场和物流企业运行信息,构建智慧化物流决策运作体系,促进发展"互联网+"高效物流。二是设施智能化。协调推动物流基础设施智能化改造,推动智慧园区、无人仓等新型物流设施发展。建设智能化立体仓库、智能化码头装卸设备。推动无人机、无人配送车等在物流配送领域规模化商业应用。三是装备标准化。推广使用标准化基础装载单元,重点推进多式联运专用运输装备标准化,支持使用大型化、自动化、专业化、集约环保型转运和换装设施设备。

(三)破"服务质量不高"之冰,突"管理性降本增效"之围。一是创更优环境。继续深化"互联网+政务服务"改革,推动落实"一网通办、一窗通办、一事联办"。对交通物流企业在建设用地、税费减免、贴息贷款等方面给予支持。及时将物流建设用地纳入城乡规划和土地利用总体规划,并优先保障供应。针对多式联运、航线开辟培育、园区建设等物流核心环节项目出台资金补助政策。二是创新业态。深入推进无车承运人试点,提升无车承运人资源整合能力,鼓励货运输经营者加入无车承运人平台。支持国内国际大型物流企业在湖北设立区域总部或分公司,鼓励物流企业开展跨区域网络化经营。加快城乡交通运输一体化建设,推进农村客、货、邮融合发展。三是创高效联运。继续推进多式联运示范工程建设,以重点港口码头、铁路沿线货运场站、大型公路货运枢纽为节点,谋划布局一批联运项目。推动多式联运"一单制",鼓励企业在全程"一次委托"、运单"一单到底"、结算"一次收取"服务方式上先行先试。

关于公路工程磷石膏综合利用的调研报告

湖北省交通运输厅　姜友生

我省磷矿资源丰富,磷矿资源保有储量、年开采量、磷化工产业规模、磷肥产量均居全国第一;磷石膏是生产磷肥的副产物,我省是磷石膏产生大省,截至2020年底,堆存量约2.96亿吨,占全国一半以上,增量为2000万吨/年,消化800万吨/年,资源消耗量、环境承载能力都面临着严重的压力和挑战。2016年,中央第一轮环保督察指出我省存在磷石膏污染控制不力的问题,2021年,中央第二轮环保督察再次通报我省"推进磷石膏资源化综合利用不力"和"磷石膏库渗漏严重污染环境"等问题。

针对磷石膏的综合利用问题,省委、省政府主要领导多次作出批示,强调要结合中央环保督察整改,采取有力措施,着力走出一条磷石膏系统治理、综合治理、协同治理的新路,推动生态文明建设、经济社会高质量发展。省委、省政府办公厅出台了《关于加强磷石膏综合治理促进磷化工产业高质量发展的意见》,省人大通过了《湖北省磷石膏污染防治条例》,明确了磷石膏污染防治和综合利用的要求,充分说明磷石膏综合利用是当前一项重要、迫切的政治任务和重点工作。

为贯彻省委、省政府的有关工作部署,近期,对我省公路工程磷石膏综合利用试验研究及相关产业发展存在的困难和问题开展了专题调研,提出了下一阶段工作的思路。

问题一:磷石膏试验研究尚处于起步阶段,成果需进一步总结。

我省自2003年襄荆高速公路建设开始磷石膏应用试验研究,主要方向是将磷石膏应用于公路基层,据不完全统计,截至2022年10月,已完成和正在建设的磷石膏公路基层试验段共计15条,总长度13.925公里。调研发现,试验应用过程中主要存在以下问题:

技术路线多、规模偏小。目前我省磷石膏试验应用于公路基层的主要技术路线有:80%~90%掺量纯磷石膏-固化剂体系、15%掺量磷石膏复合稳定碎石基层体系、过硫磷石膏水泥稳定磷石膏轻集料基层体系3种。从单条试验段长度来看,其中试验段长度小于200米的7条(数量比46.6%),长度超过1公里的6条(数量比40%)。从试验段技术路线来看,过硫磷石膏水泥稳定磷石膏轻集料基层试验段1条,长度1.2公里,占全部试验段里程的8.6%;80%~90%掺量纯磷石膏-固化剂基层试验段9条,长度7.925公里,占全部试验段里程的56.9%;15%及以下掺量磷石膏复合稳定碎石基层试验段5条,长度4.8公里,占全部试验段里程的34.4%。各技术路线试验段总体规模偏小,试验过程也缺少统一的评价标准,既不利于不同技术路线的充分试验,也不利于掌握真实可信的试验结果。

应用时间较短、跟踪观测不足。虽然磷石膏在我省公路建设中的试验应用起步较早,但是大部分试验段建设时间较晚,据统计,15条磷石膏基层试验段中,从建设时间上看,2020年以后建设的路段共11条,占比73.3%。

磷石膏应用于公路基层中主要受到交通荷载、环境(水、温度)因素影响,需要经过较长时间的跟踪观测,来验证其耐久性是否满足公路实际使用要求。同时,由于磷石膏中含有氟化物、重金属等有害物质,也需要通过路域环境的检测监测,来验证长期使用过程中对周边环境(水体、土壤)的影响。而目前的磷石膏基层试验段中,仅个别项目进行了路用性能、环境性能的跟踪监测(例如宜都225省道磷石膏基层试验段)。缺乏长期跟踪观测结论,使相关磷石膏综合利用技术的能否推广暂未形成结论性意见。

部分磷石膏试验应用专业化水平不足。随着国家和我省对磷石膏综合利用的日益重视,越来越多的企业、科研院所和高校,积极投身于磷石膏综合利用技术的研发和推广之中。调研发现,部分项目磷石膏试验应用过程中,存在门槛低及在基础理论研究不深入、缺少完善的试验应用方案、设备及后续检测监测投入的情况下盲目试验等问题。

问题二:磷石膏综合利用产品技术体系尚未建立,规模化推广面临困难。

在我省乃至全国范围内,磷石膏综合利用技术尚处于起步阶段,还有许多技术问题需要解决,磷石膏在公路建设中的规模化应用,急需建立完善的技术体系和质量标准。

尚无针对路用磷石膏的准入标准。我省磷化工产业主要集中在襄阳、宜昌、荆门、孝感(大悟)、黄冈(武穴)、荆州等地,据统计,全省有磷化工企业108家、磷石膏库37座,其中88%左右是中小企业。不同磷化工企业的生产设备、工艺、质量控制体系等各不相同,产生的磷石膏废渣主要成分、有害物质种类、含量等也存在较大的差异,例如部分中小企业生产设备及工艺落后,且尚未建立无害化处理装置或者措施,新产生的磷石膏中有机物、氟化物等有害物质超标。

目前磷石膏虽然有国家标准,但适用范围主要针对磷石膏建材(建筑石膏板、抹灰砂浆等),而公路工程面临的应用条件、使用环境存在显著差异,需要制定相应的路用磷石膏的质量要求、准入标准,以更好满足交通行业实际需要。

尚无完备的标准体系。将磷石膏应用于公路基层是目前的主要研究应用方向,涉及多种技术路线。根据调研,目前仅有磷石膏复合稳定碎石基层体系和过硫磷石膏水泥稳定基层体系制定了相应的团体标准,分别为《公路磷石膏复合稳定碎石技术规范》和《道路过硫磷石膏胶凝材料稳定基层技术规程》,对相关技术的试验应用起到了一定的指导作用,其他技术路线尚未形成标准。尚未出台磷石膏公路基层应用相关全国或者地方标准,对磷石膏基层的设计、施工、质量控制、环境安全评价等各环节没有相应的规范和支撑,规模化推广难度大。

问题三:磷石膏产品经济性有待提高。

现阶段,磷石膏在我省公路工程的综合利用,以磷石膏基层为主,技术路线多,企业主体多,市场容量有限。现有项目以试验段应用为主,规模小,建设成本较高,往往面临建设单位不愿意用、施工单位阻力大、磷石膏综合利用技术开发企业"吃不饱"的状况,相关单位积极性不高。

以磷石膏公路基层应用为例,与传统水泥稳定碎石基层相比,采用纯磷石膏-固化剂体系和磷石膏复合稳定碎石基层体系,应用磷石膏基层时,需对施工企业原有设备进行改造,并配合使用专用固化剂或者外加剂,增加工程造价;采用磷石膏轻集料水泥稳定基层体系,一方面,需使用专用过硫磷石膏水泥胶凝材料,需单独加工,另一方面,虽然磷石膏轻集料出厂价格与普通石料基本相当(或者略高),但其价格受运距影响较大,当项目所在地盛产石料或者运距较远时,价格增加较大。

同时,2021年我省出台文件,对磷石膏综合利用企业实施激励政策,具体标准为"对使用磷石膏做路基材料的施工企业,按每吨10元给予奖补""支持磷石膏制品及应用标准制定,每主导制定1个磷石膏综合利用产品技术规范或团体标准、地方标准的,给予50万元奖补"等,相关奖补政策在实施过程中难以落实,对磷石膏综合利用产品的经济性也带来一定的影响。

针对上述情况,结合中央环保督察整改和省委、省政府关于磷石膏综合治理的总体要求,提出下一阶段工作的思路:

一是开展技术评估。针对不同磷石膏基层技术路线试验室研究成果和实体工程试验段效果开展分析评估,筛选相对成熟的技术路线,适度扩大应用试验规模,加强路用性能和环境安全性跟踪观测,为后续规模化推广提供真实有效的数据支撑。

二是完善标准体系。梳理现有公路工程磷石膏技术标准,鼓励和支持磷石膏综合利用企业、科研院所以及相关行业协会,在技术攻关的基础上,围绕磷石膏综合利用,开展相关产品质量和应用标准的制定工作。形成设计、施工、检测、验收、使用和维护全过程的磷石膏公路工程技术规范和标准体系。

三是落实激励政策。积极争取国家、省磷石膏污染治理相关政策、资金落实落地,将符合条件的磷石膏试验研究课题优先纳入厅科技项目计划,按最高标准给予补助,鼓励企业加大研发投入,不断通过科技创新,提高磷石膏综合利用技术水平和产品性价比,增强市场竞争力。

四是加强宣传引导。及时总结并发布公路工程磷石膏试验研究及应用方面取得的成功经验和做法,通过典型示范项目的宣传促进磷石膏在公路工程中的试验研究和推广应用。

推进全省道路货运领域和网约出租汽车行业党建工作的调研与思考

湖北省交通运输厅　汪凡非

近年来，随着网络平台兴起，网络货运驾驶员和网约车驾驶员作为新业态就业群体之一，人员数量众多，其所在的道路货运领域和网约出租汽车行业是综合交通运输体系的重要组成部分，是国民经济发展重要的基础性服务业，已成为党的建设和群众工作的重要阵地。2022年以来，省交通运输厅持续深化道路货运领域和网约出租汽车行业党建工作，并成立调研组，采取线上媒介收集、召开座谈会、实地蹲点调研、面对面访谈、发放调查问卷等方式，深入行业企业跟踪了解情况，分析解剖问题，总结经验做法，提出对策建议，形成调研报告。

一、抓好道路货运领域和网约出租汽车行业党建工作的重要意义

1. 抓好道路货运领域和网约出租汽车行业党建工作，是贯彻落实党中央指示批示精神的重大政治任务。 2021年6月，中央组织部部署开展新业态、新就业群体党建工作试点，主要包括快递员、外卖送餐员、网约车驾驶员和货车驾驶员四类新就业群体。2022年初，中央组织部认真总结试点地区的经验，在全国面上大力推进新业态、新就业群体党建工作。2022年省委和交通运输部的系列重要会议，均对网约车驾驶员、货车驾驶员党建工作进行了重点要求，并明确了交通运输主管部门抓行业党建的责任清单。中央要求开展道路货运领域党的建设试点工作，目的是要组织好、服务好、凝聚好货车驾驶员这一群体，把党的全面领导贯彻到最基层、把党的声音和关怀传达到每个货车驾驶员，引导他们听党话、跟党走，进而巩固党长期执政的群众基础。

2. 抓好道路货运领域和网约出租汽车行业党建工作，是贯彻落实党的二十大精神的重要举措。 长期以来，我们党把坚持党的领导作为抓好党的事业的根本前提，把加强党的建设作为推动事业的根本保证，党和国家事业始终保持了正确发展方向和强大发展动力，不断从胜利走向胜利。党的二十大报告将"坚持和加强党的全面领导"作为前进道路上必须牢牢把握的五大原则之首，强调要"把党的领导落实到党和国家事业各领域各方面各环节"，并指出"严密的组织体系是党的优势所在、力量所在"，并对"增强党组织政治功能和组织功能"作出新的全面部署，要求"加强新经济组织、新社会组织、新就业群体党的建设"。毫不动摇地坚持和加强党的全面领导，发挥好党组织把方向、管大局、保落实作用，重点在加强党的政治领导、思想领导和组织领导上下功夫。一方面，要确保道路货运领域和网约出租汽车行业每一项规定制定、决策部署及任务落实都必须体现党的全面领导；另一方面，要在道路货运领域和网约出租汽车行业推进党的建设和党的工作全覆盖，充分发挥基层党组织战斗堡垒和党员先锋模范作用，让党的全面领导成为实践必然。

3. 抓好道路货运领域和网约出租汽车行业党建工作，是推动道路货运领域和网约出租汽车行业稳定健康发展的重要保障。 道路货运领域和网约出租汽车行业群体，劳动关系特殊，经营流动性大，管理服务制度仍不完善，合法权益难以得到有效保证，近年来也出现了损害驾驶员权益的问题，也暴露了对驾驶员教育管理缺位的问题。要解决好这些问题，关键在于抓好行业党建，把组织建起来、把党员聚起来、把管理强起来，把党建融入行业管理服务之中、融入企业生产经营之中，通过发挥党组织的战斗堡垒和党员的先锋模范作用，凝聚服务广大驾驶员群体，维护良好市场秩序。在工作实践中，很多企业认识到"党建做实了就是生产力、做强了就是竞争力、做细了就是凝聚力"，真正做到党建引领企业健康、规范、可持续发展。

二、全省道路货运领域和网约出租汽车行业党建工作实践

1. 聚力解决行业党建工作"谁负责"问题，抓好"体制机制探索"，道路运输行业党建工作格局逐步完善。

一是加强组织领导。根据省委两新组织2022年党建工作重点任务安排，省交通运输厅于4月13日印发《关于深化道路货运领域和网约出租汽车行业党的建设试点工作的通知》，4月15日召开试点工作推进视频会议，对深化行业党建工作进行了全面安排部署。5月，明确3家重点网约车平台企业，成立1个由厅领导任组长的工作专班，每月实地调研督导。8月26日，省交通运输厅成立湖北省道路运输行业党委，负责指导推动全省道路货运领域和网约出租汽车行业党建工作。各市州交通运输局也先后成立工作机构及相应工作专班，制定工作方案，武汉等8个市州已成立行业党委，指导推动行业党建相关工作。

二是完善工作机制。坚持"地方党委统一领导、组织部门牵头抓总、属地党委具体负责、企业发挥主体作用、行业部门指导协调"的工作思路，各市州交通运输局统筹整合工作力量，坚持业务切入和党务融入有机结合，属地管理和行业管理双重发力，探索建立道路货运领域和网约出租汽车行业党建工作组织体系。坚持省、市(州)、县(区)三级联动，各级交通运输主管部门主动担责，牵头主抓，对标看齐省委两新工委印发的工作责任清单以及省厅印发的深化试点工作通知要求，按照"一地一案、一企一策"原则，科学制定推进工作的责任清单、任务列表，明确责任领导、责任部门、完成时限，照单推进、紧盯不放、一

抓到底、抓出实效，切实把党的组织、党的工作覆盖到道路货运领域和网约出租汽车行业的各方面全过程。

2.聚力解决党组织"怎么建"的问题，抓好"方式方法创新"，道路运输行业党组织覆盖面不断扩大。

一是摸清行业党建底数。各地主动融入属地党建工作，以交通物流园区、货运平台企业、传统道路货运企业、网约车平台企业为责任主体，采取线上线下双结合的方式，通过交通运输部门微信公众号、物流公共信息平台、微信群、门户网站等平台，密集发布党员驾驶员"召集令"，共同向驾驶员群体"喊话"，号召党员驾驶员加入党员交流群，主动向党组织报到，同步做好党员身份核实等工作，建立道路货运领域和网约出租汽车行业党建工作台账。截至目前，全省共摸排道路货运领域企业1039家、货车驾驶员21.5万人、党员货车驾驶员2061人；共摸排网约车平台在湖北注册的分支机构105家，摸排"双证"合规网约车驾驶员人数2.6万人，其中党员网约车驾驶员479人。

二是推进党组织应建尽建。针对平台企业组织架构变动频繁、持续铺点建网以及一些头部企业总部不在湖北的实际，按照应建尽建、应管尽管的原则，在坚持属地化管理的同时，推动落实企业主体责任，指导企业把党组织延伸到业务板块、分支机构、项目团队、基层网点等；平台企业根据不同群体的工作方式、活动半径、特定需求，采取单独组建、联合组建等灵活方式，实现党组织应建尽建。截至2022年底，经摸排统计的道路货运领域相关企业中，建立有各类基层党组织294个，其中党委18个、总支17个、支部259个，2022年以来新成立党组织17个。网约车平台在湖北注册的分支机构中，共建立有23个党支部，2022年以来新成立基层党组织5个。

3.聚力解决党建工作"力量弱"的问题，抓好"党建基础保障提升"，道路运输行业党建工作能力水平得到提升。

一是选派党建指导员。各地采取派驻"第一书记"或"党建指导员"、聘任党建工作骨干、领导挂钩蹲点帮建，以及分类举办重点企业党组织书记培训班等形式，加强对企业的指导督导。武汉市派专职党建指导员7名、兼职98名，覆盖302家企业。宜昌市向6家网约车企业分别派出党建指导员，鄂州市、仙桃市、天门市等市采取"部门配合、企业联动"的方式，选派一批党务工作经验丰富、熟悉党组织管理工作的党员到驾培、出租汽车、货运等行业担任党建工作指导员，推进驻企指导全覆盖。

二是推进组织生活常态化。各级交通运输管理部门把推动党的建设的制度化、规范化运行作为工作重点，推动企业党组织建立健全党员教育管理、民主评议党员和党员联系群众制度等，探索创建线上线下组织生活平台，推行"微信群、微课堂、微党课"，确保组织生活正常开展。荆州市搭建"荆州交通服务平台"公众号，开通"流动党员信息收集"小程序。孝感市6家新业态企业党支部通过创建微信公众号、企业小程序、开发党建App等形式，将党员活动室建在"云"上，开设"党员学习云上课堂"，通过线上线下两个平台便捷化开展行业党建工作。

4.聚力解决党组织如何"起作用"的问题，抓好"两个作用发挥"，为企赋能工作机制不断完善。

一是组织推动党员亮身份作示范。结合货运行业和网约车行业党员驾驶员分散、时间不固定、流动性大等特点，拓宽党组织和党员作用发挥途径，积极开展支部亮旗帜、党员亮身份、车辆亮标识、服务亮承诺活动。武汉市坚持线上线下同步组织开展"党员亮身份"活动，十堰市在网约车平台企业开展"看、比、学"活动，对每月投诉少、品质服务好的网约车驾驶员进行表扬奖励。滴滴出行、T3出行、斑马快跑、吉汽约车等平台企业，在2022年高考期间积极组建"爱心护考"志愿服务队，免费接送考生往返考场。万顺叫车宜昌分公司组建党员退役军人服务车队，长期免费接送社区内行动不便的老人、军人和烈士家属。

二是发挥企业党组织政治引领作用。襄阳市在试点企业推进企业党组织与管理层共学共商机制，采取一家企业一个专属实施方案的模式，制定共学共商实施方案和企业党组织定期向上级党组织和行业管理部门报告重大事项操作方案。黄石市引导新就业群体积极参与美好环境与幸福生活共同缔造活动，发挥驾驶员职业优势，利用该群体走街串巷、熟悉所负责区域的特点，把驾驶员变为社区"宣传喇叭""民情前哨""流动探头"，让"行业小群体"融入"基层大治理"。鄂州市鼓励支持道路运输企业积极服务创建全国文明典范城市活动，动员企业党员参与道路交通协管等志愿服务工作。

5.聚力解决驾驶员群体"急难愁盼"问题，推进"我为司机办实事"活动，行业党建凝聚力不断增强。

一是畅通诉求表达处理机制。各地积极推动建立完善企业党组织和企业管理层会商事关司机群体权益保障重大问题工作机制，建立"党员驾驶员—党支部—企业+属地上级党组织+行业主管部门"诉求表达与处置机制，形成诉求从收集到分析、研判、解决、反馈的闭环，推动解决集中性合理诉求，维护从业人员合法权益。各地各企业探索制定了《道路货运领域投诉处理工作联席会议制度》《道路货运领域诉求处理工作办法》等，广泛开展"征集意见建议""你说我办"活动，让驾驶员诉苦有地方、维权有渠道。荆门市建立了"驾驶员诉求、党员牵头、行业入账、部门领办"的闭环办理机制。

二是优化道路运输政务服务。省交通运输厅面对常态化疫情防控对道路货运发展提出的新要求，通过联合省公安厅、省市场监管局、省网信办等部门建立联席会议制度、出台省保障物流畅通促进产业链供应链稳定措施、在高速公路服务区为货车驾乘人员提供免费核酸采样、落实"即采即走即追"闭环管理等措施，保障货车驾驶员畅行荆楚。大力宣传国务院及有关助企纾困政策，主动对接联系货运企业了解需求，及时提供交通物流专项再贷款政策服务，帮助货运企业和货车驾驶员纾困解难。荆门市交通运输局与公安交警、法律咨询、医护保健、应急救援、银行等部门建立了联动处置机制，积极解决货运物流企业融资难问题，协调解决大件运输、一网通办、一事联办、"两限一卡"专项清理等事项63件。

三是提升驾驶员工作生活品质。依托公路服务区、普通国省干线加油站、物流园区等场所建设"司机之家"，为驾驶员群体提供包括停车、休息、就餐、沐浴、如厕、安保、便民服务等必备服务功能，保障驾驶员在途休息，预防疲劳驾驶、危险驾驶等行为，提升货车驾驶员生活品质。目前全省高速公路和普通公路服务区已设立"司机之家"48个，受到货车驾驶员广泛好评。黄石市与市总工会争取，在斑马快跑黄石总部筹建"司机之家"，按照"1+1+N"的模式（即打造1个党建活动室，1个工会爱心驿站，以及党建文化长廊、驾驶员休息室、业务培训室等"N"个公共活动空间），为道路货运驾驶员、网约车驾驶员等新就业群体提供24小时服务。

三、全省道路货运领域和网约出租汽车行业党建工作存在的问题和不足

1. 党建与业务发展深度融合不够。企业党组织政治引领作用发挥的机制还未完全建立，功能型党支部凝聚服务党员、推动诉求解决的作用发挥还不够充分，党员参与企业重大决策、重大问题会商的渠道和机制还不通畅。在已经建立党组织的道路货运和网约车企业中，有的党组织活动不够正常，工作内容、工作方法不适应驾驶员流动性大的特点，党员发挥作用不明显。

2. 党员驾驶员教育管理及作用发挥不够。货车驾驶员和网约车驾驶员的管理与服务涉及交通、公安、市场监管、网信等多个部门，且驾驶员来自社会各个层面，人员构成复杂，素质参差不齐，人随车走成为行驶中的流动党员，行业主管部门和党组织"两条线"互相没有交集，党员对自己该不该亮明身份、如何发挥作用等方面存在模糊认识。

3. 企业党建工作能力有待进一步提升。全省道路货运、网约出租汽车企业仍处于小、弱、散的状况，信息化程度、装备技术水平较低，企业生产经营具有不稳定性，在抓好行业党建所需的人员保障、资金保障、阵地保障方面还需加强。受制于道路货运企业和网约车企业的劳资、分配关系等因素，党建工作创新不够，思想政治工作被单纯的经济、行政手段所代替。

四、加强道路货运领域和网约出租汽车行业党建工作的对策建议

深入贯彻落实党的二十大精神，推动省第十二次党代会决策部署落实，坚持目标导向、问题导向、结果导向，进一步健全组织体系，着力提升组织力，采取业务切入、党建跟进、服务落地的方法，加强行业党建工作，为维护从业人员合法权益、促进道路货运领域和网约出租汽车行业健康发展、推动交通运输行业治理体系和治理能力现代化提供坚强的组织保障。

1. 落实政治责任。把推进行业党建工作作为坚持"两个确立"、做到"两个维护"的重要政治责任，作为推进行业治理体系和治理能力现代化的重要任务，作为交通强省建设的重要内容，切实把思想和行动统一到习近平总书记重要指示批示精神上来，积极主动加强与地方党委组织部门等部门（单位）的协调，形成工作合力，积极探索以高质量行业党建引领交通运输高质量发展的实际举措。

2. 突出思想引领。在道路货运企业党组织及党员驾驶员中加强党的创新理论学习教育，加强理想信念教育，坚持学思用贯通、知信行统一，坚持不懈用习近平新时代中国特色社会主义思想凝心铸魂。加强对企业出资人、负责人的思想政治引导，对非公党员高管，紧扣他们所思所想所盼，有针对性地通过政策宣传、主动服务、排忧解难等方式，切实增强他们对党建工作的思想认同、政治认同和情感认同。

3. 健全组织体系。夯实道路货运领域和网约出租汽车行业基层党组织，在已有比较成熟做法基础上，进一步创新组织体系，推广武汉、荆门等建立行业党委、发挥党建引领和行业管理双重优势的做法，把管行业、管市场和服务市场主体有机融合起来。挖掘物流园区、公路港区、网约车平台的吸纳、积聚效应，健全建强基层党组织，高标准夯实基层组织建设基础。

4. 改进教育管理。采取举办专题培训班、实地观摩等形式，加强企业党务干部培训，提升党务干部认识问题、分析问题、解决问题的能力和水平。主动适应道路货运领域和网约出租汽车行业驾驶员工作时间、工作地点不固定的特点，运用信息网络技术等方法手段，采取灵活多样、多边共管的方式，加强对党员的动态管理及跟踪服务。真心关爱货车和网约车驾驶员群体，通过打造服务阵地载体、畅通诉求反映渠道、建立问题解决机制，有效增强货车和网约车驾驶员的获得感、幸福感、安全感。

5. 树立品牌意识。强化典型示范，推进交流互鉴，培育可看、可学、可评的网约车行业党建"星级企业"，适时召开现场观摩会，带动网约车企业打造党建品牌。推选"最美党员货车司机"和"最美党员网约车司机"，加大典型示范效应。指导平台企业在本职岗位、关键环节培养一批政治可靠、能力突出、表现优秀的党员驾驶员担任车队（班组）队长，发挥党员队长模范引领作用。

关于进一步推动湖北省普通公路养护高质量发展的思考

湖北省交通运输厅 王 炜

近十年来,我省普通公路建设得到快速发展,到2021年底,全省普通公路总里程达到28.9万公里,居全国第三位,其中普通国省道2.7万公里、农村公路26.2万公里,基本实现了县市通国道及一级以上公路;乡镇通省道及二级以上公路;建制村及20户以上自然村通硬化路。"干支相连、通村畅乡"的普通公路网全面形成,为全省决战脱贫攻坚、助推乡村振兴提供了有力支撑。

普通公路建设取得了重大进展,但是养护仍然存在短板,"重建轻养"、投入不足等因素制约了普通公路建养协调发展。普通公路技术状况、服务质量及安全水平与先进省份相比、与交通运输部要求相比,还有较大差距。同时,随着交通强国建设的全面推进,我省普通公路养护管理工作也面临着新的形势和挑战,压力越来越大,推进普通公路养护高质量发展迫在眉睫。

一、"十三五"普通公路养护管理工作情况

"十三五"期,我省围绕"改革攻坚、养护转型、管理升级、服务提质",不断加强公路养护管理,管养能力和服务水平有一定的提升,为经济社会发展提供了支撑。主要情况如下:

一是整体路况水平稳中有升。"十三五"期间,全省共实际投入部省补助资金128亿元,实施普通国省道大中修工程8800公里、预防性养护工程14631公里,普通国省道路面使用性能指数PQI值从2016年底的82.7提升到2020年底的85.4;农村公路优良中等路率达到84.3%,全省普通公路总体维持了良好的技术状态,为公路运输提供了坚强保障。

二是科学管养能力不断增强。制定普通国省道日常养护检查考核办法,加强对日常养护的检查频率和考核力度,将考核结果与小修保养资金切块规模及其他养护工程计划规模相挂钩,普通国省道日常养护管理的长效监督考核机制基本形成。将"四好农村路"纳入各级党政领导扶贫和"三农"考核体系,农村公路养护工程资金标准由"7351"提高到"1525"。

三是设施安全水平有效提升。全面贯彻落实省政府公路安全生命防护"455"工程实施意见,累计实施公路安防工程建设98908公里,实施普通国省道灾害防治工程1106公里,实现了全省乡道以上及通客运班车的村道安防工程全覆盖,农村公路交通安全基础设施明显改善。不断加大公路危桥改造力度,"十三五"以来累计完成危桥改造4917座,四类、五类危桥逐步减少,桥梁结构安全水平不断提升;加快推进普通国省道服务设施建设,全省共建成普通公路服务区54个、停车休息区276个,普通公路服务社会能力明显增强。

四是公路应急保障不断加强。先后修订完善了公路突发公共事件、桥梁、隧道、低温雨雪冰冻灾害、防汛等应急预案,从上至下形成了省、市(州)、县(区)分级预案体系。组建省级路网运行监测和指挥调度平台、13个市州级应急指挥中心,建成1个省级和3个区域性应急物资储备中心仓库、54个县级公路养护(应急)中心。

二、存在的主要问题

"十三五"期,全省公路养护管理工作取得了一定的成绩,为全省经济社会和公路交通发展提供了支撑;但与高质量发展的要求、与建设现代化经济体系的目标、与人民日益增长的美好出行需求相比,全省公路管养方面还存在一些突出问题和薄弱环节,具体表现为:

一是公路状况尚不适应社会公众出行的期待。全省普通国省道优良路率为78%,一类、二类桥梁比例仅为77.8%,农村公路次差路段占农村公路总里程的16%,与公众美好出行的需求不适应。

二是养护资金无法满足高质量发展的要求。由于成品油消费税返还资金规模有限、融资平台缺失、地方财政支出落实困难等因素,公路养护投入严重不足,"十三五"期间,普通国省道养护工程投入仅为规划目标的2/3。

三是养护基础无法支撑高质量发展的要求。服务设施数量较多,但服务内涵、服务品质、服务链条范围仍需进一步拓展;日常养护基本机械化,但是机械装备专业化、智能化、成套化、绿色化程度不高。养护管理的信息化、智能化水平偏低,养护管理技术人员缺乏,基层养护职工专业素质不高。地质灾害多发易发路段仍存在较高运行风险。农村公路设施配套仍不齐全、整体路域环境不高,对乡村振兴战略支撑亟待提升。

四是治理体系无法促进高质量发展。政策制度不健全、管理体制不顺畅、职能划分不清晰、标准规范不完善等问题的存在影响了公路养护治理能力的提升。这些矛盾和问题,有的是历史遗留的,有的是发展过程中新形成的,制约和影响了公路可持续发展,亟须通过改革创新来解决。

三、关于补齐普通公路养护短板的思考

针对"十三五"期我省普通公路养护存在的问题和短板,"十四五"期,应当进一步加强普通公路养护管理工作,通过实施"四大工程",补齐发展短板。

一是实施国省道路况提升工程。结合历年的路况检测数据,基于路网的现状水平、各市州的实际需求、路况变化规律等因素,组织实施国省道路况提升工程,按照"达到基本要求、高于先进省份、低于领先省份"的原则，针对不同状况等级的路段，分别实施结构性修复工程（大修）、功能性修复工程（中修）、预防性养护工程，着力解决以武鄂黄黄为核心的武汉都市圈、襄阳都市圈、宜荆荆都市圈内交通量相对较大、路况较差路段的通而不畅、畅而不优问题，确保在"十四五"末，全省普通国道路面使用性能指数PQI值达到92以上，优良路率达到90%以上；普通省道路面使用性能指数PQI值达到90以上，优良路率达到85%以上。

二是实施农村公路路面改善工程。2018年开始我省实施农村公路提档升级，对部分单车道（3.5米宽）农村公路进行双车道（4.5米、5.5米及以上）加宽改扩建，全面改善农村公路通行状况。但由于只是实施了窄路面加宽，原公路路面没有处治，导致路面技术状况较差，组织实施农村公路路面改善工程，对实施窄路面加快改造的项目同步实施路面改善，确保在"十四五"末，全省农村公路优良中等路率达到85%以上。

三是实施公路设施安全精细化提升工程。"十四五"期，随着城乡一体化发展和乡村振兴战略的持续推进，高密度公路网、高增长车辆数和高强度出行需求给公路交通安全设施提出了新的更高要求。组织实施公路安全精细化提升工程，持续推进国省道新增病危桥梁、既有危旧隧道加固改造工作，确保普通国省道一类、二类桥梁（隧道）比例达到90%以上，新发现四类、五类桥梁（隧道）处置率达到100%；建立公路安全设施精细化提升项目库，按照"轻重缓急"的原则和"一点一方案""一路一设计"的要求，2025年前完成公路安全设施和交通秩序管理精细化提升行动全部内容；加强第一次全国自然灾害综合风险公路承灾体普查成果的应用，对普通国省道山区路段、隧道出入口、临河路段、高危边坡及滑塌等重点路段地质灾害进行处治。

四是实施美丽公路创建工程。随着普通公路实现由"通"到"畅"，广大群众对公路交通需求再次提升到由"畅"到"美"。随着美丽乡村建设的推进，美丽公路建设需求大增。2019年交通运输部、国家发展改革委、财政部、农业农村部等八部委在联合发布的《关于推动"四好农村路"高质量发展的指导意见》中明确提出要"开展'美丽农村路'建设，结合美丽乡村建设，建设宜居宜业宜游的'美丽农村路'，到2025年，实现乡乡都有美丽农村路"。组织实施美丽公路创建工程，是服务美丽乡村建设的具体体现，也是落实生态文明建设的要求，更是公路高质量发展的重要抓手。在此基础上组织开展最美公路评选活动，每年评选一定数量的最美国省道和最美农村路，通过以点带面、示范引领，打造美丽公路品牌，提升公路服务品质。

四、下一步工作重点

"十四五"期后三年，紧紧围绕交通强国建设和全省"一主引领、两翼驱动、全域协同"区域发展布局，立足"建设交通强国示范区、打造新时代九省通衢"交通发展定位，以组织实施"四大工程"为基础，开展为期三年的养护提质攻坚行动，不断促进普通公路从重增量向优存量转变、从建设向养护转变、从通畅路向美丽路转变，推动普通公路养护高质量发展，重点做好以下几个方面：

一是加大资金投入。建立政府主导、分级负责、多元筹措的资金保障体系。调整普通公路省部建养资金分配结构，增加普通公路养护资金投入。落实成品油税费改革转移支付政策，将政府还贷二级公路取消收费后的补助资金全额用于普通公路养护。积极争取省级财政一般债券支持。鼓励采用市场化模式引入社会资本参与普通公路养护。力争在"十四五"期后三年，按照"用足现有政策、调整建养结构、不新增省级负担"的原则，不断加大养护资金投入。

二是加强制度建设。加强顶层设计，不断完善普通公路养护管理制度体系，研究出台《普通公路养护工程管理办法》，规范养护工程前期工作、管理程序、质量安全、技术保障和验收评估。制定《美丽公路创建活动实施方案》，明确美丽公路创建标准、创建程序、激励政策等，有效推进创建工作。制定《普通国省道养护管理评价实施细则》，加强对各市县国省道养护管理工作考评。

三是加强技术支撑。建设公路信息化管理平台，实现公路管理"一张图"。加强普通公路技术状况监测，普通国省道路况自动化检测率达到100%，农村公路"十四五"末实现路况自动化检测全覆盖。完善养护科学决策制度，构建科学决策平台，科学编制养护计划。制定《普通国省道路面养护工程设计指南》《农村公路路面改善工程设计指南》，加强技术引导，提升养护工程质量。

四是加强程序管理。全省建立统一领导、分级负责的养护工程管理程序，进一步明确各级交通公路部门在养护管理工作中的职责；紧紧围绕国评时间安排，结合年度养护工程项目重点工作任务，进一步优化养护管理工作程序，紧抓关键节点。统筹路况检测、前期工作、计划下达、项目实施、督办核查等各环节的时间节点，确保养护项目规范、有序、快速、高质量推进。建立和完善养护工程项目督导调度机制、信息报送机制、评价机制等。定期开展督导工作，定期进行调度，定期报送信息，定期进行评价，推广典型经验，协调解决问题，推进项目加快实施。

关于依托湖北鄂州花湖机场打造国家级航空枢纽经济试验区的思考

湖北省交通运输厅 陶维号

湖北鄂州花湖机场作为我国第一个货运枢纽机场即将建成运行，并有望成为全国第一个快运物流集配中心，这是国家生产力布局的重大举措，是落实《国家综合立体交通网规划纲要》的重大行动。依托鄂州花湖机场，协同武汉天河国际机场临空经济区、武汉长江新区、东湖新技术开发区共同打造国家级航空枢纽经济试验区，成为湖北乃至相关区域新经济增长极的难得契机和迫切任务。

一、国家级航空枢纽经济试验区是培育湖北及相关区域新经济增长极的战略制高点

鄂州花湖机场引起国内国际各界的广泛关注。在国际层面，以联邦快递（FedEx）为代表的几家快递业"巨头"密切跟踪研究该机场建设对其中国市场经营的影响；在国家层面，中国民用航空局等以不同方式表示了对该机场建设的支持与期待；在地方层面，郑州、长沙、西安、重庆、成都等地高度关注该机场建设情况及对自身发展的影响。国家规划新改建100多个机场，其中鄂州花湖机场如此"独享青睐"，归根结底源于其背后巨大的航空货运市场需求，源于以快运为代表的快速物流在中国的迅猛发展。唯其如此，皆因鄂州花湖机场并不是一个普通的机场建设项目，而是一个能改变全国航空货运市场布局，乃至改变全国快运物流市场布局的重大基础设施项目。因此，也必将成为发展区域经济的新动力源和最有效抓手。

长期以来，湖北九省通衢的交通区位优势一直没有得到充分发挥，关键是运输市场和产业集聚的要素缺乏比较优势。伴随国内国际双循环布局的实施，国际贸易格局深度调整，我国快运业务总规模和速度发展惊人，新一轮航空经济方兴未艾。国家层面，不断研究出台新一轮枢纽经济发展的路径及对策，加快推进交通与经济社会发展的深度融合；地方层面，鉴于民航资源的区域独占性，郑州、长沙、西安、成都等区域中心城市都在抓紧规划建设临空经济开发区。目前，除极个别已获得批准建设国家级航空港经济综合试验区外，其他航空枢纽城市都在抢抓航空货运枢纽市场制高点。

在此形势下，发挥鄂州花湖机场和顺丰集团独有的航空资源优势和快运物流市场优势，加快建设国家级航空枢纽经济试验区，既是湖北在中部航空枢纽地位形成的必然要求，也是湖北及相关区域培育新经济增长极的战略支点。为此，湖北需要依托鄂州花湖机场建设快运物流和临空产业集聚区，在省级层面规划建设和积极争取国家级航空枢纽经济试验区。

二、区域协调发展是打造国家级航空枢纽经济试验区的必要前提

鄂州花湖机场建设，不仅为鄂州提供了发展机遇，更为整个鄂东、湖北乃至整个中部地区发展提供了新动能。该机场建设不仅不会制约或分流武汉天河国际机场的客货运量，反而会极大地带动武汉天河国际机场客货运量的快速增长。同样，以航空货运枢纽为核心的临空经济区和航空都市区建设也会极大地提高鄂东地区市场要素和产业集群的集聚能力，从而为长江新区、武汉新城以及武汉东湖新技术开发区的发展提供新的机遇和良好的发展环境。

区域协调发展的关键是统筹高效管理、资源优化配置以及市场要素和产业集群的集聚。武汉天河国际机场到鄂州花湖机场这条鄂东沿江产业带上，集中布局了天河临空经济开发区、武汉新城长江新区、武汉东湖新技术开发区、顺丰航空都市区等诸多新经济增长点，虽然具备了产业集聚、优势互补、错位发展、相互支撑、协同发展的良好条件，但是，由于行政分割，造成各经济增长点之间的发展思路和规划建设不衔接、产业发展和市场要素不连接、资源配置和发展政策不对接等问题突出；不仅没有形成合力、协同发展，还可能出现争资源、争政策、争地位等问题。

如何实现鄂州花湖机场与武汉天河国际机场双核枢纽的错位融合、协同发展，如何实现鄂东航空都市区与长江新区、武汉新城的一体化发展，如何实现鄂州花湖机场与鄂东沿江产业带联动发展，是国家级航空枢纽经济试验区建设成败的关键。为此，需要在省级层面成立规划专班，专门负责鄂东重点开发区的规划建设以及各开发区之间的对接和协调，突破"武鄂黄黄"现有行政体制边界，大力推进交通一体化，强化产业合作带产业的对接与协调，推进区域一体化发展。

三、建设快运物流集配中心和培育新临空经济是打造国家级航空枢纽经济试验区的核心所在

（一）加快规划和配套建设快运物流集配中心。以强大的基地公司、充足的运力和辐射式航线网络和完善的交通条件与陆空联运体系作为保障，确保货物快捷集散，并形成巨大的规模效应。美国孟菲斯国际机场依托四通八达的交通运输网络，构建以机场为核心的立体交通网络，以"快运+航空物流"为特色的平台化运作，奠定了其国际航空货运枢纽地位。鄂州花湖机场所在地区和孟菲斯都属典型的内陆城市，在物流、产业、交通和城市四者融合方面，具有相似的发展条件。而相对于郑州，鄂东地区公路发达、铁路畅通、水网密集，更加具备良好的区位优势与综合交通条件。依托鄂州花湖机场加快建设快速物流集散中心，可以进一步带动湖北快运

物流资源、航空物流资源、跨境航空网络资源的整合和航空货运发展；可以进一步增强核心枢纽的货运能力和综合竞争力，加快形成覆盖全国对接全球的高效物流通道，有效提升湖北在全国乃至全球范围产业链和国际分工体的整体竞争优势，并在区域生产网络的完善和重构、地区统一市场的构建、贸易和生产要素的优化配置等方面发挥积极的促进作用，从而为建设国家级航空枢纽经济试验区提供支撑。

（二）加快培育新临空产业集群集聚。孟菲斯机场的经验表明，坚持集群发展、协同发展的理念，推进临空产业联动化、集群化、组团化发展，大力打造以航空物流为基础、航空关联产业为支撑、相关服务业为配套的高端临空产业体系，是打造国际性航空枢纽的必然要求。航空货运具有高时效、高附加值、高技术的特性，建设航空货运枢纽不仅需要配套建设快速物流集配中心，更需要充分发挥航空运输综合带动作用，通过体制机制创新和政策创新，吸引高端临空产业要素集聚，以产业集聚、特色服务和综合服务体系为纽带，促进航空物流、快运物流、临空产业集群联动发展，培育壮大与航空关联的高端制造业和现代服务业，打造以航空经济为引领、以临空产业集聚为特色的鄂东航空都市区。这不仅是扩大消费和加速消费结构升级的需要，也是扩大对外开放、参与国际分工，借助国际市场成为有效拉动区域经济发展、实现产业结构转型，打造湖北及相关区域新经济增长极的最有效抓手和途径。

（三）加快创新政策和体制机制。从孟菲斯机场的发展历程来看，政府高度重视和强有力的领导，是其能发挥枢纽经济功能、发展成区域经济增长极的重要保障。湖北省迫切需要加快营造良好的政策环境，建立与现代枢纽经济、快运经济相匹配的体制机制，在组织领导、管理创新、政策创新、运作机制建设方面进一步提升支持力，抢抓全国航空物流发展制高点。

此外，纵观各国知名国际航空货运枢纽的发展，各国政府都采取许多政策措施，以改善投资和运营环境，为加快枢纽机场建设、吸引大型航空物流企业进驻、运营和建立全球运营中心创造了良好的环境条件。主要包括：加大公共投入的支持、鼓励航空物流企业投资、给予有竞争力的税费政策支持、推动航空市场"对内开放"等。同时，都注重科学做好总体规划、合理安排土地资源的供给，以保障航空货运枢纽发展空间和临空产业发展用地。在为企业创造便捷高效、开放、创新的运营环境方面，各国政府一般将枢纽机场的航空物流设施（航空货站、航空物流园区）纳入自由贸易区范围，并通过流程优化、电子海关系统建设等措施，为航空货运发展提供快速高效的海关、安检、检验检疫等服务环境，为货物通关提供一站式、全天候、高效快捷的通关服务，以实现航空货运枢纽的高效运转。同时，各国一般都会出台特殊的优惠政策以吸引龙头物流企业入驻和实现临空产业的集聚。

总之，湖北需要以鄂州花湖机场投入运行为契机，全力争取国家支持，主导建设国家级航空枢纽经济试验区，加快培育对航空运输依存度较高的临空产业体系，形成以临空特征为主导、以高端制造业为基础、配套现代服务业为支撑的具有湖北特色的临空产业体系，为区域经济社会发展和加快建设交通强国作出应有贡献。

新发展格局下湖北水运服务助力国内国际双循环实施路径研究

湖北省港航事业发展中心　王阳红

一、引言

水运是全球经济贸易发展与塑造国际政治关系格局的重要纽带，承担着全球85%以上的货物运输任务，是产业链供应链的核心力量，在促进流域经济发展、优化产业布局、服务对外开放等方面发挥了重要作用，成为引领经济社会发展的战略性力量。面对当前复杂多变的国内外形势，水运成为推动全球后疫情时代经贸稳步复苏的基础支撑，也是推动国内国际双循环相互促进的重要抓手。

湖北历来有"九省通衢"之称，拥有雄厚的工业基础和得天独厚的地理条件。《长江经济带发展规划纲要》提出建设三大航运中心，武汉作为长江中游航运中心，上承重庆、下启上海，是长江航运和沿江经济全面协调发展的重要战略支点。《武汉长江中游航运中心总体规划纲要》提出积极发展航运相关的科技、人才、信息、交易、金融、保险等现代航运服务功能，使武汉成为长江中游地区现代航运服务中心。湖北省作为水运大省，货物运输综合成本却长期高于全国平均水平，说明湖北水运的成本优势还未充分释放。提高水运服务质量，能进一步发挥"黄金水道"优势，打通产业链上下游，利用湖北优越的地理条件、雄厚的产业基础，帮助湖北水运成为内循环发展的大动脉；能进一步支撑高水平对外开放和维护国际供应链稳定，使其成为外循环发展的大通道。

二、湖北省水运服务发展基础与现状

湖北水运发展位居国内领先水平，"十三五"期间湖北水运共完成投资319亿元，在长江流域各省份内河投资中排名前三；长江、汉江航道分别跨上万吨级、千吨级，总里程达到2090公里，位列长江中上游省份第一、全国第二；2020年，湖北省港口货物吞吐量位居全国第四，港口集装箱吞吐量位居长江中上游第一位。

湖北省港航物流畅通贸易通道。江海联运、江海直达品牌航线继续巩固，打通国际贸易运输通道；武汉东湖综合保税区是中国内地开放层次最高、优惠政策最多、功能最齐全的综合功能区，武汉新港空港综合保税区进出口业务辐射全球299个国家和地区，并入围全国综保区前30强。

湖北省水运交易规模持续扩大。武汉航运交易所累计交易额突破240亿元，先后发布长江航运三大指数、我国内河首个水路货物运输标准合同文本，武汉长江航运中心影响力不断提升。宜昌市船舶交易中心是长江沿线唯一一家"零收费、一站式"船舶交易中心，累计交易额达4.26亿元，服务范围辐射至"宜荆荆恩"城市群及武汉、重庆等地区。

湖北省港航信息化水平不断提高。"十三五"以来，湖北相继推出汉江电子航道图、香溪河航道升级等级工程信息化系统、"e系列"航运交易平台、国内第一家多式联运网上服务平台"云上多联"、长江中游首个5G智慧港（花山港）、国际贸易"单一窗口"智能通关服务系统以及全国第四个航交所武汉航运交易所等。

湖北水运金融加快数字化转型发展。"云上多联"智慧供应链综合服务平台提供交易、融资、结算等供应链金融服务，武汉航运交易所推出"e航宝"航运供应链金融服务平台，解决供应商回款账期长、信用证支付费用昂贵、融资成本高昂等问题。

湖北省是教育大省，持续输送航运人才。武汉航运交易所开展"招、学、考、工、养、保、护"一条龙专项服务，并与武汉理工大航运学院、湖北交通职业技术学院签订战略合作协议，宜昌交通创新实行"校企结合、订单培养"模式，共同促进航运人才发展。

整体来看，湖北省内河港口发展势头良好，但与部分其他地区内河港口相比仍有差距，主要表现为多式联运衔接不畅、市场主体缺乏有效整合、航运信息联通困难、资金周转效率不高、高端人才供不应求等。

三、湖北水运服务助力构建双循环新发展格局的实施路径

立足新发展格局，围绕全省区域发展和产业布局，提出构建集物流、商流、信息流、资金流、人流为一体的经济高效、衔接顺畅的水运服务体系，为加快交通强国建设、内河航运发展提供坚强的水运服务保障，助力国内国际双循环格局稳定和提升。

（一）构建顺畅衔接、转换快捷的港航物流服务体系

优化港口生态环境。在全省范围内加快长江、汉江航道以及沿江港口岸基岸电设施建设，开展船舶污染物接收转运站点布局；以阳逻国际港为示范，推动清洁能源动力更新，建立码头环境质量和船舶排放综合立体监测系统，落实洗舱业务全程监管；发挥武汉、宜昌等地科研院所、船舶研究机构技术优势，研发绿色能源船舶，开发油气收集系统；建设以岸基岸电、LNG新能源、船舶污染接收处理设施等为载体的绿色化服务保障平台，营造平安绿色的航运环境。

完善集装箱多式联运网络。推进沿江捎带业务，通过加速湖北港口整合、一体化发展，发挥长江中游规模最大港口群的集约效应，促进集装箱资源在湖北港口聚集。依托长江黄金

水道和南北铁路通道,打造以武汉、宜昌、荆州、黄石、鄂州为节点的水铁联运品牌线路;开辟武汉至国内沿海港口及韩国、日本的近洋航线,将武汉打造成为长江中上游的外贸货物集散基地和集装箱枢纽港;开辟长江中上游、汉江、湘江、洞庭湖区港口至武汉港的集装箱航线,使武汉成为川、渝、陕、豫、湘等地区内外贸集装箱目的地港和中转港;推动中欧班列(武汉)与江海直航无缝衔接,巩固回程货源,推进中欧班列(武汉)数量稳步提升。

扩大国际贸易市场。依托湖北自由贸易试验区,以阳逻港为核心枢纽,以长江航运、中欧班列为载体,构建海陆双向国际贸易通道,扩大航运产业对外开放与合作。支持武汉新港空港综合保税区建设汽车整车进口检测项目,开展进口汽车贸易业务。探索建立内陆自由贸易开放制度和内陆自由贸易港建设,拓展保税商品展示交易和跨境电商业务,带动跨境商品供应链发展。依托直航线,拓展保税贸易、离岸贸易、进口直销等新兴业态。

(二)构建功能健全、安全便捷、公平公正的"一站式"航运交易服务体系

健全航运交易服务功能。优化基本交易服务功能,依托武汉航运交易所、宜昌市船舶交易中心,提供信息发布、价格磋商、合同订立、交易挂牌、交易审核等船舶交易全流程服务。完善增值配套服务功能,依托"e系列"航运交易平台,提供船舶评估、鉴证、经纪、勘验、支付等航运交易配套服务;建设国内最大、国际领先的船舶交易中心,重点发展船舶供应、船舶修理和船舶评级检验等配套服务功能。拓展新兴交易服务功能,研究并推广确权、标准、定价、存证、信用体系、新记账和溯源系统等新交易功能;鼓励"互联网+"、区块链等技术应用,推动发展航运数据交易等新功能。

推动航运交易市场化。建立航运交易市场管理监督机制,积极发布湖北航运交易动态报告,实现交易价格公开化、透明化,建立定价中心,指导并调节航运市场价格,提高供给体系与内需适配程度,推动形成国内国际统一开放市场。与国内外船舶修造厂、船舶经纪公司等建立良好合作关系,及时获取大量船舶建造、船舶买卖、船舶租赁、船舶设备供求等信息,形成船舶交易信息池,提高交易匹配率。建立航运征信数据中心和船舶注册中心,开发航运交易信用管理服务系统,保障航运交易服务安全有序、高质高效。

做优做强航运交易平台。依托"e订舱"长江集装箱公共订舱平台,聚集长江上下游资源要素,做大做强集装箱订舱业务;依托船舶交易机构,积极拓展海外市场,打造具有亚太地区重要影响力的国际船舶交易基地;依托武汉航运交易所,推动贸易流、信息流、资金流等关键要素数字化改造,打造集全要素、全流程和全配套服务功能于一体的"云上航交所"平台。

(三)构建互联互通、智慧高效的港航信息服务体系

推进港航信息联动发展。强化武汉电子口岸与省级、中央电子口岸协调发展,加快实现电子口岸公共平台的公共化、平等化和单一化;支持以阳逻港为示范点,推进电子口岸平台与监管单位、政府部门、港口码头及进出口企业等对接,提高口岸管理部门联合执法和科学决策能力;依托多式联运信息平台,促进不同运输方式间有效衔接,推动湖北省港口与重庆、南京、湖南等其他内陆港发展"组合港"项目,提高通关与转关、中转与直航的效率,增强货源在湖北的聚集效应。

推动港航信息共享网络全覆盖。依托湖北省电子口岸公共平台,整合地方口岸数据和服务资源,完善国际贸易"单一窗口",实现口岸通关的申报、查验、支付、放行、提离、运抵等各业务环节全覆盖;依托"云上多联"等智慧综合服务平台,聚集航运信息资源,提高航运信息资讯服务权威性,提升"云上多联"品牌国际影响力,吸引更多港口、航运相关企业入驻平台;依托"互联网+"模式,支持货代、船代业务升级,大力发展"互联网+航运"的水运电商平台发展,推动航运供应链上下游企业联盟合作,实现信息资源共享化,提高航运要素配置能力。

加快智慧港航工程建设。加快智慧港口建设,借助5G、云计算、大数据分析、人工智能、区块链、工业互联网等技术,推进武汉新港阳逻国际港西港区建成全国内河首个智慧港口,实现集装箱载货汽车全场智能调度、港机远程操控、智能理货装卸、集装箱载货汽车自动驾驶等功能。加快智慧口岸建设,建设数字化全程可控的自动化智慧口岸,包括口岸物流追溯、口岸协同管理、口岸数据分析等功能,实现口岸业务增值、通关环境优化、贸易信息透明、分析决策科学合理的口岸服务,提升口岸通关服务效率。

(四)构建现代化、多元化航运产业链金融服务体系

创新航运金融业务。大力发展船舶融资租赁,支持符合条件的融资租赁公司设立专业子公司和特殊项目公司开展船舶租赁业务;积极发展航运保险业务,做强船舶保险、海上货运保险等传统保险业务,探索承运人责任险、码头责任险等新型航运保险业务;进一步开展航运金融衍生品业务,构建航运衍生品交易、结算和信息平台,完善航运金融衍生品市场,开发投资避险工具,帮助企业有效规避航线运价波动风险;争取开展离岸金融业务试点,依托武汉长江航运中心的有利条件和直航航线,在武汉港等湖北主要港口拓展期货交割、离岸金融结算等新业务,提高航运企业融资竞争力。

拓宽航运融资渠道。加快航运金融产业布局,支持金融服务信息平台与企业、关检、港航端口接入,推动平台功能方便快捷融入各个部门;积极开展租约合同融资、单船公司股份抵押融资的试点工作,开发供应链融资等融资模式和产品,创新航运融资渠道;引导本土航运保险服务机构与境外保险公司开展合作,整合航运金融资源,增强金融机构实力,拓展航

运保险全球服务网络。

优化航运金融环境。依托武汉知识产权交易所,完善航运金融服务功能和制度体系;综合运用贷款、债券和债转股等多种金融工具,加大对国家重点航运项目以及航运业薄弱环节的支持力度;建立外汇结算中心,推动跨境人民币结算便利化,引导和鼓励航运企业国际海运费使用人民币计价结算;调整优化银行信贷结构,引导更多信贷资金支持航运业升级和高质量发展;加强对航运业的资金支持,探索中小微企业金融扶持方案,给予船运税费、登记审批和新产品引入等方面政策支持;完善航运保险市场体系,建立具有吸引力和竞争力的国际航运保险、再保险业务支持政策体系。

(五)构建供需匹配、结构合理的全链条人才培养服务体系

提高人才供需匹配程度。教育部门与交通、海事、航运企业等加强合作,及时掌握航运市场紧缺人才动向、国内国际航运人才专业变化,迅速调整人才培养规划和政策,使相关专业设置与市场需求得到有效对接。建立和完善航运人才交流中心,多渠道、全方位服务航运人才与航运企业间的沟通交流。

构建配置合理人才结构。通过建立航海人才职业规划与支持体系,引导高端航海人才合理流动和科学发展;依托武汉船舶职业技术学院、武汉航运交易所等专业航运人才培养机构,开展校企联动、产教融合,开展"订单式"人才培养模式,为需求企业有针对性地输送大量专业人才。重点推进航运金融、保险、仲裁、结算、物流、电子商务等高端航运人才培养,满足航运发展需求。

建立航运复合型人才教育培养体系。挖掘和利用湖北丰富的武汉航运科教资源,由航运企业、院校和行业协会组织,共同成立航运复合型人才培养教育联盟,搭建统一的航运复合型人才教育培训平台;支持高校、科研院所设立航运人才试验基地,提供一定比例的流动岗位,吸引具有创新实践经验的航运企业家、科技人才兼职或参与科研项目;建设航运复合型人才培养专家库和在线课程资源库,为航运复合型人才培养体系作重要支撑。

完善航运人才利益保障体系。设立船员劳动争议仲裁委员会,完善带薪休假制度等;加大津贴补贴力度,派遣国际船员免征在船工作收入个人所得税,提高航运人才待遇,吸引更多高级船员继续投身水运事业;通过人才座谈会、人才沙龙,持续优化航运人才就业环境,吸纳更多高端航运人才加入人才智库,不断完善人才引进政策、人才服务机制和保障机制。

四、结束语

湖北水运坐拥长江、汉江,是畅联东西、贯通南北的纽带,也是湖北打造国内大循环重要节点和国内国际双循环战略链接的重要支撑。为提高湖北水运通江达海的能力,本文提出构建集物流、商流、信息流、资金流、人流为一体的经济高效、衔接顺畅水运服务体系,助力湖北发挥区位优势、增强交通枢纽功能、畅通贸易通道,充分释放湖北水运优势。

专题资料

湖北省综合交通运输发展"十四五"规划

(鄂政发〔2021〕22号)

交通运输是国民经济中基础性、先导性、战略性产业,是重要的服务性行业。构建现代综合立体交通运输体系,是湖北立足新发展阶段,贯彻新发展理念,融入新发展格局,推动国家和省重大战略落实的客观要求。根据《湖北省国民经济和社会发展第十四个五年规划和二〇三五年远景目标纲要》等文件,制定本规划。

一、发展基础

(一)发展成就

"十三五"时期,在省委、省政府的坚强领导和国家有关部委的大力支持下,全省交通运输发展取得了显著成效,为全面建成小康社会提供了有力支撑。综合交通固定资产投资达到6964亿元,是"十二五"的1.3倍,在全省扩内需、稳增长中发挥了主力军作用。综合交通网总里程达到31.1万公里(不含民航航线、城市道路),密度达到167.3公里/百平方公里。其中,铁路营业里程5259公里(高速铁路1639公里),公路通车总里程29.0万公里(高速公路7230公里),内河航道通航里程8667公里(高等级航道2090公里),油气管道里程7400公里。2020年,港口吞吐能力4.3亿吨,集装箱吞吐能力502万标箱。民航旅客吞吐量达到1776万人次,货邮吞吐量达到19.68万吨。"十三五"规划的目标任务总体实现,发展水平跃上新台阶,"祖国立交桥"地位凸显。主要成就体现在六个方面:

1. 基础设施建设再上新台阶。水运建设补短有力,长江武汉至安庆6米水深航道基本建成,汉江武汉至碾盘山段千吨级航道实现贯通;武汉阳逻、黄石棋盘洲、宜昌白洋等一批专业化港区建成运营。铁路建设全面提速,武九高铁、汉十高铁等建成通车,以武汉为中心的高铁城际网加快形成,已建在建高铁覆盖全省所有市州;浩吉等普速铁路开通运营。公路建设持续加快,武深、枣潜等高速公路通道建成通车,武汉城市圈环线和武汉市四环线成功"画圆",青山、石首等9座世界级长江桥梁相继建成,全面实现县县通高速;国省道提档升级工程、瓶颈路段畅通工程加速实施,普通国省道二级及以上公路比例达到85.3%。航空布局加快完善,武汉天河国际机场三期工程建成通航,鄂州花湖机场建设全面推进,襄阳刘集机场改扩建工程、荆州沙市机场新建工程相继完工,"双枢纽、多支线"航空运输网已显雏形。管道建设积极推进,实现县县通天然气。枢纽建设取得突破,武汉天河国际机场交通中心、襄阳东津综合换乘中心、武汉阳逻港区集装箱铁水联运一期等客货运枢纽建成运营,沿长江主要港口实现疏港铁路连接,各种交通方式衔接显著加强。全省公路总里程、内河高等级航道里程均进入全国前三,综合交通网已形成规模优势。

2. 服务民生保障再上新台阶。紧紧围绕决战脱贫攻坚和决胜全面小康,持续加大交通扶贫资金投入,全省52个贫困县市区共落实交通建养部省补助资金591亿元,占全省61.5%,有力推动了贫困地区交通发展。黔张常铁路、保神高速公路等建成通车,大别山"红色旅游路"、秦巴山"生态环库路"、武陵山"清江画廊路"和幕阜山"特色香泉路"全面建成,贫困地区群众告别了"出行难",走上了"致富路"。"四好农村路"建设成效显著,创建全国示范县8个、省级示范县26个、示范乡镇100个,全面实现20户以上自然村通沥青水泥路,提前1年实现三年攻坚目标;持续巩固"村村通客车"成果,加快完善农村三级物流节点体系,基本公共服务均等化水平明显提升。网约车、共享单车、刷脸进站、无接触配送等新业态、新模式不断涌现,让人们享受到了便利,也为经济发展注入了新动能。

3. 重大战略交通支撑再上新台阶。长江经济带综合立体交通走廊加快建设,黄金水道功能不断提升,沿江高铁建设有序推进,过江通道瓶颈有效缓解;落实共抓大保护、不搞大开发,长江沿线取缔各类码头1211个,腾退岸线150公里。"一带一路"陆海空国际通道加快构建,武汉至上海洋山江海联运实现"天天班"运营,武汉至日本关西江海直达航线正式开通;中欧班列(武汉)相继打通5大通关口岸,辐射欧亚大陆34个国家、76个城市;新开通武汉直飞卢森堡等全货运航线。中部地区崛起战略加快落实,省际互联互通取得突破,新增省际铁路出口6个,新开工省际高速公路出口6个,有力支撑区域协同发展。交通强国湖北示范区建设成效初显,现代内河航运、"四好农村路"等6项试点工作全面推进,试点领域数量位居全国前列。

4. 运输服务水平再上新台阶。三年运输结构调整目标如期完成,5个多式联运项目入列国家示范工程,武汉阳逻港区铁水联运示范工程通过验收,黄石等3个示范项目基本实现常态化运营,集装箱多式联运量突破49万标箱;甩挂运输态势良好,8个试点项目完成验收,试点企业货运车辆降低成本15%以上;襄阳、十堰通过全国城市绿色货运配送示范验收,黄石、咸宁入列全国第二批示范城市。客运服务能力明显增强,民航国际通航点覆盖五大洲;城际、城市客运服务方式更加多样,多元化个性化模式不断推出,武汉完成国家公交都市创建目标,襄阳、宜昌成功入选国家第三批创建城市；城乡客运一体化有序推进，竹山、远安成功入选交通运输部首批城乡交通运输一体化示范县。邮政快递服务能力明显增强，全省邮政行业业务总量、业务收入年均增长 28.0% 和 19.1%，年快递业务量达到 17.8 亿件；邮政快递服务体系加快完善，全面实现村村通邮、乡乡通快递，快递服务进村率达到 77.5%。

5. 交通转型发展再上新台阶。平安交通取得新成效，公路安全生命防护"455"工程超额完成目标，有力保障新冠肺炎疫情防控和复工复产，成功应对历史罕见洪涝灾害，成功保障第七届世界军人运动会等重大赛事活动的交通运输安全，全省交通运输安全生产事故死亡人数同比下降 37.6%。绿色交通取得新突破，非法码头整治、岸线清理整顿、船舶和港口污染治理三大标志性战役成效显著；宜巴高速公路获得全球道路环境类成就奖，G209十堰段"畅安舒美"示范公路创建工程获得中国公路养护工程奖；新能源、清洁能源应用积极推广，船舶标准化、大型化进程明显加快。智慧交通开启新模式，交通云数据中心投入使用，道路运输四级协同系统上线运行，高速公路"撤站"任务圆满完成，铁路、民航、二级及以上客运站实现联网售票，所有市州进入全国公交一卡通阵营，武汉入列全国首批"智慧交通"示范城市。

6. 交通治理能力再上新台阶。综合交通运输体制机制进一步完善，成立省综合交通运输工作领导小组、省综合交通安全生产专业委员会，"六个一"活动（安全督查、统计、宣传、职工文体、人才培训、精神文明）整体推进；省重大项目建设指挥部统筹协调作用充分发挥，一批标志性交通工程相继落地；平稳顺利完成6个高速公路管理处人员划转移交。营商环境持续优化，下放、取消了一批省级职权事项，所有省级审批事项并入省政务服务"一张网"，"春风行动""亮剑行动"成果丰硕。综合交通规划工作成效明显，印发《湖北长江经济带综合立体绿色交通走廊建设专项规划》等一系列规划，一批重大交通项目获得国家规划支持。修订《湖北省水路交通条例》等地方性法规规章，出台《湖北省农村公路工程技术标准》等地方标准，行业治理体系配套完善。大交通文明创建深入推进，涌现出邓艾民、王光国等一批先进模范人物和先进集体，全国第一部反映"四好农村路"建设成就的电影《村路弯弯》荣获首届湖北电影金鹤奖。

（二）主要问题

"十三五"以来，全省综合交通发展取得了明显成效，基本适应经济社会发展需要，但对标"建成支点、走在前列、谱写新篇"的更高要求，对标"一主引领、两翼驱动、全域协同"的迫切需要，对标人民对美好生活的向往，仍存在短板弱项，主要体现在：

一是九省通衢枢纽地位有待加强。中心城市枢纽地位仍需强化，武汉国际性综合交通枢纽城市地位亟待增强，襄阳、宜昌等国家枢纽城市尚处于构建阶段，一体化的综合客货运枢纽统筹规划布局不足。综合运输通道功能仍需完善，水运主通道亟待畅通，多个方向高速铁路尚未打通，高速公路主通道瓶颈问题凸显。与打造国内大循环重要节点和国内国际双循环战略链接的要求不相适应。二是综合交通资源配置有待优化。区域间、城乡间发展仍不协调，鄂西、鄂中部分通道仍处于构建阶段，对外快速通道尚待打通；城市群交通一体化发展水平不高，中心城市出口及周边路段拥堵已成常态；农村地区交通发展相对滞后，路网韧性不强。各种交通方式尚存在结构性矛盾，铁路网覆盖仍显不足，公路网技术等级偏低，沿江港口资源亟待整合，邮政快递网络、天然气管网覆盖范围有待拓展。与新型城镇化发展和乡村振兴发展的要求不相适应。三是综合运输服务质效有待提升。客运服务品质有待提高，旅客联程运输总体处于起步阶段，基本公共交通服务均等化水平仍待提升。运输结构调整任务艰巨，多式联运总体水平不高，适应现代物流发展的全链条、一体化货运服务能力不强，"最后一公里"等问题突出。与新时代多样化、多层次的客货运输需求和人民群众对美好生活的向往不相适应。四是行业可持续发展能力有待提高。资金、用地等要素制约日趋紧张，环保压力不断加大，安全形势依然严峻，智慧赋能仍待加强，跨行融合亟须提速，体制机制障碍仍然存在，交通运输领域财政事权和支出责任划分中市县支出责任有待进一步压实，跨部门、跨领域、跨区域任务协同实施仍显不足。与推进行业高质量发展和治理能力现代化的要求不相适应。

二、形势要求

党的十八大以来，习近平总书记赋予湖北"建成支点、走在前列、谱写新篇"的历史使命。"十四五"时期，国家处于加快构建新发展格局、推进高质量发展的新阶段，我省处于战略机遇叠加期、政策红利释放期、发展布局优化期、蓄积势能迸发期、省域治理提升期，湖北综合交通发展环境和要求将发生深刻变化。

——服务交通强国战略，建设现代化综合立体交通网，要求加快推进大通道大枢纽建设

党的十九大提出，要建设交通强国。中共中央、国务院先后印发了《交通强国建设纲要》《国家综合立体交通网规划纲要》，构建了建设交通强国的顶层设计。我省地处中部之中、长江中游，入列交通强国首批试点省市，京津冀至粤港澳、长三角至成渝两条主轴在湖北交汇，福州至银川、二连浩特至湛江两条国家综合运输通道贯穿湖北，这均要求湖北交通抢抓机遇，大力推进对外开放大通道建设，进一步提升综合交通枢纽地位，全力打造对外开放门户，为国家南北互动、东西交融提供有力支撑。

——支撑全省区域发展布局，打造全国重要增长极，要求强化交通"硬联通"

落实党中央关于区域协调发展的决策部署，省委十一届八次全会提出，推进"一主引领、两翼驱动、全域协同"区域发展布局。湖北交通要切实发挥先行引领作用，强化交通"硬联通"，进一步优化交通空间布局，提升

武汉、襄阳、宜昌等中心城市交通枢纽地位，加强与城市群、产业带相匹配的综合运输通道建设，推动武汉城市圈同城化发展，促进"襄十随神"城市群、"宜荆荆恩"城市群协同发展；服务全省县域经济高质量发展，建设一体衔接、高效便捷的交通网，推进交通运输降本增效，为打造全国重要增长极提供交通支撑。

——推动全省高质量发展，率先在中部地区实现绿色崛起，要求湖北交通加快转型发展

落实党中央关于新时代推动中部地区高质量发展的决策部署，省委十一届九次全会提出，牢记"建成中部地区崛起重要战略支点"历史使命，聚焦新时代湖北高质量发展，率先在中部地区实现绿色崛起。"十四五"时期，交通发展面临的土地、环保、资金等约束将持续收紧，依靠传统要素驱动的发展方式已经难以持续，转型发展势在必行。湖北交通要更加突出绿色发展，注重与国土空间开发和生态环境保护的协调；更加突出创新的核心地位，注重交通运输创新驱动和智慧发展；更加突出安全和发展的统筹，守住交通安全底线；更加突出跨行深度融合，注重新业态新模式培育，实现更高质量、更可持续、更为安全的发展。

——坚持以人民为中心的发展思想，满足人民群众对美好生活的需要，要求加快建设人民满意交通

党的十九大提出，坚持以人民为中心，不断实现人民对美好生活的向往。"十四五"时期，我国社会主要矛盾已经转化为人民日益增长的美好生活需要和不平衡不充分的发展之间的矛盾，人民生活水平持续提高，人民群众对运输服务的品质要求也不断提高，多层次、多样化、个性化的出行需求和小批量、高价值、快速化的货运需求不断增加。运输需求层次的不断提升，要求湖北交通继续加快完善交通基础设施网络的同时，更加注重提升服务质量和效率，提供多样化、人性化、高品质的运输服务，支撑现代流通体系构建。

——推进治理体系和治理能力现代化，要求湖北交通深化体制机制改革，全面提升行业管理效能

党的十九届五中全会提出，要坚定不移推进全面深化改革，加强国家治理体系和治理能力现代化建设，破除体制机制障碍，持续增强发展动力和活力。"十四五"时期，交通运输依然处于矛盾凸显期、改革攻坚期。湖北交通要加快完善行业管理体制机制，继续深化重点领域和关键环节改革，增强交通发展的内生动力；充分发挥市场在资源配置中的决定性作用，建立健全现代化交通运输市场体系；更好发挥政府作用，切实履行交通运输基本公共服务职能，构建交通运输共建共治共享新格局。

总体来看，"十四五"时期，湖北交通将处于落实交通强国战略、开启交通强省新征程的起步期，完善综合立体交通网络、促进一体化融合的关键期，转变交通行业发展方式、推进高质量发展的突破期，深化交通运输改革、推动治理体系现代化的攻坚期。面对新形势，落实新要求，回应新期盼，全省交通运输行业要服务国家和省重大战略，加快构建现代综合立体交通运输体系，加快建设交通强国示范区，支撑我省打造成为国内大循环的重要节点和国内国际双循环的战略链接。

三、总体思路

(一) 指导思想

以习近平新时代中国特色社会主义思想为指导，深入贯彻党的十九大和十九届二中、三中、四中、五中全会精神，全面落实省委十一届七次、八次、九次全会部署，紧紧围绕交通强国战略和全省"一主引领、两翼驱动、全域协同"区域发展布局，坚持以人民为中心的发展思想，坚持新发展理念，以推动高质量发展为主题，以交通运输供给侧结构性改革为主线，以改革创新为根本动力，牢牢把握"建设交通强国示范区、打造新时代九省通衢"发展定位，按照补短板、优结构、扩功能、提质效、促转型、强治理的思路，强化交通"硬联通"，持续推进交通基础设施"增密、互通、提质"，提升运输服务水平，提高可持续发展能力，推动行业治理现代化，加快建设引领中部、辐射全国、通达世界的现代综合立体交通运输体系，打造国内大循环重要节点和国内国际双循环战略链接的交通支撑，为湖北加快"建成支点、走在前列、谱写新篇"当好交通先行。

(二) 基本原则

1. 服务大局，强化支撑

牢牢把握交通"先行官"定位，瞄准国家和省重大战略实施需求，深化交通运输开放合作，推进大通道大枢纽建设，强化基础设施互联互通，为推动区域协调发展、服务双循环格局提供有力支撑。

2. 人民满意，共享发展

坚持以人民为中心，不断适应多层次多样化运输需求，不断提高交通运输基本公共服务均等化水平，使交通发展成果更多更公平惠及全省人民，增强人民群众的获得感、幸福感、安全感。

3. 统筹融合，重点突破

坚持系统观念，统筹传统与新型、存量与增量、供给与需求，有效促进跨方式、跨领域、跨区域、跨产业一体融合发展。坚持问题导向，补齐发展短板，突出试点示范，在重点领域发展取得突破。

4. 生态绿色，安全可靠

践行"两山"理论，加快推进绿色低碳发展，注重生态环境保护修复，让绿色真正成为交通发展"底色"。强化底线思维，增强发展系统韧性，全面提高交通运输的安全性和可靠性。

5. 改革引领，创新驱动

全面深化交通体制机制改革，努力破解交通发展深层次矛盾。坚持创新核心地位，强化交通运输领域科技创新能力和技术应用，促进交通运输提效能、扩功能、增动能，提升智慧发展水平。

(三) 发展思路

"十四五"时期，坚持问题导向、目标导向、效果导向，全面加强交通强国试点建设，努力实现"三个转变"，即由追求速度规模向更加注重质量效益转变，由各种交通方式相对独立发展向更加注重一体化融合发展

转变,由依靠传统要素驱动向更加注重创新驱动转变,推动全省交通运输高质量发展。高速公路突出"优化扩容、内外互通";国省干线公路突出"建养并重、提质联通";农村公路突出"补短提升、便捷畅通";水运突出"南北打通、水网贯通";铁路突出"路网中心、米字成形";航空突出"双枢引领、支线协同";邮政突出"普惠便捷、绿色安全";城市交通突出"公交优先、服务优化";管道突出"完善网络、保障供应"。

（四）发展目标

1.规划目标

到2025年,建设高水平的"两中心两枢纽一基地"(武汉长江中游航运中心、全国铁路路网中心、全国高速公路网重要枢纽、全国重要航空门户枢纽、全国重要物流基地),构建"三张网"(高品质的快速网、高效率的干线网和广覆盖的基础网),实现"市州双快覆盖、县市双轴支撑、乡镇双通道连通"(市州高铁、航空双快覆盖,县市高速公路、普通干线高等级公路双轴支撑,乡镇双通道连通),形成湖北"123出行交通圈"(武汉都市圈1小时通勤,省内城市群中心城市间1小时通达;武汉与周边城市群之间、省内城市群之间2小时通达;武汉与全国主要城市3小时可达),依托航空、高铁,融入"全球123快货物流圈",全省综合交通在基础设施、运输服务、科技创新、绿色安全、行业治理等方面实现进位,率先在现代内河航运、"四好农村路"、多式联运等交通强国试点领域实现突破,走在全国前列。

综合交通固定资产投资：全省综合交通固定资产投资8200亿元(不含城市交通),其中铁路2400亿元,公路水路5200亿元,民航400亿元,管道100亿元,邮政100亿元。

基础设施水平向全国前列进位。全省铁路营业里程达到7000公里,其中高速铁路达到3000公里;二级及以上公路里程达到42000公里,其中高速公路总里程达到8000公里,具备条件的乡镇实现双通道连通;三级及以上航道里程达到2300公里,港口吞吐能力达到4.5亿吨,集装箱吞吐能力达到600万标箱;民用机场旅客吞吐量达到6000万人次,货邮吞吐量达到290万吨,在建及建成一、二类通用机场达到20个,"双枢纽、多支线"航空运输网基本形成,基本实现通航服务市州广覆盖;油气管道总长度达到8700公里。武汉国际性综合交通枢纽城市能级大幅提升,内畅外联综合立体交通网加速成形。

运输服务质效向全国前列进位。交通网络运行服务质量明显提高,普通国省道二级及以上公路比例达到90%,武汉城市圈交通一体化水平显著提升,"襄十随神""宜荆荆恩"城市群内联外通水平明显提高。货运枢纽组织效率大幅提升,多式联运规模和服务范围进一步扩大,集装箱铁水联运量年均增长率达到15%以上,成为中部地区物流成本"洼地"。客运枢纽换乘效率有效提升,旅客联程联运取得新进展。保持"村村通客车",基本实现"村村通快递"。交通对外开放水平进一步提升。

科技创新能力向全国前列进位。

基本建成综合交通运输信息平台,数据采集、网络传输、智能化应用等体系基本建立。新一代信息技术与交通运输深度融合,交通运输领域新基建取得重要进展,基本实现电子客票、重点领域北斗系统应用覆盖,智慧交通示范建设取得突破。

绿色安全成效向全国前列进位。运输结构持续优化,铁路、水运货运量在全社会货运中的占比明显提升;交通运输领域绿色生产生活方式逐步形成,资源要素节约集约利用水平持续提高,碳排放强度下降率达到5%。交通运输安全发展的防、管、控能力明显提高,安全保障体系不断完善,安全生产事故发生率进一步降低。

行业治理效能向全国前列进位。大交通改革取得实质性进展,规划法规标准体系更加完备,市场环境公平有序,权责一致、管理高效、运行顺畅、监督有力的综合交通管理体制基本建立。

展望2035年,基本建成交通强省,形成由陆路通道、内河航道、空中走廊、地下管网一体融合的现代化高质量综合立体交通网,实现国内国际互联互通、城市群城际快速畅通、市州多快连通、县市多式覆盖、乡镇多向衔接、建制村通畅、自然村通达。建成湖北高品质"123出行交通圈"和"123快货物流圈"。湖北综合交通整体优势得到充分发挥,运输结构显著优化,运输服务质效显著提高,可持续发展能力显著增强,行业治理体系和治理能力基本实现现代化,交通国际竞争力和影响力显著提升。

2.具体指标

"十四五"规划主要指标

类 别	具 体 指 标	2020年	2025年
网络覆盖	铁路营业里程（公里）	5259	7000
	其中：高速铁路（公里）	1639	3000
	二级及以上公路里程（公里）	38914	42000
	其中：高速公路里程（公里）	7230	8000
	乡镇通三级及以上双通道个数（个）	856	≥900
	三级及以上航道里程（公里）	2090	2300
	油气管道总长度（公里）	7400	8700

续上表

类 别	具 体 指 标	2020年	2025年
枢纽能力	港口货物吞吐能力（亿吨）	4.3	4.5
	其中：集装箱吞吐能力（万标箱）	502	600
	机场旅客吞吐量（万人次/年）	1776	6000
	机场货邮吞吐量（万吨/年）	19.68	290
运输服务	普通国省道二级及以上公路比例（%）	85.3	90
	集装箱铁水联运量年均增长率（%）		15
	农村公路优良中等路率（%）		≥85
	具备条件的建制村快递服务通达率（%）	77.5	100
科技创新	二级及以上汽车客运站和定制客运线路电子客票覆盖率（%）	0	99
	重点领域北斗系统应用率[1]（%）	—	99
绿色安全	交通运输二氧化碳排放强度下降率[2]（%）		5
	新能源城市公交车辆占比[3]（%）	58	85
	道路运输较大以上等级行车事故死亡人数下降率（%）		20

注：1. 重点领域指重点营运车辆、邮政快递干线运输车辆、应安装具备卫星定位功能船载设备的客船及危险品船等；
2. 排放强度指按单位运输周转量计算的CO_2（二氧化碳）排放；
3. 新能源公交车辆占比指新能源公交车辆占所有地面公交车辆的比重。

四、规划布局

以国家综合立体交通网为遵循，以全省"一主引领、两翼驱动、全域协同"区域发展布局为指引，结合国土空间规划布局、城镇带和产业带分布以及发展实际，着眼长远，统筹点、线、面三个层次，加快构建"三枢纽、两走廊、三区域、九通道"的综合交通运输空间布局。

专栏4-1 综合交通运输空间布局

三枢纽：武汉国际性综合交通枢纽城市、襄阳全国性综合交通枢纽城市、宜昌全国性综合交通枢纽城市。

两走廊：长江综合立体交通运输走廊、汉江综合立体交通运输走廊。

三区域：鄂西综合交通发展示范区、鄂中综合交通发展示范区、鄂东综合交通发展示范区。

九通道：京九通道、京广通道、随岳通道、襄荆宜通道、十恩通道五条纵向通道，福银通道、沪汉蓉通道、沪汉渝通道、杭瑞通道四条横向通道。

——三枢纽：打造武汉国际性综合交通枢纽城市和襄阳、宜昌全国性综合交通枢纽城市，充分发挥中心城市辐射带动作用，有力支撑武汉城市圈、"襄十随神"城市群、"宜荆荆恩"城市群高质量发展。武汉重点提升全球直达能力，支持黄冈—鄂州—黄石全国性综合交通枢纽城市融入武汉枢纽布局，打造枢纽集群，加快建成中部地区国际门户，重点打造航空门户枢纽、长江中游航运中心、全国铁路网中心、全国高速公路网重要枢纽。襄阳重点强化中部地区重要铁路客货中转枢纽、汉江航运中心、国家生产服务型物流枢纽等功能，宜昌重点强化三峡航运中转中心、公铁水跨区域联运中心、国家港口型物流枢纽等功能。结合其他城市发展，发挥比较优势，打造一批区域性综合交通枢纽，形成"一核两心多点"枢纽布局。

——两走廊：打造长江、汉江综合立体交通运输走廊，重点发挥黄金水道优势，优化完善各交通方式布局，支撑和引导优势资源和产业向"两走廊"集聚，联动长江经济带、汉江生态经济带一体化发展。长江综合立体交通运输走廊重点推进长江航道系统治理，统筹沿江港口功能布局，推进快速通道建设，提升过江通道能力。汉江综合立体交通运输走廊重点推进汉江梯级开发和系统治理，推动沿江港口干支联动，完善各交通方式网络。

——三区域：打造鄂西、鄂中、鄂东三个综合交通发展区，重点立足各区域的资源禀赋和需求特征，引导和推动形成与湖北省国土空间开发保护相匹配的鄂东、鄂中、鄂西交通差异化协同发展格局。鄂西侧重路网构建，重点完善骨架通道布局，提高网络覆盖广度和深度，提升路网韧性。鄂中侧重路网加密，重点完善城际通道布局，推进城市间的快速连通，完善城乡交通网络。鄂东加速同城化进程，重点完善区域快速交通体系，推进多网融合，率先实现交通现代化。

——九通道：优化、提升、完善南北方向京九、京广、随岳、襄荆宜、十恩和东西方向福银、沪汉蓉、沪汉渝、杭瑞等"五纵四横"九条综合交通运输大通道，形成与城镇发展轴和重要产业带有机衔接、沟通周边城市群和各大经济区、联通国际的综合运输通道布局。

京九通道：国家京津冀至粤港澳主轴的组成部分，对外连接京津冀、中原、环鄱阳湖、珠三角等城市群，内部串联黄冈、鄂州、黄石等城市。通道内铁路主要有京九高铁、京九铁路等，高速公路主要有大广、麻阳、六安至黄梅高速公路等。

京广通道：国家京津冀至粤港澳主轴的组成部分，对外连接京津冀、中原、长株潭、珠三角等城市群，内部串联孝感、武汉、咸宁等城市。通道内铁路主要有京广高铁、京广铁路等，高速公路主要有京港澳、武深、武大高速公路等。

随岳通道：省级运输通道，对外连接中原、长株潭等周边城市群，内部串联随州、仙桃、天门等城市。通道内铁路主要有小厉铁路、江汉平原货运铁路、仙桃至洪湖至监利铁路等，高速公路主要有随岳高速公路等。

襄荆宜通道：国家二湛通道的组成部分，对外连接呼包鄂榆、中原、北部湾城市群，内部串联襄阳、荆门、宜昌、荆州等城市。通道内铁路主要有呼南高铁、荆荆铁路及南延线、焦柳铁路、浩吉铁路等，高速公路主要有二广、枣石、平顶山至宜昌高速公路等，航道主要有汉江襄阳至兴隆段、江汉运河、唐白河、松虎航线等。

十恩通道：省级运输通道，对外连接豫西、陕南、湘西，内部串联十堰、宜昌、神农架、恩施等地。通道内铁路主要有安康至恩施至张家界铁路等，高速公路主要有安来、呼北、十巫、房县至五峰、巴东至鹤峰高速公路等。

福银通道：国家福银通道的组成部分，对外连接粤闽浙沿海、环鄱阳湖、关中平原、宁夏沿黄城市群，内部串联黄冈、鄂州、黄石、武汉、孝感、随州、襄阳、十堰等城市。通道内铁路主要有武九高铁、武西高铁、武汉枢纽直通线、武九铁路、汉丹铁路、襄渝铁路等，高速公路主要有福银、麻安、武阳高速公路等，航道主要有汉江等。

沪汉蓉通道：国家长三角至成渝主轴的组成部分，对外连接长三角、成渝城市群，内部串联武汉、天门、荆门、宜昌等城市。通道内铁路主要有沪汉蓉铁路武汉以东段、沪渝蓉高铁、长荆铁路等，高速公路主要有沪蓉、武汉至重庆高速公路等，航道主要有汉北河等。

沪汉渝通道：国家长三角至成渝主轴的组成部分，对外连接长三角、成渝城市群，内部串联黄冈、鄂州、黄石、武汉、仙桃、潜江、荆州、宜昌、恩施等城市。通道内铁路主要有沪汉蓉铁路武汉以西段、武杭高铁等，高速公路主要有沪渝、武汉至松滋、蕲太高速公路等，航道主要有长江、汉江兴隆以下航段等。

杭瑞通道：省级运输通道，贯穿长江中游城市群的腹地，串联赣鄂湘渝毗邻地区城市。通道内铁路主要有黔张常铁路、常德至岳阳至九江(南昌)高铁等，高速公路主要有杭瑞、岳宜、宜来高速公路等。

五、重点任务

（一）立足大交通，当好区域发展先行官

落实长江经济带发展、中部地区崛起等国家区域重大战略的发展要求，支撑全省"一主引领、两翼驱动、全域协同"区域发展布局，服务乡村振兴发展，推进交通强国试点，统筹推进铁、公、水、空、管、邮等各交通方式协调发展，建设"祖国立交桥"，更好发挥交通战略支撑和先行引领作用。

1. 落实国家区域重大战略

贯彻落实长江大保护重要指示批示精神，坚持生态优先、绿色发展，提升长江黄金水道功能，加快沿江高铁等建设，系统疏解三峡枢纽瓶颈制约，加快构建长江经济带现代化综合立体交通走廊，推动长江经济带高质量发展。加快构建大通道大枢纽，建设连接"一带一路"的陆海空国际运输通道，提升枢纽城市能级，强化与京津冀、长三角、粤港澳大湾区和成渝地区双城经济圈四极的交通联系，增强湖北承东启西、连南接北的纽带作用，引领和带动中部地区加快崛起。加快推进长江中游城市群基础设施互联互通，构建布局合理、功能完善、协调联动的综合交通运输体系，加快长江中游城市群交通协同发展。提升重点革命老区、欠发达地区对外通道能力和网络通达深度。

2. 支撑全省区域发展布局

突出"一主引领"，加快建设武汉国际性综合交通枢纽城市，支持黄冈、鄂州、黄石发挥比较优势，提高组合效率，共同打造全国性综合交通枢纽城市，并积极融入武汉枢纽布局；加快推进武汉城市圈交通一体化，深化内外交通的衔接转换，推动干线铁路、城际铁路、市域(郊)铁路、城市轨道交通"四网"融合，共建轨道上的城市圈，完善"环形+放射"高速路网布局，充分发挥武汉城市圈龙头引领和辐射带动作用。强化"两翼驱动"，建设襄阳、宜昌全国性综合交通枢纽城市，加快"襄十随神""宜荆荆恩"城市群交通基础设施互联互通，建设城际快速通道和区域骨干线路，推动形成以襄阳、宜昌为中心的多向放射格局；统筹网络、运力与运输组织，构建协同联动的综合交通运输体系。促进"全域协同"，贯通"断头路"、畅通"瓶颈路"，实现三大城市(圈)群内外高效联通。立足全省东、中、西区域发展实际，着力补短板、强功能，引导和推动形成与湖北省国土空间开发保护相匹配的全域交通差异化协同发展新格局，构建"多中心""网络化"空间布局，为县域经济发展提供坚实交通保障。

3. 服务乡村振兴发展

巩固拓展交通运输脱贫攻坚成果同乡村振兴有效衔接。加快构建便捷高效的农村公路骨干路网，提升农村行政、产业、交通等重要节点对外连通、互相连接公路的标准等级，促进农村公路与乡村产业深度融合发展。构建覆盖广泛的农村公路基础网，进一步提高农村公路通达深度和服务水平，直接服务农民群众出行和农村生产生活，巩固拓展脱贫攻坚成果。加快建立运转高效的农村公路治理体系，建立权责清晰、齐抓共管的农村公路养护体系，建设城乡一体、服务均等的农村客货运输体系，深化创新示范体系，形成具有湖北特色的高质量"四好农村路"，服务乡村振兴战略能力全面提升。

4. 开展交通强国试点

加快落实湖北省交通强国建设试点实施方案，大力推进试点领域的建设，力争在现代内河航运、"四好农村路"、智慧交通、交通运输领域信用体系建设、投融资体制改革、多式联运等方面取得突破性进展。积极支持武汉交通强国试点城市建设，积极鼓励有条件的地方和单位在各试点领域先行先试，形成一批可复制、可推广的先进经验和典型成果，逐步向全省乃至全国复制推广，为交通强国建设贡献湖北智慧和湖北力量。

（二）畅通大通道，构建对外开放新格局

统筹各种运输方式发展，积极构建和完善九大综合运输通道，加快推进高等级航道、干线铁路、高速公路和油气管道干线建设，强化省际通道对接，打造四通八达、快捷通畅的九省通衢主骨架。

1. 提升综合运输通道能力

提升国家级综合运输通道能力，完善区域综合运输通道，优化通道内各种运输方式结构配置，全面对接国家区域重大战略。优先打造加强与"四极"联系的沪汉蓉、沪汉渝、京广、京九通道，加快完善对接"一带一路"、沟通"一主两翼"中心城市的福银、襄荆宜通道，积极构建加强"一主两翼"城市群联系、促进内外连通的随岳、十恩、杭瑞通道，形成湖北省综合立体交通网主骨架。

专栏 5-1 综合通道重点项目

（1）强化国家主轴

依托长三角—成渝主轴，强化沪汉蓉、沪汉渝通道功能，构筑综合立体交通走廊。重点建设长江黄金水道、沿江高铁，实施沪渝高速重点路段扩容等。

依托京津冀—粤港澳主轴，提升京广、京九通道能力，提升综合运输通道设施供给水平。重点建设京九高铁，实施京港澳高速公路扩容等。

（2）完善国家通道

依托国家二湛、福银通道，完善运输结构，打造功能复合的综合运输通道。福银通道重点建设西十高铁、汉江高等级航道，实施福银高速公路重点路段改扩建等；襄荆宜通道重点建设呼南高铁、襄宜高速公路、南北水运新通道等。

（3）构建省级通道

加快建设十恩、杭瑞、随岳通道，强化省际通道衔接，实现综合运输通道更高水平的网络化。重点打通骨架通道，加快建设安来、十巫、宜来高速公路等。

2. 畅通水运主通道

按照"东西畅通、南北打通"的总体思路，加快推进水运提能增效。重点推进长江航道"645"工程，完善三峡枢纽综合运输体系，畅通中部出海通道；加快建成汉江梯级枢纽，实施汉江中下游航道提等升级，积极推动枢纽过船设施扩能改建，尽快实现汉江中下游航道高标准贯通；加快实施唐白河、松西河等航道提等升级工程，结合汉江、江汉运河，打造中部南北向水运新通道。推动形成对内沟通"一主两翼"、对外辐射周边省份、通江达海的水运主通道格局。

专栏 5-2 水运主通道重点项目

（1）长江航道

全面建成武汉至安庆段 6 米深航道整治工程，有序推进宜昌至武汉段 4.5 米水深航道整治工程。建成三峡枢纽联运转运体系，配合国家开展三峡水运新通道和葛洲坝航运扩能研究等相关工作。

（2）汉江航道

建成碾盘山、雅口、新集、孤山、夹河枢纽，实施汉江兴隆至蔡甸段 2000 吨级航道工程、丹江口至襄阳段航道整治工程，加快建设兴隆枢纽 2000 吨级二线船闸及王甫洲二线船闸。

（3）南北水运通道

实施唐白河、松西河航道整治工程。

3. 优化铁路主动脉

按照"路网中心、米字成形"的总体思路，加快实施铁路跨越发展工程。加强铁路对外通道建设，重点补齐沿江、武西等东西向高铁短板，完善呼南、京九等方向高铁布局，进一步优化城市群城际铁路网，加快构建以武汉为中心的"米字形、十通向"高铁枢纽网，推动形成以襄阳、宜昌为中心的多向放射格局，实现高铁对全省所有市州的覆盖。坚持客货并重、新建改建并举、高速普速协调发展，依托高速（城际）铁路建设，释放既有铁路货运能力。适时启动鸦宜铁路复线扩能改造工程等，提高通道货运能力。

专栏 5-3 干线铁路重点项目

建成郑万高铁襄阳至万州段、安庆至九江高铁湖北段、黄冈至黄梅高铁、宜昌至郑万高铁联络线、西安至十堰高铁、呼南高铁襄阳至荆门段、荆门至荆州铁路、沿江高铁武汉至宜昌段和武汉至合肥段、武汉枢纽直通线等。

建设京九高铁阜阳至黄冈段、沿江高铁重庆至恩施至宜昌段、呼南高铁襄阳至常德段等。

争取将武汉至贵阳高铁、武汉至南昌高铁、安康经十堰、襄阳、随州至合肥高铁，安康至恩施至张家界铁路、常德至岳阳至咸宁至南昌铁路、仙桃至洪湖至监利铁路等纳入国家规划，规划研究十堰至宜昌铁路、黄冈至安庆高铁等项目。

4. 完善公路主骨架

按照"优化扩容、内外互通"的总体思路，加快完善"九纵五横四环"高速公路网。扩容主通道，重点推进京港澳、沪渝、福银等国家高速公路繁忙拥挤路段的提质扩容，提升主通道的运行效率和服务水平。打通骨架路，加快通道待贯通路段建设，完善中心城市对外放射线和都市区环线布局，促进城市群、城市间的快速连通。优化高速网，强化省际通道衔接，推进区域路网互联互通。完善过江通道布局，密切长江两岸交通联系。积极优化既有高速公路互通布局，推进常态性拥堵收费站扩容，提升路网服务功能。

专栏 5-4 高速公路重点项目

（1）主通道扩容工程

建成武汉绕城高速公路中洲至北湖段、京港澳高速公路鄂豫界至军山段改扩建工程。

加快推进沪渝高速公路武黄段、黄黄段、汉宜段，福银高速公路谷城至柳陂段等改扩建项目前期工作，力争尽早开工建设。

积极推进京港澳高速公路军山桥段、沪蓉高速公路新集至东西湖段、武汉绕城高速公路北湖至新集和中洲至郑店段、汉洪高速公路沌口至湘口段、汉鄂高速公路鄂黄第二过江通道至机场高速公路段等改扩建规划研究，适时启动项目前期工作。

(2) 骨架路打通工程

建成麻安高速公路麻城东段、呼北高速公路宜都（全福河）至鄂湘界段、张南高速公路宣恩（李家河）至咸丰段、安来高速公路鄂渝界至建始（陇里）段，枣阳至潜江高速公路襄阳北段，十堰至巫溪高速公路鲍峡至溢水段、郧西至鲍峡段，襄阳绕城高速公路南段，监利至江陵高速公路东延段，宜都至来凤高速公路鹤峰东段和宜昌段，武汉至大悟高速公路武汉至河口段、河口至鄂豫界段，武汉至阳新高速公路武汉段、鄂州段、黄石段，襄阳绕城高速公路东南段延长线，孝汉应高速公路，蕲春至太湖高速公路蕲春东段等。

加快推进武汉至松滋高速公路武汉至洪湖段、江陵至松滋段，武汉至重庆高速公路武汉至天门段、天门至宜昌段，平顶山至宜昌高速公路襄阳至宜昌段，武汉都市区三环线高速公路北段、孝感南段、江夏至梁子湖段，房县至五峰高速公路房县至兴山段和兴山至长阳段，十堰至巫溪高速公路溢水至鄂陕界段等项目前期工作，力争尽早开工建设。

开展房县至五峰高速公路长阳至五峰段、英山至黄梅高速公路、襄阳至新野高速公路、三峡翻坝高速公路西延线等规划研究，适时启动项目前期工作。

(3) 高速网优化工程

建成硚口至孝感高速公路二期、十堰至淅川高速公路湖北段、鄂州机场高速公路一期、沪蓉高速公路红安联络线、通山至武宁高速公路湖北段、赤壁长江公路大桥东延段等。

加快推进随州至信阳高速公路湖北段、通城至修水高速公路湖北段、当阳经枝江至松滋高速公路、利川至咸丰高速公路、鄂州机场高速公路二期、巴东至张家界高速沪蓉沪渝连接段、咸宁桂花至汀泗高速公路等项目前期工作，力争尽早开工建设。

开展沙公高速公路南延段、硚孝高速公路西延线、麻阳高速公路北延线等

规划研究，适时启动项目前期工作。

(4) 过江通道加密工程

建成赤壁、鄂黄第二过江通道等。积极推进李埠（公铁）、双柳、汉南、监利（公铁）等过江通道前期工作，尽早开工建设。支持开展陡山沱、红花套、枝城长江大桥改扩建等过江通道规划研究。

5. 建设管道主干线

按照"完善网络、保障供应"的总体思路，加快构建管道输送体系，打造全国天然气管网枢纽。重点实施西气东输三线、川气东送二线等天然气主干线，推进原油成品油管道建设，以国家干网为基础，畅通全省能源运输大动脉，适应全省能源运输需求。

专栏5-5 油气管道干线重点项目

重点推进西气东输三线湖北段、川气东送二线湖北段、监利—潜江输油管道、三峡翻坝运输成品油管道等项目实施。

(三) 完善大网络，强化综合交通硬联通

加快完善由普通国省干线、农村公路、支线铁路、支线航道、支线管道等组成的区域交通运输网络，强化城市群基础设施一体连通，推进城乡设施互联互通，打造布局完善、覆盖广泛的九省通衢交通网。

1. 推进普通国省道达标提质

按照"建养并重、提质联通"的总体思路，加快普通国省干线升级改造，支撑都市圈经济、县域经济高质量发展。高标准建设G107、G318、G316、G207等重点路段，实现沿城镇和产业发展轴带支撑性一级公路通道贯通。加快推进普通国省道待贯通路段建设，持续推进二级以下低等级路段和不达标路段的提质改造，提升路网整体标准和质量。积极推进城市和重要城镇过境段、出入口段快速化改造，加强与城市道路有效衔接。

专栏5-6 普通国省道重点工程

沿城镇产业发展轴带一级公路贯通工程：重点推进G107全路段、G207襄阳至荆州段、G316孝感至十堰段、G318武汉至宜昌段、G348武汉至宜昌段和G347武汉以东段等城镇轴带内国省道提质改造，形成"二纵三横"约2200公里的一级公路通道，连接省域三大城市（圈）群。

低标准路段升级改造工程：重点建设G220、G351、G347等待贯通路段；升级G242、G209等二级以下低等级路段，普通国省道二级及以上比例达到90%。

2. 推进农村公路提档升级

按照"补短提升、便捷畅通"的总体思路，深化"四好农村路"示范创建，推动农村公路逐步实现"由线成网、由窄变宽、由通到畅"，服务乡村振兴发展。结合普通国省道，实施乡镇双通道工程，加快推进乡镇对外公路建设，提高路网韧性。推动老旧县乡道改造，积极推进乡村旅游路、产业路、资源路建设，提升农村骨干路的技术标准。支持有条件的建制村推进双车道建设，因地制宜推进窄路基路面公路拓宽改造。推动乡村基础网络延伸连通，加强通村公路和干线公路、村内主干道连接，推进农村公路向进村入户倾斜，提高农村公路通达深度。

专栏5-7 农村公路提档升级重点工程

建制乡镇双通道工程：按三级及以上标准建设乡镇双通道，具备条件的建制乡镇实现双通道连通。

农村路网提质工程：新改建农村公路5.5万公里，新改建桥梁5万延米。

3. 推进支线网络建设

加强资源富集区、人口相对密集、脱贫地区开发性铁路支线铁路建设，支持大型工矿企业新建或改建铁路专用线，拓展铁路服务范围。有序实施一批市域（郊）铁路，探索利用既有铁路开通市域（郊）列车，完善都市圈轨道交通网络。重点推进江汉平原水网贯通工程，积极支持长江、汉江及库区支流航道建设，打造干支衔接的江河联运通道。加快推进省内天然气支线管道建设，拓展天然气供气服务覆盖范围。

专栏 5-8 支线网络重点工程

铁路网完善工程：加快建设当阳至远安等铁路支线，探索利用江北铁路等开通市域（郊）列车。

水网贯通工程：加快推进内荆河、汉北河等江汉平原航道网治理，积极推进富水、浠水等支线航道治理。

支线天然气管道工程：推进宜昌、咸宁、十堰、恩施等地天然气支线建设。

4.推进基础设施建养并重发展

落实"全寿命周期养护"理念，科学实施公路养护作业。对长期超负荷运行、路面破损严重的路段实施路面改造，全面提升路况水平。大力推广预防性养护，引导和推动公路养护逐渐向"主动养护"发展。深化农村公路管理养护体制改革，全面推进"路长制"落地实施，建立农村公路管理养护长效机制。推进航道分类养护，加强通航建筑物、港口锚地等公共设施养护管理；完善航道常态化养护机制，推动航道养护基地及配套设施设备建设，重点提升汉江等高等级航道管养水平。推进高速公路服务区改造升级，完善普通公路服务设施。推进养护工程的市场化、机械化、标准化、智能化，提高养护作业效率。

（四）构建大枢纽，打造九省通衢新优势

提升综合交通枢纽地位，建设枢纽集群、枢纽城市、枢纽港站"三位一体"的综合交通枢纽系统，着力建设一流内河港口，打造具有全球竞争力的现代化机场群，优化铁路枢纽布局，实施湖北国际物流核心枢纽等一批客货运枢纽项目，完善枢纽集疏运体系，打造衔接高效、辐射广泛的九省通衢大枢纽。

1.建设一流内河港口

积极推进武汉长江中游航运中心建设，加快推动沿江港口优化整合，促进上下游、干支流港口协同联动发展，促进港产城协同发展。以武汉港为核心，黄石港、宜昌港、荆州港、襄阳港为重点，加强沿江主要港口核心港区的规模化、专业化码头建设以及公用码头的改造升级，强化港口枢纽辐射能力，拓展港口综合服务功能，加快构建辐射中西部地区、对接国际航运市场的港口集群，将武汉港打造为中部地区枢纽港。有序推进长江、汉江沿线重要港口专业化、特色化码头建设，发挥港口对产业的支撑服务作用。

专栏 5-9 港口重点项目

建成武汉港阳逻港区铁水联运二期、汉南港区宇丰综合公用码头一期工程，宜昌港白洋作业区二期工程，荆州煤炭铁水联运储配基地一期工程，鄂州港三江港区综合码头一期工程等。

加快推进武汉港江夏港区散货码头工程、黄石港棋盘洲港区三期综合码头工程、荆州港公安港区斗湖堤作业区多用途码头、宜昌港宜都港区枝城铁水联运码头、襄阳港唐白河港区综合码头一期等项目建设。

积极推进武汉白浒山、宜昌秭归、鄂州三江等港口LNG码头建设。结合水上客运、旅游需求，推进武汉港客运港区粤汉码头改扩建工程、黄石港城区港区长江旅游客运码头等项目建设。

2.完善铁路枢纽布局

强化武汉全国铁路路网中心功能，重点完善"五主一辅"客运站点布局和"三大物流基地、两大高铁快运中心"货运站点布局，加快形成环形放射状枢纽。高质量建设宜昌、襄阳等区域性重要铁路枢纽，优化呼南高铁、沿江高铁等铁路线路引入方案，构建完善多中心的铁路枢纽布局。推进黄冈、荆门等其他铁路枢纽建设，充分发挥铁路枢纽对客货运系统整合、产业物流支撑、城市空间引导的作用。加强铁路枢纽站场与轨道交通、公路客运等衔接，提高交通组织集约化水平，提升铁路枢纽整体能力。

3.打造现代化机场群

按照"双枢引领、支线协同"的发展思路，建设"双枢纽、多支线"航空运输网。实施民航补短板工程，重点推进鄂州花湖机场建设，打造国内一流专业航空货运枢纽、全球主要航空物流节点；加快推进武汉天河国际机场提升改造，增强机场门户枢纽功能，打造民航客货运门户"双枢纽"。积极推进改扩建和新建一批支线机场，规划建设一批产业基础好、市场需求旺盛的通用机场，完善运输机场通航功能，推进通航服务市州广覆盖，推动形成布局合理、功能完善、层次分明的现代化机场体系，满足各地产业经济发展和公共服务的需要。

专栏 5-10 干支机场重点项目

双枢纽：建成鄂州花湖机场，武汉天河国际机场第三跑道及配套设施。

支线机场：完成襄阳刘集机场、宜昌三峡机场、十堰武当山机场改扩建，推进迁建恩施许家坪机场、新建咸宁机场等，开展荆门冷水机场军民合用前期工作。

通用机场：建成麻城、石首、竹山、天门等一批通用机场。

4.建设交通枢纽站场

依托重要机场、高铁站场、城市轨道枢纽等，加快建设一批综合客运枢纽。按照零距离换乘要求，推进综合客运枢纽的统筹规划、统一设计、同步建设、协同管理，引导推进立体换乘、同台换乘，推动各种运输方式功能区合并布设、设施设备共享共用。结合道路客运发展，积极推进市县老旧公路客运站升级改造。统筹港口物流枢纽、铁路物流基地、机场货运枢纽、公路货运枢纽、邮政快递枢纽等布局，加快建设一批临港、临铁、临空、临高货运枢纽（物流园区）。按照无缝衔接要求，促进综合货运枢纽各种运输方式一体衔接、一站服务、设备共用，优先支持多式联运型和干支衔接型货运枢纽，加强重要物流园与区域产业集群的有效衔接。有序推进乡镇综合运输服务站建设。大力发展枢纽经济，探索枢纽与现代产业体系协同发展新路径。

专栏 5-11 交通枢纽站场重点项目

（1）客运枢纽

枢纽站新建工程：建成黄冈西综合客运枢纽、随州南综合客运枢纽、神农架综合客运枢纽、仙桃综合客运枢纽等。结合沿江、郑万、黄黄等高铁通道建设，积极推动武汉西、宜昌北、荆门西等综合客运枢纽开工建设。

老旧站场改造工程：加快推进黄石北站、武昌客运中心等升级改造。

(2) 货运枢纽

加快推进汉欧国际物流园、汉口北国际多式联运物流港、顺丰武汉电商产业园、国家粮食现代物流核心枢纽、宜昌三峡（茅坪）货运中心、宜昌云池港铁水联运物流园、襄阳国际陆港多式联运中心、浩吉铁路襄州北站疏运中心、鄂州长江现代物流园、十堰生产服务型国家物流枢纽、黄石新港多式联运物流园、荆襄物流配送中心、京东亚洲一号武汉蔡甸物流园、德邦快递华中总部智慧产业园等项目建设。

5. 完善枢纽集疏运体系

全力推动沿江高铁引入武汉天河国际机场，推进机场枢纽与城市交通快速衔接；加快完善湖北国际物流核心枢纽集疏运体系，积极推动机场引入轨道交通；强化"双枢纽"之间的沟通联动。健全港口铁路、公路等集疏运体系，着力推进主要港口核心港区的疏港铁路建设，推动港内铁路和码头作业区的无缝衔接；加快推进疏港公路建设，实现重要港口二级及以上公路高效连通。加强机场、铁路场站等集疏运通道建设，提高联运疏解效率。完善物流园区、大型产业园区集疏运体系，有效解决"最后一公里"问题。以枢纽节点为载体，推进各交通运输方式一体融合。

专栏5-12 集疏运重点项目

(1) 集疏运铁路

港口集疏运铁路：建成武汉新港江北铁路香炉山至黄州段、阳逻港水铁联运二期、宜昌白洋港疏港铁路等。加快推进宜昌茅坪港疏港铁路、荆州车阳河港区疏港铁路、黄石山南铁路既有线改造、黄石沿江疏港铁路二期、襄阳小河港区疏港铁路等项目建设。

货运枢纽集疏运铁路：建成国家粮食现代物流（武汉）基地粮食物流园铁路专用线等，加快推进襄阳保税物流中心铁路、林安物流园铁路专用线、麻城石材专用铁路等货运枢纽集疏运铁路等建设。

(2) 集疏运公路

港口集疏运公路：加快推进武汉林四房港区公路、宜昌七星台港区疏港公路、襄阳小河港区集疏运公路等项目建设。

枢纽站场集疏运公路：加快推进沿江高铁宜昌北站连接线、汉十高铁十堰东站至福银高速十堰西连接线等项目建设。

(五) 发展大运输，畅通高效流通双循环

打造国际运输体系，加快多式联运发展，提升物流、客运、邮政等行业的运输服务质量，构建开放、便捷、经济、高效的综合运输服务体系。

1. 打造国际运输体系

充分发挥长江黄金水道优势，依托航空客货双枢纽和武汉国际铁路枢纽，构建陆海空协同发展的国际运输大通道，积极推动空港、水港、陆港口岸扩大开放，支撑湖北打造中部地区对外开放新高地。拓展国际航空运输。稳定武汉至欧美等洲际航线，巩固完善亚洲国际中短程航线，持续扩大国际航线覆盖率；依托鄂州花湖机场和武汉天河国际机场，建立国际快运物流体系，打造成为"全球123快货物流圈"的核心支点。强化国际铁路功能。充分发挥中欧班列（武汉）等国际班列功能，建立健全运行协调机制，稳定和扩大发运规模，积极争取开辟新线路；大力发展国际中转业务，积极申报和建设中欧班列集结中心。完善国际航运网络。大力发展江海直达和铁海联运，巩固壮大中国（武汉）至日本直航航线，开通中国（武汉）至韩国近洋直航航线，积极探索中国（武汉）至东盟国家新航线，加强江海联运、江海直达航线与中欧班列对接，构建中部国际陆海联运新通道。

2. 加快多式联运发展

实施多式联运示范工程。推动铁水、公铁、陆空、公水、空铁等多式联运发展，发展壮大国家多式联运示范工程，培育省级示范项目，争创7个国家级、12个省级多式联运示范工程；打造示范品牌线路，开通湖北至国内及欧洲、东盟、东南亚等地20条以上多式联运精品线路。建设布局合理、体系完善、内联外畅、集约高效的多式联运体系，初步建成引领长江经济带中游地区发展，辐射全国、服务全球的国家内陆地区多式联运中心。提升多式联运协同水平。结合港口资源整合，建设多式联运信息平台，在信息共享、供应链服务、"一单制"单据管理等方面取得突破。鼓励应用电子运单、智能合同等新模式，加快物流信息、物流设施、物流装备等标准对接，推动建立统一的运输市场和标准规则。培育多式联运经营主体。支持国内国际大型物流企业在湖北设立区域总部或功能总部，开展多式联运业务；支持武汉、襄阳、宜昌、黄石、荆州等地培育一批本地多式联运骨干企业；推广甩挂运输，支持创新挂车共享等先进运输组织模式。

3. 完善现代物流体系

加快建设国家物流枢纽，完善物流网络体系，增强资源要素、商品、服务的流通中转和集聚辐射能力。推动专业化物流发展。加强冷链物流体系和农产品物流骨干网络建设，补齐冷链物流集配装备和仓储设施短板；积极推进电商物流、大件运输、危险品物流等专业物流发展。完善城市配送网络。构建以综合物流中心、公共配送中心、末端配送网点为支撑的集约化配送体系，促进城际干线运输和城市末端配送有机衔接。提升农村物流服务水平。完善县乡村三级网络节点体系，提升产销一体化服务能力，畅通"工业品下乡"和"农产品进城"双向渠道；推进国家农村物流服务品牌创建。加快发展邮政快递服务。推进快递"出海"，依托航空客货双枢纽，建设国际邮政快递枢纽，拓展航空寄递服务；推进快递"进村"，完善农村寄递物流体系，更好发挥邮政快递网络服务乡村振兴和助农兴农的功能；优化寄递末端服务，构建灵活多元的末端配送体系。

4. 提升客运服务品质

推进旅客联程运输发展。依托

综合客运枢纽全面开展旅客联程运输，鼓励不同运输方式共建共享联运设施设备，推动"一站式"票务服务和"一票制"出行服务；推动发展高铁无轨站、城市候机楼、行李直挂运输、跨运输方式安检互认等专业化服务；大力推广电子客票。加快客运转型升级。加快构建以高铁、航空为主体的大容量、高效率区际快速客运系统；鼓励中短途道路客运班线定制化发展，在城市群、城市圈推广城际道路客运公交化运营模式；优化提升航空航线网络，大力发展支线航空；推动水上旅游客运发展。推进城乡客运一体化发展。推进城市公共交通和城市周边短途班线客运的融合，鼓励有条件的地区推动实现全域公交化运营；推广集约化农村客运发展模式，深化城乡交通运输一体化示范县创建，持续提升客运服务普惠均等水平。

5.优化城市交通出行服务

优先发展城市公共交通。加快建设武汉轨道交通，进一步确立轨道交通在公共交通系统中的主体地位，支持宜昌、襄阳等地适时开展轨道交通建设；加快国家公交都市和省级公交示范城市建设。提升城市交通服务质量。创新公交客运服务模式，因地制宜构建快速公交、微循环公交等服务系统，积极发展定制公交、夜间公交等特色服务产品，更好地满足群众多样化出行需求；促进出租汽车新老业态深度融合，加强城市交通服务人文关怀。实施城市交通畅通行动。加强城市交通拥堵综合治理，促进城市内外交通之间的顺畅衔接和便捷换乘，加快在都市圈打造以轨道交通和快速公交为骨干的通勤圈。

专栏5-13　运输服务重点工程

（1）国际运输

国际航空：有序开通武汉至欧盟、东南亚等国际客货运航线。构建"卡车航班""铁路航班"国际快运物流网络体系。

国际铁路：扩大中欧班列（武汉）覆盖范围，开行数量增长400列以上。

国际航线：中国（武汉）至日本直航航线实现周双班，新开通中国（武汉）至韩国等近洋直航航线，探索开辟东北亚—中国（武汉）—欧洲（中亚）的国际运输新通道。

（2）现代物流

物流枢纽提升工程：推进陆港型、港口型、空港型、生产服务型、商贸服务型物流枢纽建设，建成5个国家级物流枢纽。

多式联运示范工程：建成5个国家多式联运示范工程，支持襄阳、荆州、荆门、鄂州等地申报新一批国家多式联运示范工程，培育5个以上省级多式联运示范工程，培育5条以上铁水联运、5条以上江海联运、3条以上水水中转、3条以上陆空和空铁联运、3条以上水陆滚装等品牌线路。

城市绿色货运配送示范工程：推进十堰、襄阳、黄石、咸宁等城市绿色货运配送示范工程项目。

快递进村工程：通过邮政快递合作、交通快递合作、快递抱团下乡等模式，基本实现"村村通快递"。

（3）客运服务

公交都市建设示范工程：建成3~5个国家公交示范城市；分批次建成一批省级公交示范城市。

城乡客运一体化示范工程：建设武汉都市圈同城化客运体系。分批次建设一批城乡运输一体化示范县。

旅客联程运输试点示范工程：在具备条件的综合运输枢纽组织开展铁路无轨站、城市候机楼、行李直挂运输、跨运输方式安检互认等专业化服务试点。

（六）促进大融合，催生交通行业新业态

坚持老基建"补短板"、新基建"扩乘数"，探索交通与旅游、邮政快递、信息、装备制造等产业的融合发展，深入推进军民融合发展，加强交通对各行业的支撑引领作用，推进新兴技术在交通运输领域应用推广，推进交通运输新型基础设施建设，打造融合共进、开拓创新的交通发展新业态。

1."交通+旅游"融合发展

按照"主题化、精品化"原则，重点打造体现湖北特色、主题鲜明的旅游风景道示范线，实现道路从单一的交通功能向交通、游憩和保护等复合功能的转变。加强交通主干道与景区连接线建设，推进AAAAA级景区两种以上快速方式通达，AAAA级以上景区二级及以上公路通达，完善景区对外交通条件。推动道路客运与旅游业融合发展，完善主要旅游景区公共客运基础设施，健全交通服务设施旅游服务功能。积极开展旅游航道建设，集中优势港口资源，打造内河游轮港口示范工程，形成水上旅游示范品牌。推进旅游观光铁路建设，快速连接多个景点景区，充分发挥"一线多游"优势。因地制宜开展旅游包机业务，培育旅游航空市场。支持交通建设与旅游项目一体化开发。

2."交通+邮政快递"融合发展

加强交通枢纽与快递仓储、分拨、接驳等设施的规划衔接，支持在大型车站、码头、机场等新建交通枢纽配套建设邮件快件绿色通道和接驳场所。加快推进航空快递，推广"高铁+邮件快件"，发展电商快递班列，优化交接流程。推动邮政业与铁路、公路、水路、民航等的行业间标准对接和企业间信息共享。推动邮政快递与铁路、民航企业优化安检流程，实现安全衔接，提高安检效率。推动农村客货邮融合发展，推进乡村邮政快递网点、综合服务站、汽车站等设施资源整合共享，构建"一点多能、一网多用、功能集约、便利高效"的农村运输发展新模式。

3."交通+信息产业"融合发展

积极推进重要机场、高铁站、地铁站点等交通枢纽的5G网建设，推广5G技术在智慧高速、智慧航道、车辆动态监控等领域应用。推动高精度地图、北斗系统、感知系统等关键技术的应用，逐步在公交智能控制、营运车辆智能协同、安全辅助驾驶等领域开展车路协同试点应用。推进区块链在交通运输电子单证、危险品全链条监管、全程物流可视化等领域的创新应用。推动大数据与交通运输深度融合，提升运输服务智能化、便捷化水平。

4."交通+装备制造"融合发展

推进水运船舶标准化、环保化，

推广应用江海直达船型、三峡船型等专业化船型，研发建造适合长江、汉江等江汉联运新船型，鼓励新建改建LNG单燃料动力船舶，建造纯电动游轮，实施以"船型研发、技术创新"为重点的水运装备设施升级工程。推进物流装备现代化，推广应用集装箱、厢式半挂车等标准化运载单元和货运车辆，推动公铁适用的内陆集装箱等在湖北地区先行先试，支持发展大型化专业化的转运换装设施设备，提升冷链物流等设施装备水平。

专栏 5-14　交通跨行融合发展重点项目

(1)"交通+旅游"重点项目

交旅融合：建成宜昌三峡游轮中心。推进洪湖、清江、香溪河等一批特色支流及库湖区旅游航道工程。打造体现湖北省自身特色、主题特征鲜明的"一江两山"、武陵山、大别山、幕阜山、秦巴山等旅游风景道示范线。规划研究恩施腾龙洞至大峡谷、宜昌清江画廊、武当山、神农架等旅游观光铁路。

运旅融合：推动在汽车站、机场、火车站、高速公路服务区等建设旅游集散中心，打造10个运游融合精品站点。

(2)"交通+邮政快递"重点项目

支持具备条件的高铁站进行适货改造，发展高铁快运。结合航空、铁路等交通枢纽，建设邮政快递处理中心。在重要交通枢纽实现邮件快件集中安检、集中上机（车）。

(3)"交通+信息产业"重点项目

积极推进武汉天河国际机场、鄂州花湖机场5G网建设，适时推动"两客一危"车辆动态监控系统从4G到5G的升级改造。建设一批自动驾驶测试基地和先导应用示范工程。

(4)"交通+装备制造"重点项目

推进大长宽比示范船型建设，积极开展江海直达特定航线集装箱船、江汉联运新船型等研发建造。研发建造适合宜昌"两坝一峡"特色旅游线路的全电池动力游轮。推动专用铁路平车、53尺内陆集装箱在湖北地区先行先试。

（七）建设大平台，培育交通发展新动能

重点推进"四通工程"（行业通、部门通、区域通、社会通），加快构建数字化的采集体系、网络化的传输体系和智能化的应用体系，深度赋能交通运输基础设施，推进各领域的精准感知、精确分析、精细管理和精心服务，形成富有活力、智慧引领的交通发展新动能。

1. 构建数字化的采集体系

推动交通基础设施规划、设计、建造、养护、运行管理等全要素、全周期数字化，强化建筑信息模型(BIM)技术在交通运输领域的推广应用。针对重大交通基础设施工程，实现基础设施全生命周期健康性能监测，推广应用基于物联网的工程质量控制技术。推动重点路段、航段，以及隧道、桥梁、互通枢纽、船闸等重要节点的交通感知网络覆盖。推动交通感知网络与交通基础设施同步规划建设，建立云端互联的感知网络。

2. 构建网络化的传输体系

推动交通基础设施与信息基础设施一体化建设，促进交通专网与"天网""公网"深度融合，推进车联网、5G、卫星通信信息网络等部署应用，完善高速公路通信信息网络，形成多网融合的交通信息通信网络，提供广覆盖、低时延、高可靠、大带宽的网络通信服务。

3. 构建智能化的应用体系

推动公众出行智能化。倡导"出行即服务(MaaS)"理念，鼓励各类交通运输客票系统充分开放接入，促进交通、旅游等各类信息共享融合，为旅客提供"门到门"全过程、全方位出行定制服务。推动现代物流智能化。推进货运单证电子化和共享互认，推进城市物流配送全链条信息共享，完善农村物流末端信息网络，提供全程可监测、可追溯的"一站式"物流服务。推动行业治理智能化。加强综合交通运输数据资源整合和共享，提高决策支持、安全应急、指挥调度、监管执法、节能环保等领域的大数据运用水平，推进精细化管理。

4. 推动智慧交通试点项目建设

大力推进智慧公路、智慧港口、智慧公交、智慧地铁、智慧机场等示范项目建设，建设一批便捷智慧的融合基础设施，形成先进经验和典型成果，发挥示范引领作用。利用新技术赋能既有交通基础设施发展，提高存量设施利用效率和服务水平。

专栏 5-15　智慧交通方面重点工程

(1)四通工程

基础设施数字化：完善高速公路和国省道等感知设备设施，实施国家公路网智能运行监测网络工程。以长江、汉江航道为重点，推进航道智能化建设。

智能化应用体系：建设省级综合交通运输信息平台，打造综合交通运输"数字大脑"，提升全路网信息服务能力。

(2)智慧交通试点示范工程

智慧公路：以鄂州机场高速公路等建设项目为试点，建设"人、车、路、云"融合协同的智慧公路。

智慧港口：以武汉港阳逻新区铁水联运二期为试点，推进港区5G建设和应用，建设智能化无人码头。推动黄石、荆州、宜昌、襄阳等智慧港口建设。

智慧公交：建成襄阳等城市公交信息服务云平台。推动涵盖全省大中城市的智能公共交通信息化平台建设。

智慧地铁：全面建成武汉地铁智慧地铁体系，运营服务实现网络化、数字化、智能化。

智慧机场：建成武汉天河国际机场、鄂州花湖机场等智慧机场。推进宜昌、襄阳等机场的智能服务项目建设和新技术运用。

（八）强化大安全，筑牢交通运输生命线

统筹发展与安全，牢固树立红线意识和底线思维，不断提升交通本质安全水平，强化安全生产责任和风险防控，提高应急救援能力，打造完善可靠、反应快速、多方协同的交通安全保障体系。

1. 提升本质安全水平

重点推进公路桥梁"三年消危"

行动，全面消除公路现有危桥安全隐患。强化地质灾害治理、交通安全黑点整治，提升交通基础设施防灾抗灾能力。加强重大桥梁、隧道等重要基础设施运行监测检测，提高养护和治理水平，增强设施耐久性和可靠性。加快重要节点多通道、多方式、多路径交通网络建设，提升网络韧性和安全性。继续夯实"两客一危"重点车辆动态视频监控、公路安全生命防护工程等项目成果，加强水运本安全保障建设。强化载运工具质量治理，提升重点运输船舶安全技术性能，深入实施道路运输车辆达标管理，完善营运车船准入标准，保障运输装备安全。

2. 健全安全生产责任体系

完善依法治理体系，健全交通安全生产法规制度和标准规范。督促落实企业安全生产主体责任，推动企业安全生产标准化建设，建立健全责任明晰的安全生产制度和覆盖生产经营各环节的风险防控责任链条，落实全员安全生产责任制。明确部门监管责任，按照"党政同责、一岗双责、齐抓共管"要求，建立安全生产权责清单，明晰各相关单位对重大风险监测、管控、应急等环节具体工作责任，形成重大风险防范责任网络。加强交通安全培训和宣传教育，提升交通从业者的职业素质，强化参与者的安全意识。

3. 深化安全风险防控治理

实施综合交通安全生产专项整治三年行动计划。建立安全风险研判机制，完善决策风险评估机制。深化长途客运、农村客运、危险货物运输等重点领域安全风险管控和隐患排查，实施全过程安全生产重大风险清单化精准管控，建立安全生产失信联合惩戒黑名单。加大安全生产巡查督查力度，及时督促整改问题。推动道路运输安全跨部门协同监管，加强交通运输、公安治超联合执法常态化制度化。加强邮政寄递安全的监督管理。

4. 强化交通应急救援能力

在重大灾害、疫情、安全等突发事件管理中，强化与应急管理、气象等部门合作，建立健全交通运输突发事件应急处置跨区域、跨部门、跨行业联动机制，完善交通应急预案体系。健全与常态化疫情防控相适应的交通保畅和管控机制。加强应急调度指挥中心和应急救援中心建设，完善应急救援中心基地布局。推进全省通用航空应急救援体系建设。加强应急救援专业装备、设施、队伍建设。强化应急救援社会协同能力，完善征用补偿机制。

专栏5-16 交通安全保障方面重点工程

公路桥梁"三年消危"工程：完成现有6108座存量危旧桥梁加固改造任务，及时处置新发现的四、五类危桥。

运行预警监测工程：实现对以跨江桥梁为重点的重要桥梁隧道、关键路段、重大枢纽等的实时监测全覆盖。

应急保障能力提升工程：建设省、市两级公路交通应急装备物资储备中心；建设湖北省水运搜救基地。

(九) 共抓大保护，谱写绿色交通新篇章

巩固长江、汉江核心区港口码头岸线整治成果，加大力度促进资源节约利用，强化节能减排和污染防治，加强交通生态环境保护修复，重塑新时代交通运输行业发展的生态文明观，打造节约集约、低碳环保的绿色交通体系。

1. 持续深化运输结构调整

围绕交通运输碳达峰、碳中和的目标愿景，推动各种运输方式合理分工。充分发挥湖北水运资源优势，大力推进江海联运、水铁联运、水水直达、沿江捎带、港城一体，强化铁路货运骨干作用，突破性发展航空货运，发挥公路基础性作用，加快形成各种运输方式分工合理、协同高效的服务体系。继续推进大宗货物向铁路和水路转移。继续推进长江干线主要港口大宗货物"公转铁""公转水"，优先保障煤炭、矿石、粮食等大宗货物铁路运力供给，重点提升大型工矿企业铁路、水路等绿色运输比例，推进年货运量150万吨及以上的大型工矿企业和新建物流园区铁路进场率、进园率达到90%。

2. 促进资源节约集约利用

深入落实长江大保护，重点推进非法码头整治工程，实现由拆除向生态修复延伸、由长江干流向汉江支流延伸。统筹利用过江通道、运输枢纽等资源，推动铁路、公路等线性基础设施的线位统筹和断面空间整合，合理有序开发港口岸线资源，促进区域航道、锚地和引航等资源共享共用。加强交通项目用地选址论证，尽量避让永久基本农田等空间管控边界，促进土地资源节约集约利用。结合汉江等航运开发，推进水资源综合利用。加强老旧设施更新利用，推广交通基础设施废旧材料、设施设备、施工材料等综合利用。大力推进邮件快件包装绿色化、减量化、可循环。

3. 强化节能减排和污染防治

积极推进新能源、清洁能源车船推广应用，积极推动城市公交和城市物流配送车辆电动化发展。严格落实汽车排放检验与维护制度，加快老旧营运柴油货车淘汰更新，禁止不满足国家机动车油耗和排放标准限值的新车型进入道路运输市场。支持高速公路服务区、站场等区域充电设施建设。推进码头岸电设施和船舶受电设施改造，开展岸电应用示范区建设。加强船舶污染防治，提升港口污染治理水平，加强港口节能环保设备、工艺应用。加强交通生产水污染、大气污染处理技术应用，加强高速公路沿线噪声隔离措施，妥善处理大型机场噪声影响。实施绿色出行行动，在有条件地区开展交通近零碳示范行动。

4. 强化交通生态环境保护修复

落实"多规合一"要求，加强与国土空间规划的衔接融合，科学布局交通建设空间，推动形成与生态保护红线和自然保护地相协调、与生态承载力相适应的综合立体交通网络。树立生态优先理念，将绿色环保理念贯穿交通基础设施规划、建设、运营和养护全过程。推进生态选线选址，强化生态环保设计，避让具有重要生态功能的国土空间。积极推进绿色公路、绿色航道、绿色港口等示范工程建设，构建交通绿色生态廊道。

专栏5-17　绿色交通方面重点工程

绿色公路示范工程：以新开工高速公路和国省道干线为重点，推进节能环保技术应用，建设一批绿色公路和绿色服务区示范项目。

绿色水运示范工程：以主要港口重要港区为重点，推进港口节能环保设施设备提升改造，建设绿色港口和绿色航运综合服务区示范项目。以长江、汉江、清江等高等级航道为重点，推动建设生态航道示范工程。

近零碳交通示范工程：建成宜昌港三峡库区智能港口岸电示范区。因地制宜开展近零碳公共交通、近零碳枢纽站、近零碳船舶示范区等建设。

（十）推进大改革，加快交通治理现代化

以改革促发展，深化交通运输行业体制改革，优化交通运输营商环境，健全法律法规标准规范，提升行业软实力，全面推进行业治理体系和治理能力现代化，打造科学规范、运行有效的制度体系。

1.深化交通行业体制改革

加快推进综合交通运输管理体制改革，统筹协调铁路、公路、水路、民航、邮政等多种运输方式发展，加快形成"大交通"管理体制和工作机制；推进汉江航道集中统一管理体制改革；积极探索推广区域交通与城市交通一体化管理模式。探索跨领域、跨区域、跨层级、跨方式的交通运输规划协同机制，推进多规融合。加强交通数据资源共享与开放，拓宽公众参与交通治理渠道。深化综合行政执法改革，梳理执法事项清单，明确监管职责、执法领域和执法重点，畅通运行机制。深化交通运输投融资体制改革。

2.优化交通运输营商环境

持续深化"放管服"改革，加快推进简政放权，实施加强和规范交通运输事中事后监管三年行动。健全市场治理规则，完善运输价格形成机制，加快推进费用清理工作，构建统一开放、竞争有序的现代交通市场体系。深化"信用交通省"创建工作，以"交通运输领域信用信息共享平台"开发为依托，构建"互联网+"与"信用服务监管"深度融合的工作机制，建立以信用为基础的交通运输市场监管新体系，形成科学合理的主体信用激励约束制度。对所有涉企经营许可事项实行清单管理，继续推进"证照分离"改革，激发市场活力。

3.加强法治政府部门建设

建立健全交通运输法规制度体系，根据国家和省要求，积极做好综合交通运输体系建设、交通运输领域新业态规范管理、高速公路建设管理体制改革等方面的立法论证和准备工作。积极参与《中华人民共和国公路法》《中华人民共和国港口法》等修订完善工作，着力推动高速公路等领域地方立法工作。深入推进执法队伍职业化、执法站所标准化、管理制度规范化、执法工作信息化。加强交通运输法治监督，建立健全常态化、长效化监督制度，提升交通执法水平。完善交通运输法治保障体系，强化交通法治能力建设，加强交通法治宣传教育，完善执法装备配备，执法信息化建设。

4.提升交通运输行业软实力

加强交通科技创新能力建设，推动交通运输领域跨行协同创新，鼓励企事业单位、社会团体建立健全成果转移转化机制，建设和升级一批省级创新平台，完善产学研用协同创新体系，培育交通科技生态圈。加快人才队伍建设，建立健全人才使用与激励机制，加强重要领域、新兴领域和薄弱环节专业技术人才、高技能人才培养，营造良好的人才发展环境。挖掘新时代湖北交通精神，宣传交通强国示范区建设的好人物、好故事，丰富行业文化内涵。营造文明交通环境，推动全社会交通文明程度大幅提升。

专栏5-18　交通治理体系建设重点工程

"信用交通省"建设工程：建成交通运输领域信用信息共享平台，深化信用交通省创建，进一步向市（州）、县（市、区）推广。

交通治理能力提升工程：加快推进交通执法、检测等装备升级改造，推进基层执法"四基四化"建设。推进交通辅助决策支持平台建设。加强交通运输行业技术研发中心的建设和升级。支持湖北交通职工教育培训，打造一批高层次人才培养基地和人才工作室。

六、保障措施

（一）强化组织协调

坚持和加强党的全面领导，充分发挥党总揽全局、协调各方的作用，为规划实施提供政治保障。建立健全综合交通运输发展协调机制，统筹研究解决交通发展中的重大问题。各级政府要紧密结合本地实际，统筹推进重大工程、重大项目的实施，合力推进综合交通运输体系建设。各有关部门、综合交通各单位要按照职能分工，加强协同配合，确保规划落到实处。建立健全区域交通协同发展机制，促进区域交通一体化发展。

（二）强化资金保障

积极争取国家资金支持，加大各级财政性资金、地方债券对交通建设、设施养护的支持力度。建立与全省交通运输发展相适应的资金保障机制，落实交通运输领域财政事权和支出责任划分改革方案，压实各级政府的支出责任，形成建养并重、可持续的资金投入机制。积极引导多元投资，强化市场运作，探索创新投融资机制，吸引社会资本参与交通投资建设，灵活运用金融工具盘活存量优质资产，鼓励利用地方政府债券、不动产投资信托基金（REITs）、政府和社会资本合作（PPP）等方式拓宽项目建设资金来源。强化交通运输行业债务风险防控。

（三）强化政策引导

加强政策协同，出台针对性强、实效性强的重大政策，为规划实施创造良好条件。省直有关部门根据职能分工，研究制定"十四五"铁路、公路、水路、民航投资政策，支持有利于综合交通一体化、多式联运发展等方面的重大项目，加大对公益性较强的交通项目政策支持力度。强化要素保障，加强与各级国土空间规划衔接，将国家和省交通重点项目统筹纳入各级国土空间规划，做好重要通道和重大项目的空间预控。推进政策创新，积极支持交通基础设施与资源、产业、园区等捆绑综合开发。

（四）强化规划执行

省级各交通专项规划、各市州"十四五"综合交通规划要与本规划相衔接，贯彻本规划的总体部署，落实本规划的总体要求。省发展和改革委员会、省交通运输厅等根据职能分工，细化落实本规划确定的主要目标和重大任务，制定"十四五"铁路、民航、公路、水路等重点项目库和布局图，加强规划实施事中事后监管和动态监测分析，根据发展中出现的新情况、新问题，及时组织开展中期评估等工作，调整规划和相关政策。强化规划实施考核，将省级层面对规划项目、前期工作及政策方面的支持与各地区规划执行情况挂钩，保证规划项目的顺利实施。

2021年10月15日

湖北省水运发展"十四五"规划

（鄂交发〔2022〕7号）

水运是综合运输体系的重要组成部分，在促进流域经济发展、优化产业布局、服务对外开放等方面发挥了重要作用。构建现代化水运体系，是湖北融入长江经济带发展等国家战略，实现"一主引领、两翼驱动、全域协同"发展的客观要求。根据交通运输部《水运"十四五"发展规划》和《湖北省综合交通运输发展"十四五"规划》等文件，制定本规划。

一、发展基础

（一）发展成就

"十三五"时期，湖北水运牢固树立创新、协调、绿色、开放、共享的新发展理念，加快推进高等级航道和重点港口等重要基础设施建设，拓展航运服务功能，推进水运绿色平安发展，持续保持健康平稳发展的良好态势。水运固定资产投资达到338.8亿元，内河航道通航里程8667公里（高等级航道2090公里），港口吞吐能力4.3亿吨，集装箱吞吐能力502万标箱。"十三五"规划的目标任务全面实现，发展水平跃上新台阶。主要成就体现在七个方面：

1.高等级航道建设快速推进，互联互通的水运骨架初步形成

全省航道里程9067公里（含长江1038公里），可通航里程总计8667公里，居全国第五位。其中三级及以上高等级航道里程达到2090公里，占全省通航里程24%，互联互通的水运骨架已初步形成。

长江宜昌至城陵矶段航道维护水深达到3.5米，城陵矶至武汉段维护水深达到4.2米，武汉以下至安庆段6米深水航道工程基本建成，长江"中梗阻"瓶颈得到一定程度缓解。汉江钟祥至蔡甸段357公里航道达到1000吨级标准，汉江蔡甸至河口段33公里航道达到2000吨级标准。汉江湖北段规划八级枢纽已建成四级（兴隆、崔家营、王甫洲、丹江口），其余四级（碾盘山、雅口、新集、孤山）已全面开工。

2.港口资源整合强力推进，集约高效的发展格局基本形成

通过多轮整治行动，全省共取缔长江干线各类码头1211座，泊位1383个，清退港口吞吐能力1.56亿吨，腾退岸线长度150公里，复绿面积856万平方米，沿江港口码头面貌焕然一新。港口资源整合深入推进，武汉、黄石、荆州、宜昌、襄阳等重点港口加快转型，发展质量不断提升。2020年末，全省共有生产性港口泊位828个，完成港口吞吐量3.8亿吨，集装箱吞吐量229万标箱（其中武汉港集装箱达到196万标箱）。现有港口企业292家，其中国有企业127家，民营或混合所有制企业165家。

3.多式联运发展取得突破，直达联运品牌航线日益壮大

武汉阳逻多式联运示范工程已通过国家验收，黄石棋盘洲、鄂州三江、宜昌白洋、武汉金控粮食物流4个多式联运示范工程加速推进。武汉港阳逻港区疏港铁路一期、黄石港棋盘洲港区疏港铁路建成运营，鄂州港三江港区和宜昌港白洋港区的疏港铁路基本建成。

江海联运、江海直达品牌航线相继开通。武汉至上海已实现"天天班"航线，"泸汉台"集装箱近洋航线、中国（武汉）至东盟四国航线、中国（武汉）至日韩航线等水水中转航线不断巩固。武汉阳逻港铁水联运成功"牵手"中欧班列和江海直达班轮，"日本—中国（武汉）—欧洲"集装箱水铁联运国际中转新通道已经形成，武汉由开放的"内陆洼地"晋升为"前沿高地"。

4.船舶污染防治成效显著，绿色生态成为水运发展新常态

船舶运输装备水平提升，长江内河1140标箱江海直达集装箱示范船首航阳逻港，国内首艘300客位全电动长江游船"君旅号"成功启航。港口岸电改造建设加快推进，全省具有岸电供应能力的泊位数达到306个。

武汉、十堰50吨级溢油设备库及武汉、宜昌危险化学品水上洗舱站建设顺利实施，宜昌、鄂州LNG码头项目加快建设。沿江各地大力开展船舶污染物集中接收转运设施建设，绿色生态成为水运发展新常态。宜昌临江绿色水上服务区成功运营，服务全国各地船员超过2万人次。为助力"美丽乡村"建设，库湖区水域渡运码头有序推进。

5. 安全监管救助能力不断提高，安全形势保持持续稳定

围绕水上交通安全、港口安全和重点港航项目建设，完善双重预防机制，健全安全责任体系，加快巡航救助一体化建设，深化源头管理和现场监督。新建趸船40艘，工作艇57艘。有效保障新中国成立70周年庆典活动、第七届世界军人运动会等重点时段、重大活动水路交通安全。全省水上交通安全形势持续稳定，无较大及以上事故。

6. 航运综合服务能力日益完善，数字水运建设初显成效

航运综合服务能力稳步提升，武汉航运交易中心运转顺畅，累计完成交易额突破100亿元，货运交易、船舶交易、航运金融、电子商务、评估结算、人才服务等平台全面搭建。

"数字水运"建设取得突破，汉江电子航道图、岸基智能监控、电子口岸建设、船联网、电子数据交换等新基建项目启动建设。成功推出多式联运"云上多联"智慧供应链综合服务平台，累计交易货值80亿元。武汉花山港5G集装箱水平运输电信智能化体系启动试点建设。

7. 水路营商环境持续优化，水运发展更强动能得以释放

深化水路交通领域"放管服"改革，取消、下放水路交通运输行政审批事项，精简审批环节，压缩审批时间，创新事中事后监管机制，实施船舶进出港报告等制度，推行"互联网+政务服务"，深化内河船员管理改革，实施便利船员服务清单，成功举办船舶驾驶员职业技能大赛。

(二) 问题分析

"十三五"以来，全省水运发展取得了明显的成效，已经具备较好的发展基础，但对标"建成支点、走在前列、谱写新篇"的更高要求，对标"一主引领、两翼驱动、全域协同"的迫切需要，仍存在一些突出的问题，主要表现在：

1. 高等级航道建设仍需加快

长江中游"肠梗阻"问题依然存在。汉江孤山、新集、雅口、碾盘山四级枢纽仍在建设，丹江口、王甫洲枢纽300吨级的通航设施与1000吨级航道规划目标不相适应，兴隆枢纽船闸下游引航道水深不足。

2. 水运协调发展机制仍需完善

受环保、水利、水产等因素影响，一些宜港岸线无法规划建设港口，部分航道难以实施整治工程。

3. 绿色水运发展水平仍需提高

岸电、LNG等清洁能源应用需进一步推广，新能源船舶推广需进一步加强。

4. 安全应急保障能力建设仍需加强

水路交通安全支持保障能力不足，重点水域综合性应急搜救基地建设力度需进一步加强。安全监管智能化水平不高。

二、形势要求

"十四五"时期，国家处于加快构建新发展格局、推进高质量发展的新阶段，我省处于战略机遇叠加期、政策红利释放期、发展布局优化期、蓄积势能迸发期、省域治理提升期，湖北水运发展环境和要求将发生深刻变化，发展前景更加广阔。

——构建发展新格局，要求湖北水运更畅通

十九届五中全会提出，要加快形成以国内大循环为主体、国内国际双循环相互促进的新发展格局。《国家综合立体交通网规划纲要》提出，到2035年，要基本形成安全畅通、经济高效、绿色智能的现代化内河水运体系。"十四五"时期，湖北省要加快补齐水运短板，畅通瓶颈节点，打造辐射中部、联通国内国际的水运大通道，为形成国内大循环重要节点和国内国际双循环战略链接提供水运支撑，服务构建"一主引领、两翼驱动、全域协同"的区域发展布局。

——实现高质量发展，要求湖北水运更高效

中共中央、国务院《关于新时代推动中部地区高质量发展的意见》，以推动高质量发展为主题，要求着力构建以先进制造业为支撑的现代产业体系，着力推动内陆高水平开放。湖北水运落实高质量发展要求，必须进一步探索水运发展新路径，积极推进航运现代化、智能化建设，强化多式联运和全程物流发展，推进水、路、港、岸、产、城协同发展，打造有机融合的高效经济体，为服务全省"一主两翼，全域协同"发展布局提供强有力支撑。

——实施生态文明建设，要求湖北水运更绿色

贯彻落实习近平生态文明思想，需要湖北水运进一步体现"生态优先、绿色环保"理念和要求，进一步突出水运服务能力建设，更大力度支持改革创新，更多资金投入绿色生态发展。充分发挥水运的生态优势，加强生态环境协同保护，发挥水运绿色交通示范项目的引领作用，建立健全绿色交通发展体系，以水运绿色发展支撑"美丽"湖北建设。

——实施交通强国战略，要求湖北水运更智慧

中共中央、国务院印发的《交通强国建设纲要》提出，要推动交通发展由追求速度规模向更加注重质量效益转变，打造一流设施、一流技术、一流管理、一流服务，建成人民满意、保障有力、世界前列的交通强国。湖北开展现代内河航运建设，需要加强科技创新，更加注重质量效益转变，以智慧引领水运发展，实现从"水运大省"向"水运强省"迈进。

——坚持以人为本理念，要求湖北水运更平安

党的十九届五中全会提出，"十四五"时期社会经济发展要以满足人民日益增长的美好生活需要为根本目的。湖北水运必须坚持"以人为本"发展理念，践行绿色发展理念，推动资源利用方式的根本转变，促进水运绿色低碳发展。坚持"人民至上"，加强水运安全监管和保障能力建设，完善水上应急管理体系。坚持"人民满意"服务要求，促进"美丽中国""乡村振兴"建设，发展"水运+旅游"等新模式，构建绿色、生态、平安、和谐的发展体系。

总体看来，"十四五"湖北水运发展处于全面开启"交通强国"示范建设的关键起步期、加快融入"双循环"

发展新格局的重要转型期、积极实现"创新驱动"战略目标的加速引领期，仍将保持稳中向好、长期向好的发展态势。

三、总体思路

（一）指导思想

以习近平新时代中国特色社会主义思想为指导，深入贯彻党的十九大和十九届二中、三中、四中、五中、六中全会精神，全面落实省委十一届七次、八次、九次全会部署，紧紧围绕交通强国战略和全省"一主引领、两翼驱动、全域协同"区域发展布局，主动服务和融入长江经济带发展、促进中部地区崛起、长江中游城市群等战略实施，坚持以人民为中心的发展思想，坚持新发展理念，以推动高质量发展为主题，以交通运输供给侧结构性改革为主线，以改革创新为根本动力，牢牢把握"建设交通强国示范区，打造新时代九省通衢"发展定位，加快建设畅通、高效、绿色、智慧、平安的现代化内河水运体系，打造国内大循环重要节点和国内国际双循环战略链接，奋力谱写新时代湖北水运高质量发展新篇章。

（二）基本原则

1. 提升能力，补齐短板

全面提升航道、港口设施能力，破解水运发展瓶颈，加快推进运输结构调整，补齐水运短板，提升水运对经济社会发展的支撑作用。

2. 优化布局，提质增效

加强规划引领、优化布局、坚持提质增效、集约发展。坚持系统观念，统筹存量与增量，合理确定发展规模。着力拓展服务功能，提升综合服务水平。

3. 生态优先，智慧高效

坚持生态优先、绿色发展，更好地发挥水运经济优势和天然的生态优势。加快航运技术创新，推进数字化建设，以智慧化带动内河航运发展现代化。

4. 创新驱动，和谐共享

优化航运营商环境，推进市场化改革。实施创新驱动战略，激发航运活力。深化体制机制改革，营造和谐共享的发展环境。

（三）发展目标

到2025年，高等级航道、重点港口建设迈上新台阶；水运在综合运输体系中的作用进一步提高，比较优势得到充分发挥；助力实现"碳达峰、碳中和"目标，对社会经济高质量发展的支撑引领作用明显增强。

基础设施保障有力。基本建成"东西畅通、南北贯通、水网联通"的高等级航道网，三级及以上等级航道达到2300公里。基本建立以武汉港为核心，协调统一、功能互补、畅通高效的港口体系，港口货物年通过能力达到4.5亿吨，集装箱年通过能力达到600万标箱。

运输服务能力提升。初步建成"江海直达、水铁联运、水水中转、沿江捎带、港城一体"的水路运输体系。内河运输船舶标准化、专业化程度更加明显，货船平均吨位提升至2600吨。航运信息服务体系进一步完善，服务水平和运输效率进一步提高。集装箱铁水联运量年均增长率达到15%，三级及以上航道设标养护率达到100%。

数字水运实现突破。水运"新基建"和"传统基建"齐头并进，互联网、大数据、人工智能、区块链、5G等先进技术深度应用。"互联网＋政务服务"和"新型智慧水运"体系日益完善。三级及以上航道数字化率达到70%，高等级航道重点水域甚高频和AIS覆盖率达到80%。

安全绿色全面推进。安全服务保障体系日益健全，污染防治工作全面推进。水路运输二氧化碳排放强度下降率达到5%。港口生产单位吞吐量综合能耗下降率不低于2%。安全应急搜救体系更加完善，中心港区和重点客流区、内河干线航道重要航段、一般通航水域应急到达时间分别不高于30分钟、45分钟、80分钟。

"十四五"规划主要指标表

类别	具体指标	2020年	2025年
基础设施	内河航运投资（亿元）	338.8	400
基础设施	三级以上航道里程（公里）	2090	2300
基础设施	港口吞吐能力（亿吨）	4.3	4.5
基础设施	集装箱吞吐能力（万标箱）	502	600
运输服务	货船平均吨位（吨）	2459	2600
运输服务	三级及以上航道设标养护率（%）	90	100
运输服务	集装箱铁水联运量年均增长率（%）	15	
运输服务	高等级航道达标后航标维护正常率（%）	95（部分航段）	99
运输服务	高等级航道信息发布频次	部分航段每日	每日
智能信息	三级及以上航道数字化覆盖率（%）	20	70
智能信息	高等级航道重点水域甚高频和AIS覆盖率（%）	10	80
绿色发展	港口生产单位吞吐量综合能耗下降率（%）	2	2
绿色发展	水路运输二氧化碳排放强度下降率（%）	5	
安全应急	中心港区和重点客流区、内河干线航道重要航段、一般通航水域应急到达时间（分钟）	30/45/90	30/45/80

注：排放强度指按单位运输周转量计算的二氧化碳排放。

四、重点任务

（一）畅通水运通道，实施航道提升联网工程

着力深长江、畅汉江、打通南北通道，推动形成对内沟通"一主两翼"、对外通江达海的水运主通道格局，为服务国内大循环战略节点和全国"九省通衢"大通道提供重要支撑。

1. 推进长江航道建设

重点推进长江荆江航道整治二期工程建设，进一步提升航道能力，畅通中部出海通道。积极配合开展三峡新通道、葛洲坝枢纽航运工程扩能的前期研究工作。

2. 畅通汉江航道建设

建成孤山、新集、雅口、碾盘山四级枢纽。实施兴隆至蔡甸段2000吨级航道整治工程和丹江口至襄阳段航道1000吨级整治工程。加快推进兴隆、王甫洲二线船闸等前期工作，力争尽快开工建设，打造汉江"黄金水道"，推进湖北内河水运高质量发展。

3. 推进通道水网建设

推进汉湘桂运河湖北段航道整治工程，构建以"唐白河—汉江—江汉运河—长江—松西河"为轴线的南北水运通道，进一步提升湖北"九省通衢"区位优势。重点推进江汉平原水网联通工程，积极支持长江、汉江及库区支流航道建设，打造干支衔接的江河联运通道。

专栏4-1　航道工程重点项目

（1）长江航道

全面建成武汉至安庆段6米深航道整治工程，重点推进荆江航道整治二期工程建设。配合国家开展三峡水运新通道和葛洲坝航运扩能研究等相关工作。

（2）汉江航道

建成孤山、新集、雅口、碾盘山汉江四级枢纽，建设兴隆至蔡甸段2000吨级航道整治工程和丹江口至襄阳1000吨级航道整治工程，推进开展兴隆2000吨级二线船闸、王甫洲1000吨级二线船闸前期工作。

兴隆2000吨级二线船闸工程：2000吨级船闸一座。

王甫洲1000吨级二线船闸工程：1000吨级船闸一座。

兴隆至蔡甸段2000吨级航道工程：按Ⅱ级标准整治航道233公里。

丹江口至襄阳段航道整治工程：按Ⅲ级标准整治航道125公里。

（3）南北水运通道

实施唐白河（唐河）航运开发工程、松西河航道整治工程（湖北段）。

唐白河（唐河）航运开发工程：建设双沟枢纽，渠化、整治Ⅲ级航道22.5公里、Ⅳ级航道38.5公里。

松西河航道整治工程（湖北段）：按Ⅲ级标准整治航道102公里。

（4）水网联通

加快推进汉北河、内荆河等江汉平原航道网治理，积极推进富水、浠水等支线航道治理。

汉北河航道工程：按Ⅲ级标准建设汉北河南垸至新沟40.2公里航道、大富水应城关至南垸21.7公里航道。

内荆河航道一期工程：按限制性Ⅳ级标准建设内荆河福田寺至螺山48公里航道。

富水航道工程：按Ⅲ级标准建设富池至阳新城关29公里航道，按Ⅳ级标准建设阳新城关至排市30.5公里航道。

浠水航道工程：按Ⅲ级标准建设河口至宝塔村17.3公里航道。

（二）整合港口资源，实施港口扩能增效工程

推进港口资源整合，实施港口扩能增效，推动港口发展从"规模速度型"向"质量效益型"转变，努力建设内河一流强港。

1. 优化港口功能布局

积极推进武汉长江中游航运中心建设，加快推动沿江港口优化整合，促进上下游、干支流港口协同联动发展，促进港产城协同发展。做大做强省级港口集团，发挥港口聚集效应。

以建设中部地区枢纽港为目标，重点将武汉打造为长江中游集装箱港，将宜昌打造为长江三峡翻坝转运港，将荆州打造为煤炭铁水联运枢纽港，将黄石打造为大宗散货集散中心。省内其他重要港口打造为武汉港的支线喂给港，初步形成层次合理、分工有序，在长江沿线中具有较强竞争力和影响力的港口集群。

2. 加快港口扩能增效

聚焦核心港口，以武汉港为核心，黄石港、宜昌港、荆州港、襄阳港为重点，加强沿江主要港口核心港区的规模化、专业化码头建设以及公用码头的改造升级，强化港口枢纽辐射能力，拓展港口综合服务功能，加快构建辐射中西部地区、对接国际航运市场的港口集群。集约利用岸线资源，实施港口设施设备改造，提升既有码头能力和作业效率。有序推进长江、汉江沿线重要港口集装箱、商品汽车、危险品等专业化码头建设，发挥港口对产业的支撑服务作用。

3. 强化综合服务能力

拓展港口服务功能，进一步优化港口装卸存储主业，增强中转配送、流通加工等增值服务，延伸港口物流产业链。推动港产城深度融合发展，加强港口与城乡建设、产业发展布局的有效衔接，服务临港产业升级。提升对外开放水平，依托自由贸易试验区的口岸监管和政策创新，探索港口建设管理模式创新，推动大型港航企业与"单一窗口"的合作对接，推动通关便利化、一体化。

专栏4-2　港口工程重点项目

建成武汉港阳逻港区铁水联运二期码头、汉南港区宇丰综合公用码头一期工程、宜昌港主城港区白洋作业区二期工程、荆州煤炭铁水联运储配基地一期工程、鄂州港三江港区综合码头一期工程等项目。

加快推进武汉港江夏港区散货码头工程、黄石港棋盘洲港区三期综合码头工程、荆州港公安港区斗湖堤作业区多用途码头、宜昌港宜都港区枝城作业区铁水联运码头、宜昌港枝江港区姚家港作业区危化码头、襄阳港唐白河港区综合码头一期工程等项目。

积极推进武汉白浒山、宜昌秭归、鄂州三江等港口LNG码头建设。加快

推进武汉港汉南港区商品滚装汽车码头工程、宜昌港枝江港区罗家河油品码头工程、荆州港观音寺作业区油品码头工程、鄂州港顺丰机场航油码头工程等专业化码头建设。

（三）完善运输体系，实施多式联运升级工程

发挥水运优势，积极发展多式联运，形成以港口为依托，内外贸航线为支撑的水路运输体系，构建服务国内国际双循环重要链接的内陆开放新高地。

1. 加强多式联运示范引领

加快实施武汉、宜昌、黄石、鄂州等5个国家多式联运示范工程，积极推进荆州、荆门、襄阳等申报新一批国家多式联运示范工程，组织开展省级示范工程创建。通过示范项目引领，推动全省铁水、公铁、公水等多式联运发展。加快多式联运信息互联共享，拓展平台服务功能。

2. 全力打造江海联运品牌航线

巩固武汉、黄石至上海洋山、泸汉台、中国（武汉）至东盟航线。积极开辟湖北至国内沿海港口航线和日韩近洋航线。拓展长江中上游、汉江、湘江、洞庭湖区港口至武汉港集装箱喂给航线。充分发挥骨干航运企业带动作用，鼓励港航企业与货主紧密合作，加密航线和航班密度促进江海联运集约化发展。

3. 推动水铁联运发展

完善港口集疏运体系，加快疏港铁路、公路建设，有效解决"最后一公里"问题。围绕集装箱、铁矿石、煤炭、粮食等，打造铁水联运品牌线路。推动建设阳逻港铁水联运货运枢纽站场，实现武汉地区江海直达、中欧班列（武汉）等多种集装箱运输方式的集并运转，持续提升集装箱和大宗货物铁水联运比重。

4. 推进新船型研发应用

在现有1140标箱集装箱船型基础上，鼓励支持1500标箱集装箱新船型研发。积极研究适应汉江、江汉运河直达联运要求的新船型，进一步提升汉江航运效益。

专栏4-3　多式联运工程重点项目

（1）多式联运项目

重点推进武汉阳逻港集装箱港区铁水联运二期工程、荆州港盐卡港区多式联运工程、宜昌港主城港区白洋作业区多式联运工程、鄂州港三江港区多式联运工程等示范项目。

（2）联运品牌项目

巩固武汉、黄石至上海洋山、泸汉台、中国（武汉）至东盟航线，开辟湖北至国内沿海港口航线和日韩近洋航线。

（3）新船型研发建造

鼓励支持1500标箱集装箱船研发。

（四）落实生态要求，实施绿色航运示范工程

践行"绿水青山就是金山银山"的绿色发展理念，建设以绿色航道、绿色港口、绿色船舶、绿色水运服务保障体系为主要内容的高水平绿色航运示范工程，为长江大保护、长江经济带绿色发展、实现碳达峰、碳中和目标作出积极贡献。

1. 推进建设绿色航道

开展绿色示范航道建设，加强航道工程新技术、新工艺、新材料应用；建设生态护坡试验段，积极推广生态护坡、护底结构；实现汉江兴隆至蔡甸段航道信息化全覆盖；推进航道疏浚弃土综合利用；在航电枢纽建设中优化鱼道布置，保障鱼类顺利洄游；配合开展汉江生态调度，营造良好的生态环境。

2. 加强水运污染防治

加强污染防治，继续巩固长江、汉江船舶污染物接收转运设施建设，加快推进溢油库、洗舱站的布局建设。建立港口船舶污染物接收、转运、处置长效机制；引导支持现有港口锚地、加油（加注）站通过改造，增加船舶污染物接收转运功能，新建港口锚地、加油（加注）站原则上要具备船舶生活垃圾、生活污水、油污水污染物接收转运功能；推进丹江口、清江库区等重要库湖区封闭水域船舶污染物"零排放"。

3. 推广新型清洁能源应用

积极推广LNG节能环保船舶的应用，探索发展纯电力、燃料电池等电动船舶。支持武汉、宜昌研发建造适合武汉"两江四岸"游、宜昌"两坝一峡"特色旅游线路的全电池动力游轮。在公务船建造中先行试点采用新能源船舶。

4. 打造水上绿色服务区

推进内河水上绿色服务设施的建设，在长江、汉江试点建设水上绿色航运服务区，为船舶提供公共锚地、岸电标准接口、垃圾回收、基本生活物品、应急救助等服务。

专栏4-4　绿色航运工程重点项目

（1）绿色生态航道

重点建设汉江绿色生态航道，实现汉江兴隆至蔡甸233公里航道信息化全覆盖。

（2）新型船舶及岸电

在武汉、宜昌试点全电池动力游轮，推进长江、汉江码头岸电设施建设。

（五）提升智能水平，实施数字水运创新工程

加强科技引领，实施水运"新基建"创新驱动，推进云数据、5G智能、区块链等先进技术加快运用，系统布局新型基础设施，加快构建系统完备、智能高效的现代化水运设施体系，为水运高质量发展提供有力支撑。

1. 建设汉江"数字航道"

加快建设汉江、江汉运河等国家高等级航道的电子航道图系统；积极应用遥测遥感技术，建设智能化航标；加快建设汉江及江汉运河通航建筑物统一调度信息系统。

2. 打造新型"数字港口"

积极支持港口企业提高码头前沿装卸设备、运输车辆、堆场装卸机械等关键设备的自动化水平，进一步提升港口装卸作业效率。推广应用无人堆场系统、无线调度通信系统、集装箱岸桥智能理货系统等智能化技术。重点建设武汉港阳逻港区铁水联运二期码头智慧港口示范工程。

3. 完善航运"数字平台"

积极支持长江中游航运中心智慧物流综合服务平台推广应用，推进长江中游多式联运各方数据共享，实现

"信息广泛互联、资源优化配置、业务协同联动、港产协同发展"目标。完善湖北省水上交通安全环保通信、电子巡航、船舶便捷过闸、安全过桥等水上交通信息系统,为船舶提供便捷智慧的信息服务。

专栏 4-5　数字水运工程重点项目

(1) 数字化航道

建设汉江、江汉运河等国家高等级航道的电子航道图系统。

(2) 数字化港口

以武汉港阳逻港区铁水联运二期为试点,推进港区 5G 建设和应用,建设智能化无人码头。推动黄石、宜昌、荆州、襄阳等智慧港口建设。

(3) 数字化平台

建设湖北省水路交通运输信息平台,打造水路交通运输全景智慧监测中心,构建起面向业务管理需求和社会公众服务的一体化、智能化监管服务平台。

(六)加强应急能力,实施水运和谐平安工程

坚持总体国家安全观,巩固防范化解重大风险攻坚战成果,树牢安全发展理念,防范化解影响水运高质量发展的安全风险,加强水运安全体系和能力建设,保障人民群众生命和财产安全,营造安全稳定发展环境。

1. 建设水运应急搜救基地

在汉江、清江等重点水域,规划建设应急搜救基地,进一步提升安全监管与应急救援能力。

2. 提升水路安全监管能力

推进水路交通安全环保智慧监测平台建设,加强汉江、清江等重要河段及旅游客运码头和重点渡口的通航安全管理,强化污染物专用码头监管。

3. 提升航道养护管理水平

加大航道养护管理设施投入,统筹规划布局航道养护站、航道养护码头等设施。推进航道养护工作规范化,强化航道行政执法和监督,提升航道公共服务能力和管理水平。

(七)坚持以人为本,实施品质服务幸福工程

以人民为中心,积极探索水运发展新模式,不断增强人民群众的获得感、幸福感、安全感,满足人民群众对美好生活的向往。

1. 发展"水运+旅游"新模式

依托长江三峡、黄鹤楼、荆州古城等旅游品牌,拓展宜昌至重庆游轮航线,发展长江中、下游地区的游轮旅游线路,打造长江黄金旅游线。支持武汉"两江四岸"游、宜昌"两坝一峡"游、"清江画廊"等特色水上旅游发展。建设宜昌三峡游轮中心游轮母港。

2. 推进幸福水运提档升级

以改善居民出行民生问题为重点,加强水上旅游与地方特色文化结合,推进库湖区旅游航道、特色化客运码头建设。打造以清江航道为试点示范的生态绿色旅游区,实施丹江口库区环郧阳岛旅游航道等项目,推进水运幸福工程提档升级。

3. 加大水运人才培养力度

加强船员培训点和考场建设,提升船员管理履职能力,便利船员就近参加培训、考试。加大水运人才队伍培养,为行业队伍建设提供人才保障。

专栏 4-6　水上旅游及人才培养重点项目

(1) 水上客运及高端旅游

以宜昌三峡国际游轮中心等项目为依托,打造长江精品游轮母港。结合水上客运、旅游需求,推进武汉港客运港区、黄石港城区港区长江旅游客运码头等项目建设。积极推进武汉、宜昌等大型城市滨江游览、城市夜游为载体的高端旅游服务项目。

(2) 库湖区旅游

推进清江、环郧阳岛绿色旅游航道建设。

(3) 船员培训服务

试点建设船员远程培训点和船员远程培训考场。

五、保障措施

(一)强化组织实施

加强组织协调和工作协同,按照职能分工,分解任务,落实责任。科学统筹开展各类专项规划编制,形成功能互补、统一衔接的规划体系。确保重点项目纳入国土空间规划,优先安排年度用地指标。对重点省管项目,成立工作专班,加强协调推进力度。充分发挥规划引领作用,完善规划实施监测评估机制,明确责任分工,强化督促检查,确保规划实施落实到位。

(二)强化资金保障

积极争取国家资金支持,加大各级财政性资金扶持力度,保障项目建设资金来源。积极引导多元投资,强化市场运作,探索创新投融资机制。优化港航专项资金支出结构,对港航基础及配套服务设施提供最大化支持,合理使用各级建设资金。研究出台集装箱、多式联运等运输补贴补助优惠政策,鼓励支持公共服务性强的项目,在土地、税收等政策方面给予支持。

(三)强化规划衔接

加强水运规划、港口规划等与国土空间规划的衔接协调,尽快在国土空间规划"一张图"上落实航道、港口发展涉及的土地、岸线资源,做好与自然资源、生态环境、水利、农业、文旅等部门的联动协作,处理好与城市、交通、水利、环保等的空间关系。

(四)强化人才培养

完善行业人才培养、技术产学研用机制,优化人才配置,营造竞争有序的发展态势和良好发展环境。充分发挥武汉高等院校人才优势,加强现代航运人才培养,重点推进航运金融保险、物流商务等专业人才和应用型船员培养,提升水运从业人员荣誉感和获得感,推进水运人才梯队建设,强化人才战略支撑。

2022 年 1 月 24 日

湖北省高速公路发展"十四五"规划

(鄂交发〔2022〕10号)

高速公路作为综合立体交通网的重要组成部分,是服务经济、社会和公众的重要载体,为湖北加快"建成支点、走在前列、谱写新篇"发挥关键支撑作用。根据《湖北省国民经济和社会发展第十四个五年规划和二〇三五年远景目标纲要》《湖北省综合交通运输发展"十四五"规划》等文件,制定本规划。

一、发展基础

(一)发展成就

"十三五"时期,在湖北省委省政府的坚强领导和交通运输部的大力支持下,全省高速公路发展取得了显著成效,为全面建成小康社会提供了有力支撑。主要成绩表现在以下六个方面:

建设投资力度持续加大。累计完成高速公路建设投资1899亿元,是规划投资目标的1.27倍,为全省"六稳""六保"作出了重要贡献。武深、枣潜等高速公路通道建成通车,武汉城市圈环线和武汉市四环线成功"画圆",青山、石首等9座世界级长江桥梁相继建成,全面实现县县通高速。截至2020年底,全省高速公路里程达到7230公里,位居全国第七、中部第一,省际出口通道达到26个,基本形成对外与周边省市便捷连接,对内中心城市快速直达、县市联通的高速公路网络。

运营管理水平全面提高。累计投入高速公路养护资金102亿元,是"十二五"时期的2.3倍,PQI均值保持在92以上。圆满完成取消高速公路省界收费站任务,收费系统成功并入全国一张网,累计发行ETC用户超过700万,超额完成交通运输部和省政府下达的任务目标。收费车道实现电子支付全覆盖。改扩建服务区5对,建成"司机之家"14个,改造完成星级厕所297座,孝感、天门、潜江3对服务区入选全国高速公路百佳示范服务区。

安全保障能力明显增强。大力推进高速公路隧道提质升级、桥梁防护能力提升、连续长陡下坡整治、独柱墩桥梁运行安全提升等专项行动,累计完成494座隧道、564座桥梁、281座独柱墩桥、8处长陡下坡和66万余平方米标志标线专项治理,三类及以下桥隧当年处治率达100%。完善各类突发事件应急预案,全面加强应急演练,获得2019年全国公路交通军地联合应急演练比武"隧道内车辆火灾事故处置"第一名。深化应急联动机制,全力支持疫情防控和复工复产,圆满完成军运会等重大活动期间的交通保障任务。

公共服务水平稳步提升。逐年落实"一降两惠"、免收联网维管费、集卡车优惠等降费让利政策,先后实现汉蔡、岱黄、利万、汉洪、机场高速公路等高速公路区间小客车通行费由地方政府统一支付,为交通运输降本增效和区域经济发展作出重要贡献。重大节假日及时向社会发布安全出行指南,开通中国交通广播湖北频率(FM94.8),拓展完善"两条热线"[1]"三大平台"[2]"四个入口"[3]的公众出行信息发布体系,出行信息服务更加立体、全面。

创新发展步伐不断加快。完善了养护管理信息系统,完成视频监测云联网,逐步实现高速公路运营监管信息化。先后推广应用沥青就地热再生、开普封层、超高性能混凝土等60余项"四新"技术。积极践行绿色发展理念,大力推动低碳清洁能源应用,推进隧道照明LED节能改造,服务区充电桩安装覆盖率超过50%。

行业治理能力日益增强。先后出台全省高速公路建设、养护、运营、执法等45项行业管理规定,配套制度体系进一步完善。深入推进"放管服"改革,大件运输审批时限缩减50%以上,涉路施工许可申请材料核减40%以上。全面建成并启用入口称重检测系统,违法超限率降至0.17%。与公安、应急管理等部门开展联合执法行动,路企共建、路地共管的路域环境治理长效机制不断完善。行业文明创建深入推进,荣获"全国青年文明号""全国巾帼文明岗"等76项国家和部省级荣誉。

(二)主要问题

"十三五"以来,全省高速公路发展总体适应经济社会发展需要,但与高质量发展和构建新发展格局要求相比,高速公路补短板、强弱项、增质效任务仍然艰巨,主要表现在以下三个方面:

路网结构有待优化。主通道瓶颈问题逐渐凸显,全省六车道及以上高速公路里程占比仅为7.5%,低于全国平均水平,武汉等中心城市部分出口路通行能力明显不足,京港澳、沪渝等国家高速公路主通道技术标准亟须提升。省际通道布局尚不完善,鄂西片区省际纵向通道较为单一,鄂东与安徽、河南等大别山腹地的省际出口还需优化,与湖南、江西等长江中游城市群互联互通水平仍需提升。城际

---

[1] "两条热线"指12122和95022。
[2] "三大平台"指网站发送平台、短信发送平台和广播合作平台。
[3] "四个入口"指微信、支付宝、百度和高德地图、微博。

骨干通道仍待贯通，十巫、宜来等支撑全省"九纵五横四环"高速公路网的城际通道尚未打通，襄阳与宜昌两个省域副中心城市之间以及武汉都市圈内城际联系仍不顺畅，服务"一主两翼"快速连通能力仍需提升。

服务质效有待提高。全省高速公路路况检测指标全国排名中等偏下，京港澳、武汉绕城高速等部分路段路况指标较差，养护资金和专业技术保障亟须加强。路网安全隐患存量较多，风险防控任务较重，服务人民群众安全出行压力较大。部分收费站通过能力不足，部分服务区规模较小、供给能力和服务质量不高，与个性化、高品质出行服务需求不相适应。

转型发展有待加快。高速公路绿色低碳发展任务仍然艰巨，节能减排和污染防治力度有待加强，资源利用效率仍需提升。信息化智慧化建设相对滞后，信息资源配置较为分散，运行监控、预测预警等信息管理平台不完善，数字化新技术、新手段运用较薄弱。行业治理现代化水平有待提升，法规标准制度亟待健全，行政执法能力效率仍需加强。

二、形势要求

"十四五"时期是推动湖北高质量发展、加快建成中部地区崛起重要战略支点的关键期，全省区域发展布局将深入推进，"3239"（三枢纽、两走廊、三区域、九通道）综合交通运输格局将加速构建，交通基础设施"增密、互通、提质"的要求更加迫切。新时期、新形势对全省高速公路行业发展提出了新要求。

构建现代综合立体交通网要求推进高速公路高标准建设。2019年以来，中共中央、国务院相继出台《交通强国建设纲要》和《国家综合立体交通网规划纲要》，提出推进中部地区大通道大枢纽建设，构建现代化高质量国家综合立体交通网，加快建设交通强国。高速公路作为综合立体交通网的主骨架，发挥着交通运输主通道作用。服务国家重大战略实施要求湖北全面提升高速公路互联互通水平，加快建设全国高速公路网重要枢纽，为湖北打造国内大循环重要节点和国内国际双循环战略链接提供坚实支撑。

服务区域发展布局要求发挥高速公路先行引领作用。《湖北省国民经济和社会发展第十四个五年规划和二〇三五年远景目标纲要》提出构建"一主引领、两翼驱动、全域协同"区域发展布局，完善"3239"综合交通运输格局，打造引领中部、辐射全国、通达世界的现代化综合交通运输体系。高速公路作为综合交通运输体系的重要组成部分，是经济发展的硬支撑，武汉国家中心城市建设以及"襄十随神""宜荆荆恩"城市群的高质量发展要求高速公路发挥先行引领作用，加快形成支撑区域发展布局的路网格局，为湖北"建成支点、走在前列、谱写新篇"贡献力量。

增强人民群众获得感要求提升高速公路服务质量。我国社会主要矛盾已经转化为"人民日益增长的美好生活需要和不平衡不充分的发展之间的矛盾"，体现在交通领域则为"人便其行、物畅其流"的基本需求已转变为"人享其行、物优其流"的高质量要求。满足人民日益增长的美好出行需要，要求全面提升高速公路服务质量，完善配套服务设施，提供标准化、人性化的公共服务和多元化、个性化的延伸服务，提升信息化、智能化服务水平，提供更加优质的出行供给，满足人民群众交通出行新期盼。

坚持安全绿色发展要求加大高速公路转型力度。坚持安全发展是交通强国建设的本质要求。统筹发展和安全，要求高速公路进一步提高路网系统韧性，提升基础设施安全水平和应急保障能力，发挥高速公路在保障出行安全、有效应对重大自然灾害等各种突发事件中的基础保障作用。生态文明建设是关系民族永续发展的根本大计，深入实施可持续发展战略，要求高速公路树立生态优先理念，将绿色发展理念贯穿落实到高速公路发展全过程，实现生态环境保护与高速公路发展相统一。

科技创新驱动发展要求加快高速公路智慧赋能。创新在我国现代化建设全局中处于核心地位，科技自立自强是国家发展的战略支撑。发挥科技创新驱动新动力，要求高速公路抢抓发展机遇，转变发展观念，注重科技创新赋能，加快推动大数据、5G、人工智能、新材料、新能源等前沿科技在高速公路行业的应用，加快智慧高速公路建设，加强与"新基建"融合发展，大力发展新业态新模式，以科技创新催生行业发展新动能，夯实高质量发展基础。

推进治理体系现代化要求深化高速公路行业改革。交通强国建设要求加快推进交通治理体系和治理能力现代化。实现交通运输行业治理现代化目标，要求继续深化高速公路行业改革，加强法律法规和标准规范建设，健全政府、市场、社会多元联动的治理体系，提升依法治理能力，推进行业信用体系建设，强化现代交通文化引领，为交通强国示范区建设提供坚实的制度保障。

三、总体思路

（一）指导思想

以习近平新时代中国特色社会主义思想为指导，深入贯彻党的十九大和十九届二中、三中、四中、五中、六中全会精神，全面落实省委十一届七次、八次、九次、十次全会决策部署，紧紧围绕交通强国战略和全省"一主引领、两翼驱动、全域协同"区域发展布局，以推动高质量发展为主题，以供给侧结构性改革为主线，以改革创新为根本动力，按照"优化扩容、内外互通"的总体思路，进一步完善全省高速公路基础设施网络，提升运行服务品质，提高安全保障能力，强化科技创新赋能，全面推进高速公路建管养运协调发展，为湖北"建设交通强国示范区，打造新时代九省通衢"提供坚实支撑。

（二）基本原则

坚持提质增效。坚持系统观念，统筹协调发展速度和质量、增量和存量、社会效益和经济效益的关系，促进高速公路发展由追求速度规模向更加注重质量效益转变，注重盘活存量、优化增量，实现行业高质量发展。

坚持建养并重。坚持可持续发展理念，转变发展思路和方式，促进高速公路建管养运协调发展，继续推进高速公路设施适度超前配置，树立全生命周期养护理念，加强预防性养护，以高质量养护巩固建设成果。

坚持安全绿色。提升高速公路本质安全水平，完善安全生产体系，强化应急救援能力。贯彻绿色发展理念，围绕碳达峰目标与碳中和愿景，坚持高速公路发展与生态环境保护并重，注重交通走廊高效利用，节约集约利用资源。

坚持改革创新。深化高速公路行业改革，发挥市场配置资源的决定性作用，激发市场活力，优化营商环境。加强科技创新，提高信息化、智能化服务水平，推进物联网、大数据、人工智能等现代信息技术在高速公路的应用。

坚持服务共享。坚持以人民为中心，聚焦保障和改善民生，以增强人民群众获得感、幸福感为出发点和落脚点，提升高速公路服务能力和品质，改善服务体验，满足人民群众高品质出行需求，让人民群众共享高速公路发展成果。

(三)发展目标

"十四五"时期，加快构建"九纵五横四环"高速公路网络，建成高水平的全国高速公路网重要枢纽，实现路网扩容、养护提质、服务提档、转型升级、安全提升、管理进位，基本形成内畅外联的高速路网体系、人民满意的通行服务体系、智慧引领的科技创新体系、科学高效的行业治理体系，有力支撑交通强国示范区建设，高水平适应经济社会发展要求，满足人民美好出行需要。

路网扩容。全省高速公路固定资产投资2050亿元。高速公路总里程达到8000公里，其中六车道及以上里程力争达到900公里，路网结构进一步优化，省域国家高速公路繁忙路段通行能力明显提升。

养护提质。高速公路优等路率保持在90%以上，PQI均值大于92，路面技术状况自动化检测覆盖率达到100%，养护科学决策水平显著提升，预防性养护实施里程比例不小于8%，"十四五"国评路况排名进位。

服务提档。示范服务区占比达到10%，"司机之家"达到34个，完善服务区无障碍设施。拓展ETC应用，电子不停车收费模式进一步完善，ETC用户数量稳步提升，ETC车道覆盖率达100%，收费站常态化拥堵现象基本消除。

转型升级。安装或预留的新能源汽车充电基础设施占服务区停车位总数的比例不低于10%。废旧路面材料回收率、循环利用率分别达到100%、95%。推进智慧高速试点建设，推动传统基础设施转型升级，"人、车、路、云"融合协同能力有效提升。

安全提升。高速公路一、二类桥梁比例超过98%，三类及以下桥梁、隧道当年处治率达到100%。高速公路经营管理单位安全生产标准化创建达标率达到100%，路网运行监测覆盖范围更加广泛，交通事故1小时恢复通行率达到95%，行业较大以上安全生产责任事故得到有效控制。

管理进位。路政案件结案率大于98%，货车违法超限率不超过0.05%，逐步实现零超限，"四基四化"建设全面推进。行业治理体系进一步完善，法规标准更加健全，行业监管能力持续增强。人民群众对高速公路服务满意度显著提高。

"十四五"高速公路主要发展指标

类别	指标	2020年	2025年
路网扩容	高速公路里程(公里)	7230	8000
	其中：六车道及以上高速公路里程(公里)	540	900
养护提质	高速公路优等路率(MQI)(%)	>90	
	高速公路路面技术状况(PQI)	>92	
	预防性养护平均实施里程比重(%)	8	≥8
	路面技术状况自动化检测覆盖率(%)	96	100
服务提档	ETC车道覆盖率(%)	100	
	示范服务区占比(%)	—	10
	司机之家(个)	14	34
转型升级	安装或预留的新能源汽车充电基础设施占服务区停车位总数比例(%)	—	≥10
	高速公路旧路面材料回收率(%)	100	
	高速公路旧路面材料循环利用率(%)	95	
安全提升	一、二类桥梁比例(%)	98	>98
	三类及以下桥梁、隧道当年处治率(%)	100	
	经营管理单位安全生产标准化创建达标率(%)	—	100
	交通事故1小时恢复通行率(%)	—	95
管理进位	路政案件结案率(%)	97	>98
	货车违法超限率(%)	0.17	≤0.05
	高速公路服务热线业务限时办结率(%)	—	>95

四、重点任务

（一）推进路网优化扩容

1.推进重要通道扩容

推进国家主通道改扩建。以国家综合立体交通网规划"6轴、7廊、8通道"内国家高速公路为主，重点推进京港澳、沪渝、福银等繁忙拥挤路段提质扩容，加快形成贯穿全省中心城市及主要城市群快速通道，提升路网运行效率和服务水平。

推动局部瓶颈路段扩容改造。逐步推进建设年代较早、技术指标较低、交通流量较大的省级高速公路扩容改造，重点考虑部分高速公路共线段的扩容，提升路段通行能力，缓解通行瓶颈。

专栏4-1　高速公路改扩建重点项目

建成项目：建成武汉绕城高速公路中洲至北湖段、京港澳高速公路豫鄂界至军山段改扩建工程。

开工项目：积极推进沪渝高速公路武黄段、黄黄段、武汉至宜昌段，福银高速公路谷城至柳陂段等改扩建项目前期工作，力争尽早开工建设。

规划研究项目：开展京港澳高速公路军山桥段、沪蓉高速公路新集至东西湖段、武汉绕城高速公路北湖至新集和中洲至郑店段、汉洪高速公路沌口至湘口段、汉鄂高速公路鄂黄第二过江通道至机场高速公路段等改扩建项目规划研究，适时启动前期工作。

2.完善省域路网结构

完善省际出口路。服务长江经济带发展、中部地区崛起等国家战略，强化长江中游城市群互联互通，完善省际出口布局。以打通省际待贯通路段为重点，加快建成安来高速公路鄂渝界至建始段等鄂西地区省际出口路，建设十淅高速公路等中部地区互联通道，推进呼北高速公路宜都（全福河）至鄂湘界段、通山至武宁高速公路等长江中游城市群省际联系通道，强化与相邻省市路网快速衔接。

打通省域骨架路。服务全省"一主引领、两翼驱动、全域协同"区域发展布局，打通支撑"3239"综合交通运输格局的城际骨架路。完善中心城市对外放射线和都市区环线布局，促进武汉城市圈交通一体化发展和"襄十随神""宜荆荆恩"城市群高速公路互联互通。

优化高速公路网布局。从服务经济社会发展、推进新型城镇化进程、构建现代化综合交通运输体系等角度，进一步优化全省高速公路网布局，提升路网覆盖深度。

专栏4-2　新建高速公路重点项目

建成项目：建成麻安高速公路麻城东段，呼北高速公路宜都（全福河）至鄂湘界段，张南高速公路宣恩（李家河）至咸丰段，安来高速公路鄂渝界至建始（陇里）段，枣阳至潜江高速公路襄阳北段，十堰至巫溪高速公路鲍峡至溢水段、郧西至鲍峡段，襄阳绕城高速公路南段，监利至江陵高速公路东延段，宜都至来凤高速公路鹤峰东段和宜昌段，武汉至大悟高速公路武汉至河口段、河口至鄂豫界段，武汉至阳新高速公路武汉段、鄂州段、黄石段，襄阳绕城高速公路东南段延长线，孝汉应高速公路，蕲春至太湖高速公路蕲春东段，硚口至孝感高速公路二期，十堰至淅川高速公路湖北段，鄂州机场高速公路一期，沪蓉高速公路红安联络线，通山至武宁高速公路湖北段，赤壁长江公路大桥东延段等。

开工项目：积极推进武汉至松滋高速公路武汉至洪湖段、江陵至松滋段，武汉至重庆高速公路武汉至天门段、天门至宜昌段，平顶山至宜昌高速公路襄阳至宜昌段，武汉都市区环线高速公路北段、孝感南段、江夏至梁子湖段，房县至五峰高速公路房县至兴山段和兴山至长阳段，十堰至巫溪高速公路溢水至鄂陕界段，随州至信阳高速公路湖北段，通城至修水高速公路湖北段，当阳经枝江至松滋高速公路，利川至咸丰高速公路，鄂州机场高速公路二期，巴东至张家界高速公路沪蓉沪渝连接段，咸宁桂花至汀泗高速公路（咸宁南外环）等项目前期工作，力争尽早开工建设。

规划研究项目：开展房县至五峰高速公路长阳至五峰段、英山至黄梅高速公路、襄阳至新野高速公路、沙公高速公路南延段、硚孝高速公路西延线、麻阳高速公路北延线、三峡翻坝高速公路西延线等项目规划研究，适时启动前期工作。

3.优化过江通道布局

结合《长江干线过江通道布局规划（2020—2035年）》，重点建设赤壁长江公路大桥、鄂黄第二过江通道等高速公路过江通道，优化区域过江通道布局，完善路网衔接，加强长江南北两岸交通联系。

专栏4-3　高速公路过江通道重点项目

建成赤壁、鄂黄第二过江通道等。积极推进李埠（公铁）、双柳、汉南、监利（公铁）等过江通道前期工作，尽早开工建设。支持开展陡山沱、红花套、枝城长江大桥改扩建等过江通道规划研究。

4.提高存量设施供给

加密高速公路出入口。在邻近城市主城区、经济开发区、旅游风景区等交通需求集中地区，进一步加密高速公路出入口，并配套完善互通连接线，强化综合立体交通网衔接，增强高速公路"集聚效应"。

改造常态性拥堵收费站。积极推动进出流量较大、易拥堵收费站扩容改造，提升收费站通过能力和服务效率。

专栏4-4　高速公路互通和收费站重点项目

增设互通项目：老河口至宜昌高速公路老河口至谷城段袁冲互通、沪渝高速公路潜江东互通、许广高速公路刽河互通、大广高速公路东方山互通、鸦猇高速公路峡州大道互通、沪武高速公路石桥铺互通等。

改造收费站项目：二广高速公路荆州中收费站、沪蓉高速公路应城收费站、大广高速公路黄石西收费站和新洲收费站、关豹高速公路武东收费站、武鄂高速公路龚家岭收费站等。

（二）提升养护管理效能

1.健全养护管理体系

提升养护决策科学水平。全面整合高速公路设施信息、技术状况、养护历史、运行环境等数据，加强动态数据采集更新，夯实养护管理工作数据基础。完善技术状况评定、养护需求分析、技术方案确定和养护计划编制等工作流程，加快构建数据驱动型养护决策体系。科学构建养护工程项目库，定期动态更新，合理制定养护工程年度计划。

加大养护实施力度。大力实施预防性养护，增加预防性养护投入，在年度计划中安排专门资金用于预防性养护。加强修复性养护工程方案的专业化设计，提升修复养护工程效益。在路面改造的同时，同步提升交通安全设施、沿线服务设施的基础状况，改善路域环境。加强养护工程质量检验评定，确保养护工程实施效果。

强化养护质量考核评价。加强养护管理工作的规范化、制度化建设，结合养护技术规范，完善养护质量目标体系，修订养护管理考核办法。建立高速公路养护评价体系，加强高速公路养护事前、事中、事后评价，强化评价结果运用，提高管理效率。研究高速公路养护质量与车辆通行费收费标准挂钩政策，提升高速公路养护质量。

2.提高养护技术水平

推进养护标准化建设。加快推进养护技术、施工工艺、养护设施和项目的标准化。加快养护工区标准化建设，同步配套养护机械，重点加强应急抢险与安全防护设备配置，提升养护设施装备水平。推进桥隧等控制性工程养护的标准化，开展标准化养护示范路段建设。创新养护组织模式，推广集中养护模式，推进区域性养护中心建设，提升养护效率和质量。

加强养护技术创新。加快高速公路养护技术研究，重点攻坚路面裂缝、车辙、危旧桥隧病害处治等关键技术，形成提升高速公路安全耐久性成套技术。健全养护"四新"技术推广机制，建立"四新"技术目录清单，构建高速公路养护新技术推广应用平台。

提升养护管理信息化水平。整合高速公路养护信息资源，探索"互联网+智慧管养"，逐步实现养护全过程、全要素信息化管理，提升高速公路养护管理能力。加强高速公路技术指标变化、病害发育程度监测及预判，实现被动养护向主动养护转变。

3.完善养护保障机制

深入推进养护市场化。强化养护市场准入管理，加强高速公路养护作业单位资质管理，形成更加开放的养护市场。完善养护工程、养护技术服务市场化供给模式，加强养护市场监管，建立统一、开放、公平竞争的市场。

强化养护资金保障机制。落实高速公路养护支出责任，以省级路况检测结果和交通运输部抽检结果为基础，加大养护投入，明确养护经费保障比例标准，建立高速公路养护资金保障长效机制。

专栏4-5 高速公路养护重点任务

实施养护工程：建立养护工程规划项目库，预防性养护平均每年实施里程比重不少于8%。

开展养护标准化示范：经营管理单位每年建设不少于所辖路段15%的标准化养护示范路，每年完成至少一桥一隧或两座大桥（如无隧道）标准化养护。

落实养护资金：经营管理单位每年养护投入资金占通行费收入的10%以上。

(三)改善运行服务质量

1.提升服务区服务品质

建设高品质服务区。鼓励高速公路经营管理单位升级改造服务区，积极创建示范服务区。推进"司机之家"建设，持续深化"厕所革命"。强化货车停车位供给，提升货车停放服务水平。完善无障碍服务设施，为老年人及特殊人群提供人性化服务。开展交通信息、旅游咨询等个性化、便民化、温馨化服务。

健全服务区管理体系。制定全省高速公路服务区服务设施和服务管理地方标准，保障基本公共服务。以服务区停车场和公共厕所为重点，开展服务质量提升专项行动。健全服务区分类分级管理和服务质量等级评定机制，强化服务区监管考核。

拓展服务区经营业态。鼓励服务区加强与地方产业融合，积极推进"服务区+旅游""服务区+物流""服务区+商业""服务区+文化"等主题特色服务区建设，打造"全国知名、业内公认、群众点赞"的行业标杆，满足公众多样化需求。

2.提升收费服务水平

优化高速公路收费政策。充分考虑全省高速公路网结构及运行特点等因素，研究制定差异化收费政策，建立完善收费标准动态评估与调整长效机制。严格落实节假日小型客车免费通行和绿色通道等通行费减免政策。

强化收费监管与权益保障。修订完善收费管理相关制度和操作规范，加强收费现场管控。强化收费系统运行维护，保障全网收费系统平稳运行。加大通行费违法违规行为稽查力度，探索运用收费数据挖掘技术，实现稽查手段由人工判别向科技辅助转变，建立健全高速公路联网收费稽查长效机制。加强高速公路咨询投诉服务，完善投诉机制，保障客户遇到问题"有投诉、能接通、快处理、有反馈"。

提高收费站服务质效。加强电子支付应用，开展智能机器人收费试点，探索自由流收费技术，提升收费站支付体验和通过效率。提升收费站窗口形象，因地制宜创建收费站品牌，将品牌创建与企业文化及地区人文风貌有机结合，打造独具特色的文化品牌。

3.加强路网运行交通组织

优化出行信息服务体系。持续优化12122高速公路服务热线电话、"湖北e出行"微信公众号，整合和共享出行信息服务资源，构建全方位、多渠道路网出行服务体系。加强路网运行监测数据综合分析研判，增强信息发布的时效性和有效性，合理引导公众出行需求和路径选择。加强与互联网导航企业、交通广播等合作，完善公路施工、突发事件、交通管制等信息共享和发布机制。

加强重要路段交通组织。强化武汉绕城高速公路、荆州长江大桥等交通繁忙路段和常态性拥堵收费站交通组织，按照"一路一案""一站一策"的原则，强化疏堵保畅措施，最大限度减少拥堵缓行。结合高速公路改扩建和养护计划，联合交警部门和经营管理单位，强化施工路段交通保通保畅组织方案，保障施工路段安全有序运行。

加强特殊时段交通组织。加大重大节假日、重要活动期间路网保通力度，及时发布出行提示，加强易拥堵路段监控，快速处置突发事件，确保路网畅通。进一步强化常态化疫情防控下高速公路网保畅和管控能力。针对自然灾害、事故灾难、公共卫生和社会安全等突发公共事件，分类分级制定方案，保障特殊时期高速公路正常运行。

专栏4-6 高速公路运行服务质量提升重点任务

建设高品质服务区：研究制定服务区服务质量评定办法，创建示范服务区占比达到10%。深化服务区"厕所革命"，因地制宜建设20个"司机之家"。推进福银高速公路安陆、武当山"服务区＋文旅"，沪渝高速公路荆州东"服务区＋商业"，京港澳高速公路大新"服务区＋货车主题"等一批特色服务区建设。

研究差异化收费：研究制定国际标准集装箱运输车辆等差异化收费方案，服务物流运输降本增效，提升路网通行效率。

开展服务质量社会评议：开展服务区、收费站、路域环境等"线上评、线下改"服务质量社会评议，点对点督促相关经营单位整改落实，提升公众出行服务体验。

（四）推动高质量转型发展
1.推进高速公路绿色低碳发展
强化生态环境保护。牢固树立生态优先理念，加强高速公路生态选线，强化与国土空间规划"三区三线"[4]的衔接。进一步加强高速公路建设养护领域节能减排和污染防治，积极应用节能技术和清洁能源，加强噪声污染和塑料污染防治，深入推进隧道照明节能化改造，探索研究绿色清洁能源在服务区、收费站等区域的应用。

促进资源节约集约利用。加强高速公路与其他运输方式的统筹协调，节约集约利用通道走廊线位资源。加大绿色循环技术应用，推广施工材料、废旧材料再生综合利用，基本实现路面旧料"零废弃"。推进服务区污水资源化利用，强化垃圾分类，提升资源利用效率。

推进绿色公路和服务区建设。以建设交通强国示范区为契机，因地制宜推进绿色公路建设，新开工高速公路全面落实绿色公路建设要求。推进绿色服务区建设和改造，加大新能源汽车充电设施的改造和安装，建设配备充电基础设施或预留安装条件。

2.推动智慧高速公路建设
推进智能管理应用系统建设。汇聚整合高速公路信息数据资源，建设宽带泛在、集成互联的"智慧大脑"数据采集系统。围绕路网监测、应急指挥、综合执法等核心业务，建设"智慧决策"指挥协同系统。基于移动智能终端技术，整合现有移动应用，建设"智慧出行"信息服务系统。

加强智慧高速项目研究。以智慧高速使用者需求和运营管理者需为重点，从逻辑框架、数据架构、应用场景等方面，研究全省智慧高速公路建设的实施路径。整合已有高速公路信息基础设施，提升已建高速公路智能化水平，深化ETC拓展应用。推进智慧高速公路试点、智慧服务区建设，丰富车路协同应用场景，形成先进经验和典型成果，发挥示范引领作用。

3.引导行业科创能力提升
鼓励行业先进技术研发应用。引导、促进行业科研和先进技术研发，加强新一代信息技术与高速公路网深度融合，推动北斗、5G技术等在高速公路领域应用，支持车联网与智能车路协同、节能减排绿色低碳等技术攻关，支持科学养护决策、快速无损检测等技术的研究与成果转化，加强高速公路信息集成、先进执法装备等推广应用。

推进行业科研力量建设。加强高速公路经营管理单位科技研发的统筹协调，增强行业科研合力。探索建立市场导向机制，发挥市场对创新资源配置作用，促进企业成为技术创新决策、研发投入、成果转化的主体，参与关键技术研发和推广应用，积极营造创新创业良好环境。

专栏4-7 高速公路转型发展重点任务

绿色化：推进十淅高速公路丹江口绿色服务区建设。推进麻安、十天、福银、三峡翻坝、沪蓉、呼北高速公路等鄂西山区路段隧道照明设施节能改造。

智慧化：以鄂州机场高速公路等建设项目为试点，建设"人、车、路、云"融合协同的智慧高速公路。推进福银高速公路孝感服务区、京港澳高速公路花园服务区智慧化建设。

（五）提高安全管理水平
1.提高本质安全水平
提高重点路段和重大项目安全水平。深入推进隧道提质升级、桥梁安全防护能力提升、连续长陡下坡治理、独柱墩桥梁运行安全和公路交通标线质量提升等专项行动，增强高速公路桥隧安全保障能力。建设长大桥梁结构健康监测系统，实现结构状况实时监测、自动分析、自动评估等功能。全面排查和治理船舶碰撞桥梁安全隐患，提升桥梁防撞能力。加强对高边坡、灾害多发区域等路段的安全监测预警。建设平安公路、站所和服务区，推进平安百年品质工程示范创建，提升新建高速公路设施安全水平。

提升高速公路防灾减灾水平。完成自然灾害综合风险公路承灾体普查，加强对地质灾害多发路段的排查评估，研究制定高速公路灾害防治工程实施方案和技术指南，指导经营管理单位开展高速公路灾害防治工作。

专栏4-8 高速公路本质安全提升重点任务

建设桥梁结构健康监测系统：完成宜昌长江公路大桥结构健康监测系统建设试点，推进高速公路单孔跨径500米以上的悬索桥、单孔跨径300

---

[4] "三区"指城镇空间、农业空间和生态空间，"三线"指城镇开发边界、永久基本农田和生态保护红线。

米以上的斜拉桥、单孔跨径160米以上的梁桥和单孔跨径200米以上的拱桥结构健康监测系统建设。

建设平安百年品质工程：推进呼北高速公路宜都（全福河）至鄂湘界段、孝汉应高速公路福银至武荆段平安百年品质工程示范创建，提升工程安全性和耐久性。

2. 强化安全生产治理

推进重大安全风险防范化解。加快构建安全风险分级管控和隐患排查治理双重预防体系，加强风险和隐患分类分级管理，建立健全风险评估决策、风险防控协同等机制。完善高速公路应对灾害、疫情、安全等重大突发事件的协同工作机制。建立健全监管清单、隐患排查等安全生产管理制度和安全生产第三方监管机制。

加强重点领域、重点时段安全治理。完善和落实高速公路安全生产责任制，加强安全生产监管执法，有效遏制交通重特大安全事故。对存在安全生产突出问题和反复发生、长期未根治的生产安全事故隐患进行专项督查。加强高速公路服务区加油（汽）站、隧道等重点区域隐患治理，做好季节性预警预防，全力保障重点时段、重大活动期间安全生产形势稳定。

3. 提升应急救援服务水平

提高安全应急救援能力。开展高速公路清障施救机制研究，修订完善清障施救服务规程和收费标准，明确清障施救主体，规范清障施救服务行为。研究高速公路区域应急物资储备中心布局，科学配置应急救援装备、物资、人员等。完善跨省、跨部门的信息共享和应急联动机制，建立路网应急力量互相支援机制。加强突发事件应急演练，提升应急队伍实战能力。

整合应急信息数据资源。按照有利于数据汇聚、协调管理和长远发展的原则，依托高速公路应急处置服务中心大数据平台，完成全省高速公路信息化资源汇集，建立高速公路"一路多方"联合指挥调度系统，建成省级和路段经营管理单位两级高速公路联合应急处置指挥中心，为高速公路突发事件联合应急处置提供支撑。

（六）增强行业治理能力

1. 健全法规标准体系

优化法规标准顶层设计。完善湖北省高速公路法规、规章、规范性文件等制度体系顶层设计，适时推进《湖北省高速公路管理条例》等法规及配套规章修订工作，形成系统完备、科学先进的高速公路交通法规制度体系，规范高速公路管理的职责与行为。

完善标准规范体系。规范高速公路行业标准和指南，保障高速公路行业发展有章可循、有法可依。加快智慧、绿色服务区等课题研究，适应行业高质量发展需要。鼓励高速公路经营管理单位在行业标准规范的基础上制定企业标准。

2. 完善管理体制机制

深化体制机制改革。继续深化高速公路管理机构改革，完善组织机构配置，理顺各级管理职能，优化工作流程。完善高速公路管理各相关主体联动机制，健全高速公路运行监测、公共服务等职责体系，构建形成层级明晰、权责匹配、监管有效、保障有力的行业管理体系。

优化营商环境。持续深化高速公路行业"放管服"改革，大力推进"互联网+政务服务"，进一步简化审批流程。全面推行权力、责任清单制度，建立完善守信激励和失信惩戒制度，构建以信用为基础的新型监管机制。

3. 提高行政执法能力水平

夯实行政执法基础。深化"四基四化"建设，研究制定执法站所建设规划和建设标准，坚持新建和改扩建相结合，因路制宜、合理布局高速公路路政执法站所，加强高速公路执法人员、执法装备等配置力度，为路政执法提供有力保障。巩固深化执法领域突出问题专项整治行动成果，健全路产路权管理档案，实现高速公路行政执法规范化长效治理。

提升执法工作效率。建立健全行政执法业务管理平台，推进执法全过程信息化、流程化管理。创新实施非现场执法模式，规范自由裁量权、执法流程和执法标准。合理划定执法单位管辖范围，推广使用智能无人机巡查方式，提升路面巡查效率。

加大重点领域执法力度。加大违法超限超载运输治理力度，加强高速公路入口治超，将货车违法超限率控制在0.05%以内，逐步实现"零超限"。加强高速公路用地、建筑控制区、桥下空间、安全保护区等范围内违法行为执法力度，维护路产路权，优化路域环境，保障高速公路安全畅通。

4. 提升行业管理软实力

强化人才队伍建设。加强高素质、复合型人才队伍建设，培养一批有影响力的行业科技人才和创新团队，完善人才引进、培养、使用、评价、激励机制。加强干部政治素养、理论水平和专业知识等系统培训，增强干部队伍适应高速公路现代化发展要求的能力，建设忠诚、干净、担当的高素质干部队伍。

加速行业文化建设。加强精神文明建设，大力弘扬新时代交通精神，积极培树高速公路行业先进典型。加强新时代高速公路文化品牌培育，加速文化品牌传播，向社会展示高速公路行业的良好形象。主动适应新媒体时代，创新内外宣传平台，讲好新时代高速公路故事，为行业发展营造良好舆论氛围。

专栏4-9 高速公路行业治理重点任务

制定《高速公路服务区（停车区）服务设施规范》《高速公路服务区（停车区）服务管理规范》等地方标准；制定《湖北省高速公路路政执法站所规划》《湖北省高速公路路政执法站所建设标准》《湖北省高速公路养护工程管理办法》《湖北省高速公路养护管理综合评价办法》等制度办法；研究制定《智慧服务区建设指导意见》《绿色服务区建设指导意见》等新兴领域标准指南。

五、保障措施

（一）加强组织协调

坚持党的全面领导，完善规划实施机制。加强与发改、财政、自然资源、生态环境等部门沟通协调，争取相关政策支持，为规划实施创造良好条件。强化相邻省份沟通协调，形成协同共进、同向发展的良好态势。加强与项目实施单位和经营管理单位的沟通协调，充分调动社会各方资源，合力推进规划实施。

（二）加强衔接对接

加强与国家相关规划的衔接对接，积极争取更多高速公路项目纳入国家发展规划、专项规划和重大项目计划。坚持"多规合一"，充分考虑"三区三线"等控制性因素。加强高速公路与普通公路以及其他运输方式的衔接，建立和完善跨区域、跨部门的联动机制，协同推进重大高速公路项目建设。

（三）加强资金保障

积极争取中央车购税资金的政策支持，进一步拓展筹融资渠道，支持重点项目建设。规范特许经营管理制度，推广政府和社会资本合作（PPP）模式，发挥政府投资效应，引导社会资本共同参与高速公路建设。督促经营管理单位落实养护资金。强化债务风险防控。

（四）加强跟踪评估

跟踪规划目标任务和项目建设进展，强化相关数据统计监测，及时把握行业发展和执行过程中出现的新情况、新问题，动态开展规划评估考核工作。建立健全规划实施督导检查制度，充分运用"双随机、一公开"、第三方评价等方式开展常态化督导与评估，保障规划实施效果和质量。

2022 年 2 月 15 日

湖北省综合运输服务发展"十四五"规划

（鄂交发〔2022〕12 号）

推进综合运输服务发展和提质增效是现代综合交通运输体系建设的本质要求与根本目的，是湖北立足新发展阶段，贯彻新发展理念，融入新发展格局，推动国家和省重大战略落实的客观要求。根据交通运输部《综合运输服务"十四五"发展规划》《湖北省综合交通运输发展"十四五"规划纲要》等文件，制定本规划。

一、发展基础

（一）发展成就

"十三五"时期，全省公路、水路、铁路、民航、邮政发展成效显著，综合运输服务能力不断提高，人民群众获得感不断增强。2020 年，全省完成营业性客运量 3.1 亿人次，旅客周转量 612.4 亿人公里。公路客运仍占主导地位，2020 年占综合总客运量比重为 70.33%；铁路、民航客运量增长较快，占比分别由 2015 年的 14.41%、1.03% 上升到 26.37%、2.55%。全省完成营业性货运量 16.0 亿吨，货运周转量 5295.7 亿吨公里。货运结构不断优化，公路、水运、铁路货运量占比由运输结构调整三年行动初期（2017 年）的 78.72%、19.26%、2.01% 调整为 71.43%、25.43%、3.13%。

1. 客运服务提档升级。城乡道路客运一体化服务范围持续拓展，全省共建成综合客运枢纽达到 17 个，已建和在建二级以上汽车客运站实现县级全覆盖；乡镇和建制村通客车率保持 100%，通公交建制村占比达到 25%，通公交化改造城乡客运班线建制村占比达到 13%；竹山、远安成功入选国家首批城乡交通运输一体化示范县。"水旅融合"发展成效显著，培育形成了"武汉两江游览""两坝一峡""清江画廊""长江夜游"等特色旅游品牌项目。铁路客运路网不断完善，已建和在建高铁网络覆盖全省所有市州，武汉至国内主要城市群实现高铁 4~6 小时通达，与长江中游主要城市实现高铁 2~3 小时通达。民航客运网络持续优化，开通航线 356 条，国际通航点覆盖五大洲。城市公共交通体系加速完善，城区常住人口 100 万以上城市建成区公交站点 500 米覆盖率基本达到 100%，轨道交通运营里程达到 360 公里，武汉完成国家公交都市创建目标。旅客联程运输探索起步，城际约租、城际公交、"空铁通""空巴通"等模式逐步推广。全力支持襄阳、宜昌国家"公交都市"创建工作，积极推动有条件的城市开展国家"公交都市"创建，建成 3~5 个国家"公交都市"建设示范城市；创建一批省级公交示范城市。力争城区常住人口 100 万以上城市的公共交通机动化出行分担率达到 50%。

2. 货运服务质效同升。道路货运服务持续优化，县级物流中心实现全覆盖，乡镇运输服务站 527 个，培育建成 25 个省级农村交通物流试点示范项目，赤壁、竹山入选全国首批农村物流服务品牌；8 个甩挂运输试点项目完成验收，襄阳、十堰通过全国城市绿色货运配送示范项目验收。水路货运服务能力加速提升，全省港口通过能力达到 4.3 亿吨，集装箱通过能力达到 502 万标箱，通江达海的航运网络不断拓展。铁路货运扩能增效，武汉北编组站日均办理车突破 20000 辆，襄阳北编组站日均办理车辆数较 2015 年增长 30% 以上；浩吉铁路、汉十高铁通车运营，释放汉丹、襄渝铁路运能约 4000 万吨/年；中欧班列（武汉）打通 5 大通关口岸，连通欧亚 34 个国家、76 个城市。航空货运加快成网，全省民航机场年货邮吞吐能力超过 45 万吨，武汉天河国际机场开通 19 条货运航线，国际货运通航点达到 32 个。邮政快递快速增长，全省邮政行业业务总量、业务收入年均增长分别达到 28.0% 和 19.1%，2020 年快递业务量达到 17.8 亿件，全面实现乡乡通快递、村村通邮，快递服务进村率达到 77.5%。运输结构调整三年行动（2018—2020 年）圆满完成，铁路货运量三年净增 930 万吨，水路货运量三年净增4569万吨，集装箱多式联运量突破49万标箱。

3.绿色化智能化技术装备逐步推广。绿色运输装备推广应用加快，全省清洁能源公交车辆占比达到58%，具有岸电供应能力的泊位占全部生产性泊位比例达到24.8%，船舶平均吨位由2015年的1700吨增长至2459吨，宜昌临江绿色服务区成为沿江水上服务区的成功典范。邮政快递行业绿色发展成效显著，快递电子运单、循环中转袋使用率接近100%。智慧交通快速发展，二级及以上汽车客运站、铁路、民航实现联网售票，所有市州进入全国公交一卡通阵营，武汉入列全国首批"智慧交通"示范城市，全省机场基本实现从航站楼到登机口的全流程自助、无纸化通行，全省高铁站全部实现刷脸进站。印发长江中游航运中心建设规划，五年武汉航运交易所累计完成交易额已突破100亿元，汉江电子航道图、岸基智能监控、电子口岸建设、船联网、电子数据交换等新基建项目稳步推进。

4.行业治理能力稳步提升。省综合交通运输工作领导小组、省综合交通安全生产专业委员会相继成立，综合交通运输协调机制进一步完善。"放管服"改革持续深入，所有省级交通运输服务审批事项并入省政务服务"一张网"，下放和取消了一批省级职权事项，全面落实货车"三检合一"，开展了"我要开物流公司(货运)"一事联办试点及推广工作，12328交通运输服务监督电话系统联网运行率达到100%，限时办结率达到98.2%，回访满意率达到99.6%，营商环境持续优化。机动车驾驶员培训考试改革有序推进，一、二类维修企业全部安装对接了湖北省汽车维修电子健康档案系统。信用体系建设不断完善，各领域红黑名单制度相继建立。行业安全应急保障能力持续强化，全省"两客一危"及12吨以上重型载货汽车、农村客运车辆实现动态监控全覆盖；汛期、春运、节假日等重点时段服务保障能力不断增强，圆满完成了中国2019世界集邮展览、第七届世界军人运动会等重大赛事活动的交通运输服务保障工作；疫情防控交通保障工作得力高效，做到了应急物资保畅、专项运输保通、运输服务保优。

(二)主要问题

"十三五"以来，全省综合运输服务发展取得了明显成效，但对标"建成支点、走在前列、谱写新篇"的更高要求，对标"一主引领、两翼驱动、全域协同"的迫切需要，对标人们对美好生活的向往，仍存在短板弱项，主要体现在：

一是运输服务一体化水平有待提高。综合客运枢纽布局不平衡，荆门、黄冈、潜江、神农架林区等地尚未有综合客运枢纽。各种旅客运输跨方式安检互认、票务服务一体化、行李托运便利化水平有待提高。多式联运型货运枢纽不足，通用集散型货运枢纽同质化严重。多式联运转运枢纽节点微循环"最后一公里"不畅，集疏运通道有待完善。货物"一单到底""一票结算"等全程运输组织方式有待进一步拓展完善。

二是运输结构仍需优化调整。高铁、民航等品质化、快速化客运网络仍需加密。长江航道"中梗阻"、三峡船闸"卡脖子"、汉江梯级"断档位"等问题依然存在，长江黄金水道的潜力有待进一步开发。水路、铁路货运枢纽作用发挥不足，铁路运输服务有待提效，全省铁路货运量占比低于全国平均水平。

三是传统运输业态亟待转型升级。传统道路客运需求萎缩，交旅融合整体处于起步阶段，包车客运、定制客运有待规范发展。运输市场主体"小、散、弱"现象突出，普通运力相对过剩，规模化、集约化、专业化运营管理缺乏。运输组织和经营模式创新不足，甩挂运输、网络货运平台等先进运输组织模式仍处于起步阶段。国际物流短板明显，国际航空、中欧班列(武汉)发展对比同类城市差距明显，对产业链支撑保障作用有待提升。

四是行业综合治理能力有待加强。适应网络货运、网约车、共享汽车等运输发展新业态的管理方式有待完善。行业智慧化管理水平不高，跨部门的信息互联共享需深入推进。交通信用体系建设有待加强，信用数据在行业监管中的潜力仍需进一步挖掘。社会参与行业治理及多方参与的行业综合监管体系尚未建立。

二、形势要求

"十四五"时期，国际国内新形势对综合运输服务提出了新的更高要求，湖北省委省政府作出把湖北打造成国内大循环重要节点和国内国际双循环战略链接的战略部署，把握新发展阶段、贯彻新发展理念、构建新发展格局，加快交通强国示范区建设，进一步推动运输服务行业高质量发展，进一步提升运输服务便民惠民利民水平，进一步提升运输服务支撑保障能力。

——推动中部地区高质量发展，要求提升交通枢纽功能

十八大以来，习近平总书记和党中央赋予湖北"建成支点、走在前列、谱写新篇"的历史使命，党中央通过了《关于新时代推动中部地区高质量发展的意见》，湖北省委十一届九次全会出台实施意见，提出发挥区位交通和市场空间优势，强化交通枢纽和市场枢纽功能，建设内陆开放新高地。"十四五"期间，交通运输服务必须聚焦"建成支点、走在前列、谱写新篇"，切实起到先行引领作用，充分发挥联通东西部、承接南北方的枢纽区位优势，强化交通枢纽功能，加快提升国内国际运输服务能力、优化区域交通运输服务协调发展水平，为建设湖北现代经济产业体系、"一主引领、两翼驱动、全域协同"区域发展布局、构建内陆开放新高地提供有力支撑。

——服务交通强国战略，要求推动运输服务争创示范

中共中央、国务院先后印发了《交通强国建设纲要》《国家综合立体交通网规划纲要》，构建了建设交通强国的顶层设计。湖北作为交通强国首批试点省份，区位交通条件优越，发展基础雄厚，承担着示范引领的重要使命。交通运输服务要围绕"建设交通强国示范区、打造新时代九省通衢"战略定位，进一步在内河航运、多式

联运、城市公共交通、现代物流、城乡交通运输一体化、绿色货运等领域取得突破性进展，形成便捷舒适、经济高效的运输服务体系，在交通强国建设中争做示范。

——顺应新一轮技术产业变革，要求加快运输服务转型升级

新一轮科技革命和产业变革深入发展，数字经济发展方兴未艾，依托新一轮技术变革推进运输服务转型升级，是传统运输行业发展必须适应的大趋势。湖北交通运输服务要抓住新一轮技术产业变革的历史机遇，将科技革命和数字经济发展成果与运输业态、运输组织、运输装备深度融合，大力发展多式联运、网络货运、智慧出行、定制运输、共同配送等新模式，加快运输服务的新旧动能转换，实现交通运输更高质量发展。

——加快建设美丽湖北和平安湖北，要求强化运输服务安全绿色发展

《湖北省国民经济和社会发展第十四个五年规划和二〇三五年远景目标纲要》提出建设人与自然和谐共生的美丽湖北、建设更高水平的平安湖北。湖北交通运输服务发展要围绕"美丽湖北""平安湖北"建设目标，全面推动交通运输绿色发展。要围绕国家力争2030年前实现碳达峰、2060年前实现碳中和的目标，加快推进运输结构调整，优先发展公共交通、倡导绿色出行，实现运输服务领域绿色发展。要把保护人民生命安全摆在首位，守住安全底线思维，强化安全监管，统筹安全与发展，提升交通运输本质安全水平。

——推进治理体系和治理能力现代化，要求深化运输服务改革创新

坚持和完善中国特色社会主义制度、推进国家治理体系和治理能力现代化，是国家全面深化改革的总目标。交通运输服务要改变过去以行政手段治理运输市场的模式和思路，提高运用制度、法律、经济手段深化改革、治理市场的能力，构建系统完备、科学规范、运行高效的治理职能体系。

三、总体思路

（一）指导思想

以习近平新时代中国特色社会主义思想为指导，深入贯彻党的十九大和十九届二中、三中、四中、五中、六中全会精神，全面落实省委十一届七次、八次、九次、十次全会部署，紧紧围绕交通强国战略和全省"一主引领、两翼驱动、全域协同"区域发展布局，坚持以人民为中心的发展思想，坚持新发展理念，以推动高质量发展为主题，以交通运输供给侧结构性改革为主线，以改革创新为根本动力，牢牢把握"建设交通强国示范区、打造新时代九省通衢"发展定位，强化运输服务"软联通""大融合"，推动全省运输服务发展实现进位，为湖北加快"建成支点、走在前列、谱写新篇"当好交通先行。

（二）基本原则

服务大局，服务人民。立足重大战略实施需求，持续增强运输服务能力和水平，为推动区域协调发展、服务双循环格局提供有力支撑。坚持以人民为中心，切实提供一体化、高品质的运输服务，增强人民群众获得感、幸福感、安全感。

协同融合、提质增效。强化运输方式间融合、部门间协同、区域间协调、城乡间均衡发展，拓展基本公共服务覆盖范围，为区域间、群体间提供普惠均等运输服务。促进交通运输临港、临空、陆港经济发展，与旅游休闲、信息技术、装备制造、商贸流通等产业融合发展，形成良好综合效益。

创新驱动、转型发展。以破解行业发展难题、提升行业智能化水平为导向，大力支持先进科技在交通运输系统生产服务、运行监测、运营管理、安全应急等领域的深度应用，全面提升交通运输系统供给能力、运行效率、安全性能和服务水平。

安全发展、绿色低碳。牢固树立安全发展理念，以"平安交通"为主线，扎实推进安全生产工作系统化、规范化和标准化建设，构建人、物、运输高效协同的安全管控体系。牢固树立社会主义生态文明观，以推进运输结构调整、推广高效清洁运输装备、倡导绿色低碳出行方式为重点，推动形成绿色交通发展模式，助力实现碳达峰、碳中和。

市场导向、优化环境。坚持市场需求导向，充分发挥政府引导和推动作用，通过政策扶持、管理优化、服务创新等举措，解决一批市场发展中的痛点难点问题，推动市场主体在模式创新、业务发展、技术变革等方面取得新进展。

（三）发展目标

1. 规划目标

到2025年，围绕建设高水平的"两中心两枢纽一基地"（武汉长江中游航运中心、全国铁路路网中心、全国高速公路网重要枢纽、全国重要航空门户枢纽、全国重要物流基地）目标，客运服务实现"四级"全覆盖（综合客运枢纽市州全覆盖，公路客运中心县市全覆盖，标准汽车客运站乡镇全覆盖，标准候车亭建制村全覆盖），货运服务实现四个高效衔接（各种运输方式高效衔接，干线货运与支线配送高效衔接，国内货运与国际货运高效衔接，农村货运与城市货运高效衔接），形成湖北"123出行交通圈"（武汉都市圈1小时通勤，省内城市群中心城市间1小时互通；武汉与周边城市群之间、省内城市群之间2小时通达；武汉与全国主要城市3小时可达），依托航空、高铁，融入"全球123快货物流圈"，全省综合运输服务水平进一步提升，基本建成便捷顺畅、经济高效、开放共享、绿色智能、安全可靠的现代综合运输服务体系。

2. 主要指标

公路、水路客货运枢纽固定资产投资：全省公路、水路客货运枢纽固定资产投资400亿元，其中客运枢纽100亿元、货运枢纽300亿元。

便捷顺畅。城乡客运服务一体化水平不断提高，综合客运枢纽市州覆盖率100%，标准化乡镇汽车客运站有需求的乡镇覆盖率100%，标准化候车亭有需求的建制村覆盖率100%，建制村通客车比例始终保持100%；创建10个以上省级全域公交县、10个以上国家城乡交通运输一体化示范县。公共交通在城市交通中的主体地位更加巩

固，城区常住人口100万以上城市的公共交通机动化出行分担率达到50%。

经济高效。货运服务效率进一步提升，铁、水货运量占比稳步上升，集装箱铁水联运量年均增长率力争达到15%；建成7个以上国家多式联运示范工程；具备条件的建制村快递服务通达率达到100%，打造8个以上国家农村物流服务品牌，争创8个农村客货邮融合发展样板县。

开放共享。国际运输服务能力进一步增强，航空双枢纽运能显著上升，辐射带动作用显现，国际及地区通航点达到80个，全球重点城市航空快货基本实现3日内送达；中部陆海大通道基本成型，江海联运通道巩固优化，港口集装箱吞吐量力争达到500万标箱；中欧班列（武汉）实现持续稳定高质量发展，回程比率、综合重箱率分别达到48%、100%。

绿色智能。运输服务领域碳排放状况进一步改善，绿色出行比例进一步扩大，城区常住人口100万以上城市绿色出行比例超过70%的城市数量力争达到3个，新能源城市公交车辆占比力争达到85%以上，绿色货运配送示范城市力争达到5个以上，交通运输二氧化碳排放强度下降5%。运输服务数字化、智能化水平进一步提升，二级及以上汽车客运站和定制客运线路电子客票覆盖率分别达到99%，重点领域北斗系统应用率达到99%。

安全可靠。全省综合运输安全防、管、控能力明显提高，安全保障体系不断完善，安全生产事故发生率进一步降低。道路运输较大以上等级行车事故死亡人数下降20%。12328交通运输服务监督电话限时办结率、回访满意率分别达到99%、99.6%。

"十四五"规划主要指标

类别	具体指标	2020年	2025年
便捷顺畅	综合客运枢纽市州覆盖率、标准化乡镇汽车客运站乡镇覆盖率、标准化候车亭建制村覆盖率(%)	—	100%
	建制村通客车比例(%)	100	100
	市区常住人口100万以上城市公共交通机动化出行分担率(%)	40	≥50
经济高效	集装箱铁水联运量年均增长率(%)		15
	具备条件的建制村快递服务通达率(%)	77.5	100
开放共享	国际及地区通航点(个)	63	80
	港口集装箱吞吐量(万标箱)	—	500
	中欧班列回程比率、综合重箱率(%)	47、100	48、100
绿色智能	市区常住人口100万以上城市中绿色出行比例超过70%的城市数量(个)	—	3
	新能源城市公交车辆占比[1](%)	58	85
	交通运输二氧化碳排放强度下降率[2](%)		5
	二级及以上汽车客运站和定制客运线路电子客票覆盖率(%)	0	99
	重点领域北斗系统应用率[3](%)	—	99
安全可靠	道路运输较大以上等级行车事故死亡人数下降率(%)		20
	12328交通运输服务监督电话限时办结率、回访满意率(%)	98.2、99.6	99、99.6

注：1. 排放强度指按单位运输周转量计算的CO_2（二氧化碳）排放；
2. 新能源公交车辆占比指新能源公交车辆占所有地面公交车辆的比重；
3. 重点领域指重点营运车辆、邮政快递干线运输车辆、应安装具备卫星定位功能船载设备的客船及危险品船等。

四、重点任务

（一）推动综合客运服务便捷顺畅发展

1. 推进客运站建设

依托重要机场、高铁站场、旅游港口码头、城市轨道枢纽等，加快规划、建设一批综合客运枢纽，按照零距离换乘要求，推进综合客运枢纽的统筹规划、统一设计、同步建设、协同管理，引导推进立体换乘、同台换乘，推动各种运输方式功能区合并布设、设施设备共享共用。鼓励既有综合客运枢纽实施"零距离"换乘改造，完善自动步道、风雨廊道等枢纽公共设施，提升客运枢纽一体化服务水平。遵循"改造为主，新建为辅"的原则，积极推进城市老旧汽车客运站升级改造和新城区汽车客运站新建，引导推动具备条件的汽车客运站向集客运、商贸、物流、快递、旅游等为一体的综合运输服务设施转变。推动长途汽车客运站融合城市公交功能，实现"一站多用、资源共享"。全面开展乡镇汽车客运站（综合运输服务站）和农村候车亭达标行动，新改建一批乡镇汽车客运站（综合运输服务站）和农村候车亭，实现全省有需求的乡镇有标准汽车客运站（综合运输服务站）、有需求的建制村有标准候车亭。

专栏4-1 客运站建设工程

（1）综合客运枢纽。

建成黄冈西综合客运枢纽、随州南综合客运枢纽、仙桃综合客运枢纽、神农架综合客运枢纽、枣阳综合客运枢纽、武当山综合客运枢纽、兴山综合客运枢纽等。结合沿江、郑万、黄黄等高铁通道建设，积极推动武汉西、宜昌北、荆门西等综合客运枢纽开工建设。

(2) 县市汽车客运站。

加快推进大冶临空区中心客运站、监利新沟客运站、汉川马口金马客运站开工建设。推动黄冈市东华客运站、安陆市长途客运站、郧阳区汽车客运站改造升级。

(3) 乡镇汽车客运站（综合运输服务站）、农村候车亭。

推进乡镇汽车客运站（综合运输服务站）、农村候车亭达标行动，三年左右新建（改造）乡镇汽车客运站（综合运输服务站）120个、农村候车亭8000个。

2. 优化城际客运网络

构建以空铁为主体的快速客运系统，加快推进武汉天河国际机场提升改造，积极推进改扩建和新建一批支线机场，加密武汉与国内国际主要城市航班频次，增加襄阳、宜昌、十堰、恩施机场至国内四大城市群枢纽机场航线，推动支线机场开通国际定期客运航线，完善"双枢纽、多支线"航空运输网。加快构建以武汉为中心的"米字形""十通向"高铁网，推动形成以襄阳、宜昌为中心的多向放射格局，提升高铁通达水平和覆盖密度。推动区域客运服务一体化，加快推进武汉城市圈交通一体化，深化内外交通的衔接转换，推动干线铁路、城际铁路、市域（郊）铁路、城市轨道交通"四网"融合，共建轨道上的城市圈。推进武汉城市圈与襄十随神和宜荆荆恩城市群通过干线铁路、城际铁路、高速公路加强联通，推动"一圈两群"通勤便捷经济。深入推进武汉城市圈城际客运班线公交化改造，适时推进宜荆荆恩和襄十随神城市群城际客运班线公交化改造，扩大"多频次发班、多站点停靠"的公交化运营模式，加快推动与周边省份主要城市客运服务一体化发展。

3. 促进城乡客运一体化发展

规范长途道路客运发展，停止新增800公里以上道路客运班线，开展800公里以上道路客运班线安全风险评估，进一步优化道路客运市场供给。强化农村客运公益服务属性，巩固提升"村村通客车"成果，完善农村客运发展支持政策，将农村客运发展纳入乡村振兴考核范畴，用足用好中央和省级农村客运专项发展资金，引导农村客运高质量发展。有序推进全域公交发展，开展省级全域公交县创建，在城镇化水平较高、经济基础较好、客流集中地区，鼓励公共交通线网向城市毗邻地区、重点乡镇及全域延伸。支持县(市)有序实施农村客运公交化改造，进一步提升城乡客运一体化、均等化发展水平。

专栏4-2 城乡客运一体化工程

(1) 城乡交通运输一体化示范县创建工程。

全面提升城乡交通运输公共服务均等化水平，争创10个国家级城乡交通运输一体化示范县。

(2) 全域公交县创建工程。

在巩固"村村通客车"的基础上，重点围绕经营主体、覆盖水平、运营管理、动态监控、服务质量、站场设施等方面，在县级行政区域内开展全域公交县创建，以点带面提升全省农村客运服务水平，力争创建10个以上全域公交县。

4. 推动旅客联程运输发展

大力发展基于智能终端的"一站式"旅客联程联运服务，推动不同客运方式间运力、班次等对接，培育发展空铁、公铁、公空、公水、空水等旅客联程运输产品。鼓励运输企业为联程旅客提供"行李直挂"服务，实现旅客行李运送"一站到底"。推进城市候机（船）楼、高铁无轨站建设，合理规划布局网点，推行异地候车（机）、行李联程托运等服务。推进联运票务一体化，探索旅客联程运输电子客票，鼓励不同运输方式间建立票务清算平台和清算机制，推动实现"一站购票""一票出行"。

5. 深化运游融合发展

推动道路客运与旅游融合发展，完善主要旅游景区公共客运基础设施，引导道路客运企业发展"车票+门票+酒店"等"一站式"运游结合产品。深化"水旅融合发展"，推进宜昌三峡游轮中心游轮母港以及长江沿线武汉、荆州、恩施游轮客运中心建设，加强丹江口库区、洪湖湖区等地旅游渡运码头的服务能力，积极开展旅游航道建设，打造内河游轮港口示范工程。推进"一江两山"等主要景区旅游铁路建设，无缝连接沿线景点景区，充分发挥"一线多游"优势。支持宜昌、恩施、十堰、神农架等地结合旅游资源，因地制宜发展旅游包机业务，打造旅游精品航空线路。

专栏4-3 运游融合行动

推进宜昌三峡游轮中心游轮母港以及长江沿线武汉、荆州、恩施游轮客运中心建设。推进洪湖、清江、香溪河等一批特色支流及库湖区旅游航道工程。打造体现湖北省自身特色、主题特征鲜明的"一江两山"、武陵山、大别山、幕阜山、秦巴山等旅游风景道示范线。推动建设恩施腾龙洞至大峡谷、宜昌清江画廊、武当山、神农架等旅游观光铁路。推动在汽车站、机场、火车站、高速公路服务区等区域建设旅游集散中心，打造10个运游融合精品站点。

6. 推进客运数字化发展

推动湖北省道路客运联网售票系统扩充服务功能，提供道路客运增值服务。推广应用道路客运电子客票，完善道路客运电子客票查验设施设备，鼓励采取市场化手段加快电子客票售票终端、实名检票终端、移动服务终端等智能设备的应用与普及，实现全省二级及以上客运站、定制客运线路电子客票全覆盖。推动道路客运服务平台与铁路、航空服务平台对接，促进不同客运方式间的信息互联互通。提升农村客运信息化服务水平，推动农村客运信息平台建设，实现汽车客运站联网售票及城乡客运信息动态发布，方便旅客网络查询农村客运线路、车辆、班次、票价等信息。

专栏4-4 道路客运电子客票建设工程

利用现有道路客运联网售票系统，

加快推进道路客运电子客票应用与普及，实现全省二级及以上汽车客运站和定制客运线路电子客票全覆盖。

(二) 推动城市出行服务舒适多元发展

1. 坚持公共交通优先发展

持续推进公交都市争创，巩固武汉国家"公交都市"创建成果，全面推进襄阳、宜昌国家"公交都市"建设，积极推动省级公交示范城市建设。推进智能公交发展，在城市主要客流主干道全面规划建设公交电子站台。创新公交客运服务模式，因地制宜构建快速公交、微循环公交等服务系统，积极发展定制公交、夜间公交等特色服务产品，更好地满足群众多样化出行需求。加快建设武汉轨道交通，进一步确立轨道交通在特大城市公共交通系统中的主体地位，支持襄阳、宜昌等地适时开展轨道交通建设研究。加强城市轨道交通规划、建设、运营协调衔接，推广应用多交路、快慢车、多编组等运输组织模式，不断提升城市轨道交通服务能力。

专栏 4-5 国家"公交都市"创建工程

全力支持襄阳、宜昌国家"公交都市"创建工作，积极推动有条件的城市开展国家"公交都市"创建，建成3~5个国家"公交都市"建设示范城市；创建一批省级公交示范城市。力争城区常住人口100万以上城市的公共交通机动化出行分担率达到50%。

2. 推进出租汽车行业转型升级

深化巡游出租汽车经营权制度改革，落实无偿有限期使用，推动利益分配制度改革，理顺运价调节机制，健全作价规则。完善巡游出租汽车行业服务质量评价与监督机制，加强诚信体系建设，促进市场良性竞争。鼓励巡游出租汽车积极融入网约车平台，促进出租汽车新老业态融合。加快网络预约出租汽车驾驶员和车辆合规化进程，指导各地完善网约车管理办法，优化准入条件、管理模式和管理措施，建立完善的网约车协同监管机制，规范平台经营行为。提升出租汽车适老化服务水平，保持巡游出租汽车电召服务，完善约车软件老年人服务功能。

专栏 4-6 便利老年人交通出行专项行动

保持巡游出租汽车电召服务，在地级及以上城市组织实现95128电召服务号码。鼓励有条件的地区在医院、居民集中居住区、重要商业区等场所设置出租汽车候客点、临时停靠点。逐步实现老年人凭身份证、社保卡等证件乘坐城市公共交通。进一步优化道路客运站、轨道交通站点等窗口服务，方便老年人现场购票、打印票证等。推进公共交通设施和公共交通工具无障碍改造，完善适老化出行服务标准体系。

3. 引导汽车租赁和互联网租赁自行车规范发展

强化小微型客车租赁车辆管理，加强市场监管，规范市场秩序；鼓励汽车租赁企业利用信息技术，提升线上线下服务能力，强化租赁车辆智能组织调配，动态优化租赁车辆布局；完善汽车租赁监管制度，建立有关信息的采集和报送机制，加强行业指导和监督工作；引导城市商业中心、大型居民区、交通枢纽等人流密集区域的公共停车场为分时租赁车辆停放提供便利。规范互联网租赁自行车发展，强化对互联网租赁自行车运营服务质量考核，优化自行车停车点位规划设置，规范车辆停放秩序。

4. 提升城市绿色出行水平

加强交通需求管理，引导公众出行优先选择公共交通、步行和自行车等绿色出行方式，减少小汽车通行总量。加强城市停车管理，规范静态交通秩序。促进城市内外交通之间的顺畅衔接和便捷换乘，加快在都市圈打造以轨道交通和快速公交为骨干的通勤圈。鼓励ETC等电子不停车快捷收费系统应用，提高城市停车设施利用效率，有效缓解停车难问题。加快完善慢行交通系统，根据城市规模因地制宜推动以行人、自行车为导向的发展模式。提升慢行交通服务水平，推进慢行精品步道建设，试点建设自行车专用道。加强慢行交通与公交、轨道站点的无缝衔接，建立以"公共交通+慢行交通"为导向的换乘枢纽，高效舒适解决城市内部"最后一公里"问题。

(三) 推动现代物流服务集约高效发展

1. 推进货运站场建设

推进货运枢纽建设，按照无缝衔接要求，统筹港口物流枢纽、铁路物流枢纽(基地)、机场货运枢纽、公路货运枢纽、邮政快递枢纽等布局，促进综合货运枢纽各种运输方式一体衔接、一站服务、设备共用。优先支持多式联运型和干支衔接型货运枢纽建设。稳步推进武汉、襄阳、宜昌、十堰、鄂州国家物流枢纽城市申报建设，支持武汉、襄阳、宜昌、鄂州等地建设国家骨干冷链物流基地。依托航空客货双枢纽，建设国际邮政快递枢纽，加快武汉、襄阳、荆州等邮政省际中心枢纽建设，优化邮政快递网络。完善城乡货运节点和城市配送网络，构建以综合物流中心、公共配送中心、末端配送网点为支撑的集约化配送体系，促进城际干线运输和城市末端配送有机衔接。完善县乡村三级农村物流网络节点体系，有序推进乡镇综合运输服务站建设，提升城乡产供销一体化运输服务能力，畅通"工业品下乡"和"农产品进城"双向渠道。

专栏 4-7 多式联运型、干支衔接型货运枢纽建设工程

加快推进汉欧国际物流园、汉口北国际多式联运物流港、顺丰武汉电商产业园、荆州煤炭储备基地、国家粮食现代物流核心枢纽、宜昌三峡(茅坪)货运中心、宜昌云池港铁水联运物流园、襄阳国际陆港多式联运中心、浩吉铁路襄阳北站疏运中心、鄂州长江现代物流园、十堰生产服务型国家物流枢纽、黄石新港多式联运物流园、襄荆物流配送中心、京东亚洲一号武汉蔡甸物流园、德邦快递华中总部智慧物流园等多式联运和干支衔接型货运枢纽建设。

2. 构建多向辐射的干线货运网络

围绕"五纵四横"综合交通运输

大通道，形成与城镇发展轴和重要产业带有机衔接、沟通周边城市群和各大经济区的公水铁空综合运输通道布局。巩固优化省内水运网络，深入推进全省港口资源整合，大力发展省内沿江捎带、水水中转，巩固提升湖北至长江沿线城市水运航线，畅通与大运河水系航运通道。拓展铁路货运通道，开通、加密至中西部主要城市、沿江主要城市、沿海港口城市、边境口岸城市的铁路货运班列和铁海联运班列，积极发展铁路重载直达、班列直达、高铁快运等先进运输组织模式。完善国内货运航空网络，提高武汉天河国际机场腹舱运力利用能效，加快鄂州花湖机场建设全国航空快件中心，支持支线机场加强航空货运网络建设，打造全面联通国内货运枢纽机场的货运航线网络。

3.完善城乡物流配送网络

推动城市配送规范高效发展，继续开展城市绿色货运配送示范工程。推动落实新能源或清洁能源车辆便利通行政策。创新城市配送组织模式，引导配送需求大、配送频次多、商品种类适宜的商贸企业、配送企业开展夜间配送、分时段配送、集中配送等多种形式的集约化配送。创新农村物流运作模式，引导物流运输企业与大型商超、农产品批发市场、农民专业合作社、专业大户、家庭农场等建立稳定的业务合作关系，发展产运销一体化的物流供应链服务。推进客货邮融合发展，推动运输和邮政、快递融合，探索农村客运小件带货。支持发展城乡共同配送联盟，促进县(市)、镇物流中心与大型枢纽物流园区信息互通、资源共享。

专栏4-8　城乡物流网络建设工程

(1)城市绿色货运配送示范工程。

推进城市配送组织模式服务与创新，鼓励和推广新能源城市配送车在城市配送领域应用，努力提高城市配送绿色化、信息化水平，创建5个以上国家绿色货运配送示范城市项目。

(2)农村物流服务创建工程。

鼓励各地因地制宜推动客货邮融合发展，争创客货邮融合发展样板县。支持基础较好的农村物流企业申报全国农村物流服务品牌，推动农村物流高质量发展。完善县乡村三级农村物流节点体系，继续创建一批省级农村交通物流试点示范项目。实施快递进村工程。

4.推进多式联运高质量发展

完善公路运输基础，发挥水运资源优势，强化铁路货运骨干作用，突破性发展航空货运，加快形成各种运输方式分工合理、协同高效的综合运输服务体系。加快完善多式联运集疏运体系，着力推进主要港口核心港区的疏港铁路、公路建设，加强机场、铁路站场等集疏运道路建设，完善物流园区、大型产业园区进港铁路建设，有效解决"最后一公里"问题，实现港内铁路和码头作业区的无缝衔接、重要港口二级及以上公里高效联通、年货运量150万吨及以上的大型工矿企业和新建物流园区铁路进场率(进园率)达到90%。推动铁水、公铁、陆空、公水、空铁等多式联运发展，壮大国家多式联运示范工程，积极培育省级示范项目，开通湖北至国内及欧洲、东盟、东南亚等地国际多式联运精品线路。提升多式联运协同水平，建设多式联运信息平台，在信息共享、供应链服务、"一单制"管理等方面取得突破。

专栏4-9　多式联运高质量发展行动

全力推进多式联运高质量发展，建成7个以上国家级、12个以上省级多式联运示范工程，培育20条以上多式联运精品线路，形成可复制、可推广的经验。加快疏港铁路、年货运量150万吨以上的大型工矿企业和新建物流园区铁路专用线接入比例达到90%以上。

5.创新道路货运组织模式

鼓励提供优质干线运力服务的大车队模式创新发展，创新货运组织方式，提升集疏运效率和质量。广泛推广网络化、企业联盟、干支衔接等甩挂运输模式，支持创新货车租赁、挂车共享、集装单元化等新模式。推动网络货运健康发展，规范网络货运企业经营行为，积极培育网络货运头部企业。推动冷链运输等专业化运输组织模式发展，鼓励基于跨境生鲜贸易的多式联运冷链运输。推动建立道路货运分类分级体系，完善动态监测分析体系，有效引导市场供需平衡，加快化解过剩产能。

6.促进交通物流与产业深度融合

推动临港枢纽经济发展，加快打造武汉阳逻国际港航运服务高地，鼓励襄阳、宜昌等具备条件的城市依托核心港区建设航运服务集聚区，促进航运服务业发展；支持在武汉、襄阳、宜昌、荆州、黄石、荆门等大宗货物转运港口后方配套规划临港物流园、产业园，打造粮食、磷矿、煤炭、砂石、钢材等大宗商品物流贸易平台。推动临空枢纽经济发展，依托武汉天河国际机场、鄂州花湖机场，促进生产要素在机场区域集聚整合，打造适合武鄂黄黄发展的临空产业集群。推动陆港枢纽经济发展，加快建设武汉陆港型国家物流枢纽，发挥中欧班列(武汉)优势，推动产业统筹招商、集中布局，打造"汉欧+"枢纽经济产业示范区；积极布局沿铁产业带，依托浩吉铁路和北煤南运大通道建设，发展陆港贸易。

(四)推动国际物流服务开放畅通发展

1.构建中部国际陆海物流大通道

依托京九铁路、京广铁路、焦柳铁路、汉丹铁路、武九铁路以及京港澳高速公路、大广高速公路、二广高速公路、福银高速公路等铁路、高速公路运输大通道，构建向北连接俄罗斯、向南连接东南亚、向西连接欧洲的国际陆路运输通道。依托长江航道，构建向东出海的国际水运通道；强化省内铁路枢纽、港口枢纽和沿海港口衔接，构建东北亚经湖北中转至欧洲的国际海铁联运通道和湖北经沿海中转辐射全球的国际铁海联运通道。依托武汉天河国际机场、鄂州花湖机场，构建国际航空货运通道，将湖北打造成为"全球123快货物流圈"的核心支点。

2.巩固优化国际水运服务

大力发展江海直达，优化提升

"武汉阳逻港—上海洋山港"江海直达集装箱品牌航线，巩固"泸汉台"集装箱快班、"武汉阳逻港—上海外高桥港—台湾基隆港"等集装箱江海联运航线，持续发展"中国（武汉）—日本"江海直航集装箱班轮航线，积极培育"中国（武汉/黄石）—韩国"集装箱江海直航航线，拓展武汉、宜昌、黄石、荆州至宁波舟山大宗散货江海直达航线，构建多元化的国际水运航线体系。加强近洋直航航线与中欧班列（武汉）对接，培育日韩—中国（武汉）—中亚等国际海铁联运，探索发展国际物流中转业务。

3. 推动中欧班列（武汉）高质量发展

建立健全中欧班列（武汉）运行协调机制，稳步扩大发运规模，积极申报和建设中欧班列集结中心，推动中欧班列（武汉）高质量发展。拓展班列线路网络，巩固既有直达欧洲枢纽城市国际铁路干线，畅通辐射乌兹别克斯坦、伊朗、土耳其等中西亚国家通道，开辟至中亚、南亚新通道，谋划开辟中老铁路通道，融入西部陆海新通道。强化班列中转集结功能，构建以武汉为中心，襄阳、宜昌、十堰为支点的集疏运网络，引导异地货源在湖北集结分拨，提升班列区域辐射能力。持续推进班列"运贸一体化"发展，促进班列与制造业、商贸业、邮政快递等产业的深度融合。

4. 提升航空货运服务能力

拓展国际航空货运航线，稳定欧美等洲际航线，巩固完善亚洲国际中短程航线，有序开通欧盟、东南亚等航线，打造全球72小时航空货运骨干网络。积极引进基地货运航空公司，推动航空货运公司、大型货运代理企业、国内外大型快递企业、卡车航班公司等集聚发展。提高机场通关效率，落实"7×24小时"预约通关服务。完善机场货运服务功能，提升冷链物流、航空快件、活体动物、危险品、超规货物等特殊物品的专业化运输服务能力。建立航空公司、邮政快递、货站等互通共享的物流信息平台，实现货运单证简单化、无纸化、透明化。

(五) 推动运输市场主体规模集约发展

1. 培育壮大本土企业

推动道路客运企业转型升级，完善市场准入机制和退出机制，简化和优化行政审批程序，探索在运力调配、班次调整、配客站点设置等方面赋予企业自主经营权。支持道路客运企业以线路、资产为纽带开展跨区域、跨线路兼并重组；推动具有区域统筹能力的道路客运企业与铁路、民航客运企业组成跨方式的旅客联程运输联盟，开展旅客联程运输业务。做大做强物流龙头企业，鼓励物流企业通过参股控股、兼并重组、协作联盟等方式整合，在港航物流、道路货运等领域培育一批技术水平先进、主营业务突出、核心竞争力强的大型现代物流企业集团。引导传统物流企业向多式联运经营人、综合物流服务商、供应链服务型企业转型。推动本土物流企业不断扩展服务网络，加强对外交流合作，逐步由本土型企业向区域型、全国型、国际型企业发展。加强对智慧交通、网约车、网络货运、冷链物流等领域企业的引导与支持，培育一批全国领先的科技型、专业型运输企业。

2. 引进外地龙头企业

瞄准"五类500强"、全球物流100强，在湖北设立区域总部或功能性总部，建设面向大区域性的转运、分拨基地。抢抓非首都功能疏解机遇，积极承接央企物流在湖北设立物流总部。围绕航空货运领域，积极吸引一批航空货运企业在湖北设立基地，鼓励境外货运航空公司在鄂州设立国内中转枢纽、亚太分拨中心，积极拓展更多航运航线。加大对大型国际物流企业招商引资力度，推动形成一支品牌效应突出、业务优势明显的国际物流队伍。支持国内外物流企业依托中欧班列（武汉）、江海联运、航线网络等优势资源，建立面向全球的区域分拨中心，提升湖北在国际物流体系的功能地位。

(六) 推动运输服务装备绿色智能发展

1. 支持应用标准化运输装备

推进货运车辆标准化、箱式化、轻量化发展，积极发展符合国家标准的中置轴汽车列车、箱式半挂车，加快轻型化挂车推广应用。开展常压液体危险货物罐车专项治理，稳步开展超长平板半挂车、超长集装箱半挂车等非标货运车辆治理工作。大力推进船舶标准化，积极参与制定实施内河过闸运输船舶船型主尺度强制性国家标准，推广应用三峡船型等专业化船型，推广应用适合长江、汉江等江汉联运新船型，推进江海直达船型研发和推广应用，支持半挂车专用滚装船的发展与应用。推广应用标准化运载单元，推动专用铁路平车、53尺内陆集装箱在湖北地区先行先试，加快"航空+卡车航班""航空+高铁"等空陆联运标准集装器的研发应用。

2. 加快发展绿色化运输装备

优化交通能源结构，促进交通能源动力系统清洁化、低碳化、高效化发展，降低交通运输二氧化碳排放强度。积极推动新能源和清洁能源车辆在道路货运、城市配送、公共交通等领域应用，加大运营、通行、停车、充电等政策支持，每年新增或更新公交、出租、物流配送车辆中新能源汽车比例不低于80%；加快老旧营运柴油货车淘汰更新，禁止不满足国家机动车油耗和排放标准限值的新车型进入道路运输市场。推进新能源和清洁能源船舶应用，鼓励新建改建LNG单燃料动力船舶，探索全电力船舶在旅游业的应用。持续推进全省港口码头岸电设施建设，有序推进船舶受电设施改造，提高岸电使用率。加强船舶污染防治，加强港口节能环保设备、工艺应用，提升港口污染治理水平。

3. 稳步推广智慧化运输装备

推进无人驾驶技术示范和应用，鼓励企业加快无人驾驶技术研发，配合探索建立基于5G的车辆自动驾驶与车路协同技术体系。推广普及无人配送物流装备，积极探索无人配送在快递末端、农村物流等领域的应用场景。加强智慧港航服务装备建设，推进建设汉江"数字化航道"，推进武汉港武湖港区5G建设和应用，打造智能化无人码头；支持黄石、荆州、宜昌、襄阳等探索智慧港口建设。加快智慧航空服务装备建设，支持武汉天河国际机场建立以大数据为支撑的机场运行和决策支持体系，鼓励机场应用智能化作业装备。

（七）推动运输安全应急健康稳定发展

1. 严格落实运输安全责任

继续发挥综合交通运输安全生产委员会职能和作用，统筹运输安全保障。完善依法治理体系，健全交通安全生产法规制度和标准规范。按照"党政同责、一岗双责、齐抓共管"要求，建立安全生产权责清单，明晰各相关单位对重大风险监测、管控、应急等环节具体工作责任，形成重大风险防范责任网络。推动企业安全生产标准化建设，建立健全责任明晰的安全生产制度和覆盖生产经营各环节的风险防控责任链条，落实企业安全生产主体责任。加强交通安全培训和宣传教育，提升交通从业者的职业素质，强化参与者的安全意识。

2. 深化安全风险防控治理

持续推进综合交通安全生产专项整治三年行动计划，强化交通运输安全生产风险分级管控和隐患排查治理双重预防机制，加强重大交通运输隐患排查治理和风险管控。强化重点领域安全监管，进一步加强对公路、水路、铁路、民航、邮政、快递等重点领域的安全风险管控和隐患排查，实施全过程安全生产重大风险清单化精准管控。建立安全生产失信联合惩戒黑名单，形成以安全为导向的市场退出机制，及时清退存在重大安全隐患的企业和严重违法违规的驾驶员。强化危险货物运输全过程、全网络监管预警，提升对运输工具和场地的动态监管覆盖水平。加强重点领域智慧监管，充分利用信息技术提升行业监管平台智慧化水平。完善升级"两客一危"车辆动态监控系统，全面推进危险货物道路运输运单电子化。

3. 加强交通应急运输保障

健全完善交通运输应急预案体系，在重大灾害、疫情、安全等突发事件管理中，强化与应急管理、气象等部门合作，建立健全交通运输突发事件应急处置跨区域、跨部门、跨行业联动机制。健全与常态化疫情防控相适应的交通保畅和管控机制。加强应急培训管理和应急演练，强化应急救援社会协同能力。建立运力征用补偿机制，切实保护被征用运力企业的合法权益和参与应急保障的积极性，形成应急运输保障的长效机制。加强应急仓储、中转、配送等设施建设，提升应急物流设施、设备的标准化和现代化水平，鼓励行业龙头企业积极参与应急物资物流中心的建设与运营。

4. 提高驾培机构服务质量

优化驾培机构资格条件和培训教学标准，优化和完善教练员管理体系，强化教练员岗前培训和继续教育。创新理论培训新模式，探索线上直播、线上互动等教学服务模式。加快推进驾驶员培训联网监管服务平台与公安考试系统联网对接、信息共享，推进培训与考试有效衔接。完善驾培联网监管服务平台功能，强化地方驾培监管服务平台对培训过程的动态监管，实现学时闭环管理。完善驾培机构信用评价工作，加强驾培监督评价机制建设，建立以学员评价为主的服务质量监督和评价机制。开展创建文明诚信优质服务驾培机构、星级驾培机构等评优活动。

> **专栏 4-10　全省驾培信息"一张网"专项行动**
>
> 全面推进省级交通驾培监管服务平台与省公安交管考试平台的联网对接和相关数据互通共享，实现省级交通驾培监管服务平台驾培计时服务对全省驾培机构的全覆盖。

5. 提升汽车维修服务水平

大力推进"互联网+汽车维修"融合发展，建立"线上预约+线下维修"服务体系，支持发展便民维修服务网点，引导维修企业品牌化、网络化发展。提升新能源汽车维修服务水平，开展新能源汽车维修规范技能培训。持续推广湖北省汽车维修电子健康档案系统应用，实现全省一类、二类维修企业全覆盖，扩大三类维修企业覆盖面，规范系统操作应用流程，依法真实、可靠地采集车辆维修记录，促进机动车维修信息公开透明，保障消费者合法权益。全面实施汽车排放检验与维护制度，健全绿色维修政策标准，推进绿色维修发展。

> **专栏 4-11　全省汽车维修电子健康档案系统推广行动**
>
> 全面推进汽车维修电子健康档案系统推广应用，实现全省一类、二类维修企业全覆盖，扩大三类维修企业覆盖面。继续推进湖北省道路运输四级协同信息系统与维修企业和检测机构对接，提升机动车维修行业监管与服务的数字化、智能化能力和水平。

（八）推动行业治理能力改革创新发展

1. 健全综合运输协同管理机制

加快推进综合交通运输管理体制改革，统筹协调公路、水路、铁路、民航、邮政等多种运输方式发展，加快形成"大交通"管理体制和工作机制，协调解决综合交通运输体系中的重大通道项目建设、综合客货枢纽建设、旅客联程运输、跨方式安检互认等突出问题和矛盾。深化综合行政执法改革，梳理执法事项清单，明确监管职责、执法领域和执法重点，畅通运行机制。

2. 优化交通运输营商环境

持续深化"放管服"改革，加快推进简政放权，实施加强和规范交通运输事中事后监管三年行动。健全市场治理规则，完善运输价格形成机制，加快推进费用清理工作，构建统一开放、竞争有序的现代交通市场体系。深化"信用交通省"创建工作，构建"互联网+"与"信用服务监管"深度融合的工作机制。对所有涉企经营许可事项实行清单管理，继续推进"证照分离"改革，激发市场活力。

3. 提升社会协同共治水平

畅通公众监督渠道，完善12328交通运输服务监督电话功能，推进与民航、铁路、邮政等领域投诉举报、信息咨询、意见建议受理电话的业务协同与自动转接，提高公众监督便利性与满意度。建立公众投诉快速反应机制，切实维护公众合法权益。构建多方参与的行业治理体系，引导行业协会积极参与行业治理，发挥行业协会在加强行业自律、规范行业秩序、信用体系建设、反映企业诉求、建立标准规范等方面的作用。

4.强化行业管理及从业人员队伍建设

强化行业管理队伍建设，加强行业管理队伍教育培训，制定人员培训中长期规划和年度计划，实行交通行业治理队伍岗前培训、岗位培训、定期轮训等制度。统筹利用业务培训班、科技大讲堂、网络在线教育等培训平台，加强管理队伍的业务培训和继续教育，全面提高交通运输行业管理队伍素质和能力。加强从业人员队伍建设，实施从业人员队伍素质提升行动，提高职业待遇、落实职业保障、加强权益保护、提升职业荣誉感。推进继续教育和诚信考核制度改革，实行差异化的信用评价计分学习教育制度。加强从业人员职业技能培训提升，发挥交通职业院校在技能培训中的作用，深化校企合作，促进技术技能人才培养质量提升。发挥基层党组织战斗堡垒作用和党员司机先锋模范作用，推进道路货运领域党的建设试点工作。

5.维护从业人员合法权益

持续开展"最美货车司机""最美公交司机""最美地铁司机""最美出租汽车司机"等评选，不断提升从业人员职业归属感和荣誉感。推进从业人员职业保障体系建设，积极协调人社、工会等部门，改善劳动条件，提高职业福利待遇，加强对营运客货车辆驾驶员、城市公交驾驶员、出租汽车驾驶员、网约车司机、快递小哥、城市轨道交通等从业人员的劳动保护，督促企业建立完善劳动保障规章制度，依法缴纳社会保险，增强职业吸引力，提高行业队伍规模。推进和谐劳动关系构建，鼓励行业协会、工会组织整合利用社会及法律资源，为广大从业者提供公益性法律咨询和服务。深入推进"司机之家"建设，切实改善司机从业环境。

专栏4-12 "司机之家"建设工程

"十四五"期，依托高速公路服务区、加油站、物流园区等现有服务设施升级改造，因地制宜推进"司机之家"建设，有效保障司机在途休息，为司机提供经济实惠、方便快捷的停车休息等暖心服务，切实改善司机从业环境。

五、保障措施

（一）加强组织领导

坚持和加强党的全面领导，充分发挥党总揽全局、协调各方的领导核心作用，把党的领导贯穿规划组织实施各领域全过程。强化省综合交通运输工作领导小组职能，统筹协调公路、水路、铁路、民航、邮政等多种运输方式发展，加快形成"大交通"管理体制和工作机制。要进一步细化工作措施，编制印发道路运输、交通物流等相关规划，推动各地区、各部门建立由主要负责人牵头、各部门分工落实的领导协调机制，细化落实主要目标和重点任务，压实责任，强化举措，确保各项工作落到实处、取得实效。

（二）加大政策支持

做好与上位规划的对接，争取国家关于综合运输服务发展的相关支持政策。积极协调有关部门，综合运用财政、金融、税收、土地等政策手段推动综合运输服务发展。创新政府和社会资本合作模式，引导带动更多社会投资参与综合运输服务领域重大项目、重点工程建设。加强资金使用的监督管理和绩效考核，保障资金安全和高效使用。

（三）强化智力支撑

发挥高端智库、院校等机构的智力支持作用，努力建设并运用好我省交通运输服务行业新型智库，鼓励智库机构在运输结构调整、国际物流供应链、多式联运、旅客联程运输、城乡运输一体化发展等领域加强研究，为政策制定提供支撑。

（四）实施监督评估

建立规划实施的考核评价机制，加强规划实施跟踪，根据重大政策变化及时动态调整规划内容。加强行业运行监测，重点围绕综合运输服务能力、农村客运、多式联运等方面开展第三方评价。加大规划宣传力度，加强与社会公众的信息互动，强化与媒体、企业、相关组织的沟通交流。

2022年2月23日

湖北省普通公路发展"十四五"规划

（鄂交发〔2022〕13号）

为落实国家和湖北省重大战略，加快交通强省建设，推进公路高质量发展，构建现代化公路体系，根据《公路"十四五"发展规划》《湖北省国民经济和社会发展第十四个五年规划和二〇三五年远景目标纲要》《湖北省综合交通运输发展"十四五"规划》等文件，制定本规划。

一、发展基础

（一）发展成就

"十三五"时期是全省公路投入力度最大、发展速度最快、群众获得感最强的五年。在省委省政府的坚强领导和交通运输部的大力支持下，湖北公路围绕"当好交通先行官，建成祖国立交桥"的总体要求，持续优化路网结构、提升服务品质、提高保障能力，全省公路发展取得显著成效，为全省决战决胜脱贫攻坚和全面建成小康社会提供了有力支撑。主要体现在六个方面：

1. 路网结构优化完善。全省普通公路完成固定资产投资2496亿元，是"十二五"的1.42倍，占综合交通固定资产投资的三分之一以上，在扩内需、稳增长中发挥了重要作用。普通国省道提档升级工程、瓶颈路段畅通工程加速实施，秭归长江大桥、G318武汉蔡甸段、G347钟祥段等一批重大项目建成通车，建成一级公路2845公里、二级公路6302公里，普通国省道二级及以上公路比重由"十二五"末的73%提升至85.3%。新改建农村公路11.6万公里，农村公路密度由"十二五"末的125.3公里/百平方公里提升至137.4公里/百平方公里，路网规模和通达深度大幅提升。全省普通公路总里程达到28.24万公里，位居全国第三。

2. 脱贫攻坚成效突出。投资政策向贫困地区倾斜，公路投资补助标准高于一般地区10%以上，全省52个贫困县市区共落实普通公路部省补助资金579.8亿元，占全省64.8%，贫困地区公路交通实现快速发展，有力助推社会进步和经济提升。大别山"红色旅游路"、秦巴山"生态环库路"、武陵山"清江画廊路"和幕阜山"特色香泉路"全面建成，一大批扶贫路、产业路、旅游路、资源路加快建设，农村地区、贫困地区群众告别了"出行难"，走上了"致富路"。"四好农村路"建设深入推进，实施农村公路提档升级49213公里，创建全国示范县8个、省级示范县26个、示范乡镇100个，全面实现20户以上自然村通沥青水泥路，为全面打赢脱贫攻坚战奠定了坚实基础。

3. 养护服务稳步提升。"建养并重"理念不断强化，实施普通国省道大中修工程8800公里，普通国省道路面使用性能指数PQI值由"十二五"末的69提升至85.4，农村公路优良中等路率达到84.3%，公路整体路况水平稳步提升。管养和服务设施布局不断优化，建成54个普通公路养护（应急）中心、236个标准化养护管理站、330个普通国省道服务区（停车区）、260座普通国省道沿线交通厕所。农村公路管养体制改革不断深化，出台《湖北省深化农村公路管理养护体制改革实施方案》，"有路必养、有路必管"全面落实，省级农村公路养护资金标准由"7351"提高到"1525"，"路长制"全面推行，信息化水平逐步提升，改革试点顺利推进，农村公路管养水平迈上新台阶。

4. 安全应急保障有力。扎实推进"455"安防工程，提前一年完成目标任务，实施公路安全生命防护工程98908公里，实现乡道以上及通客运班车村道安防工程全覆盖。扎实推进公路安全提升系列专项行动，实施隧道提质升级188座、桥梁防护能力提升570座、连续长陡下坡整治23处、危桥改造4917座、灾害防治1106公里，公路安全基础进一步夯实。扎实推进应急保障能力建设，投入8000万元配置专业应急抢险设备100余台（套），建成孝感、十堰、宜昌三个省内区域性公路应急物资储备中心。扎实推进公路应急预案体系建设，"一路多方"联勤联动机制全面建立，应急演练实操性不断增强，在2019年全国"公路交通综合应急能力比武"中取得第3名的好成绩，在疫情防控、防汛抗灾、军运会等突发事件和重大活动中发挥了公路交通保驾护航的突出作用。

5. 创新发展成果丰硕。绿色发展理念不断强化，出台《绿色公路建设技术指南》《湖北省美丽公路经济带建设指南》，积极开展"畅安舒美""美丽公路经济带""美丽农村路"创建活动，建成美丽公路4万公里以上，路面旧材料回收率达到98.2%、循环利用率达到81.5%。信息技术应用不断强化，利用遥感及地理信息技术辅助完成普通公路基础数据普查，建成全省公路"一张图"，建成519个交通量自动采集站点、50个电子抓拍系统、85个不停车超限检测点，完成5座特大桥梁健康监测系统。科技支撑不断强化，开展普通公路养护工程标准化、EPC建设管理模式、大跨径桥梁全寿命安全保障等课题研究，《湖北省农村公路工程技术标准》、G209"畅安舒美"示范创建等项目获得部省奖励。

6. 管理效能明显增强。认真落实"放管服"各项政策，确保下放的普通国省道建设项目审批事项落实落地、顺利衔接，进一步加强信用评价，维护公路建设市场平稳有序。严格落实普通公路收费"三减两免"及渡口免费政策，减免通行费1.09亿元。探索普通公路筹融资模式，开展公路建设"春风行动"，推广公路"建养一体化"、PPP、EPC等建设模式。完善依法治理体系，修订颁布《湖北省公路路政管理条例》，深入推进区域联动治超，普通公路超限超载率控制在2%以内，路政案件结案率、路损追偿率分别达到97.2%、95.6%。党建及文明创建成效显著，涌现出"最美公路卫士"徐军等先进模范人物，推树了武汉"路畅致远"、荆州"铺路石精神"等行业文化示范品牌，《最美丽的意外》《1314》《超限猛于虎》等一系列微电影、微视频有力展现了良好的湖北公路形象，全国首部以"四好农村路"为题材的电影《村路弯弯》荣获湖北电影金鹤奖。

（二）主要问题

公路交通作为最基础、最广泛的运输方式，发展成效显著，但仍然存在不平衡不充分问题，与高质量发展要求及人民群众需求相比，还有短板弱项，主要体现在：

一是国省干线畅通性有待提升。沿城镇、产业轴带的重要国道道尚未实现一级公路贯通，中心城市出口及周边路段通行压力较大，服务能力和运行效率有待提高。普通国省道中尚有4592公里二级以下低等级路段，技术等级和网络结构有待优化。二是农村路网等级有待提高。农村公路网整体技术标准偏低，连接行政节点、经济节点以及省际出口等骨干公路等级不够、韧性不强、联通率不高，约90%的公路技术标准低于三级，约70%的公路路面宽度低于4.5米，66个乡镇没有实现双通道连通，63%的建制村没有实现双车道畅通。三是公路服务品质有待改善。普通国省干线服务水平较先进省份仍有差距，优良路率仅为78%，一二类桥梁比例仅为77.8%，预防性养护、养护工程实施比例不高，服务设施有待完善。农村公路整体技术状况水平仍需提升，常态化养护长效机制仍有待进一步健全。四是可持续发展能力有待加强。资金、用地、环保等要素制约日趋紧张，公路危旧桥梁存量规模较大，部分地质灾害易发多发路段存在运行风险，公路超限超载治理面临新形势新问题，公路应急能力和装备水平需要提升，新一代信息技术在公路管理中的应用有待加强。

二、形势要求

"十四五"时期，国家处于加快构建新格局、推进高质量发展的新阶段，我省将落实"建成支点、走在前列、谱写新篇"新使命，全力推进"一主引领、两翼驱动、全域协同"区域发展布局，公路发展面临新的发展要求。

——落实交通强国、长江经济带发展等国家重大战略，要求公路交通率先突破，打造发展"新样板"

湖北公路交通要紧紧围绕交通强国发展总目标，立足"建设交通强国示范区、打造新时代九省通衢"的发展定位，强化对长江经济带发展、中部地区崛起、长江中游城市群发展等重大战略支撑，加快打造高效率干线公路网、广覆盖农村公路网，在公路优势领域率先突破，以点带面、全面发展，打造新时代公路高质量发展新样板，为全面推进交通强国湖北示范区建设当好先行示范。

——服务全省经济社会高质量发展，要求公路交通持续发挥先行引领作用，构建发展"新优势"

湖北公路交通要积极畅通和完善公路运输大通道，打通"瓶颈路"，加强城市群之间的交通联系，加快推进公路与城镇带、经济带、产业带融合发展，切实提高公路网络运行效率，打造行业发展新优势，以公路高质量发展引领支撑全省经济社会高质量发展。

——坚持以人民为中心的发展思想，要求公路交通要坚持统筹协同发展，满足服务"新需求"

湖北公路交通要始终聚焦与人民群众生产生活密切相关的出行环境改善、服务品质提升等方面，更好服务乡村振兴战略；要统筹区域、城乡协同发展，要坚持建管养协调发展，全面提升公路服务均等化水平，努力建设人民满意公路，不断增强人民群众的获得感、幸福感、安全感。

——加快创新驱动转型升级，要求公路交通提质增效，培育发展"新动能"

湖北公路交通要突出创新的核心地位，加快前沿科技与公路交通深度融合，推动公路产品、服务、模式、业态联动创新；要统筹发展和安全，强化公路网络系统韧性，切实提升公路本质安全水平和应急保障能力；要始终坚持绿色发展理念，围绕碳达峰目标与碳中和愿景，强化与国土空间规划协调统一，让绿色真正成为公路行业发展的底色。

——推进治理体系管理能力现代化，要求公路交通深化改革，筑牢发展"新支撑"

湖北公路交通要加快完善行业管理体制机制，继续深化重大关键领域改革，进一步发挥市场在资源配置中的决定性作用，切实优化营商环境，不断增强发展的内生动力；加强法治政府部门建设，持续提升行业治理能力和水平，为全面推进实现治理体系和管理能力的现代化打牢基础支撑。

总体来看，"十四五"时期，湖北公路交通将处于开启先行引领、支撑交通强省建设的战略机遇期、完善网络结构、补齐发展短板的攻坚突破期，推进行业融合、全面提质增效的转型关键期。进入新发展阶段，全省公路交通要深入对接和贯彻落实《交通强国建设纲要》《国家综合立体交通网规划纲要》目标任务，突出对国家和省重大战略的支撑保障，加快构建安全、便捷、高效、绿色、经济的现代化公路交通体系，支撑湖北"建成支点、走在前列、谱写新篇"。

三、总体思路

(一)指导思想

以习近平新时代中国特色社会主义思想为指导，深入贯彻党的十九大和十九届历次全会精神，全面落实省委省政府决策部署，准确把握新发展阶段、认真贯彻新发展理念、服务构建新发展格局，坚持以人民为中心的发展思想，以推动公路高质量发展为主题，以深化供给侧结构性改革为主线，以改革创新为根本动力，按照"增密、互通、提质"和"硬联通"的要求，着力优化网络、消除瓶颈、强化衔接、提升品质、加强保障，推动全省公路在发展思路上实现以建设为主向建管养协调发展转变，在发展路径上实现从规模速度型向质量效益型转变，在发展动力上实现从要素驱动型向创新驱动型转变，为"建设交通强国示范区、打造新时代九省通衢"提供坚强保障。

(二)基本原则

1. 提质增效，引领发展

积极主动融入国家和省重大战略，切实处理好速度和质量、增量和存量的关系，持续提高公路交通服务能力和品质，充分发挥公路在经济社会、产业布局、新型城镇化、区域协调发展中的先行引领作用。

2. 统筹融合，协调发展

统筹公路传统与新型基础设施建设，统筹公路建设、养护和管理。发挥公路在综合运输体系中的基础作用，强化与其他运输方式的高效衔接。推动公路与相关产业深度融合，培育行业发展新动能。

3. 安全绿色，持续发展

牢固树立红线意识和底线思维，全面提高公路交通安全和应急保障能力。坚持生态优先、绿色发展，节约集约利用通道资源，强化节能减排，促进资源循环利用，实现公路交通与自然和谐共生。

4. 创新驱动，转型发展

将改革创新作为公路交通发展的根本动力，深化公路交通重点领域和关键环节改革，不断推进公路发展理念、制度、文化、管理、技术改革创新，全面提升管理和服务效能。

5. 服务民生，共享发展

以增强人民群众的获得感、幸福感、安全感为出发点和落脚点，突出公路交通的公共属性，全面提升公路服务水平、服务品质、服务效率，让人民群众共享公路发展成果。

(三)发展目标

1. 规划目标

到2025年，建成功能完善、覆盖广泛的公路网络体系，安全可靠、便捷优质的公路服务体系，科学规范、协调高效的公路管理体系，全省公路高质量发展取得新突破、迈上新台阶、进入新阶段，实现路网更畅达、养护更高效、服务更优质、转型更有力、管理更完善，为全省现代化综合交通运输体系构建和交通强国湖北示范区建设提供基础支撑。

"十四五"时期，全省普通公路规划总投资2350亿元，新改建一级公路2000公里、二级公路4000公里。全省普通公路总里程达到29.2万公里，二级及以上公路里程达到34000公里。普通国省道二级及以上公路比例达到90%，基本消除普通国道二级以下低标准路段，具备条件的乡镇实现双通道连通，70%以上的建制村实现双车道通畅。普通国道优良路率达到85%以上，普通省道优良路率达到80%以上，农村公路优良中等路率达到85%以上。普通国省道实现服务设施全覆盖，形成约5万公里美丽公路网。普通国省道一、二类桥梁比例达到90%以上，农村公路2020年底存量四、五类桥梁改造基本完成，部、省、市(县)公路交通应急装备储备体系基本形成。湖北省公路综合信息平台基本建成。

2. 具体指标

"十四五"规划主要指标

类别	指标	2020年	2025年
公路建设	普通公路总里程(公里)	282383	292000
	普通二级及以上公路里程(公里)	31684	34000
	国省干线二级及以上公路比例(%)	85.3	90
	建制乡镇通三级及以上双通道个数(个)	856	≥900
	建制村通双车道比例(%)	37	70
公路养护	国省干线实施预防性养护比例(%)	2.5	≥5
	国道优良路率(%)	84.3	>85
	省道优良路率(%)	74.5	>80
	农村公路优良中等路率(%)	84.3	≥85
	国省干线一、二类桥梁比例(%)	77.8	90
	国省干线新发现四、五类桥隧处治率(%)	90	100
	农村公路2020年底存量四、五类桥梁改造率(%)	—	100
公路管理	普通公路违法超限率(%)	2	≤1
	一般公路交通突发事件应急处置2小时达标率(%)	—	≥90

四、重点任务

(一)提升基础设施供给质量

1. 推进普通国省道达标提质。按照"建养并重、提质联通"的总体思路，加快普通国省干线升级改造，支撑都市圈经济、县域经济高质量发展。实施国省道提质工程，高标准建设G107、G318、G316、G207、G347、G348等重点路段，实现沿城镇和产业发展轴带支撑性一级公路通道贯通；推动交通需求较大、繁忙拥堵路段改扩建，积极推进城市和重要城镇过境段、出入口路段快速化改造。实施低标准路段达标工程，加快推进普通国省道待贯通路段建设，持续推进国省道二级以下低等级路段和不达标路段提质改造，结合地形地质条件和交通需求，合理确定技术标准，提升干线路网整体标准和运行效率。

专栏4-1 普通国省道建设重点项目

提质工程：建设国道一级公路470公里，形成以G107全路段、G207襄阳至荆州段、G316孝感至十堰段、G318武汉至宜昌段、G348武汉至宜昌段和G347武汉以东段等为架构的"二纵三横"约2200公里的一级公路主通道，高效连接省域三大城市群(圈)。建设国省道一级公路1530公里，重点实施G207襄阳城区段、G209十堰至房县段、S316谷城至丹江口段等改扩建。

达标工程：建设国道二级公路550公里，重点解决G220、G242、G351等国道瓶颈制约，基本消除国道二级以下公路路段。建设省道二级公路2450公里，重点提升S286、S364、S462等省道技术等级，普通省道二级以上公路比重达到85%以上。普通国省道二级以上公路比重达到90%以上。

2. 推进农村公路提档升级。按照"补短提升、便捷畅通"的总体思路，推动农村公路逐步实现"由线成网、由窄变宽、由通到畅"，巩固拓展交通脱贫攻坚成果，服务乡村振兴发展。实施骨干网畅通工程，推进乡镇双通道建设，提高路网韧性，实现乡镇与县城、临近国省干线之间便捷连通与快速集散；推进连接港口、火车站、机场、高速公路出口等重要集疏运通道建设；继续推进重要县乡道改造升级，推进乡村产业路、旅游路、资源路建设，提高乡村骨干网通行能力和运行效率。实施老旧路提升工程，有序推进农村公路提档升级，支持有条件的建制村推进双车道公路建设，因地制宜推进窄路基路面拓宽改造。实施基础网连通工程，推动乡村基础网延伸连通，加强通村公路和干线公路、村内主干道连接，推进农村公路向进村入户倾斜，提高农村公路通达深度。深化示范创建工程，完善"四好农村路"示范创建机制，开展全省"四好农村路"示范市、示范县、示范乡镇创建活动，积极争创全国示范省、示范市、示范县；鼓励有条件的县市全域实现乡镇通双通道、建制村通双车道。

专栏 4-2　农村公路建设重点项目

骨干网畅通工程：建设乡镇双通道 534 公里；建设 AAAA 级以上景区连接公路 168 公里；建设连接港口、机场、铁路站等客货运枢纽集疏运公路 199 公里；新改建连接旅游、产业、资源等经济节点及省际出口的重要县乡道 6099 公里。

基础网连通工程：建设建制村对外、自然村间、公路网与村内道路间连接公路 15000 公里；新改建农村公路桥梁 2000 座 / 约 5 万延米。

老旧路提档工程：实施农村公路提档升级、窄路基路面加宽 33000 公里。

(二)提升公路养护管理效能

1. 加大公路养护实施力度。加强公路养护巡查和经常性检查，升级巡查方法和技术手段。大力推进预防养护实施，加大预防养护投入，普通国省道每年实施预防性养护比例不低于 5%，引导和推动公路养护逐渐向"主动养护"发展。加大路面修复工程的资金投入，对超负荷运行、路面破损严重的路段及时安排修复养护工程计划，逐步消除普通国省道次差路段，确保"十四五"末普通国道优良路率达到 85% 以上，普通省道优良路率达到 80% 以上，力争"十四五"末普通国省道路况水平达到全国先进行列。加强修复养护工程的专业化设计，充分考虑公路病害特点，结合自然条件、交通量、养护维修历史等因素，有针对性确定养护对策。建立省市(州)联合机制，强化市(州)养护管理职责，增强普通国道日常养护和养护工程的资金监管和质量监管。以普通国道为重点，开展养护工程示范创建活动，打造养护品质工程。

加强农村公路养护，深化农村公路管理养护体制改革，推进改革试点工作。创新养护生产模式，明确管养责任，加强养护评价，做好政府与市场合理分工，推进日常养护群众化、小修保养专业化、养护工程市场化。

2. 提高公路养护科学决策水平。全面整合公路设施基础信息数据、技术状况数据、养护历史数据等，夯实养护决策的数据基础。加强公路技术状况监测评价，实现普通国省道路面技术状况自动化检测全覆盖，农村公路自动化检测比例 2022 年达到 40%、2025 年达到 100%。建立包括技术状况检测评定、养护目标设定、养护需求分析、项目库构建和养护建议计划编制等工作流程的养护决策系统，建立全省公路养护工程项目库并实施动态管理，科学制定年度计划并严格执行，提高公路养护决策的科学化水平和养护资金使用效率。加强养护绩效评价管理，加强评价结果在养护管理工作中的应用。

3. 提升公路养护技术保障能力。以"路基永久、基层长久、面层耐久"为目标，推广长寿命路面结构，延长公路使用年限。推广快速养护作业技术，积极应用预制、高强、高延度以及快速修复工艺，集成和整合快速修复装备，缩短养护作业时间，减少养护工程对交通运行的影响。优化国省道养护管理站布局规划，加快养护管理站标准化建设，同步配置成套清扫保洁装备，提高日常养护效率。探索无人驾驶在养护机械设备中的应用，推广桥隧快速无损检测装备、智能化巡查装备、智慧化施工作业装备、养护安全防护预警装备以及适用于农村公路特点的通用型、小型化专用养护生产设备。

专栏 4-3　普通公路养护重点项目

养护工程：实施普通国省道结构性修复 6000 公里、功能性修复 8000 公里、预防性养护 10000 公里。农村公路养护工程比例每年按照农村公路总里程的 5% 组织实施。

养护站场：推进全省 36 个公路养护(应急)中心、129 个机械化养护管理站建设。

(三)提升公路路网服务品质

1. 完善公路服务设施。优化国省干线服务设施布局，充分利用现有管理及养护场站点，分类推进公路服务区、停车区、交通厕所、"司机之家"等服务设施建设。提升公路服务区品质，制定经营服务规范标准，组织开展服务区质量等级评定，鼓励各地因地制宜创新公路服务设施运营模式，延伸服务范围。进一步完善农村公路沿线设施，鼓励因地制宜建设交通驿站、休息观景台、公共停车场等，加强路域环境提升，更好服务美丽乡村建设。

2. 优化公路出行信息服务。丰富信息服务内容，建立与气象、公安交警、旅游、运管等相关部门信息共享机制，为公众提供多样化、个性化的公路出行信息。完善信息发布渠道，提升公路交通广播、门户网站等信息发布平台服务能力，拓展微博、微信等智能移动终端公路信息发布渠道。加强路网运行监测，加强与互联网导航等企业合作，完善公路突发事件、交通管制等信息共享和发布机制。

3. 推进美丽公路建设。加强公路与旅游融合发展，打造体现湖北省自身特色、主题特征鲜明的"一江两山"、武陵山、大别山、幕阜山、秦巴山等旅游风景道公路示范线。以城镇轴带普通国省道为载体，实施普通国省道配套提质工程，围绕改善路面技术状况、完善交通安全设施、美化公路路域环境、优化出行服务设施等内容，打造"设施美、环境美、服务美、管理美"的发展标杆。继续推进"美丽农村路"建设，开展"最美农村路"评选活动，推动农村公路与乡村旅游、生态宜居乡村建设等融合发展。强化路域环境治理，加强路产路权保护，优化公路运行环境，提升公路环境综合管控水平。

专栏4-4 普通公路品质提升重点项目

服务设施建设：建设120个普通国省道服务区（停车区），到"十四五"末，全省普通国省道服务区（停车区）达到450个。

美丽公路建设：推进3000公里普通国省道美丽公路示范创建，建设2万公里"美丽农村路"，到"十四五"末，形成约5万公里美丽公路网。

（四）提升公路创新发展水平

1.加强信息化系统建设。围绕"四通工程"，加快公路行业治理智能化转型步伐，全力推进湖北公路综合信息平台建设，整合现有公路信息系统、数据资源，完善普通公路高清视频监控、桥梁健康监测基础设施，形成涵盖公路路网运行监测、应急指挥、公路基础设施监测等功能的公路综合信息平台。开展农村公路管理信息系统建设，推进农村公路数据部、省、市、县共建共管，行业内、行业外共享共用。加快完善全省治超联网信息系统，构建全网联防联控、全时有效监测的治超监控网络。持续优化完善公路交通情况调查体系，不断提升公路交通情况观测站自动化水平。

2.探索智慧公路发展。加强智慧公路规划建设的顶层设计，研究全省智慧公路建设的实施路径。重点实施普通国道智能运行监测网络工程，完善普通国省道感知设备设施，推动重点路段、隧道、桥梁等重要节点的交通感知网络覆盖，逐步构建全覆盖、全天候、全要素路网运行感知体系。鼓励各地结合应用场景，因地制宜开展普通国省道智慧公路示范创建，形成可复制的推广样本。加强现代信息技术在农村公路中的应用。

3.强化科技创新能力。紧密结合我省公路发展的实际，瞄准新一代信息技术、人工智能等前沿科技，强化公路行业关键技术的研究，加快公路基础设施数字化改造，促进先进技术与公路交通深度融合。聚焦高性能材料、基础设施延寿、危旧桥隧病害处治与加固等重点方向，有针对性地开展技术创新和课题研究。强化科技创新成果推广应用，鼓励企事业单位、社会团体建立健全成果转移转化机制，建设和升级一批省级公路科研创新平台，推进全省公路领域科技创新成果信息资源有效整合和开放共享。

专栏4-5 普通公路智慧科技重点项目

农村公路管理信息系统：建设农村公路数据库、农村公路"一张图""一张网"，实现农村公路数据全链条展示、分层级管理、定期更新、可视化的显示和分析。

治超联网信息系统：整合行业内外治超相关数据资源，建设完善基础数据库、应用数据库、主题数据库、交换共享库等4类数据库。建设完善超限运输运行监管、违法超限运输执法管理、指挥调度管理、治超综合分析、站级系统共5个应用系统，为治超工作提供全面的信息化支撑。

公路交通情况调查系统：推进全省118个交通情况自动观测站建设。

（五）提升公路安全保障能力

1.提升公路本质安全水平。重点推进公路桥梁"三年消危"行动，全面消除桥梁安全隐患，建立危桥改造和桥隧养护管理的长效机制。组织开展四、五类隧道改造，加强隧道病害处置和加固维修，提升隧道运行安全水平。深入推进公路隧道提质升级、桥梁安全防护能力提升、连续长陡下坡治理、独柱墩桥梁运行安全等专项行动。以普通国道为重点，推动交通安全设施精细化提升；继续推进村道安防工程，维护和巩固全省普通公路安防工程建设成果。开展自然灾害综合风险公路承灾体普查，加强对地质灾害多发路段的排查评估；联合自然资源部门加强对山区重点路段、隧道出入口、临河临崖、高危边坡及滑塌等路段的地质灾害治理，提升公路防灾抗灾能力。

2.加强路网运行预警监测。加强路网监控设施建设，实现对重要桥梁隧道、主要路线交叉口等路段的实时监测全覆盖，强化公路运行监测与预警功能，为路网畅通运行提供基础支撑。加快长大桥梁结构健康监测系统建设，实现结构状况实时监测、自动分析、自动评估等功能。强化对地质灾害多发区域的重点路段预警监测，全面构建覆盖长大桥隧、高边坡及支挡结构等重点构造物的结构安全监测体系，提升灾害风险防控能力。

3.完善安全应急管理体系。适应重大灾害、疫情、安全等突发事件管理，建立健全与应急管理、气象等部门联系协调机制，完善公路应急预案体系。加快国家区域性公路交通应急装备物资储备中心建设，进一步完善全省公路交通应急装备物资储备中心布局，打造部、省、市（县）多级互补支撑的公路交通应急装备储备体系。加强公路应急救援专业装备、设施、队伍建设，科学开展公路应急演练。积极推动国防战备公路建设。

专栏4-6 普通公路安全应急重点项目

危旧桥隧改造工程：完成现有6108座存量危旧桥梁加固改造任务，及时处置新发现的四、五类危桥。到"十四五"末，全省普通国省道一、二类桥梁比例达到90%以上，新发现四、五类桥梁（隧道）当年处置率100%，农村公路2020年底存量四、五类桥梁改造基本完成。

公路安全设施精细化提升工程：实施普通国道安全提升工程3000公里。乡道及以上公路安全生命防护工程完好率达到90%以上。

干线公路灾害防治工程：实施普通国省道高等级风险点所在路段灾害防治工程1000公里。

公路运行预警监测工程：完成20座长大桥梁健康监测系统建设。

公路应急保障能力提升工程：建设完善宜昌、孝感等国家级区域性公路交通应急装备物资储备中心，加快黄冈、咸宁、襄阳等省级区域性公路交通应急装备物资储备中心规划建设，继续完善市、县级公路应急装备物资储备中心布局。

（六）提升公路行业治理能力

1. 完善行业管理体制机制。 完善市场管理、作业管理、绩效管理和技术管理等方面的养护管理制度。按照事业单位分类改革要求，优化公路管理机构设置和职能配置，厘清职能边界，理顺管养责任，完善协作机制，履行好公路养护职责。全面实施农村公路"路长制"，形成政府主导、部门协同、上下联动、运转高效的农村公路管理体制。根据事权划分要求，加快推进普通国省道的调整和移交工作，进一步细化落实公路部门职责，推进养护管理精细化。扎实推进"放管服"改革，简化审批流程，提高服务水平，完善事中事后监管长效工作机制。推进信用制度建设，将信用评价融入公路建设、养护、管理全过程，强化守信激励和失信约束，进一步优化公路营商环境，建立统一开放、竞争有序的公路发展环境。

2. 加强公路法治建设。 坚持法治引领，积极推进地方性法规、行业规范性文件修订工作，保障全省公路行业有章可循、有法可依。加强标准化顶层设计，积极推动相关法律法规制度修订，加快在公路建设养护、应急管理、信息化、节能减排等领域的标准制定，形成具有湖北特色的普通公路标准体系，适应行业高质量发展需要。深入推进公路执法队伍职业化、基层执法站所标准化、基础管理制度规范化、基层执法工作信息化。优化公路执法队伍结构，完善执法装备配备。加强执法监督，提升执法公信力。整合公路行政资源，探索建立路政与养护联合联动巡查等工作机制。继续抓好超限超载等隐患排查治理与专项整治，普通公路违法超限率不超过1%。协调公安交管部门强化路面联合治超执法和监督检查，巩固路警联合治超执法常态化制度化工作机制。推进路政管理和执法向农村公路延伸。

3. 提升可持续发展能力。 推进公路绿色发展，牢固树立生态优先理念，推进公路生态选线选址，强化生态环保设计，加强与国土空间规划的衔接；统筹利用通道线位资源，推动普通公路与铁路、高速公路等线位统筹；以普通国省干线为重点，积极推进绿色公路示范工程建设，构建绿色生态廊道；推进公路施工材料、废旧材料再生和综合利用，提升资源节约集约利用水平。加强公路人才培养，建立健全人才使用与激励机制，加强重要领域、新兴领域和薄弱环节专业技术人才、高技能人才培养，营造良好的人才发展环境。提升公路行业软实力，继续开展"领路人"党建品牌推广活动，培树一批特色鲜明、作用突出、群众公认的党建工作品牌；大力开展行业特色文化创建活动，积极培树新时代公路先进典型，积极宣传公路好人物、好故事，弘扬公路事业发展正能量。

五、保障措施

（一）加强组织领导

坚持和加强党的全面领导，充分发挥党总揽全局、协调各方的领导核心作用，为规划实施提供根本保证。加强省市联动，建立分工协作机制，明确任务分工，压实工作责任，共同推进规划实施。强化部门协同，建立常态化沟通机制，统筹研究解决公路规划、建设、养护中的重大问题。加强公路与其他运输方式的统筹，注重省际、省市、市市衔接沟通，确保项目同步实施。市县政府紧密结合各地实际，主动对接本规划确定的主要目标任务，确保组织到位、责任到位、投入到位、措施到位。

（二）加强政策引导

进一步加强与部、省有关部门的沟通协调，积极争取发改、财政、自然资源、环保等行业政策支持，推动政策协同，为规划实施创造良好条件。研究出台"十四五"公路投资政策，提高公路交通建设、养护补助标准，实行地区差异化的补助政策，加大对脱贫地区、资源型地区、老工业基地、革命老区支持力度。改进对地方资金补助项目的遴选、审批及监管机制，切实有效发挥公路部省资金的引导和调控作用。坚持"多规合一"，加强公路与国土空间规划的有效衔接，充分考虑"三区三线"等控制性因素，做好空间预控，为项目实施提供基础保障。

（三）加强资金保障

积极争取国家资金支持，落实交通运输领域财政事权和支出责任划分改革方案，切实压实地方各级政府支出责任。推动完善和落实以县级公共财政投入为主、多渠道筹措为辅的农村交通发展资金筹措机制。落实成品油税费改革转移支付政策，加大对普通公路养护资金的保障力度。积极探索创新投融资模式，鼓励和吸引社会资本参与公路交通基础设施建设、养护和运营，探索采用公路沿线土地综合开发等拓宽资金来源。建立与全省公路发展相适应的资金保障机制，防范化解行业债务风险。

（四）加强规划执行

各市（州）"十四五"公路发展规划要与本规划相衔接，抓好重大项目、重大工程的落实。强化事中事后监管，及时跟踪掌握规划目标和重大项目进展，根据发展中出现的新情况、新问题适时调整规划和相关政策，增强规划的可操作性。强化规划实施考核，完善规划执行考评管理机制，将省级层面对规划项目、前期工作及政策方面的支持与各地区规划执行情况挂钩，确保规划目标如期实现。

2022年2月25日

湖北省道路运输发展"十四五"规划

(鄂交发〔2022〕21号)

第一章 发展基础

(一)发展成就

"十三五"以来,全省道路运输行业不断适应新时期发展要求,加快转变发展方式,在道路客运服务能力、水平以及支持保障体系建设完善等方面取得了显著成效,为全省经济社会快速发展提供了有力支撑和保障。

1. 站场基础设施不断完善

截至2020年底,湖北省共有三级及以上客运站198个(含综合客运枢纽15个),其中一级站40个、二级站90个、三级站68个、客运便捷站(包括原四级、五级、简易站)1144个、招呼站32276个,所有县市基本实现已建和在建二级以上客运站全覆盖,与各级公路网形成了较为完善的公路基础设施网络,与其他交通运输方式的衔接更为密切。

2. 道路客运通达深度和广度持续巩固

"十三五"期间,随着高铁、城际铁路的开通以及私家车拥有量大幅增长,群众出行方式日益多元化,道路客运行业受到较大影响,客流量逐年下降,但道路客运仍占主体地位。截至2020年底,全省道路客运经营业户3044户,道路客运从业人员15万人,道路客运车辆32967辆,各类客运班线(线路牌)10380条,通达全国26个省(区、市),2020年全省道路客运完成运输量2.17亿人次、周转量131.60亿人公里,在综合运输体系的占比仍达到70.30%,较"十二五"期末分别减少75.3%和73.12%。全省"村村通客车"成果持续巩固,农村客运基本实现"开得通、留得住、运营稳"。

3. 装备安全性和舒适性得到增强

截至2020年,全省道路营运载客汽车3.2余万辆中,平均客位25.27客位/辆,车均客位数较2016年增长13.78%,营运客车大型化发展趋势明显,舒适性不断提升。营运客车的安全装备水平进一步提升,安装北斗、GPS等卫星定位装置和行驶记录仪设备的车辆基本达到100%。

4. 客运服务模式创新发展

道路客运班线公交化、旅游包车、网络化运输、城际公交等运输组织方式快速发展。武昌至黄石开通城际公交,宜昌实现主城区至8个县市的区域城际公交全覆盖。湖北省长途客运接驳运输联盟建设工作取得成效,实现对省内长途道路客运接驳运输的全覆盖。武汉完成国家公交都市创建目标,襄阳、宜昌成功入选国家第三批创建城市。城乡客运一体化有序推进,截至2020年底,全省通公交的建制村4948个(占比21%),同比增长21.99%;公交线路733条,农村客运班线公交化改造357条,较2015年底分别增长52%、31%,竹山、远安成功入选交通运输部首批城乡交通运输一体化示范县。

5. 安全保障能力明显提升

"十三五"期,全省三类以上班线客运企业和包车客运企业全部建立了动态监控平台。全省农村客运车辆19634台,全部实行动态监控管理,其中83%的农村客运车辆应用4G动态监控设备,农村客运运营和安全监管能力大大增强。建立农村客运发展长效机制,省级农村客运发展专项资金投入4亿元,有效巩固了"村村通客车"成果。深入开展安全生产"大建设、大排查、大整治"专项行动,建立健全安全风险分级管控和隐患排查治理体系,督促道路客运企业落实安全生产主体责任,严格长途道路客运实名制管理,强力筑牢安全"防火墙",道路客运安全生产形势持续稳定好转。

6. 信息化水平稳步提升

不断加大投入加快信息化体系建设,道路客运信息化服务水平实现大幅提升。湖北省全省道路客运联网售票平台于2016年建成,覆盖全省所有二级以上客运站和部分三级客运站共133家,自助售票取票设备在一级和二级客运站场基本普及。部分客运站场运营主体与携程、微信等互联网公司合作售票,开通了微信公共号方便乘客出行。此外,以省客集团的"省客驾到"、宜昌交运的"峡客行"等为代表的城际县个性化网约车服务快速发展。所有市州实现全国公交一卡通,武汉入列全国首批"智慧交通"示范城市。

(二)存在问题

尽管湖北省道路客运行业在"十三五"期间取得了较大成绩,但与全省经济社会转型发展以及人民群众日益提高的运输需求相比仍存在一定差距,具体体现在以下几个方面:一是运输组织水平有待提升,方式间、干支间、城乡间、区域间一体化协同组织水平较低,旅客联程运输发展滞后,与实现"一站购票""一票出行"仍有较大差距;二是运输市场有待规范发展,部分道路客运企业管理意识和管理水平不足,道路客运车辆动态监管体系不够完善,道路运输市场秩序有待进一步完善;三是信息化、智能化支撑不充分,道路客运信息系统建设投入不足,人工智能、5G、大数据、云计算、物联网等先进信息技术在道路客运领域推广应用缓慢。

第二章 发展形势

"十四五"时期,是湖北全面建设社会主义现代化强省新征程的开局五年，也是谱写湖北高质量发展新篇章的关键五年。湖北交通将按照"建成支点、走在前列、谱写新篇"战略定位，加快构建"一主引领、两翼驱动、全域协同"战略布局。新形势下，全省道路客运行业发展机遇多重叠加、面临挑战日趋严峻、发展要求更加明确。

（一）服务国家战略，要求改善客运服务品质和深度

应对国内国际新形势，中共中央和国务院提出了加快建设交通强国、构建现代化高质量国家综合立体交通网的要求。《交通强国建设纲要》《国家综合立体交通网规划纲要》等政策文件的出台，湖北省步入了落实交通强国战略、开启交通强省新征程的起步期和完善综合立体交通网络、促进一体化融合的加速期。道路客运作为综合交通运输体系中的重要一环，需要把握好发展定位、方向和重点，提升服务品质和深度，与其他交通方式形成有机衔接，实现客运"零距离换乘"，支撑湖北构建现代化综合交通体系、高质量综合立体交通网以及交通强国示范区。

（二）支撑重大布局，要求提升客运服务能力和水平

着眼贯彻落实习近平总书记对湖北提出的"建成支点、走在前列、谱写新篇"的重要要求，湖北省政府提出着力构建"一主引领、两翼驱动、全域协同"的区域发展布局。道路客运作为保障人民群众便捷出行的基础性服务行业，需要提升道路客运服务能力，提供更高水平、更高质量的道路客运基本公共服务，积极拓展客运服务产品，提高客运服务质量效率，增加个性化、高品质客运服务供给，切实发挥道路客运基础支撑作用。

（三）适应新发展格局，要求提升客运服务的质量和效率

习近平总书记提出构建以国内大循环为主体、国内国际双循环相互促进的新发展格局。交通运输也需要以供给侧结构性改革为主线，加快完善现代化综合交通运输体系的建设，为形成以国内大循环为主体、国内国际双循环相互促进的新发展格局提供坚实的交通运输保障。道路客运服务应抓住国家、湖北省启动新基建的契机，加快推动基础设施数字化、智能化的升级改造，不断提升客运服务方式、服务效率和服务品质，进一步提升其质量和效率，为加快融入国内国际双循环体系提供坚实支撑。

（四）新一轮技术变革，要求创新客运服务模式和业态

移动互联网、大数据、人工智能、新能源、物联网、5G通信等新一代技术在交通领域的广泛应用，对道路客运服务带来新变化。汽车电气化、自动驾驶、出行即服务等发展趋势要求道路客运加快与移动互联网、大数据、云计算等新一代科学技术深度融合，全面提升行业服务品质和科学治理能力。

（五）城镇化快速发展，要求提高道路客运服务广度和深度

道路客运服务的覆盖范围和通达程度需求与城市发展进程密切相关。我省城镇化进程快速推进促使城际与城乡交通体系进一步融合，城市、区域和城乡的人员物资流动性增强，城市客运量快速增加，迫切要求道路客运行业更加主动适应经济社会发展新阶段和需求变化，提高公共交通线网覆盖面和通达深度，推进城际间道路客运一体化发展，完善农村客运线网布局，稳步提高农村客运班车通达率，全面提升道路客运供给能力、管理服务能力。

（六）坚持安全发展，要求深化道路客运安全体系建设

《交通强国建设纲要》将安全摆在现代交通运输发展的首位，要求深化道路客运安全体系建设，构建交通强国安全保障长效机制。加强道路客运安全体系建设顶层设计，研究制定道路客运安全体系建设实施意见，提出深化和提升安全体系建设工作思路、重点任务、实现方法路径等，加快深化和提升道路客运安全保障服务能力和水平，切实加强我省道路客运应急保障工作，提高全省道路客运行业应对和处置各类突发事件的能力，维护公众生命财产安全和社会稳定，保障经济社会正常运行。

第三章　总体思路和目标

（一）指导思想

以习近平新时代中国特色社会主义思想为指导，全面贯彻党的十九大和十九届历次全会精神，以人民满意为根本出发点，围绕"建设交通强国示范区、打造新时代九省通衢"新定位，以推进道路客运转型升级为引领，加快完善道路客运基础设施建设，优化道路客运服务网络，推动互联网与道路客运服务融合发展，促进城乡道路客运一体化发展，努力构建安全可靠、高效便捷、公平规范、绿色环保的道路客运服务体系，全面提升道路客运服务能力和水平，适应经济社会发展的新要求和人民群众出行的新期待，为服务"建成支点、走在前列、谱写新篇"目标定位，加快构建"一主引领、两翼驱动、全域协同"战略布局，构建现代化经济体系提供有力支撑。

（二）基本原则

——以人为本，民生为先。把人民的利益和需要放在第一位，坚持"便民、利民、惠民"原则，进一步强化服务意识，不断提高服务水平，努力解决群众关注的突出问题，切实推进民生工程建设，为广大群众出行提供更高品质、更高水平的道路客运服务。

——协调推进，增进公平。把区域城乡协调发展放在更加重要的位置，更加注重公平和普惠，加大对农村客运的政策扶持力度，着力推进交通运输基本公共服务均等化，使人民群众共享交通运输改革发展成果，促进社会公平、和谐。

——统筹规划，突出重点。统筹道路客运服务设施、服务体系、服务政策顶层设计，根据不同的发展条件和需求特征，制定提升服务质量服务水平措施。

——创新驱动，转型发展。把提升服务质量、服务水平作为行业创新转型的有效途径。紧紧依靠制度创新、科技创新和管理创新，以创新驱动发

展，在转型中提升道路客运的发展质量和效益。

（三）发展目标

到2025年，基本形成安全可靠、高效便捷、公平规范、绿色环保的道路客运服务体系，实现客运基础设施"四级"全覆盖（综合客运枢纽市州全覆盖，汽车客运中心县市全覆盖，标准汽车客运站乡镇全覆盖，标准候车亭建制村全覆盖）；实现道路客运服务能力、服务质量以及行业管理效能"三个提升"，适应湖北省经济社会发展新要求和人民群众出行的新期待，确保客运衔接更加顺畅，城乡客运协调更加高效，客运候乘体验更加满意；基本构建便利顺畅的城乡客运一体化网络，为人民群众出行提供更加便捷、高效、优质的道路客运服务，为湖北省交通强国示范区建设提供有力支撑。

具体发展目标如下：

——站场设施布局进一步完善。逐步形成覆盖城乡、规模合理，布局合理、层次分工明确的道路客运场站体系，实现多层次道路网络之间、多运输方式之间以不同层次枢纽站场为纽带的有效衔接。到2025年，综合客运枢纽市州覆盖率100%，汽车客运中心县市覆盖率100%，标准化汽车客运站乡镇覆盖率100%，标准化候车亭建制村覆盖率100%。

——道路客运服务取得重要突破。建成管理规范、服务优质、衔接顺畅、方便灵活的城际道路客运服务系统和覆盖全面、运行稳定、安全规范、经济便捷的农村客运服务系统。到2025年，建制村通客车比例始终保持100%，创建10个以上省级全域公交县、10个以上国家城乡交通运输一体化示范县。

——道路客运行业绿色智慧水平显著提升。到2025年，新能源城市公交车辆占比力争达到85%以上，交通运输二氧化碳排放强度下降5%。道路客运领域新基建取得重要进展，实现电子客票覆盖率达到99%。

——安全应急管理水平进一步提升。完善全省营运车辆联网联控系统，"两客一危"车辆动态监控管理水平大幅提升，本质安全管理体系进一步完善。到2025年，全面实现智能监控全覆盖，安全科技应用不断深入，规模以上道路客运企业安全风险管理逐步加强，道路客运行车事故起数和死亡人数明显下降。

"十四五"期全省道路客运发展主要指标表

类别	指标	2020年	2025年
能力适应	综合客运枢纽市州覆盖率、汽车客运中心县市覆盖率、标准化乡镇汽车客运站乡镇覆盖率、标准化候车亭建制村覆盖率(%)	—	100
服务优良	建制村通客车比例(%)	100	100
服务优良	创建省级全域公交县(个)	—	≥10
服务优良	国家城乡交通运输一体化示范县(个)	—	≥10
科技环保	二级及以上汽车客运站和定制客运线路电子客票覆盖率(%)	0	99
科技环保	新能源城市公交车辆占比(%)	58	85
科技环保	道路运输二氧化碳排放强度下降率(%)	5	—
安全可靠	道路客运行车事故死亡人数下降率(%)		20

第四章　主要任务

"十四五"期，全省将深入贯彻落实国家和省委有关战略决策和部署，结合全省实际，加快推进道路客运转型升级发展，积极推广先进运输组织模式，着力提高道路客运市场集约化、多元化、信息化程度，进一步提升道路客运服务能力和质量，更好地服务和保障人民群众方便、快捷、安全、舒适出行。

（一）推进客运站场建设

1. 推进综合客运枢纽一体衔接

按照零距离换乘要求，推进综合客运枢纽的统筹规划、统一设计、同步建设、协同管理，统筹在建的沪渝蓉高铁、武西高铁武十段、武九客专沿线、郑渝高铁等干线铁路和即将建设的荆荆城铁等支线铁路，进一步优化完善武汉西站换乘中心等综合客运枢纽的规划、布局。推进在呼南高铁（襄荆宜高铁）沿线新建宜城公铁换乘中心，在武西高铁沿线新建枣阳、谷城公铁换乘中心，在郑万高铁沿线推进南漳、保康公铁换乘中心建设。

2. 推进老旧客运场站改造升级

遵循"改造为主，新建为辅"的原则，积极推进城市老旧汽车客运站升级改造和新城区汽车客运站新建，引导推动具备条件的汽车客运站向集客运、商贸、物流、快递、旅游等为一体的综合运输服务设施转变。推动长途汽车客运站融合城市公交功能，实现"一站多用、资源共享"。配合新能源客运车辆的普及，在客运站场安装足量的充电桩。进一步完善站内服务规范，优化进站、候乘流程，提高旅客舒适度体验。

专栏1　综合客运枢纽建设重点任务

综合客运枢纽：新建武汉、襄阳、宜昌等地综合客运枢纽建设项目，续建汉口客运中心、武西高铁枣阳综合客运枢纽、郑万高铁兴山综合客运枢纽、武九高铁阳新综合客运枢纽等项目。

县市汽车客运站：加快推进大冶临空区中心客运站、兴山昭君新客运站等开工建设。推动郧阳区汽车客运站、黄冈东华客运站改造升级。

（二）完善便捷顺畅的城际客运服务

1. 推进旅客联程运输

依托综合客运枢纽全面开展旅客联程运输，鼓励不同运输方式共建共享联运设施设备，推动"一站式"票务服务和"一票制"出行服务。加快发展机场、高铁站至全省各地的道路客运班线，构建与航空和铁路对接的道路客运服务体系。强化客运站之间、客运站与火车站、民航机场等综合运输枢纽间的运输组织，提高服务质量。强化客运站与城市主要商业区、城市副中心的城市公交衔接。

2. 优化城际客运模式

在城市群、城市圈推广城际道路客运公交化运营模式。结合武汉、鄂州、黄冈、咸宁、孝感、黄石等城市城际轨道交通发展，及时规划并调整中、短途客运班线，开展客运公交化班线改造。针对大中城市高铁开通情况，适当调整线路网络布局，严格控制发展高铁沿线大中城市之间的干线客运班线，大力发展高铁未覆盖的中小城市的省、市际客运班线，完善中小城市的区域直达客运网络。建立和完善跨区域的城际公交协调机制，统筹建设城际、区间专用候车亭和招呼站，探索建立统一的市场准入与退出机制、统一的客服标准和运行监管机制。以市场化运作为主要方式，推动毗邻省短途班线公交化改造工作。

专栏2　武汉城市圈城际公交运营一体化创建工程

开行城际公交线路：加快武汉城市圈全域公交化改造，实现武汉与周边城市城际公交无缝衔接。

构建城际公交换乘站：结合武汉城市圈现有公交线网和场站布局，改造、新建28个城际公交换乘站，满足车辆停靠、调度、司乘人员休息等功能，有条件场站配套建设邮件转运等功能设施。

3. 大力发展定制客运

充分发挥道路客运"门到门""点对点"灵活机动的比较优势，鼓励道路客运班线经营者与互联网平台加强合作，基于取得经营许可的道路客运班线开展定制客运。支持汽车客运站设置城市候机楼、高铁候车室，支持机场快线、联程运输、高铁和景区直通车发展。推进道路客运企业发展专线包车和联程客运包车及满足春运、暑运及其他节假日等特定时段客运需求的团体包车客运服务。鼓励道路客运企业主动与大型厂矿企业、学校等对接，提供"门到门""点对点"的接送服务。

（三）提升农村地区客运服务水平

1. 积极推进乡镇汽车客运站建设

加快建设依托现有城市公交站点、农村客运站点和旅游运输节点，实现覆盖城乡的客运节点网络。开展乡镇汽车客运站（综合运输服务站）、农村候车亭达标行动，提升农村客运基础设施质量和服务水平，促进城乡道路客运公共服务均等化。支持机场专线专用站、旅游客运站、商务站的建设。科学规划规模、标准适宜的城乡客运站点，鼓励城市公共交通和农村客运站场的共享共用。稳步推进在大型市场、产业园区、学校聚集区、旅游风景区等客源密集的区域建设适宜的客运停靠点。

专栏3　农村客运站点达标工程

乡镇汽车客运站（综合运输服务站）、农村候车亭达标行动：推进乡镇汽车客运站（综合运输服务站）、农村候车亭达标行动，三年左右新建改造乡镇汽车客运站（综合运输服务站）120个、农村候车亭8000个。

2. 推进农村客运班线改造

对于经济较为发达的区县城区周边、乡镇和村庄比较集中的地区，有序地实施农村客运公交化改造，增加停靠站点，滚动发车，定线循环，促进农村客运网络和城市公交网络的合理衔接和有效融合。研究制定实行公交化运行的农村客运线路运营和服务规范。支持"镇到村"农村客运网络发展，鼓励有条件的地区结合本地实际，有重点、分阶段在镇域内发展"镇村公交"。探索区域经营、延伸经营、预约经营、专线经营、班线经营等形式多样的农村客运经营模式，推广开行隔日班、周班、节日或赶集班等固定或者非固定的班次，切实保障农村地区重点时段群众出行。

3. 推进城乡道路客运均等化

健全城乡和区域公共交通衔接机制，促进城乡和区域公共交通协调发展。推进城市公共交通和城市周边短途班线客运的融合，鼓励有条件的地区，通过公交线网延伸、班线客运公交化改造等模式推动实现全域公交化运营。推进发展城区到郊区、县城到乡镇的公交化线路。加大对城乡客运发展的政策扶持力度，建立和完善农村客运公共财政保障制度。完善农村客运运营机制，深化落实运营服务规范，倡导农村客运公司化经营、公交化运营、规范化管理。开展省级全域公交县创建，提高农村客运通达深度和安全水平，推动有条件的地区实施农村客运班线公交化改造，支持农村客运公交港湾站等基础设施建设。力争到2025年全面形成覆盖广泛、衔接顺畅、优质高效、安全环保的城乡道路客运网络。

专栏4　城乡客运服务示范创建工程

城乡交通运输一体化示范县创建工程：全面提升城乡交通运输一体化水平，争创10个以上国家级城乡交通运输一体化示范县。

全域公交县创建工程：在巩固"村村通客车"的基础上，重点围绕经营主体、覆盖水平、运营管理、动态监控、服务质量、站场设施等方面，在县级行政区域内开展全域公交县创建，以点带面提升全省农村客运服务水平，力争创建10个以上全域公交县。

（四）促进道路客运与其他产业融合发展

1. 发展道路客运枢纽经济

积极推动汽车客运站场发挥区位、功能等优势，提升站场增值服务能力。在保障汽车客运站基本服务功能的前提下，鼓励客运站拓展商业、物业、产业等服务功能，开展寄递物流、邮政、快递、住宿、旅游、商超等配套服务，实行站商融合、以商养站。鼓励客运站设置专用区域，为公交线路、城际公交化线路提供首末站服务，方便旅客乘车。鼓励客运站经营者合理布局站外停靠点，提供符合相关规范要求的售检票、行李物品安全检查和营运客车停靠服务。支持乡镇客运站与邮政、电商、快递、物流、商业等综合开发利用。

2. 推进运游一体化发展

积极推进运游结合，建立旅游客运和旅游产业协调发展机制，推进旅行社和旅游客运企业及驾驶员等信息共享，探索实施运游一票到底。支持汽车客运站拓展旅游集散功能，根据需要配设城市候机楼、高铁无轨站等设施。合理预测旅游客运发展需求，开展旅游客运专线、旅游直通车、旅游公交、景区小交通等运游结合特色业务，建立起以包车旅游为基础、以省内外专线旅游为补充的布局合理、功能完善的旅游运输服务体系。鼓励汽车客运站与旅游集散中心合作，在汽车客运站设置景区专用候车室。加强与周边省市的交流与合作，按照互惠互利、共同发展的原则，整合旅游客运资源，实现旅游客运与旅游市场有效对接和良性互动。

3. 促进农村客运和产业融合发展

支持农村客运经营主体统筹各类农村运输资源，探索多元化农村客运发展新模式，增强可持续发展能力。在交通便利、人员相对集中的区域规划建设集客运、货运、邮政、快递等功能于一体的乡镇运输服务站，利用现有乡村邮政快递网点、综合服务站、汽车站等设施资源，构建"一点多能、一网多用、功能集约、便利高效"的站点经济，更好发挥基础设施公共服务功能。推动农村客货邮融合发展，鼓励农村客运班车捎带小件快递。依托农村客运线路，积极打造乡村旅游以及产业扶贫精品线路。

（五）整合道路客运经营主体资源

1. 建立优胜劣汰考核机制

大力推行服务质量招投标方式重新配置道路客运经营权，并向质量信誉优和信用考核评价高的企业、道路客运经营规模大和服务质量好的企业、抗风险能力高和综合实力强的企业倾斜。稳步推行黑名单制度、市场禁入和退出制度，会同相关部门对违法违规行为多发、质量信誉差、信用考核评价低的道路客运经营者实施失信惩戒。

2. 推进跨区域跨行业重组

推进道路客运企业跨区域重组，支持道路客运企业以线路、资产为纽带开展跨企业、跨区域的兼并重组、联合经营，鼓励组建线路公司实施资产置换，依法依规为相关行政许可办理提供"绿色通道"或简易程序。鼓励共享站点资源，倡导节点运输。鼓励企业开展跨行业重组，支持道路客运企业开展公交、出租汽车、农村客运业务，与铁路、民航、水运衔接开展联程联运服务。

3. 整合道路客运经营主体

推进道路客运经营主体结构调整，鼓励道路客运企业加强市场资源整合，扩大经营规模，提高抗风险能力。支持骨干道路客运企业整合资源成立股份制公司和异地设立子公司、分公司，推进道路客运网络化运营。积极发挥骨干龙头客运企业资源、品牌、管理的优势，鼓励有实力的企业通过收购兼并、控股、参股、联合合作等多种方式推进客运资源整合工作，成立产权明晰的大型运输企业集团，或打造运输企业联盟共同体，实现规模化发展。

（六）提升道路客运装备技术水平

1. 提升营运车辆技术装备水平

积极推动道路客运企业应用新技术、新装备，鼓励高效、低耗、安全、舒适的客运车辆发展，提升营运车辆装备技术水平。适应农村地区需求特点，因地制宜实现农村客运车型的多样化、适用性。

2. 推广应用新能源节能环保车辆

鼓励企业购置新能源农村客运车辆和城乡公交车辆，加快城乡客运充电基础设施建设，实现城乡客运绿色发展。加快新能源车辆更新等，提升新能源车辆在城乡客运中的比例。

3. 支持营运客车加装使用车载智能终端设备

在既有城乡客运动态监控全覆盖的基础上，推广利用现代通信、主动安全防护等先进技术、设备，促进城乡客运及其他重点营运车辆安全和服务监管能力提升。升级改造现有城市公共交通服务网络平台，确保更加高效、智能地服务人民群众出行。

专栏5　道路客运装备设施提升工程

更新一批新能源农村客运车辆：按照国家和省委省政府推广新能源车辆要求，积极支持新能源车辆更新，切实提升我省农村客运、城市客运新能源车辆比例，打造绿色出行新业态，实现城乡客运绿色发展。

升级一批农村客运动态监控系统：在现有农村客运车辆动态监控全覆盖的基础上，推广利用5G通信、主动安全防护等先进技术、设备，促进农村客运安全和服务监管能力提升，确保更加高效、智能地服务人民群众出行。

（七）提升道路客运智能化水平

1. 大力推广电子客票

推进全省道路客运电子客票系统建设和应用，加快电子客票售票终端、实名检票终端、移动服务终端等智能设备的推广使用，积极为乘客提供移动终端购票、刷身份证检票、扫码验证、"人脸识别"等无接触式服务，持续改善乘客出行体验。鼓励不同运输方式间建立票务清算平台和清算机制，推动实现"一站购票""一票出行"。

2. 完善客运服务信息化建设

鼓励拓展湖北省道路客运联网售票系统平台扩充服务功能，提供道路客运增值服务；鼓励道路客运企业依托湖北省道路客运联网售票系统平台开展定制客运深度合作。推动道路客运企业与定制客运服务平台开展合作、融合发展。

3. 推进道路应急智能化应用

持续完善跨区域跨行业的道路客运应急处置协作与信息共享机制，及时应对和处理突发事件。进一步提升求救信息接入、救援维修企业调度、救援信息反馈、维修救援企业服务能力和服务质量考评以及机动车配件质量保证和追溯等功能，提高区域性安全监管和应急处理能力。

专栏6　道路客运电子客票建设工程

道路客运电子客票建设工程：利用现有道路客运联网售票系统，加快推进道路客运电子客票应用与普及，实现全省二级及以上汽车客运站和定制客运线路电子客票全覆盖。

（八）构建完善健全的行业治理体系

1. 加强从业人员资格管理

开展大型营运客车驾驶员从业教育，提高驾驶人员综合素质。注重道路客运行业技能人才队伍培养，联合大专院校采取定向、订单组班的方式开展全日制驾驶人学历教育。逐步实现全省营运客车驾驶员从业资格的联网查询，并与公安部门驾驶证管理数据实现共享。加强对驾驶员违章违法的管理，严格依照相关法律法规规定，对机动车驾驶证被公安部门注销或者吊销的，依法吊销其从业资格。

2. 强化车辆安全技术管理

严把车辆准入关，从事道路客运的车辆，必须符合国家、行业相关安全、技术标准，并按照规定的周期和频次进行车辆维护及检测，达到与其经营范围相符合的技术等级。积极探索车辆分类管理制度。严厉打击客车非法改装行为。建立全省联网的道路客运车辆管理和综合性能检测信息平台，实现全省范围的车辆技术管理信息共享。

3. 落实客运站安全管理职责

严格落实汽车客运站"三不进站、六不出站"安全生产管理责任，按照国家、行业的要求，提高反恐防范能力，督促企业落实发车前"五不两确保"承诺，提升乘客安全带佩戴使用意识，从源头上遏制重大事故发生。督促企业加大安全生产经费投入，支持汽车客运站安装监控设备、电子显示设备和危险品检测仪。规范危险品查堵、车辆安全例检、出站检查的工作程序和具体措施，强化客运源头监管。

4. 强化企业生产过程监管

健全完善"双随机"抽查和重点检查相结合的动态监管制度。继续推进营运车辆联网联控工作，利用营运车辆联网联控系统，进一步加强对"两客"（长途客运、包车客运）车辆、农村客运车辆、驾驶员和综合客运场站的全程、实时、动态监控管理。制定并落实充分利用信息化手段切实加强道路旅客运输非法违规运营精准协同治理工作措施，依法打击道路客运非法营运行为。加强道路运输电子证件推广应用，实现省内异地执法信息交换与共享。鼓励道路客运企业与重点营运车辆动态监控服务平台合作，开展专业化、集中化、社会化的营运客车动态监控服务。

5. 强化旅游客运安全管理

强化旅游客运市场准入，加强旅游客运事中事后监管，强化旅游客运信用惩戒。完善旅游客运安全联合监管机制，开展旅游客运安全联合检查，从严查处各类违法违规行为。

第五章　保障措施

（一）加强组织保障

实时跟踪规划实施进度，把握道路客运发展中出现的新情况、新问题，适时调整规划和相关政策，进一步增强规划的指导性。完善省、市、县发改、交通运输、自然资源、财政以及旅游等多个职能部门的协调机制，明确各部门的责任分工，加强沟通、密切配合，共同推进道路客运领域重点任务落实。

（二）做好政策引导

将与国铁网对接的大型综合客运枢纽、与高铁、客专对接的中小型综合客运枢纽纳入城市规划中，并对客运场站提档升级、农村客运站、亭建管养提供政策指导。与相关部门沟通协商，将规划枢纽、场站的新建、改扩建用地纳入国土空间规划总体框架中，预留相当规模的用地，尽量简化用地审批手续。进一步建立健全道路客运行业安全监管工作机制，不断完善应急预案，时刻做好应对突发疫情、汛情等灾害事件的准备，把人员财产损失降到最低限度。

（三）强化行业治理

创新安全监管方式，通过信息化手段推动区域稽查联网联动，利用大数据等信息化手段提高道路客运市场运行监测分析能力。借助"互联网＋监管"等技术多措并举加强监管，建立以道路旅客运输企业质量信誉考核制度和信用监管为核心的新型监管机制，加大对违法失信经营主体的惩戒和定向监管力度，强化客运服务质量服务水平工作的跟踪和阶段性绩效评估。

2022年3月25日

湖北省交通物流发展"十四五"规划

（鄂交发〔2022〕21号）

一、发展基础

（一）发展成就

"十三五"时期，湖北省围绕促进现代物流健康发展，交通物流与产业经济融合发展不断加深，支持实体经济降本增效的能力明显提升，初步形成了衔接互动的发展格局。

1. 交通物流规模不断提高。2016至2019年，全省营运货运量从16.51亿吨增至22.10亿吨，年均增长10.2%；货运周转量从6159.90亿吨公里增至7237.85亿吨公里，年均增长4.11%。2020年，受新冠肺炎疫情影响，营运货运量16.04亿吨，货运周转量5295.68亿吨公里。

2. 物流基础设施日益完善。全省物流通道、物流园区、物流中心组成的交通物流基础设施体系加快建设，截至2020年，共建成以公路货运为主的交通物流枢纽78个，武汉东西湖保税物流中心、武汉阳逻港综合物流园、宜昌东站物流中心、宜昌三峡物流园、襄阳国际陆港物流园、十堰林安综合物流园等大型物流园区稳步运营。宜昌白洋港、鄂州三江港、武汉阳逻港三期、黄石新港二期建成运营，全省港口集装箱通过能力达到502万标箱。大花岭、三江港铁路物流基地、阳逻港区铁水联运一期工程、黄石新港铁路货场等铁路进港的物流枢纽相继建成运营。武汉、宜昌、十堰、襄阳、鄂州入选国家物流枢纽承载城市名单，其中武汉、宜昌港口型物流枢纽获批建设国家物流枢纽，武汉山绿农产品集团获批国家首批骨干冷链物流基地建设。

3. 运输结构调整持续优化。全省三年运输结构调整目标如期完成，推进大宗货物运输"公转铁""公转水"，铁路、水路、公路在综合运输中的比重由2017年的2.01%、19.26%、78.72%优化到2019年的2.91%、20.78%、76.30%，公路平均运距由2017年的185公里下降到2019年的158公里，基本实现水路货运、铁路货运在大宗货物长距离运输作用增强，公路货运在中短途运输及港口、铁路集疏运领域作用显现的目的。武汉阳逻港、武汉粮食物流项目、黄石新港、宜昌白洋港和鄂州三江港5个项目列入全国多式联运示范工程。全省铁水联运量从2015年1.8万吨跃升到2020年750万吨，其中集装箱铁水联运量完成4.98万标箱，是2017年的3倍。

4. 物流网络稳步拓展。武汉至上海江海直达航线实现"天天班"运营，"泸汉台""中国（武汉）—东盟四国"及日韩等近洋集装箱品牌航线进一步巩固，中国武汉至日本关西江海直达航线正式开通。武汉天河国际机场开通货运航线19条，国际货运通航点32个，连通全球五大洲。2016至2020年，中欧班列（武汉）陆续开通经阿拉山口、满洲里、二连浩特、凭祥、霍尔果斯"五线并行"的物流通道，累计发运1664列、14.5万标箱，辐射34个国家、76个城市。

5. 城乡物流水平不断提高。竹山、远安成功入选交通运输部首批城乡交通运输一体化示范县；赤壁、竹山入选交通运输部首批农村物流服务品牌。"十三五"时期全省支持建设了25个省级农村交通物流试点示范项目，通过新改建县级物流中心、乡镇综合运输服务站、村级服务点，基本建成县、乡、村三级物流节点体系。襄阳、十堰通过全国城市绿色货运配送示范验收，黄石、咸宁入选全国第二批示范城市，基本形成"集约、高效、绿色、智能"的城市绿色货运配送体系。邮政快递服务体系加快完善，全面实现村村通邮、乡乡通快递，快递进村率达到77.5%。

6. 新模式新装备广泛推广。甩挂运输态势良好，8个试点项目完成验收，开通试点线路18条，降低单位运输成本15%以上，提高运输效率30%。网络货运平台创新发展，截至2020年，全省共30家网络货运平台企业获得认定。省道路运输四级协同系统、危险货物道路运输电子运单系统、网络货运监管平台上线运行。武汉、黄石先后组建物流标准化联盟，标准托盘使用率、带板运输量、物流装卸效率得到大幅提升。

7. 物流发展环境持续优化。制定出台湖北省交通运输物流基础设施投资补助项目管理制度，截至2020年共落实物流发展专项补助资金4.7亿元，撬动了物流园区投资303亿元。多措并举降低物流成本，"十三五"期累计减免高速公路通行费超300亿元。营商环境持续优化，"放管服"改革持续深入，所有省级交通运输服务审批事项并入省政务服务"一张网"，下放和取消了一批省级职权事项，全面落实货车"三检合一"，开展了"我要开物流公司（货运）"一事联办试点及推广工作。"互联网+监管"不断推进，完成"两客一危"重点营运车辆4G动态监控平台、实现全省"两客一危"及12吨以上重型载货汽车24小时监测服务。

（二）主要问题

"十三五"以来，全省交通物流发展取得了明显成效，基本适应经济社会发展需要。但对标"建成支点、走在前列、谱写新篇"的更高要求，对标"一主引领、两翼驱动、全域协同"的迫切需要，仍存在短板弱项，主要体现在：

一是物流枢纽布局有待进一步优化。全省物流园区规划建设区域间、城乡间发展不平衡；通用型物流园区重复建设且功能单一、多式联运物流园区不足；现有物流园区与铁路、港口、机场等交通基础设施衔接不够，与制造业、商贸业发展联动不充分。

二是物流通道有待进一步完善。公路、铁路进港进园"最后一公里"仍需畅通，铁水运输优势尚未得到充分发挥，对外向型经济的支撑保障能力有待提升。

三是运输结构有待进一步优化调整。全省公路货运量占比仍高于全国平均水平，多式联运试点项目虽多但综合服务水平有待提升，适应现代物流发展的全链条、一体化货运服务能力有待加强。

四是物流企业服务能力有待进一步提高。物流业专业化和现代化水平不高，物流企业规模"小、散、弱"的整体情况没有根本改变。智能化、标准化物流设施设备，现代信息等新技术和新业态、新模式在物流领域的应用不够。

二、形势要求

"十四五"时期，国家处于加快构建新发展格局、推进高质量发展的新阶段，全省经济社会发展对交通物流发展提出了更高要求。

——融入新发展格局，要求加快完善现代交通物流体系

为服务构建以国内大循环为主体、国内国际双循环相互促进的新发展格局，交通运输部印发了《关于服务构建新发展格局的指导意见》，提出要加速完善现代交通物流体系。我省提出将湖北打造成国内大循环重要节点和

国内国际双循环战略链接的重要部署，这要求湖北抢抓机遇，大力推进对外开放大通道建设，有机串联国内和国际两个市场，优化物流空间布局和服务组织方式，加快完善"通道+枢纽+网络"现代交通物流体系，为融入新发展格局提供有力支撑。

——服务交通强国战略，要求推动物流进一步降本增效

中共中央、国务院先后印发了《交通强国建设纲要》《国家综合立体交通网规划纲要》，构建了建设交通强国的顶层设计。湖北作为交通强国建设试点首批省份，区位交通条件优越，发展基础雄厚，承担着示范引领的重要使命。多式联运作为六大试点任务之一，要求发挥综合交通优势，完善多式联运基础设施，提高运输组织效率，降低物流成本，形成一批能复制、可推广的典型成果和经验，推动湖北成为内陆地区物流成本洼地，为交通强国建设提供湖北样板。

——加快建设平安和美丽湖北，要求强化安全绿色发展

《湖北省国民经济和社会发展第十四个五年规划和二〇三五年远景目标纲要》提出建设人与自然和谐共生的美丽湖北、建设更高水平的平安湖北。湖北交通物流发展要围绕"美丽湖北""平安湖北"建设目标，围绕国家力争2030年前实现碳达峰、2060年前实现碳中和的目标，全面推动物流安全发展和绿色发展，加快推进多式联运优化运输结构，推广先进运输组织模式和绿色物流装备，发展全链路绿色物流。把保护人民生命安全摆在首位，守住安全底线思维，强化安全监管，完善应急物流保障体系。

——服务乡村振兴战略，要求提升农村物流服务水平

乡村振兴战略是全面建设社会主义现代化国家的重大历史任务，是新时代"三农"工作的总抓手。为巩固拓展脱贫攻坚成果，全面推进乡村振兴，我省提出坚持农业农村优先发展，这就要求湖北加快推进农产品流通骨干网络建设，加强县乡村三级物流配送体系建设，持续实施"快递进村"工程，加快实施农产品仓储保鲜冷链物流设施建设工程，提升农村物流服务水平。

——顺应新一轮技术产业变革，要求推动交通物流转型升级

新一轮科技革命正在重塑全球经济结构，数字经济发展方兴未艾，依托新一轮技术变革推进交通物流转型升级，是行业发展的大趋势。湖北交通物流要抓住新一轮技术产业变革的历史机遇，推动传统物流基础设施智能化改造，加大物流新基建投资，推广自动化立体库、物流机器人系统、智能分拣系统、识别与感知系统等先进物流技术与装备，推广发展多式联运、甩挂运输、网络货运等新模式、新业态发展，实现交通物流更高质量发展。

三、总体要求

（一）指导思想

以习近平新时代中国特色社会主义思想为指导，全面贯彻党的十九大和十九届历次全会精神，全面落实省委十一届七次、八次、九次、十次全会部署，牢固树立创新、协调、绿色、开放、共享的新发展理念，围绕交通强国战略和"一主引领、两翼驱动、全域协同"的区域发展布局，以"依托大交通发展大物流、汇聚大产业服务新格局"为导向，以深化交通物流"降本、增效、提质"为主线，完善交通物流节点布局，畅通交通物流通道网络，促进交通与物流融合发展，为建设交通强国示范区、打造新时代九省通衢提供有力支撑，更好服务国家战略和区域经济发展，更好融入以国内大循环为主体、国内国际双循环相互促进的新发展格局。

（二）基本原则

市场运作，政府引导。发挥市场在资源配置中的决定性作用，强化物流企业市场主体地位，激发全社会创造力和市场活力，实现要素配置效益最大化和效率最优化。更好发挥政府的引导和推动作用，完善激励和保障政策，做到放活与管好有机结合，创造良好环境。

枢纽集聚，融合发展。强化综合交通体系与现代物流体系融合发展，以货运枢纽（物流园区）为载体，促进各类物流资源集约整合。强化货运枢纽与制造、商贸等产业融合发展，协同推进物流基础设施建设。

内外联动，开放共享。围绕打造国内大循环重要节点和国内国际双循环战略链接，推进大通道大枢纽建设，完善国内国际物流通道，强化交通物流枢纽功能，实现国内与国际市场的高效衔接，支撑产业经济高质量发展。

创新驱动，转型升级。坚持发挥创新在交通物流高质量发展中的引领作用，推动技术创新、业态创新和模式创新，推动物流由依靠传统要素驱动向更加注重创新驱动转变，由追求规模向更加注重质量效益转变，提升运行效率和服务质量。

安全发展，绿色低碳。牢固树立安全发展理念，扎实推进安全生产工作系统化、规范化和标准化建设。践行"两山"理论，推进绿色低碳发展，推进运输结构调整，推广高效清洁运输装备、绿色包装、绿色仓储等，助力实现碳达峰、碳中和。

（三）发展目标

到2025年，围绕建设"两中心两枢纽一基地"（武汉长江中游航运中心、全国铁路路网中心、全国高速公路网重要枢纽、全国重要航空门户枢纽、全国重要物流基地）目标，实现四个高效衔接（各种运输方式高效衔接，干线货运与支线配送高效衔接，国内货运与国际货运高效衔接，农村货运与城市货运高效衔接），基本形成布局合理、内畅外联、高效经济、智慧绿色、安全有序的现代交通物流服务体系。

——布局合理。全省交通物流枢纽布局更完善，与产业园区、交通枢纽一体协同发展，各种运输方式衔接更加顺畅。新建货运枢纽（物流园区、中心）40个，多式联运得到较大发展，创建国家级多式联运示范工程7个、省级多式联运示范工程12个，打造8个以上国家农村物流服务品牌，争创8个农村客货邮融合发展样板县。

——内畅外联。全省铁水公空"四港联动"的物流通道网络建设取得

新突破，依托航空、高铁，融入"全球123快货物流圈"；中部陆海大通道基本成型，江海联运通道巩固优化，港口集装箱吞吐量达到500万标箱。省内主要港口铁路集疏运"最后一公里"全覆盖，150万吨以上大型工矿企业铁路专用线接入比例达到90%以上。具备条件的建制村快递服务通达率达到100%。

——高效经济。货运服务效率进一步提升，铁、水货运量占比稳步上升，集装箱铁水联运量年均增长率力争达到15%，成为中部地区物流成本"洼地"；道路货运物流服务能力进一步增强，网络货运模式加速推广，运输空驶率明显下降。

——智慧绿色。现代信息技术与物流业发展深度融合，无人车、无人机、无人仓等智能化设施设备加速推广，重点领域北斗系统应用率达到99%；绿色环保运输模式得到大力发展，绿色货运配送示范城市力争达到5个以上，交通运输二氧化碳排放强度下降5%。

——安全有序。全省交通物流安全防、管、控能力明显提高，安全应急保障体系不断完善，应急物流调配能力大幅提升，安全生产事故发生率进一步降低，道路货运安全行车事故死亡人数下降20%。

四、主要任务

（一）加快交通物流节点建设

推动货运枢纽（物流园区）建设。积极支持建设一批具备公路、铁路、水运、航空等两种及以上对外运方式，为国际性或区域性货物提供大批量货物集聚、辐射、转运、联运等服务的多式联运型货运枢纽。积极支持建设一批具备公共物流服务功能，提供货物快速集散、中转分拨和高效配送，提高干支衔接效率和组织化水平，实现网络化、规模化、专业化运输的通用集散型货运枢纽。支持建设一批位于国家级或省级经济开发区、自由贸易区、综合保税区、电子商务综合试验区、重点口岸附近的口岸服务型货运枢纽。支持完善农村交通物流服务三级网络体系，建设和改造一批县级物流中心、乡镇综合运输服务站和村级物流节点。

提升货运枢纽（物流园区）服务效能。加大存量资源整合优化力度，推动国家物流枢纽与货运枢纽（物流园区）统筹规划建设，促进物流设施集约化和物流运作协同化。鼓励传统货运站场改造升级，提供多式联运、配送、仓储、转运、保税、信息等全程物流服务，使其成为集物流中心、配送中心、交易中心、信息中心等功能于一体的现代综合货运枢纽。推动港产城融合发展，推动临空经济、临港经济、临站经济等发展。

专栏4-1　货运枢纽（物流园区）建设工程

加快推进汉欧国际物流园、汉口北国际多式联运物流港、荆州煤炭储备基地、国家粮食现代物流核心枢纽、宜昌三峡（茅坪）货运中心、宜昌云池港铁水联运物流园、襄阳国际陆港多式联运中心、鄂州长江现代物流园、十堰生产服务型国家物流枢纽、黄石新港多式联运物流园等货运枢纽建设。

（二）畅通交通物流通道网络

畅通国内多向辐射干线通道。围绕"五纵四横"综合交通运输大通道，形成与城镇发展轴和重要产业带有机衔接、沟通周边城市群和各大经济区的公水铁空综合运输通道布局。巩固优化省内水运网络，深入推进全省港口资源整合，大力发展省内沿江捎带、水水中转，巩固提升湖北至长江沿线城市水运航线，畅通与大运河水系航运通道。拓展铁路货运通道，开通、加密至中西部主要城市、沿江主要城市、沿海港口城市、边境口岸城市的铁路货运班列和铁海联运班列，积极发展铁路重载直达、班列直达、高铁快运等先进运输组织模式。

构建中部国际陆海物流大通道。依托京九铁路、京广铁路、焦柳铁路、汉丹铁路、武九铁路以及京港澳高速公路、大广高速公路、沪蓉高速公路、沪渝高速公路、福银高速公路等铁路、高速公路运输大通道，构建向北连接俄罗斯、向南连接东南亚、向西连接欧洲的国际陆路运输通道。依托长江航道，提升"武汉—洋山港"江海直达集装箱品牌航线，巩固"泸汉台"集装箱快班、"武汉—上海—台湾"等集装箱江海联运航线，持续发展"中国（武汉）—日本"江海直航集装箱班轮航线，培育"中国（武汉/黄石）—韩国"集装箱江海直航航线，构建向东出海的国际水运通道。强化省内铁路枢纽、港口枢纽和沿海港口衔接，构建东北亚经湖北中转至欧洲的国际海铁联运通道和湖北经沿海中转辐射全球的国际铁海联运通道。

（三）优化交通物流组织模式

推动多式联运高质量发展。做优做强多式联运集疏运体系，着力推进主要港口核心港区的疏港铁路、公路建设，加强机场、铁路站场等集疏运道路建设，完善物流园区、大型产业园区进港铁路建设，有效解决"最后一公里"问题，实现港内铁路和码头作业区的无缝衔接、重要港口二级及以上公路高效联通，年货运量150万吨及以上的大型工矿企业和新建物流园区铁路进场率（进园率）达到90%。推动铁水、公铁、陆空、公水、空铁等多式联运发展，壮大国家多式联运示范工程，积极培育省级示范项目，争创7个以上国家级、12个以上省级多式联运示范工程，开通湖北至国内及欧洲、东盟、东南亚等地国际多式联运精品线路。提升多式联运协同水平，建设多式联运信息平台，在信息共享、供应链服务、"一单制"管理等方面取得突破。

专栏4-2　多式联运高质量发展行动

全力推进多式联运高质量发展，建成7个以上国家级、12个以上省级多式联运示范工程，培育20条以上多式联运精品线路，形成可复制、可推广的经验。

创新道路货运组织模式。鼓励提供优质干线运力服务的大车队模式创新发展，创新货运组织方式，提升集疏运效率和质量。广泛推广网络化、企业联盟、干支衔接等甩挂运输模式，支持创新货车租赁、挂车共享、集装单元化等模式。推动网络货运健康发展,规范网络货运企业经营行为,积极培育网络货运头部企业。推动冷链运输等专业化运输组织模式发展,鼓励基于跨境生鲜贸易的多式联运冷链运输。推动建立道路货运分类分级体系,完善动态监测分析体系,有效引导市场供需平衡,加快化解过剩产能。

提升城乡配送组织水平。推动城市配送规范高效发展,继续开展城市绿色货运配送示范工程。推动落实新能源或清洁能源车辆便利通行政策。创新城市配送组织模式,引导配送需求大、配送频次多、商品种类适宜的商贸企业与配送企业合作开展夜间配送、分时段配送、集中配送等多种形式的集约化配送。创新农村物流运作模式,引导物流运输企业与大型商超、农产品批发市场、农民专业合作社、专业大户、家庭农场等建立稳定的业务合作关系,发展产运销一体化的物流供应链服务。推进交货邮融合发展,推动运输和邮政、快递融合,探索农村客运小件带货。支持发展城乡共同配送联盟,促进县(市)、镇物流中心与大型枢纽物流园区信息互通、资源共享。

专栏4-3 城乡物流网络建设工程

(1)城市绿色货运配送示范工程。

推进城市配送组织模式服务与创新,鼓励和推广新能源城市配送车在城市配送领域应用,努力提高城市配送绿色化、信息化水平,创建5个以上国家绿色货运配送示范城市项目。

(2)农村物流服务创建工程。

鼓励各地因地制宜推动客货邮融合发展,争创客货邮融合发展样板县。支持基础较好的农村物流企业申报全国农村物流服务品牌,推动农村物流高质量发展。完善县乡村三级农村物流节点体系,继续创建一批省级农村交通物流试点示范项目。

(四)提升智慧物流发展水平

加快交通物流公共服务平台建设。加强交通物流基础数据库建设,支持武汉、襄阳、宜昌等有条件的市州建设交通物流数据平台。推动全省危险货物道路运输安全监管系统、危化码头港口智能监管平台建设,提升危化品物流服务能力。推动省网络货运信息监测系统建设,提升网络货运规范发展水平。支持有条件的市州建设多式联运公共信息平台,实现铁路、公路、水路等货运信息共享。鼓励有条件的市州建设城市绿色货运配送信息平台、农村物流信息平台。

鼓励物流企业信息化建设。以5G网络、大数据、人工智能等为载体,引导货运枢纽(物流园区)、货运企业提高信息化、智能化水平,开发应用内部信息管理系统,推进全程透明可视化管理,实现企业内部管理优化和服务升级。鼓励物流园区和龙头物流企业搭建面向中小物流企业的信息服务平台,推动实现多种运输方式间信息互联与共享,促进货源、车源和物流服务等信息的高效匹配。鼓励交通物流企业信息平台与省公路运输市场信用信息服务系统和国家交通物流公共信息平台的对接,构建通联各地、覆盖全省、线上线下一体的物流云平台。

(五)推广绿色物流发展方式

推广应用绿色物流装备。推进货运车辆向标准化、箱式化、专业化、轻量化发展,积极发展符合国家标准的中置轴汽车列车、箱式半挂车,推广应用冷藏、散装、液罐等专用车型,加快轻型化挂车推广应用。推广应用标准化运载单元,推动专用铁路平车、53尺内陆集装箱、空陆联运标准集装器的研发应用。推广新能源汽车,推广纯电动汽车、插电式混合动力汽车、非插电式混合动力汽车,因地制宜发展LNG汽车、CNG汽车和燃料电池汽车等替代燃料汽车。加快货运车辆适用的LNG加气站、充电桩、岸电设施等配套基础设施建设。

引导货运枢纽(物流园区)绿色化发展。引导物流企业集约化利用土地。引导物流园区推广使用太阳能、风力发电照明装置。引导物流园区开展集中配送、共同配送,提高配送车辆实载率。引导仓储物流企业采用标准货架与托盘共用系统,实现货架的循环使用,增加企业效益。鼓励企业采用以LNG、电动等清洁能源和新能源为动力的节能环保型转运设备,降低仓库室内排放污染。

(六)完善应急物流体系构建

建设应急物资储备设施。依托货运枢纽(物流园区)布局建设一批应急物流基地和应急物流转运场站。整合优化存量应急设施,推动既有物流设施嵌入应急功能,推进各类物资储备设施和应急物流设施在布局、功能、运行等方面的匹配和衔接。提升应急物流设施、设备的标准化和现代化水平,实现应急物资高效送达。

完善应急物资运输体系。健全完善交通运输应急预案体系,在重大灾害、疫情、安全等突发事件管理中,强化与应急管理、气象等部门合作,建立健全交通运输突发事件应急处置跨区域、跨部门、跨行业联动机制。健全与常态化疫情防控相适应的交通畅通和管控机制。建立运力征用补偿机制,切实保护被征用运力企业的合法权益和参与应急保障的积极性,形成应急运输保障的长效机制。发挥应急物流企业主力军作用,制定应急物流保障重点企业名录,建立高效响应的运力调度机制。支持行业协会及公益组织、志愿团体等共同建立应急物流联盟。推进应急物资包装、设施设备标准化,提升运输效率。

(七)推动物流企业做大做强

培育壮大本土企业。引导传统物流企业扩大经营规模和服务范围,向多式联运经营人、综合物流服务商、供应链服务型企业转型。鼓励物流企业通过参股控股、兼并重组、协作联盟等方式整合,培育一批技术水平先进、主营业务突出、核心竞争力强的大型现代物流企业集团。推动本土物流企业不断扩展服务网络和服务功能,加强对外交流合作,逐步由本土型企业向区域型、全国型、国际型企业发展。加强对网络货运、冷链运输等领域企业的引导与支持,培育一批全国领先的科技型、专业型交通物流企业。

引进外地龙头企业。瞄准"五类500强"、全球物流100强,在湖北设立区域总部或功能性总部,建设面向大区域的转运、分拨基地。抢抓非首都功能疏解机遇，积极承接央企物流在湖北设立物流总部。加大对大型国际物流企业招商引资力度，推动形成一支品牌效应突出、业务优势明显的国际物流队伍。发挥龙头企业的引领带动作用，推进物流产业集聚发展。

五、保障措施

（一）加强组织实施

加强对规划实施情况的跟踪分析和监督检查，确保规划落到实处。建立重大交通物流项目跟踪服务机制，适时开展规划中期评估。加强跨地区、跨行业、跨部门协调合作，推动交通物流在不同地区间、不同行业间、不同部门间的合作交流与融合发展。

（二）完善政策支持

争取国家关于交通物流发展的支持政策，突出省级物流发展资金的引导作用，支持货运枢纽（物流园区）和农村交通物流等交通运输物流基础设施建设。强化要素保障，加强与各级国土空间规划衔接，做好重要通道和重大项目的空间预控。支持交通运输枢纽综合立体开发和骨干通道沿线土地物流功能开发。推动各银行业金融机构持续加大对交通物流行业的信贷投放力度，支持符合条件的物流企业通过上市、发行企业债券、企业并购方式等方式募集资金，鼓励物流基础设施领域不动产投资信托基金（REITs）试点。

（三）加强队伍建设

加强物流行业管理队伍教育培训，统筹利用业务培训班、科技大讲堂、网络在线教育等培训平台，提高交通物流行业管理队伍素质和能力。深化校企合作，加强物流从业人员职业技能培训提升，发挥行业协会在技能培训中的作用，促进技术技能人才培养质量提升。持续开展"最美货车司机"评选，提升从业人员职业归属感和荣誉感。发挥基层党组织战斗堡垒作用和党员司机先锋模范作用，推进道路货运领域党的建设试点工作。

（四）优化营商环境

深化物流领域"放管服"改革，简化物流企业行政审批手续，推动物流领域资质证照电子化和"一网通办"。推广"我要开物流公司（货运）"一事联办。加强物流领域收费行为监管，全面推广高速公路差异化收费。认真落实鲜活农产品运输"绿色通道"政策，切实降低农产品流通成本。加强物流行业安全建设，严格落实企业主体责任。推进物流行业信用体系建设，规范物流企业诚信考核工作，建立信息发布机制。

（五）加强统计监测

提高交通物流统计工作水平，强化统计人员培训，完善交通物流数据采集方式，提高数据质量。加强对多式联运、城市绿色货运配送、货运枢纽、农村物流等重点领域的运行监测，定期跟踪样本企业经营情况，适时调整规划和相关政策。

2022年3月25日

湖北省农村公路养护评价管理办法（试行）

（鄂交发〔2021〕75号）

第一章 总 则

第一条 为进一步推进农村公路管养体制改革，完善农村公路养护体系，强化农村公路养护资金使用管理，提升农村公路养护水平，根据交通运输部《农村公路养护管理办法》《公路技术状况评定标准》和《湖北省深化农村公路管理养护体制改革实施方案》《湖北省交通运输领域省与市县财政事权和支出责任划分改革实施方案》等相关规章和规范性文件要求，结合我省实际，制定本办法。

第二条 本办法适用的评价对象为各县（市、区），评价范围为纳入统计年报的县道、乡道、村道。

第三条 省交通运输厅负责全省农村公路养护评价工作，委托省公路局（公路事业发展中心）具体实施评价工作。

各市州、县（市、区）具体负责本辖区农村公路养护评价工作。

第二章 评价内容

第四条 农村公路养护评价内容主要包括公路路况检测评定和养护管理工作评价等两个方面。其中：公路路况检测评定占比70%，养护管理工作评价占比30%。

第五条 公路路况检测评定，具体包括：

（一）路面技术状况。对路面平整度、路面破损率、路面车辙（仅适用一级公路）等指标进行检测，综合得出路面PQI值。

（二）路基技术状况。对公路路肩、边坡、排水设施等指标进行检查、检测。

（三）公路设施技术状况。对公路沿线防护设施、标志标线等进行检查、检测。

第六条 养护管理工作评价，具体包括：

（一）养护管理体系的建立情况：是否建立县、乡、村三级养护管理队伍，养护人员及管理经费是否纳入财政预算。

（二）养护制度的建立情况：是否制定农村公路养护管理办法，是否全面推行农村公路"路长制"，是否制定乡规民约、村规民约；是否建立养护评价机制。

（三）养护资金管理情况。省级农村公路养护资金的使用情况；市、县农村公路养护资金按"1525"标准（即县道10000元/年/公里、乡道5000元/年/公里、村道2500元/年/公里）到位和使用情况。

（四）养护工程和日常养护情况：是否按要求实施农村公路预防性养护和大中修等养护工程；是否按要求实施危桥改造、安防工程、灾后恢复等专项养护工程；日常养护是否到位。

（五）示范创建情况。各地"四好农村路"示范县、示范乡镇创建情况，管理创新情况。

第三章 评价方式

第七条 省交通运输厅每年组织一次全省农村公路养护评价，各市（州）、县（市、区）交通运输部门可结合实际制定本地区农村公路养护评价方案并组织实施。

第八条 农村公路路况检测按照"县级普检、市级复检、省级抽检"的方式开展，原则上应采用多功能快速检测设备进行检测。其中：

（一）县（市、区）交通运输部门要每年组织开展农村公路技术状况检测评定，确保县、乡道每3年覆盖一次、村道每5年覆盖一次。

（二）市（州）交通运输部门对县（市、区）检测结果按30%比例进行复核。

（三）省公路事业发展中心每年按20%的比例对全省每个县（市、区）的县、乡道进行抽检，确保五年全覆盖；对村道的抽检比例每年不少于10%。

（四）省交通运输厅每年按3%~5%的比例（不少于10000公里）分类分县市随机进行抽检。

各单位路况检测工作应于每年12月底前完成。

第九条 农村公路路况检测可委托第三方检测单位实施。第三方检测单位应严格遵守相关法律法规，按照技术规范和合同约定开展检测工作，建立检测数据抽验机制，确保检测客观、公正、科学、精准。

第十条 养护管理工作评价采取查阅上报资料，并结合现场调研的方式进行。

第十一条 各县（市、区）交通运输部门应于每年1月10日前将本辖区内上一年度农村公路路况评定结果（含检测项目明细）及养护管理工作评价等方面资料上报市（州）交通运输部门，市（州）交通运输部门审核汇总后于1月底前将复核结果上报省交通运输厅。省交通运输厅根据上报资料、结合路况抽检及现场调研情况，按照《湖北省农村公路养护评价评分表》（详见附表）进行评分、排名。

第十二条 获得"四好农村路"全国和省级示范县、示范乡镇称号，农村公路养护管理工作获得部、省表彰，相关工作经验获得部、省推广的可给予加分。对省级以上通报批评、农村公路养护发生较大以上安全责任事故或安全隐患未按规定及时处理造成重大影响的予以扣分，并取消当年评价奖励资格。

第四章 评价结果应用

第十三条 全省农村公路养护评价结果与农村公路养护省级补助资金的分配挂钩，省交通运输厅根据上一年度评价结果分配下一年度农村公路养护省级补助资金，并实行奖优罚劣。

第十四条 农村公路养护省级补助资金分两部分分配：第一部分采取"因素法"，根据各地农村公路规模总量等因素，对省级补助资金总额的90%进行分配，并按财政统一要求提前下达；第二部分采取"绩效法"，根据上一年度农村公路养护评价结果，对省级补助资金总额的10%进行分配。第二部分资金在预算下达后30日内拨付。

第十五条 第二部分省级补助资金先按照因素法，根据各地农村公路养护规模计算各县（市、区）应分配资金数额；再根据各县（市、区）农村公路养护评价排名，进行奖优罚劣：其中：

（一）对排名最后10位的县（市、区）：第二部分省级补助资金全额扣减。

（二）对排名前10位的县市区：按扣减总额进行均额奖励。分配数额 = 应分配资金数额 + 奖励资金数额。

（三）其他县（市、区）：按照应分配资金数额进行分配下达。

第五章 附 则

第十六条 市（州）交通运输主管部门可参照本办法制定本辖区的农村公路养护评价办法，督促各县（市、区）落实农村公路养护主体责任。

第十七条 本规定自发布之日起施行，由省交通运输厅负责解释。

2021年4月6日

湖北省交通强国建设试点实施方案

（鄂交发〔2021〕77号）

为贯彻落实《交通强国建设纲要》，加快建设交通强国先行先试的示范样板，根据《交通运输部关于湖北省开展现代内河航运建设等交通强国试点工作的意见》，制定以下方案：

一、试点基础

湖北位于长江中游、中部之中，地处"一带一路"的联结地带发展，是长江经济带发展、推动中部崛起、长江中游城市群发展等国家重大战略叠加区域，具有承东启西、接南纳北、得中独厚、得水独优的区位和资源优势。"中部通，则全国通"，湖北交通运输发展关乎中部、影响全国，承担交通强国建设试点工作具有全局性战略意义。

湖北是全国少有的铁、公、水、空等运输方式集聚、均衡发展的省份，坐拥长江黄金水道资源，在发挥比较优势、提高整体效率方面具有巨大潜力。经过多年的发展，全省综合运输通道逐步完善，交通枢纽地位日益凸显，公路总里程、内河高等级航道里程等指标位居全国前列，具备推进交通强国建设试点工作的良好基础。

习近平总书记多次视察湖北，都对湖北发展提出了明确要求。交通是湖北发展的关键支撑。为推动国家战略在湖北的落实，交通运输部和省委、省政府提出抓住机遇，先行先试，共建交通强国示范区。经过多轮会谈，部省就在现代内河航运、"四好农村路"、智慧交通、交通运输领域信用体系建设、投融资体制改革、多式联运等方面探索湖北经验，达成了共识、明确了任务、确定了路径。

湖北被国家列入交通强国建设首批试点省份，是历史的机遇、国家的重托、湖北的使命。湖北在交通领域有必要、有基础、有条件先行先试，在相关领域为交通强国建设开启湖北实践、贡献湖北智慧。

二、总体要求

（一）指导思想

以习近平新时代中国特色社会主义思想为指导，深入贯彻党的十九大和十九届二中、三中、四中全会精神，扎实落实《交通强国建设纲要》，对标全国先进，体现时代特征，突出湖北特色，对接国家和省重大战略需求，顺应人民对美好生活的向往，以打造"四个一流"为目标，加快构建安全、便捷、高效、绿色、经济的现代化综合交通运输体系，在设施、技术、管理、服务领域先行先试，形成一批能复制、可推广的典型成果和经验，建设交通强国示范区，打造新时代九省通衢，为全面推进交通强国建设当好先行。

（二）工作原则

——服务战略、统筹推进。服务国家和省重大战略实施，服务区域经济社会发展和民生改善，落实国家和省对湖北交通发展的要求，坚持目标导向，统筹部署，分类推进，以试点领域的突破性发展，更好发挥交通战略性、基础性和先导性作用。

——发挥优势、突出特色。立足湖北区位资源禀赋、综合交通的基础条件和整体优势，坚持问题导向，聚焦试点领域的重大短板和关键不足，以点带面，先行先试，推动湖北交通优势，更快地转化为发展胜势。

——近远结合、滚动实施。围绕交通强国建设湖北省试点任务，分批次选定试点项目，分阶段明确发展目标、重点任务，确保各项试点工作在思路、重点、进度上协调有序，及时总结经验，循序渐进，滚动实施。

——深化改革、创新引领。坚持把改革摆在突出位置，努力破解交通发展深层次矛盾，正确处理政府和市场的关系，充分发挥市场在资源配置中的决定性作用。坚持创新引领，加快先进技术的集成创新与应用，引领和推动行业转型升级。

——多方协同、形成合力。省级主管部门加强部省衔接，强化部门协同，市县政府和实施单位立足发展实际，有针对性地开展试点工作，鼓励有条件的地方和单位在各试点领域先行先试，鼓励地方企业、科研单位参与，充分发挥各方积极性和主动性。

（三）总体目标

拟通过1~2年时间，取得试点任务的阶段性成果，用3~5年时间取得相对完善的系统性成果，力争在现代内河航运、"四好农村路"、智慧交通、交通运输领域信用体系建设、投融资体制改革、多式联运等方面，形成一批可复制、可推广的先进经验和典型成果，在交通强国建设试点领域实现率先突破。

三、试点任务

综合考量湖北综合交通运输发展的基础条件和存在问题，围绕服务国家战略在湖北落地和湖北高质量发展等方面的要求，落实交通运输部对交通强国试点实施的统一部署，我省将在以下六个方面先行先试：

（一）现代内河航运建设

充分发挥水运比较优势，畅通运输通道，强化服务功能，推动转型发展，以打造高效绿色内河航道、打造环保智慧特色港口、建设现代化船舶为重点，加快形成通江达海、辐射中部、面向全国，具有国际影响力的现代化内河航运中心，湖北水运资源的禀赋优势初步转化为市场竞争优势，为沿江产业优化布局和转型升级提供强有力支撑。力争在内河航运高质量发展、发挥长江黄金水道优势、船舶靠港使用岸电等方面取得突破性进展，形成一批先进经验和典型成果。

（二）"四好农村路"建设

服务乡村振兴战略，探索农村公路建养管运协调、可持续发展机制和模式，以建设覆盖广泛的基础网、建立运转高效的治理体系、建立权责清晰齐抓共管的养护体系、建设城乡一体服务均等的客货运输体系、深化创新示范体系为重点，加快形成具有湖北特色的高质量"四好农村路"路网体系、管养体系、运输服务体系，对乡村振兴战略的支撑显著增强。力争在农村公路建管养运体制等方面取得突破性进展，形成一批先进经验和典型成果。

（三）智慧交通建设

着眼设施网络的智能化改造，服务设施运营、民众出行、资源整合应用，以打造省级综合交通运输信息平台、构建智慧公交体系、建设智慧地铁体系、打造智慧机场为重点，加快构建数字化的采集体系、网络化的传输体系、智能化的应用体系，创新驱动成为交通运输高质量发展标志，民众的获得感明显增强。力争在智慧公交、地铁、机场建设等方面取得突破性进展，形成一批先进经验和典型成果。

（四）交通运输领域信用体系建设

着眼建立公平开放的市场体系，聚焦信用体系建设，以创新市场主体准入环节信用监管、强化市场主体履约环节信用监管、构建市场主体信用激励约束制度、构建涵盖建管养运的"互联网＋监管"机制为重点，加快形成较为完善的交通运输领域信用体系，信用信息共享大幅提升，"互联网＋监管"广泛应用，营商环境进一步优化。力争在信用信息共享等方面取得突破性进展，形成一批先进经验和典型成果。

(五）交通运输投融资体制改革

着眼缓解资金要素制约，以改革和创新为导向，以推进全省交通运输领域地方财政事权与支出责任划分改革、发行和使用长期地方债券、有序推进政府与社会资本合作模式、探索政企合作新模式、规范融资渠道和行为为重点，探索形成一系列有利于湖北交通高质量发展的投融资政策和投融资模式，资金制约得到有效缓解，风险防范能力显著增强。力争在长期地方债券使用和发行等方面取得突破性进展，形成一批先进经验和典型成果。

（六）多式联运创新发展

服务区域产业转移和转型升级，充分发挥湖北综合交通整体优势，以推进各方式基础设施互联互通、优化运输组织模式、推动多式联运创新发展为重点，形成铁水、公铁、陆空、空铁联运等多种形式的多式联运体系，覆盖欧洲、中亚、日韩、东盟、南美、北美地区的全球多式联运网络，湖北成为内陆地区的物流成本"洼地"。力争在内陆地区多式联运中心建设等方面取得突破性进展，形成一批先进经验和典型成果。

四、保障措施

（一）强化组织领导

争取省委、省政府出台贯彻落实《交通强国建设纲要》的实施意见，明确目标责任。在省级层面建立交通强国试点建设联席会议制度，明确任务分工，统筹推进湖北省交通强国建设试点工作，及时协调解决试点中出现的重大问题。协调市县政府把交通强国示范区建设放在重要位置，细化目标任务，推动试点任务的落实。建立健全省市上下联动、部门合力推进的工作机制，充分发挥试点实施主体的积极性，推动试点工作取得实效。

（二）强化责任落实

协调各相关市县政府和实施单位负责具体试点任务的落地实施。争取省政府将交通强国试点工作纳入相关市州政府和实施主体目标责任考核范围。省交通运输厅成立各试点领域工作专班，根据试点工作方案，组织协调各相关市县和实施单位，推进具体试点任务按既定目标和进度落实。省直相关部门加强改革创新，从制度上、政策上加大支持和保障力度。

（三）强化政策支持

加强部省衔接，争取更多的项目、资金、技术向我省试点任务倾斜。落实各级财政事权和支出责任，加大地方各级财政资金投入，创新行业投融资政策，引导社会资本参与交通发展，构建多元化资金保障体系。加强与自然资源、生态环境等部门衔接协调，破解关键要素制约难题。对符合条件的试点项目，优先纳入交通规划，优先予以政策支持。争取省政府支持，整合设立交通强国建设试点工作专项资金，制定完善配套政策措施，对试点项目予以奖励支持。

（四）强化经验推广

加强跟踪、督办和总结，健全信息报送机制，及时向部省上报试点工作中出现的重大问题以及取得的阶段性成果、成功经验模式，多方式、多渠道开展交通强国湖北试点建设的宣传，营造良好氛围。加强对试点工作的跟踪评估，采取多种形式，在有条件的地区加强试点工作成功经验的推广，逐步实现以点带面、整体发展。

2021年4月7日

湖北省普通国省道日常养护管理办法

（鄂交发〔2021〕208号）

第一章 总　则

第一条　为加强和规范普通国省道日常养护管理工作，提高管理水平、服务质量和资金使用效益，根据《中华人民共和国公路法》《公路安全保护条例》等法律法规，结合我省实际，制定本办法。

第二条　本办法所称普通国省道是指纳入交通运输部公路统计年报、除收费公路以外的普通国道和省道。

第三条　本办法所称日常养护是指对普通国省道及其附属设施进行日常养护检查、经常性保养维护（含轻微损坏修补）及综合管理等工作。

第四条　普通国省道日常养护管理应遵循"统一领导、分级负责、管理规范、优质高效、绿色安全"的原则。

第二章　管理职责

第五条　省交通运输厅主管全省普通国省道日常养护管理工作，具体负责普通国省道日常养护政策、规范、标准的制定，省级补助资金的筹集、分配以及管理评价工作。

省公路事业发展中心受省交通运输厅委托，负责全省普通国省道日常养护行业管理事务性工作，组织实施普通国省道日常养护监督检查、管理评价等工作。

第六条　市州交通运输局负责本行政区域内普通国省道日常养护的监督、评价等相关工作。

市州公路机构具体组织实施本行政区域内普通国省道日常养护的督办、指导、服务及评价等工作。

第七条　县级交通运输局及其公路机构负责组织实施本行政区域内普通国省道的日常养护，包括日常养护计划下达、养护评价、资金使用和监管，组织养护单位（养护管理站、道班、养护中心等）实施日常养护等工作。

第三章　养护检查

第八条　日常养护检查包括公路巡查，桥梁、涵洞、隧道经常性检查等，通过检查及时掌握和收集公路路况信息、发现公路损坏、污染及其他影响正常通行的情况，并采取相应措施，确保公路安全畅通。

第九条 公路巡查是指对普通国省道及其附属设施整洁、完好及安全性的巡查。

公路巡查由县级公路机构及养护单位负责，县级公路机构公路巡查每月不少于一次；养护单位公路巡查应确保日间巡查每天不少于一次，夜间巡查每周不少于一次。

第十条 桥涵经常性检查由县级公路机构按照《公路桥涵养护规范》和《湖北省普通公路桥梁养护管理办法》有关要求组织实施，桥梁检查每月不得少于一次、涵洞检查每季度不得少于一次。

第十一条 隧道经常性检查由县级公路机构按照《公路隧道养护技术规范》有关要求组织实施，每月不得少于一次。

第四章 保养维护

第十二条 普通国省道经常性保养维护包括对路基、路面、桥涵、隧道、交通安全设施、服务设施、公路绿化等日常保养维护及轻微修补，使其经常保持良好技术状态。

普通国省道经常性保养维护由养护单位负责。

第十三条 养护单位应当加强路基保养维护，及时处置路肩病害、清理边沟和路基杂物，保持边坡稳定，排水通畅，维护好挡土墙等附属设施。

第十四条 养护单位应当加强路面保养维护，及时清扫路面，保持路面整洁；对路面小型坑槽、裂缝等轻微病害和小型塌方要及时处置。

第十五条 养护单位应当加强桥梁保养维护，保持桥梁外观整洁，桥面铺装完好；保障排水设施畅通，桥头顺适；维护好伸缩缝、支座、护墙、栏杆、标志、标线等设施；及时清理桥下空间及涵洞内的杂物，确保干净整洁、涵底铺砌完整、排水通畅；保障桥墩基础无明显严重冲刷。

第十六条 养护单位应当加强隧道保养维护，保持隧道外观整洁、路面平整；保障隧道内标志标线清晰醒目，排水系统良好；维护好隧道内照明、通风、消防等设施正常运行；确保隧道内无明显开裂、渗水等。

第十七条 养护单位应当加强交通安全设施保养维护，及时维修和更换损坏部件，经常性保持完整、齐全、整洁和良好状态。

第十八条 养护单位应当加强服务设施保养维护，保持场地内道路完好、整洁、安全、畅通；确保公厕、服务区、停车区等各类设施完好，各类标志标线有效，周围交通指引等标识标牌清晰、有效、齐全、醒目。

第十九条 养护单位应当加强公路绿化保养维护，及时浇水、除草、松土、施肥、修剪、整形、扶正、防治病虫害、路树刷白等，保持绿化美观。

第五章 综合管理

第二十条 普通国省道日常养护综合管理工作包括养护管理制度的制定和落实、内业管理、机械设备管理、安全管理、信息报送、交通情况调查、职工培训、督办问题整改落实等养护管理工作所涉及的相关记录、档案的归集、整理、上报等。

普通国省道日常养护综合管理工作由县级公路机构和养护单位负责。

第二十一条 县级公路机构和养护单位应当建立健全国省道日常养护管理、日常巡查、考核评价、信息报送、安全生产等相关制度，并落实到位。

第二十二条 县级公路机构和养护单位应当严格按照相关规定将管理制度、图表等规范上墙；规范填写工作记录本、技术档案等，并存档齐全；及时准确填报、更新相关信息系统数据；合理布局站场，统一行业标识，保障庭院干净整洁。

第二十三条 养护单位应当及时更新机械设备，认真做好设备管护工作，规范记录设备使用情况。

第二十四条 养护单位应当严格按照《公路养护安全作业规程》(JTG H30—2015)的相关规定实施养护作业，保障养护作业人员及过往车辆安全；县级公路机构和养护单位应当强化日常养护人员岗前、班前安全教育和安全作业规程培训。

第二十五条 县级公路机构和养护单位应当加强信息报送工作，及时、准确上报日常养护管理工作相关资料；做好路况信息收集、报告和发布，实现多种方式向公众发布和提供路况信息。

第二十六条 县级公路机构和养护单位应当认真开展辖区内交通情况调查工作，维护好交调站点及设备。

第二十七条 县级公路机构和养护单位应当每年定期组织开展职工技术培训；积极参加上级交通部门组织开展的各类技术培训、技术交流、技术竞赛等活动。

第二十八条 县级公路机构和养护单位应当经常性开展隐患排查，按时保质完成部、省养护督办项目的整改落实工作。

第六章 资金管理

第二十九条 普通国省道日常养护资金的筹集和使用应当坚持"依法筹资、统筹安排、专款专用、强化监管、绩效考核"的原则，建立健全以公共财政投入为主的普通国省道日常养护资金保障机制。

第三十条 省级补助资金由中央成品油价格和税费改革转移支付资金保障。

地方配套资金由县(市、区)人民政府根据实际需求筹集财政性资金或其他专项资金兜底保障。

第三十一条 省级补助资金由路基路面日常养护资金、桥隧养护资金和奖励资金构成。其中：

(一)路基路面日常养护资金：省交通运输厅依据公开发布的公路上一个五年规划的末年年报数据及养护定额测算各县(市、区)普通国省道路基路面需求，根据资金规模和需求比例分配路基路面养护资金，直接下达到各县(市、区)。

(二)桥隧养护资金：按照普通桥隧180元/延米·年，长大桥隧单独测算的标准进行分配，直接下达到各县(市、区)。

(三)奖励资金:根据上一年度全省普通国省道日常养护评价结果,对先进单位进行奖励。

第三十二条 普通国省道日常养护省级补助资金主要用于以下几个方面:

(一)交通公路部门管养的普通国省道非收费路段的日常养护检查、经常性维护保养、轻微损坏修补所需的相关人工费、机械费和材料费;

(二)桥梁隧道经常性检查和日常保养费用;

(三)普通国省道应急保畅相关费用;

(四)普通国省道养护信息化管理相关费用。

第三十三条 普通国省道日常养护资金必须专户管理、专账核算、专款专用,任何单位和个人不得截留、挤占和挪用。

第七章 管理评价

第三十四条 普通国省道日常养护管理评价内容包括路况评价、桥梁技术状况评价、管理规范化评价和日常养护资金使用评价。

第三十五条 路况评价和桥梁技术状况评价由省公路事业发展中心组织实施,委托第三方检测单位,每年对所有普通国省道公路路况进行自动化检测,对桥梁技术状况进行评定。

第三十六条 管理规范化评价包括省级管理规范化评价和市(州)级管理规范化评价。其中:

(一)省级管理规范化评价由省公路事业发展中心对市(州)和县(市、区)日常养护工作进行评价,每年组织一次。

(二)市(州)级管理规范化评价由市(州)公路机构对所属县(市、区)日常养护工作进行评价,每季度组织一次。

第三十七条 日常养护资金使用评价由省公路事业发展中心对各县(市、区)进行评分,与每年的省级管理规范化评价一并组织实施。

第三十八条 对县(市、区)交通运输局普通国省道日常养护管理评价按照百分制进行评分,综合路况评价得分(权重40%)、桥梁技术状况评价得分(权重10%)、省级管理规范化评价得分(权重25%)、市(州)级管理规范化评价得分(权重15%)和日常养护资金使用评价得分(权重10%),计算最终得分。

第三十九条 对市(州)交通运输局普通国省道日常养护管理评价按照百分制进行评分,综合省级对市(州)管理规范化评价得分(权重30%)和所辖县(市、区)日常养护管理评价得分的平均分(权重70%),计算最终得分。

第四十条 市(州)公路机构应于每年1月底前将上年度对所辖县(市、区)每季度管理规范化评价的综合排名及分数,以及各县(市、区)上年度用于普通国省道经常性维护保养、轻微损坏修补和公路养护小型机具设备购置的相关费用凭证报省公路事业发展中心。

第四十一条 对于群众投诉、新闻媒体曝光涉及日常养护工作的事项,经核实后,省公路事业发展中心在相应市(州)、县(市、区)交通运输局年度评价中予以扣分。

第四十二条 省公路事业发展中心根据年度评价得分情况确定各市州、县(市、区)交通运输局排名,报省交通运输厅核定;省交通运输厅对评价结果核定后向全省通报,对评价排名靠前的市(州)进行通报表彰;对评价排名前二十名的县(市、区)进行奖励,其中:排名1至10名的县(市、区)各奖励300万元,排名11至20名的县(市、区)各奖励200万元。

奖励资金应当用于普通国省道公路养护工作,不得用于单位行政和人员支出。

第四十三条 普通国省道日常养护管理评价结果作为省交通运输厅、省公路事业发展中心对各市(州)、县(市、区)交通运输局及其公路机构年终考核的依据之一,并与养护工程计划规模安排挂钩。

第八章 附 则

第四十四条 各市(州)、县(市、区)交通运输局及其公路机构应结合本办法和各地实际,制定本地的公路日常养护管理办法或实施细则。

第四十五条 本办法由省交通运输厅负责解释。

第四十六条 本办法自印发之日起执行。

2021年12月29日

全省交通运输系统领导名录

厅领导及厅机关处(室)负责人名单

厅领导

党组书记、厅长：朱汉桥
党组成员、驻厅纪检监察组组长：
　　刘汉诚(—2021.09)
党组成员、副厅长：
　　王本举(—2021.12)
　　姜友生　汪凡非
　　李传光(—2021.11，挂职)
　　王　炜(2021.02—)
副厅级干部：石先平
二级巡视员：刘立生

厅机关各处(室)负责人

二级巡视员：沈雪香　徐文学
　　　　　　王　伟

办公室

主任、一级调研员：
　　王　炜(—2021.02)
副主任、二级调研员：胡松涛
副主任、三级调研员：
　　范　建(—2021.02)
三级调研员：戚　媛　李永胜

机关党委

专职副书记(正处级)、一级调研员：
　　冯学斌
厅直属机关纪委书记、二级调研员：
　　马万里(2021.01—)
办公室副主任：邱欣年
三级调研员：江　飞(2021.01—)

人事教育处

处长、一级调研员：
　　洪文革(—2021.12)
　　周拥军(2021.12—)

副处长、三级调研员：
　　鲁　撰　赵春华
二级调研员：方　敏

财务处(审计办公室)

处长、一级调研员：
　　周拥军(—2021.12)
副处长、三级调研员：
　　万小芳(2021.01任审计办主任)
副处长、三级调研员：黄河清
审计办主任、二级调研员：
　　桂永胜(—2021.01)
审计办副主任、三级调研员：胡　敏
审计办二级调研员：包楚林

法规处(行政审批办公室)

处　长：周佑林(2021.11—)
二级调研员：周佑林(—2021.11)
　　　　　　肖介山

研究室

主　任：胡小松
副主任：覃本煊(2021.11—)

综合交通处(省综合交通运输工作领导小组办公室)

处　长：徐文学(—2021.06)
　　　　高　波(2021.06—)
副处长：高　波(—2021.06)
　　　　王　成(2021.11—)
二级调研员：谢圣松　廖向东

计划处(交通战备办公室)

处长、一级调研员：
　　李　敢(—2021.01)
　　洪文革(2021.12—)

交战办专职副主任(正处级)：
　　宋征难(2021.01—)
副处长、三级调研员：
　　宋征难(—2021.01)
副处长：郭　龙(2021.06—)
二级调研员：罗红燕

安全监督处(应急办公室)

牵头负责人、二级调研员：
　　张　宏(—2021.01)
处　长：李裕民(2021.01—)
副处长、三级调研员：
　　李裕民(—2021.01)
副主任：孙　军
二级调研员：孙春红　冯泽刚
　　　　　　陶泽民

科技信息处

处　长：余建平(—2021.01)
　　　　桂永胜(2021.01—)
副处长：邹　珺
二级调研员：徐小文　周建勋
　　　　　　王光利(—2021.02)

建设市场处

处　长：王　伟(—2021.06)
　　　　彭建光(2021.06—)
副处长、三级调研员：
　　彭建光(—2021.06)
副处长：苏德俊(2021.11—)

工程管理处

处长、一级调研员：陈　飚
副处长：康新章(2021.11—)
二级调研员：周炎新
四级调研员：康新章(—2021.11)

高速公路处

处长、一级调研员：谢俊杰
副处长：陆　放 (2021.11—)
四级调研员：陆　放 (—2021.11)

普通公路处

处长、一级调研员：陈光斌
副处长、三级调研员：肖开锋
二级调研员：谭宏斌

港航海事处

处长、一级调研员：罗　毅

副处长、三级调研员：许　剑

客货运输处

处　长：曹　翃
副处长、三级调研员：杨建萍
四级调研员：彭　刚

运输保障处

处　长：王义华 (—2021.01)
　　　　余建平 (2021.01—)
副处长：张　欢
二级调研员：黄　钟
三级调研员：李庆九

交通运输工会工作委员会

专职副主任（正处级）：
　　　　王义华 (2021.01—)
二级调研员：尹寿林
三级调研员：江　飞 (—2021.01)

离退休干部处

处　长：张　宏 (2021.01—)
副处长、三级调研员：
　　　　黄　凌
二级调研员：胡树江

厅直属单位领导名单

湖北省交通运输厅公路管理局（公路事业发展中心）

党委书记、主任：张　磊
党委副书记：张　洁 (2021.02—)
纪委书记、党委委员：
　　　　段　洁 (—2021.02)
党委委员、纪委书记：
　　　　王光利 (2021.02—)
副局长、党委委员：
　　　　蒋明星 (—2021.02)
党委委员、副主任：
　　　　蒋明星 (2021.02—)
　　　　孙昌军 (2021.02—)
监督长、二级调研员：
　　　　王　庆 (—2021.02)

湖北省交通运输厅道路运输管理局（道路运输事业发展中心）

党委书记、主任：陶维号
二级巡视员：
　　　　闵　力 (2021.01-2021.03)
　　　　邓其春 (2021.07—)
副局长、党委委员、一级调研员：
　　　　闵　力 (—2021.01)
　　　　邓其春 (—2021.02)
副局长、党委委员：邵　迈 (—2021.02)

党委副书记：邵　迈 (2021.02—)
党委委员、纪委书记：
　　　　范　建 (2021.02—)
一级调研员：
　　　　邓其春 (2021.02-2021.07)
党委委员、副主任：
　　　　秦介飞 (2021.02—)
　　　　杨培林 (2021.02—)
　　　　赵　勇 (2021.02—)
监督长、二级调研员：
　　　　颜博文 (—2021.02)

湖北省交通运输厅港航管理局（港航事业发展中心）

党委书记、主任：王阳红 (—2021.08)
一级巡视员：王阳红 (2021.08—)
二级巡视员：田红旗 (2021.01—)
纪委书记、党委委员、一级调研员：
　　　　张　洁 (—2021.02)
党委副书记、副主任：
　　　　胡焰华 (2021.02—)
党委委员、纪委书记：
　　　　段　洁 (2021.02—)
副局长、党委委员、一级调研员：
　　　　田红旗 (—2021.01)
党委委员、副主任：
　　　　王耀惠 (2021.02—)

　　　　伍云辉 (2021.02—)
监督长、二级调研员：
　　　　王耀惠 (—2021.02)

湖北省交通运输厅高速公路路政执法总队

应急处置服务中心主任：朱业贵
汉十路政支队长：丁进军
随岳路政支队长：汪利军
鄂西路政支队长：刘群峰
黄黄路政支队长：汪忠胜
武黄路政支队长：汪家声

湖北省交通运输厅工程质量监督局

党委书记、一级调研员：
　　　　胡焰华 (—2021.02)
局长、党委委员、一级调研员：
　　　　章征春
副局长、党委委员、三级调研员：
　　　　李长民
党委委员、副局长：
　　　　管　菲 (2021.11—)
总工程师、党委委员、三级调研员：
　　　　卢　柯
纪委书记、三级调研员：官　为

湖北省交通重点建设领导小组办公室

副主任、党支部书记：
　　方晓睿（正处级）
副主任、党支部委员：徐建明

湖北省交通基本建设造价管理站

站长、党支部书记：曹传林
副站长、党支部委员：
　　付红勇　杨金蓉

湖北省交通运输厅世界银行贷款项目办公室
（湖北省交通运输厅援外办公室、
湖北省交通运输厅职业资格中心）

主任、党支部书记：乔　亮
副主任、党支部委员：
　　刘　江　万　帆　张　岚

湖北省交通运输厅宣传中心

主任、党支部书记：石　斌
副主任、党支部委员：潘庆芳
副处级干部：刘智明　甘惠萍

湖北省交通运输厅规划研究室

主任、党支部书记：
　　张昌伟（—2021.06）

主　任：林　浩（2021.06—）
副主任、党支部委员：
　　余厚振　邓国清

湖北省高速公路联网收费中心

党委书记、主任：林　浩（—2021.06）
副主任、党委委员：
　　李　辉　刘小燕
总工程师、党委委员：王三军

湖北省交通运输厅机关后勤服务中心

主任、党支部书记：沈　晖
副主任、党支部委员：明　杨

湖北省江汉运河航道管理处

处　长：邵爱军
党委委员、纪委书记：申　燕
党委委员、副处长：程世勇
　　邓定优（—2021.05）
　　彭兴无（2021.11—）
党委委员、总工程师：
　　周召纯（—2021.03）
　　彭长征（2021.11—）

湖北交通职业技术学院

党委书记：戴光驰

院长、党委副书记：陈方晔
党委副书记、副院长：李　全
纪委书记、党委委员：齐建模
副院长、党委委员：
　　谢　彤　王孝斌
工会主席、党委委员：
　　李红艳（—2021.10）

湖北省汉江崔家营航电枢纽管理处

处长、党委书记：尹武东
纪委书记、党委委员：乔丽莉
副处长、党委委员：刘惠玲
总工程师、党委委员：黄国强

湖北省汉江雅口航运枢纽建设管理处（筹）

处　长：童奇峰
副处长：谢　红　李炳源

湖北省交通运输厅通信信息中心

主　任：周文卫
党委委员、纪委书记：
　　李红艳（2021.10—）
副主任、党委委员：
　　郑　红（—2021.05）
　　杨厚新　朱　严

市（州）交通运输局、县（市）交通运输局领导名单

武汉市交通运输局

局长、党组书记：徐　斌
派驻纪检监察组组长、党组成员：
　　杨　峤
副局长、党组成员：
　　陈佑湘　郭万水
副局长：贺　敏
总工程师、党组成员：王益光
党组成员：宫世成（2021.10—）
　　（邮政局局长）
二级巡视员：孙　江

江岸区城市管理执法局（交通运输局）

党委书记、局长：廖云峰
副局长：詹才利　陈　愚
　　万　义（2021.04—）
总工程师：骆　威

江汉区城市管理执法局（交通运输局）

党委书记、局长：熊　楠

党委委员、副局长：
　　潘伟力　甘广军　孙　斌
党委委员、总工程师：沈秋玲

硚口区城市管理执法局（交通运输局）

党委书记、局长：严　栓（—2021.04）
　　张　波（2021.04—）
党委委员、副局长：
　　王爱书　舒宝祥　代　彦
党委委员、总工程师：丁建雄

汉阳区城市管理执法局
（交通运输局）

党委书记、局长：朱源松
党委副书记、副局长：
　　汪　淼 (2021.07—)
党委委员、副局长：
　　胡　敏 (2021.06—)
党委委员、总工程师：
　　雷海东 (2021.03—)
党委委员：康萍芳　邱永忠　金玉琳

武昌区城市管理执法局
（交通运输局）

党委书记、主任：肖　哲 (—2021.09)
　　　　　　　　高燕君 (2021.09—)
党委副书记：陈　斌
副局长：李　军　夏胜春
　　　　王　文 (—2021.10)
总工程师：马多隆

青山区城市管理执法局
（交通运输局）

党委副书记、局长：雷雄林
副局长：侯汉波　罗　锋
　　　　夏　璐 (2021.03—)
总工程师：王文军

洪山区城市管理执法局
（交通运输局）

党组书记、局长：李海涛
党组成员、副局长：
　　王卫东　黄　涛　蔡　庆
党组成员、总工程师：胡洪斌

江夏区交通运输局

党组书记、局长：肖英俊 (—2021.04)
　　　　　　　　王　弩 (2021.04—)
党组成员、副局长：
　　代汉卫　左大为　严　亮
党组成员、总工程师：刘军武
党组成员：刘志军
　　　　　朱　明 (2021.03—)

蔡甸区交通运输局

党委书记：胡昌林 (—2021.12)
　　　　　李　俊 (2021.12—)
局　长：胡昌林
党委委员、副局长：
　　向德柱 (2021.04—)　郑光勇
党委委员、总工程师：周忠群

东西湖区交通运输局

党组书记、局长：管维福
党组成员、副局长：褚建祥　张俊峰
党组成员、总工程师：田　刚

武汉经济技术开发区（汉南区）
城乡建设局（交通运输局）

党组书记、局长：樊友川 (2021.08—)
党组成员、副局长：
　　邓剑岩　何　静　黄　明

黄陂区交通运输局

党委书记：柳育青 (—2021.06)
　　　　　蔡崇华 (2021.06—)
局　长：柳育青 (—2021.04)
　　　　蔡崇华 (2021.04—)
党委委员、副局长：
　　范良俊 (2021.05 任副局长)
　　胡　鸿 (2021.09 任副局长)
党委委员、总工程师：
　　蔡崇华 (—2021.04)
　　黄宏华 (2021.09 任总工程师)

新洲区交通运输局

党组书记、局长：胡立明
党组成员、副局长：周爱梅　陈世雄
党组成员、总工程师：靖声和
党组成员：廖志斌

黄石市交通运输局

党组书记、局长：吴建春
党组成员、派驻纪检监察组组长：
　　王　彪
党组副书记：李红卫
党组成员、副局长：张陶然　伍安国
党组成员、总工程师：卢亚军
党组成员：张恩强　王家庆
　　　　　王　芳 (2021.06—)(邮政局局长)

大冶市交通运输局

党组书记、局长：刘国兴 (—2021.09)
　　　　　　　　胡国红 (2021.09—)
党组成员、副局长：
　　夏　丹 (—2021.09)
　　李灿华
　　王洪伟 (2021.12—)
　　王贵洲
党组成员、工会主席：柯庆敏
总工程师：李大锋

阳新县交通运输局

党组书记、局长：陈绪胜 (2021.10—)
党组成员、副局长：刘合松　柯昌水
　　　　　　　　　余云名　邓乾铭 (2021.08—)
党组成员：雷建文

十堰市交通运输局

党组书记、局长：夏树应 (—2021.03)
　　　　　　　　刘　永 (2021.03—)
党组成员、副局长：余世根　李文华
　　　　　　　　　李　军　贾忠东
总工程师：陈　诚

丹江口市交通运输局

党组书记、局长：陈　钧
党组副书记：杨　明
党组成员、副局长：王瑞华
　　　　　　　　　张　健 (—2021.08)
　　　　　　　　　王　平 (—2021.08)
党组成员、总工程师：王　杰
党组成员、工会主席：谢晓东
党组成员：李成钧
　　　　　辛文波 (2021.11—)　王爱军

郧阳区交通运输局

党组书记、局长：蔡昌华 (—2021.10)
　　　　　　　　肖国军 (2021.10—)

党组副书记、副局长：
　　王　华（—2021.04）
党组成员、副局长：
　　康正权（—2021.12）　田　勇
党组成员、总工程师：孙晏一
党组成员、工会主席：杜德海
党组成员：郭永联

郧西县交通运输

党组书记、局长：李　毅（—2021.09）
　　　　　　　　陈　林（2021.09—）
党组成员、副局长：王　飞
党组成员：李作祥　刘诗成　王　涛
副局长：王成国
总工程师：周俊波

房县交通运输局

党组书记、局长：李　锐
党组副书记：闫　毅
党组成员、副局长：
　　卢海明　童　芳　陈　智

竹山县交通运输局

党组书记、局长：陈四海
党组副书记：徐诗峰（—2021.12）
党组成员、副局长：冯　勇
　　　　　　　　　朱士高（2021.09—）
党组成员、工会主席：周治鹏
党组成员、总工程师：柏　锋
党组成员：杨冠勇　师贞艳

竹溪县交通运输局

党组书记、局长：蒋垂明（—2021.04）
　　　　　　　　夏德运（2021.04—）
党组副书记：李新华
党组成员、副局长：
　　周益斌　杨　波　徐晓琴
党组成员、总工程师：谢　明
工会主席：孙永刚
总经济师：周泉顺

茅箭区交通运输局

党组书记、局长：龚举波（—2021.08）

　　　　　　　　刘　敕（2021.08—）
副局长：李勇进　孙秋生

张湾区交通运输局

党组书记、局长：夏玉兰
党组成员、副局长：柯　平　汪　辉
党组成员：王　栋

武当山特区交通运输局

党总支书记、局长：谢洪超
党组成员、副局长：张　玲　张修勇

襄阳市交通运输局

党组书记、局长：水　波
党组成员、派驻纪检监察组组长：
　　桂文杰
党组成员、副局长：田春生
　　李四清（—2021.08）
　　雷　静（邮政局局长）
　　秦双斌（2021.10—）
　　姚　勇
　　高文生（2021.08—）
党组成员、总工程师：赵　庆

枣阳市交通运输局

党组书记、局长：程继新（—2021.11）
　　　　　　　　李奋强（2021.11—）
党组副书记、副局长：
　　肖开宏（2021.12—）
党组成员、副局长：杨　帆
　　　　　　　　　张成彬（2021.12—）
党组成员、总工程师：杨　涛

宜城市交通运输局

党组书记、局长：曾劲松
党组副书记、副局长：
　　王本明　李青建
党组成员、总工程师：
　　徐华勇（—2021.11）

南漳县交通运输局

党组书记、局长：张庆华

党组副书记、副局长：
　　王休豪　刘先华

保康县交通运输局

党组书记、局长：杨秋波
党组副书记、副局长：申欣南
　　　　　　　　　　王祖华（2021.10—）
党组成员、总工程师：程大斌
副局长：李志轶（—2021.10）

谷城县交通运输局

党组书记、局长：卢光文
党组副书记、副局长：
　　张光辉　曾化力
党组成员、总工程师：杨光波

老河口市交通运输局

党组书记、局长：范晓冬
党组副书记、副局长：武文立
党组成员、副局长：熊振宇　李延萍
总工程师：杨立新

襄州区交通运输局

党组书记、局长：田玉林
党组成员、副局长：李永强
　　　　　　　　　董　峰（—2021.02）
　　　　　　　　　罗元鑫（2021.03—）
党组成员、总工程师：赵　华

宜昌市交通运输局

党组书记、局长：胡朝晖
党组成员、派驻纪检监察组组长：
　　贾　胜（2021.09—）
党组成员、副局长：
　　唐云伟　李本华　陆永军
党组成员、总工程师：望　明
副县级干部：程家振　闫正斌

宜都市交通运输局

党组书记、局长：谭龙飞（—2021.09）
　　　　　　　　江雪峰（2021.09—）
党组副书记、副局长：
　　肖云辉（2021.08—）

党组副书记、总工程师：
　　孔国庆（—2021.08）
党组成员、副局长：黄治兵
　　许建军（—2021.08）
　　周　桦（2021.08—）
　　万尧方
党组成员、工会主席：周玉明
党组成员、总工程师：
　　何丰年（2021.09—）

枝江市交通运输局

党组书记、局长：杜勇进（—2021.11）
　　谈　丹（2021.11—）
党组成员、副局长：
　　李志刚　胡昌武　覃华平
党组成员、总工程师：周　明
党组成员、工会主任：吴先珍

当阳市交通运输局

党组书记、局长：宋雪玲（—2021.09）
　　杨　勇（2021.10—）
党组成员、副局长：戴明富
　　杨　雄（2021.08—）
　　刘　方（2021.12—）
党组成员：柴　伟（2021.08—）
　　杨　勇（—2021.10）
党组成员、总工程师：刘　晋

远安县交通运输局

党组书记、局长：刘志国（—2021.08）
　　余大银（2021.08—）
党组副书记：王光华
党组成员、副局长：
　　陈　涛　刘艳丽
　　周其钢（—2021.08）
党组成员、总工程师：苏先科

兴山县交通运输局

党组书记、局长：贺　军
党组成员、副局长：
　　陈行达　田　龙　郑毕诗
党组成员：李　涛　王恩君
党组成员、总工程师：刘　涛
工会主席：彭业勋

秭归县交通运输局

党组书记、局长：梅　元
党组副书记：向立林
党组成员、副局长：周　慧
　　钟　进（2021.03—）
党组成员：罗文霞　薛　钢
党组成员、总工程师：王建华

长阳土家族自治县交通运输局

党组书记、局长：汤清林（—2021.11）
　　章一英（2021.11—）
党组成员、副局长：覃卫平　李书盛
党组成员、工会主席：秦道志
党组成员：王春成　刘小红　汤应权
总工程师：覃孔华

五峰土家族自治县交通运输局

党组书记、局长：皮业康（—2021.10）
　　张忠华（2021.12—）
党组成员、副局长：杨继平
　　伍远铸（—2021.11）
党组成员：张家权　魏华锋
　　黄文书（2021.12—）
党组成员、总工程师：
　　杨官军（2021.11—）

夷陵区交通运输局

党组书记、局长：陈　立（—2021.10）
　　陈先冬（2021.10—）
党组成员、副局长：
　　孙朝刚（—2021.08）
　　周学海　黎连文　左家国

点军区交通运输局

党组书记、局长：祁　明（—2021.04）
　　陈湘君（2021.10—）
党组成员、副局长：韩驰帅（—2021.09）
党组成员：万春明
副局长：尹　青

猇亭区交通运输局

党组书记、局长：张祖慧（—2021.07）
　　孙劲松（2021.07—）
党组成员、副局长：佟武峰
　　符　建（2021.08—）

荆州市交通运输局

党组书记、局长：范本源（—2021.10）
　　杨　冰（2021.10—）
党组副书记、副局长：卢有志
党组成员、派驻纪检监察组组长：
　　廖　英
党组成员、副局长：张黎明　许开平
　　张家芳（—2021.09）
　　梁世兴（2021.10—）
　　李华平（2021.10—）

荆州区交通运输局

党组书记、局长：夏刚祥（—2021.10）
　　李德荣（2021.10—）
党组副书记、副局长：李以四
党组成员、副局长：江　波　黄　浩

沙市区交通运输局

党组书记、局长：吴　迪（—2021.10）
　　花　勇（2021.10—）
党组副书记：杨德祥
党组成员、副局长：毛　颖　裴军军
党组成员、总工程师：刘昌清

江陵县交通运输局

党组书记、局长：应　军
党组成员、副局长：袁丹眉　李　颖
党组成员、总工程师：张向静

松滋市交通运输局

党组书记、局长：张　青
党组成员、副局长：邬小兵　佘振宇
党组成员、总工程师：苟中华
党组成员、安全总监：
　　周　斌（2021.12—）

公安县交通运输局

党组书记、局长：孙家军（—2021.12）
　　魏　毅（2021.12—）

党组副书记、副局长：蔡环宇
党组成员、副局长：李　健
　　　　　　　　　董延平 (—2021.02)
　　　　　　　　　张中平 (2021.02—)
党组成员、总工程师：熊义军

石首市交通运输局

党组书记、局长：汤祥新 (—2021.10)
　　　　　　　　郑　云 (2021.10—)
党组副书记、副局长：李泽香
党组成员、副局长：张　明
　　　　　　　　　曾四新 (—2021.10)
　　　　　　　　　齐海军 (2021.10—)

监利市交通运输局

党组书记、局长：张继文 (—2021.10)
　　　　　　　　陈学洪 (2021.10—)
党组成员、副局长：
　　廖昌华　刘　斌　柳孝万
党组成员、总工程师：胡超胜

洪湖市交通运输局

党组书记、局长：郭金高
党组成员、副局长：
　　雷艳舞　李　静　史玉峰
党组成员、总工程师：肖初军
党组成员：王国成 (挂职)

荆门市交通运输局

党组书记、局长：周美元 (—2021.04)
　　　　　　　　郑伦智 (2021.11—)
党组副书记：常北方
党组成员、派驻纪检监察组组长：
　　邓承胜
党组成员：宋慧琼
党组成员、副局长：
　　高宏林 (—2021.11)
　　张　勇　何新龙
党组成员、工会主席：
　　陈立新 (—2021.02)
党组成员、总工程师：李洪震

京山市交通运输局

党组书记、局长：许文华

党组副书记、副局长：徐　彬
党组成员、副局长：丁金武　万彩桥
党组成员：程维俊
总工程师：许昌昆

沙洋县交通运输局

党组书记、局长：乔宝林
党组副书记、副局长：
　　杨　波 (—2021.04)
党组副书记：王华清 (2021.08—)
党组成员、副局长：陈吕新　王幸辉
　　　　　　　　　王　华 (2021.04—)
党组成员、总工程师：王　东
党组成员：李　明

钟祥市交通运输局

党组书记、局长：陈　忠 (—2021.09)
　　　　　　　　王　俊 (2021.09—)
党组副书记、副局长：王晓明
党组成员、副局长：刘从东
副局长：刘远忠
总工程师：徐进军
党组成员、工会主任：高良华
党组成员：黄贻斌　陈勇

东宝区交通运输局

党组书记、局长：陈　兵
党组副书记：杨小国
党组成员、副局长：郑　钊
副局长：赵江年
党组成员、工会主席：马琳波
党组成员、总工程师：周　婷

掇刀区交通运输局

党组书记、局长：王鹏程
副局长：张　浩
党组成员、副局长：陈志平　李卓洵
党组成员、总工程师：杨丰平
党组成员：李宝静
党组成员、工会主席：王桂明

漳河新区交通运输局

局　长：代启平

屈家岭交通运输分局

党组书记、局长：黄　斌
党组成员、副局长：
　　刘　胜　景向阳　杨继文

鄂州市交通运输局

党组书记、局长：刘　华
党组成员、派驻纪检监察组组长：
　　杨裕斌
党组成员、副局长：
　　任　东　朱　进　杨　晋
党组成员、工会主席：蔡良智
党组成员、总工程师：董进行
党组成员：肖　明

鄂城区住建局

局　长：王文胜

华容区交通运输局

局　长：王新国

梁子湖区交通运输局

局　长：柯文忠

孝感市交通运输局

党组书记：黄祥文 (—2021.09)
　　　　　王广刚 (2021.09—)
局　长：黄祥文 (—2021.10)
　　　　王广刚 (2021.10—)
党组成员、副局长：朱光辉　左振中
党组成员、总工程师：杨　杰

孝南区交通运输局

党组书记、局长：陈　靖
党组成员：李敬明
党组成员、副局长：王　斌
　　　　　　　　　万峰凌 (—2021.09)
　　　　　　　　　张承文 (工会主席)

汉川市交通运输局

党组书记、局长：汪爱华

党组成员、副局长：王春文
　　　　　陈征兵（—2021.10）
　　　　　肖银国（2021.09—）
党组成员：王卫东　田世鹏
　　　　　田万明　董应军
总工程师：李洪才

应城市交通运输局

党组书记、局长：谢中乐（—2021.08）
　　　　　　　　李桦山（2021.08—）
党组成员、副局长：谢天超　陶仙侠
党组成员：杨洪山
　　　　　李　军（2021.11—）

云梦县交通运输局

党组书记、局长：王炳辉
党组成员、副局长：
　　游喜安　邓　刚　汤三毛
　　李俊峰（2021.09—）
党组成员、总工程师：
　　彭　斌（—2021.09）
党组成员、工会主席：叶　波
党组成员：褚智泉（—2021.03）

安陆市交通运输局

党组书记、局长：胡亚强（—2021.09）
　　　　　　　　周耀清（2021.09—）
党组成员、副局长：罗光涛　侯国平
党组成员、总工程师：
　　余幼成（—2021.09）
　　马　彪（2021.09—）

大悟县交通运输局

党组书记、局长：刘海华（—2021.09）
　　　　　　　　谈心宽（2021.09—）
党组成员、副局长：刘洪文　程保社
党组成员、工会主席：杜明辉

孝昌县交通运输局

党组书记、局长：易　昕（—2021.09）
　　　　　　　　饶勤秀（2021.09—）
党组成员、副局长：田俊军
　　　　　　　　舒胜华（2021.09）

党组成员：张晓波　黄艮松
总工程师：汪鹏兴
工会主席：罗跃文

黄冈市交通运输局

党组书记：周银芝（—2021.11）
　　　　　孙迎松（2021.11—）
局　　长：周银芝
党组成员、派驻纪检监察组组长：
　　田永忠
党组成员、副局长：郑志武　金晓耕
　　　　　　　　　张　阳　李　剑
工会主席：邵百坤

黄州区交通运输局

党组书记、局长：雷又明
党组成员、副局长：殷　敏　付俊锋
党组成员、工会主席：孙展虎

团风县交通运输局

党组书记、局长：卢　慧（—2021.08）
　　　　　　　　刘　丹（2021.09—）
党组成员、副局长：冯启兵　樊　瑞
党组成员、工会主席：祁锦国
总工程师：王国清

红安县交通运输局

党组书记、局长：冯兴潮
党组副书记、副局长：徐　晖
党组成员、副局长：许跃鹏　冯兴平
副局长：金汉春
党组成员、总工程师：陈全波

麻城市交通运输局

党组书记、局长：陈　林（—2021.10）
　　　　　　　　王　军（2021.10—）
党组成员、副局长：张云峰　夏润东
　　　　　　　　　曾　文　程亚辉
党组成员、工会主席：戴福正
党组成员、总工程师：李庆朝

罗田县交通运输局

党组书记、局长：方光明

副局长：方丛富（—2021.02）
　　　　韩　峰　陈海军
工会主任：史继云

英山县交通运输局

党组书记、局长：冯矫正
党组副书记、副局长：何冠亚
党组成员、副局长：查耀坤　王　欣
党组成员、工会主席：杨　平
党组成员、总工程师：段志猛
党组成员：叶金锋

浠水县交通运输局

党委书记、局长：程　旭
党委委员、副局长：吴　辉　涂柏林
　　　　　　　　　陈金桥　潘国东
党委委员、总工程师：冯广青
党委委员：邢绍青

蕲春县交通运输局

党组书记、局长：王北全
党组副书记、副局长：陈　军
党组成员、副局长：杨曙生
　　　　　　　　　吴　涛（2021.01—）
　　　　　　　　　余　清（2021.01—）
党组成员、工会主任：文玉生
党组成员：王贤德

武穴市交通运输局

党组书记、局长：项国盛
党组副书记、副局长：李志方
党组成员、副局长：徐　瑜　蒋　磊
党组成员：孙　刚
总工程师：曾志勇（—2021.06）
党组成员、总工程师：
　　吴　霄（2021.06—）

黄梅县交通运输局

党组书记、局长：杨　帆（—2021.10）
　　　　　　　　许继军（2021.10—）
党组副书记、副局长：
　　江宁红（—2021.10）
副局长：聂时新　许　林（—2021.05）

胡永智 (2021.11—)
赵　丽 (2021.11—)
总工程师：赵　丽 (—2021.11)
党组成员、总工程师：
　　吴爱民 (2021.11—)
工会主任：汪　枫

龙感湖管理区交通运输分局

局　　长：徐先军

咸宁市交通运输局

党组书记、局长：金　山 (—2021.11)
　　　　　　　　彭光平 (2021.11—)
党组副书记、副局长：王永红
党组成员、副局长：雷伟民　吴　翚
党组成员、总工程师：廖承武
副局长：彭　超 (挂职)

咸安区交通运输局

党组书记、局长：唐德文
党组副书记、副局长：
　　刘顺清　樊军保
党组成员、副局长：王　刚　章建国
党组成员：余晓林
工会主席：陈次一
总工程师：姜　庆

嘉鱼县交通运输局

党组书记、局长：孙昌勇 (—2021.10)
　　　　　　　　聂　东 (2021.10—)
党组成员、副局长：周高清　陈小丹
　　　　　　　　刘元辉 (2021.10—)
党组成员、总工程师：周万勇
党组成员：陈文辉
工会主席：张盆发

赤壁市交通运输局

党组书记、局长：邓晓金
党组副书记、副局长：沈志宏
党组成员、副局长：
　　熊　英　陈　功　张四铭
党组成员、总工程师：李建国

通城县交通运输局

党组书记、局长：周益斌 (—2021.11)
　　　　　　　　吴红艳 (2021.11—)
党组成员、副局长：
　　雷晨光 (—2021.08)
　　吴神威　刘传国　李红光
　　杜文豪 (2021.08—)
党组成员：何国斌

崇阳县交通运输局

县政协副主席，党组书记、局长：
　　周国香 (—2021.08)
党组书记、局长：孙文甫 (2021.08—)
党组副书记、副局长：黄　斌
党组成员、副局长：
　　付旭平　石雄军　庞平珍
党组成员：岳　峻 (2021.12—)
　　　　　汪正榜 (2021.12—)

通山县交通运输局

党组书记、局长：刘兴美
党组成员、副局长：邵　陌　朱江华
党组成员、总工程师：徐飞翔
党组成员：郑晓东　陈从仁

随州市交通运输局

党组书记、局长：储　云
党组成员、派驻纪检监察组组长：
　　周新民
党组成员、副局长：
　　万晓熙　孙志友　魏从明
　　张　焜 (邮政局局长)
总工程师：郭　东

曾都区交通运输局

党组书记、局长：王庆国 (—2021.11)
党组副书记、副局长：刘金波

广水市交通运输局

党组书记、局长：李双庆
副局长：李　辉　罗永明　孙章勇

工会主席：邓真珍
总工程师：彭开勋

随县交通运输局

党组书记、局长：胡　波 (—2021.11)
党组书记：张　涛 (2021.11—)
党组副书记、副局长：黄启斌
党组成员、副局长：张自炳
党组成员、总工程师：龚传刚
党组成员、工会主席：黄　丹
党组成员：杨珍明 (—2021.03)

随州市交通运输局
大洪山风景名胜区分局

局　　长：杨培义

恩施土家族苗族自治州交通运输局

党组书记、局长：杨盛僚
党组成员、派驻纪检监察组组长：
　　李玉剑
党组成员、副局长：王　勇　张志奇
　　　　　　　　黄秀武　敖建华
党组成员、总工程师：文传伟

恩施市交通运输局

党组书记、局长：李章奎 (—2021.04)
　　　　　　　　张　涛 (2021.04—)
党组成员、副局长：黄常军
　　　　　　　　侯　浩 (2021.05—)
党组成员、总工程师：陈祥猛
党组成员：王　强
　　　　　侯义祥 (2020.11—)
　　　　　胡青华 (2021.08—)
　　　　　夏　斌

利川市交通运输局

党组书记、局长：王　斌 (—2021.07)
　　　　　　　　李忠坪 (2021.07—)
党组成员、副局长：冯　梅　李凤国
党组成员：杨海明 (2021.11—)
　　　　　谭　俊　向江权
总工程师：周永红

建始县交通运输局

党组书记、局长：马建宇
党组成员、副局长：吴晓军
党组成员：吕柏林　陈继友
　　　　　陈玉华　杨年斌
总工程师：谢　晖

巴东县交通运输局

党组书记、局长：许良才 (—2021.05)
　　　　　　　　舒显伟 (2021.05—)
党组副书记、副局长：向会东
党组成员、副局长：郑开顺　吴祖学
党组成员、总工程师：魏　峰
党组成员：廖才伟

宣恩县交通运输局

党组书记、局长：康　伟 (—2021.11)
　　　　　　　　黄舜卿 (2021.11—)
党组副书记、副局长：
　　　　谭家庆 (2021.01—2021.10)
党组成员、副局长：
　　　　田永成 (2021.01—)
　　　　麻德敏 (2021.12—)

咸丰县交通运输局

党组书记、局长：申金桥 (—2021.11)
　　　　　　　　鲁邦国 (2021.11—)
党组成员、副局长：杨世杰
　　　　蒲宣融 (—2021.08)
　　　　方　亮 (2021.08—)

党组成员：鲁邦国 (—2021.11)
　　　　　魏永东
总工程师：余美蓉

来凤县交通运输局

党组书记、局长：舒镜峰
党组成员、副局长：肖　锋　刘　静
党组成员：李凌峰　袁少英
　　　　　林义兵　田中前
总工程师：谭贤忠

鹤峰县交通运输局

党组书记、局长：赵锦华 (—2021.03)
　　　　　　　　谷成辉 (2021.04—)
党组成员、副局长：罗　斐 (—2021.11)
　　　　　　　　　何翠屏
总工程师：何世明
党组成员：明传学　肖红胜
　　　　　唐　方 (—2021.06)
　　　　　黄　波 (2021.06—)

仙桃市交通运输局

党组书记：杨俊武 (—2021.10)
　　　　　刘　俊 (2021.10—)
局　　长：杨俊武 (—2021.11)
　　　　　刘　俊 (2021.11—)
党组副书记、副局长：
　　　　邵泽华 (2021.12—)
党组成员、副局长：
　　　　李飞雄 (—2021.12)
　　　　李玉湘 (—2021.12)

肖元海 (2021.11—)
邹　冲 (2021.12 任副局长)
党组成员、武装部长：
　　　　别　异 (—2021.11)
党组成员、总工程师：
　　　　伍　云 (—2021.12)
　　　　肖丽君 (2021.12—)
党组成员、总会计师：
　　　　潘万军 (2021.08—)
工会主席：陈红霞 (2021.11—)

天门市交通运输局

党组书记、局长：黄　罡 (—2021.12)
　　　　　　　　刘水平 (2021.12—)
党组成员、副局长：
　　　　王　刚　胡勇钢　周柱兵
党组成员、总工程师：万　钟
党组成员：孙文红　刘百斌　吴华东

潜江市交通运输局

党组书记、局长：胡金烈
党组副书记、副局长：从孝君
党组成员、副局长：詹登振　刘美蓉
党组成员：杨　娜
党组成员、工会主任：
　　　　关业武 (2021.08—)

神农架林区交通运输局

党组书记、局长：周立刚 (—2021.12)
　　　　　　　　宦忠全 (2021.12—)
党组成员、副局长：王红先　文海燕
党组成员：李　涛

获奖名录

2020年"最美货车司机"
（交通运输部、公安部、中华全国总工会，交运函〔2021〕217号）

王继红　宜昌市宏泰运输有限公司
朱文兵　仙桃市兴亮物流有限公司
刘克安　随州市兴九星运业股份有限公司
李　平　十堰亨运集团物流有限公司
周　欣　湖北盛辉物流有限公司

2020年全国模范职工之家
（中华全国总工会，总工发〔2020〕11号）

湖北省汉江崔家营航电管理处工会委员会

第十二届全国交通运输行业职业技能大赛优胜单位和个人
（交通运输部办公厅，交办人教函〔2021〕101号）

1. 港口客运员赛项
团体奖第八名：湖北省交通运输厅
优胜选手名单：
马浩瀚　湖北宜昌交运集团股份有限公司
2. 道路货运汽车驾驶员赛项
团体奖第五名：湖北省交通运输厅道路运输管理局
优胜选手名单：
王　兵　宜昌市宏泰运输有限公司
肖海峰　湖北合力通晟物流有限公司

第一届全国技能大赛参赛工作中作出贡献的单位和个人
（交通运输部办公厅，交办人教函〔2021〕29号）

全国交通技术能手
王　瑞　武汉中车长客轨道车辆有限公司
崔亚鹏　武汉中车长客轨道车辆有限公司

2021年全国工人先锋号
（中华全国总工会）

湖北省交通运输厅高速公路路政执法总队京珠支队第三大队

全国五一巾帼标兵岗（标兵）
（中华全国总工会）

湖北省高速公路联网收费中心公众出行服务中心

2021年度全国道路运输安全行车百万公里优秀驾驶员
（中国道路运输协会、中国海员建设工会全国委员会，中道运协发〔2021〕54号）

吴保国　武汉市华昌出租汽车有限责任公司
张继臣　武汉市春江汽车出租有限责任公司
梅际国　武汉大通汽车出租有限公司
范雁洪　武汉市宗泰出租汽车有限公司
李福育　武汉明天城市快线客运有限责任公司
代　林　荆州市公共交通集团有限责任公司二分公司
何　凯　荆州市公共交通集团有限责任公司三分公司

2020年全省劳动竞赛先进集体和先进个人授予湖北五一劳动奖
（湖北省总工会，鄂工字〔2021〕3号）

湖北五一劳动奖状
湖北省汉江雅口航运枢纽工程建设指挥部

2020年全省工会专项活动先进集体和先进个人授予五一劳动奖
（湖北省总工会，鄂工字〔2021〕4号）

湖北五一劳动奖章
曹玲玲　宜昌茅坪港旅游客运有限公司站务员
徐旺明　武汉地铁运营有限公司信号工

2021年湖北五一劳动奖和湖北省工人先锋号
（湖北省总工会、湖北省人力资源和社会保障厅，鄂人社奖〔2020〕21号）

1. 湖北五一劳动奖章
卓　辉　襄阳市公路管理局樊城公路段养护中心养护工程队副队长
郑春明　武汉市公交集团二公司班组长
梁　勇　湖北顺强运业有限公司出租汽车驾驶员
2. 湖北省工人先锋号
湖北省交通运输厅高速公路路政执法总队武黄支队第二大队
十堰市城市公交集团有限公司城市客运第三分公司高铁车队

2020年度全省"四好农村路"示范县和示范乡镇
（湖北省交通运输厅，鄂交发〔2021〕196号）

1. 全省"四好农村路"示范县
武汉市蔡甸区
黄石市阳新县
十堰市郧西县
荆州市洪湖市
宜昌市宜都市
襄阳市枣阳市
鄂州市梁子湖区
荆门市京山市
孝感市安陆市
黄冈市红安县
咸宁市嘉鱼县
恩施州建始县
仙桃市
2. 全省"四好农村路"示范乡镇
武汉市黄陂区王家河街道
武汉市蔡甸区索河街道
武汉市江夏区湖泗街道
黄石市大冶市保安镇
黄石市阳新县枫林镇
十堰市郧阳区茶店镇

十堰市房县青峰镇
十堰市茅箭区茅塔乡
十堰市竹山县擂鼓镇
荆州市江陵县白马寺镇
荆州市松滋市万家乡
荆州市石首市桃花山镇
荆州市沙市区观音垱镇
荆州市公安县麻豪口镇
宜昌市兴山县黄粮镇
宜昌市五峰县傅家堰乡
宜昌市远安县洋坪镇
宜昌市当阳市玉泉街道
宜昌市秭归县九畹溪镇
宜昌市夷陵区龙泉镇
襄阳市保康县马桥镇
襄阳市枣阳市王城镇
襄阳市宜城市流水镇
襄阳市襄州区张家集镇
襄阳市南漳县九集镇
鄂州市梁子湖区涂家垴镇
荆门市钟祥市柴湖镇
荆门市掇刀区麻城镇
荆门市京山市曹武镇
孝感市孝昌县邹岗镇
孝感市大悟县四姑镇
孝感市安陆市王义贞镇
黄冈市麻城市铁门岗乡
黄冈市蕲春县刘河镇
黄冈市黄州区路口镇
黄冈市武穴市大法寺镇
黄冈市英山县方家咀乡
黄冈市红安县杏花乡
咸宁市咸安区大幕乡
咸宁市嘉鱼县潘家湾镇
咸宁市通山县杨芳林乡
恩施州宣恩县珠山镇
恩施州恩施市白杨坪镇
恩施州巴东县东瀼口镇
恩施州鹤峰县燕子镇
随州市广水市郝店镇
随州市随县唐县镇
仙桃市陈场镇
潜江市熊口管理区
神农架林区木鱼镇

2021年度全省交通运输系统先进集体和先进个人

（湖北省交通运输厅，鄂交发〔2022〕2号）

1. 先进集体

老河口市交通运输局
宜昌市交通运输智慧中心
松滋市交通运输局
竹山县交通运输局
孝感市交通运输综合执法支队
红安县交通运输局
随州市交通工程质量监督站
建始县交通运输局
潜江市农村公路管理局
省公路事业发展中心高速公路前期工作专班
省道路运输事业发展中心
省港航事业发展中心运输物流管理处
省高速公路路政执法总队黄黄支队
省交通运输厅工程质量监督局重点工程监督处
湖北交通职业技术学院交通信息学院

2. 先进个人

高俊国　武汉市交通运输综合执法支队环城大队负责人
马　凌　黄石市水陆运输事业发展中心工程师
李　瑞　襄阳市港航发展服务中心工程科一级科员
付贵媛　远安县公路建设养护中心党支部书记、主任
张　峰　荆州市交通运输局办公室副主任
夏玉兰　张湾区交通运输局党组书记、局长
张晓波　孝昌县交通运输党组成员，农村公路管理局党支部书记、局长
乔宝林　沙洋县交通运输局党组书记、局长
赵　威　鄂州市交通运输综合执法支队华容大队公交客运中队负责人
程　旭　浠水县交通运输局党组书记、局长
邓晓金　赤壁市交通运输局党组书记、局长
殷　婧　随州市交通运输局人事教育科科长
吴智博　恩施州交通运输局三级主任科员
李　龙　潜江市交通运输综合执法支队支队长
朱晓飞　天门市农村公路管理处主任
王　波　神农架林区交通运输局运输安全科科长
叶春松　省公路事业发展中心费收管理处处长
成忠辉　省道路运输事业发展中心客货运管理处负责人
刘　迪　省港航事业发展中心综合计划处副处长
罗雄夫　省高速公路路政执法总队鄂西支队第六大队副大队长
周　浩　省交通运输厅工程质量监督局一级科员
贺章波　湖北交通职业技术学院新校区项目建设指挥部副指挥长
李炳源　汉江雅口航运枢纽建设管理处(筹)副处长
张　辉　江汉运河航道管理处办公室副主任
付　宇　汉江崔家营航电枢纽管理处政工科科长
张　斌　省高速公路联网收费中心信息技术科科长
范　雯　省交通运输厅通信信息中心软件研发科科长
胡金成　省交通运输厅规划研究室高级工程师
罗志文　省交通运输厅综合交通处一级主任科员
黄　河　省交通运输厅普通公路处二级主任科员

统 计 资 料

2021年主要指标表

指 标 名 称	计算单位	2021年	2020年	指 标 名 称	计算单位	2021年	2020年
一、全省公路里程	公里	296922	289612	长度	延米	3370365	3246124
1.按技术等级分				其中：特大桥　数量	座	465	435
（1）等级公路	公里	292721	282705	长度	延米	920918	872756
高速公路	公里	7378	7230	大桥　数量	座	5432	5264
一级公路	公里	7569	7060	长度	延米	1515844	1456849
二级公路	公里	25015	24625	2.公路隧道　数量	处	1176	1141
三级公路	公里	8923	11351	长度	米	1205378	1168184
四级公路	公里	243836	232440	3.公路渡口	处	113	134
（2）等外公路	公里	4201	6907	其中：机动渡口	处	85	105
等级公路占总里程比重	%	98.59	97.62	三、公路密度及通达情况			
其中：二级及以上公路	%	13.46	13.44	公路密度	公里/百平方公里	159.72	155.79
2.按路面等级分				乡镇通达率	%	100	100
（1）有铺装路面里程	公里	275179	256943	乡镇通沥青（水泥）路率	%	100	100
其中：沥青混凝土路面	公里	39676	33671	建制村通达率	%	100	100
水泥混凝土路面	公里	235503	223272	建制村通沥青（水泥）路率	%	100	100
（2）简易铺装路面里程	公里	7572	10855	四、全省内河航道通航里程	公里	8667	8667
（3）未铺装路面里程	公里	14171	21815	1.等级航道	公里	6166	6166
铺装路面(含简易)里程占总里程比重	%	95.23	92.47	一级	公里	269	269
3.按行政等级分				二级	公里	802	769
国道公路	公里	14306	14267	三级	公里	1019	1052
省道公路	公里	20366	20295	四级	公里	289	289
县道公路	公里	28598	28029	五级	公里	811	811
乡道公路	公里	85038	84628	六级	公里	1788	1788
专用公路	公里	440	539	七级	公里	1188	1188
村道公路	公里	148175	141854	2.等外航道	公里	2501	2501
二、全省公路桥梁、隧道、渡口				等级航道占内河航道通航总里程比重	%	71.14	71.14
1.公路桥梁　数量	座	43126	42562	其中：三级及以上航道所占比重	%	24.11	24.11

续上表

指标名称	计算单位	2021年	2020年	指标名称	计算单位	2021年	2020年
五、全省内河港口码头泊位	个	789	853	3.水路客运量	万人	314	233
生产用码头泊位个数	个	772	828	水路旅客周转量	亿人公里	1.88	1.01
非生产用码头泊位个数	个	17	25	4.水路货运量	万吨	47624	40713
六、全省内河港口码头泊位设计年通过能力				水路货物周转量	亿吨公里	3446	2740
散装、件杂货物	万吨	39769	37250	十、全省内河港口货物吞吐量	万吨	48830.7	37976
集装箱	万标准箱	502	502	其中：集装箱	万标准箱	284	229
	万吨	4035	4115	煤炭及制品	万吨	3739	3154
旅客	万人	2360	2612	石油、天然气及制品	万吨	908	822
滚装汽车	万辆	136	136	金属矿石	万吨	7664	6979
	万吨	2117	2117	钢铁	万吨	2287	2154
七、营运汽车拥有量				矿建材料	万吨	20080	12918
载货汽车	辆	334566	305711	非金属矿石	万吨	5166	4622
	吨位	4728209	4291217	十一、交通固定资产投资总额	亿元	1157.7	1016.4
载客汽车	辆	27179	29052	1.公路建设	亿元	1008.9	882.2
	客位	702440	734071	其中：重点工程	亿元	381.1	372.4
八、全省水路运输船舶拥有量				2.港航建设	亿元	64.3	66.7
1.机动船 艘数	艘	3101	3227	3.站场建设	亿元	84.5	67.5
净载重量	吨位	7676344	7216988	十二、其他			
载客量	客位	36058	36219	1.地区生产总值(按当年价格计算)	亿元	50012.9	43443.5
集装箱位	TEU	3825	3272	第一产业	亿元	4661.7	4131.9
功率	千瓦	1935024	1855264	第二产业	亿元	18952.9	17023.9
2.驳船 艘数	艘	76	94	第三产业	亿元	26398.4	22287.7
净载重量	吨位	186069	196349	2.全社会固定资产投资额	亿元	—	—
九、公路、水路运输量				3.社会消费品零售总额	亿元	21561.4	17984.9
1.公路客运量	万人	21098	21731	4.对外贸易总额	亿元	5374.4	4294.1
公路旅客周转量	亿人公里	129	132	其中：进口	亿元	1865.1	1592.1
2.公路货运量	万吨	161310	114346	出口	亿元	3509.3	2702.0
公路货物周转量	亿吨公里	2196	1640				

注：1.自2006年全国农村公路通达情况专项调查后，公路里程和通达率按专项调查统计标准进行统计。
2.年度全省经济指标来源于《湖北省国民经济和社会发展统计公报》，因国家固定资产投资统计改革，湖北省统计局2018年起不再公布固定资产投资额。
3..机动船集装箱位：原统计口径是仅算集装箱船箱位，从2014年起统计口径是按2013年专项调查船舶口径，将多用途船能装集装箱船舶箱位均以计算。
4."全省内河港口货物吞吐量"从2019年起调整统计口径，由行业报送规上企业量改为企业一套表联网直报。
5..2020年公路货运量、周转量使用道路货运量专项调查数据推算，与往期数据不可比。
6."交通固定资产投资"不包括长江、汉江相关港航投资。

统计资料

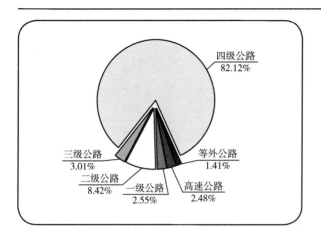

2021年公路技术等级情况图

里程单位：公里

技术等级	总计	高速公路	一级公路	二级公路	三级公路	四级公路	等外公路
里程	296922	7378	7569	25015	8923	243836	4201

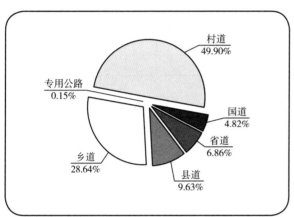

2021年公路行政等级情况图

里程单位：公里

行政等级	总计	国道	省道	县道	乡道	专用公路	村道
里程	296922	14306	20366	28598	85038	440	148175

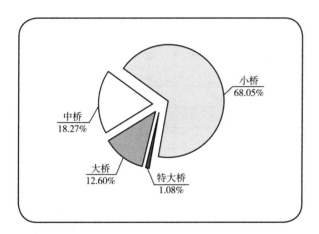

2021年公路桥梁数量比重图（按跨径分）

公路桥梁	总计	特大桥	大桥	中桥	小桥
座	43126	465	5432	7880	29349

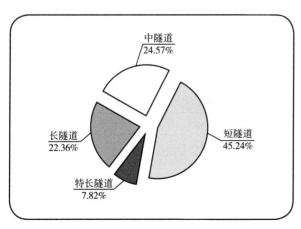

2021年公路隧道数量情况图

公路隧道	总计	特长隧道	长隧道	中隧道	短隧道
道	1176	92	263	289	532

2021年中部六省公路基本情况排名（一）

名次	总里程		高速公路里程		二级及以上公路里程		二级及以上公路比例	
	省份	公里	省份	公里	省份	公里	省份	%
	总计	1403561	总计	38869	总计	180544	总计	—
1	湖北	296922	湖北	7378	河南	42138	山西	17.03
2	河南	271570	河南	7190	湖北	39962	河南	15.52
3	湖南	241940	湖南	7083	湖南	26523	湖北	13.46
4	安徽	237411	江西	6309	安徽	25191	湖南	10.96
5	江西	211101	山西	5763	山西	24623	安徽	10.61
6	山西	144617	安徽	5146	江西	22107	江西	10.47

2021年中部六省公路基本情况排名（二）

名次	国省干线中二级及以上公路比例		等级公路里程		等级公路比例		水泥、沥青路面里程	
	省份	%	省份	公里	省份	%	省份	公里
	总计	—	总计	1375056	总计	—	总计	1355235
1	山西	91.56	湖北	292721	安徽	99.99	湖北	282751
2	湖北	89.57	河南	264606	山西	99.34	河南	265025
3	江西	80.92	安徽	237388	湖北	98.59	安徽	236979
4	河南	76.77	湖南	231019	河南	97.44	湖南	227483
5	安徽	71.04	江西	205655	江西	97.42	江西	205842
6	湖南	59.15	山西	143667	湖南	95.49	山西	137155

2021年中部六省公路基本情况排名（三）

名次	水泥、沥青路面铺装率		国省干线水泥、沥青路面铺装率		公路密度			
					全部公路		二级及以上公路	
	省份	%	省份	%	省份	公里/百平方公里	省份	公里/百平方公里
	总计	—	总计	—	总计	—	总计	—
1	安徽	99.82	山西	99.96	安徽	169.46	河南	25.23
2	河南	97.59	江西	99.95	河南	162.62	湖北	21.50
3	江西	97.51	安徽	99.87	湖北	159.72	安徽	17.98
4	湖北	95.23	河南	99.49	江西	126.48	山西	15.75
5	山西	94.84	湖北	99.22	湖南	114.23	江西	13.25
6	湖南	94.02	湖南	98.74	山西	92.53	湖南	12.52

2021年中部六省公路基本情况排名（四）

名次	农村公路							
	总里程		等级公路里程		等级公路比例		水泥沥青铺装率	
	省份	公路	省份	公里	省份	%	省份	%
	总计	1219191	总计	1191198	总计	—	总计	—
1	湖北	261810	湖北	257633	安徽	100.00	安徽	99.81
2	河南	233453	河南	226618	山西	99.25	河南	97.28
3	安徽	209042	安徽	209042	湖北	98.40	江西	97.18
4	湖南	202657	湖南	191971	江西	97.13	湖北	94.72
5	江西	186161	江西	180814	河南	97.07	山西	94.09
6	山西	126068	山西	125120	湖南	94.73	湖南	93.23

统计资料

2021年全国公路基本情况排名（一）

里程单位：公里

名次	总里程		高速公路里程				二级及以上公路里程		二级及以上公路比例	
					其中：国家高速公路里程					
	省份	里程	省份	里程	里程	占比(%)	省份	里程	省份	%
	总计	5280708	总计	169071	117725	69.63	总计	723650	总计	13.70
1	四川	398899	广东	11042	6043	54.73	山东	46636	上海	39.93
2	云南	300890	云南	9947	6076	61.08	江苏	45222	天津	31.27
3	湖北	296922	四川	8608	5335	61.98	广东	42837	北京	29.52
4	山东	288143	河北	8084	5553	68.69	河南	42138	江苏	28.62
5	河南	271570	贵州	8010	3661	45.71	湖北	39962	宁夏	22.21
6	湖南	241940	山东	7477	5053	67.58	河北	37664	辽宁	20.92
7	安徽	237411	湖北	7378	4946	67.04	内蒙古	36786	浙江	19.51
8	广东	222987	广西	7348	4580	62.33	四川	30760	广东	19.21
9	新疆	217326	河南	7190	4270	59.39	新疆	30425	河北	18.18
10	内蒙古	212603	湖南	7083	4959	70.01	辽宁	27532	内蒙古	17.3
11	江西	211101	新疆	7014	6090	86.83	湖南	26523	福建	17.16
12	贵州	207190	内蒙古	6985	5913	84.65	安徽	25191	山西	17.03
13	河北	207170	陕西	6484	5716	88.16	广西	24872	山东	16.18
14	重庆	184106	江西	6309	4320	68.47	云南	24872	河南	15.52
15	陕西	183414	福建	5810	4033	69.41	山西	24623	广西	15.48
16	黑龙江	168354	山西	5763	3508	60.87	浙江	24164	青海	15.34
17	广西	160637	甘肃	5540	4594	82.92	江西	22107	吉林	15.01
18	江苏	158036	浙江	5200	3549	68.25	黑龙江	20384	新疆	14
19	甘肃	156583	安徽	5146	3722	72.33	贵州	20139	湖北	13.46
20	山西	144617	江苏	5023	3480	69.28	福建	19056	黑龙江	12.11
21	辽宁	131588	黑龙江	4520	3438	76.06	陕西	19022	甘肃	11.33
22	浙江	123885	辽宁	4348	3559	81.85	甘肃	17741	湖南	10.96
23	西藏	120132	吉林	4315	3662	84.87	吉林	16315	安徽	10.61
24	福建	111031	重庆	3839	2875	74.89	重庆	14601	江西	10.47
25	吉林	108691	青海	3503	3273	93.43	青海	13216	陕西	10.37
26	青海	86152	宁夏	2079	1685	81.05	宁夏	8345	贵州	9.72
27	海南	41046	天津	1325	603	45.51	北京	6589	海南	9.34
28	宁夏	37577	海南	1265	1136	89.80	上海	5224	云南	8.27
29	北京	22320	北京	1177	683	58.03	天津	4787	重庆	7.93
30	天津	15307	上海	851	477	56.05	海南	3832	四川	7.71
31	上海	13082	西藏	407	933	229.24	西藏	2083	西藏	1.73

2021年全国公路基本情况排名（二）

里程单位：公里

名次	普通国道 省份	普通国道 里程	省道里程 省份	省道里程 里程	其中：高速公路里程 里程	其中：高速公路里程 占比(%)	国省干线中二级及以上公路比例 省份	国省干线中二级及以上公路比例 %	等级公路里程 省份	等级公路里程 里程	等级公路比例 省份	等级公路比例 %
	总计	256957	总计	387532	51329	13.25	总计	71	总计	5061899	总计	95.86
1	四川	17461	四川	24661	3197	12.96	江苏	99.3	四川	384891	北京	100.00
2	内蒙古	16527	湖南	24501	2124	8.67	上海	98.95	湖北	292721	上海	100.00
3	云南	15137	河南	24127	2920	12.10	山东	97.29	山东	288123	江苏	100.00
4	新疆	14047	广东	24091	4974	20.65	天津	96.42	云南	281614	浙江	100.00
5	西藏	13454	贵州	22091	4349	19.69	辽宁	95.73	河南	264606	山东	99.99
6	黑龙江	11279	湖北	20366	2342	11.50	河北	93.4	安徽	237388	安徽	99.99
7	广西	10942	内蒙古	17595	1072	6.09	浙江	93.19	湖南	231019	宁夏	99.98
8	河北	10383	甘肃	17318	745	4.30	北京	92.33	广东	222779	河北	99.97
9	青海	9857	安徽	17180	1435	8.35	山西	91.56	内蒙古	208632	天津	99.97
10	河南	9741	云南	15887	3871	24.37	湖北	89.57	河北	207112	广东	99.91
11	甘肃	9498	新疆	15775	888	5.63	吉林	85.06	江西	205655	海南	99.62
12	湖北	9337	西藏	15216	—	—	福建	84.26	新疆	192708	山西	99.34
13	广东	9206	山东	13784	2424	17.59	广西	81.1	贵州	188797	湖北	98.59
14	陕西	8894	黑龙江	13173	1072	8.14	江西	80.92	陕西	173045	内蒙古	98.13
15	湖南	8827	江西	12906	1973	15.29	宁夏	78.16	重庆	171559	河南	97.44
16	贵州	8422	河北	12330	2532	20.54	河南	76.77	江苏	158036	江西	97.42
17	山东	8410	陕西	11965	768	6.42	海南	75.83	广西	153292	甘肃	97.35
18	山西	7892	广西	11547	2759	23.89	广东	75.47	甘肃	152434	辽宁	96.64
19	江西	7698	重庆	10679	964	9.03	内蒙古	72.12	黑龙江	145455	四川	96.49
20	安徽	7459	辽宁	10460	789	7.54	安徽	71.04	山西	143667	吉林	96.40
21	吉林	7238	江苏	9384	1564	16.67	新疆	69.79	辽宁	127173	湖南	95.49
22	福建	7149	青海	8757	234	2.67	重庆	65.69	浙江	123885	广西	95.43
23	辽宁	7102	山西	6907	2255	32.65	黑龙江	65.19	吉林	104783	陕西	94.35
24	重庆	5428	福建	5686	1745	30.69	云南	62.04	西藏	100820	云南	93.59
25	江苏	4903	浙江	5179	1651	31.88	陕西	60.32	福建	97876	重庆	93.18
26	浙江	4501	吉林	4904	653	13.32	湖南	59.15	青海	74669	贵州	91.12
27	宁夏	2366	宁夏	2947	394	13.37	青海	58.08	海南	40891	新疆	88.67
28	海南	1382	天津	2549	721	28.29	贵州	56.38	宁夏	37568	福建	88.15
29	北京	1238	海南	2312	129	5.58	四川	55.48	北京	22320	青海	86.67
30	天津	928	北京	2111	409	19.37	甘肃	51.1	天津	15302	黑龙江	86.40
31	上海	252	上海	1144	374	32.69	西藏	7	上海	13082	西藏	83.92

2021年全国公路基本情况排名（三）

里程单位：公里

名次	水泥、沥青路面		水泥、沥青路面铺装率		桥梁数量		公路密度			
							全部公路		二级及以上公路	
	省份	里程	省份	%	省份	座	省份	公里/百平方公里	省份	公里/百平方公里
	总计	4774307	总计	90.41	总计	961139	总计	55.01	总计	7.54
1	四川	373785	北京	100	江苏	71356	重庆	223.43	上海	82.38
2	山东	283422	上海	100	山东	64718	上海	206.32	江苏	44.08
3	湖北	282751	江苏	100	河南	54954	山东	183.88	天津	40.22
4	河南	265025	天津	99.97	浙江	52815	安徽	169.46	北京	40.15
5	云南	242345	广东	99.96	湖南	51308	河南	162.62	山东	29.76
6	安徽	236979	安徽	99.82	广东	51302	湖北	159.72	河南	25.23
7	湖南	227483	浙江	99.65	辽宁	49860	江苏	154.03	广东	23.84
8	广东	222895	海南	99.59	安徽	49151	北京	136.01	浙江	23.74
9	江西	205842	山东	98.36	四川	47042	天津	128.63	湖北	21.50
10	河北	202538	河北	97.76	河北	45623	江西	126.48	河北	20.07
11	贵州	196214	河南	97.59	湖北	43126	广东	124.09	辽宁	18.87
12	新疆	178371	江西	97.51	陕西	38065	浙江	121.69	安徽	17.98
13	内蒙古	171487	湖北	95.23	云南	37872	海南	121.08	重庆	17.72
14	陕西	165097	山西	94.84	福建	32966	贵州	117.65	山西	15.75
15	江苏	158036	贵州	94.7	江西	27860	湖南	114.23	福建	15.70
16	重庆	150913	湖南	94.02	贵州	27239	河北	110.37	江西	13.25
17	广西	146429	四川	93.7	内蒙古	26979	山西	92.53	宁夏	12.57
18	甘肃	140877	宁夏	92.77	广西	24775	福建	91.46	湖南	12.52
19	山西	137155	广西	91.15	黑龙江	23718	辽宁	90.19	贵州	11.44
20	黑龙江	127647	陕西	90.01	吉林	17714	陕西	89.21	海南	11.30
21	浙江	123455	甘肃	89.97	甘肃	17510	四川	81.81	广西	10.51
22	辽宁	115597	辽宁	87.85	新疆	16781	云南	76.37	陕西	9.25
23	福建	97179	福建	87.52	山西	15756	广西	67.87	吉林	8.71
24	吉林	94869	吉林	87.28	西藏	14025	吉林	58.00	云南	6.31
25	青海	52570	新疆	82.08	重庆	13525	宁夏	56.59	四川	6.31
26	西藏	48903	重庆	81.97	上海	11692	黑龙江	37.08	黑龙江	4.49
27	海南	40878	内蒙古	80.66	青海	8628	甘肃	36.77	甘肃	4.17
28	宁夏	34861	云南	80.54	海南	8530	内蒙古	17.97	内蒙古	3.11
29	北京	22320	黑龙江	75.82	北京	6898	新疆	13.09	青海	1.83
30	天津	15302	青海	61.02	宁夏	5231	青海	11.95	新疆	1.83
31	上海	13082	西藏	40.71	天津	4120	西藏	9.78	西藏	0.17

2021年全国公路基本情况排名（四）

名次	农村公路总里程 省份	公里	农村公路等级公路里程 省份	公里	农村公路等级公路比例 省份	%	农村公路水泥沥青铺装率 省份	%
	总计	4466035	总计	4269880	总计	95.61	总计	89.8
1	四川	351536	四川	338226	北京	100.00	北京	100.00
2	云南	263497	山东	259411	上海	100.00	上海	100.00
3	湖北	261810	湖北	257633	江苏	100.00	江苏	100.00
4	山东	259432	云南	244376	浙江	100.00	广东	100.00
5	河南	233453	河南	226618	安徽	100.00	天津	99.96
6	安徽	209042	安徽	209042	山东	99.99	安徽	99.81
7	湖南	202657	湖南	191971	宁夏	99.97	浙江	99.63
8	江西	186161	广东	183458	河北	99.97	海南	99.54
9	广东	183643	江西	180814	天津	99.96	山东	98.19
10	河北	178516	河北	178458	广东	99.90	河北	97.41
11	新疆	175933	内蒙古	167721	海南	99.57	河南	97.28
12	贵州	173019	贵州	155127	山西	99.25	江西	97.18
13	内蒙古	171677	新疆	153093	湖北	98.40	湖北	94.72
14	重庆	164786	重庆	152285	内蒙古	97.70	贵州	94.25
15	陕西	156584	陕西	146277	江西	97.13	山西	94.09
16	江苏	140244	江苏	140244	河南	97.07	四川	93.36
17	广西	133563	广西	126258	甘肃	97.00	湖南	93.23
18	山西	126068	山西	125120	四川	96.21	宁夏	91.86
19	甘肃	125116	甘肃	121367	辽宁	95.99	广西	89.42
20	黑龙江	123202	浙江	110074	吉林	95.85	甘肃	88.44
21	浙江	110074	黑龙江	109168	湖南	94.73	陕西	88.40
22	辽宁	109645	辽宁	105251	广西	94.53	吉林	86.21
23	福建	94042	吉林	87943	陕西	93.42	辽宁	85.71
24	吉林	91755	福建	80894	云南	92.74	福建	85.29
25	西藏	73342	西藏	62071	重庆	92.41	重庆	79.90
26	青海	62808	青海	52718	贵州	89.66	新疆	79.26
27	海南	36203	海南	36048	黑龙江	88.61	云南	78.09
28	宁夏	29010	宁夏	29001	新疆	87.02	内蒙古	77.22
29	北京	16778	北京	16778	福建	86.02	黑龙江	75.86
30	天津	11231	天津	11226	西藏	84.63	青海	53.74
31	上海	11209	上海	11209	青海	83.94	西藏	33.49

统计指标解释

国道：指具有全国性政治、经济意义的主要干线公路，包括重要的国际公路，国防公路，连接首都与各省省会、自治区首府和直辖市的公路，连接各大经济中心、港站枢纽、商品生产基地和战略要地的公路。

省道：指具有全省（自治区、直辖市）政治、经济意义，连接各地市和重要地区，以及不属于国道的干线公路。

县道：指具有全县（含其他县级行政区划）政治、经济意义，连接县城和县内乡镇、重要商品生产和集散地的主要公路，以及不属于国道、省道的县际间的主要公路。

乡道：指主要为乡镇内部经济、行政服务的公路，以及不属于县道及以上公路的乡与乡之间和乡与外部联络的公路。

村道：指直接为农村群众生产、生活服务，不属于乡道及以上公路的建制村与建制村之间和建制村与外部联络的主要公路。

桥涵分类

桥涵分类	多孔跨径总长 L（m）	单孔跨径 L_k（m）
特大桥	$L > 1000$	$L_k > 150$
大桥	$100 \leq L \leq 1000$	$40 \leq L_k \leq 150$
中桥	$30 < L < 100$	$20 \leq L_k < 40$
小桥	$8 \leq L \leq 30$	$5 \leq L_k < 20$
涵洞	—	$L_k < 5$